KB091572

Applied Predictive Modeling

Korean edition copyright ⓒ 2018 by acorn publishing Co. All rights reserved.

Translation from the English language edition: Applied Predictive Modeling
by Max Kuhn and Kjell Johnson
Copyright ⓒ Springer New York 2013
Springer New York is a part of Springer Science+Business Media
All Rights Reserved

이 책은 Springer New York과 에이콘출판㈜가 정식 계약하여 번역한 책이므로
이 책의 일부나 전체 내용을 무단으로 복사, 복제, 전재하는 것은 저작권법에 저촉됩니다.

Applied Predictive Modeling

실전 예측 분석 모델링

예측 모델 과정을 여행하는 데이터 분석가를 위한 안내서

막스 쿤 · 키엘 존슨 지음
권정민 옮김

우리 가족에게:
미란다와 스테판
발레리, 트루먼 그리고 꼬마 기디언

| 지은이 소개 |

막스 쿤(Max Kuhn)

코네티컷주 그로턴에서 화이자 글로벌$^{Pfizer\ Global}$ R&D의 비임상 통계 디렉터로 일하고 있다. 15년간 약학 분야와 진단 분야에서 예측 모델을 적용해왔으며, 수많은 R 패키지를 만들었다.

키엘 존슨(Kjell Johnson)

약학 연구 개발 분야의 통계 컨설팅 및 예측 모델링에 10년 이상의 경험을 쌓았다. dPcmr 모델링에 특화된 회사인 아버 애널리틱스$^{Arbor\ Analytics}$의 공동 창업자며 전 화이자 글로벌 R&D의 통계 디렉터였다. 또한 통계 방법론과 러닝 알고리즘을 개발하고 응용하는 연구를 했다.

| 옮긴이 소개 |

권정민(cojette@gmail.com)
세상은 데이터로 이뤄져 있다고 생각하며, 이를 잘 활용하고자 하는 목표를 갖고 다양한 데이터 분석 및 활용 방안을 만들고 연구하는 것을 업으로 하고 있다. 카이스트(KAIST) 및 포항공과대학교(POSTECH)에서 산업공학과 전산학을 전공했으며, 다양한 산업군에서 데이터 분석을 수행하고 있다. 역서로는 『빅데이터 분석 도구 R 프로그래밍』(에이콘, 2012), 『The R Book (Second Edition) 한국어판』(에이콘, 2014), 『파이썬을 활용한 베이지안 통계』(한빛미디어, 2014) 등이 있으며, 『인터넷, 알고는 사용하니?』(마음이음, 2017)를 감수했다.

데이터 분석의 최종 목적은 결국 기존의 데이터를 활용해 잘 모르는 것을 '예측'하는 것에 있어 왔습니다. 흔히 '고급 분석'이라는 머신 러닝 알고리즘을 활용한 데이터 분석은 크게 추이를 통해 명확하지 않은 변동 상황이나 알 수 없는 미래를 '예측'하고, 분류를 통해 정확하지 않거나 알 수 없는 것의 성격을 '예측'하는 것에 초점이 맞춰 있습니다. 이런 분석 기법은 흔히 '예측 분석'이라고 불려왔고, 데이터 분석을 하는 많은 사람들이 이 '예측 분석'기법을 실제 상황에 직접 사용해보려고 시도하고 있습니다. 특히 학계 및 산업계에서 전반적으로 데이터에 대한 인식이 예전과 달리 자연스러워지고, '머신 러닝'이나 '인공 지능'이라는 단어도 더 이상 생소하지 않은 시대가 되면서 머신 러닝 알고리즘과 유사한 '예측 분석'에도 보다 많은 사람들이 관심을 갖게 됐습니다.

이런 때에 맞춰 이 책을 번역하게 돼 매우 기쁘게 생각합니다. 이 책은 실제로 충분한 지식을 갖고, 예측 분석을 업계에서 직접 사용하면서, 실제로 사람들이 많이 사용할 만한 기능을 R 패키지로 구현하기도 했던 훌륭한 저자들이 자신들의 지식과 노하우, 실제 분석에서 얻은 통찰까지 골고루 담아낸 책입니다. 학교에서 교과서로 사용해도 될 정도로 풍부한 지식이 꼼꼼하게 들어 있으면서도, 현업에서 간간히 참고 자료로 찾아볼 수 있을 정도의 실질적인 팁이나 실무에서 접하게 되는 요소들도 놀라울 정도로 풍부하게 들어 있습니다. 계속 데이터를 접하시는 분들이라면, 이 책을 오랜 기간 옆에 두며 도움을 받을 수 있을 것이라고 확신합니다.

솔직히 데이터 분석에 처음 입문하는 사람이 접하기에는 난이도가 어느 정도 있는 책입니다. 하지만 그만큼 배울 것이 매우 많다고 생각합니다. 저 역시도 어느 정도 이미 실무로 데이터 분석을 해왔음에도 불구하고, 이 책의 번역을 진행하면서 많은 것을 배웠고, 많은 부분에서 감탄하기도 했으며, 여러 부분에서 감동하기도 했고, 한없이 겸손해지기도 하는 등 즐거운 경험을 했습니다. 이 책을 접하게 되는 독자분들도 나와 같은 경험을 하실 수 있기를 바라고, 아마도 충분히 그러실 수 있을 것이라고 생각합니다.

끝으로, 이 책의 번역을 맡겨주시고 출판까지 꾸준히 진행해 주신 에이콘출판사 관계자 분들과 옆에서 늘 데이터 분석에 대한 감각을 잃지 않게 도와주신 동료분들, 그리고 멀리서 늘 지켜봐주는 가족들에게 감사의 마음을 전합니다.

| 서문 |

이 책은 예측 모델링을 실제로 활용하는 데에 특별히 초점을 맞춰 쓴 데이터 분석에 대한 책이다. '예측 모델링'이란 용어에는 머신 러닝과 패턴 인식, 데이터 마이닝 같은 개념이 뒤섞여 있다. 실제로 이런 융화는 적절하다. 이 용어들이 포함하는 기법들은 예측 모델링 과정에서 반드시 필요한 부분이다. 하지만 예측 모델에는 데이터의 숨겨진 패턴을 찾기 위한 도구나 기술보다 훨씬 중요한 것들이 들어 있다. 예측 모델을 활용한다는 것은 우리가 이해할 수 있는 형태로 모델을 개발하고 미래의 아직 나타나지 않은 데이터에 대한 예측 정확성을 계측하는 과정을 말하는 것이다. 이 책에서 초점을 맞추고 있는 부분은 이런 전 과정을 말한다.

우리는 이 책이 모델을 실제 활용하고자 하는 사람들에게 예측 모델링 과정에 대한 가이드이자 주로 사용되고 최근에 나온 강력한 모델에 대한 접근 방법을 배우고 통찰을 얻을 수 있는 장소가 되게 하고자 했다. 예측 모델링을 위해 통계 및 수학 능력이 주로 필요하다는 것은 이미 알려져 있지만, 대부분의 경우에 있어서 이런 기법의 수학적 기원이나 기반에 대해 말하는 대신 강점 및 약점에 대해 파악해 이에 대한 통찰력을 생기도록 도와줄 수 있는 방식으로 기법들을 구현하고자 했다. 대부분의 경우 복잡한 연산을 사용하는 것은 배제하려고 노력했지만, 일부 필요한 예외의 경우도 있었다. 예측 모델링에 대해 보다 이론적인 내용이 필요하다면 헤이스티[Hastie] 등이 집필한 책(2008)이나 비숍[Bishop]의 책(2006)을 추천한다. 이 책을 이해하기 위해서는 분산, 상관관계, 간단한 선형 회귀, 기본 가설 검정(p-값 및 검정 통계) 등의 기본 통계 지식을 사전에 갖고 있어야 한다.

원래는 예측 모델링 과정을 직접 실행해봐야 한다. 하지만 이 책을 쓰기 위해서 연구 조사를 하던 중 관련된 많은 논문이나 책의 경우 데이터가 자유롭게 사용할 수 있도록 공개돼 있지 않거나 사용한 소프트웨어가 비공개 혹은 유료인 관계로 독자가 결과를 동일하게 재생성할 수 없다는 것을 알게 됐다. 벅히트[Buckheit]과 도노호[Donoho]는 이런 학계의 전통적인 장막에 대해 다음과 같이 적절한 비판을 했다.

"과학 저널에서 컴퓨터 과학 논문은 학문 그 자체가 아니라 단지 학문형 광고일 뿐이다.

실제 학문은 완벽한 소프트웨어 개발 환경과 결과를 생성할 수 있는 명령문이다."

따라서 최대한 많은 실행 예제를 제공해서 독자들이 쓸 만한 정확한 결과를 재생성해 이를 각자의 데이터를 갖고 예측 모델 접근으로 자연스럽게 확장해서 연결시킬 수 있도록 하는 것이 우리의 목표다. 더불어 우리는 예측 모델링 과정의 전 단계에 R 언어(이하카Ihaka와 젠틀맨Gentleman이 199년에 개발했고 R 개발 코어팀에 의해 2010년에 개발됨)를 사용했다. 이 언어는 통계 및 수학 연산을 위한 언어로 자유롭게 사용 가능하다. 대부분의 예제 데이터 세트는 R 패키지에서 사용할 수 있다. AppliedPredictiveModeling R 패키지에는 각 장에서 사용한 분석을 재생성할 수 있도록 여기서 사용한 많은 데이터와 R 스크립트가 포함돼 있다.

이 책에서 계산 엔진으로 R을 선택한 데에는 여러 이유가 있다. 우선 R은 많은 운영 체제에서 자유롭게 사용 가능하다(상용 버전도 있다). 두 번째로, 이 언어는 프로그램의 재배포가 가능하다고 명시한 일반 공중 라이선스((General Public License, GPL), 2007년 6월 무료 소프트웨어 재단(Free Software Foundation, FSF)에서 배포)하에 출시됐다. 이 라이선스하에서는 누구나 소스 코드를 분석하고 변경할 수 있다. 이런 오픈소스의 환경하에 많은 예측 모델들이 이미 자유롭게 배포 가능한 패키지로 구현됐다. 또한 R은 전체 예측 모델링 과정 전반을 아우를 수 있는 정도로 강력하다. R에 익숙하지 않은 독자가 있다면 온라인에서 많은 튜토리얼을 찾아볼 수 있다. 이 책에서도 별첨으로 R에 대한 소개 및 시작용 가이드를 제공하고 있다.

일부 일반화 가법 모델, 다른 모델들의 앙상블, 네트워크 모델, 시계열 모델 및 기타 몇 가지 모델은 추가할 시간 및 공간적 여유가 없었다. 대신 이 책의 웹사이트 http://appliedpredictivemodeling.com/에서 관련 정보를 제공할 것이다.

이 책은 월터 H. 카터Walter H. Carter, 짐 개럿Jim Garrett, 크리스 제닝스Chris Gennings, 폴 함즈Paul Harms, 크리스 케이퍼Chris Keefer, 윌리엄 클링어William Klinger, 대진 고Daijin Ko, 리치 무어Rich Moore, 데이비드 뉴하우저David Neuhouser, 데이비드 포터David Potter, 데이비드 페인David Pyne, 윌리엄 레이언스William Rayens, 아놀드 스트롬버그Arnold Stromberg와 토마스 비드머Thomas Vidmar 등 많은 분들의 도움과 조언이 아니었다면 만들지 못했을 것이다. 또한 큐비스트, C5.0와 관련해서 도움을 주고 이에 대한 책의 내용에 살을 붙여준 로스 퀸린Ross Quinlan에게도 감사의 뜻을 표한다. 스프링거 출판사의 마크 스트라우스Marc Strauss와 한나 브리컨Hannah Bracken 및 비니 보나토Vini Bonato, 토마스 밀러Thomas Miller, 로스 퀸린Ross Quinlan, 에릭 시걸Eric Siegel, 스탠 영Stan Young과 무기명으로 도와주신 모든 리뷰어분들께도 감사드린다. 마지막으로 지원을 아끼지 않은 가족 미란다 쿤Miranda Kuhn, 스테판

10

쿤Stefan Kuhn, 바비 쿤Bobby Kuhn, 로버트 쿤Robert Kuhn, 카렌 쿤Karen Kuhn, 메리 앤 쿤Mary Ann Kuhn과 워런 존슨과 케이 존슨 Warren and Kay Johnson, 발레리 존슨과 트루먼 존슨Valerie and Truman Johnson에게도 감사를 표한다.

미국 코네티컷 그로턴에서 맥스 쿤, 미국 미시건 샐린에서 키엘 존슨

차례

Part 3 분류 모델

01

시작하며

사람들은 매일 "오늘은 출근할 때 어느 길로 가야 할까?", "핸드폰 통신사를 바꿔야 할까?", "돈을 어떻게 투자해야 할까?", "암에 걸리는 건 아닐까?"와 같은 질문과 대면한다. 이런 질문들은 미래에 일어날 일을 알고자 하는 우리의 욕망을 보여주며, 우리는 이를 통해 이런 미래에 대비한 최선의 선택을 하고자 하는 마음이 절실하다.

우리는 보통 정보에 기반해 의사 결정을 한다. 어떤 경우, 우리는 아침의 교통량이나 일기 예보 같은 유형의 객관적인 데이터를 확보할 수 있다. 그렇지 않을 때는 "다리는 눈이 올 때 보통 막히니까 오늘 아침에는 그쪽을 피해야겠어."라거나 "아버지께서 전립선 암에 걸리셨으니 나도 PSA[1] 검사를 받아봐야겠어."와 같은 직관이나 경험을 사용한다. 어느 쪽이든 우리는 현재 주어진 정보 및 경험을 토대로 미래를 예측하고, 이런 예측에 기반해 결정을 내린다.

인터넷 및 미디어를 통해 정보를 접하기가 보다 쉬워지면서 의사 결정을 위해 이런 정보를 활용하고자 하는 욕구가 강해졌다. 더불어 인간의 두뇌는 의식적 또는 무의식적

---

1 PSA: Prostate specific antugen의 약자. 혈청 전립선 특이 항원 검사로 전립선암 조기 진단용으로 사용_옮긴이

으로 굉장히 많은 데이터를 결합하는 능력이 있다. 하지만 주변의 문제를 처리하기 위해 쉽게 얻을 수 있는 훨씬 많은 유사한 정보들을 처리하지 못한다. 의사 결정 과정에 도움을 받기 위해 오늘날에는 수십 억 개의 웹 페이지 중 조회한 내용에 가장 적합한 정보를 찾을 수 있도록 걸러주는 역할을 하는 구글Google, 신체 증상을 기반으로 병을 진단해주는 웹 MDWebMD, 수천 가지 주식을 조회해서 포트폴리오를 기반으로 최적의 투자 방법을 찾아주는 이트레이드ETRADE 같은 도구들에 의지한다.

다른 웹 사이트도 마찬가지지만, 이런 웹 사이트들은 현재의 정보를 사용해 현재 우리가 갖고 있는 문제와 관련 있는 패턴을 발견하도록 데이터를 걸러내고, 답을 도출하는 도구를 사용한다. 이런 종류의 도구를 개발하는 과정은 화학, 전산학, 물리학, 통계학 등의 수많은 분야에서 발전해왔고 '머신 러닝', '인공 지능', '패턴 인식', '데이터 마이닝', '예측 분석', '지식 추론' 등으로 불렸다. 각 분야에서 서로 다른 관점과 도구를 사용해 문제에 접근하지만, 정확한 예측을 하는 것이라는 최종 목적은 모두 동일하다. 이 책에서는 이 용어들을 가장 많이 사용되는 예측 모델이라는 용어로 통칭할 것이다.

가이서Geisser는 예측 모델을 '결과의 확률을 최적으로 예측하기 위해 생성되거나 선택된 모델링 과정'이라고 정의했다(1993). 우리는 이 정의를 아래와 같이 살짝 바꿨다.

예측 모델: 정확한 예측값을 생성하기 위한 수학적 도구나 모델을 개발하는 절차

와이어드Wired 지의 스티브 레비Steve Levy는 최근 예측 모델의 증가 추세에 대해 "인공 지능의 예는 어디에서나 발견할 수 있다. 사람이 넣은 애매한 질의를 해석하기 위해 구글도 범용적으로 AIArtificial Intelligence를 사용한다." 신용카드 회사에서는 이상값을 추적하기 위해 예측 모델을 사용하고, 넷플릭스Netflix에서는 사용자들에게 영화를 추천하기 위해 예측 모델을 사용한다. 또한 금융 시스템에서는 (간혹 일어나는 폭락 사태에 대비해) 수십억 건의 거래를 처리하기 위해 예측 모델을 사용한다."라는 글을 기고했다(2010). 사람들이 이를 통해 예측하고자 하는 질문 유형은 아래와 같다.

- 이 책은 얼마나 많이 팔릴까?
- 이 고객이 다른 회사로 거래처를 옮길까?
- 현재 시세로 우리 집은 얼마에 팔릴까?
- 환자가 특정 병에 걸렸을까?
- 과거의 선택에 미뤄볼 때, 이 고객은 어떤 영화를 좋아할까?
- 이 주식을 팔아야 할까?
- 우리 온라인 데이트 서비스에서는 어떤 사람들을 연결해줘야 할까?

- 이 이메일이 스팸일까?
- 이 환자가 이 치료 방식으로 효과를 볼까?

보험회사의 경우에는 자동차, 건강, 생명 보험의 잠재 가입자들이 안고 있는 위험성을 예측해야 한다. 이 정보를 통해 개인이 보험에 가입할지, 가입하는 경우 보험료는 어떻게 책정해야 할지를 가늠하게 된다. 정부도 보험회사와 마찬가지로 국민을 보호하기 위해 위험도를 예측하고 싶어한다. 정부에서 테러 용의자 판별을 위해 생체 인증 모델을 비롯한 예측 모델을 사용한 최근의 예제를 보면 모델을 통해 이상 감지(Westphal, 2008)와 불안 및 혼란 예측(Shachtman, 2011)을 하고자 했다. 가게나 주유소에 가는 길마저(우리가 누구고 무엇을 원하는지를 알기 위해 우리의 구매 정보가 수집되고 분석되는 모든 장소(Duhigg, 2012)) 우리를 예측 모델의 세계로 인도하지만, 우리는 어디로 가고 있는지도 잘 모르는 경우가 많다. 오늘날 예측 모델은 우리의 삶 전반에 스며들어 있다.

예측 모델은 우리에게 보다 만족스러운 상품, 보다 나은 치료법, 보다 적합한 투자 방식으로 안내하고 있지만, 종종 부정확한 예측을 하거나 잘못된 답을 내놓기도 한다. 예를 들어, 많은 사람들은 메시지를 스팸으로 잘못 인식한 예측 모델(이메일 필터)로 인해 중요한 이메일을 받지 못한 적이 있다. 이와 유사한 사례로 예측 모델이 병을 오판하고(의료 진단 모델), 예측 모델이 실제로는 손실이 났는데 수익이 날 것이라고 잘못 예측해서 주식 매매를 한다(금융 알고리즘). 예측 모델이 잘못된 마지막 사례로는 2010년 많은 투자자들이 영향을 받은 일을 들 수 있다. 주식 시장을 볼 줄 아는 사람이라면 2010년 5월 6일에 시장 주가가 600포인트 이상 급락했다가 바로 다시 회복됐던 '플래시 크래시'를 알고 있을 것이다. 몇 달간의 추적 끝에 미국 상품선물거래위원회와 미국 증권거래위원에서는 폭락의 원인이 잘못된 알고리즘 모델에 있다는 것을 밝혀냈다(2010).

로드리게즈[Rodriguez]는 플래시 크래시와 다른 예측 모델의 실패를 바탕으로 "결과 확률을 최적으로 예측하기 위한 모델을 만들거나 선정하는 절차로서의 예측 모델은 예측 도구로서의 신뢰성을 잃어가고 있다."라고 말했다(2011). 이어 그는 '예측 모델은 사람의 행동 같은 복잡한 변수를 계산하지 않으므로 계속 실패하고 있다.'라는 가설을 내놓았다. 예측을 하거나 의사 결정을 하는 능력은 현재와 과거의 지식으로부터 비롯되지만, 실제로는 우리가 고려하지 않았던 요인에 의해 영향을 받는다. 이런 현실은 어떤 모델에서든 한계로 작용하지만, 우리가 절차를 개선하고 보다 나은 모델을 만들고자 하는 의지를 꺾지는 못한다.

예측 모델이 실패하는 일반적인 이유에는 여러 가지가 있으며, 이후 각 장에서 이에 대해 짚어 나갈 것이다. (1) 불충분한 데이터 사전 처리, (2) 불충분한 모델 검증, (3)

(모델이 적용되지 않는 범위의 데이터에 모델을 적용하는 등의) 부적절한 추정 또는 가장 중요한 (4) 현재 데이터에 모델을 과적합시키는 것 등이 일반적인 원인이다. 게다가 예측 관련성 탐색 시 예측 모델은 상대적으로 매우 적은 모델만이 고려되기도 한다. 이는 모델러가 일부 모델밖에 선호도, 지식, 경험이 없거나 다양한 기법을 살펴볼 수 있는 소프트웨어가 없어서다.

이 책에서는 모델 구축 프로세스를 하나하나 따라 할 수 있는 가이드를 제공함으로써 예측 모델러가 정말 신뢰할 수 있는 모델을 만들 수 있도록 돕고, 다양한 일반 모델에 대한 직관적인 지식을 알려주고자 한다. 이 책의 목적은 아래와 같은 내용을 제공하는 것에 있다.

- 예측 모델 구축의 기본 원칙
- 분류 및 회귀 문제에서 가장 일반적으로 사용되는 많은 예측 모델링 방법론에 대한 직관적인 설명
- 예측 모델 검증을 위한 원칙 및 단계
- 예측 모델 구축 및 검증을 위한 필수적이고 기본적인 작업 실행용 컴퓨터 코드

이런 원칙과 방법을 설명하기 위해 금융에서부터 약학 분야에 이르기까지 다양한 사례에 대한 실제 데이터를 사용할 것이다. 이는 1.4장에서 자세히 설명한다. 하지만 데이터를 설명하기 전에 예측 모델 기법이 직면하고 있는 현실에 대해 살펴보자. 이는 바로 예측과 해석 간의 균형을 잡는 일이다.

1.1 예측 대 해석

앞에서 말한 예제에는 보통 미래를 예측할 때 사용할 수학적 방안을 만드는 데 사용할 수 있는 기존 데이터가 존재한다. 게다가 이런 예의 가장 중요한 목적은 왜 무언가가 일어났는지(또는 일어나지 않았는지)를 이해하는 것이 아니라, 우리가 기본적으로 관심을 갖는 것은 무언가가 일어날(또는 일어나지 않을) 경우를 정확히 예상하는 것이다. 이런 모델의 유형은 예측 확률을 최적화하는 것이라는 것을 알아두자. 예를 들어, 우리는 왜 이메일 필터가 이 메시지를 스팸이라고 생각했는지는 사실 별로 알 필요가 없다. 우리가 신경 쓰는 것은 필터가 정확하게 스팸을 구분해서 메일함에 필요한 메시지만 전달했는지다. 다른 예로 내가 집을 팔아야 한다고 가정했을 때 가장 우선적인 관심사는 (zillow.

com 같은) 웹 사이트가 집값을 어떻게 추정했는지가 아니다. 내가 정말 궁금한 것은 zillow.com이 집값을 정확하게 매겼는지다. 집값을 낮게 추정하면 낮은 금액에서 경매가 돼 싼 값에 팔리게 될 것이고, 높게 추정하면 집을 사려고 했던 사람이 도망갈 것이다.

이런 예측과 해석 간의 팽팽한 줄다리기는 의학 분야에서도 나타난다. 예를 들어, 암환자와 의사가 치료법을 변경하려고 할 때의 절차를 떠올려보자. 의사와 환자는 투약 일정, 가능한 부작용, 생존률 등의 요소를 고려해야 한다. 하지만 만약 충분한 수의 환자가 변경하고자 하는 방식의 치료를 받았다면, 이 환자들로부터 병의 정도와 치료 기록, 인구 통계학 데이터를 수집할 수 있었을 것이다. 또한 연구 기록으로부터 환자의 유전적 환경 및 다른 생체 데이터(단백질 수치 등)를 수집할 수도 있었을 것이다. 이 데이터를 기반으로 다른 방식의 치료법이 효과가 있을 것인지를 예측하는 예측 모델을 만들어 결과값을 구할 수 있다. 여기서 의사와 환자에게 중요한 질문은 환자가 치료법 변화에 어떻게 반응할지를 예측하는 것이다. 이 모든 경우에 있어서 예측값은 정확해야 한다. 모델은 이런 예측을 하기 위해 만들어졌지만, 이에 대한 해석까지 할 수는 없다. 이것이 비윤리적이라는 데서 많은 논란이 생겼다. 모델을 제대로 검증할 수 있다면, 모델이 블랙박스든, 단순하고 해석 가능한 모델이든 상관없을 것이다.

예측 모델에서 우선적으로 관심을 갖는 부분은 정확한 예측을 만드는 것이고, 다음 관심사는 모델을 해석하고 어떻게 동작하는지를 이해하는 것이다. 불행하게도 현실에서는 높은 정확성을 요구할수록 모델은 더욱 복잡해지고 해석하기는 점점 어려워진다. 대부분의 경우, 항상 예측 정확성이 우선적인 목표일 때에도 이에 대한 적정선을 고려해야 한다.

1.2 예측 모델의 주요소

데이터를 사용하는 — 매우 큰 데이터 세트의 경우에도 — 일반적인 예제는 오늘날에는 어떤 연구 주제에 대해 답하기 위한 목적으로 쉽게 만들어 낼 수 있다. 게다가 약간의 컴퓨터 지식이 있는 사람이라면 JMP, WEKA, R의 여러 패키지 같이 모델을 만들 수 있는 무료이거나 저렴한 소프트웨어를 사용해 성능 좋은 개인용 컴퓨터에서 예측 모델을 개발하는 것도 상대적으로 쉬워졌다. 하지만 로드리게즈는 '데이터 접근 및 분석 도구 사용에 대한 시야가 넓어질수록 모델 구축에 대한 신뢰성은 약해진다.'라고 지적했다(2011).

이 책에서는 만약, 어떤 데이터 세트에 예측 신호가 존재한다면, 많은 모델은 기법이나 모델 개발 시 고려된 상황에 상관없이 그 신호를 어느 정도 찾아낼 수 있을 것이라는 사실을 다룰 것이다. 그러므로 '눈 먼 다람쥐도 도토리를 찾는다'라는 속담이 있듯이 나이브 모델도 어느 정도 효과가 있을 수 있다. 하지만 무엇보다 대부분의 예측 모델은 기본적으로 모델러가 가진 전문 지식 및 문제의 맥락 이해 정도에 영향을 받는다. 이런 전문 지식은 찾아내고자 하는 연구 주제에 적합한 데이터를 획득하는 데 가장 먼저 활용돼야 한다. 정보가 들어 있는 거대한 데이터베이스를 예측에 활용하는 경우, 상관없는 정보는 많은 모델의 예측력을 떨어뜨릴 수 있다. 문제에 관련된 지식은 유의미한 정보와 무의미한 정보를 분리해 쓸모 없는 잡음을 제거하고, 기저에 있는 신호를 강화시킬 수 있다. 불행하게도, 혼란을 야기하는 신호 역시 데이터에 존재하고, 전문적 지식이 없는 경우, 이를 인지하지 못할 수도 있다. 신호에 대한 잘못된 이해와 문제에 대한 전문적 이해의 필요성을 알려주는 극단적인 사례로는 미국 식품의약청U.S. Food and Drug Administration, FDA의 부정 이벤트 리포팅 시스템 데이터베이스를 들 수 있다. 이 데이터베이스는 수백만 가지의 약에 대해 알려진 부작용 발생 정도에 대한 정보를 제공한다. 이 수집된 데이터에는 명확하게 편중된 내용이 아주 많다. 예를 들면, 구토 억제제에 대한 결과의 많은 부분을 차지하는 내용은 백혈병 환자의 내용이 반영돼 있다. 이런 내용이 명시되지 않은 분석 결과로 인해 백혈병 증상을 이 약이 나타낼 수 있는 부작용이라고 정의 내릴 수 있다. 더 제대로 된 설명은 해당 환자들이 암 치료의 부작용을 경감시키기 위해 구토 억제제를 처방받았다는 것이다. 이는 직관적으로 확실해 보일 수도 있지만, 많은 기록들을 사용할 수 있다는 것이 데이터를 명시하지 않고 사용해도 괜찮다는 것은 분명 아니다.

에어스Ayres는 이를 확장해서 전문가 의견과 경험적 데이터 주도 모델 간의 상호작용에서 문제에 관련된 지식의 필요성이 더 대두되는 두 가지 중요한 관찰 결과를 내놓았다(2007). 첫 번째는 아래와 같다.

"결론적으로 예측 모델은 직관을 대체하는 것이 아닌 보완재라는 것이다."

간단히 말해서 데이터 주도 모델이나 직관에만 의존하는 전문가나 이 둘의 조합보다 더 나은 결과를 내지는 못한다는 것이다. 두 번째는 아래와 같다.

"전통적인 전문가는 통계적 예측으로부터 나온 결과보다 나은 결정을 한다. 전통적 전문가
의 권위에 집착하는 사람들은 전문가의 '지식'과 '통계적 도움'이라는 두 가지 형태를 결합

한 생각을 수용하는 경향이 있다. …(중략)… 사람은 보통 통계적 예측 결과가 주어졌을 때 더 나은 예측을 한다."

스팸 메일 예측 같은 몇 가지 경우, 컴퓨터가 대부분을 처리하도록 하기도 한다. 환자의 예후를 예측하는 것처럼 선후 관계가 더 중요한 경우에는 여러 방법을 결합하는 것이 더 나은 결과를 도모할 수도 있다.

요약하면 효과적인 예측 모델은 직관과 문제 배경에 대한 깊이 있는 지식하에서 만들어진다. 이런 것들은 모델 개발에 관련된 결정을 내리는 데 전반적으로 필요하다. 이런 절차를 시작하기 위한 다른 중요한 재료로는 적합한 데이터가 있다. 세 번째 재료로는 [표 1.1]에 기재된 가능한 시나리오 범위 내에서 사용할 모델링에 필요한 도구 모음과 데이터 전처리 및 시각화 기법 역시 포함하는 다용도의 계산용 도구다.

1.3 용어

앞에서 말한 대로 '예측 모델'이란 원하는 결과를 예측하기 위해 데이터 간에 숨겨진 관계를 찾아내는 과정을 표현하는 많은 명칭 중 하나다. 많은 과학 영역에서 이 분야에 기여를 하고 있다 보니 사용 주체에 따라 다른 용어로 표현된다.

- 샘플, 데이터 값, 관측값, 경우라는 단어가 모두 고객, 환자, 화합물 등 단일의 독립적인 데이터 단위를 나타낸다. 샘플이라는 단어는 훈련 집합 샘플 같은 데이터의 부분 집합을 나타내는 데도 사용된다. 글에서 이런 용어가 사용될 때는 문맥이 정확하게 드러나 있어야 한다.
- 훈련 집합은 모델 개발에 사용되는 데이터 집합이고, 테스트 집합이나 검증 집합은 후보 모델 최종 집합의 성능 평가만을 위해 사용된다.
- 예측 변수, 독립 변수, 속성, 기술자는 예측 방정식의 입력값으로 사용되는 데이터다.
- 결과값, 종속 변수, 목푯값, 클래스, 응답값은 예측된 결과 이벤트나 결과값 수치에 따른다.
- 연속형 데이터는 자연수나 수치 척도를 갖는다. 혈압이나 물건의 가격, 욕실 개수는 모두 연속형이다. 욕실 개수의 경우, 개수는 분수가 될 수 없지만 그래도 연속형 데이터로 다룬다.
- 명목형, 속성형, 이산형 데이터라고도 불리는 범주형 데이터는 척도가 따로 없는 특

정값을 갖는 형태다. 이런 데이터의 예로는 신용 등급('좋음', '나쁨')이나 색상('빨강', '파랑' 등)이 있다.

- 모델 구축 및 훈련, 인수 추정 모두 모델 방정식에서 데이터를 사용해 값을 추정하는 과정을 거친다.

1.4 예제 데이터 세트와 일반적 데이터 시나리오

이 장에서는 각 기법을 설명하기 위해 사례들을 예로 사용할 것이다. 본격적으로 들어가기 전에 예측 모델에 대한 몇 가지 예제와 이를 풀기 위해 사용되는 데이터의 종류에 대해 간단히 설명하는 것이 좋을 것이다. 여기서 살펴보고자 하는 부분은 각각의 문제 자체도 수집된 데이터의 성격만큼이나 다양하다는 것이다. 몇 가지 예제 데이터 세트는 실제 문제에 대한 최적의 해에 (상금 등의) 포상을 수여하는 머신 러닝 대회에서 가져왔다. 이런 대회는 예측 모델 분야에서 오랜 역사를 갖고 있고, 좋은 원동력이 돼왔다.

음악 장르

이 데이터 세트는 TunedIT 웹 사이트에 대회용 데이터로 공개된 것이다(http:/tunedit.org/challenge/music-retrieval/genres). 이 대회의 주제는 음악을 여섯 가지로 분류할 수 있는 예측 모델을 개발하는 것이었다. 총 191가지의 속성을 가진 1만 2,495개의 음악 샘플이 주어졌다. 전체 음악 분야가 균등하게 나뉜 것은 아니었다([그림 1.1]). 헤비메탈은 가장 적었고(7%), 클래식 분야는 가장 많았다(28%). 모든 예측 변수는 연속형으로, 많은 경우 높은 상관관계를 나타냈고, 척도는 각각 다른 형태였다. 이 데이터는 60명의 연주자로부터 각 15~20개의 곡을 선정한 후, 각 곡에서 20마디씩을 골라내 최종 데이터 세트로 만들어진 것이다. 따라서 각 샘플은 본질적으로 완전히 독립적일 수 없다.

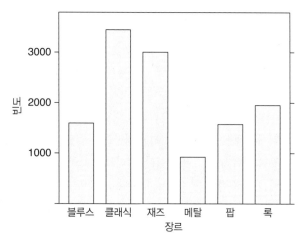

〔**그림 1.1**〕 음악 데이터의 장르 빈도 분포

보조금 지원

이 데이터 세트 역시 캐글 웹 사이트(http://www.kaggle.com)에서 대회용으로 공개된 것이다. 이 대회의 주제는 보조금 지원서 통과 확률에 대한 예측 모델을 개발하는 것이었다. 주어진 데이터베이스는 2009년부터 2010년까지 멜버른 대학교에 제출된 8,707개의 보조금 지원서에 249개의 예측 변수로 구성돼 있다. 장학금 여부('불합격', '합격')가 응답 변수고, 꽤 고른 분포의 결과(46% 통과)를 보였다. 웹 사이트에서는 현재 오스트레일리아의 장학금 비율은 25% 미만이라고 명시하고 있다. 따라서 기존 데이터베이스가 오스트레일리아의 장학금 비율을 나타내고 있다고 볼 수는 없다. 신청자 정보는 후원 재단 ID, 장학금 종류, 장학금 금액 범위, 연구 분야, 학과 등의 범주 및 수치를 포함하며, 데이터는 연속형, 개수형, 범주형으로 돼 있다. 또한 이 데이터에서 고려해야 할 점으로는 많은 예측 변숫값이 누락돼 있다는 점이다(83%). 게다가 데이터를 보면 동일한 신청자가 여러 번에 걸쳐 신청서를 낸 경우가 있어서 샘플이 독립적이라고 할 수 없다. 이 데이터는 책 전반에 걸쳐 서로 다른 분류 모델링 기법을 설명하는 데 사용될 것이다.

우리는 이 데이터를 12장에서 15장에 걸쳐 사용할 것이며, 이 데이터에 대한 보다 자세한 설명 및 요약값은 12.1장에서 살펴볼 것이다.

간 손상

이 데이터 세트는 약학 분야에서 가져온 것으로, 간 손상을 야기하는 화합물에 관한 확률을 예측하는 모델을 개발하기 위해 사용됐다. 이 데이터 세트는 281가지 화합물과 각 화합물에 대한 376개의 예측 변수로 이뤄져 있다. 응답값은 범주형이고('손상을 야기하지 않음', '약손상, '극심한 손상'), 매우 편중된 형태의 결과를 갖는다. 이런 응답값의 분포는 약학 데이터에서 종종 보이는 형태다. 회사들은 안전성에 문제가 있는 화합물 분자는 애초에 만들려고 하지 않기 때문이다. 그러므로 보통 좋은 결과의 화합물 개수가 좋지 않은 결과의 화합물 개수를 뛰어넘게 된다. 예측 변수 184개의 생물학 검사 결과와 192가지 화학적 성질값으로 이뤄져 있다. 생물학 결과는 각 검사에 대한 결과값으로 이뤄지며, 0과 10 사이의 값으로 최빈값은 4다. 화학적 성질값은 주요 부분 결합 구조의 개수 및 간 손상과 관련돼 있는 것으로 보이는 물리적 측정값으로 구성돼 있다. 이런 형태의 예측 변수에 대한 보다 자세한 설명은 5장에서 다룰 것이다.

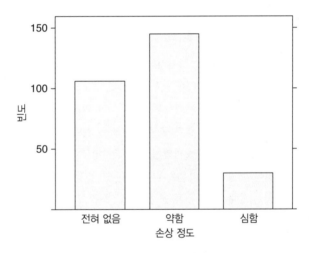

〔그림 1.2〕 간 손상 유형 분포

투과성

이 약학 데이터 세트는 화합물의 투과성을 측정하는 모델 개발에 사용됐다. 간단히 말하면, 투과성이라는 분자가 어떤 막을 통과하는 능력에 대한 값이다. 예를 들어, 신체의 경우 대표적인 막으로는 혈액 뇌관문이라고 알려진 신체와 뇌 사이의 막, 신체와 내장 기관을 구분하는 창자 내의 막 같은 것이 있다.

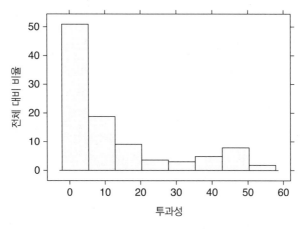

〔그림 1.3〕 투과성값 분포

이런 막은 예상치 못하거나 해로운 물질들이 몸의 주요 부위에 들어오지 못하도록 해준다. 약을 복용한 것이 뇌에 영향을 미치려면, 우선 약이 위벽을 통과한 후 혈액 뇌 관문을 통과해서 원하는 신경계 부위에 도착해야 한다. 그러므로 화합물이 그에 맞는 생물막을 통과할 수 있는 능력은 약의 효능 절차를 초기에 파악하는 데 있어 매우 중요 하다. 연구 검사 결과에서는 특정 병에 효과가 있다고 나타났지만, 투과성이 낮은 것으로 나타난 화합물의 경우, 투과성을 높여 목적 부위에 화합물이 도달할 수 있도록 변경 돼야 한다. 투과성 문제를 정의하는 것은 화학자가 보다 나은 분자 형태를 만드는 데 도움이 될 수 있다.

화합물의 투과성을 측정하는 데는 PAMPA[2] 및 Caco-2[3]와 같은 투과성 검사법을 사용한다(Kansyet al., 1998). 이런 검사는 화합물의 투과성을 수치화하는 데는 효과적이나, 이를 매번 수행하는 데는 많은 인력이 필요하다. 충분한 수의 화합물 검사 결과를 사용해 투과율에 대한 예측 모델을 만들면, 모든 수치를 분석해야 하는 필요성을 감소시킬 수 있을 것이다. 이 프로젝트에는 165가지의 화합물과 각 화합물별로 측정된 1,107가지 분자 지문이 사용됐다. 분자 지문은 특정 분자 하부 구조의 존재 여부를 나타내는 이진수열 구조로 돼 있다. 응답값은 한쪽으로 매우 심하게 치우쳐 있으며([그림 1.3]), 예측 변숫값은 넓게 퍼져 있고(15.5%가 존재함.), 많은 예측 변수 간에는 강한 연관성이 있다.

---

[2] Parallel artificial membrane permeability assay. 생화학 분야에서 화합물이 장기에 투과하는 정도를 보기 위해 인공 지질막을 통해 검사하는 법(https://en.wikipedia.org/wiki/Parallel_artificial_membrane_permeability_assay)_옮긴이
[3] 살아 있는 세포를 이용해 화합물의 투과성을 검사하는 방법(https://en.wikipedia.org/wiki/Caco-2)_옮긴이

화학 물질 제조 절차

이 데이터 세트는 화학 물질 제조 절차에 대한 정보에 대한 것으로, 절차와 최종 제품 결과 간의 관계를 이해하기 위한 용도로 만들어졌다. 이 절차상에서 원료는 27개의 단계로 이뤄진 과정을 거쳐 최종 약품으로 만들어진다. 초기 물질은 생물학 단위biological unit, BU에서 생성되고, 품질 및 특성은 다양하다. 이 프로젝트의 주제는 제조 절차의 결과 비율을 예측하는 것이다. 데이터 세트는 177개의 생물체 샘플에 대한 것으로, 57가지 특성에 대한 측정값이 있다. 이 57가지 특성값 중 생물학 초기 물질값은 12가지고, 제조 절차 중 측정값은 45가지다. 절차 중에 만들어진 변수로는 온도, 건조 시간, 세척 시간, 여러 단계에서의 부산물 비율 등에 대한 측정값이 있다. 측정값 중 일부는 조절할 수 있지만, 일부는 계속 관찰할 수밖에 없다. 예측 변수는 연속형, 개수형, 범주형으로 몇 개의 값은 상호 연관성을 갖고, 몇 가지 값은 일부 누락돼 있다. 샘플 집합은 동일한 생물학 초기 물질 배치에서 수집했으므로 독립적인 값을 갖지 않는다.

부정 재무제표

패닝Fanning과 코거Cogger는 미국 상품선물거래위원회와 미국 증권거래위원회 문서 등의 공공 데이터로부터 미국 주식 상장 기업의 부정 경영을 예측하기 위한 데이터 세트를 만들었다(1998). 저자들은 이를 통해 102개의 부정 재무제표를 발견할 수 있었다. 주어진 재무제표 중 부정인 경우가 적었기 때문에 정상적인 회사의 경우, 중요한 요소(회사 규모, 업종 등)값을 조절해 동일한 수의 샘플을 골랐다. 이런 식으로 모델 훈련에 150개의 데이터 값이 사용됐고, 나머지 54개는 모델 평가에 사용됐다. 이런 샘플 추출 방식은 의학 분야의 대조군 연구와 매우 비슷하다.

저자들은 경영진 이직률, 소송 횟수, 부채 구조 같은 중요한 내용에 관한 예측 변수가 정의되지 않은 상태에서 분석을 시작했다. 그리고 최종적으로 이 모델에서 20개의 예측 변수를 선택해서 사용했다. 이 예제에서는 판매 미수금 비율, 판매 재고율 연간 총이익 변화율 등을 사용한다. 비율을 사용하는 많은 예측 변수는 공통 분모를 사용한다(판매 대비 미수금 비율, 판매 대비 재고 비율 등). 실제 데이터 값은 공개되지 않았지만, 예측 변수 간 강한 상관관계가 있는 것으로 보인다.

모델링 관점에서 봤을 때, 이 예제는 여러 가지 이유에서 흥미롭다. 첫째, 집단 간 매우 큰 불균형 상태이므로 데이터 세트 내 두 집단의 빈도와 불균형이 매우 큰 전체 집단에서의 빈도는 매우 다르게 나타날 것이다. 이런 불균형 같은 결과를 최소화하기 위해 보통 데이터를 '다운 샘플링'하는 방법을 사용한다. 둘째, 가능한 예측 변수의 수가 샘플의 수에 비해 많다. 이 경우, 예측 변수를 선정하고, 모델을 구축하고, 성능 평가를 하기 위한 샘플 수가 적으므로 모델에서 예측 변수를 선정하는 것에 민감해진다. 다음 장에서 훈련 데이터가 전체 집합의 다른 샘플에서 나타나지 않을 때 발생할 수 있는 과적합 문제에 대해 다룰 것이다. 예측 변수가 많고 데이터가 적을 경우, 데이터상에서 보이는 적절한 예측 변숫값이 다시 나타나지 않을 위험이 있다.

데이터 세트 비교

이 예제들은 대부분의 데이터 세트에서 공통으로 나타나는 특성을 보여준다. 첫째, 예제들의 응답 변수는 연속형이거나 범주형인데, 범주형 응답 변수의 경우 보통 2개 이상의 범주를 갖는다. 연속형 변수의 경우, 응답 변수의 분포는 대칭 형태(화학 물질 제조 데이터)거나 한쪽으로 치우친 형태(투과성 데이터)다. 범주형의 경우, 균형적(보조금 지원 데이터)이거나 불균형적(음악 장르, 간 손상 데이터)인 형태를 보인다. 4장에서 확인하겠지만, 응답 변수 분포를 이해하는 것은 예측 모델링 과정의 첫 단계인 훈련 데이터와 테스트 데이터 세트로 전체 데이터를 나누는 과정에 있어 반드시 필요하다. 모델러가 응답 변수 분포를 이해하면 데이터를 보다 잘 나누게 될 것이다. 만약, 응답 변수 분포를 이해하지 못하면 여러 모델에서 계산 시 어려움을 겪을 수 있고, 예측력이 최적화되지 않은 모델을 만들게 될 수도 있다.

　[표 1.1]에 요약된 데이터 세트 역시 대부분의 데이터 세트에서 일반적으로 나타나는 예측 변수의 특성을 드러내고 있다. 무엇보다 예측 변숫값이 연속형이든, 개수형이든, 범주형이든 누락된 값이 있을 수도 있고 측정 단위도 다를 수 있다. 더불어 데이터 세트의 다른 변숫값과 예측 변수 간에는 높은 상관관계를 갖거나 연관 있는 경우도 있을 수 있으므로 예측 변수는 수치적으로 중복된 정보를 내포하고 있을 가능성이 있다는 것도 염두에 둬야 한다. 또한 예측 변수가 넓게 퍼져 있는 경우가 있다. 즉, 샘플의 대부분은 동일한 정보를 갖고 있고, 일부 데이터만이 특이한 정보를 나타낸다는 뜻이다. 예측 변수 역시 응답 변수와 마찬가지로 대칭 또는 한쪽으로 치우친 분포를 나타내거나(연속형의 경우) 균형적이거나 불균형적인 형태를 따른다(범주형). 마지막으로 데이터 세트에서 예측 변수는 응답 변수와 어떤 관계를 내포하고 있을 수도 있고, 아닐 수도 있다.

　여러 모델 종류별로 이런 예측 변수의 성질을 각각 다른 방식으로 처리한다. 예를 들

[표 1.1] 예제 데이터 세트의 특성 비교

데이터 특성	데이터 세트					
	음악 장르	보조금 지원	간 손상	이상 탐지	투과성	화학 물질 제조 절차
	12,495	8,707	281	204	165	177
	191	249	376	20	1,107	57
응답 변수 특성						
범주형 연속형	범주형	범주형	범주형	범주형	연속형	연속형
균형적/대칭적						
불균형적/비대칭	X	X	X	X		X
독립성			X	X	X	
예측 변수 특성						
연속형	X	X	X	X	X	X
개수형	X	X	X			X
범주형		X	X	X	X	X
상관성	X	X	X	X		X
다른 척도	X	X	X	X	X	X
결측값		X				X
분산됨					X	

면, 부분 최소 제곱법least squares은 예측 변수가 상관성을 가질 경우에도 특별히 다르게 처리하지 않지만, 예측 변수가 유사한 단위로 처리돼 있는 경우, 수치상 안정적으로 쓸 수 있다. 반면, 반복 분할법recursive partitioning의 경우는 예측 변수의 단위가 서로 다르다고 해도 영향을 받지 않지만, 예측 변수가 상관성을 가질 경우 분할 구조의 안정성이 떨어진다. 모델에서의 예측 변수 특성이 미치는 영향을 보여주는 다른 사례로는 다중 선형 회귀linear regression를 들 수 있다.

다중 선형 회귀는 예측 변수 정보가 누락된 경우 처리하지 못하지만, 반복 분할법의 경우 어느 정도 정보가 누락된 예측 변수도 사용할 수 있다. 이 예시들에서는 예측 변수를 모델에 적합하게 처리하지 못한 경우('전처리'라고 한다), 최적의 예측 성능을 내지 못하는 모델을 만들게 된다. 예측 변수의 특성을 평가하고 이를 전처리를 통해 다루는 것은 이후 3장에서 다룰 것이다.

마지막으로 각각의 데이터 세트에서는 예측 모델 구축 시에 반드시 고려해야 하는 또 다른 기본적인 특성을 보여주고 있다. 바로 샘플 수(n)와 예측 변수 개수(P) 간의 관계다. 음악 장르 데이터 세트에서는 샘플 수($n=12{,}496$)가 예측 변수 수($P=191$)보다 훨씬 크다. 모든 예측 모델은 이런 내용을 다루지만, 모델 간의 연산 시간은 매우 큰 차이가 날 것이고, 샘플 수와 예측 변수 수가 커질수록 이런 차이 역시 더 크게 벌어질 것이다. 이에 반해 투과성 데이터 세트는 예측 변수 개수($P=1{,}107$)에 비해 훨씬 적은 샘플($n=165$)을 갖는다. 이런 경우, 다중 선형 회귀나 선형 판별 분석linear discriminant analysis, LDA 같은 예측 모델을 바로 사용할 수는 없다. 하지만 일부 모델(예를 들면, 반복 분할법 및 K-최근접 이웃 방법K-nearest neighbors, KNNs)의 경우, 이런 상태에서도 바로 사용할 수 있다. 책의 뒷부분에서 각 모델링 기법을 다루게 되는데, 이때 $n < P$인 데이터 세트를 다룰 수 있는 기법의 경우 이에 대해 명시할 것이다. 이런 경우, 쓸 수 없는 방법은 다른 모델링 기법이나 예측 변수 공간 차원을 효과적으로 축소할 수 있는 전처리 방법을 대안으로 제시할 것이다.

즉, 모델 구축을 위해서는 어떤 데이터 세트이든, 예측 변수와 응답 변수에 대한 상세한 이해가 반드시 이뤄져야 한다. 이에 대한 이해가 부족할 경우, 연산이 더 어려워지고 만든 모델의 성능이 최적화되지 않을 수도 있다. 게다가 대부분의 데이터 세트는 가능한 예측 모델 종류를 더 늘리고 각 모델의 예측 성능을 최적화하기 위해 어느 정도의 전처리를 필요로 할 것이다.

1.5 개요

이 책은 4개의 부로 이뤄져 있고, 독자는 이를 따라가면서 예측 모델을 구축하고 비판적으로 평가하는 프로세스를 밟을 수 있다. 대부분의 독자가 예측 모델이라는 개념을 직접 구현하고자 할 것이므로 이 책에서는 각 장의 끝에 컴퓨팅 부분을 마련해 각 장에서 다룬 주제를 구현한 코드를 실었다. 전체 책에서 우리가 주로 다루는 프로그래밍 언어는 R이다(R Development Core Team, 2010). R에 친숙하지 않은 대부분의 독자들을 위해 이 소프트웨어에 대한 소개를 '부록 B'에 실었다. 부록 B의 목표는 기본적인 R 프로그래밍 구조에 대한 소개 및 간단한 참고 자료를 제공하는 것이다. 하지만 R을 처음 접하는 사람에게는 이 책에서 제공하는 것만으로는 충분하지 않을 것이다. 이 경우 웹 및 책으로 많은 튜토리얼이 나와 있다. 추가 자료가 필요하면, 버지니(Verzani, 2002), 베너블스 등(Venables et al., 2003), 메인도널드와 브라운(Maindonald and Braun, 2007), 뮤첸(Muenchen, 2009), 스펙터(Spector, 2008)의 글을 참고하기 바란다.

1부에서는 모델 구축 시 필요한 튼튼한 기반을 놓는 방법에 대해 설명한다. 데이터 전처리(3장)와 재샘플화resampling(4장)는 어떤 데이터에 대한 모델을 만들기 전에 필요한 주춧돌과 같은 개념이라고 이해하면 쉽게 받아들일 수 있을 것이다. 3장에서는 데이터 변환, 변수 추가 및 삭제, 연속형 변수의 구간화 등 일반적인 전처리 방법에 대해 설명할 것이다. 또한 이 장에서는 왜 대부분의 모델에서 모델링 전에 전처리가 필요한지에 대해서도 설명할 것이다. 4장에서는 데이터를 모델에 적합하게 튜닝해 성능 최적화하기 위해 데이터를 사용하는 것에 대한 개념 및 방법을 소개할 것이다. 또한 이 장에서는 실제로 모델을 만드는 사람은 어떤 문제가 주어지든 늘 다양한 모델을 시험해봐야 한다는 것에 대해 설명할 것이다.

이와 같이 예측 모델에 대한 기반을 다진 후, 2부에서는 전통적 기법 및 현대 회귀 분석 기법을 다룰 것이다. 2부는 연속형 결과값이 나오는 모델에서 성능을 측정하는 방법을 설명하는 것으로 시작한다(5장). 6장을 통해서는 예측 변수의 선형 조합을 사용해 데이터의 구조를 파악하는 회귀 모델에 대한 실질적인 이해 및 직관을 얻을 수 있을 것이다. 이에 해당하는 모델로는 선형 회귀, 부분 최소 제곱, L_1 정규화regularization 등이 있다. 7장에서는 예측 변수 간의 단순한 선형 조합에서 나온 것이 아닌 회귀 모델인 신경망 모델, 다변량 적응 회귀 스플라인multivariate adaptive regression splines, MARS, 서포트 벡터 머신SVMs, KNN 등에 대해 설명할 것이다. 트리 기반 모델 역시 예측 변수의 선형 조합이 필요 없다. 다만, 앙상블 기법에서의 사용 방식이나 모집단 등의 차이가 있으므로 이 기법은 다른 장(8장)에 할애하기로 했다. 이 장에서는 회귀 트리, 배깅 트리bagged tree, 랜덤 포레스트random forest, 부스팅boosting, 큐비스트를 소개할 것이다. 이후 콘크리트의 압축 강도를 높이기 위해 보다 나은 배합 방안을 찾기 위한 모델링이라는 특정 문제를 푸는데 위에서 소개한 기법을 사용하고, 비교해보는 사례 연구(10장)로 2부를 마무리할 것이다.

회귀 모델을 설명한 후에는 자연스럽게 예측 분류 모델에 대해 설명하게 될 것이다. 이는 3부에서 다룬다. 분류 문제의 성능에 대한 평가 지표는 회귀 모델과는 또 다르다. 이런 지표는 11장에서 다룬다. 12장에서는 2부와 동일한 구조를 따라 예측 변수의 선형, 이차형, 정규화, 부분 최소 제곱 등의 선형 조합을 기반으로 하는 분류 모델에 대한 실질적인 이해 및 직관을 제공할 것이다. 추가로 분류에 사용되는 벌점 부여 기법penalized에 대해서도 살펴볼 것이다. 13장에서는 예측 변수를 비선형 함수에 적용하는 분류 방법을 살펴볼 것이다. 이 방법에는 유선형 판별 분석, 신경망, SVM, KNN, 나이브 베이즈Naive Bayes, 최근접 축소 중심법nearest shrunken centroids 등이 있다. 2부에 이어 14장에서는 분류에 사용되는 트리 기반 모델을 다룰 것이고, 17장에서는 분류 사례 연구 및 방법을 비교할 것이다.

4부에서는 모델을 구축하거나 성능을 평가할 때 고려해야 할 다른 중요한 사항들을 언급하면서 전체 내용을 마무리할 것이다. 주어진 문제에서 관련 예측 변수를 찾는 데도 수많은 특징 선택 기법이 있다. 이 방법들을 통해 실제로 유의미한 정보를 발견할 가능성이 있고, 종종 사용자가 데이터의 구조 대신 데이터의 잡음을 이해할 수 있도록 도와주기도 한다. 18장에서는 예측 변수의 중요도를 측정하는 다양한 방법에 대해 설명할 것이고, 19장에서는 특징 선택 기법을 적절하게 활용하는 방안에 대해 소개할 것이다. 또한 원소의 행렬은 모델 성능에 영향을 미치고 모델 사용자가(실제로 모델 성능이 좋음에도 불구하고) 모델의 예측 성능이 나쁘다고 믿거나(실제로는 아닌데도) 성능이 좋다고 잘못 생각하게 할 수도 있다. 모델 성능에 영향을 미치는 몇몇 일반적 요인은 예측 변수 집합이나 응답 변수 또는 예측 변수의 추정값에 과한 잡음을 만든다. 이와 관련된 내용은 20장에서 다룰 것이다.

1.6 표기법

이 책의 목표 중 하나는 많은 기법을 직관적으로 설명하는 것이다. 가능한 한 수식 대신 말로 설명하려고 했다. 다만, 많은 모델은 알고리즘 설명만으로 나타낼 수 있어도 몇몇 모델은 수학적 설명이 좀 더 필요하다. 일반적으로 다른 폰트 및 형태로 나타나는 x, y는 각각 예측 변수 및 응답 변수를 나타낸다. 이 책에서 사용하는 특수 문자는 아래와 같다.

n = 데이터 수

P = 예측 변수 수

y_i = i번째 결과 관측값, $i = 1 \ldots n$

$\hat{y}_i$ = i번째 데이터에 대한 예측 결과값, $i = 1 \ldots n_i$

$\bar{y}$ = 결과값 y에 대한 n개의 관측값에 대한 대푯값이나 샘플 평균

y = 전체 n개의 결과값 벡터

x_{ij} = i번째 데이터 값에 대한 j번째 예측 변숫값, $i = 1 \ldots n$, $j = 1 \ldots P$

$\bar{x}_j$ = j번째 예측 변수에 대한 n개의 데이터 값의 대푯값이나 샘플 평균, $j = 1 \ldots P$

x_i = i번째 데이터 값에 대한 P개의 예측 변수 집합(벡터 등), $i = 1 \ldots n$

$\mathbf{X}$ = 전체 데이터에 대한 P개의 예측 변수 행렬(n개의 행과 P개의 열로 구성된 행렬)

$\mathbf{X}'$ = $\mathbf{X}$의 전치 행렬(P개의 행과 n개의 열로 구성된 행렬)

이 책 전반에 사용된 수식상에서 사용되는 기호들은 아래와 같다.

C = 범주형 결과값에서의 클래스 수

C_ℓ = ℓ번째 클래스 값

p = 특정 사건이 발생할 확률

p_ℓ = ℓ번째 사건이 발생할 확률

$Pr[.]$ = 사건이 발생할 확률

$\displaystyle\sum_{i=1}^{n}$ = i번째 이상의 값을 모두 더한 값

$\mathbf{\Sigma}$ = 이론적 공분산 행렬

$E[\cdot]$ = $\cdot$의 기댓값

$f(\cdot)$ = $\cdot$에 관한 함수; $g(\cdot)$ $h(\cdot)$도 이 책에서는 함수를 나타내는 데 사용됨

β = 이론적으로 쓰이거나 알려지지 않은 모델 상수

b = 데이터 샘플에서 나온 모델 상수의 추정값

더불어 이 책에서는 특정 주제 및 모델에서만 사용되는 기호들도 있다는 것을 염두에 두자. 이런 경우, 필요한 부분에서 각 기호를 정의할 것이다.

Part 1 일반 전략

02
예측 모델링 과정 훑어보기

모델 구축의 정식 요소에 들어가기에 앞서 간단한 예제를 통해 모델 구축에 대해 전반적인 개념을 살펴보자. 특별히 다음 예제에서는 후보 모델들을 구축하고, 이 중 최적의 모델을 고르는 과정을 통해 데이터를 '소비'하는 개념을 설명할 것이다.

2.1 사례 연구: 연비 예측

미국 에너지부Department of Energy, DOE의 에너지 효율 및 재생 에너지국Office of Energy Efficiency and Renewable Energy, EERE과 미국 환경보호청Environmental Protection Agency, EPA이 운영하는 웹 사이트인 fueleconomy.gov에서는 승용차와 트럭별 연비 추정값을 게시했다. 이에는 각 차종에 대한 엔진 배기량 및 실린더 수 등 다양한 특성이 기록돼 있다. 이런 값을 통해 차종별 도시 및 고속도로에서의 갤런당 마일 수치miles per gallon, MPG가 산정됐다.

실제로 가장 예측이 잘되는 모델을 찾기 위해 가능한 한 많은 차량 특성을 사용해 모델을 구축할 것이다. 하지만 이 소개용 설명 글에서는 모델 구축의 상위 개념에 초점을 맞추기 위해 엔진 배기량(엔진 실린더 내의 부피)이라는 하나의 예측 변수와 2010~2011 년형 차량에 대한 무보정 고속도로용 MPG라는 단일 응답 변수를 사용할 것이다.

어떤 모델 구축 과정에서든 첫 번째 단계는 데이터를 이해하는 것으로, 그래프를 사용하면 가장 쉽게 할 수 있다. 응답 변수와 예측 변수를 하나씩만 사용하므로 이 데이터는 산점도로 시각화할 수 있다([그림 2.1]). 이 그림을 통해 엔진 배기량과 연비 간의 상관관계를 볼 수 있다. '2010년형' 부분에는 2010년형 데이터가 들어가 있고, 다른 부분에서는 2011년형 차량의 데이터만 볼 수 있다. 연도와 상관없이, 엔진 배기량이 증가할수록 연비는 떨어지는 것이 명확하게 나타난다. 상관관계는 다소 선형적으로 보이지만, 배기량 축의 양쪽 끝에서는 극단적으로 꺾어지는 곡선 형태를 나타낸다.

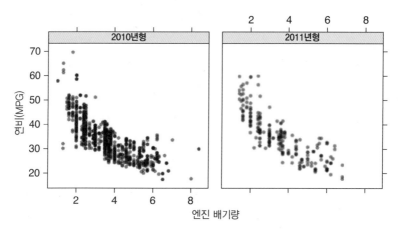

〔그림 2.1〕 2010년형 모델과 2011년형 모델 전 차종 엔진 배기량과 연비 간의 상관관계

만약, 1개 이상의 예측 변수를 사용한다면 예측 변수들 간의 상관관계 및 예측 변수의 특성에 대해 더 심도 있게 이해해야 한다. 이런 특성은 모델 구축 전에 어떤 전처리가 중요하고 필요한지 알게 해줄 수 있다(3장 참고).

데이터를 우선 이해한 다음 단계는 데이터를 사용해 모델을 구축하고 평가하는 것이다. 정석은 모델 구축을 위해 데이터를 무작위로 표집한 후 남은 데이터를 모델 성능 측정에 사용하는 것이다. 하지만 2011년 라인의 MPG를 예측한다고 가정해보자. 이런 경우, 2010년형의 데이터(1,107가지 차량 데이터)를 사용해 모델을 만든 후, 2011년형 차량 245개의 데이터로 테스트할 수 있다. 일반적으로 2010년 데이터는 모델 '훈련 데이터 세트'라는 용어로 쓰이고, 2011년 데이터는 '테스트', '평가 데이터 세트'라는 용어로 쓰일 것이다.

그럼 모델 구축 및 평가에 쓰이는 데이터가 정의됐으므로 모델의 성능을 어떻게 평가할지를 정해야 할 것이다. 회귀 모델의 경우 숫자값을 예측한다면, 정보가 잔차로부터 많은 영향을 받아 만들어진다는 문제가 있다. 잔차는 관측값에서 예측값을 빼는 식으로 계산된다($y_i - \hat{y}_i$). 숫자값을 예측하는 경우, 모델 평가 시 일반적으로 제곱근 평균 제곱 오차값root-mean squared error, RMSE이 사용된다. RMSE는 잔차가 0일 경우를 평균으로 해서 얼마나 많이 떨어져 있는지로 해석한다. 이는 7장에서 보다 자세히 설명한다.

이때, 모델러는 예측 변수와 결과값 간의 상관관계를 수학적으로 정의하기 위해 다양한 기법을 시도하게 될 것이다. 이 경우 모델 식에서 사용하는 다양한 값을 추정하기 위해 훈련 데이터 세트가 사용된다. 테스트 데이터 세트는 일부 강력한 모델들이 최종 후보로 선정된 경우에만 사용된다(모델 구축 과정에서 테스트 데이터 세트를 반복해서 사용하면 모델 최종 조정자로서의 역할이 무색해진다).

예측 MPG가 기본적인 기울기와 절편을 가진 형태의 선형 회귀 모델로 만들어졌다고 가정해보자. 훈련 데이터 세트를 최소 제곱법least square에 적용해 절편이 50.6이고, 기울기가 −4.5MPG/liter일 것이라고 추정할 수 있다(6.2장).

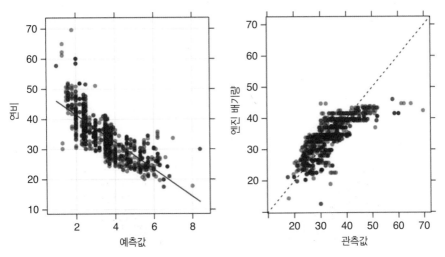

〔그림 2.2〕 선형 회귀 모델에서의 적합도 판단. 훈련 세트의 데이터와 연관된 예측값을 통해 모델이 얼마나 잘 작동하는지를 확인할 수 있다.

훈련 데이터 세트에 대한 모델 적합도[1]는 [그림 2.2]에 나와 있다. 왼쪽 부분에는 기

---

[1] 대학교 때 은사 중 한 분은 "데이터가 쉽게 느껴지는 유일한 방법은 절대 데이터를 들여다보지 않는 것 뿐이다."라고 말씀하셨다.

울기 및 절편에 대한 추정값으로 정의된 선형 모델에 대한 훈련 데이터 세트의 적합도
가 나타나 있고, 오른쪽 부분에는 MPG의 관측값 및 예측값이 그려져 있다. 이 그래프
들을 통해 이 모델에서는 배기량이 2L보다 적거나 6L보다 많은 경우 연비를 낮게 예측
하는 등 데이터에서 나타나는 몇 가지 패턴을 놓치고 있다는 것을 알 수 있다.

훈련 데이터 세트를 사용함에 있어서 간단히 동일한 데이터로 모델을 만들고 모델
성능을 비교하려고 하지 말아야 한다. 단순히 훈련 데이터 세트로 다시 예측하게 되면
모델이 동작하는 것에 대해 과한 긍정적 평가를 내릴 가능성이 있다. 이런 경향은 모델
이 데이터에 잘 맞춰져 있는 경우에 더욱 두드러진다. 모델이 얼마나 잘 작동하는지를
수치적으로 판단하기 위한 다른 방법으로는 적합한 모델을 만들기 위해 사용한 훈련 데
이터 세트의 하위 버전을 만드는 리샘플링을 들 수 있다. 리샘플링 기법은 4장에서 살펴
볼 것이다. 이 데이터에서는 10-겹 교차 검증이라는 리샘플링 형식을 사용해 모델의
RMSE가 4.6MPG라고 추정했다.

[그림 2.2]에서 모델에 일부 비선형적 형태가 있다는 점에 착안하면 문제를 해결할
수 있음을 알 수 있다. 이를 적용하는 데는 많은 방법이 있다. 가장 기본적인 방법은 기
존의 선형 회귀 모델에 복잡도를 추가하는 것이다. 기존 모델에 엔진 배기량의 제곱 항
목을 추가하는 식으로 예측 변수의 제곱값과 연관된 추가 기울기 변수를 추정할 수 있
다. 이를 위해서 모델 수식을 다음처럼 바꿔야 한다.

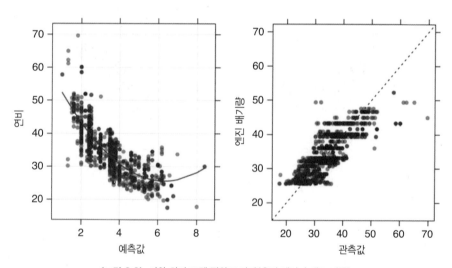

〔그림 2.3〕 이차 회귀 모델 적합도 판단(훈련 데이터 세트 기준)

$$효율 = 63.2 - 11.9 \times 배기량 + 0.94 \times 배기량^2$$

제곱항을 추가하면서 이차 모델 형태가 됐다. 이에 대한 적합도는 [그림 2.3]에 나와 있다. 확실히 이차항을 추가함으로써 모델 적합도가 개선됐다. 이 모델에서 교차 검증을 해보면 RMSE가 4.2MPG로 추정된다는 것을 알 수 있다. 이차 모델에서의 한 가지 문제는 예측 변수의 극단값 성능이 떨어질 수 있다는 것이다. 이런 예로 [그림 2.3]에서 배기량이 매우 높은 차량들을 들 수 있다. 이 모델은 비현실적으로 위쪽을 향해 굽은 형태다.

이를 사용해 매우 큰 배기량을 가진 신차에 대해 예측하는 경우 명확히 부정확한 결과가 나올 수 있다.

6~8장에서는 예측 변수와 결과값 간의 복잡한 관계를 만들어 내는 많은 다른 기법에 대해 논의할 것이다. 이런 방법 중 하나로는 다변량 가법 회귀 스플라인 모델 multivariate adaptive regression spline, MARS이 있다(Friedman, 1991). 단일 예측 변수를 사용하는 경우, MARS를 사용하면 엔진 배기량의 범위에 따라 서로 다른 선형 회귀선을 적용할 수 있다. 선형 모델을 적용하기 위해 범위의 수와 크기에 따라 각각의 기울기와 절편값을 추정하게 된다. 이 기법에는 선형 회귀 모델과 달리 데이터로부터 바로 추정할 수 없는 튜닝 변수가 있다. 데이터 모델링에 있어 얼마나 많은 구간이 필요한지 판단할 수 있는 방정식은 없다. MARS 모델은 이런 판단을 하기 위해 내부적으로 알고리즘을 갖고 있으므로 사용자는 적합한 값을 가늠하기 위해 여러 값을 테스트해본 후 리샘플링을 할 수 있다. 적합한 값을 찾은 후, 최종 MARS 모델은 모든 훈련 데이터 세트를 사용해 최적화한 후 예측에 사용된다.

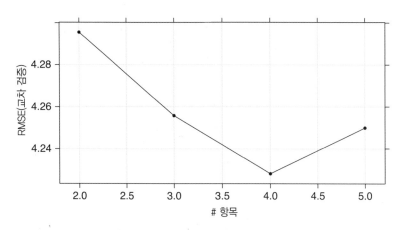

〔그림 2.4〕 MARS 튜닝 변수의 교차 검정 프로파일

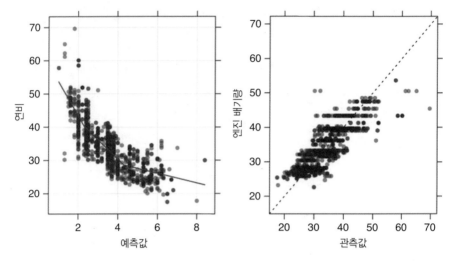

〔그림 2.5〕 MARS 모델의 적합도 판단(훈련 데이터 세트 사용). MARS 모델을 사용하면 변곡점 2.3, 3.5, 4.3L에서 구분해 각각 적합한 선형 회귀선을 만든다.

단일 예측 변수를 사용하는 경우, MARS는 이전의 기울기 및 절편과 유사한 형태로 5개의 모델 항목을 만든다. 교차 검증을 하면 [그림 2.4]에서 본 것처럼 리샘플링 프로파일을 만들기 위한 튜닝 변수에 4개의 후보값을 추정하게 된다. RMSE 값의 변경 척도로 이 튜닝 변수가 어느 정도 차이는 감안할 수 있다는 뜻이라고 하더라도 최소 RMSE 값은 4개의 항과 연관성을 갖는다. 최적 모델의 RMSE 값은 4.2MPG다. 이 4개의 항을 사용해 가장 적합한 최종 MARS를 만든 후, 훈련 데이터 세트에 맞춰본 형태는 [그림 2.5]와 같이 몇 개의 선형 구간이 나뉘어 예측되는 식이다.

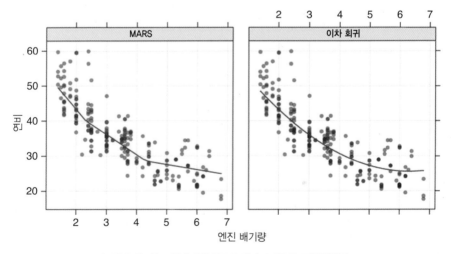

〔그림 2.6〕 두 모델에 대한 테스트 데이터 세트와 모델 적합도

이 세 모델을 기반으로 이차 회귀와 MARS 모델을 테스트 데이터 세트를 사용해 평가해보자. 결과는 [그림 2.6]에 나와 있다. 두 모델의 적합도는 유사하다. 이차 모델에서의 테스트 세트에 대한 RMSE 값은 4.72MPG이고, MARS 모델은 4.69MPG다. 이를 토대로 두 모델 모두 신차 라인을 예측하는 데 적합하다고 볼 수 있다.

2.2 테마

모델 구축 과정의 여러 측면은 충분히, 더 깊이 논의할 필요가 있다. 예측 모델을 처음 접하는 사람들에게는 더욱 중요하다.

데이터 분할

다음 장에서 이야기하겠지만, 특정 업무(모델 구축, 성능 평가 등)를 위해 데이터를 분할하는 방법은 모델링에 있어서 매우 중요한 측면이다. 이런 상황에서 가장 우선적인 관심사는 새로운 차의 연비를 예측하는 등 모델 구축에 사용되는 데이터와 동일한 모집단에서 나오는 데이터가 아닌 경우다. 즉, 어떤 경우에는 모델이 서로 다른 집단에 대해 얼마나 잘 추론할 수 있는지를 시험해봐야 한다는 것이다. 만약, 동일한 차량에 대한 값을 예측하고 싶다면(보간법 등) 전체 데이터에서 단순 임의 표집을 하는 것이 보다 적합할 것이다. 훈련 세트와 테스트 세트를 어떻게 나눌지 결정하는 것이 모델을 적용하는 방식에 영향을 미친다.

그렇다면 훈련 세트와 테스트 세트에 어느 정도의 데이터가 할당돼야 할까? 일반적으로 이는 상황에 따라 달라진다. 데이터 풀이 작은 경우, 데이터를 나누는 것에 대한 결정이 매우 중요해진다. 작은 테스트 세트를 사용하는 경우에는 성능 판단 시 어느 정도 제약이 생긴다. 이런 경우, 리샘플링 기법에 전적으로 의지하는 것(테스트 세트를 따로 두지 않는 등)이 훨씬 좋을 수도 있다. 큰 데이터 세트는 이런 판단의 중요성을 경감시켜준다.

예측 데이터

앞의 예제는 많은 예측 변수 중 하나인 엔진 배기량을 중심으로 주변을 살펴봤다. 원데이터에는 실린더 수, 변속기 유형, 제조사 등의 여러 다른 요인도 있다. 연비 예측을 제대로 시도하기 위해서는 최대한 많은 예측 변수를 조사해야 성능을 향상시킬 수 있다. 보다 많은 예측 변수를 사용하면, 이후 신차에 대한 RMSE를 낮출 수 있을 것이다. 데이터를 보다 깊이 조사하는 것도 도움이 될 수 있다. 예를 들어, 연비를 측정할 때 엔진 배기량이 적다면 어떤 예측 모델도 소용 없다. 원하는 차량 유형의 예측 변수를 포함하는 것이 성능 향상에 도움이 된다.

여기서 논의되지 않은 모델링에 대한 측면은 모델에서 필요한 연관 예측 변수의 최소 집합을 판단하는 과정인 특징 선택 부분이다. 공통적으로 사용되는 이 항목에 대해서는 19장에서 다룰 것이다.

성능 추정

테스트 데이터 세트를 사용하기 전에 모델의 효과를 판단하기 위해 두 가지 기법을 사용해볼 수 있다. 우선, 리샘플링을 사용한 통계적 정량 평가를 통해 사용자에게 각각의 기법이 새 데이터에서 어느 정도로 잘 작동할지를 이해하도록 할 수 있다. 다른 방법으로는 관측값과 예측값을 그래프로 그려보는 등 모델을 간단히 도식해 데이터 중 모델이 잘 맞거나 좋지 않은 구역을 찾아볼 수 있다. 이런 정성적 정보 유형은 모델을 개선하는 데 있어서 매우 중요하고 요약 통계 정보만으로 모델을 판단하는 경우, 놓치는 부분이기도 하다.

여러 모델 평가하기

이 데이터에서 3개의 서로 다른 모델을 평가했다. 경험상 몇몇 모델러들은 이유 없이 선호하는 모델이 있다. "공짜 점심은 없다." 이론[Wolpert, 1996]에서는 이에 대해 "모델링 문제를 위한 실질적인 정보가 없다면, 어떤 모델을 쓰든 항상 마찬가지일 것"이라고 이야기한다. 따라서 매우 다양한 기법을 시도해본 후, 어떤 모델에 집중할지를 가늠해야 보다 나은 모델을 구할 수 있다. 앞의 예제에서는 데이터에 대한 단순한 그래프로부터 결과값과 예측 변수 간에 비선형적 관계가 있다는 것을 알 수 있다. 이 지식을 바탕으로 선형 모델을 고려 대상에서 제외하더라도, 평가해야 할 다양한 모델링 방법들이 여전히 존재한다. 누군가는 "어디서든 모델 X가 최고다"라고 할지 모르지만, 이 데이터에 있어서는 단순 이차 모델의 성능이 유난히 뛰어나다.

모델 선정

전체 과정 중 어디선가는 특정 모델을 선택해야 한다. 앞에서는 두 가지 모델 선정 방식을 설명했다. 우선 몇 가지 후보를 선택했다. 이후 선형 회귀 모델은 적합도가 낮다고 판명돼 후보에서 제외됐다. 이 경우, 모델 간의 비교를 한 후 최종 모델을 골랐다. 이는 앞에서 이야기한 방식 중 두 번째 모델 선정 방식이다. MARS에서 튜닝 변수는 교차 검증을 통해 선택됐다. 사용할 MARS 모델의 유형을 선택하는 것 역시 모델 선정에 포함된다. 여기서는 서로 다른 MARS 모델 중에서 하나를 선택했다.

각각의 경우에 있어서 모델을 고르기 위해 교차 검증과 모델의 정량 평가를 위한 테스트 세트를 사용했다. 실제로는 거의 그렇지 않지만, 여기서는 단일 예측 변수를 사용하는 것에 초점을 맞추고 있어서 모델 적합도에 대한 시각화를 통해 정보를 더 얻을 수도 있었다. 이 과정의 끝에서 MARS와 이차 모델이 동일한 성능을 갖는 것으로 나타났다. 하지만 이차 모델이 매우 큰 배기량의 차량에는 적합하지 않다는 것을 알게 돼 직관적으로 MARS 모델을 살펴보게 됐다. 이 책의 목적 중 하나는 사용자로 하여금 서로 다른 모델의 강점과 약점을 알고, 이를 통한 직관력을 길러 보다 현명한 결정을 할 수 있도록 하는 것이다.

2.3 요약

액면 그대로 보면, 모델 구축은 직관적이다. 모델링 기법을 선택하고, 데이터를 넣고, 예측을 하면 된다. 하지만 이런 식으로 모델을 만들면, 새로운 데이터를 예측 모델에 적용한 결과는 전혀 신뢰할 수 없을 것이다. 제대로 된 모델을 만들기 위해서는 우선 데이터와 모델링의 목적을 이해해야 한다. 데이터와 모델링의 목적을 이해한 후에 데이터를 전처리하고 용도에 따라 나누게 된다. 이런 과정을 거친 후에야 모델을 구축하고, 평가하고, 선정하게 되는 것이다.

03

데이터 전처리

데이터 전처리 기법은 일반적으로 훈련 데이터에 데이터를 추가하고, 제거하고, 변환하는 형태로 나타난다. 이 책에서는 주로 모델링 기법을 다루지만, 데이터 준비 과정에서도 모델의 예측력을 높이거나 낮출 수 있다. 모델마다 예측 변수 유형에 대해 민감한 정도가 다르므로 모델에 어떤 예측 변수가 들어가느냐 역시 매우 중요하다. 데이터의 비대칭도나 이상값의 영향 정도를 감소시키기 위한 데이터 변환을 통해 모델 성능을 유의하게 향상시킬 수 있다. 3.3장에서 언급한 특징 선택은 여러 예측 변수의 조합을 통한 대체 변수를 만드는 직접적인 방법 중 하나다. 추가로 정보가 부족한 예측 변수를 제거하는 등의 보다 단순한 전략 역시 효과적일 수 있다.

데이터 전처리에 대한 필요 여부는 어떤 모델을 사용하느냐에 따라 판단된다. 특히 트리 기반 모델 같은 방법은 예측 데이터의 특성에 영향을 받지 않는다. 하지만 선형 회귀 같은 방법은 아니다. 이 장에서는 가능한 한 다양한 방법들을 살펴볼 것이다. 이후 이야기할 모델링 기법에 대해 데이터 전처리가 필요한 경우, 어떤 방법이 유용할지 또한 설명할 것이다.

이 장에서는 비지도 데이터 처리 방식을 설명한다. 이 방식에서는 전처리 기법에서 결과 변수를 고려하지 않는다. 결과값을 데이터 전처리에 이용하는 지도식 방법에 대해서는 다른 장에서 다룰 것이다. 예를 들어, 부분 최소 제곱partial least squares, PLS 모델은 근본적으로 주성분 분석principal component analysis, PCA의 지도식 버전이다. 또한 어떤 변수가 결과값과 연관됐는지를 고려하지 않은 상태에서 예측 변수를 제거하기 위한 방안에 대해서도 설명할 것이다. 19장에서는 응답 변수를 예측하기 위한 모델의 성능을 최적화할 수 있는 예측 변수의 부분 집합을 찾는 방법에 대해 논의한다.

예측 변수를 변조하는 방식인 특성 엔지니어링feature engineering은 모델 성능에 중대한 영향을 미칠 수 있다. 예를 들면, 간혹 예측 변수를 조합하는 쪽이 변수를 각각 사용하는 것보다 효과적이고, 두 예측 변수의 비율을 적용하는 편이 두 변수를 각각 적용하는 것보다 효과적일 수도 있다. 데이터를 가장 효과적으로 변조하는 방식은 대개 모델러가 문제를 잘 이해하는 데서 나오지, 어떤 수학적 기법에서 나오는 것이 아니다.

예측 변수 데이터를 변조하는 데는 보통 여러 가지 다양한 방식이 쓰인다. 예를 들어, 12~15장에서 사용하는 데이터 세트는 보조금 지원 성공 여부를 예측하기 위한 데이터다. 이 데이터에서 제공하는 정보 중 하나는 보조금 신청 접수일이다. 이 날짜는 무수히 많은 방식으로 표현될 수 있다.

- 기준일로부터 지난 날짜 수
- 서로 다른 예측 변수로 월, 연, 요일을 표시
- 일 년 중 몇 번째 날(해는 무시)
- 학기 중인지 여부(휴일이거나 여름 방학이 아닌 경우)

"올바른" 특징 추출은 여러 요인으로부터 영향을 받는다. 우선, 어떤 변형 방법은 어떤 모델에는 최적이지만, 다른 모델에는 좋지 않을 수 있다. 예를 들어, 트리 기반 모델의 경우 데이터를 2개 이상의 집단으로 나눈다고 가정해보자. 이론적으로 만약, 월이 중요하다면, 트리 모델은 이에 따라 날짜를 나눌 것이다. 또한 어떤 모델에서는 동일한 데이터를 여러 가지로 변형하는 경우, 문제가 발생할 수 있다. 이후의 장들에서도 여러 번 나오겠지만, 어떤 모델은 내부적으로 특징 선택 방식을 갖고 있어서 이 모델에서는 정확도를 극대화하는 예측 변수만 포함된다. 이런 경우, 모델에서는 데이터를 가장 잘 나타내는 경우를 골라 이를 선택한다.

두 번째 요소는 예측 변수와 결과값 간의 관계다. 예를 들어, 만약 데이터에 계절적 요인이 들어가 그것이 나타난다면, 일 년 중 몇 번째 날인지를 나타낸 변수가 가장 좋을 것이다. 그리고 만약 어떤 달이 다른 달보다 성공률이 높다면, 월을 추출한 변수가 더 좋을 것이다.

통계에서의 많은 의문들과 마찬가지로 "어떤 특정 변형 방법이 가장 좋을까?"에 대한 대답은 그때그때 다르다는 것이다. 특히, 이는 사용된 모델과 결과값과의 관계에 따라 달라진다. 분석에서 어떻게 데이터를 변형해야 하는지에 대한 폭넓은 논의는 12.1장에서 다룰 것이다.

특정 방법을 전달하기에 앞서 각 장에서 사용될 데이터 세트를 소개한다.

3.1 사례 연구: 하이콘텐츠 스크리닝에서의 세포 분할

의료 연구자들은 약이나 질병이 살아 있는 기관이나 식물의 세포의 크기, 모양, 생장 정도, 수에 미치는 영향을 알고자 한다. 이를 위해 전문가들이 현미경으로 혈청이나 세포 조직을 살펴보고 원하는 세포의 특성을 직접 측정할 수도 있다. 하지만 이런 작업은 오래 걸리기도 하고, 세포의 종류와 특성에 대한 전문적인 지식이 필요하다.

이런 종류의 샘플에서 세포의 특성을 측정하는 다른 방법은 하이콘텐츠 스크리닝을 이용하는 것이다(Giuliano et al., 1997). 이 과정을 간단하게 설명하면, 우선 세포에서 원하는 부분이 드러나게 하는 물질로 샘플을 염색한다. 예를 들어, 만약 연구자가 세포핵의 크기나 모양을 세고 싶다면, 샘플 세포의 DNA를 염색한다. 그런 다음, 세포를 자연 상태 그대로 보존하는 물질을 사용해 이 세포를 고정한다. 그 후 염색 부분에서 빛이 왜곡되는 부분을 탐지기를 통해 탐지하고, 특정 파동이 흩어지는 정도를 측정하는 도구(공초점 현미경 등)를 사용해 샘플에서 필요한 정보를 얻을 수 있다. 만약, 세포의 여러 특징이 필요하다면, 여러 염색과 진동수의 빛을 동시에 사용할 수 있다. 이후 빛이 흩어지는 정도는 이미지 소프트웨어를 통해 원하는 세포의 특징을 측정할 수 있도록 처리한다.

샘플의 세포 특성 평가 방법은 자동화돼 있고, 대용량을 고속으로 처리하므로 가끔 잘못된 결과를 낼 수도 있다. 힐 등의 논문(Hill et al., 2007)에서는 하이콘텐츠 스크리닝을 통해 세포의 다양한 측면에 대해 조사하는 연구 프로젝트를 다뤘다. 이 연구자들은 이미지 소프트웨어를 통해 분간하기 어려운 세포(세포의 경계 정의가 어려움)의 위치와 형태를 조사했다. 이 연구에서 다룬 예제용 세포는 [그림 3.1]에 나타나 있다. 이 그림들에서 밝은 녹색 경계선으로 둘러싸인 부분은 세포핵이고, 파란색 경계선은 세포 전체의 경계를 나타낸다. 분명히 어떤 세포는 잘 구분되지만, 구분되지 않는 것도 있다. 제대로 구분되지 않는 세포는 손상된 것처럼 보이지만, 실제로는 아니다. 세포의 크기, 형태, 숫자 등은 연구에서 필요로 하는 종착점이므로 이미지 소프트웨어나 기타 도구가 세포를 명확히 구분할 수 있는 것은 중요하다.

이 연구에서 힐 등의 연구자들은 2,019개의 세포로 이뤄진 데이터 세트를 사용했다. 이 세포들 중 1,300개는 제대로 구분되지 않음poorly segmented, PS이라고 판명됐고, 719개는 잘 구분됨well segmented, WS으로 판명됐다. 이 중 1,009개의 세포가 훈련 세트로 나뉘어졌다.[1]

세포의 유형별로 연구자가 각각 다른 광채널로 구분할 수 있는 다른 종류의 염색을 사용했다. 1번 광채널은 세포체에 대한 것으로, 세포 경계와 영역 및 다른 특징을 판단하는 데 쓰인다. 2번 채널은 핵 DNA를 염색해 세포핵에 대한 정보를 얻는다([그림 3.1]에서 파란색으로 칠해진 부분). 3번과 4번 채널은 각각 액틴과 튜블린을 염색했다. 이 데이터 세트에는 세포 골격의 일부이면서 세포 간 골격 사이를 가로지르는 두 가지 유형의 미세 섬유가 있다. 모든 세포에 대해 116가지 특징(세포 영역, 섬유 수)을 측정했고, 이를 통해 세포의 분할 정도를 측정하도록 했다.[2]

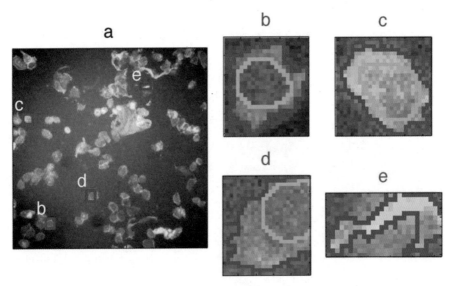

〔그림 3.1〕 세포 분할 예시(Hill et al., 2007). 붉은색 사각형〔(d)와 (e)〕은 제대로 분할되지 않은 세포이며, 파란색 사각형의 세포는 제대로 분할된 예시다.

---

1 개별 데이터 값은 이 논문이 실린 저널 웹 사이트 및 AppliedPredictiveModeling R 패키지에 수록돼 있다. 이에 대해서는 이 장 끝의 컴퓨팅 부분을 살펴보자.

2 원저자는 데이터 세트에 다른 특징에 대해 이진수로 나타낸 여러 "상태" 특징을 함께 수록했다. 하지만 이 장에서 사용하는 분석에서는 이를 사용하지 않았다.

이 장에서는 데이터 전처리 기법을 설명하기 위해 원저자가 구분해 놓은 훈련 데이터 세트를 사용할 것이다.

3.2 개별 예측 변수에 대한 데이터 변형

예측 변수를 변형하는 데는 여러 가지 이유가 있다. 몇몇 모델링 기법에서는 예측 변수가 공통 척도를 사용해야 하는 등의 엄격한 조건을 전제하고 있다. 또는 데이터가 갖는 어떤 특징(이상값 등)들로 인해 좋은 모델을 만들기가 어려운 경우가 있다. 여기서는 중심화, 척도화, 왜도 변형을 다룰 것이다.

중심화와 척도화

가장 직관적이고, 일반적인 데이터 변형은 예측 변수의 척도를 중심으로 가져오는 것이다. 예측 변수를 중심화하는 방법은 예측 변수의 평균을 전체 값에서 빼는 것이다. 중심화를 하고 나면 예측 변수의 평균이 0이 된다. 이와 비슷한 방법으로 데이터를 척도화하려면 예측 변수의 각 값을 표준편차로 나누면 된다. 데이터를 척도화하면 해당 변수의 표준편차가 1이 된다. 이런 변형은 일반적으로 계산 시의 수치적 안정성을 향상시켜준다. PLS(6.3장과 12.4장에서 다룬다) 같은 모델에서는 예측 변수가 공통 척도를 갖는 것이 유리하다. 이런 변형으로 인해 실제로 유일하게 불리한 점은 데이터가 더 이상 원래의 상태가 아니게 돼 각각의 값을 해석하기가 어려워진다는 점이다.

왜도 해결을 위한 변형

일반적으로 데이터 변형을 하게 되는 또 다른 이유는 데이터가 한쪽에 몰려 분포하는 것을 제거하기 위해서다. 쏠리지 않은 분포란, 어느 정도 대칭을 이루는 형태다. 즉, 분포상 평균에서 어느 한쪽으로 떨어질 확률이 대충 같다는 뜻이다. 오른쪽으로 기울어진 분포는 분포상 오른쪽(큰 값)보다 왼쪽(작은 값)에 데이터가 더 많다. 예를 들어, 세포 분할 데이터를 보면 액틴 미세 섬유상의 픽셀 강도 표준편차를 측정하는 예측 변수가 있다. 원상태에서는 데이터가 오른쪽으로 강하게 쏠려 있는 것으로 나타난다. 이는 데이터 값이 상대적으로 작은 값이 매우 많고, 큰 값이 적다는 뜻이다. [그림 3.2]에는 원상태의 데이터 히스토그램이 나와 있다(왼쪽).

통상적으로 최댓값 대 최솟값이 20보다 큰 경우, 유의한 왜도를 갖는다고 한다. 왜도값으로 데이터 상태를 판단할 수도 있다. 만약, 예측 변수 분포가 적당히 대칭이라면 왜도값은 0에 가까울 것이고, 데이터 분포가 오른쪽으로 치우칠수록 왜도값은 점점 커질 것이다. 마찬가지로 데이터 분포가 왼쪽으로 치우치면 값은 음수가 될 것이다. 샘플의 왜도값을 구하는 식은 아래와 같다.

$$\text{왜도} \quad = \frac{\sum (x_i - \overline{x})^3}{(n-1)v^{3/2}}$$

$$\text{여기서 } v = \frac{\sum (x_i - \overline{x})^2}{(n-1)}$$

이때 x는 예측 변수고, n은 변숫값의 수며, $\overline{x}$는 예측 변수의 샘플 평균이다. [그림 3.2]에 제시된 액틴 미세 섬유 데이터를 보면, 왜도는 2.39고 최솟값 대비 최댓값 비는 870이다.

데이터에 로그 및 제곱근값, 역을 취하면 왜도를 줄일 수 있을 것이다. [그림 3.2]에서 오른쪽은 데이터에 로그를 취한 후의 분포를 나타낸 것이다. 이렇게 데이터를 변형하면 분포는 전반적으로 대칭이 되지 않지만, 처음 상태보다 더 나은 형태를 보인다.

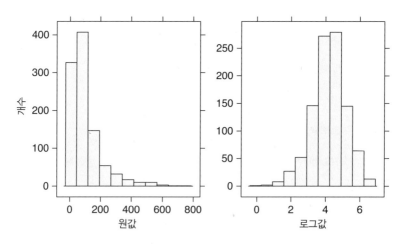

〔그림 3.2〕 **왼쪽**: 액틴 미세 섬유의 픽셀당 강도의 표준편차 히스토그램이다. 이 예측 변수는 낮은 값에 데이터가 집중돼 있어서 오른쪽으로 강하게 쏠려 있는 형태다. 이 변수에서 왜도는 2.39고 최솟값 대비 최댓값 비는 870이다. **오른쪽**: 동일한 데이터에 로그를 취한 값이다. 로그 데이터의 왜도는 -0.4다.

이런 식으로 적합한 데이터 변형 방식을 정의하기 위해 통계적 기법을 사용할 수 있다. 박스와 콕스는 λ로 나타낸 데이터 변형 방식군을 제안했다(Box and Cox, 1964).[3]

$$x^* = \begin{cases} \frac{x^\lambda - 1}{\lambda} & \text{if } \lambda \neq 0 \\ \log(x) & \text{if } \lambda = 0 \end{cases}$$

이 변형군에서는 로그 변형뿐만 아니라 제곱 형태($\lambda = 2$), 제곱근($\lambda = 0.5$), 역 ($\lambda = -1$) 또는 이와 비슷한 형태 등도 정의한다. 훈련 데이터로부터 λ를 추정할 수 있다. 박스와 콕스의 논문에서는 변형 상수를 판단하기 위해 최대 우도 추정법을 어떻게 사용하는지를 나타냈다(1964). 이 과정에서는 0 이상의 값을 가진 각 예측 변수를 독립적으로 다뤘다. 분할 데이터에서 69개의 예측 변수는 0이나 음수값을 갖고 있어서 변형되지 않았고, 3개의 예측 변수는 λ가 1 ± 0.02 내의 값이어서 변형을 적용하지 않았다. 나머지 44개의 예측 변수는 −2에서 2 사이의 추정값이 나왔다. 예를 들어, [그림 3.2]의 예측 변수 데이터에서 변형 상수의 추정값은 0.1로 로그 변형을 취하면 된다. 다른 예측 변수인 추정 세포 경곗값에는 λ를 −1.1로 추정해서 사용했다. 이 데이터의 원래의 값과 변형한 값은 [그림 3.3]에 나타나 있다.

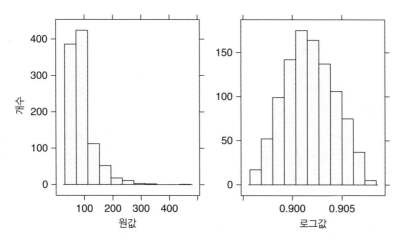

〔그림 3.3〕 **왼쪽**: 세포 경곗값 예측 변수 히스토그램. **오른쪽**: 동일한 데이터에 λ를 −1.1로 한 박스 - 콕스 변환을 적용함.

---

3 박스 − 콕스 방법에 익숙한 독자라면 이 변형이 박스와 티드웰이 예측 변수의 집합을 유사하게 변형해서 선형 모델에 적용하는 방식으로 나타낸 결과값 데이터 관련 내용으로 발전됐다는 것도 알고 있을 것이다(Box and Tidwell, 1962). 그동안의 경험으로 볼 때, 박스 − 콕스 변환은 보다 직관적이고, 수치적 오류를 적게 일으키며, 각각의 예측 변수를 변형하는 것보다 효과적이다.

3.3 여러 예측 변수 변형

이런 변환은 예측 변수 그룹에 적용되며, 일반적으로는 전체 데이터 세트를 대상으로 고려된다. 이때 무엇보다 중요한 것은 이상값을 제거하고 데이터의 차원을 축소하는 방법이다.

이상값 제거를 위한 데이터 변형

일반적으로 '이상값'이라고 하면 데이터의 주류에서 유달리 멀리 떨어진 샘플을 칭하는 것으로 정의할 것이다. 특정 가정하에서는 이상값에 대한 공식적인 통계적 정의가 있다. 데이터를 완벽하게 이해하고 있다고 하더라도 그 데이터에 대한 이상값을 정의하기는 어렵다. 하지만 우리는 수치를 살펴보면서 많은 경우 특이한 값을 찾아낼 수 있다. 1개 또는 여러 개의 샘플이 이상값으로 의심되는 경우, 가장 먼저 해야 할 일은 값이 과학적으로 유의한 값인지(혈압이 0보다 크게 나오는지 등)를 살펴보고 기록상 오류가 있지는 않은지 확인하는 것이다. 성급하게 값을 삭제하거나 변경하지 않도록 조심해야 한다. 샘플 크기가 작을 때는 더욱 유의해야 한다. 샘플 크기가 작은 경우, 확실히 이상값인 것 같이 보여도 사실은 데이터가 한쪽으로 치우친 형태의 분포를 나타내다 보니 생기는 값인데, 왜도를 확인할 정도로 데이터가 충분하지 않았던 경우에서 나타난 것일수도 있다. 또한 이상값 데이터는 샘플 연구하에서 전체 데이터 중 일부분만을 보여주는 것일 수도 있다. 데이터 수집 방법에 따라 데이터의 주류 바깥에 자리 잡은 유효한 데이터의 "군집"이 다른 샘플들과 다른 집단에 속해 있었을 수도 있다.[4]

이상값에 대응하는 몇 가지 예측 모델이 있다. 트리 기반 분류 모델은 훈련 데이터를 여러 가지로 나누고 "예측 변수 A가 X보다 큰 데이터의 경우 Y군으로 예측함"같은 논리 구문으로 이뤄진 예측 방정식을 만든다. 따라서 이 모델에서 이상값은 일반적으로 크게 영향을 미치지 않는다. 또한 분류용 서포트 벡터 머신의 경우, 일반적으로 예측 방정식을 만들 때 훈련용 샘플 세트의 일부는 무시한다. 이런 제외된 샘플은 데이터의 주류 바깥에 있거나 판단 범위에서 떨어져 있는 경우다.

만약, 모델이 이상값에 민감한 것으로 보인다면, 이런 문제를 최소화할 수 있는 한 가

---

4 20.5장에서는 훈련 데이터의 주류 밖에 있는 샘플값에 대해 예측하는 예측 모델인 모델 추정과 관련된 내용을 논의할 것이다. 여기서 논의할 개념으로 모델이 효과적으로 추정할 수 있는 샘플을 전체 인수에서 가져오는 것에 대한 모델의 적용 범위도 있다.

지 데이터 변형 방법으로는 공간 변형이 있다(Serneels et al., 2006). 이 과정은 다차원 공간에서 예측 변숫값을 적용하는 것을 보여준다. 여기서는 모든 샘플을 공간의 가운데서 동일한 거리를 두도록 보정한다. 이를 수학적으로 나타내면, 각 샘플을 제곱값으로 나눈다.

$$x_{ij}^* = \frac{x_{ij}}{\sum_{j=1}^{P} x_{ij}^2}.$$

이때 분모는 예측 변수 분포의 중심값으로부터 거리의 제곱값을 취하므로 이 변형에 있어서는 예측 변수의 중간값을 구하는 것이 중요하다. 중심을 구하거나 나누는 것과 달리 이렇게 예측 변수를 수정할 때에는 한 그룹 단위로 해야 한다. 예측 변수에 공간 변형을 한 후에 변수를 제거하면 문제가 발생할 수 있다.

[그림 3.4]에서는 2개의 연관된 예측 변수에 대한 다른 데이터 세트를 볼 수 있다. 이 데이터에서는 8개 이상의 데이터가 다른 데이터의 주류에서 떨어져 있는 것을 알 수 있다. 이 데이터들은 유효한 데이터 값 중 적게 표집된 것으로 보인다. 모델러들은 왜 이 점들이 다른지를 조사해야 한다. 어쩌면 이 점들은 많은 수익을 내는 고객 같이 주목해야 할 집단을 나타낼지도 모른다. 이런 공간 변형은 이 그림의 오른쪽에 정의된 것으로, 여기를 보면 모든 데이터 값이 중심에서 동일한 정도로 떨어진 것을 알 수 있다. 이상값은 분포의 북서쪽에 여전히 존재하고 있지만, 좀 더 중심 쪽에 가까워졌다. 이는 모델에서 훈련 데이터에 의한 영향을 완화시킨다.

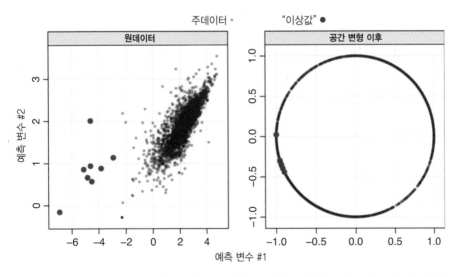

〔그림 3.4〕 **왼쪽**: 이상값 데이터 집단에 대한 예시, **오른쪽**: 원데이터 변형 후, 결과에서는 이상값을 주데이터 쪽으로 가져왔다.

데이터 축소와 특징 추출

데이터 축소 기법은 예측 변수 변형의 또 다른 종류다. 이 방법들은 예측 변수에서 원래 변수의 주요 정보를 포함하는 보다 적은 수의 예측 변수를 만드는 식으로 데이터를 축소하는 것이다. 이 방식을 사용하면, 보다 적은 변수를 사용해도 원데이터에서 필요한 내용 정도를 충분히 제공할 수 있다. 대부분의 데이터 축소 기법에 있어서 새로운 예측 변수들은 원래의 예측 변수들에 어떤 함수를 적용해 만들어진다. 그러므로 모든 원래의 예측 변수들은 대신할 변수를 만들기 위해 계속 필요하다. 이런 방법들은 보통 **신호 추출** 또는 **특징 추출** 기법이라 불린다.

PCA는 일반적으로 사용되는 데이터 축소 기법이다(Abdi and Williams, 2010). 이 방법은 **주성분**principal components, PCs이라고 알려진, 가장 가능한 분산에서 파악되는 예측 변수의 선형 조합을 찾는다. 첫 번째 PC는 모든 가능한 선형 조합에서 가장 분산이 큰 예측 변수 측 변수의 선형 조합으로 정의된다. 그 다음 PC는 이 선형 조합에서 앞의 모든 PC와 상관관계가 없는 선형 조합이면서 분산이 가장 큰 PC가 선정된다. 이를 수학적으로 나타내면, j번째 PC는 아래와 같다.

$$PC_j = (a_{j1} \times \text{예측 변수 } 1) + (a_{j2} \times \text{예측 변수 } 2) + \cdots + (a_jP \times \text{예측 변수 } P)$$

P는 예측 변수의 수다. $a_{j1}, a_{j2}, ..., a_jP$ 계수는 가중값으로 각 PC에서 예측 변수들이 어느 정도 중요한지 이해할 수 있게 해준다.

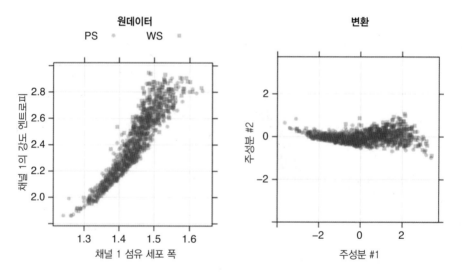

〔그림 3.5〕 세포 분할 데이터의 주성분 변형 예제. 각 **모양**과 **색**은 어떤 세포가 분할이 잘됐고, 잘못됐는지를 알려준다.

PCA를 나타내는 방법은 [그림 3.5]를 참고하라. 이 데이터 세트는 두 가지 연관되는 예측 변수인 채널 1의 평균 픽셀 강도와 세포(세포 형태로 나눠진 것 1개)별 강도값의 엔트로피 일부와 이에 대한 범주형 응답 변수로 이뤄져 있다. 이 데이터의 예측 변수 간에 높은 상관성을 보이므로(0.93), 평균 픽셀 강도와 강도값의 엔트로피는 세포에 대해 겹치는 정보를 갖고 있다고 볼 수 있다. 따라서 이 예측 변수들의 선형 조합이나 각 예측 변수를 원예측 변수 대신 사용할 수 있을 것이다. 이 예제에서 2개의 PC를 도출할 수 있다([그림 3.5]의 오른쪽). 이 변형은 데이터를 다양한 축을 중심으로 회전시켜 얻은 결과다. 첫 번째 PC는 원데이터의 분산 중 97%의 요약값이고, 두 번째는 3%의 요약값이다. 따라서 모델링에는 첫 번째 PC만 사용해도 데이터의 주요 정보를 보장할 수 있다.

PCA의 기본적인 장점이자 데이터 축소 방법이 모집단의 정보를 유지할 수 있는 이유는 연관되지 않은 성분들을 만들어 내기 때문이다. 이 장의 앞부분에서 이미 언급한 것처럼, 몇몇 예측 모델은 해답을 찾고 모델의 수치적 안정성을 향상시키기 위해 연관성 없는(또는 최소한 연관성이 낮은) 예측 변수를 선호한다. PCA 전처리는 이런 모델에서 원하는 속성을 가진 새로운 예측 변수를 만들어 낸다.

만약, PCA가 원하는 속성을 가진 새로운 예측 변수를 만들어 냈다면, 이에 대한 충분한 이해를 바탕으로 사용해야 할 것이다. 특히, 이를 실제로 활용하는 사람들은 PCA에서 생성된 예측 변수는 각 변수에 대한 추가 내용(측정 척도나 분포 등)이나 모델링 객체에 대한 정보(응답 변수 등)를 고려하지 않고 만들어졌다는 것을 확실하게 이해해야 할 것이다. 따라서 적절한 가이드가 없는 상태에서는 PCA가 데이터에 내재된 구조에 적합하지 않은 식으로 정보를 요약한 성분들을 만들어 내 궁극적으로 모델링에 사용할 수 없게 될 수도 있다.

PCA는 정보량을 최대화한 예측 변수의 선형 조합을 찾아내는 방식이므로 이는 기본적으로 우선 분산이 큰 예측 변수부터 압축하는 식으로 만들어진다. 수입 정도((달러 단위)와 키(피트) 등의 인구 통계에 대한 예측 변수를 가정했을 때) 원예측 변수가 서로 다른 단위를 사용하고 있을 때, 처음 일부 성분은 보다 큰 값을 갖는 단위의 예측 변수 위주로 요약할 것이고(수입), 뒤의 성분은 보다 분산이 작은 예측 변수(키)의 정보를 요약할 것이다. 즉, PC 앞부분의 성분에서는 보다 큰 분산을 갖는 예측 변수에 대한 가중값이 클 것이다. 게다가 PCA는 현재 문제에 대해 데이터 간의 중요한 상관관계에 기반한다기보다 측정 단위 기준의 데이터 구조를 밝히는 쪽에 좀 더 초점을 맞추고 있다는 말이기도 하다.

대부분의 데이터 세트에 있어서 예측 변수의 단위는 각각 다르다. 또한 예측 변수는 간혹 한쪽에 치우친 형태기도 하다. 그러므로 PCA가 서로 다른 분포 형태와 예측 변수의 단위 정보를 고려하게 하려면, 우선 예측 변수의 쏠린 형태를 변형하는 것이 좋다(3.2장). 그 후 예측 변수에 대해 중심화와 척도화를 진행하고, PCA를 수행하는 것이 좋을 것이다. 중심화와 척도화를 통해 PCA 단계에서 원척도의 영향을 받지 않고 데이터 간에 내재된 관계를 찾을 수 있다.

PCA에서 두 번째로 유의해야 할 사항은 분산을 요약하는 데 있어서 모델링 방법이나 응답 변수는 고려하지 않는다는 점이다. PCA는 비지도 기법으로 응답 변수와 무관하게 사용한다. 만약, 예측 변수와 응답 변수의 관계가 예측 변수의 분산과 이어지지 않는다면, 계산돼 나온 PC는 응답 변수와 적절한 관계가 만들어지지 않을 것이다. 이런 경우에는 PLS(6.3, 12.4장) 같은 지도 기법을 통해 응답 변수도 동시에 고려한 성분을 도출하면 된다.

일단 예측 변수를 적절히 변환한 후 PCA를 적용하는 것이 좋다. 많은 예측 변수를 가진 데이터 세트의 경우에는 여기서 얼마나 많은 성분을 남길지 결정해야 한다. 남길 예측 변수의 수를 결정하는 경험적인 방법으로는 각 성분에 번호를 붙인 후(x축), 이에 대한 요약되는 분산의 크기(y축)에 대해 스크리 그래프를 그리는 것이다([그림 3.6]). 대부분의 데이터 세트에서 첫 번째 몇 개의 PC에서 분산의 대부분의 내용을 요약하므로 그래프는 급격히 기울 것이다. 이에 따라 남은 성분의 분산 역시 보다 급격하게 감소할 것이다. 일반적으로 분산이 급격히 감소하기 직전의 성분 수가 나중에 남겨지는 최대한의 성분 수다. [그림 3.6]에서 분산은 성분이 5개일 때부터 급격히 감소한다. 이런 경우, 통상적으로 4개의 PC가 남는다. 자동으로 모델을 구축하는 과정에서 성분의 최적 개수는 교차 검증을 통해 정해진다(4.4장 참고).

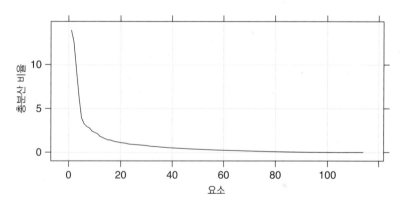

〔그림 3.6〕 스크리 그래프: 각 성분별 전체 분산 중의 비율을 보여줌.

시각적으로 주성분을 파악하는 것은 데이터 품질을 보장하고 전반적인 문제에 대한 직관을 얻기 위한 매우 중요한 단계다. 이를 위해 우선 앞의 몇 개 주성분들을 서로 비교할 수 있도록 그려보고, 클래스명 등의 적절한 특성에 대해 점에 색을 넣어볼 수도 있다. 만약, PCA에서 데이터 내 적절한 정보의 양을 잡을 수 있다고 가정하면, 앞에서 그린 방식의 그래프를 통해 개별 데이터 값을 보다 자세히 파악함으로써 샘플을 군집화하거나 이상값을 찾아낼 수 있을 것이다. 분류 문제일 경우 PCA 그래프는 클래스가(나뉠 수 있는 경우) 어떤 식으로 나뉘게 되는지를 볼 수 있다. 이를 통해 모델러가 초반에 기대할 수 있는 결과 정도를 설정할 수 있다. 만약, 클래스 간에 군집 형태가 조금 나타난다면, 초기 성분값 그래프에서 각 클래스의 데이터 값 간에 유의한 접점이 나타날 것이다. 성분을 그래프로 나타낼 때는 데이터의 분산이 작을수록 척도가 작아질 수 있으므로 이에 유의해야 한다. 예를 들어, [그림 3.5]를 보면, 성분 1의 값의 범위가 −3.7부터 3.4까지인데, 성분 2의 범위는 −1부터 1.1까지다. 만약, 모든 축이 다른 척도로 표기된다면, 분산이 적은 성분에서 어떤 패턴이 나타나는 경우, 이를 확대 해석할 가능성이 있다. 이 문제의 다른 예제는 젤라디[Geladi], 맨리[Manley], 레스탠더[Lestander]의 2003년 논문을 참고하라.

여기서는 PCA를 분할 데이터의 예측 변수 전체에 적용했다. 앞에서 설명한 대로 이 데이터에는 유의한 왜도값을 보이는 몇 가지 예측 변수가 있다. 한쪽으로 쏠린 예측 변수는 PCA에 영향을 미칠 수 있으므로 앞에서 설명한 박스-콕스 방법을 사용해 44개의 변수를 변형한다. 변형 후 해당 예측 변수를 PCA에 적용하기 전에 중심화와 척도화를 취한다.

[그림 3.6]에서는 각 성분별 포함된 데이터의 전체 분산 비율을 확인할 수 있다. 여기서 성분이 더 추가될수록 비율은 감소한다는 것에 유의하자. 이때 앞의 3개 성분은 전체 분산 중 각각 14%, 12.6%, 9.4% 할당돼 있다. 네 번째부터의 성분을 보면, 앞의 4개 주성분이 전체 데이터 세트의 정보 중 42.4%만을 나타냄에도 불구하고, 앞에서 설명한 대로 분산 비율이 급격히 감소하는 것을 알 수 있다.

[그림 3.7]은 앞 3개의 주성분에 대한 산점도 행렬을 나타낸다. 점은 클래스(분할 품질)에 따라 색으로 구분했다. 앞의 3개 주성분이 포괄하는 분산 비율이 크지 않으므로 결과 그래프를 확대 해석하는 것은 금물이다. 이 그래프에서 첫 번째와 두 번째 성분에서는 클래스 간에 어느 정도 구분된 모양이 나타난다. 하지만 잘 나눠진 세포의 분포는 대충 제대로 나눠지지 않은 세포의 분포 내에 포함되는 것으로 보인다. 이 그림에서 얻을 수 있는 한 가지 결론은 세포 유형을 간단히 나눌 수 없다는 것이다. 하지만 이것이

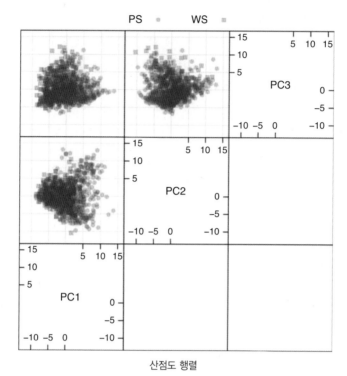

〔그림 3.7〕 세포 분할 데이터의 3개 주성분 그래프(색: 세포 유형별)

매우 비선형적인 관계를 사용하는 다른 모델에서도 동일한 결과를 낸다는 것을 의미하지는 않는다. 또한 데이터의 주류에 완전히 속하지 않는 몇 가지 세포가 있다고 해서 그것이 당연히 이상값인 것도 아니다.

　PCA를 설명하기 위한 또 다른 방법으로는 어떤 예측 변수가 각 성분에 포함되는지를 나타내는 방법이 있다. 각 성분이 예측 변수의 선형 조합이고, 각 변수의 계수가 하중임을 기억하자. 하중이 0에 가까울 경우, 예측 변수가 성분에 영향을 많이 미치지 않는다고 볼 수 있다. [그림 3.8]은 세포 분할 데이터의 3개 주성분의 하중을 나타낸다. 각 점은 각 예측 변수에 대응하고 색은 실험에 사용된 광채널별로 나뉘었다. 첫 번째 주성분에서 첫 번째 채널(세포체와 연관)의 하중은 매우 높게 나타난다. 즉, 세포체 특성은 첫 번째 주성분과 더 나아가 예측 변숫값에도 가장 큰 영향을 미친다. 또한 첫 번째 성분에 있어서 세 번째 채널(액틴과 튜블린값)의 하중은 대부분 0에 가깝다. 반면, 세 번째 주성분은 대부분 세 번째 채널과 연관돼 있으며, 세포체 채널은 여기서 조연에 불과하다. 데이터를 보면 세포체 측정값의 분산이 더 크지만, 그렇다고 해서 이 변수들이 분할

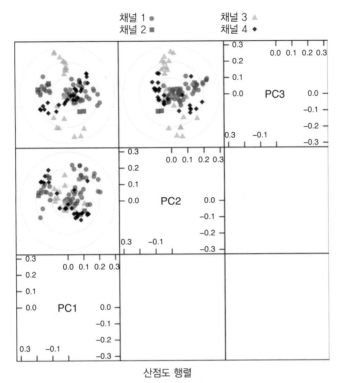

채널 1 ●   채널 3 ▲
채널 2 ■   채널 4 ◆

산점도 행렬

〔그림 3.8〕 세포 분할 데이터의 앞의 주성분 3개의 하중 그래프(색: 최적 채널별) 채널 1은 세포체, 채널 2
는 세포핵, 채널 3은 액틴, 채널 4는 튜블린의 하중과 연관돼 있다.

품질을 예측하는 것과 관련돼 있다는 것을 의미하는 것은 아니다.

3.4 결측값 처리

많은 경우에 있어서 몇몇 예측 변수의 경우, 주어진 샘플상에서 값이 누락돼 있다. 이런
누락된 데이터 중에는 막 태어난 사람의 자녀 수 같이 구조적으로 누락될 수밖에 없는 경
우일 수도 있다. 또는 해당 데이터가 모델 구축 당시에는 고려되지 않았을 수도 있다.

이때 어째서 이 값이 누락됐는지를 이해하는 것이 중요하다. 무엇보다도 결측값의 패
턴이 이후 결과에 어떤 영향을 미치게 되는지 파악하는 것이 중요하다. 결측값의 패
턴은 그 자체만으로도 하나의 정보가 되므로 이를 가리켜 "정보성 결측값informative
missingness"이라고 한다. 정보성 결측값은 모델에 영향을 미치는 데이터 쏠림 현상을 유

발한다. 앞에서 환자의 약에 대한 반응을 예측하는 것에 대한 간단한 예제를 살펴봤다. 이때 약이 정말 효과가 없거나 유의한 부작용을 일으킨다고 가정해보자. 그렇다면 환자는 더 이상 의사를 찾아오지 않거나 실험에서 중도 하차하게 될 것이다. 이런 경우, 결측값과 치료 결과 비율 간에는 분명 연관성이 있을 것이다. 고객 비율은 종종 정보성 결측값으로 나타나곤 한다. 사람들은 상품에 대해(좋든, 나쁘든) 강한 의견이 생기면 이를 평가하려는 경향이 있다. 이런 경우, 평가 척도상 가운데에 위치한 값은 거의 없이 양쪽으로 쏠린 형태의 데이터가 만들어진다. 사람들이 전에 평가한 점수를 기반으로 다음에 볼 영화를 예측하는 것에 대한 넷플릭스배 머신 러닝 대회에서 많은 참가자들이 "나폴레옹 다이너마이트 효과"로 인해 혼란을 겪었다. 〈나폴레옹 다이너마이트〉라는 영화의 호불호가 극명하게 갈렸기 때문이다.

결측값은 원값이 누락됐지만, 다른 무언가를 통해 그 값을 추정할 수 있는 중도 절단 censoring값과는 구분돼야 한다. 한 가지 예로, 우편으로 영화 디스크를 대여하는 회사에서 고객이 영화를 갖고 있는 기간을 모델에 활용한다고 가정해보자. 이때 고객이 영화를 반납하지 않은 상태에서는 실제 고객이 영화를 갖고 있었던 시간을 알 수 없다. 다만 최소한 지금까지는 갖고 있다는 정도만 알 뿐이다. 중도 절단값은 실험 데이터에서 흔히 볼 수 있다. 일부 화학에서의 성분 분석에서는 계측치 한도 이하로는 측정할 수 없는 경우도 발생한다. 이런 경우, 값을 정확히 측정할 수는 없지만, 해당 값이 계측치보다 작다는 것은 안다.

이런 경우의 중도 절단 수치는 결측값과 다르게 처리해야 할까? 전통적 통계 모델에서는 해석이나 추론에 보다 초점을 맞추므로 중도 절단은 중도 절단 방법에 따른 가설을 만들어 이를 결과에 고려하는 것이 일반적인 방식이다. 예측 모델에서는 보통 이런 데이터를 단순한 결측값으로 두거나 중도 절단값을 관측값으로 사용한다. 예를 들면, 샘플에 계측치 한도보다 작은 값이 있는 경우, 실제 한도값이 실제 값 대신 사용된다. 또는 이런 경우에 보통 0과 계측치 한도 사이의 임의의 수를 사용한다.

경험상 결측값은 보통 샘플보다 예측 변수와 관련된 경우가 많았다. 그러다 보니 결측값은 전체 예측 변수에 걸쳐 임의로 발생하는 것이 아니라 특정 예측 변수들에 집중해서 나타나곤 한다. 간혹 결측값의 비율이 다음 모델링 단계에서 해당 예측 변수를 제거해야 할 정도로 높은 경우도 있다.

결측값이 특정 샘플에만 집중돼 나타나는 경우도 있다. 큰 데이터 세트에서 결측값이 정보가 안 된다고 가정한다면, 결측값을 기준으로 샘플을 걸러내는 것은 어렵지 않다. 하지만 작은 데이터 세트에서는 샘플을 걸러낼 때의 위험도가 커진다. 이런 경우, 다음에 설명할 대안이 적합할 수도 있다.

만약, 결측값을 제거하지 않기로 했다면, 다음 두 가지 방법을 쓸 수 있다. 첫 번째는 일부 예측 모델, 특히 트리 기반 기법에서는 결측값을 다른 방식으로 다룰 수 있다. 이는 8장에서 살펴본다.

또는 결측값을 대치할 수 있다. 이런 경우, 본질적으로 훈련 데이터 세트에서 다른 예측 변숫값을 추정할 수 있는 정보를 찾을 수 있다. 이는 예측 모델 안에 예측 모델을 넣는 식이 된다.

대치법은 통계학에서 심도 깊게 논의돼왔으나 명확한 가설 검정 생성 절차 맥락에서는 결측값을 그대로 사용하는 경향이 있다. 이는 다른 문제다. 예측 모델에서는 유효한 추론을 하기보다 예측 정확도를 고려하기 때문에 대치법은 소수의 경우에만 사용한다. 사스찬스키Saar-Tsechansky와 프로비스트Provost는 결측값 문제를 연구해 특정 모델에서 이 문제를 어떻게 다뤄야 하는지를 연구했다(2007). 제레즈 및 다른 연구자들은 특정 데이터 세트에 대해 적용할 수 있는 다양한 대치법을 살펴봤다(2010).

앞에서 언급한 대로 대치법은 다른 예측 변숫값을 기반으로 예측 변숫값을 추정하기 위한 모델링에서의 한 가지 단계일 뿐이다. 이를 위한 가장 적절한 방법은 훈련 데이터 세트를 활용해 데이터 세트의 각 예측 변수별 대치 모델을 구축하는 것이다. 모델을 훈련하거나 새 샘플에 대해 예측하기에 앞서 대치법을 통해 결측값을 채운다. 다만, 이 단계를 추가함으로써 불확실성이 증가한다는 것을 염두에 둬야 한다. 성능을 추정하거나 매개변숫값을 조정하기 위해 리샘플링을 사용한다면 대치법에서도 리샘플링을 고려해야 한다. 이러면서 모델 구축 시 연산 시간이 증가하겠지만, 모델 성능을 보다 명확하게 추정할 수 있을 것이다.

만약, 결측값에 영향을 받는 예측 변수가 몇 개 되지 않는다면, 예측 변수 간의 관계에 대한 탐색적 분석을 수행하는 것도 좋은 방법이다. 예를 들어, PCA 같은 방법이나 시각화를 통해 예측 변수 간 강한 연관 관계가 있는지를 판단할 수 있다. 결측값이 있는 변수가 결측값이 거의 없는 예측 변수와 강한 상관성이 있는 경우, 몇 가지 모델들이 대치법에 효과적으로 사용된다(다음 예제를 살펴보자).

대치에 쓰이는 한 가지 유명한 기법으로는 K-최근접 이웃 모델이 있다. 새 샘플에 대해 훈련 데이터 세트에서 가장 가까운 샘플들을 찾은 후, 그 샘플들의 평균을 내 값을 채우는 식으로 결측값을 대치한다. 트로얀스카야Troyanskaya는 샘플 크기가 작은 고차원 데이터에 이 방식을 적용하는 것에 대해 연구했다(2001). 이 방식의 장점 중 하나는 대치된 데이터 값이 훈련 데이터 세트 값의 범위 안으로 한정된다는 것이다. 한 가지 단점

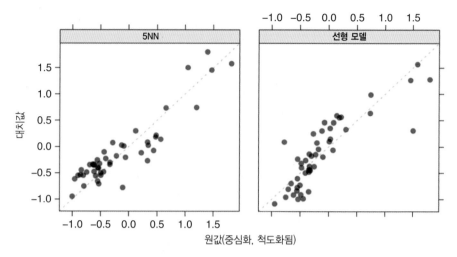

〔그림 3.9〕 세포 경계 데이터에서 테스트 데이터 세트의 50개 결측값을 임의로 선택해서 시뮬레이션해본 결과 훈련 데이터 세트로부터 2개의 서로 다른 대치 모델이 만들어져서 테스트 데이터 세트의 결측값에 적용했다. 이 그래프를 통해 대치 전후의 중심도 및 척도값을 볼 수 있다.

이라면 전체 훈련 데이터 세트에서 매번 결측값을 대치해야 한다는 것이다. 또한 두 점 간의 "근접성"을 측정하는 방식으로 계산되므로 이웃의 수가 튜닝 변수로 쓰인다. 하지만 트로얀스카야 등은 "최근접 이웃법은 결측값의 양이나 튜닝 변수에 크게 영향을 받지 않는다"는 것을 밝혀냈다(2001).

3.2장에서는 왜도를 나타내기 위해 세포 경곗값에 대한 예측 변수를 사용했다([그림 3.3]). 그림을 보면, 훈련 데이터 세트를 통해 5-최근접 이웃 모델이 만들어진 것을 알수 있다. 테스트 데이터 세트에서 세포 경곗값에 대한 50개의 테스트 세트 값 중 임의로 골라 결측값을 만든 후 모델을 사용해 값을 대치했다. [그림 3.9]는 결측값의 샘플에 대한 산점도다. 왼쪽 부분은 5-최근접 이웃법의 결과다. 이 대치 모델은 누락된 샘플값을 잘 예측했다. 실제 값과 대치값의 상관계수는 0.91이다.

또한 세포 경곗값을 대치하는 데는 좀 더 쉬운 방법도 있다. 세포 크기와 관련된 다른 예측 변수로는 세포 미세 섬유 길이가 있다. 이 변수는 세포 경곗값 데이터와 매우 높은 상관계수(0.99)를 갖는다. 결측값을 예측하기 위해 이 데이터로 간단한 선형 회귀 모델을 만들 수 있다. 이 결과는 [그림 3.9]의 오른쪽에 나와 있다. 이 방법에서 구해진 실제 값과 대치값의 상관계수는 0.85다.

3.5 예측 변수 제거

모델링에서 우선 예측 변수를 제거하는 경우, 가능한 이점이 있다. 첫째, 예측 변수가 적을수록 연산 시간과 복잡도가 줄어든다. 둘째, 두 예측 변수가 높은 상관관계를 갖는다면, 두 변수가 동일한 정보를 내포하고 있다고 볼 수 있다. 변수를 제거하는 것이 모델 성능을 위해 타협하는 것은 아니다. 이를 통해 보다 정교하고 해석하기 좋은 모델이 나올 수도 있다. 셋째, 어떤 모델은 퇴화 분포 형태의 예측 변수를 사용해 성능이 나빠지기도 한다. 이런 경우, 의심스러운 변수를 제거하면 모델 성능과 안정성 중 하나 이상에서 상당히 향상되는 것을 알 수 있다.

단일 값을 갖는 예측 변수가 있다고 가정해보자. 이런 데이터 유형은 분산이 0인 예측 변수로 취급한다. 몇 가지 모델에 있어서 이런 정보가 없는 변수는 계산에 거의 영향을 미치지 않는다. 트리 기반 모델(8.1장 및 14.1장)의 경우, 이런 유형의 예측 변수는 분기에 절대로 사용될 수 없으므로 영향을 받지 않는다. 하지만 선형 회귀 등의 모델은 이런 데이터를 문제라고 생각해서 계산 오류를 낼 수 있다. 어떤 경우에서든 이 데이터에서는 정보를 포함하고 있지 않으므로 쉽게 버릴 수 있다. 이와 비슷한 경우로 어떤 예측 변수는 매우 낮은 빈도로 나타나는 값들로 잔뜩 채워져 있을 수도 있다. 이 "0에 가까운 분산을 갖는 예측 변수"의 경우, 샘플의 대부분은 동일한 값이다.

만약, 큰 문서 뭉치로부터 단어별 수를 세는 텍스트 마이닝 프로그램이 있다고 가정해보자.

일반적으로 사용되는 'the', 'and', 'of' 등의 "불용어stop words"를 걸러내고 나면, 흥미로운 단어들로 만들어진 예측 변수가 생긴다. 여기서 문서 일부에만 등장하고, 다른 쪽에서는 사용되지 않는 단어들이 있다고 가정해보자. 이런 단어별 수의 분포의 이론적 형태는 [표 3.1]에 나타나 있다. 여기서 사용한 531개의 문서에는 4개의 고유한 수만 나타난다. 주요 문서(523개)에는 단어가 없다. 6개의 문서에는 2개, 1개 문서에는 3개, 다른 문서에는 6개의 단어가 나타났다. 데이터 98%의 값이 0이므로 문서의 소수 부분만이 모델에 과한 영향을 미치게 된다. 게다가 여기서 리샘플링이 이뤄진다면(4.4장), 리샘플된 데이터 세트 중 단어가 들어가지 않은 문서들로 이뤄진 데이터 세트가 만들어져서 예측 변수에 값이 하나만 나타날 수도 있다.

사용자가 데이터에 이런 문제가 있는지를 어떻게 판단할 수 있을까? 우선, 데이터에서 고유한 값의 수가 샘플의 수에 비해 상대적으로 작아야 한다. 예를 들어, 이 문서 사례에서 데이터 세트가 531개의 문서지만, 고유한 값이 4개뿐이라면 여기서 고유값의

〔표 3.1〕 단어가 나타나는 문서의 수를 나타낸 예측 변수

	# 문서
빈도: 0	523
빈도: 2	6
빈도: 3	1
빈도: 6	1

비율은 0.8%다. 고유값의 비율이 작다는 것이 범주형 변수로부터 만들어지는 많은 "가변수"(3.6장)가 여기에 적합한지를 고려해야 하는 이유가 되지는 않는다. 이런 고유한 값의 빈도가 심하게 차이가 나는 경우, 문제가 발생한다. 가장 일반적으로 나타나는 빈도와 두 번째로 일반적으로 나타나는 빈도 비율이 빈도의 불균형 정도를 나타낸다. 이 데이터 세트의 대부분 문서($n = 523$)에서는 단어가 없다. 따라서 가장 빈도가 높은 경우는 2개가 나타나는 문서($n = 6$)다. 이 빈도 비율은 523/6 = 87로 매우 높으며, 이는 즉 강한 불균형을 나타낸다.

이 경우, 0에 가까운 분산을 갖는 예측 변수를 감지하는 통상적인 법칙에 따르면,

- 샘플 크기 내 고유한 값의 비율은 낮다(약 10%).
- 가장 일반적으로 나타나는 값의 빈도 대비 두 번째로 일반적인 값의 빈도 비는 (20 정도로) 매우 크다.

만약, 이 두 기준이 모두 맞고 모델이 이런 예측 변수에 민감하다면, 이 모델에서 이 변수를 제거하는 것이 좋을 것이다.

예측 변수 간의 상관관계

공선성은 두 예측 변수가 서로 높은 상관관계를 갖는 상황을 나타내는 전문 용어다. 여러 예측 변수가 상관관계가 있는 경우도 있다(이를 다중 공선성이라고 한다).

예를 들어, 세포 분할 데이터에는 세포 크기에 관련된 많은 예측 변수가 있다. 세포 경곗값, 폭, 길이 및 보다 복잡한 계산을 거쳐 측정한 값 등 세포의 조도 등 형태(생김새 등) 관련 특징에 대한 것도 있다.

[그림 3.10]은 훈련 데이터 세트의 상관도 행렬이다. 훈련 데이터로부터 각 변수 쌍의 상관도를 계산해 그 정도에 따라 색을 넣었다. 이 그래프는 대칭으로 위 삼각형과 아

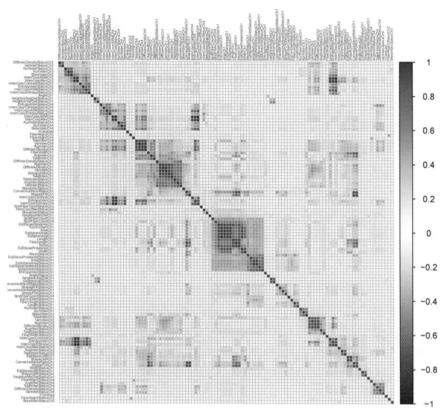

〔그림 3.10〕 세포 크기 연관도 행렬 시각화. 변수 배열은 군집 분석 알고리즘을 따랐다.

래 삼각형은 동일한 정보를 나타내고 있다. 남색은 강한 양의 상관관계, 진빨강은 강한 음의 상관관계를 나타내며, 흰색은 예측 변수 간 전혀 상관관계가 없음을 뜻한다. 이 그림에서 예측 변수는 군집 분류 기법을 통해 구분됐으므로(Everitt et al., 2011) 동일선상에 있는 예측 변수는 서로 가까운 변수임을 알 수 있다. 대각선을 따라가 보면, 공선성 "군집"을 나타내는 강한 양의 상관관계를 나타내는 블록들이 있다. 대각선 가운데 근처에는 첫 번째 채널에서 나온 예측 변수의 큰 블록이 있다. 이 예측 변수는 세포의 폭과 길이 같이 세포 크기에 관련된 변수다.

데이터 세트가 시각적 탐색을 위해 너무 많은 예측 변수들로 구성돼 있다면, PCA 같은 기법을 통해 문제의 크기를 정리할 수 있다.

예를 들어, 첫 번째 주성분이 분산 비율인 경우, 이는 즉 동일한 정보를 나타내는 예측 변수가 1개 이상의 그룹에 속해 있음을 의미한다. 예를 들어, [그림 3.6]을 보면 처음 3~4개 성분이 전체 분산의 대부분을 차지하다는 것을 알 수 있다. 이는 이 예측 변수 간에 3~4개의 유의한 관계가 존재하다는 것을 나타낸다. PCA의 가중값을 보면, 어떤 예측 변수가 각 성분에 어떻게 연관돼 있는지를 알 수 있다.

일반적으로 높은 상관관계를 보이는 예측 변수는 피하는 것이 좋다. 이에는 몇 가지 이유가 있다. 우선 중복되는 예측 변수는 종종 모델에 정보량보다 복잡도를 더 높이는 데 기여한다. 예측 데이터를 획득하는 데는 (시간이든, 돈이든) 비용이 들기 때문에 변수가 적은 것이 확실히 더 낫다. 이런 의견은 대체로 철학적이지만, 연관된 예측 변수가 있는 데이터를 사용하는 것은 수학적으로도 불리하다. 선형 회귀 같은 분석 기법에 높은 상관관계를 갖는 예측 변수를 사용하면 매우 불안정한 모델이 나오거나, 수치 오류가 발생하거나, 예측 성능이 낮아지는 등의 문제가 발생할 수 있다.

고전적 회귀 분석에서는 선형 회귀에서의 다중 공선성을 진단하기 위한 여러 가지 도구가 있다.

공선성이 있는 예측 변수는 모델에서 추정하는 변수의 분산에 영향을 미칠 수 있어서 분산 팽창 인수variance inflation factor, VIF라는 통계값을 사용해 영향력 있는 예측 변수를 구분한다. 하지만 선형 회귀 외에 이 방법은 충분하지 않은 많은 이유가 있다. 이 방법은 선형 모델에 사용하기 위해 만들어져서 예측 변수보다 많은 샘플이 필요하고, 공선성을 갖는 예측 변수는 구분하면서 이 중 문제 해결을 위해 어느 쪽이 제거돼야 하는지는 판단하지 않는다.

이 문제를 해결하기 위해 덜 이론적이고, 좀 더 직관적인 방법으로는 나머지 모든 쌍의 상관계수가 특정 수치 이하일 수 있는 최소한의 예측 변수를 제거하는 것이 있다. 이 방법은 2차적 공선성만 제거하지만, 몇 가지 모델에 있어서는 눈에 띄게 성능에 좋은 영향을 미칠 수도 있다. 이 알고리즘은 아래와 같이 진행된다.

1. 예측 변수의 상관계수 행렬을 구한다.
2. 절댓값이 가장 큰 상관계수를 보이는 예측 변수 쌍을 찾는다(이 예측 변수를 A와 B 라고 하자).
3. A와 다른 변수 간의 평균 상관계수를 구한다. B에 대해서도 동일하게 수행한다.
4. A의 평균 상관계수가 더 크다면 A를 지우고, 아니라면 B를 지운다.
5. 이후 특정 수치를 넘는 상관계수의 절댓값이 나타나지 않을 때까지 2~4단계를 반복한다.

이 아이디어는 가장 많은 연관 관계를 갖는 예측 변수를 우선적으로 제거하는 법이다. 예측 변수 간의 상관관계에 특히 민감한 모델을 사용하는 경우에는 보통 한도를 0.75

로 잡는다. 이는 최소한의 예측 변수를 제거해 모든 예측 변수와의 상관계수가 0.75 이하로 유지하도록 하고자 한다는 뜻이다. 세포 분할 데이터에서 이 방법을 사용하면 43개의 예측 변수를 제거해야 한다.

앞에서 말했듯이, 또 다른 예측 변수 간 강한 상관관계로 인해 영향을 받는 정도를 완화할 수 있는 방법으로는 특징 추출 기법(주성분 분석 등)이 있다. 하지만 이 기법은 예측 변수를 섞어서 사용해 결과가 더 복잡해진다. 추가로 신호 추출법은 보통 비지도 방식으로 이뤄지므로 여기서 나오는 대리 변수가 실제 결과와 어떤 연관이 있다고 보장할 수는 없다.

3.6 예측 변수 추가

예측 변수가 성별이나 인종 같이 범주형일 경우, 일반적으로 예측 변수를 여러 변수 집합으로 분해하게 된다. 예를 들어, 4.5장에서 논의하는 신용 평가 데이터에는 대상자의 통장에 얼마가 저금돼 있는지를 기반으로 하는 예측 변수가 포함돼 있다. 이런 데이터는 "알 수 없음" 그룹을 포함해 여러 그룹 형태로 표기된다. [표 3.2]를 보면 이런 예측 변수의 값과 대상자의 수가 각각의 구간에 포함되는 것을 알 수 있다.

이 데이터를 모델에 적용하기 위해서는 범주가 "가변수"라고 불리는 정보의 조각 형태로 새로 만들어져야 한다. 보통 각 범주별로 고유한 가변수를 갖고 0/1 형태로 표기한다. [표 3.2]는 이 데이터에서 가능한 가변수를 나타낸다. 여기서는 4개의 가변수만 필요하다. 가변수 4개의 값만 안다면, 다섯 번째는 추정 가능하다. 하지만 모든 가변수를 포함할지는 모델 선택에 따라 달라진다. 단순한 선형 회귀(6.2장)처럼 절편 항목이

[표 3.2] 신용 평가 예제 중 5개 그룹으로 구분된 범주형 예측 변수. 값의 단위는 통장에 저금된 금액(독일 마르크화)이다.

		가변수				
값	n	<100	100–500	500–1,000	>1,000	알 수 없음
<100 DM	103	1	0	0	0	0
100–500 DM	603	0	1	0	0	0
500–1,000 DM	48	0	0	1	0	0
>1,000 DM	63	0	0	0	1	0
알 수 없음	183	0	0	0	0	1

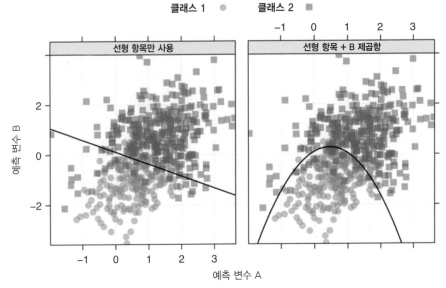

〔그림 3.11〕 두 로지스틱 회귀 모델의 분류 범위. **왼쪽 부분**은 두 예측 변수가 선형으로 나타나 있고, **오른쪽 부분**은 추가로 예측 변수 B의 제곱항이 포함돼 있다. 이 모델은 12장에서 보다 자세히 설명한다.

포함되는 모델에서는 각 가변수가 모델에 포함되는 경우, 수치 오류가 날 수 있다. 왜냐하면 각 샘플에 있어서 이 변수들을 모두 더하면 1이 되고, 이는 절편을 구하는 데 동일한 값으로 사용될 수 있기 때문이다. 만약, 이런 유형의 문제가 별로 나타나지 않는 모델이라면, 가변수 전체를 사용해 모델 해석력을 높일 수 있다.

이 책에서 언급하는 많은 모델은 자동으로 예측 변수와 결과값 간의 매우 복잡하고 비선형적 관계를 구한다. 보다 지나치게 단순한 형태의 모델에서나 사용자가 수동으로 어떤 변수가 비선형적이고, 어떤 식으로 만들어질지를 직접 정의한다. 예를 들어, 로지스틱 회귀는 매우 유명한 분류 모델로, 선형 분류 범위를 기본적으로 생성한다. [그림 3.11]에는 두 예측 변수와 두 클래스로 이뤄진 예제가 그려져 있다. 왼쪽에는 예측 변수가 일반적 형태(선형)인 경우의 기본 로지스틱 회귀 분류 범위가 나타나 있다. 오른쪽은 기본 선형 로지스틱 모델에 예측 변수 B의 제곱항이 추가된 형태다. 로지스틱 회귀는 명확하고 안정적인 모델로, 여기에 비선형 항목을 추가하는 것이 (과적합을 일으킬 수 있는) 다른 복잡한 기법보다 나을 수도 있다.

추가로 포리나Forina 등의 학자들은 예측 데이터에 데이터를 복잡하게 조합한 것을 추가하는 기법을 제안했다(2009).

분류 모델에서는 각 클래스별 예측 변수의 중심값인 "클래스 중심"을 구한다. 이후 각 예측 변수에 대한 각 클래스 중심으로부터의 거리를 구해 이 거리값을 모델에 추가한다.

3.7 예측 변수 구간화

데이터 전처리용으로 추천받는 기법이 있는 것처럼, 피해야 할 기법도 있다. 데이터 세트를 단순화하는 일반적인 방법 중 하나는 수치형 예측 변수를 취한 후 분석하기 전에 미리 2~3개의 그룹으로 미리 범주화하거나 "구간화"하는 것이다. 예를 들면, 본Bone과 같은 학자들은 전신성 염증반응증후군Systemic Inflammatory Response Syndrome, SIRS 진단에 필요한 여러 의학적 증상을 정의했다(Bone et al., 1992). SIRS는 어떤 사람이 특정 물리적 외상(차 사고 등)을 겪은 후 발병할 수 있다. SIRS 기준을 단순화한 것은 아래와 같다.

- 체온이 36℃ 미만이거나 38℃ 초과
- 분당 심장 박동 수가 90회 초과
- 분당 호흡 수가 20회 초과
- 백혈구 수가 4,000개/mm³ 미만이거나 12,000개/mm³ 초과

위 증상이 2개 이상 나타나는 사람은 SIRS 보유자로 진단한다.

이런 접근 방법의 장점은 아래와 같다.

- (앞의 SIRS 예처럼) 판단 규칙이 간단하거나 모델 해석이 간단할 것이므로 간단히 진단서를 만들 수 있음.
- 모델러가 예측 변수와 결과 간의 정확한 관계를 미리 알아야 할 필요가 없음.
- 선택지가 모여 있는 경우, 설문 응답률이 높아짐. 예를 들어, 마지막으로 파상풍 주사를 맞은 날짜를 물어보면 맞은 기간 범위(최근 2년 이내, 최근 4년 이내 등)를 물어보는 것에 비해 더 적은 응답을 얻는 경향이 있음.

단, 연속형 데이터를 수동으로 구간화하는 데는 몇 가지 문제가 있다. 첫째, 모델의 유의한 성능 저하가 나타날 수 있다. 이 책에서 언급하는 많은 모델링 기법은 예측 변수와 결과값 간의 복잡한 관계를 잘 판단한다. 예측 변수를 수동으로 구간화하는 것은 이런 능력을 제한할 수 있다. 둘째, 예측 변수가 범주화될 경우, 예측 정밀도를 떨어뜨

릴 수 있다. 예를 들어, 만약 2개의 구간화된 예측 변수가 있고, 그 데이터 세트에 4개의 조합만이 존재한다면, 간단한 예측 모델이 만들어질 것이다. 셋째, 변수형 예측 변수는 (잡음을 일으키는 예측 변수가 정보성이 있다고 판단되는 등의) 위양성 비율이 높아질 수 있다 (Austin and Brunner, 2004).

불행하게도 가장 강력한 예측 모델은 보통 가장 해석력이 낮다. 결론은 수동적 범주화를 통해 해석력을 눈에 띄게 상승시키려면, 보통 성능을 어느 정도 포기해야 한다는 것이다. 이 책은 예측 모델에 있어서(해석이 우선적인 목표가 아니므로) 성능 저하를 피하는 쪽으로 고려했다. 사실 어떤 경우에는 임의로 예측 변수를 범주화하는 것이 윤리에 어긋난다. 한 가지 예로, 질병의 예측에 관련해서는 많은 연구가 있을 것이다(환자 검사, 치료 반응 등). 만약, 이런 중요한 판단에 의료 진단이 쓰인다면, 환자들은 가능한 한 가장 정확한 예측 결과를 원할 것이다. 복잡한 모델이 충분히 유효하다고 해도, 예측 성능보다 해석력이 필요한 모델에서는 적합하지 않을 수 있다.

지금의 논의는 모델 구축 전 예측 변수의 수동 범주화에 대한 이야기임을 기억하자. 분류/회귀 트리와 MARS 같은 모델은 모델 구축 과정에서 구분점을 추정하게 된다. 이런 기법과 수동 구간화의 차이는 모델에서는 한 가지 목적(정확도 최대화 등)을 갖고 모든 예측 변수를 사용해 구간을 구한다는 것이다. 이 모델들은 많은 변수에 대한 값을 동시에 구하고, 이 결과는 보통 통계적 기법을 기반으로 한다.

3.8 컴퓨팅

이 장에서는 데이터를 AppliedPredictiveModeling 패키지 및 caret, corrplot, e1071, lattice 패키지의 함수에 적용한다.

여기서 사용한 R 코드는 다음에서 찾을 수 있다.

- AppliedPredictiveModeling 패키지의 이 장에 해당하는 디렉터리에 들어가면 이 장에서 사용한 모델을 다시 만들어볼 수 있는 코드가 들어 있다. 이를 통해 독자들은 여기서 사용된 모델이 정확히 어떻게 만들어졌는지 알 수 있을 것이다.
- 이 책의 많은 장은 각 장의 끝에 R에서 일반적으로 연산이 어떤 식으로 이뤄지는지에 대한 상세한 내용이 들어 있다. 예를 들어, 이 장에서는 앞에서 등장한 데이터 전처리 기법에 대한 각각의 함수가 나와 있다. 컴퓨팅 항목에서는 이런

상세한 내용을 설명하지만, 실제로 개별 함수를 바로 사용하면 안 될 수도 있다. 예를 들어, train 함수 사용 시 전처리 과정이 단일 인수별로 정의된 경우에는 개별 함수가 동작하지 않는다. 각 장마다 그때 만들어진 모델들에 대한 코드를 사용하지만, 내부의 개별 함수는 상황에 따라 다를 수도 있다.

따라서 각 장의 컴퓨팅 장에서는 일반적으로 코드가 어떻게 연산을 하는지에 대해 설명할 것이다. 각 장의 특정 모델의 연산에 대한 가장 좋은 예제를 찾고자 한다면 AppliedPredictiveModeling 패키지의 chapters 디렉터리에 있는 코드를 확인하면 될 것이다.

부록 B에서 설명한 대로 관심 있는 클래스나 함수를 찾는 데 유용한 몇 가지 R 함수가 있다. apropos 함수는 주어진 단어를 사용해 로딩돼 있는 R 패키지를 검색한다. 예를 들어, 현재 로딩돼 있는 패키지 중 혼동 행렬confusion matrix을 생성하기 위한 함수를 찾아야 할 경우에는 아래와 같이 사용한다.

```
> apropos("confusion")
[1]"confusionMatrix""confusionMatrix.train"
```

모든 패키지 중에서 함수를 찾아야 할 경우에는 RSiteSearch 함수를 사용하면 된다. 다음 명령어를 실행해보자.

```
> RSiteSearch("confusion", restrict ="functions")
```

이 명령어는 온라인에서 검색 후 찾은 결과를 웹 브라우저를 통해 보여줄 것이다.

세포 분할 원본 데이터는 패키지에 포함돼 있다.[5] 이 데이터를 R에 로딩하는 방법은 아래와 같다.

```
> library(AppliedPredictiveModeling)
> data(segmentationOriginal)
```

데이터 항목으로는 각 세포 구분 인자(Cell)와 어떤 세포가 잘 구분됐는지를 나타내는 요인 벡터(Class)가 있다. Case 변수는 어떤 세포가 훈련 세트나 테스트 세트에 사용됐는지를 나타낸다. 이 장에서 했던 분석은 주로 훈련 세트 샘플을 사용했으므로, 데이터를 이 세포들을 기준으로 필터링한다.

---

[5] 이 데이터의 전처리를 거친 버전은 caret 패키지에도 들어 있다. 이는 이후 다른 장에서 사용된다.

```
> segData <- subset(segmentationOriginal, Case =="Train")
```

Class와 Cell 항목은 다른 벡터로 나뉘어 저장된다. 그 후 원본을 제거한다.

```
> cellID <- segData$Cell
> class <- segData$Class
> case <- segData$Case
> # 나머지 컬럼을 제거한다.
> segData <- segData[, -(1:3)]
```

원본 데이터에는 예측 변수의 바이너리 형태인 여러 "상태status" 관련 컬럼이 포함돼 있다. 이 컬럼들을 제거하려면, 컬럼 이름에 "Status"가 포함된 컬럼을 찾아야 한다. 그리고 이들을 제거한다.

```
> statusColNum <- grep("Status", names(segData))
> statusColNum
  [1]   2   4   9  10  11  12  14 16 20 21 22 26 27 28 30 32  34
 [18]  36  38  40  43  44  46  48 51 52 55 56 59 60 63 64 68  69
 [35]  70  72  73  74  76  78  80 82 84 86 88 92 93 94 97 98 103
 [52] 104 105 106 110 111 112 114
> segData <- segData[, -statusColNum]
```

변환

앞에서 이야기한 것처럼, 어떤 항목들은 데이터가 한쪽으로 많이 치우쳐 있다. 각 예측 변수별 샘플의 왜도는 e1071 패키지의 skewness 함수로 계산한다.

```
> library(e1071)
> # 예측 변수 1개에 대해 계산
> skewness(segData$AngleCh1)
  [1] -0.0243
> # 모든 예측 변수가 수치형이므로 apply 함수를 사용해
> # 전 컬럼에 대한 왜도를 계산할 수 있다.
> skewValues <- apply(segData, 2, skewness)
> head(skewValues)
    AngleCh1   AreaCh1 AvgIntenCh1 AvgIntenCh2 AvgIntenCh3 AvgIntenCh4
     -0.0243    3.5251      2.9592      0.8482      2.2023      1.9005
```

이 값들을 토대로 분포를 시각화하는 순서를 정할 수 있다. 기본 R 함수의 hist 함수나 lattice 패키지의 histogram 함수를 사용해 분포의 모양을 추정할 수 있다.

어떤 유형의 변환을 사용해야 할지 판단할 때는 MASS 패키지의 boxcox 함수를 활용한다. 이 함수에서는 λ을 추정하기는 하지만, 변환된 변수(들)를 만들지는 않는다. caret(분류와 회귀 트레이닝Classification And REgression Training의 약자) 패키지의 BoxCoxTrans 함수는 적합한 변환법을 찾은 후, 이 방법을 적용해 새 데이터를 만들어준다.

```
> library(caret)
> Ch1AreaTrans <- BoxCoxTrans(segData$AreaCh1)
> Ch1AreaTrans
  Box-Cox Transformation

  1009 data points used to estimate Lambda

  Input data summary:
     Min. 1st Qu. Median  Mean 3rd Qu.  Max.
      150     194    256   325     376  2190

  Largest/Smallest: 14.6
  Sample Skewness: 3.53

  Estimated Lambda: -0.9
> # 원데이터
> head(segData$AreaCh1)
  [1] 819 431 298 256 258 358
376 2190
> # 변환 후
> predict(Ch1AreaTrans, head(segData$AreaCh1))
  [1] 1.1085 1.1064 1.1045 1.1036 1.1036 1.1055
>(819^(-.9) - 1)/(-.9)
  [1] 1.1085
```

caret 패키지의 다른 함수인 preProcess를 사용해 이 변환식을 여러 예측 변수에 적용할 수 있다. 이 함수는 다음에 설명한다. 기본 R 함수인 prcomp는 PCA에 사용할 수 있다. 아래 코드에서 PCA 적용 시 데이터를 중심화, 척도화한다.

```
> pcaObject <- prcomp(segData,
+                     center = TRUE, scale = TRUE)
```

```
> # 각 요소별 분산의 누적 비율 계산
> percentVariance <- pcaObject$sd^2/sum(pcaObject$sd^2)*100
> percentVariance[1:3]
[1] 20.9 17.0 11.9
```

변환된 값은 x라고 불리는 하위 객체 형태로 pcaObject에 저장된다.

```
> head(pcaObject$x[, 1:5])
        PC1    PC2     PC3   PC4    PC5
 2   5.099  4.551 -0.0335 -2.64  1.278
 3  -0.255  1.198 -1.0206 -3.73  0.999
 4   1.293 -1.864 -1.2511 -2.41 -1.491
12  -1.465 -1.566  0.4696 -3.39 -0.330
15  -0.876 -1.279 -1.3379 -3.52  0.394
16  -0.862 -0.329 -0.1555 -2.21  1.473
```

다른 하위 객체인 rotation은 행은 예측 변수에 대응되고, 열은 객체에 대응하는 형태로 로딩된 변수에 저장된다.

```
> head(pcaObject$rotation[, 1:3])
                 PC1     PC2      PC3
AngleCh1     0.00121 -0.0128  0.00682
AreaCh1      0.22917  0.1606  0.08981
AvgIntenCh1 -0.10271  0.1797  0.06770
AvgIntenCh2 -0.15483  0.1638  0.07353
AvgIntenCh3 -0.05804  0.1120 -0.18547
AvgIntenCh4 -0.11734  0.2104 -0.10506
```

caret 패키지의 클래스인 spatialSign에는 공간 형태 변환에 사용되는 기능이 들어 있다. 여기서 사용하는 데이터에는 이 기법을 적용하지 않을 것이지만, 참고로 알아두자면 기본 문법은 spatialSign(segData)다.

또한 이 데이터는 결측값이 없어서 대치할 필요가 없다. 결측값을 대치하기 위해서는 impute 패키지를 사용하면 된다. 이 패키지의 함수 impute.knn은 K-최근접 이웃 방식을 사용해 결측값을 추정한다. 앞에서 언급했던 preProcess 함수도 K-최근접 이웃이나 배깅 트리bagged tree에서 유래한 대치법을 적용한다.

여러 데이터 세트에 다양한 변환을 적용하려면, caret 패키지의 preProcess를 사용해 변환, 중심화, 척도화, 결측값 대치 및 공간 형태 변환, 특징 추출 등을 할 수 있다. 이 함수는 변환해야 할 데이터의 양을 계산해준다. preProcess 함수 호출 후, 처리된 데이터에 예측 방법을 적용한다. 예를 들어, 데이터에 박스-콕스 변환, 중심화, 척도화를 적용한 후, 신호를 추출하기 위한 PCA를 적용하는 방법은 아래와 같다.

```
> trans <- preProcess(segData,
+                     method = c("BoxCox","center","scale","pca"))
> trans
  Call:
  preProcess.default(x = segData, method = c("BoxCox","center",
  "scale","pca"))

  Created from 1009 samples and 58 variables
  Pre-processing: Box-Cox transformation, centered, scaled,
   principal component signal extraction

  Lambda estimates for Box-Cox transformation:
    Min. 1st Qu.  Median  Mean 3rd Qu.   Max.  NA's
   -2.00   -0.50   -0.10   0.05    0.30   2.00    11

  PCA needed 19 components to capture 95 percent of the variance
> # 변환 적용
> transformed <- predict(trans, segData)
> # 이 값은 PCA 적용 전에 이미 변환된 값이므로
> # 기존 PCA 값과는 다르다.
> head(transformed[, 1:5])

        PC1    PC2    PC3   PC4    PC5
  2   1.568  6.291 -0.333 -3.06 -1.342
  3  -0.666  2.046 -1.442 -4.70 -1.742
  4   3.750 -0.392 -0.669 -4.02  1.793
  12  0.377 -2.190  1.438 -5.33 -0.407
  15  1.064 -1.465 -0.990 -5.63 -0.865
  16 -0.380  0.217  0.439 -2.07 -1.936
```

데이터 변환이 적용된 순서는 기본 변환, 중심화, 척도화, 결측값 대치, 특징 추출, 공간 변환 처리다.

많은 모델링 함수에는 모델링 전 중심화, 척도화를 해주는 옵션이 있다. 예를 들어, 훈련 함수(이후 설명할 것이다)를 사용할 때는 리샘플링을 반복하면서 모델링 전에 preProcess를 사용하는 옵션이 있다.

필터링

분산이 0에 가까운 예측 변수를 걸러내고자 할 때는 caret 패키지의 nearZeroVar를 사용한다. 이 함수는 3.5장에 나왔던 조건을 만족하는 예측 변수에 해당하는 열 번호를 반환한다. 세포 분할 데이터에는 문제가 될 만한 예측 변수가 없다.

```
> nearZeroVar(segData)
  integer(0)
> # 제거해야 할 예측 변수가 있다면,
> # 어떤 변수가 제거돼야 할지 열 번호를 결과값으로 반환한다.
```

마찬가지로 예측 변수 간의 상관관계를 기준으로 변수를 걸러내고 싶다면, cor 함수를 사용해 예측 변수 간의 상관관계를 계산한다.

```
> correlations <- cor(segData)
> dim(correlations)
  [1] 58 58
> correlations[1:4, 1:4]
            AngleCh1  AreaCh1 AvgIntenCh1 AvgIntenCh2
AngleCh1     1.00000 -0.00263     -0.0430     -0.0194
AreaCh1     -0.00263  1.00000     -0.0253     -0.1533
AvgIntenCh1 -0.04301 -0.02530      1.0000      0.5252
AvgIntenCh2 -0.01945 -0.15330      0.5252      1.0000
```

데이터의 상관관계 구조를 시각적으로 확인하고 싶다면, corrplot 패키지에 동일한 이름의 훌륭한 함수가 있다. 이 함수에는 높은 상관관계를 가진 예측 변수의 군집을 찾는 식으로 변수 순서를 재배치할 수 있는 여러 옵션이 있다. [그림 3.10]을 그리기 위한 명령어는 아래와 같다.

```
> library(corrplot)
> corrplot(correlations, order ="hclust")
```

점의 크기와 색은 두 예측 변수 간 상관관계의 크기와 연관이 있다.

상관계수를 토대로 변수를 걸러낼 때 findCorrelation 함수를 사용하면 3.5장에 나왔던 알고리즘을 적용할 수 있다. 각 쌍의 상관계수에 한도값을 정해주면, 이 함수는 삭제 대상 예측 변수 후보를 고른 후, 해당 열의 번호를 반환한다.

```
> highCorr <- findCorrelation(correlations, cutoff = .75)
```

```
> length(highCorr)
  [1] 33
> head(highCorr)
  [1]23404336 715
> filteredSegData <- segData[, -highCorr]
```

subselect 패키지에도 같은 결과를 제공하는 여러 함수가 있다.

가변수 생성

특정 모델 기반의 가변수를 생성하는 데에는 여러 가지 방법이 있다. 4.9장에서는 예측 변수를 모델에 적용하는 방식을 명시하는 데 대한 몇 가지 방법을 다룬다. 이 중 한 가지 방법인 수식은 모델 함수를 만드는 데 매우 훌륭한 유연성을 보인다. 모델 함수를 수식으로 표현하면, 모든 범주에 가변수를 만들지 않고도 매개변수화할 수 있다. 이 방법은 선형 회귀에서 자세히 살펴볼 것이다.

하지만 앞에서 말했듯이, 범주를 모두 가변수로 만드는 것이 유용한 경우도 있다. 예를 들어, 트리 기반 모델에서 분기점을 해석할 때는 예측 변수의 모든 정보가 가변수화돼 있는 경우가 더 쉽다. 따라서 트리 기반 모델을 사용할 경우에는 모든 가변수를 만드는 것을 추천한다.

caret 패키지의 cars 데이터 세트의 일부를 사용해 이를 코드로 설명해보겠다. 2005년, 켈리 블루 북Kelly Blue Book에서 804 GM 중고 차량을 판매한 데이터를 수집했다 (Kuiper, 2008). 이 모델의 목적은 주어진 차량의 특성을 갖고 차의 가격을 예측하는 것이다. 이 예제에서는 차의 가격, 주행 거리, 차량 유형(세단 등)을 주로 사용할 것이다.

```
> head(carSubset)
     Price Mileage  Type
 214 19981   24323 sedan
 299 21757    1853 sedan
 460 15047   12305 sedan
 728 15327    4318 sedan
 162 20628   20770 sedan
 718 16714   26328 sedan
> levels(carSubset$Type)
  [1]"convertible" "coupe"      "hatchback"   "sedan"       "wagon"
```

이때 금액을 주행 거리와 차량 유형에 대한 함수로 모델링한다면, 예측 변수를 적합하게 만들기 위해 dummyVars라는 함수를 사용할 수 있다. 첫 번째 모델에서는 가격이 주행 거리와 차량 유형에 대한 간단한 가법 함수로 만들어진다고 가정해보자.

```
> simpleMod <- dummyVars(~Mileage + Type,
+                         data = carSubset,
+                         ## 열 이름으로부터 변수명 제외
+                         ## 칼럼명
+                         levelsOnly = TRUE)
> simpleMod
  Dummy Variable Object

  Formula: ~Mileage + Type
  2 variables, 1 factors
  Factor variable names will be removed
```

훈련 세트 또는 새 샘플에서 가변수를 생성하려면, predict 함수를 적용할 때 dummyVars 객체도 포함한다.

```
> predict(simpleMod, head(carSubset))
      Mileage convertible coupe hatchback sedan wagon
214     24323          0     0         0     1     0
299      1853          0     0         0     1     0
460     12305          0     0         0     1     0
728      4318          0     0         0     1     0
162     20770          0     0         0     1     0
718     26328          0     0         0     1     0
```

Type 변수의 다섯 가지 요인 등급은 5개의 변수로 확장됐다. 여기서는 모든 차의 주행 거리가 동일하다고 가정한 덕분에 모델이 단순해졌다. 보다 고차원 모델을 적용해본다면, 주행 거리와 차량 유형의 교호 작용이 있다고 가정할 수 있다. 이런 효과는 일종의 상호작용이다. 모델 수식에서 요인 사이의 쉼표(,)는 변수 간 상호작용을 생성해야 한다고 명시하는 것이다. 여기서는 이 데이터에서 5개의 예측 변수를 데이터 프레임에 추가한다.

```
> withInteraction <- dummyVars(~Mileage + Type + Mileage:Type,
+                               data = carSubset,
+                               levelsOnly = TRUE)
```

```
> withInteraction
  Dummy Variable Object

  Formula: ~Mileage + Type + Mileage:Type
  2 variables, 1 factors
  Factor variable names will be removed
> predict(withInteraction, head(carSubset))
      Mileage convertible coupe hatchback sedan wagon Mileage:convertible
214   24323            0     0         0     1     0                     0
299    1853            0     0         0     1     0                     0
460   12305            0     0         0     1     0                     0
728    4318            0     0         0     1     0                     0
162   20770            0     0         0     1     0                     0
718   26328            0     0         0     1     0                     0
      Mileage:coupe Mileage:hatchback Mileage:sedan Mileage:wagon
214               0                 0         24323             0
299               0                 0          1853             0
460               0                 0         12305             0
728               0                 0          4318             0
162               0                 0         20770             0
718               0                 0         26328             0
```

연습 문제

3.1 UC 얼바인 머신 러닝 데이터 모음UC Irvine Machine Learning Repository[6]에 보면, 유리 분류 데이터 세트가 있다. 이 데이터에는 7개의 유형으로 분류된 214개의 유리 샘플이 있다. 각각에 대해 굴절률과 여덟 가지 원소 비율(Na, Mg, Al, Si, K, Ca, Ba, and Fe)에 대한 9개의 예측 변수가 있다.

데이터는 아래와 같이 가져올 수 있다.

```
> library(mlbench)
> data(Glass)
> str(Glass)
  'data.frame': 214 obs. of 10 variables:
```

---

[6] http://archive.ics.uci.edu/ml/index.html

```
$ RI : num 1.52 1.52 1.52 1.52 1.52 ...
$ Na : num 13.6 13.9 13.5 13.2 13.3 ...
$ Mg : num 4.49 3.6 3.55 3.69 3.62 3.61 3.6 3.61 3.58 3.6 ...
$ Al : num 1.1 1.36 1.54 1.29 1.24 1.62 1.14 1.05 1.37 1.36 ...
$ Si : num 71.8 72.7 73 72.6 73.1 ...
$ K : num 0.06 0.48 0.39 0.57 0.55 0.64 0.58 0.57 0.56 0.57 ...
$ Ca : num 8.75 7.83 7.78 8.22 8.07 8.07 8.17 8.24 8.3 8.4 ...
$Ba :num 0000000000...
$Fe :num 000000.260000.11...
$ Type: Factor w/ 6 levels"1","2","3","5",..: 1 1 1 1 1 1 1 1 1 1 ...
```

(a) 예측 변수 간의 상관관계와 분포를 시각화를 이용해 탐색해보자.

(b) 데이터에 이상값이 있는가? 한쪽으로 치우친 예측 변수가 있는가?

(c) 분류 모델 성능을 향상시키기 위해 예측 변수를 변환해야 할까?

3.2 UC 얼바인 머신 러닝 데이터 모음의 콩 데이터를 사용한다. 이 데이터의 목적은 683개의 콩에 대한 질병 예측이다. 35개의 예측 변수는 대부분 범주형으로 환경적 요인 (온도, 감수량 등)과 식물 상태(반점, 곰팡이 균 정도 등) 정보다. 결과는 19가지로 구분된다. 데이터는 아래와 같이 가져온다.

```
> library(mlbench)
> data(Soybean)
> ## 자세한 내용은 ?Soybean을 입력하면 볼 수 있다.
```

(a) 범주형 예측 변수의 빈도 분포를 확인하자. 앞에서 논의한 퇴화 형태를 보이는 분 포가 있는가?

(b) 약 18%의 데이터 값이 누락돼 있다. 특정 예측 변수가 주로 누락됐는가? 범주별로 결측값의 패턴이 있을까?

(c) 예측 변수 제거나 결측값 대치 중 어떤 방식으로 결측값을 처리할지 계획을 세우자.

3.3 5장에서는 구조적 정량 활성 관계Quantitative Structure-Activity Relationship, QSAR 모델링을 설명할 것이다. 이는 다른 화학적 특성을 예측하기 위해 화합물의 특징을 활용하는 방 법이다. caret 패키지에는 멘테Mente와 롬바르도Lombardo가 연구한 QSAR 데이터가 포 함돼 있다(2005). 이 데이터는 화학 물질이 혈액 뇌관문에 침투할 수 있는지를 208개 의 화합물에 대한 실험을 통해 살펴본 것으로, 각 화합물에 대해 134가지 특성을 측정 했다.

(a) R을 켜서 아래와 같이 데이터를 로딩하자.

```
> library(caret)
> data(BloodBrain)
> # ?BloodBrain을 입력하면 보다 자세한 정보를 볼 수 있다.
```

예측 변수는 bbbDescr이라는 데이터 프레임에 들어 있고, 수치형 결과는 벡터 logBBB에 있다.

(b) 퇴화 분포 형태의 예측 변수가 있는가?

(c) 일반적인 이야기지만, 예측 변수 간 강한 상관관계를 보이는 것이 있는가? 만약, 그렇다면, 예측 변수 세트에서 어떻게 이런 상관관계를 제거할 수 있을까? 모델링에 사용될 예측 변수의 수가 커다란 효과를 가져올까?

04

과적합과 모델 튜닝

오늘날의 많은 분류 및 회귀 모델은 매우 적용하기 쉽다. 이 모델들을 쓰면, 복잡한 관계에 대한 모델링도 가능하다. 하지만 이 모델들은 간혹 다시 나타나지 않을 패턴을 억지로 만들어 붙일 수도 있다. 방법론적 모델 평가를 하지 않는다면, 모델러가 모델링에 사용하지 않은 다른 샘플을 사용해 예측하지 않는 한 이런 문제를 발견하기 어렵다.

과적합 문제는 예측 분야(Clark, 2004), 의학 연구(Simon et al., 2003; Steyerberg, 2010), 계량 분석 화학(Gowen et al., 2010; Hawkins, 2004; Defernez and Kemsley, 1997), 기상학 (Hsieh and Tang, 1998), 재무회계(Dwyer, 2005), 부부 관계 연구(Heyman and Slep, 2001) 등의 연구에서 지속적으로 논의돼왔다. 이런 사례는 과적합이 연구 분야를 막론하고 모든 예측 모델에 있어서 문제가 된다는 것을 보여준다. 이 장의 목적은 확실한 모델을 만들어 예측에 쓸 수 있게 하는 것에 대한 이론적 발판의 주요 원리를 설명하는 것이다. 좀 더 자세하게 말하면, 모델을 만들어서 그 모델을 평가했을 때 나온 정확도와 새로 적용한 샘플에 이 모델을 적용해서 나오는 예측 정확도의 신뢰도가 유사하도록 하는 것에 대한 방법을 설명할 것이다. 이런 신뢰도 없이, 이 모델로 무언가를 예측한다는 것은 소용 없다.

실제로 모든 모델 구축에는 현존하는 데이터밖에 사용할 수 없다. 그리고 많은 문제에 있어서 데이터의 샘플 수는 제한돼 있고, 원하는 만큼 품질이 좋지 않은 경우가 많으며, 이후에 나타날 샘플과 유사하다는 보장이 없다. 이 장에서 곧 설명하겠지만, 적은 데이터 세트로 예측 모델을 만들 때는 데이터 품질이 사용 가능한 수준이고, 주어진 데이터 세트가 전체 샘플을 대표한다고 가정한다.

이런 가정하에서 가장 좋은 예측 모델을 만들기 위해 가까이 있는 데이터를 사용한다.

대부분의 예측 모델 기법은 데이터 내의 구조를 찾아내기 위해 모델에 유연하게 적용할 수 있는 튜닝 변수가 있다. 그러므로 갖고 있는 데이터를 사용해 모델의 실제 예측 성능을 극대화할 수 있는 모델 변수를 설정해야 한다(이를 모델 튜닝이라고 한다). 전통적으로 모델링을 할 때는 훈련 세트와 테스트 세트로 데이터를 나눠 사용해왔다. 훈련 세트로 모델을 구축하고 튜닝한 후 테스트 세트로 모델 예측력을 평가한다. 하지만 최근에는 훈련 세트와 테스트 세트를 여러 개 만들어서 보다 최적의 튜닝 변수를 찾고, 모델 예측력도 보다 정확하게 나타낸다.

이 장을 시작하기에 앞서 보다 쉬운 시각화 예제를 통해 과적합 개념을 소개할 것이다. 이어서 이 책에서는 과적합을 피하기 위해 데이터에서 재생산 가능한 구조를 찾는 것을 궁극적 목적으로 해 모델을 튜닝하고 평가하는 것을 포함하는 모델 구축 방법론을 제시할 것이다. 이 방법을 사용하려면 기존 데이터를 모델 변수 튜닝과 모델 성능 평가의 목적으로 여러 서로 다른 세트로 나눠야 한다. 데이터 분할 방법은 데이터의 크기나 구조 등의 성격에 따라 달라진다. 4.4장에서는 가장 다용도로 사용되는 데이터 분할 기법들을 설명하고, 각각의 장단점을 살펴볼 것이다. 마지막에는 컴퓨팅 부분에서 일반적인 모델 구축 방법을 구현하는 코드를 보여주면서 마무리할 것이다.

4.1 과적합 문제

오늘날에는 데이터의 구조를 파악할 수 있는 방법들이 많이 나와 있다. 그리고 간혹 데이터에 모델을 적용했는데, 모델이 모든 샘플에 대해 정확한 값을 예측할 때도 있다. 게다가 데이터의 일반적인 패턴을 학습한 경우, 모델은 각 샘플 특유의 잡음 성격에 대해서도 학습한다. 이런 모델 유형을 '과적합됐다$^{over-fit}$'라고 하는데, 이런 모델을 사용해 새로운 샘플을 예측하면 보통 정확도가 낮아진다. 이 장에서 나올 과적합 및 기타 개념을 설명하기 위해 2개의 예측 변수가 있었던 [그림 4.1]의 단순 분류 예제를 가져오도록 하겠다. 이 데이터에는 "Class 1"이나 "Class 2"로 분류된 208개의 샘플이 있다. 첫 번째 클래스는 111개의 샘플이 있고, 두 번째 클래스는 97개로 꽤 균등하게 나뉘어져 있다. 게다가 가장 많이 사용되는 모델링 문제들에서처럼 두 클래스 간에는 유의한 간극이 있다.

이런 데이터 세트를 사용하는 목적은 새로운 샘플을 분류할 수 있는 모델을 만드는 것이다. 이런 2차원 예제의 분류 모델이나 규칙은 구분선으로 표시된다. [그림 4.2]는 2개의 서로 다른 분류 모델로 만든 클래스 구분의 예시다. 구역을 둘러싼 선은 각 모델이 두 번째 클래스라고 예측한 데이터를 구분한 것이다(파란색 사각형). 왼쪽 부분("모델 #1")에서는 구역이 복잡한 형태로 나뉘어 가능한 모든 데이터를 원형태에 가깝게 둘러싼 모양이다. 이 부분에서의 패턴은 새로운 데이터에는 잘 적용될 것 같지 않다. 오른쪽 부분은 구역을 좀 더 단순하게 나누고, 훈련 세트의 모든 데이터를 정확하게 포함하기 위해 과하게 확장하지는 않은 모델이다.

어떤 사람은 모델이 샘플을 얼마나 잘 분류하는지 판단하기 위해 훈련 세트를 사용한다. 그럴 경우, 왼쪽 그래프에 대해 모델 오차율을 추정하면 과도하게 긍정적인 결과가 나올 것이다.

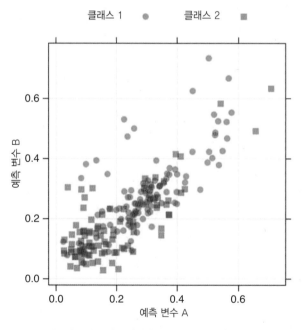

〔그림 4.1〕 4장 전체에서 사용할 데이터 분류 예제

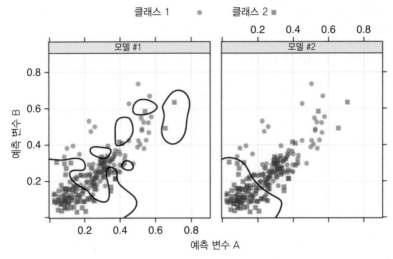

〔그림 4.2〕 두 클래스와 두 예측 변수로 이뤄진 훈련 데이터 세트 예제. 그래프들은 두 가지 다른 분류 모델과 이에 따라 구분된 클래스를 보여준다.

훈련 데이터 세트로 다시 예측해 모델 성능을 추정하는 경우, 눈에 띄게 성능이 높아진 것을 알 수 있다(오차율이 확실히 낮다). 2차원의 경우, 한쪽 모델이 과적합인 것을 시각화하기는 어렵지 않지만, 대부분의 모델링 문제에서는 보통 훨씬 고차원 데이터를 다루게 된다. 이런 경우, 모델이 훈련 데이터 세트에 얼마나 과적합돼 있는지를 파악하기 위한 방안을 갖추는 것이 매우 중요하다.

4.2 모델 튜닝

많은 모델에는 데이터에서 바로 추정할 수 없는 중요한 매개변수들이 있다. 예를 들어, K-최근접 이웃 분류 모델의 경우, 새 샘플은 훈련 데이터 세트 중 K개의 최근접 데이터값을 기반으로 예측된다. [그림 4.3]에서 5-최근접 이웃 모델에 대한 것을 볼 수 있다. 여기에서는 새로운 2개의 샘플(검은색 점과 색칠된 삼각형으로 표기됨)에 대한 값이 예측됐다. 첫 번째 샘플(●)은 두 클래스의 혼합 형태에 가깝다. 하지만 5개의 근접값 중 3개는 클래스 1이라고 예측했다. 다른 샘플(▲)은 5개의 값 모두 클래스 2로 예측했다. 이때 얼마나 많은 이웃 데이터가 사용돼야 하는지도 고려 대상이다. 이웃을 너무 적게 선택하면 훈련 데이터 세트의 각각의 데이터에 과적합이 될 수 있고, 너무 많이 선택하면 충

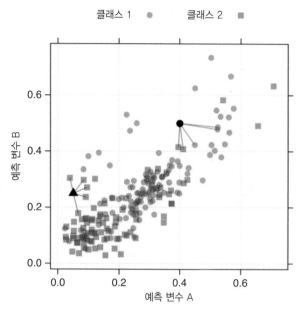

클래스 1 ● 클래스 2 ■

예측 변수 B

예측 변수 A

〔그림 4.3〕 K-최근접 이웃 분류 모델. 색칠된 삼각형과 검은색 점으로 그려진 두 신규 데이터에 대해 훈련 데이터 세트를 사용해 예측해본다.

분한 성능이 나오지 않는다. 이런 모델 변수 유형은 튜닝 변수라고 불리며, 정확한 값을 계산할 수 있는 어떤 분석 수식도 없다.

이 책에서 다루는 많은 모델들은 1개 이상의 튜닝 변수를 갖고 있다. 이런 변수 중 대다수는 모델의 복잡도를 제어하며, 이 값을 잘못 선택하는 경우에는 과적합이 발생할 수 있다. [그림 4.2]는 이런 점을 지적하고 있다. 그림에서 각 그래프의 클래스별 구분선을 만드는 데는 서포트 벡터 머신(13.4장)이 사용됐다. 이 모델의 튜닝 변수 중 하나는 "cost"라는 변수로 훈련 데이터 세트의 잘못 분류된 샘플의 가격을 설정했다. cost가 커지면, 모델은 모든 변수에 대해 값을 정확히 매기기 위해 선이 매우 길어진다(왼쪽). 값이 작아지는 경우, 모델은 좀 더 무난한 형태가 된다. 왼쪽 부분의 클래스 구분선은 비용 변수를 수동으로 매우 크게 설정한 경우다. 오른쪽에서 비용값은 교차 검증을 통해 정해졌다(4.4장).

최적의 인수를 찾는 방법은 여러 가지가 있다. 대부분의 모델에 적용 가능한 일반적인 접근 방식은 가능한 값 후보군을 정한 후, 후보군별로 모델 활용성에 대한 신뢰도를 계산하고 최적의 값을 선택하는 것이다. 이 과정에 대한 플로차트는 [그림 4.4]와 같다.

인수값의 후보군을 정했다면, 모델 성능에 대한 신뢰값을 구해야 한다. 그 후 추가된

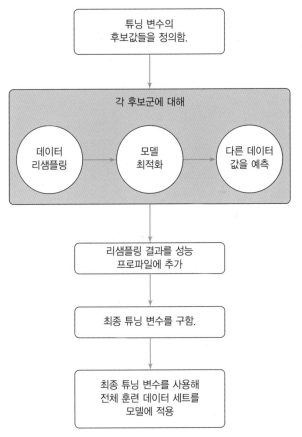

〔그림 4.4〕 도식화한 인수 튜닝 과정. K-최근접 이웃법에 사용할 튜닝 변숫값 후보군의 예로는 1에서 9 사이의 홀수를 들 수 있다. 각 값에 대해, 각 값의 모델 성능을 평가하기 위해 데이터를 여러 번 리샘플링한다.

샘플에 대한 성능도 최종 튜닝 변수를 판단하는 데 사용할 성능 프로파일에 추가한다. 마지막으로, 선택한 튜닝 변수를 사용해 전체 훈련 데이터 세트를 적용한 최종 모델을 구축한다. K-최근접 이웃 예제를 사용해 [그림 4.4]에 나온 과정을 따라해보면, K의 후보 세트에는 1부터 9 사이의 수 중 모든 홀수가 들어갈 것이다(동률이 나올 경우를 피하기 위해 홀수만 사용함). 훈련 데이터는 각 튜닝 변숫값에 대해 여러 번 리샘플링하고 평가하는 과정을 반복할 것이다. K의 최적값을 구하기 위해 이 결과값을 모아 확인한다.

[그림 4.4]에 정의된 과정은 튜닝 변수에 따른 여러 후보 모델군을 사용한다. 유전 알고리즘(Mitchell, 1998)이나 심플렉스 서치 기법(Olsson and Nelson, 1975) 같은 방법들을 사용해도 최적의 튜닝 변수를 찾을 수 있다. 이런 과정을 통해 적합한 튜닝 변숫값을 알고리즘적으로 구할 수 있다. 이 과정을 최적의 성능을 낼 수 있는 변수 설정값을 구할

때까지 반복한다. 이런 기법은 후보 모델이 많은 경향이 있고, 모델 성능이 효율적으로 계산되는 경우, 튜닝 변수를 찾는 효과가 커진다. 코헨 등의 연구자들(Cohen et al.)은 서포트 벡터 머신 모델을 튜닝하기 위한 검색 방법을 비교했다(2005).

이 후보 모델들의 모델 성능에 대한 신뢰도를 얻는 것은 더 어려운 문제다. 앞에서 논의한 대로 오차율이 클 경우에 성능 추정값은 매우 좋아진다. 보다 나은 방법은 훈련 데이터 세트에 포함되지 않은 샘플을 사용해 모델을 검정하는 것이다.

테스트 세트를 사용해 모델을 평가하는 것이 가장 확실한 방법이지만, 성능값을 정확하게 구하려면 테스트 세트가 매우 커야 한다.

단일 테스트 세트로 모델을 평가하기 위한 대안으로 훈련 데이터 세트를 리샘플링하는 방법이 있다. 이 과정에서는 여러 개의 모델을 만들기 위해 훈련 데이터 세트를 여러 가지로 수정해서 사용한다. 그리고 모델 성능에 대해(너무 긍정적으로 보거나 하지 않고) 제대로 추정하기 위해 통계 기법을 사용한다. 4.4장에서는 이를 위한 다양한 리샘플링 기법을 설명할 것이고, 4.6장에서는 리샘플링한 결과를 사용해 최종 인수를 선택하는 방법에 대해 논의할 것이다.

4.3 데이터 분할

여기서는 최적의 튜닝 변수를 찾아내는 일반적인 방법에 대해 설명한 후, 이 과정의 핵심인 데이터 분할에 대해 알아볼 것이다.

모델 구축의 일반적인 단계는 아래와 같다.

- 예측 데이터 전처리
- 모델 변수 추정
- 모델에 사용할 예측 변수 선정
- 모델 성능 평가
- 예측 규칙 미세 조정(ROC 곡선 등)

모델러는 정해진 양의 데이터를 갖고 데이터를 이 단계들에 어떻게 "소비"할지를 정해야 한다.

모델링할 때 가장 먼저 결정해야 할 것 중 하나는 성능 평가를 위해 어떤 샘플을 사용할지를 결정하는 것이다. 이상적으로는 모델을 평가할 때 모델 효과를 공정하게 평가하기 위해 모델을 구축하거나 튜닝할 때 사용하지 않은 샘플을 사용해야 한다. 사용할 수 있는 데이터가 충분히 크다면, 최종 모델을 평가하기 위해 여러 샘플들을 사용할 수 있다. "훈련" 데이터 세트는 모델을 생성할 때 쓰는 샘플에 대한 일반적인 단어고, "테스트" 또는 "검증" 데이터 세트는 성능 평가에 사용한다.

하지만 샘플 수가 별로 크지 않은 경우, 모든 샘플이 모델 구축에 사용되므로 테스트 세트를 따로 만들 수 없어서 성능값이 강하게 나올 수 있다. 또한 테스트 세트의 크기가 합당한 판단을 위한 충분한 능력과 예측력을 결정하지는 않는다. 여러 연구자들이 (Molinaro, 2005; Martin and Hirschberg, 1996; Hawkins et al., 2003) 단일 테스트 세트로 검정을 하는 것은 좋지 않은 선택이라는 것을 밝혀냈다. 호킨스 등의 연구자들은 이 부분을 명확하게 요약했다(2003): "허용 가능한 크기의 샘플들로는 …(중략)… 교차 검증을 해도 모델 적합도 평가의 신빙성이 없어서 사용하기가 좋지 않다."

교차 검증 등의 리샘플링 방법은 훈련 데이터 세트로 모델 성능을 추정하는 경우에나 적당히 사용될 수 있다. 이 크기는 4.4장에서 다룬다. 앰브로이스Ambroise와 맥라클란 McLachlan의 예제처럼(2002), 리샘플링 기법이 오용될 수도 있지만, 이 방법을 통해 여러 버전의 데이터를 사용해 평가할 수 있기 때문에 단일 테스트 데이터 세트를 사용하는 경우보다 성능 추정에는 더 나은 경우가 많다.

만약, 테스트 세트가 필요하다고 생각되면, 여러 방법을 사용해 샘플을 나눠 테스트 세트를 만들 수 있다. 임의의 값을 사용하지 않고 데이터를 나누는 게 적합할 때가 있다. 예를 들면, 아래와 같은 경우다.

- 환자의 결과를 예측하는 모델을 만드는 경우에는 (동일한 병원 소속이나 병의 진행 단계가 동일한 경우 등의) 특정 환자군을 대상으로 모델을 생성해야 한다. 그 후 다른 샘플군에서 테스트를 해야 이 모델이 얼마나 잘 만들어졌는지를 파악할 수 있다.

- 약물 파악을 위한 화학 모델링에서 새로운 "화학 공간"이 꾸준히 탐색될 수 있어야 한다. 모델이 수년 전에 증명된 것이 아닌 현재 탐구 중인 화학 공간을 정확하게 예측하는 것에 더 관심이 있다. 스팸 필터링의 경우도 마찬가지다. 모델러에게 있어서 기존 스팸 탐지 문법을 따르는 것보다 새로운 스팸 탐지 기법을 찾아내는 것이 더 중요하다.

하지만 대부분의 경우, 훈련 세트와 테스트 세트를 가능한 한 동일하게 만드는 것이 좋다. 유사한 데이터 세트를 만들 때는 임의 샘플링 방법을 사용한다.

데이터를 훈련 세트와 테스트 세트로 나누는 가장 간단한 방법은 단순 임의 샘플링을 하는 것이다. 이 방식은 데이터에서 각 클래스의 비중 등 어떤 데이터의 속성도 고려하지 않는다. 만약, 데이터에서 한 클래스가 다른 클래스들과 균형이 맞지 않을 만큼 적게 나타난다면, 훈련 세트와 테스트 세트 간 데이터의 분포가 다르게 나타날 수 있다.

데이터 분할 결과를 고려해야 할 경우, (클래스 등으로 구분한) 세부 그룹에서 임의 샘플링을 하는 층위 임의 샘플링 방식을 사용한다. 이런 방식을 사용하면 두 데이터 세트의 결과 분포의 우도가 보다 유사하게 나타난다. 데이터가 숫자형인 경우에도 유사한 방법이 사용된다. 숫자값을 여러 그룹으로 나누고(낮음, 중간, 높음 등), 이 그룹 내에서 임의 샘플링을 한다.

또는 데이터를 예측 변숫값을 기준으로 나눌 수도 있다. 윌릿(Willett, 1999)과 클록(Clark, 1997)은 **최대 비유사도 샘플링**maximum dissimilarity sampling 기반의 데이터 분할법을 발표했다. 두 샘플 간의 비유사성은 여러 가지 방법으로 구할 수 있다. 가장 간단한 방법은 두 샘플의 예측 변수 간 거리를 구하는 것이다. 거리가 짧다면 두 점은 가까이 위치하고 있을 것이다. 두 점 간 거리가 멀다는 것은 유사하지 않다는 뜻이다. 이런 비유사도를 데이터 분할에 활용하는 경우, 테스트 세트는 단일 샘플로부터 시작한다. 이 초기 샘플과 어느 세트에도 할당되지 않은 샘플 간의 비유사도를 구한다. 그 후 계산된 샘플 중 가장 유사하지 않은 샘플을 테스트 세트에 추가한다. 이런 식으로 샘플들을 테스트 세트에 더 할당한 후에는 그룹(테스트 세트에 있는 데이터와 할당되지 않은 데이터들) 간의 비유사성을 구하는 방법을 찾아야 한다. 한 가지 방법은 비유사도의 평균값이나 최솟값을 사용하는 것이다. 예를 들어, 테스트 세트의 두 샘플과 과할당되지 않은 하나의 데이터 간의 비유사도를 측정하는 경우, 2개의 비유사도와 이 유사도의 평균값을 구할 수 있다. 여기서 주어진 세트의 비유사도 중 평균값이 가장 큰 샘플을 테스트 세트의 세 번째 샘플로 뽑는다. 원하는 테스트 세트 크기가 나올 때까지 이 과정을 반복한다.

[그림 4.5]에서는 주어진 분류 데이터로 이를 실행하는 과정을 보여주고 있다. 각 클래스별로 비유사도 샘플링을 구분해서 실행한다. 우선, 각 클래스별로 이 과정을 수행할 샘플을 선택한다(이 그림에는 ■와 ●로 나타나 있다). 클래스별 초기 샘플과 할당되지 않은 샘플 간의 비유사도를 구해서 가장 유사하지 않은 점을 테스트 세트에 포함시킨다. 첫 번째 클래스의 경우, 가장 유사하지 않은 점은 초기 샘플의 남서쪽 끝에 위치한 점이다. 두 번째 실행에서 비유사도는 (평균 대신) 최솟값으로 구한다.

다시 첫 번째 클래스를 수행했을 때 선택된 값들은 예측 변수 공간 중 북동쪽에서는 매우 떨어져 있다. 하지만 샘플링 과정이 진행되면서 샘플들은 데이터의 주변부에서 선

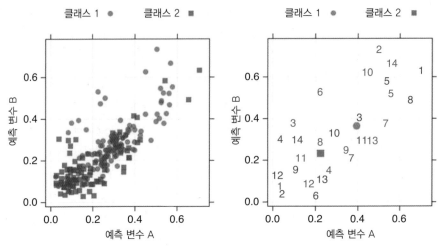

〔그림 4.5〕 테스트 세트를 생성하기 위한 최대 비유사도 샘플링 예제. 클래스 내에서 초기 샘플을 선택한 후, 14개의 샘플이 더 추가됐다.

택된 후, 안쪽에서도 선택된다.

마틴Martin 및 다른 연구자들은 임의 샘플링, 비유사도 샘플링 및 다른 방법을 통한 데이터 분할 방법들을 비교했다(2012).

4.4 리샘플링 기법

일반적으로 모델의 성능을 추정하기 위한 리샘플링 기법에는 유사도를 사용한다. 샘플의 일부를 사용해 모델을 최적화하고 남은 샘플들로 모델의 효과를 추정한다. 이 과정을 여러 번 반복한 후 결과를 합산해 정리한다. 이런 기법들 간의 차이는 보통 일부 샘플을 어떻게 선택하느냐로 귀결된다. 이 장의 이후 몇 개의 소단원에서 이런 리샘플링의 종류에 대해 알아본다.

K-겹 교차 검증

전체 데이터를 임의로 크기가 대충 비슷한 k개의 집합으로 나눈다. 첫 번째 부분 집합(첫 번째 겹fold이라고 부른다)을 제외한 전체 데이터를 사용해 모델을 최적화한다. 그 후 이때 빠진 샘플들을 사용해 모델을 예측하고 성능을 평가한다. 사용한 첫 번째 부분 집합은 훈련 데이터 세트에 포함시키고 두 번째 부분 집합을 사용해 이를 다시 반복하고 그 다음을 진행하는 식이다. k회 반복된 성능 측정값을 합산해(보통 평균과 오차를 사용한다) 튜닝 변수와 모델 계수 간의 관계를 파악한다. $k = 3$일 때의 교차 검증 과정은 [그림 4.6]과 같다.

이 방법을 실행할 때 결과의 차이를 가져오는 것은 나누는 수인 K 값에 대한 선택이다. 4.3장에서 언급한 층위 임의 샘플링 방식에서는 결과를 기준으로 데이터를 균형 있게 나눈다.

다른 방식인 단일 잔류 교차 검증leave-one-out cross-validation, LOOCV은 k개의 샘플이 있을 경우에 사용하는 특이한 방식이다. 이 방법에서는 매번 1개의 샘플을 추출하고, 최종 성능은 k개의 개별 샘플에 대한 예측 결과로부터 구한다. 반복 k-겹 교차 검증은 [그림 4.6]의 과정을 여러 번 반복한다. 예를 들어, 10-겹 교차 검증은 5회 반복에 50개의 서로 다른 데이터 세트를 사용해 모델 효과를 추정한다.

k는 보통 5나 10을 선택하지만, 따로 정해진 규칙은 없다. k가 커질수록 훈련 데이터 세트와 리샘플링하는 부분 집합의 크기 차이가 줄어들고, 차이가 줄어들수록 이 방법을 통해 결과값의 편향도도 줄어든다($k = 10$일 때의 편향도는 $k = 5$일 때보다 작다). 여기서 편향도는 추정된 값과 실제 성능값의 차이를 말한다.

리샘플링 기법의 다른 중요한 측면은 불확실성(분산이나 잡음 등)이다. 균형 잡힌 방법을 사용하면 정확한 값(실제의 이론적 성능값 등)을 추정할 수 있지만, 높은 불확실성을 감수해야 한다. 리샘플링을 반복하는 방식은 계속 매우 다른 값이 나올 것이라는 뜻이다(물론 충분히 많이 반복하면 실제 값을 추정할 수 있을 것이다). k-겹 교차 검증은 일반적으로 다른 방법에 비해 분산이 크기 때문에 많이 사용되지 않는다. 이에 비해 훈련 데이터 세

[그림 4.6] 3겹 교차 검증도. 12개 훈련 세트의 샘플이 기호로 그려져서 3개의 그룹으로 나뉘어 있다. 이 그룹들은 각각 모델 최적화를 하는 데 사용된다. 이렇게 추출된 각 샘플로부터 오차율이나 R^2 등의 성능 추정값을 구한다. 모델 성능 교차 검증 추정값은 3개 성능 추정값의 평균이다. 실제로 뽑힌 부분 집합의 샘플 개수는 다양하지만, 대충 비슷한 크기다.

트가 클 경우, 분산과 편향도에 대한 현재의 문제는 별로 중요하지 않다.

이를 실제 실행하는 경우에는 k가 클수록 연산이 많아져서 부담스러운 면이 있다. 극단적인 경우, LOOCV는 모든 데이터만큼의 적합 모델을 구하고, 각 모델에 대해 전체 데이터 크기에 가까운 부분 집합을 사용해 적합도를 구하므로 가장 연산 소모가 크다.

몰리나로(Molinaro, 2005)는 단일 잔류법과 $k = 10$인 겹 교차 검증의 결과가 유사하고, $k = 10$인 경우 계산 효율성 측면에서 더 유용하다고 주장했다. 또한 k가 2나 3처럼 작은 경우, 편향도는 크지만 계산 효율성은 매우 좋다. 작은 값의 k를 사용해 생긴 편향도는 부트스트랩(다음을 보자)의 편향도와 유사하지만, 분산은 훨씬 크다.

연구 결과에 따르면(Molinaro, 2005; Kim, 2009), 반복 k-겹 교차 검증을 통해 편향도가 작은 정도를 유지하면서 추정값의 정밀도를 효과적으로 높일 수 있다.

일반화 교차 검증

선형 회귀 모델에서는 1개만 남기는 방식의 오차율을 추정하는 공식이 있다. 일반화 교차 검증generalized cross-validation, GCV 통곗값(Golub et al., 1979)은 서로 다른 데이터 부분 집합으로부터 반복해서 모델을 최적화해야 할 필요가 없다. 이 통곗값을 구하는 식은 i번째 훈련 데이터 세트의 결과를 구한다.

$$\text{GCV} = \frac{1}{n} \sum_{i=1}^{n} \left(\frac{y_i - \hat{y}_i}{1 - df/n} \right)^2,$$

이 식에서 y_i는 훈련 세트의 결과에서 i번째 값이고, $\hat{y}_i$는 결과의 모델 예측값이며, df는 모델의 자유도다. 자유도는 얼마나 많은 인수가 모델에서 추정되는지를 센 값이고, 더 나아가 선형 회귀 모델의 복잡도를 측정한 값이다. 이 공식에 따르면, 같은 오차 제곱의 합(분자)을 갖는 두 모델도 모델의 복잡도가 다른 경우, 서로 다른 GCV 값을 갖는다.

반복적 훈련/테스트 세트 분할

반복적 훈련 테스트 세트 분할은 "집합 잔류 교차 검증leave-group-out cross- validation"이나 "몬테 카를로 교차 검증" 등으로 알려져 있다. 이 기법은 간단하게 데이터를 모델링 및 예측에 사용할 용도로 여러 개로 분할한다([그림 4.7] 참고). 각 부분 집합에 들어가는 데이터의 비율은 실행자에 의해 결정되는데, 보통 반복 횟수에 따라 달라진다.

〔그림 4.7〕 *B*를 반복적 훈련/테스트 세트 분할하는 과정의 도식. 12개의 훈련 세트 샘플은 기호로 나타나 있고, 전체 훈련 데이터 세트의 2/3인 *B* 부분 집합에 할당돼 있다. 이 과정과 *k*-겹 교차 검증 간의 한 가지 차이점은 샘플이 추출된 부분 집합에 여러 번 나타날 수 있다는 것이다. 또한 보통 반복 횟수가 *k*-겹 교차 검증보다 크다.

앞에서 논의했듯이 리샘플링 기법의 편향도는 부분 집합 데이터의 양이 모델링 세트의 양에 근접할수록 줄어든다. 통상적으로 좋은 비율은 75~80%다. 반복 횟수가 클 때는 비율이 더 높아도 괜찮다.

반복 횟수는 매우 중요하다. 부분 집합의 개수가 늘어나면 추정 성능값의 불확실성을 감소시키는 효과를 불러온다. 예를 들어, 모델 총성능 추정값을 구할 때, 사용자가 결과값이 좀 불안정해도 괜찮다면, 25회 반복하는 것도 충분할 것이다. 하지만 보다 안정적인 성능 추정값을 얻고 싶다면, 반복 횟수를 보다 크게 잡는 것(50~200회가량)을 추천한다. 이는 일종의 임의 할당한 예측 데이터 세트 샘플에 대한 비율 함수로, 비율이 커질수록 반복 횟수도 증가해야 성능 추정값의 불확실성을 줄일 수 있다.

부트스트랩

부트스트랩 샘플은 대체 가능한 방법으로 데이터를 임의로 추출한 것이다(Efron and Tibshirani, 1986). 이 방식에서는 데이터를 선택해서 부분 집합에 포함시켰더라도, 다음번 선택 시에도 계속 이 데이터를 사용할 수 있다. 부트스트랩 샘플은 원데이터 크기와 동일하다. 따라서 어떤 샘플은 부트스트랩 샘플에 여러 번 나타나기도 하고, 어떤 샘플에는 전혀 나타나지 않기도 한다. 선택되지 않은 샘플은 보통 아웃 오브 백(범위 외 out-of-bag) 샘플로도 불린다. 주어진 부트스트랩 리샘플링을 반복함에 따라 선택된 샘플로 모델이 만들어지고, 범위 외 샘플을 사용해 예측하게 된다.

보통, 부트스트랩 오차율은 *k*-겹 교차 검증에 비해 불확실성이 작게 나타난다(Efron, 1983). 하지만 평균적으로 부트스트랩 샘플 중 63.2%의 데이터가 한 번 이상 나타나므

원데이터

다음 데이터로 모델 구축   예측

CV 그룹 #1

CV 그룹 #2

CV 그룹 B

〔그림 4.8〕 부트스트랩 리샘플링 도식. 12개의 훈련 세트 샘플은 기호로 나타나있고, *B* 부분 집합에 할당돼 있다. 각 부분 집합은 원데이터와 동일한 크기로 동일한 데이터 값을 여러 번 포함할 수 있다. 부트스트랩에서 선택되지 않은 샘플은 예측 및 모델 성능 평가에 사용된다.

로 이 기법을 사용하면 $k \approx 2$인 경우의 k-겹 교차 검증과 비슷한 편향도를 보인다. 훈련 세트 크기가 작은 경우, 편향 현상이 의심될 수 있지만, 훈련 세트 크기가 커질수록 줄어든다.

이런 편향 현상을 제거하기 위해 단순 부트스트랩 절차를 수정하는 몇 가지 방안이 제안됐다. "632 기법"(Efron, 1983)은 이런 문제가 단순 부트스트랩 추정과 훈련 데이터 세트를 예측에 재사용해 추정하는 결과(실험 오차율 등)를 합쳐 성능 추정값을 구하는 데서 발생했다고 지적했다. 한 가지 예로, 오차율로 분류 모델을 찾는 경우, 632 기법은 아래 식을 사용한다.

$$(0.632 \times \text{단순 부트스트랩 추정}) + (0.368 \times \text{실험 오차율})$$

이렇게 수정된 부트스트랩 방식은 편향도를 줄이지만, 샘플 크기가 작은 경우 불안정할 수 있다. 또한 이런 추정 방식은 모델이 데이터에 과적합될 경우, 상대 오차율이 0에 가까워지면서 과하게 낙관적인 결과를 내릴 수도 있다. 에프런Efron과 팁시라니Tibshirani는 부트스트랩 추정값을 조정하는 "632 + 기법"이라 불리는 다른 방안을 고안했다(1997).

4.5 사례 연구: 신용 평가

예측 모델의 직관적 활용법으로는 신용 평가가 있다. 기존 데이터를 사용해 신청자의 신용이 좋을 확률을 예측하는 모델을 만드는 것이다. 이 정보를 통해 대출 기관의 위험도를 정량화할 수 있다.

German 신용 데이터 세트는 머신 러닝 알고리즘 벤치마킹에 유용한 도구다. 여기엔 좋음good, 나쁨(bad)으로 신용 평가가 구분돼 붙은 1,000개의 샘플이 있다. 데이터 세트 중 70%는 '좋음'으로 평가됐다. 11.2장에서 다루겠지만, 모델 정확도를 평가할 때, 모델이 선정되려면 최소 기본 정확도가 70%는 돼야 한다(단순히 모든 샘플을 '좋음'이라고 예측해도 나올 수 있는 점수다).

이 결과값과 함께 기존 신용도, 재직 현황, 계좌 현황 등의 데이터가 수집됐다. 대출 금액 등의 몇 가지 변수는 수치형이다. 하지만 대출 목적, 성별, 결혼 여부 등의 대부분의 예측 변수는 당연히 범주형이다. 범주형 예측 변수는 1개의 범주와 연관된 "가변수"로 변환한다. 예를 들면, 신청자의 거주지 정보는 "임대", "소유", "무료"로 범주화돼 있다. 이 예측 변수는 각 카테고리별로 3개의 예/아니오의 2진수 형태의 정보로 변경 가능하다. 한 가지 예로, 1개의 예측 변수는 신청자가 임대 주택에 거주할 경우 1로 표기하고, 나머지 경우 0으로 나타낼 수 있다. 가변수 생성은 3.6장에서 충분히 다뤘으니 이를 참고하라. 여기서 총개인의 신용 상태 모델링에 사용되는 예측 변수는 41개다.

이 데이터를 통해 [그림 4.4]에 나타냈던 리샘플링을 사용해 모델을 튜닝하는 과정을 나타낼 것이다. 이를 위해 모델 훈련에 사용할 800명의 고객 샘플을 층위 임의 샘플링했다. 나머지 샘플은 최종 모델이 정해진 후 성능 검증을 위한 테스트 세트로 사용할 것이다. 테스트 세트 결과는 11.2장에서 보다 자세히 다룬다.

4.6 최종 튜닝 변수 선정

튜닝 변수들을 통해 모델 성능을 정량화했다면, 최종 설정을 결정하게 될 것이다. 여기에도 몇 가지 관점이 있다. 가장 간단한 방법은 가장 성능 추정 수치가 좋았던 설정을 선택하는 것이다.

신용 평가 예제에서 비선형 서포트 벡터 머신을 사용한 모델[1]은 2^{-2}에서 2^7의 범위의 금액값을 갖는다. 각 모델은 10-겹 교차 검증을 5번 반복하는 식으로 평가한다. [그림 4.9]와 [표 4.1]에서 금액 인수의 후보값별 정확도 프로파일을 볼 수 있다. 각 모델마다 교차 검증을 통해 50개의 정확도 추정값을 구했다. [그림 4.9]의 검은 점은 이 추

---

[1] 이 모델은 radial basis 함수 커널을 사용한 것으로, 이는 13.4장에서 정의한다. 여기서 살펴보지는 않았지만, 나중에 다룰 커널 변수를 결정하는 법과 이 값을 모든 리샘플링 기법에 적용하는 것에 대한 분석적 접근 방식을 사용했다.

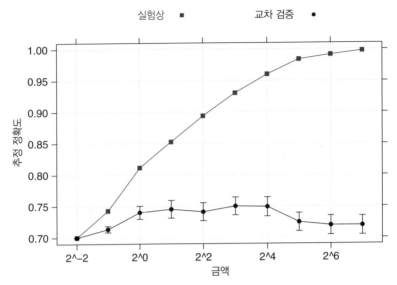

실험상 ■   교차 검증 ●

〔그림 4.9〕 신용 평가 예제의 여러 금액 변숫값에 대한 radial 기반 함수 서포트 벡터 머신 성능 프로파일. **수직선은 ± 정확도의 2-표준오차를 뜻한다.**

정값의 평균이다. 막대는 평균에 표준 오차 평균의 2를 곱한 값을 더한 값과 뺀 값이다. 프로파일을 보면 금액값이 1일 때까지 정확도가 증가한다는 것을 알 수 있다. 금액값이 1에서 16 사이인 모델은 정확도가 상대적으로 일정하다. 그 밖에서는 정확도가 감소한다(과적합 때문일 것이다). 금액 변수의 수치적 최적값은 8로, 이때 정확도는 75%다. 상대 정확도는 훈련 세트 샘플을 재사용해 구한 것으로, 이는 금액이 증가할수록 모델이 향상될 수 있으나 더 복잡한 모델은 훈련 세트에 최적화될 수 있다는 점을 염두에 두도록 하자.

일반적으로 모델을 너무 복잡하게 만들지 않으려면 복잡한 모델보다는 단순한 쪽을 선호하는 것이 좋고, 수치적으로 최적화된 값을 기반으로 튜닝 변수를 선택하는 것이 좋다. 덜 복잡한 모델을 선택하는 다른 방법으로는 (최적 수치 설정보다는) 적당한 성능의 보다 단순한 모델을 선택하는 식인 것으로 나타났다.

단순한 모델을 고르기 위한 1-표준오차 기법은 최적의 수치와 이에 따른 표준 오차를 구하고, 성능이 최적 수치에서 1 표준 오차 내인 모델 중 가장 단순한 모델을 찾는다. 이 과정은 분류 및 회귀 트리에서 왔다(Breiman et al., 1984와 8.1장, 14.1장 참고). 〔그림 4.10]에서 정확도 값의 표준 오차는 금액이 8일 때 약 0.7%다. 이 기법은 정확도가 74.3%(75% - 0.7%)보다 작지 않은 선에서 가장 간단한 튜닝 변수를 찾는다. 이 과정에

		반복 샘플링 정확도(%)	
금액	평균	오차 허용	오차%
0.25	70.0	0.0	−6.67
0.50	71.3	0.2	−4.90
1.00	74.0	0.5	−1.33
2.00	74.5	0.7	−0.63
4.00	74.1	0.7	−1.20
8.00	**75.0**	**0.7**	**0.00**
16.00	74.9	0.8	−0.13
32.00	72.5	0.7	−3.40
64.00	72.0	0.8	−4.07
128.00	72.0	0.8	−4.07

1−표준편차 규칙은 정확도가 74.3%(75% − 0.7%)보다 낮지 않은 가장 단순한 모델을 고를 수 있도록 한다. 이에 따라 금액값은 2가 된다. "최상값 선정pick-the-best" 결과는 굵게 나타나 있다.

서는 금액 인수의 값을 2로 구할 것이다.

다른 방법으로는 가장 좋은 값 기준의 특정 범위 내에서 단순한 모델을 고르는 것이다. 성능 감소 비율은 X가 성능값이고, O가 최적 수치일 때$(X − O)/O$로 구할 수 있다. [그림 4.9]를 예로 들면, 프로파일상 최고의 정확도는 75%다. 만약, 단순한 모델을 구하기 위해 4%의 정확도 감소를 감안할 수 있다면, 정확도 값이 71.2%보다 크기만 하면 된다. [그림 4.9]의 프로파일에서 이 방법을 따르면 금액값은 1이 된다.

그림에 나타난 것처럼, 반복 10-겹 교차 검증, LOOCV, (632 기법을 활용하거나 활용하지 않은) 부트스트랩, 반복 훈련/테스트 분할(20% 추출) 등의 리샘플링을 동일한 데이터에 추가로 적용할 수 있다. 뒤의 두 가지 방법은 성능 추정을 위해 50회의 리샘플링이 필요하다.

결과는 [그림 4.10]과 같다. 여기서 금액값이 4와 16 사이일 때 정확도가 최고점을 찍고, 이 구간 내에서는 그럭저럭 일정하다는 것을 유지하는 교차 검증 방식의 일반적인 패턴을 볼 수 있다.

각각의 경우, 금액값에 따라 성능이 꾸준히 증가하다가 최고점을 찍은 후에는 과적합 현상이 나타남에 따라 천천히 감소한다. 교차 검증 기법에서 정확도는 74.5%에서 76.6% 사이다. 다른 기법과 비교하면, 단순 부트스트랩이 74.2%로 다소 낮지만, 632

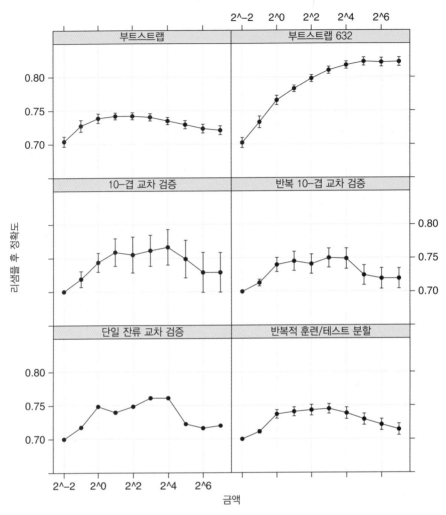

〔그림 4.10〕 신용 평가 예제의 금액 변수별 비선형 서포트 벡터 머신 성능 프로파일. 여러 다른 리샘플링 과정을 적용했다. 수직선은 정확도 ± 2-표준오차를 나타낸다.

규칙을 사용해 편향 현상을 완화하면 정확도가 82.3%으로 추정된다. 이때 표준편차 범위가 단순 10-겹 교차 검증 기법이 다른 기법에 비해 크다. 표준편차는 리샘플링을 사용한 횟수에 따라 결정되기 때문(부트스트랩과 반복 분할의 경우, 10회 대비 50회)이란 것을 기억해두자.

연산 소요 시간은 각기 다르다. 가장 빠른 경우는 10-겹 교차 검증으로 0.82분이 소요됐다. 반복 교차 검증, 부트스트랩, 반복 훈련/테스트 분할을 동일한 모델 수로 적용했을 경우, 완료까지 평균 5-겹 정도의 시간이 더 소요됐다. 훈련 세트의 수만큼의 모델을 만드는 LOOCV의 경우에는 86-겹의 시간이 소요됐고, 샘플 수가 적은 경우에만 쓸 만한 정도였다.

4.7 추천하는 데이터 분할 방식

앞에서 말한 대로 단일의 독립 테스트 세트를 할 때 중요한 기술적 유형이 있다.

- 테스트 세트는 모델을 단독으로 평가하므로 결과의 불확실성을 정의하는 데는 한계가 있다.
- 비율적으로 큰 테스트 세트는 성능 추정 시 편중 정도가 증가할 수 있다.
- 샘플 크기가 작을 경우:
  - 모델값을 적절하게 결정하는 데 모든 가능한 데이터가 필요할 수 있다.
  - 다른 테스트 세트가 아주 다른 결과를 내는 등 테스트 세트의 불확실성이 상대적으로 커질 수 있다.
- 리샘플링 방식을 통해 얼마나 모델이 이후 샘플에 대해서도 얼마나 잘 동작할지 잘 예측할 수 있다.

리샘플링을 사용하지 않는 경우가 기본적으로는 더 낫다. 다만, 여러 요인을 고려해야 한다. 만약, 샘플 크기가 작다면 몇 가지 이유로 반복 10-겹 교차 검증을 추천할 것이다. 편향도나 분산값이 좋고, 주어진 샘플 크기 대비 연산 비용이 크지 않다. 모델 중 나은 것을 고르거나 성능을 가장 잘 나타낼 수 있는 것을 찾으려면, 분산이 매우 낮은 부트스트랩 방식 중 하나를 선택하는 것이 좋을 것이다. 큰 샘플을 사용하는 경우, 리샘플링 기법 간의 차이는 별로 없고, 연산 효율성의 중요도가 높아진다. 단순 10-겹 교차 검증을 보자. 괜찮은 분산값과 낮은 편향도, 상대적으로 빠른 계산 시간을 보여준다.

바마Varm와 사이먼(Simon, 2006)의 연구와 불리스틱스Boulesteix와 스트로블(Strobl, 2009)의 연구에서는 변수 튜닝 중 모델 성능을 평가할 때 편향이 발생할 수 있음을 명시했다. 최종 모델에 오차율이 가장 작은 튜닝 변숫값을 적용할 것이라고 가정해보자. 많은 튜닝 변수에서 임의의 값을 선택할 때도 오차율이 좋게 나올 수 있다. 앞의 연구에서는 샘플 수는 적고, 문제를 오히려 악화시키는 예측 변수가 많은 시나리오에 초점을 맞췄다. 하지만 어느 정도 큰 훈련 세트의 경우, 경험상 편향도는 작았다. 앞 장에서는 리샘플링 시 성능 추정값과 테스트 세트의 성능 추정값을 비교했다. 이 데이터 세트에서 편향성 최적화는 중요하지 않다.

4.8 모델 선택

모델별로 튜닝 변수를 선택해서 설정한 후에는 아래와 같은 의문이 생긴다. 여러 모델 중 하나를 어떻게 고를 것인가? 다시 한 번 말하지만, 이는 데이터의 특성과 질문 유형에 따라 달라진다. 하지만 어떤 모델이 목적에 가장 부합하는지를 예측하는 것은 어렵다. 이런 경우, 아래와 같이 최종 모델의 유형을 결정하는 법을 제안한다.

1. 가장 해석하기 어렵고 가장 유연한, 부스트 트리나 서포트 벡터 머신 같은 모델로부터 시작한다. 여러 분야에 걸쳐 이 모델들은 경험상(가장 정확하다든가 하는) 최적의 결과를 내는 경향이 있다.

2. 조금이라도 투명한 (완전히 블랙박스는 아닌) MARS, 부분 최소 자승법, 일반화 가법 모델, 나이브 베이지안 모델 같은 보다 단순한 모델을 탐색한다.

3. 더 복잡한 방법의 성능에 어느 정도 근접하면서 가장 단순한 모델을 찾는다.

이런 방법을 이용하면, 모델러가 모델을 확정하기 전에 데이터 세트의 "성능 천장"을 발견할 수 있을 것이다. 많은 경우, 모델의 범위는 가용성과 동일한 의미로 쓰여 실제 모델을 사용하는 사람마다 각 방법의 장점(계산 복잡도, 예측 용이성, 해석력 등)별 선호도가 있었다. 예를 들어, 비선형 서포트 벡터 머신이나 랜덤 포레스트 모델은 정확도가 높지만, 복잡도나 예측 방정식의 범위상 예측 방정식을 실제 시스템에 올리기에는 까다로울 수 있다. 하지만 MARS 같이 보다 해석력이 높은 모델은 유사한 정확도를 갖고, 예측 방정식 구현이 쉬우며, 실행 시간 측면에서도 훌륭하다.

4.6장에서 다룬 리샘플링 방식을 활용한 신용 평가 서포트 벡터 머신 분류 모델이 있다고 가정해보자. 반복 10-겹 교차 검증을 사용하는 경우, 대부분의 다른 리샘플링을 사용하는 모델의 정확도가 66%에서 82% 사이인데, 이 모델의 정확도는 75%로 추정된다.

로지스틱 회귀(12.2장 참고)는 분류 범위를 추정하기 위한 비선형 서포트 벡터 머신 모델보다 훨씬 간단하다.

이 모델은 튜닝 변수도 없으며, 예측 방정식도 간단하고 쉬워서 대부분의 프로그램에서 구현할 수 있다. 동일한 교차 검증 구조를 사용해 대부분의 다른 리샘플링을 사용하는 모델의 정확도가 66%에서 82% 사이고, 이 모델의 추정 정확도는 74.9%다.

각 모델을 평가하는 데는 동일한 50개의 리샘플링된 세트가 사용됐다. [그림 4.11]에서는 박스 플롯을 사용해 리샘플링을 활용한 정확도 추정 분포를 나타냈다. 확실히, 이 데이터에는 더 직관적인 모델을 사용한다고 해도 성능이 더 나빠지지 않을 것이다.

호손Hothorn 및 다른 학자들과(2005) 어그스터Eugster 등(2008)은 리샘플링 결과 기반 기법들을 통계적으로 비교하는 방법을 제시했다. 동일하게 리샘플링된 데이터 세트를 사용해 정확도를 측정하는 경우, 짝 비교 기법paired comparison들을 사용해 모델 간 차이가 통계적으로 유의한지를 판단한다. '모델이(평균적으로) 동일한 정확도를 갖고 있는지'라거나 '비슷하게 리샘플링된 데이터 세트의 정확도의 평균 차이가 0인지' 등의 가설을 평가할 때 짝 t-검정을 사용한다. 이 두 모델에서 모델 정확도의 평균 차이는 0.1%로, 로지스틱 회귀 모델의 결과가 더 좋게 나온다.

이 차이에 대한 95% 신뢰 구간은 (−1.2%, 1%)로, 이는 어느 한쪽이 유의미하게 정확도가 높다는 가정을 지지할 어떤 증거도 없다는 것을 나타낸다. 이는 매우 직관적이다. [그림 4.11]의 리샘플링 데이터의 정확도는 61.3%에서 85% 사이로, 이 결과의 분산에 대해 0.1%의 정확도 향상은 무의미하다.

모델이 여러 방법으로 만들어질 때, 모델 간 비교 결과가 달라질 가능성도 있다. 예를 들어, 모델이 두 클래스에 대해 예측하는 모델이 만들어졌을 때, 민감도와 특이도를 사용해 모델의 효과를 정의할 수 있다. 데이터 세트가 여러 사건을 포함하는 경우라면, 특

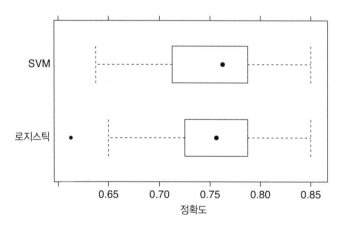

[그림 4.11] 교차 검증한 정확도 비교를 통해 4.5장의 신용 평가 데이터에 대한 서포트 벡터 머신과 로지스틱 회귀 모델

이도보다 민감도의 정확성이 더 높을 것이다. 정확도가 증가함에 따라 모델은 특이도보다 민감도에 더 많은 영향을 받는 경향이 있다.

4.9 컴퓨팅

여기서는 R 언어를 사용해 모델링 기법을 설명한다. R에 대한 기본적인 내용 및 사용법은 부록 B에서 확인할 수 있다. R을 처음 사용하는 사람은 이 장을 진행하기 전에 부록을 살펴보자. 이 장에서는 AppliedPredictiveModeling, caret, Design, e1071, ipred, MASS 패키지의 함수를 참고한다. 이때 [그림 4.2]와 [그림 4.3]에서 봤던 두 클래스에 대한 간단한 예제와 신용 평가 사례에서 본 데이터를 사용할 것이다.

데이터 분할

[그림 4.1]에서 본 두 클래스에 대한 예제는 AppliedPredictiveModeling 패키지에 포함 돼 있으며, 불러오는 방법은 아래와 같다.

```
> library(AppliedPredictiveModeling)
> data(twoClassData)
```

이 예제 데이터의 예측 변수는 predictors라는 데이터 프레임에 들어 있다. 이 데이터에는 예측 변수 두 열과 각 행별 208개의 샘플로 이뤄져 있다. 결과 클래스는 classes라는 팩터형 벡터에 포함돼 있다.

```
> str(predictors)
  'data.frame':       208 obs. of  2 variables:
  $ PredictorA: num  0.158 0.655 0.706 0.199 0.395 ...
  $ PredictorB: num  0.1609 0.4918 0.6333 0.0881 0.4152 ...
> str(classes)
  Factor w/ 2 levels "Class1","Class2": 2 2 2 2 2 2 2 2 2 2 ...
```

기본 R 함수인 sample은 데이터를 간단히 임의로 분할한다(클래스 기반). 층위 임의 분할된 데이터를 만들 때는 caret의 createDataPartition 함수를 사용할 수 있다. 이때 훈련 데이터 세트에 할당할 데이터 비율은 지정해줘야 한다.

```
> # 임의 숫자 시드를 넣어야 결과가 나온다.
> set.seed(1)
> # 기본적으로 숫자는 리스트에 들어간다.
> # list = FALSE로 설정 시 행 번호의 행렬을 생성한다.
> # 이 샘플은 훈련 데이터 세트에 할당된다.
> trainingRows <- createDataPartition(classes,
+                                      p = .80,
+                                      list= FALSE)
> head(trainingRows)
      Resample1
  [1,]       99
  [2,]      100
  [3,]      101
  [4,]      102
  [5,]      103
  [6,]      104

> # 숫자로 나뉜 부분 집합을 사용해
> # 데이터를 객체로 나눈다.
> trainPredictors <- predictors[trainingRows, ]
> trainClasses <- classes[trainingRows]
> # 음의 정수를 사용해서 테스트 데이터 세트도 동일하게 만든다.
> testPredictors <- predictors[-trainingRows, ]
> testClasses <- classes[-trainingRows]

> str(trainPredictors)
  'data.frame':      167 obs. of  2 variables:
   $ PredictorA: num  0.226 0.262 0.52 0.577 0.426 ...
   $ PredictorB: num  0.291 0.225 0.547 0.553 0.321 ...
> str(testPredictors)
  'data.frame':       41 obs. of  2 variables:
   $ PredictorA: num  0.0658 0.1056 0.2909 0.4129 0.0472 ...
   $ PredictorB: num  0.1786 0.0801 0.3021 0.2869 0.0414 ...
```

최대 비유사도 샘플링 방식을 사용해 테스트 데이터 세트를 생성할 때는 caret의
maxdissim 함수를 사용해 데이터 샘플을 연속으로 생성할 수 있다.

리샘플링

caret 패키지에는 데이터 분할에 사용되는 다양한 함수가 있다. 예를 들어, 반복 훈련/테스트 세트를 사용하려면, createDataPartition 함수에 times라는 인수를 추가해 다시 사용하면 데이터를 여러 개로 분할할 수 있다.

```
> set.seed(1)
> # 이를 그림으로 나타내기 위해서는 훈련 데이터 세트를
> # 리샘플해서 3개의 버전으로 나타낸다.
> repeatedSplits <- createDataPartition(trainClasses, p = .80,
+                                                  times = 3)
> str(repeatedSplits)
  List of 3
   $ Resample1: int [1:135] 1 2 3 4 5 6 7 9 11 12 ...
   $ Resample2: int [1:135] 4 6 7 8 9 10 11 12 13 14 ...
   $ Resample3: int [1:135] 2 3 4 6 7 8 9 10 11 12 ...
```

비슷하게, caret 패키지에는 createResamples(부트스트랩), createFolds(k-겹 교차 검증), createMultiFolds(반복 교차 검증) 함수가 있다. 10-겹 교차는 아래와 같이 지정한다.

```
> set.seed(1)
> cvSplits <- createFolds(trainClasses, k = 10,
+                         returnTrain = TRUE)
> str(cvSplits)
  List of 10
   $ Fold01: int [1:151] 1 2 3 4 5 6 7 8 9 11 ...
   $ Fold02: int [1:150] 1 2 3 4 5 6 8 9 10 12 ...
   $ Fold03: int [1:150] 1 2 3 4 6 7 8 10 11 13 ...
   $ Fold04: int [1:151] 1 2 3 4 5 6 7 8 9 10 ...
   $ Fold05: int [1:150] 1 2 3 4 5 7 8 9 10 11 ...
   $ Fold06: int [1:150] 2 4 5 6 7 8 9 10 11 12 ...
   $ Fold07: int [1:150] 1 2 3 4 5 6 7 8 9 10 ...
   $ Fold08: int [1:151] 1 2 3 4 5 6 7 8 9 10 ...
   $ Fold09: int [1:150] 1 3 4 5 6 7 9 10 11 12 ...
   $ Fold10: int [1:150] 1 2 3 5 6 7 8 9 10 11 ...
> # 리스트의 첫 번째 행은 아래와 같다.
> fold1 <- cvSplits[[1]]
```

데이터의 첫 번째 90%는 아래와 같이 얻는다(첫 번째 겹).

```
> cvPredictors1 <- trainPredictors[fold1,]
> cvClasses1 <- trainClasses[fold1]
> nrow(trainPredictors)
  [1] 167
> nrow(cvPredictors1)
  [1] 151
```

실제로 다음 장에서 논의할 함수는 자동으로 리샘플 데이터 세트를 생성하고, 모델을 최적화하고, 성능 평가를 하는 데 사용된다.

R로 하는 기본적 모델 구축

그럼 이제 훈련 데이터 세트와 테스트 데이터 세트가 모두 갖춰졌으므로 훈련 데이터 세트로 5개의 최근접 이웃 분류 모델([그림 4.3])로 모델을 만들고, 테스트 데이터 세트를 사용해 예측해볼 것이다. 모델 구축에서 사용하는 R 함수에는 MASS 패키지의 knn 함수, ipred 패키지의 ipredknn, caret의 knn3 등이 있다. knn3 함수는 각 클래스별 이웃의 비율에 따라 클래스를 예측한다.

R에서 모델을 적용할 때는 두 가지의 기본 문법이 있다. 수식 인터페이스와 수식 형태가 아닌(행렬) 인터페이스다. 전자의 경우, 예측 변수는 명시적으로 나타난다. 기본 R 수식 형식은 2개로 나뉜다. 왼쪽에는 결과를 나타내고, 오른쪽에는 어떤 예측 변수가 사용되는지를 나타낸다. 두 부분은 물결표(~)로 구분된다. 예를 들어, 다음 수식은 3개의 수치형 변수를 사용해 집의 가격을 가깝게 예측하는 식이다.

```
> modelFunction(price ~ numBedrooms + numBaths + acres,
+               data = housingData)
```

y ~ . 형태의 식은 데이터 세트의 모든 열(y 제외)을 예측 변수로 사용한다는 것을 나타낸다. 이 방식은 여러모로 편리하다. 예를 들어, log(acres) 같은 변환을 한 줄에서 처리할 수 있다. 다만 아쉽게도, R에서는 이 식에 대한 정보를 효율적으로 저장하지는 못한다. 많은 예측 변수를 저장하는 데이터 세트에 대해 이런 인터페이스를 사용하다 보면 연산을 불필요하게 느리게 할 수도 있다.

수식을 사용하지 않는 인터페이스는 모델의 예측 변수를 (모델에서 사용할 모든 예측 변수를 포함하는) 행렬이나 데이터 프레임을 통해 정의한다. 모델을 거친 결과 데이터는 보통 벡터 개체로 나타난다. 예를 들면, 아래와 같다.

```
> modelFunction(x = housePredictors, y = price)
```

이때 모든 R 함수가 2개의 인터페이스를 모두 사용할 수 있는 것은 아니라는 것을 염두에 두자.

knn3의 경우에는 다음처럼 5-최근접 이웃 모델을 사용할 수 있다.

```
> trainPredictors <- as.matrix(trainPredictors)
> knnFit <- knn3(x = trainPredictors, y = trainClasses, k = 5)
> knnFit
  5-nearest neighbor classification model

  Call:
  knn3.matrix(x = trainPredictors, y = trainClasses, k = 5)

  Training set class distribution:

  Class1 Class2
      89     78
```

이로서 knn3 객체는 새 샘플에 대한 값을 예측할 준비가 됐다. 새 샘플을 클래스에 적용하려면 predict에 모델 객체를 넣어 실행해줘야 한다. 표준 방식은 아래와 같다.

```
> testPredictions <- predict(knnFit, newdata = testPredictors,
+                              type = "class")
> head(testPredictions)
  [1] Class2 Class2 Class1 Class1 Class2 Class2
  Levels: Class1 Class2
> str(testPredictions)
   Factor w/ 2 levels "Class1", "Class2": 2 2 1 1 2 2 2 2 2 2 ...
```

type 인수는 모델링 함수에 따라 다양한 값이 사용된다.

튜닝 변수 판단

리샘플링을 사용해 튜닝 변수를 선택하기 위해서는 데이터를 다양하게 리샘플해서 후보값군을 평가해야 한다. 변숫값과 성능 간의 관계를 이해하기 위해서는 각각의 프로파일을 만들어야 한다. R에는 이런 일을 할 수 있는 함수와 패키지가 있다. e1071 패키지의 tune 함수는 변수 범위 내에서 네 가지 타입의 모델을 평가할 수 있다. 비슷한 방식으로 ipred 패키지의 errorest 함수는 단일 모델에서 리샘플링한다. caret 패키지의 train 함수는 144개의 모델에 대해 처리할 수 있는 내장된 모듈을 갖고 있고, 각각의 다른 리샘플링 방법을 처리하고 성능을 측정하며 프로파일로부터 가장 좋은 모델을 선택할 수 있는 알고리즘이 있다. 또한 이 함수는 병렬 처리가 되므로 리샘플된 데이터에 최적화된 모델들을 여러 컴퓨터나 프로세서에 걸쳐 실행할 수 있다. 여기서 우리가 주로 사용할 것은 train 함수다.

4.6장에서는 신용 평가 데이터를 사용해 서포트 벡터 머신의 인수를 튜닝하는 것을 설명할 것이다. 리샘플링을 이용해서 cost 인수의 값을 추정할 수 있다. 이후 장에서 논의할 것이지만, SVM 모델은 모델이 사용하는 커널 함수의 종류에 따라 달라진다. 예를 들어, 선형 커널 함수는 예측 변수와 결과 간의 관계를 선형으로 정의한다. 신용 평가 데이터의 경우, 방사형 기본 함수radial basis function, RBF가 커널 함수로 사용됐다. 이 커널 함수의 경우, σ로 나타내는 튜닝 인수를 추가로 사용한다. 이 인수는 결과 범위의 평활도에 영향을 미친다. 일반적으로 두 튜닝 변수의 여러 조합은 리샘플링을 사용해 평가한다. 하지만 카푸토 등(Caputo et al., 2002)은 σ에 대해 괜찮은 추정값을 구해주는 분석식을 구했다. caret의 train 함수에서는 이 방식을 사용해 커널 인수를 추정하므로 cost 인수만 튜닝하면 된다.

신용 평가 훈련 데이터 세트 샘플에 대해 SVM 모델을 튜닝할 때 train 함수를 사용한다. 훈련 데이터 세트의 예측 변수와 결과값 모두 GermanCreditTrain이라는 R 데이터 프레임 안에 들어 있다.

```
> library(caret)
> data(GermanCredit)
```

AppliedPredictiveModeling 패키지의 chapters 디렉터리에 훈련 데이터 세트와 테스트 데이터 세트를 만드는 것에 대한 코드가 들어 있다. 이 데이터 세트는 각각 GermanCreditTrain과 GermanCreditTest라는 데이터 세트에 들어 있다.

여기서는 모든 예측 변수를 사용해 결과를 구하는 모델을 만든다. 이를 위해 Class~.

라는 식으로 수식 인터페이스를 사용한다. 클래스는 class라는 이름의 데이터 프레임 열에 들어 있다. 가장 기본적인 함수는 아래와 같이 호출한다.

```
> set.seed(1056)
> svmFit <- train(Class ~ .,
>                 data = GermanCreditTrain,
>                 # "method" 인수는 모델 유형을 뜻한다.
>                 # 가능한 모델을 확인하고자 할 때는 ?train을 확인한다.
>                 method = "svmRadial")
```

하지만 우리는 여러 기본값을 오버라이딩해 연산을 처리할 것이다. 우선, 예측 변수의 데이터 값을 중심화, 척도화 전처리를 한다. 이때 preProc 인수를 사용한다.

```
> set.seed(1056)
> svmFit <- train(Class ~ .,
>                 data = GermanCreditTrain,
>                 method = "svmRadial",
>                 preProc = c("center", "scale"))
```

여기서 이 함수를 사용하기 위해서는 사용자가 조사할 정확한 비용을 정의해야 한다. 또한 이 함수는 많은 모델에 대해 유의한 값을 판단할 수 있는 알고리즘이 들어 있다. tuneLength = 10 옵션을 사용하면, 비용값이 2^{-2}, 2^{-2} ...2^7로 나온다.

```
> set.seed(1056)
> svmFit <- train(Class ~ .,
>                 data = GermanCreditTrain,
>                 method = "svmRadial",
>                 preProc = c("center", "scale"),
>                 tuneLength = 10)
```

기본적으로 성능을 구할 때는 기본 부트스트랩 방식이 사용된다. trainControl 함수를 사용해 반복 10-겹 교차 검증을 정의할 수 있다. 그러면 최종 문법은 아래와 같다.

```
> set.seed(1056)
> svmFit <- train(Class ~ .,
>                 data = GermanCreditTrain,
>                 method = "svmRadial",
>                 preProc = c("center", "scale"),
>                 tuneLength = 10,
```

```
>                  trControl = trainControl(method = "repeatedcv",
>                                           repeats = 5))
> svmFit
  800 samples
   41 predictors
    2 classes: 'Bad', 'Good'

 Pre-processing: centered, scaled
 Resampling: Cross-Validation(10-fold, repeated 5 times)

 Summary of sample sizes: 720, 720, 720, 720, 720, 720, ...

 Resampling results across tuning parameters:

   C       Accuracy  Kappa  Accuracy SD  Kappa SD
   0.25    0.7       0      0            0
   0.5     0.724     0.141  0.0218       0.0752
   1       0.75      0.326  0.0385       0.106
   2       0.75      0.363  0.0404       0.0984
   4       0.754     0.39   0.0359       0.0857
   8       0.738     0.361  0.0404       0.0887
   16      0.738     0.361  0.0458       0.1
   32      0.732     0.35   0.043        0.0928
   64      0.732     0.352  0.0453       0.0961
   128     0.731     0.349  0.0451       0.0936

 Tuning parameter 'sigma' was held constant at a value of 0.0202
 Accuracy was used to select the optimal model using the largest value.
 The final values used for the model were C = 4 and sigma = 0.0202.
```

기본 분석에서는 서로 다른 임의의 수로 만든 시드 값과 비용값의 집합을 사용했으므로 결과가 4.6장에서 나온 것과 완전히 동일하지는 않다. "최상값 선택" 방식을 사용했을 때, 최종 모델은 800개의 훈련 데이터 샘플 전체에 대해 σ 값이 0.0202고, 비용값이 4인 모델에 최적화됐다. plot 함수를 통해 이 성능 프로파일을 시각화할 수 있다. [그림 4.12]는 다음 문법을 통해 만들어진 시각화 예제다.

```
> # 평균 성능에 대한 선형 그래프
> plot(svmFit, scales = list(x = list(log = 2)))
```

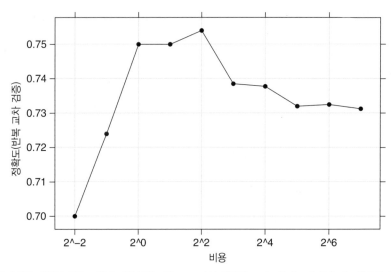

〔그림 4.12〕 SVM 분류 모델에 대한 평균 성능 프로파일 시각화. train 클래스에 대해 plot 함수를 사용해 생성했다.

이 모델로 새로운 샘플에 대해 예측할 때는 predict 함수를 호출한다.

```
> predictedClasses <- predict(svmFit, GermanCreditTest)
> str(predictedClasses)
 Factor w/ 2 levels "Bad","Good": 1 1 2 2 1 2 2 2 1 1 ...

> # 클래스별 확률을 확인할 때는 "type" 인자를 사용한다.
> predictedProbs <- predict(svmFit, newdata = GermanCreditTest,
+                                     type = "prob")
> head(predictedProbs)
          Bad       Good
 1 0.5351870 0.4648130
 2 0.5084049 0.4915951
 3 0.3377344 0.6622656
 4 0.1092243 0.8907757
 5 0.6024404 0.3975596
 6 0.1339467 0.8660533
```

리샘플링을 통해 성능을 추정할 수 있는 다른 R 패키지도 있다. Design 패키지의 validate 함수와 ipred 패키지의 errorest 함수를 사용하면, 튜닝 변수 후보 세트 1개를 사용해 모델 성능을 측정할 수 있다. e1071 패키지의 tune 함수도 리샘플링을 사용해 변수 설정을 판단할 수 있다.

모델 간 비교

4.6장에서는 SVM과 로지스틱 회귀 모델을 대조해봤다. 기본 로지스틱 회귀 모델에는 튜닝 변수가 없지만, 리샘플링은 여전히 모델의 성능을 특징짓는 데 사용한다. 이때 train 함수가 다시 사용되는데, 여기서는 method 인수를 "glm"(일반화 선형 모델, generalized linear model)으로 적용한다. 리샘플링 정의도 전과 동일하며, 모델링 전에 동일한 임의의 수로 시드 값을 정해주었으므로 리샘플된 데이터는 SVM 모델에서 사용한 것과 완전히 동일하다.

```
> set.seed(1056)
> logisticReg <- train(Class ~ .,
+                       data = GermanCreditTrain,
+                       method = "glm",
+                       trControl = trainControl(method = "repeatedcv",
+                                                repeats = 5))

> logisticReg
  800 samples
   41 predictors
    2 classes: 'Bad', 'Good'

No pre-processing
Resampling: Cross-Validation (10-fold, repeated 5 times)

Summary of sample sizes: 720, 720, 720, 720, 720, 720, ...

Resampling results

  Accuracy  Kappa  Accuracy SD  Kappa SD
  0.749     0.365  0.0516       0.122
```

교차 검정 통계량을 기반으로 두 모델을 비교할 때는 resamples 함수를 사용해 모델들이 리샘플된 데이터 세트를 공통으로 사용할 수 있도록 한다. SVM과 로지스틱 모델을 실행하기에 앞서 임의의 수로 만든 시드 값을 초기화해서 각 데이터 세트를 사용할 때의 정확성을 담보하도록 한다. 첫 번째 모델로부터 resample이라는 객체를 만든다.

```
> resamp <- resamples(list(SVM = svmFit, Logistic = logisticReg))
> summary(resamp)
```

```
Call:
summary.resamples(object = resamp)

Models: SVM, Logistic
Number of resamples: 50

Accuracy

          Min. 1st Qu. Median  Mean 3rd Qu. Max. NA's
SVM     0.6500  0.7375 0.7500 0.754  0.7625 0.85    0
Logistic 0.6125  0.7250 0.7562 0.749  0.7844 0.85    0

Kappa
           Min. 1st Qu. Median   Mean 3rd Qu.   Max. NA's
SVM     0.18920  0.3519 0.3902 0.3897  0.4252 0.5946    0
Logistic 0.07534  0.2831 0.3750 0.3648  0.4504 0.6250    0
```

요약된 값을 보면 성능 분포가 매우 유사하다는 것을 알 수 있다. NA 항목은 리샘플 모델이 실패한(일반적으로 수치상의 이유로 발생한다) 경우 나타난다. Resamples 클래스에는 쌍으로 묶인 값을 시각화할 수 있는 여러 가지 방법이 있다(?xyplot.resamples를 확인하면 가능한 그래프 유형 리스트를 볼 수 있다). 모델 간 차이를 살펴보려면 diff 명령어를 사용한다.

```
> modelDifferences <- diff(resamp)
> summary(modelDifferences)
  Call:
  summary.diff.resamples(object = modelDifferences)

  p-value adjustment: bonferroni
  Upper diagonal: estimates of the difference
  Lower diagonal: p-value for H0: difference = 0

  Accuracy
           SVM    Logistic
  SVM             0.005
  Logistic 0.5921

  Kappa
           SVM    Logistic
  SVM             0.02498
  Logistic 0.2687
```

모델 간의 비교에서 나온 p-값은 큰 편이므로(정확도에 대해 0.592가 나왔고, 카파 값이 0.269다), 모델 간 성능에 어떤 차이가 있다고 볼 수 없다.

연습 문제

4.1 1.4장에 나왔던 음악 장르 데이터 세트를 사용한다. 이 데이터의 목적은 음악 샘플을 적합한 음악 장르로 분류하는 것이다.

(a) 이 데이터에는 어떤 분할 방법을 적용할 것인지 설명해보자.

(b) 이 장에서 설명한 방법들을 사용해 어떻게 접근했는지 코드를 기술해보자.

4.2 1.4장에서 설명한 투과성 데이터를 사용한다. 이 데이터의 목적은 이 데이터를 예측 변수로 사용해 화합물의 투과성 모델을 만드는 것이다.

(a) 이 데이터에는 어떤 분할 방법을 적용할 것인지 설명해보자.

(b) 이 장에서 설명한 방법들을 사용해 어떻게 접근했는지 코드를 기술해보자.

4.3 부분 최소 제곱(6.3장)을 사용해 화학 공정 프로세스(1.4장)에 대해 모델링했다. 데이터는 AppliedPredictiveModeling 패키지에 있다.

	리샘플된 R^2	
객체	평균	표준 오차
1	0.444	0.0272
2	0.500	0.0298
3	0.533	0.0302
4	0.545	0.0308
5	0.542	0.0322
6	0.537	0.0327
7	0.534	0.0333
8	0.534	0.0330
9	0.520	0.0326
10	0.507	0.0324

```
> library(AppliedPredictiveModeling)
> data(ChemicalManufacturingProcess)
```

이 분석의 목적은 최적의 R^2 값을 보이는 PLS 객체의 수를 찾는 것이다(5.1장). PLS 모델은 1번부터 10번까지의 객체 각각에 대해 10-겹 교차 검증을 5회씩 반복해 구한다. 결과는 아래 표와 같다.

(a) "1-표준오차" 방법을 사용했을 경우, PLS 객체 수가 몇일 때 가장 정밀한 모델이 구해지는가?

(b) 이 예제의 허용값을 구하라. 만약, R^2의 10% 손실이 허용된다면, 최적의 PLS 값은 얼마인가?

(c) (2부에서 논의할) 다양한 복잡도의 여러 모델을 훈련하고 튜닝했다. 결과는 [그림 4.13]과 같다. 만약, 여기서 목적이 R^2를 최적화하는 모델을 고르는 것이라면, 여기서 어떤 모델을 고를 것인가? 그 이유는 무엇인가?

(d) 예측 시간 또는 모델 복잡도(4.8장) 또한 최적의 모델 선정 시 고려해야 할 요인이다. 주어진 각 모델의 예측 시간, 모델 복잡도, R^2 예측값을 고려했을 때, 어떤 모델을 고를 것인가? 그 이유는 무엇인가?

4.4 브로드낙-보니나[Brodnjak-Vonina] 등(2005)은 음식 연구소에서 샘플로부터 기름의 종류를 판별하는 방법을 개발했다. 이 방법론에 따르면, 가스 크로마토그래피(샘플로부터 화학물을 분리하는 도구)를 사용해 기름 내 일곱 가지의 지방산 포함량을 측정한다. 이 방법을 사용해 음식 샘플로부터 기름의 유형을 예측할 수 있다. 이 모델을 만들기 위해 일곱 가지 유형의 기름에 대해 96개의 샘플[2]을 사용했다.

이 데이터는 caret 패키지로부터 data(oil) 명령어를 사용해 가져올 수 있다. 기름 유형은 oilType이라는 factor형 변수에 포함돼 있다. 호박(A), 해바라기(B), 땅콩(C), 올리브(D), 콩(E), 유채(F), 옥수수(G)다.

R 코드는 아래와 같다.

```
> data(oil)
> str(oilType)
  Factor w/ 7 levels "A","B","C","D",..: 1 1 1 1 1 1 1 1 1 1 ...
> table(oilType)
  oilType
  A  B  C  D  E  F  G
  37 26  3  7 11 10  2
```

---

2 저자들은 알려진 기름으로 95개의 샘플을 사용했다고 명시했다. 하지만 표 1상으로는 96개로 보인다(원논문의 33~35쪽).

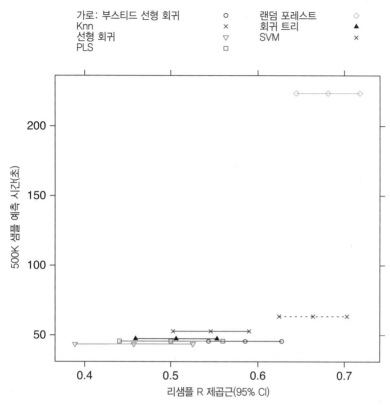

가로: 부스티드 선형 회귀	o	랜덤 포레스트	◇
Knn	×	회귀 트리	▲
선형 회귀	▽	SVM	×
PLS	□		

〔그림 4.13〕 화학 공정 데이터를 사용해 50만 개의 신규 샘플을 예측했을 때의 모델 성능 추정 그래프

(a) 기본 R의 sample 함수를 사용해 완전히 임의로 샘플링된 60개 기름의 샘플을 생성하라. 원샘플과 임의의 샘플 빈도가 얼마나 일치하는가? 이 과정을 여러 번 반복해 샘플링 과정에서의 분포를 이해해보자.

(b) caret 패키지의 createDataPartition 함수를 사용해 임의 층위 샘플을 만들어 보자. 완전히 임의로 샘플을 추출하는 것과 어떻게 다른가?

(c) 이렇게 샘플 크기가 작을 때, 모델 성능을 판단하기 위한 옵션으로는 어떤 것이 있을까? 이때 테스트 데이터 세트를 사용해야 할까?

(d) 테스트 세트의 불확실성을 이해하기 위한 방법으로는 신뢰 구간을 사용하는 것이 있다. 전체 정확도에 대한 신뢰 구간을 구하려면, 기본 R 함수인 binom.test를 사용할 수 있다. 이 함수는 구간을 구하기 위해 샘플 수와 정확하게 분류한 수를 입력 받는다. 예를 들어, 20개의 기름 샘플이 테스트 세트로 있고, 모델 훈련에는 76개

의 샘플을 사용했다고 가정해보자. 이 테스트 세트 크기와 약 80%의 정확도를 갖는 모델(20개 중 16개가 맞았다)이 있을 때, 신뢰 구간은 아래와 같이 계산한다.

```
> binom.test(16, 20)
        Exact binomial test

data: 16 and 20
number of successes = 16, number of trials = 20, p-value = 0.01182
alternative hypothesis: true probability of success is not equal to 0.5
95 percent confidence interval:
 0.563386 0.942666
sample estimates:
probability of success
                0.8
```

이때, 95% 신뢰 구간의 폭은 37.9%다. 샘플 크기와 정확도를 다르게 해 가면서 이를 다시 구해 결과의 불확실성, 모델 성능, 테스트 세트 크기 간의 트레이드 오프를 이해해보자.

Part 2 회귀 모델

05

회귀 모델 성능 측정

수치 결과를 예측하는 모델에서 몇 가지 정확도 측정값은 보통 모델의 효과를 평가하는 데 사용된다. 하지만 각각의 성격에 따라 정확도를 측정하는 방법이 다르다. 개별 모델의 강점과 약점을 이해하는 데 있어서 온전히 단일 지표에 의지하기에는 불안하다. 모델 적합도, 부분 잔차 그래프 시각화는 모델이 목적에 부합하는지를 이해하기 위해 매우 중요하다. 이 장에서는 이런 방법에 대해 논의할 것이다.

5.1 성능의 정량적 측정

결과가 수치형인 경우, 모델의 예측 능력을 특징짓는 데 가장 일반적으로 사용하는 방법은 제곱근 평균 제곱 오차root mean squared error, RMSE다. 이 지표는 관측값에서 모델 예측값을 뺀 잔차에 대한 함수다. 평균 제곱 오차mean squared error, MSE는 잔차를 제곱해 합한 값이다. RMSE는 이렇게 구한 MSE에 제곱근을 취해 원데이터와 동일한 단위로 만들었다. 이 값은 일반적으로 잔차값(의 평균)이 0으로부터 얼마나 떨어졌는지 또는 관측값과 모델의 예측값의 평균 거리가 얼마나 되는지를 파악하기 위해 쓰인다.

다른 일반적인 지표로는 보통 R^2라고 쓰는 결정계수가 있다. 이 값으로는 모델에 쓰이는 데이터의 정보 비율을 파악할 수 있다. 즉, R^2가 0.75라는 것은 이 모델은 결과 분포의 3/4을 설명할 수 있다는 뜻이다. 이 값을 구하는 데는 많은 방법이 있지만(Kvålseth, 1985), 가장 단순한 방법은 관측값과 예측한 값 간의 상관계수를 구한 후(R로 나타냄) 제곱하는 것이다.

이 값은 해석을 붙이기가 매우 쉬우므로 이를 실제로 사용할 때 R^2는 상관값을 구하는 것이지, 정확도를 구하는 것이 아니라는 것을 반드시 이해해야 한다.

[그림 5.1]의 예시에서 관측값과 예측값 간의 R^2가 높지만(51%), 모델이 낮은 값은 값을 높게 예측하고, 높은 값은 오히려 낮게 예측하는 경향이 있다는 것을 알 수 있다. 이런 경향은 8장에서 논의할 몇 가지 트리 기반 회귀 모델에서 흔히 나타나는 현상이다. 설명에 따르면, 모델이 잘 동작하는 경우 예측에서의 이런 구조적 편중은 무시할 수 있다.

또한 R^2가 결과 분포에 따라 달라진다는 것을 인지하는 것도 중요하다. 모델이 설명하는 분포 비율을 측정하는 통곗값에 대한 해석을 사용할 때, 비율의 분모는 결과 샘플의 분산에서 구한 것이라는 것을 반드시 기억해둬야 한다. 예를 들어, 테스트 세트 결과

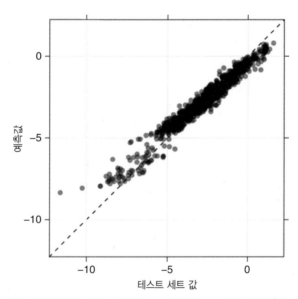

〔그림 5.1〕 R^2는 무난하지만(51%), 예측값의 정확도가 일정하지 않은 관측값과 예측한 결과값 그래프다. 여기서 **대각선의 회색 점선**은 관측값과 예측값이 동일한 위치를 나타낸다.

의 분산이 4.2라고 가정해보자. 예측 모델의 RMSE가 1이라면, R^2는 76% 정도일 것이다. 만약, 완전히 동일한 RMSE를 갖는 다른 테스트 세트가 있지만, 그 테스트 세트 결과값의 분산이 더 작다면, 결과는 더 나쁘게 보일 것이다. 예를 들어, 테스트 세트 분산이 3이라면, R^2는 67%일 것이다.

실제로 이런 결과값 분산의 차이는 모델을 놀랍도록 다르게 보이게 한다. 예를 들어, 집의 특성(총면적, 침실 수, 욕실 수 등) 및 위치 등을 예측 변수로 사용해 집의 가격을 예측하는 모델을 만든다고 가정해보자. 테스트 데이터 세트에 포함된 집의 범위가 $60K부터 $2M까지로 넓다면, 판매 가격의 분산은 매우 커질 것이다. 혹자는 R^2가 90%이므로 이 모델을 매우 긍정적으로 보겠지만, RMSE가 수만 달러이므로 안정적인 금액으로 집을 팔고자 하는 사람에게는 예측 정확도가 낮다고 볼 것이다.

어떤 경우에 모델의 목적은 새로운 샘플의 순위를 매기는, 단순한 것이다. 앞에서 논의한 대로 약학 연구자들은 "대박"을 찾기 위해 수많은 화합물들을 살펴보는 작업을 한다. 그리고 거기서 가장 생물학적으로 활성화된 화합물을 추적한다. 여기서 모델의 핵심은 예측 정확도보다는 순위 분별력이다. 이런 경우, 관측값과 예측값 간의 순위 상관도가 보다 적합한 지표가 될 것이다. 순위 상관도는 관측한 순위 결과값을 갖고, 모델이 예측한 순위와 얼마나 가까운지를 구한다. 이 값을 구할 때는 관측한 순위와 예측한 결과를 갖고 상관계수를 구한다. 이 지표는 일반적으로 스피어만Spearman 순위 상관계수로 알려져 있다.

5.2 분산-편향성 트레이드 오프

MSE는 보다 구체적인 수치로 쪼개진다. 기본적으로 모델의 MSE는 아래와 같다.

$$\text{MSE} = \frac{1}{n} \sum_{i=1}^{n} (y_i - \hat{y}_i)^2,$$

이때 y_i는 결과값이고, $\hat{y}_i$는 샘플에 대해 모델이 예측한 값이다. 데이터 값이 통계적으로 독립적이고, 잔차가 이론적으로 평균이 0이며, σ^2의 일정한 분산을 갖는다고 가정하면, 기댓값 E는 아래와 같다.

$$E[\text{MSE}] = \sigma^2 + (\text{모델 편향성})^2 + \text{모델 분산}, \tag{5.1}$$

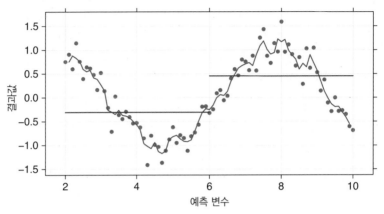

〔그림 5.2〕 사인 파형의 두 모델. 붉은색 선은 첫 번째와 두 번째 데이터의 반을 갖고 단순 평균을 내서 예측한 것이다. 파란색 선은 세 점의 이동 평균이다.

첫 항(σ^2)은 보통 "기약 오차irreducible noise"라고 하는데, 이는 모델링에서 제거할 수 없다. 두 번째 항은 모델 편향의 제곱값이다. 이는 모델의 함수 형식이 실제 예측 변수와 결과 간의 관계를 얼마나 제대로 표현했는지를 반영한다. 마지막 항은 모델 분산이다. [그림 5.2]에서는 편향성이 높거나 분산이 큰 모델의 극단적인 예를 나타내고 있다. 이 데이터는 사인 파형을 시뮬레이션한 것이다. 붉게 표시된 모델은 데이터를 반으로 나눠 각각에 대한 단순 평균값을 예측한다. 이 모델의 경우, 다른 데이터 집합 역시 동일한 방법으로 만들어져서 값이 많이 변하지 않게 되므로 낮은 분산을 갖는다. 하지만 이런 데이터의 단순성 때문에 어떤 모델을 만드는 것 자체가 비효율적이 되고, 이 데이터의 편향성은 커진다. 역으로 파란색 선에는 세 점의 이동 평균이 사용된다.

사인 파형(편향성이 낮아)은 유동적으로 모델링할 수 있다. 하지만 데이터가 조금만 변해도 모델이 완전히 변경될 수 있다. 이런 연유로 분산이 높다.

보통 보다 복잡한 모델일수록 높은 분산을 갖게 되고, 이런 경우, 과적합이 발생할 수 있다. 반면, 단순한 모델은 과적합이 생기지 않지만, 적합도가 너무 떨어져서 실제의 관계가 충분히 반영되지 않을 수도 있다(이런 경우, 높은 편향성을 갖게 된다). 또한 상관관계가 높은 예측 변수들은 공선성 문제를 일으킬 수 있고, 모델 분산을 급격히 증가시킬 수도 있다. 뒤쪽에서는 모델에서 공선성 문제를 완화하기 위한 방법으로 모델 분산을 급격히 감소시키기 위해 편향성을 증가할 수 있는 모델들에 대해 논의할 것이다. 이를 가리켜 분산-편향성 트레이드 오프라고 한다.

5.3 컴퓨팅

이 장에서는 caret 패키지의 함수를 사용할 것이다.

모델 성능을 구하기 위해서는 관측값과 예측 결과값이 벡터에 저장돼 있어야 한다. 회귀 분석에서 이 벡터는 수치형이어야 한다. 이 기법을 설명하기 위해 2개의 예제 벡터를 수동으로 만들었다(실제로 예측 변수 벡터는 모델 함수에서 만든다).

```
> # 'c' 함수를 사용해 숫자들을 결합해 벡터로 만든다.
> observed <- c(0.22, 0.83, -0.12, 0.89, -0.23, -1.30, -0.15, -1.4,
+               0.62, 0.99, -0.18, 0.32, 0.34, -0.30, 0.04, -0.87,
+               0.55, -1.30, -1.15, 0.20)
> predicted <- c(0.24, 0.78, -0.66, 0.53, 0.70, -0.75, -0.41, -0.43,
+                0.49, 0.79, -1.19, 0.06, 0.75, -0.07, 0.43, -0.42,
+                -0.25, -0.64, -1.26, -0.07)
> residualValues <- observed - predicted
> summary(residualValues)
    Min. 1st Qu. Median    Mean 3rd Qu.    Max.
 -0.9700 -0.4200 0.0800 -0.0310  0.2625  1.0100
```

모델의 품질을 평가하는 중요한 단계로, 결과 시각화 단계가 있다. 일단, 관측값 대비 예측값을 그래프로 그림으로써 모델이 얼마나 잘 맞는지를 보다 쉽게 이해할 수 있도록 한다. 또한 잔차 대비 예측 변수 그래프를 통해 [그림 5.1]에서 보이는 추세 같은 모델 예측에서의 체계적 패턴을 발견할 수도 있다. 다음 두 명령어는 [그림 5.3]을 만드는 데 사용된다.

```
> # 관측값 대비 예측값
> # 일반 척도값으로 그래프를 그리는 것이 좋다.
> axisRange <- extendrange(c(observed, predicted))
> plot(observed, predicted,
+      ylim = axisRange,
+      xlim = axisRange)
> # 45도 기울어진 기준선을 그린다.
> abline(0, 1, col = "darkgrey", lty = 2)

> # 예측값 대비 잔차
> plot(predicted, residualValues, ylab = "residual")
> abline(h = 0, col = "darkgrey", lty = 2)
```

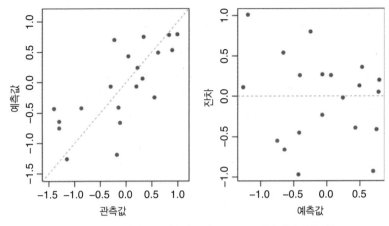

〔그림 5.3〕 **왼쪽**: 관측값과 예측값 그래프, **오른쪽**: 잔차 대비 예측 변수

caret 패키지에는 RMSE와 R^2 값을 계산할 수 있는 함수가 있다.

```
> R2(predicted, observed)
 [1] 0.5170123
> RMSE(predicted, observed)
 [1] 0.5234883
```

R^2에는 다른 식을 쓸 수도 있다. 이는 크발세스[Kvålseth](가 조사했다(1985). 기본적으로 R^2에서는 상관계수의 제곱을 사용한다. R에는 기본적으로 스피어만 순위 상관계수 등의 상관계수를 구하는 함수가 내장돼 있다.

```
> # 기본 상관계수
> cor(predicted, observed)
 [1] 0.7190357
> # 순위 상관계수
> cor(predicted, observed, method = "spearman")
 [1] 0.7554552
```

06

선형 회귀와 이웃 모델들

이 장에서는 선형 회귀와 유사한 여러 모델을 다룰 것이다. 이 모델들은 직접적으로든, 간접적으로든 아래와 같은 수식의 형태로 나타날 것이다.

$$y_i = b_0 + b_1 x_{i1} + b_2 x_{i2} + \cdots + b_P x_{iP} + e_i, \tag{6.1}$$

여기서 y_i는 샘플의 수치형 응답 변수고, b_0는 추정 절편, b_j는 j번째 예측 변수에 대한 추정 계수값을 나타내며, x_{ij}는 i번째 샘플의 j번째 예측 변수의 값을 뜻하고, e_i는 모델에서 설명되지 않는 임의의 오차를 나타낸다. 모델이 [식 6.1]처럼 나타나는 경우, 변수들이 선형 관계라고 말한다. 일반적인 선형 회귀뿐만 아니라 부분 최소 제곱partial least squares, PLS 및 능형 회귀ridge regression, 라소 모형, 엘라스틱 넷 같은 벌점 모델도 이런 유형에 해당한다.

이런 모델의 목적은 오차 제곱합이나 오차 제곱합 관련 함수의 최솟값을 만드는 변수의 추정값을 찾는 것이다. 5.2장에서는 평균 제곱 오차mean squared error, MSE가 기약 변동량, 모델 편향, 모델 분산 등의 요소로 나뉜다는 것을 보여준다. 이 장에서 이 방법을 사용하는 목적은 편향성-분산 트레이드 오프의 스펙트럼상에서 펼쳐지는 변수 추정값을 찾기 위해서다. 한 가지 극단적인 예로, 일반적인 선형 회귀에서는 최소 편향값을 가진 변수를 추정하고자 하지만, 능형 회귀, 라소, 엘라스틱 넷에서는 낮은 분산을 가진 추정값을 찾는다. 이런 트레이드 오프가 모델의 예측력에 미치는 영향은 이후에 살펴볼 것이다.

[식 6.1] 형태의 모델이 갖는 확실한 장점은 해석하기 쉽다는 것이다. 예를 들어, 예측 변수의 추정 계수가 2.5라면, 예측 변수 단위값이 1이 증가할 때, 평균적으로 응답값은 2.5가 증가할 것이다. 또한 추정 계수를 통해 예측 변수 간 관계를 더 해석할 수 있다.

이런 류의 모델의 또 다른 장점으로는 수학적 감각으로 계수의 표준 오차를 구해 모델 잔차의 분포에 대해 어떤 가정을 할 수 있도록 한다는 것이다. 이런 표준편차를 통해 모델의 각 예측 변수의 통계적 유의성을 판단할 수 있다. 이런 추정적 관점을 통해 분포에 대한 충분한 가정하에 모델을 더 깊게 이해할 수 있다. 이런 작업은 모델 예측에 중점을 두므로 이런 모델의 추정적 성격은 시간을 많이 들일 필요가 없다.

선형 회귀 유형 모델은 매우 해석하기 쉬우므로 용도에 너무 구애받을 필요도 없다. 우선, 이런 모델은 예측 변수들과 응답 변수 간의 경계가 초평면상에 존재할 때 적절하게 쓰일 수 있다. 예를 들어, 데이터에 예측 변수가 하나밖에 없다면, 예측 변수와 응답 변수 관계가 직선 형태일 때 적합할 것이다. 예측 변수가 더 많은 경우, 관계는 평평한 2차원 평면상에 존재할 것이다. 예측 변수와 응답 변수 간 관계가 곡선 형태라면(예측 변수 간 2차, 3차 등의 관계가 존재하는 예측 변수 등), 선형 회귀 모델을 만들 때 원예측 변수가 이런 관계를 나타낼 수 있게 하는 추가 예측 변수를 더해줘야 한다. 원예측 변수에 추가하는 것은 이후에 좀 더 자세히 이야기한다. 하지만 예측 변수와 응답 변수 간의 비선형적 관계는 이런 모델에서는 명확하게 나타나지 않을 수 있다. 이런 데이터의 경우에는 7, 8장에서 다룰 예측 변수와 응답 변수 간의 예측 관계를 파악하는 방법이 더 도움이 될 것이다.

6.1 사례 연구: 구조적 정량 활성 관계 모델링

약물을 비롯한 화합물들은 화학식으로 나타낼 수 있다. 한 가지 예로, [그림 6.1]에서는 9개의 탄소, 8개의 수소, 4개의 산소 원자로 이뤄진 아스피린의 구조를 나타냈다. 이런 식으로 분자의 무게, 전하량, 표면적 같은 수치적 측정법을 도출할 수 있다. 이런 수치는 화학 기술자 형태로 나타나고, 화학 방정식에서 수많은 기술자가 도출된다. 탄소의

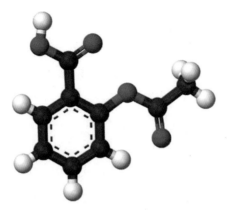

〔그림 6.1〕 탄소 원자(**검은 구**), 수소 원자(**흰색**), 산소 원자(**빨강**)로 구성된 아스피린의 분자 구조. 분자의 화학식은 O=C(Oc1ccccc1C(=O)O)C로, 이를 통해 무게 180.2g/mol 등의 분자 기술자를 구할 수 있다.

숫자 같이 아주 단순한 것부터(반 데르 발스$^{\text{van der Waals}}$ 부피(주석) 가중값을 추가한 배리스^{Barysz} 행렬의 최종 아이겐벡터의 계수 합 같이), 도통 알 수 없는 것들도 있다.

분자의 어떤 특성들은 화학적 구조를 분석하는 것으로는 판단할 수 없다. 한 가지 예로, 화합물에 대해 특정 단백질 생산을 억제할 수 있는지를 구분하는, 의학적으로 사용되는 값이 있다. 이를 일반적으로는 '화합물의 생물학적 활동'이라고 한다. 화학 구조와 이런 활동 간의 관계는 복잡하게 나타날 수도 있다. 이런 경우, 이 관계는 실험적 고찰을 통해 증명한다. 증명 방법으로는 (단백질 등의) 원하는 목표에 대한 생물학적 성분 분석을 하는 것이다. 이때 여러 화합물을 분석해 각각의 활동, 억제 반응 등을 측정한다.

이런 활동 정보는 현재 존재하지 않지만, 활동상에서 추정할 수 있는 화합물에 대한 예측 모델의 훈련 데이터 세트로 사용할 수 있다. 이 과정을 구조적 정량 활성 관계 모델링(QSAR)이라고 한다. 리치^{Leach}와 길렛^{Gillet}은 QSAR 모델링과 분자 기술자에 대해 훌륭한 소개를 했다(2003).

분자 활동이 중요하므로 다른 특성은 화합물이 "약용"으로 사용한지를 가늠하는 정도로 나타냈다(Lipinsky et al., 1997). 용해도나 친유도(기름기를 뜻함) 같은 물리적 성질역시 유독성 같은 성질처럼 구할 수 있다. 화합물의 용해도는 복용 용도로 사용하거나 주사 주입을 고려한다면 매우 중요하다. 여기서는 화학 구조의 용해도를 예측하는 다양한 회귀 모델링 기법을 확인할 것이다.

테코 및 다른 연구자들(Tetko et al., 2001)과 휴스코넨(Huuskonen, 2000)은 복잡한 기술자 집합을 사용해 화합물과 각각의 실험 용해도 값을 탐색했다. 이 연구자들은 화학 구조와 용해도 간의 관계 탐색을 위해 선형 회귀와 신경망 모델을 사용했다. 다음에서는

1,267가지 화합물과 다음의 세 가지 종류의 보다 이해하기 쉬운 기술자들을 사용했다.

- 특정 세부 화학 구조의 존재 여부에 대해 280개의 이진수로 나타낸 "식별자"
- 분자 결합 개수나 브롬 원자 개수 같은 16개의 숫자형 기술자
- 분자 무게나 표면적 같은 4개의 연속형 기술자

평균적으로 기술자는 상관관계가 없다. 하지만 강한 양의 상관관계를 보이는 쌍이 많다. 47개의 쌍은 0.90보다 큰 상관관계를 갖는다. 몇몇의 경우, 기술자 간 상관관계가 있을 것이라고 예상해야 한다. 예를 들어, 용해도 데이터를 보면, 화합물의 표면적은 (니트로겐이나 산소 등의) 원자들의 표면적의 합으로 구한다. 이 데이터에서 어떤 것은 2개의 특정 원소의 표면적이고, 어떤 것은 동일한 원소들에 두 가지를 더 추가한 것에 대한 내용이다. 주어진 정의에 따르면, 두 평면 표면적에 대한 예측 변수들 간에 상관관계가 있다고 예상할 수 있다. 실제로 87%의 화합물에 대해 이 값이 동일했다. 평면 내 예측 변수 간의 사소한 차이에는 예측에 필요한 중요한 정보가 들어 있을 수도 있지만, 모델러는 모델에 중복된 값이 들어오고 있다는 것을 적시해야 한다. 개수에 관한 기술자가 유의하게 오른쪽으로 급격히 값이 쏠려 있는 형태를 보이는 것 역시 용해도 예측 변수에 영향을 미칠 수 있다. 이런 형태는 몇 가지 모델에 영향을 미친다(이는 3장에서 다뤘다).

결과 데이터는 log10으로 단위를 조절해서 측정했을 때 −11.6부터 1.6의 범위였고,

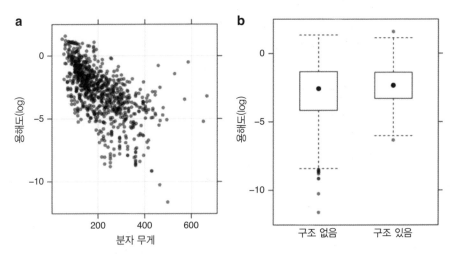

〔그림 6.2〕 용해도와 두 기술자 간의 관계. **왼쪽**: 분자 무게가 증가할수록 용해도는 일정하게 감소함. 둘의 관계는 용해도가 낮고, 무거운 몇 가지 화합물과 0에서 –5 사이의 용해도인 경우를 제외하면 대략 로그-선형 형태로 나타난다. **오른쪽**: 특정 식별자를 보면, 분자에 특정 세부 구조가 없는 경우, 용해도가 약간 높은 것을 알 수 있다.

용해도의 로그값 평균은 −2.7이었다. [그림 6.2]는 실험에서 도출된 용해도 값과 예제 데이터의 기술자 유형 두 가지 간의 관계를 나타낸다.

데이터는 임의 샘플링 방식으로 훈련 데이터 세트($n = 951$)와 테스트 데이터 세트 ($n = 316$)로 나뉘었다. 훈련 데이터 세트는 모델을 튜닝하고 추정하며, 반복 10-겹 교차 검증을 사용해 초기 성능값을 판단하는 데 사용된다. 테스트 세트는 원하는 최종 모델을 확정하는 데 사용될 것이다.

모델링에 앞서 훈련 데이터 세트를 탐색해 데이터의 특성을 이해해두는 것이 좋다. 이 데이터의 예측 변수 208개는 이진 식별자라는 것을 염두에 두자. 이 변수에는 두 가지 종류의 값밖에 들어가지 않으므로 전처리가 거의 필요 없다.

그럼 이제 연속형 변수의 치우침을 해결해보자. 평균 우도는 1.6(최솟값 0.7, 최댓값 3.8)로 이 예측 변수가 오른쪽으로 치우쳐 있다는 것을 알 수 있다. 이런 치우침을 해결하기 위해 모든 예측 변수에 박스-콕스 변환을 적용했다. 변환 계수는 어떤 연속형 변수 중 하나에도 가깝지 않다).

이렇게 변환된 예측 변수를 사용해 예측 변수와 결과값 간 관계가 선형이라고 가정해도 괜찮을까? [그림 6.3]은 "보다 평활적이고" 유연한 모델인 loess(Cleveland, 1979)를 사용해 만든 회귀선을 따라 결과값과 예측 변수가 어떻게 분포돼 있는지에 대한 산점도다. 평활 회귀선은 예측 변수와 결과값 간에 어떤 선형 관계(분자 질량) 및 비선형 관계(염소 원자 수 등)가 나타남을 보여준다. 이를 통해 일부 예측 변수를 제곱해서 예측 변수 가짓수를 증가하는 방향도 고려해볼 수 있다.

예측 변수 간 상관관계는 여전히 유의할까? 이 질문에 답하기 위해서는 변환된 전체 예측 변수에 주성분 분석(PCA)을 적용해 각 성분에 사용된 분산 비율로 판단해야 한다. [그림 6.4]는 '스크리 플롯'이라고 알려진 형태로 각 성분에서 계산된 변동성 정도를 나타낸다. 이때 분산의 13% 이상인 시점에서는 어떤 성분도 포함되지 않아 성분에서 요약돼 나타난 변동량이 급격하게 떨어지는 것을 확인하자. 이를 통해 데이터 구조상 원 공간의 차원에 비해 실제로는 훨씬 적은 차원의 정보만 포함한다는 것을 알 수 있다. 이는 예측 변수 간 많은 공선성으로 인해 일어난다. [그림 6.5]는 변환된 예측 변수 간의 상관 구조를 나타낸다. 그림상에는 많은 강한 양의 상관관계(큰 진청색 원)가 나타남을 알 수 있다. 앞에서 논의했듯이, 이는 몇몇 모델을 개발할 때 문제가 될 수 있다(선형 회귀 등). 따라서 이런 문제를 해결하기 위해서는 적절한 전처리 과정이 필요하다.

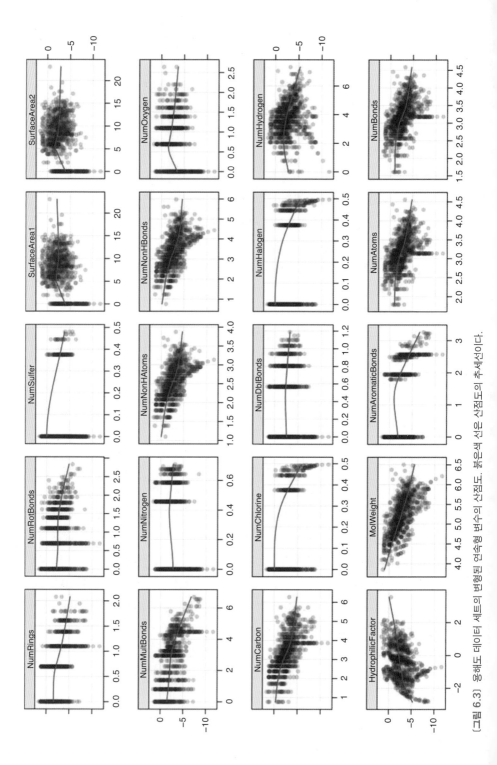

[그림 6.3] 용해도 데이터 세트의 변형된 연속형 변수의 산점도. 붉은색 산점도, 붉은색 선은 산점도의 추세선이다.

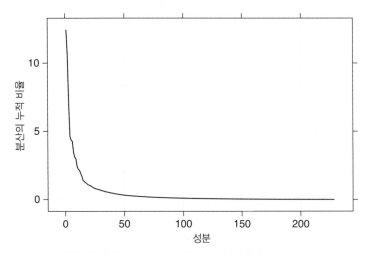

〔그림 6.4〕 용해도 예측 변수에 대한 PCA 분석 결과의 스크리 플롯

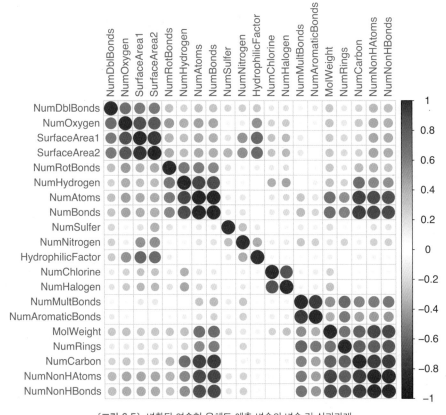

〔그림 6.5〕 변환된 연속형 용해도 예측 변수의 변수 간 상관관계

6.2 선형 회귀

보통 최소 제곱 선형 회귀의 목적은 관측값과 예측 응답값 간의 오차 제곱합(SSE)을 최소화하는 평면을 찾는 것이다.

$$SSE = \sum_{i=1}^{n}(y_i - \hat{y}_i)^2,$$

여기서 y_i는 결과값이고, $\hat{y}_i$는 샘플에 대한 모델 예측 결과값이다. 수학적으로 계산했을 때 최적의 평면은 아래와 같다.

$$\left(\mathbf{X}^T\mathbf{X}\right)^{-1}\mathbf{X}^T y, \tag{6.2}$$

이때 $\mathbf{X}$는 예측 변수의 행렬이고, y는 응답 변수 벡터다. [식 6.2]는 통계 문법에서 $\hat{\beta}$("베타-햇")으로 나타낸다. 이는 각 인수 추정값이나 각 예측 변수의 계수 벡터다. 이 수(6.2)는 계산하기 쉽고, 계수도 바로 해석할 수 있다. 잔차 분포에 대해 최소한의 일부 가정을 더하면, SSE를 최소화하는 인수 추정값은 모든 가능한 인수 추정값에서 최소 편향성을 가진 것을 고르면 된다는 것을 직관적으로 알 수 있다. 하지만 예측 변숫값의 단일 집합은 조건 (1)의 경우에는 $\mathbf{X}^T\mathbf{X}^{-1}$을 조건부 역행렬(주석)로 대치하거나(Graybill, 1976) 공선성을 갖는 예측 변수를 제거하는 방식으로 만들 수 있다. 또한 이런 추정값은 편향성-분산 트레이드 오프에서 편향성 부분을 최소화한다.

계수를 해석할 수 있는지의 여부는 모델링 도구로서 매우 유용하다. 동시에 해석 가능하다는 특성은 독이 묻은 발톱을 숨기고 있는 것일 수도 있다. [식 6.2]에 포함된 항인 $\mathbf{X}^T\mathbf{X}^{-1}$은 예측 변수의 공분산 행렬에 비례한다는 것을 기억해두자. 이 행렬의 역행렬이 유일한 경우는 (1) 하나 이상의 다른 예측 변수 간 조합으로 추정할 수 있는 예측 변수가 하나도 없고, (2) 샘플의 수가 예측 변수의 수보다 클 때다. 만약, 데이터가 이 조건들 중 하나라도 충족하지 못한다면, 단일한 회귀 계수는 존재하지 않을 것이다. 기본적으로는 R로 선형 모델을 만들 때, 예측 변수 간 공선이 존재할 때, "....R은 모델 식에서 등장하는 변수를 역순으로 제거하면서 가장 큰 형태의 식별 가능한 모델을 선택한다(Faraway, 2005)." 이런 내용의 결말은, 즉 데이터상 공선성이 존재하더라도 여전히 예측 모델에 선형 회귀를 사용한다는 것이다. 하지만 이런 예측을 판단하는 회귀 계수가 단일하지 않으면, 계수를 의미 있게 해석하기가 어렵다.

(2) 조건에 해당하는 경우, 실제 실행하는 사람이 회귀 모델을 구축하려면 여러 단계

를 거쳐야 할 것이다. 첫 번째 단계로는 3.3장에서 다룬, 서로 상관관계가 있는 예측 변수를 제거해 전체 예측 변수의 수를 감소하는 식의 전처리 단계다. 하지만 이 전처리 단계는 1개 이상의 예측 변수가 2개 이상의 다른 예측 변수에 의해 도출되는 경우가 있을 수 있어서 공선성을 완전히 제거하지 못할 수도 있다. 선형 회귀상에서 다중 공선성을 판단할 때는 분산 팽창 인수variance inflation factor를 사용한다(Myers, 1994). 이 통곗값은 각 예측 변수별로 해당 예측 변수와 모든 다른 예측 변수 간의 상관관계를 구한 것이다.

데이터 전처리를 마친 후에도 예측 변수 수가 관측 수보다 크다면, 예측 변수 공간 차원을 줄일 다른 값을 적용해야 한다. PCA 처리(3.3)도 하나의 처방이 될 수 있다. 다른 처방으로는 PLS나 능형 회귀, 라소, 엘라스틱 넷 같이 인수 추정을 감소하는 방식을 사용한 회귀와 동시에 차원을 축소하는 방식 등이 있다.

다중 선형 회귀의 또 다른 문제로는 결과로 나온 변수들이 선형 관계라는 것이다. 이는 결과가 평평한 초평면이다. 만약, 데이터가 굽은 형태거나 비선형 구조라면 회귀에서는 이런 성향을 파악할 수 없을 것이다. 예측 변수와 응답 변수 간의 관계가 선형인지, 아닌지를 파악하고자 하는 한 가지 시각적 방법은 [그림 5.3]에 나타난 기본 진단 그래프를 살펴보는 것이다. 예측 대 잔차 그래프의 곡선을 보면, 데이터에 내재된 관계가 선형이 아니란 것을 우선적으로 알 수 있다. 2차, 3차 또는 예측 변수 간의 관계를 원래의 예측 변수의 2차, 3차 또는 관계 형태의 변수를 회귀에 추가하는 식으로 변형할 수 있다. 하지만 원예측 변수의 수보다 수가 커지지만, 실제로 사용하는 것은 이 항목 전부 또는 일부다. 이런 접근 방식을 취하면 데이터 행렬에 관측한 내용보다 더 많은 예측 변수가 들어가므로 여기에 다시 역을 취할 수 없게 된다.

만약, 예측 변수와 응답 변수 간 바로 파악되는 비선형 관계가 존재한다면, 이런 추가된 예측 변수가 기술자 행렬에 추가될 수 있다. 하지만 이런 관계를 파악할 수 없거나 예측 변수와 응답 변수 간 관계가 매우 비선형적이면 7장에서 다루는 모델 등의 보다 복잡한 방법을 사용하는 것이 효율적이고, 효과적으로 구조를 찾는 게 나을 것이다.

다중 선형 회귀에서 세 번째로 신경 써야 할 문제는 이 모델은 대부분의 데이터가 포함된 전체 추세로부터 떨어져 있는 관측값을 좇아가려는 경향이 있다는 것이다. 선형 회귀는 SSE를 최소화하는 인수 추정값을 찾는다는 것을 기억하자. 그러므로 데이터의 주요 추이에서 벗어나 있는 관측값은 기하급수적으로 큰 잔차를 갖게 될 것이다. SSE 를 최소화하려면, 선형 회귀에 이런 특이한 관측값을 보다 잘 수용할 수 있는 인수 추정값을 반영해야 한다. 인수 추정에서 유의한 변화를 야기하는 관측값을 가리켜 '영향력이 높다'라고 하고, 이런 종류의 문제를 다루기 위해 로버스트 회귀 분야가 연구되기 시작했다. 다른 일반적인 방법으로는 SSE 대신 큰 이상값에 대해 덜 민감한 다른 지표를 사용하는 것이 있다. 예를 들어, 오차 절댓값의 합을 최소화하는 추정 인수를 찾아내는 방법은 [그림 6.6]에서도 볼 수 있듯이 이상값에 영향을 덜 받는다. 또한 후버^{Huber} 함수에서는 잔차가 기준값 이상인 경우 관측값과 예측값이 "작고", 차이 형태가 간단하다면 잔차의 제곱을 사용한다. 이런 접근 방식을 통해 데이터의 전반적인 추이에서 벗어난 관측값의 영향을 효과적으로 줄일 수 있다.

다중 선형 회귀에는 튜닝 변수가 없다. 하지만 이 사실이 실제로 사용하는 사람이 엄정한 모델 검증 도구를 사용하지 않아야 한다는 말은 아니다. 특히, 모델을 예측에 사용하는 경우에는 더욱 그렇다. 사실, 여기서도 어떤 모델을 사용할지 모르는 상태에서 해당 데이터에 대한 모델의 예측력을 파악하기 위해 4장에 나온 것과 동일한 훈련 및 검증 방법을 사용할 것이다. 부트스트랩이나 교차 검증 같은 리샘플링 기법을 사용하는 경우, 사용자는 위에 나온 문제들도 계속 고려하고 있어야 한다. 예를 들어, 데이터 세

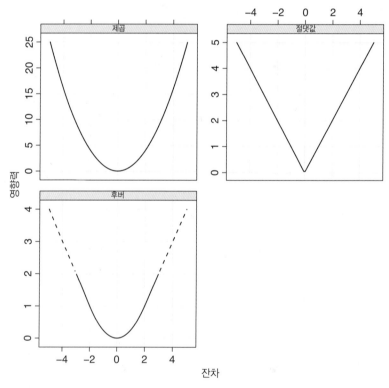

〔그림 6.6〕 여러 기법에 대한 모델 잔차와 목적 함수에 대한 영향력 간의 관계. 후버 기법의 경우, 한도를 2로 잡는다.

트가 100개의 샘플에 75개의 예측 변수를 갖고 있다고 가정해보자. 여기서 데이터의 2/3를 훈련에 쓰면서 리샘플링을 허용한다고 가정하면, 훈련 세트의 예측 변수 수가 샘플의 수보다 더 크므로 회귀 계수가 단일하게 나오지 않는다. 그래서 다중 선형 회귀를 사용하는 경우, 사용자는 원데이터 세트만이 아니라 모델 훈련과 평가에 사용된 데이터의 부분 집합을 갖고 사용할 때도 이에 대한 위험을 인지하고 있어야 한다.

예측 변수의 상관관계 문제를 나타내려면 비수소 원자의 수와 수소 원자 간 결합 수를 나타내는 기술자의 조합에 선형 모델을 맞춰야 한다. 훈련 세트의 경우, 이런 예측 변수는 높은 상관성을 갖는다(상관계수 0.994). [그림 6.3]은 결과값과 변수 간의 관계를 나타내는 것으로, 거의 동일하다는 것을 알 수 있다. 우선, 각각의 항목에 대해 따로따로 2개의 회귀 모델을 적용한 후, 세 번째는 둘을 합친다.

예측 변수는 중간에 모여 있고, 모델링 전에 척도화해 단위를 동일하게 맞췄다. [표 6.1]은 회귀 계수에 대한 표로, 괄호 안에 표준편차도 표기했다. 개별 모델에서 회귀 계수 및 표준편차는 거의 동일하다. 하지만 두 항목 모두에 적합한 모델을 만들었을 때는 결과가 다르다. 기울기는 비수소 원자의 수에 비례해 급격히 감소한다. 게다가 표준편차는 개별 모델에 비해 5배나 증가한다. 이런 차이는 변수 간 관계가 선형 회귀상 일정하지 않은 성질을 반영한 것으로, 이런 불안정성은 모델 예측력에 바로 이어진다. 또한 [표 6.1]에서는 모든 예측 변수를 모델에 적용한 경우, 두 기술자 간의 예측 변수가 나타난다. [그림 6.5]에서 데이터상 변수 간 공선성이 많아 공선성의 영향이 가중될 것이라고 봤던 것을 떠올려보자. 사실 이 두 예측 변수의 경우, 각각의 모델로 만든 경우보다 값이 매우 커졌고, 표준편차 역시 14~16배 증가했다.

실제로 이렇게 상관관계가 큰 예측 변수는 수동으로 두 변수 중 하나를 제거하는 식으로 조정해줘야 한다. 하지만 예측 변수가 많은 경우에는 쉽지 않다. 또한 많은 경우, 예측 변수 간 관계는 복잡하고 많은 변수들에 영향을 미친다. 이런 경우, 특정 변수를 수동으로 제거하기 어려우므로 이런 공선성에 영향을 받지 않을 수 있는 모델을 사용하는 것이 낫다.

[표 6.1] 4개의 다른 모델에 대한 높은 상관관계를 가진 두 예측 변수의 회귀 계수

모델	NumNonHAtoms	NumNonHBonds
NumNonHAtoms 만	−1.2 (0.1)	
NumNonHBonds 만		−1.2 (0.1)
둘 다	−0.3 (0.5)	−0.9 (0.5)
모든 예측 변수	8.2 (1.4)	−9.1 (1.6)

용해도 데이터에 대한 선형 회귀

6.1장에서 용해도 데이터를 각각 테스트 세트와 훈련 세트로 나눴다. 그리고 각각 데이터의 연속성 변수에 박스-콕스 변환을 취해 왜도를 줄였다. 선형 회귀 모델 구축 과정의 다음 절차는 두 변수 간 강한 상관관계를 갖고 있는 예측 변수를 정의하고, 두 변수 간 상관관계의 절댓값이 미리 정해 놓은 특정 정도를 넘어가는 경우, 한쪽을 제거하는 것이다. 여기서는 0.9 이상의 쌍 상관관계인 경우, 한쪽을 제거할 것이다(3.3장). 이 경우 38개의 예측 변수가 선택돼 제거된다. 이 예측 변수들을 제거하면 훈련 데이터에 회귀 모델이 맞춰진다.[1] 선형 모델은 10-겹 교차 검증을 통해 리샘플링하므로 추정 제곱근 평균 오차(RMSE)는 0.71이고, 이에 해당하는 R^2 값은 0.88이다.

훈련 데이터에서 제거된 예측 변수는 테스트 데이터에서도 제거되고, 모델에서도 제거된다. 관측값과 예측값 간의 R^2는 0.87이고, 이에 대한 기본 회귀 진단 그래프는 [그림 6.7]에서 볼 수 있다. 여기서 예측에서의 편향성은 볼 수 없고, 예측값과 잔차 간의 분포는 0 근처에서 임의의 값으로 나타난다.

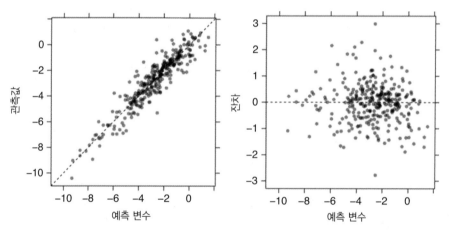

〔그림 6.7〕 **왼쪽**: 용해도 테스트 세트에서의 관측값 대비 예측값. **오른쪽**: 잔차 대비 예측값. 잔차는 0부터 예측값까지 임의로 퍼져 있다.

---

1 실제로, 상관계수의 한계값은 공선성에 영향을 미칠 정도로는 작아져야 한다. 이 데이터의 경우, 중요한 변수도 제거한다. 더욱이 항목이 모델에 적합한지도 확인해야 한다. 예를 들어, 중요한 예측 변수 간 상호작용 및 비선형적 변형이 모델 성능을 향상시키는 경우도 있다. 이 데이터의 이런 내용에 대해서는 19장쯤 가면 좀 더 자세히 확인할 수 있을 것이다.

6.3 부분 최소 제곱

많은 실제 데이터 세트에서 예측 변수들 간에는 상관관계가 있고, 용해도 데이터에서 나타난 것과 유사한 예측 정보를 포함한다. 예측 변수 간 상관관계가 높다면, 다중 선형 회귀에 대한 보통 최소 제곱 해법의 경우 변동성이 커져서 안정적이지 않을 것이다. 다른 데이터 세트에서 예측 변수의 수는 관측값의 수보다 큰 경우도 있을 것이다. 여기서도 마찬가지로 일반적인 형식의 보통 최소 제곱은 SSE를 최소화하는 회귀 변수의 단일 세트를 찾을 수 없을 것이다.

이런 상태에서 회귀 문제에 대한 일반적인 두 가지 해결책으로는 (1) 3.3장에서 나온 기법으로 높은 상관관계의 예측 변수를 제거하거나 (2) 3.3장에 묘사된 예측 변수에 PCA를 적용하는 방법이 있다. 높은 상관관계의 예측 변수를 제거함으로써 예측 변수 간 쌍 연관 관계를 사전 정의한 수치 이하로 유지할 수 있다. 하지만 이 과정에서 예측 변수의 선형 조합이 예측 변수와 연관성이 없음을 확인해야 할 필요가 없다. 이 경우, 보통 최소 제곱 해법은 여전히 불안정하다. 따라서 높은 상관관계를 갖는 쌍 예측 변수를 제거하는 것이 안정적인 최소 제곱을 보장해주지 않는다는 것을 이해하는 것이 중요하다. 대신 전처리용으로 PCA를 하면 예측 변수나 이 조합에서 상관관계가 나타나지 않는다. PCA를 사용할 때의 트레이드 오프라면, 이 방법은 기존 변수의 선형 조합으로 새로운 예측 변수를 만들어 내게 되므로 이 새 변수를 실제로 이해하려면 눈앞이 캄캄해질 수 있다.

회귀 분석을 실행하기 전에 PCA를 사용해 예측 변수를 전처리하는 것은 주성분 회귀principal component regression, PCR로 알려져 있다(Massy, 1965). 이 기법은 기본적으로 관측값보다 예측 변수의 수가 많은 문제나 변수 간 상관관계가 높은 문제의 경우에 대해 광범위하게 적용되고 있다. 이런 경우, 이 두 단계에 걸친 회귀 방법(차원 축소 후 회귀)에서 예측 모델을 만드는 데 성공했다면, 이는 금방 잘못 될 수 있다. 좀 더 자세히 말하면, PCA를 통한 차원 축소에서 응답 변수를 나타날 수 있는 새로운 예측 변수를 만들어 내지 못할 수 있다. 이 예제의 경우, [그림 6.8]의 두 예측 변수와 하나의 응답 변수 데이터를 살펴보자. 두 예측 변수 간에는 상관관계가 있고, PCA에서 최대 변동성을 통해 이런 관계를 요약해서 나타냈다. 하지만 이 그림의 오른쪽 그래프를 보면 첫 번째 PCA의 방향이 응답 변수에 대한 어떤 예측 정보도 갖고 있지 않다는 것을 알 수 있다.

이렇게 단순한 예제도 PCA는 성분 선택에 있어서 응답 변수에 대해 어떤 측면도 고려하지 않는다는 것을 보여준다. 대신 단순히 예측 변수 공간에서의 변동성만 따라 움

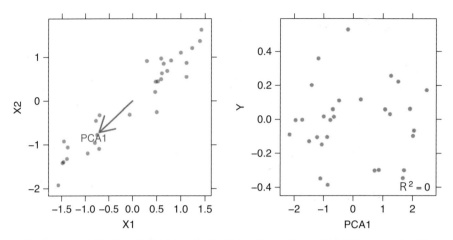

〔그림 6.8〕 두 예측 변수와 하나의 응답 변수를 갖는 단순한 데이터 세트에 대한 주성분 분석 예제. **왼쪽**: 두 예측 변수가 첫 번째 주성분의 방향을 나타내는 산점도. **오른쪽**: 첫 번째 PCA 방향은 응답 변수에 대한 아무런 예측 정보를 갖고 있지 않다.

직일 뿐이다. 만약, 변동성이 응답 변수의 변동성과 연관이 있다면, 예측 연관성을 정의하는 데 PCR을 선택하면 좋을 것이다. 하지만 만약 예측 변수 공간에서의 변동성이 응답 변수의 변동성과 상관이 없을 경우, PCR을 사용하면 실제로 존재할 수 있는 예측 변수 관계를 정의하기가 어려울 것이다. PCR을 사용했을 때의 이런 근본적인 문제점 때문에 상관관계가 있는 예측 변수가 있고, 선형 회귀 형태의 해답이 필요한 경우에는 PLS를 추천한다.

PLS는 인수가 비선형적인 모델을 선형 형태로 만드는 헤르만 볼드Herman Wold의 비선형 재귀 부분 최소 제곱nonlinear iterative partial least squares, NIPALS 알고리즘으로부터 나왔다 (Wold, 1966, 1982). 그리고 볼드 등(Wold et al., 1983)은 NIPALS 기법을 연관된 예측 변수에 대한 회귀 설정에 적용해 이런 응용 방식을 "PLS"라고 칭했다.

요약해보면, NIPALS 알고리즘은 재귀적으로 응답 변수와 높은 상관관계를 갖는 예측 변수 내부, 또는 잠재하는 관계를 찾아낼 수 있다. 응답 변수가 단변량일 경우, 알고리즘의 각 재귀는 예측 변수($\mathbf{X}$)와 응답 변수($\mathbf{y}$) 간의 관계를 측정하고, 이 관계를 가중값($\mathbf{w}$) 벡터로 수치로 요약한다. 이 벡터를 방향이라고 한다. 이때 예측 변수 데이터는 점수($\mathbf{t}$)를 생성하는 방향과 직각 방향으로 투사된다. 그 후 원예측 변수와 이 점수 벡터와의 상관관계를 측정해 하중($\mathbf{p}$)을 생성한다. 각 재귀 과정의 끝은 현재의 예측 변수 추정값에서 각각 응답 변수를 빼는 식으로 예측 변수와 응답 변수를 "축소한다". 새롭게 축소돼 만들어진 예측 변수와 응답 변수 정보는 다음 재귀 시의 가중값, 점수, 하

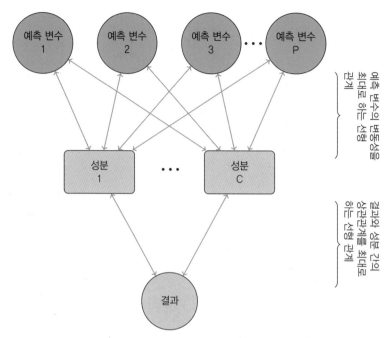

〔그림 6.9〕 PLS 모델의 구조를 나타낸 다이어그램 PLS는 최적의 연관성을 보이는 예측 변수의 분산을 한 번에 나타내는 성분을 찾는다.

중을 생성하는 데 사용된다. 이 수치들은 **W**, **T**, **P**라는 행렬에 각각 차례대로 저장되고, 이 행렬은 새로운 샘플과 예측 변수 중요성을 예측하는 데 사용한다. 예측 변수와 응답 변수 간의 PLS 관계는 [그림 6.9]에 도식화돼 있고, 알고리즘의 자세한 분석은 젤라디 Geladi와 코발스키Kowalski의 논문에 나와 있다(1986).

알고리즘의 기능에 대해 보다 잘 이해하고 싶다면, 잘 알려진 통계 개념인 공분산, 회귀, 이 알고리즘을 연결해서 설명한 스톤Stone과 브룩스Brooks의 논문을 참고하라(1990). 스톤과 브룩스는 어떤 경우에는 PCA나 PLS 같은 것이 예측 변수의 선형 조합을 찾아 내기도 한다는 것을 보였다. 이런 선형 조합은 일반적으로 성분 또는 잠재 변수라고 불린다. PCA 선형 조합이 예측 변수 공간의 변동성을 최대로 하는 값을 선택한다면, 예측 변수의 PLS 선형 조합은 응답 변수의 공분산을 최대로 하는 값을 고르게 된다.

즉, PLS는 예측 변수의 분산을 최대로 하는 성분을 찾는다는 것이다. 이때 이 성분은 응답 변수와 상관관계가 가장 커야 한다. 따라서 PLS는 예측 변수 공간 차원 축소, 예측 변수, 응답 변수의 관계라는 목적 간의 합의점을 찾아야 한다. 달리 말해서, PLS는 지도 차원 축소 과정으로 볼 수 있고, PCR은 비지도 과정으로 볼 수 있다.

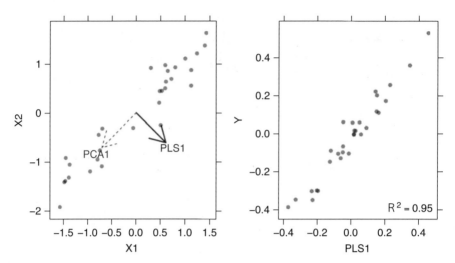

〔그림 6.10〕 두 예측 변수와 하나의 응답 변수로 이뤄진 간단한 데이터 세트에 대한 부분 최소 제곱 회귀 예제. **왼쪽**: 첫 번째 PLS 방향은 첫 번째 PCA 방향과 거의 수직이다. **오른쪽**: PLS 방향은 PCA와 달리, 응답 변수에 대한 높은 예측 정보를 갖고 있다.

PLS가 PCR과 연관돼 어떻게 작동하는지를 보다 잘 이해하기 위해 [그림 6.8]에 나타난 데이터를 다시 살펴보자. 우선 첫 번째 PLS 성분을 살펴보자. [그림 6.10]의 왼쪽 산점도를 보면, 첫 번째 PLS의 방향과 첫 번째 PCA 방향이 대조적이다. 이 그림에서 두 방향은 거의 직각으로 최적의 차원 축소 방향과 예측 변수 공간의 최대 변량과는 관계가 없다는 것을 나타낸다. 대신 PLS는 응답 변수와의 회귀를 위한 최적의 예측 공간 차원 축소를 구한다.

이 예는 PCR의 중요한 결점을 확실히 보여주기 위해 만들어졌다. 실제로 PCR은 이렇게 완전히 실패하지 않고, PLS와 거의 같은 예측력을 갖는 모델을 생성한다. 경험상, PCR을 사용한 교차 검증을 통해 남은 성분 수는 항상 PLS가 가진 성분 수보다 크거나 같다. 이는 PLS가 응답 변수와 연관돼 최적의 차원을 고르지만, PCR은 그렇지 않기 때문이다.

PLS를 실행하기 전에 특히 예측 변수가 서로 다른 단위일 경우에는 예측 변수에 중심화 및 척도화를 실행한다. 위에서 설명한 것처럼 PLS는 응답 변수 간의 상관관계를 고려하면서 동시에 가장 분산이 큰 방향을 찾는다. 응답 변수와의 상관관계라는 제약에도 불구하고, 자연스럽게 분산이 큰 예측 변수 쪽에 해가 치우치기 마련이다. 따라서 PLS를 실행하기 전에 예측 변수는 충분한 전처리를 거쳐야 한다.

일단 예측 변수를 전처리하고 나면, 실제로 PLS에 대한 모델을 만들 수 있을 것이다.

PLS에는 튜닝할 변수가 남길 성분의 수 하나뿐이다. 최적의 성분 수를 판단할 때는 4.4장에서 나온 리샘플링 기법을 사용할 수 있다.

용해도 데이터에 대한 PCR과 PLSR

PLS 모델 구축 과정을 설명하기 위해 6.1장에 나온 용해도 데이터를 다시 사용하기로 한다. 이 데이터에는 228개의 예측 변수가 있지만, [그림 6.4]와 [그림 6.5]를 보면 많은 예측 변수 간에 높은 상관관계가 있어서 예측 변수 간의 전체 정보 공간 차원은 작다는 것을 알 수 있다. 이 예측 변수들의 상태는 PLS를 적용하기가 매우 적합하다.

최소의 RMSE를 유지하는 최적의 PLS 성분 수를 판단하기 위해 교차 검증을 사용했다. 동시에 PLS와의 성능 비교를 위해 PCR에도 동일한 교차 검증을 적용했다. [그림 6.11]에는 PLS일 때, 10개의 성분일 때 최소의 RMSE(0.682)가 나타나고, PCR에서는 35개의 성분일 때 최소의 RMSE(0.731)를 찾은 결과가 나와 있다. 이 데이터를 통해 지도 차원 축소 시에는 비지도 차원 축소 시보다 확실히 적은 성분을 사용해 최소의 RMSE를 찾아낸다는 것을 확인했다. 1-표준 오차 규칙을 사용하면(4.6장), 필요한 PLS 성분의 수를 8까지 줄일 수 있다.

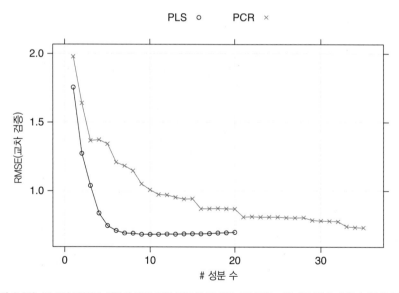

〔그림 6.11〕 PLS와 PCR의 성분을 통해 교차 검증한 RMSE. RMSE는 10개의 PLS 성분과 35개의 PCR 성분일 때 가장 작아진다.

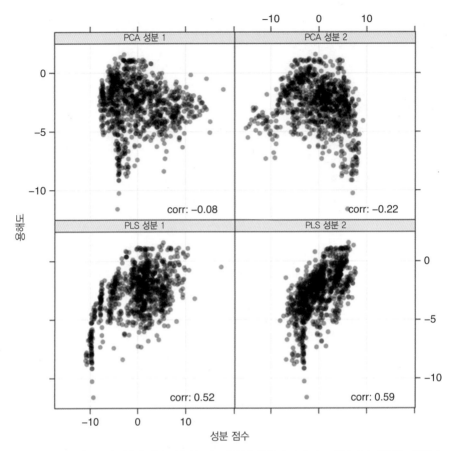

〔그림 6.12〕 용해도 응답 변수에 대해 처음 두 PCR과 PLS 성분 간 관계 비교. PLS에서 제공하는 차원 축소는 응답값을 기준으로 학습되므로 예측 변수와 응답 변수 간 관계 방향으로 보다 빠르게 도달한다.

[그림 6.12]에서는 처음 두 PCR, PLS 성분, 응답 변수와의 관계를 비교한다. RMSE가 처음의 두 PCR 성분에 대해 구한 것보다 처음의 두 PLS 성분에 대해 구한 RMSE가 더 낮으므로 성분과 응답 변수 간의 상관계수가 PCR보다 PLS가 큰 것이 그다지 놀라운 일은 아니다. 이 그림은 PLS가 응답 변수와의 내재된 관계 쪽으로 더 빠르게 움직인다는 것을 나타낸다.

최적의 PCR과 PLS 모델을 사용해 테스트 세트를 예측하는 것은 [그림 6.13]에 나타나 있다. 각 기법의 예측력은 괜찮고, 잔차도 0에 가까울 정도로 임의로 흩어져 있다. 이 모델의 예측력은 유사하지만, PLS가 PCR보다 훨씬 적은 수의 성분을 사용하므로 이쪽을 사용하는 것이 보다 단순한 모델을 만들 수 있다.

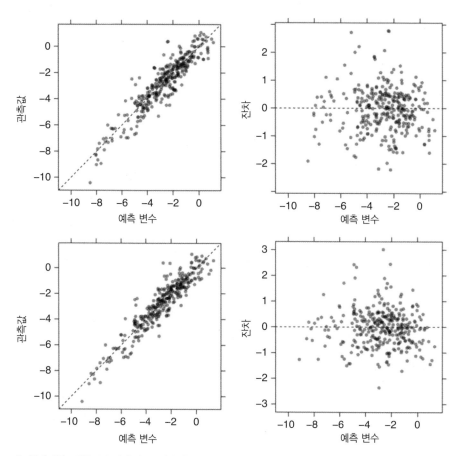

〔그림 6.13〕 **왼쪽**: PCR(위)과 PLS(아래)에 대한 용해도 테스트 세트의 관측값 대비 예측값. **오른쪽**: PCR 과 PLS에 대한 잔차 대비 예측값. 잔차는 0부터 예측 예상값 사이에서 임의로 뿌려진 것처럼 보인다. 두 기법 모두 예측력이 비슷하지만, PLS 쪽이 성분을 훨씬 적게 사용한다.

용해도 데이터에 대한 PLS 회귀 계수는 [표 6.2](161쪽)에 나와 있다. 이때 이 두 예 측 변수만을 포함한 선형 회귀 모델들의 크기는 유사하다.

PLS의 잠재 변수는 원래 예측 변수의 선형 조합으로부터 만들어지므로 모델의 각 예 측 변수의 상대적 영향도를 측정하기는 더욱 어렵다. 볼드(1993) 등은 NIPALS 알고리 즘을 사용해 변수의 중요도를 측정하는 발견적 기법을 소개하고, 프로젝션상에서의 변수 중요도라고 명명했다. 단순한 경우에는 예측 변수와 응답 변수 간 관계는 1개의 성분을 사용하는 PLS 모델로 뚜렷하게 요약될 수도 있다.

이때 j번째 예측 변수의 중요도는 j번째 예측 변수에 대응하는 표준화된 가중값 벡터 w에 비례한다. 예측 변수와 응답 변수 간의 관계를 구할 때 1개 이상의 성분이 필요한

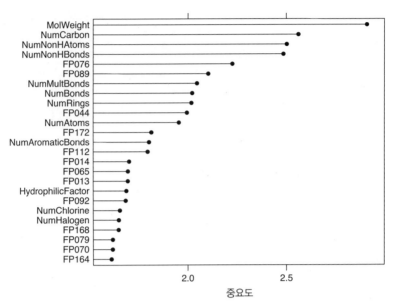

〔그림 6.14〕 용해도 데이터에 대한 부분 최소 제곱 변수 중요도

경우라면, 변수 중요도를 구할 때는 더 많은 성분이 필요할 것이다. 이런 경우, j번째 예측 변수의 중요도 분자는 j번째 예측 변수에 해당하는 표준화된 가중값을 적용한 합이다. k번째 성분에 대한 j번째 표준화 가중값인 w_{kj}는 k번째 성분에 나타난 응답 변수의 분산을 기준으로 척도화됐다. 변수 중요도의 분모는 모든 k개의 성분에 대한 응답 변수의 분산의 총합이다. 따라서 표준화된 가중값과 성분에 포함된 응답 변수의 분산이 클수록 PLS 모델에 더 중요한 예측 변수가 포함돼 있다고 볼 수 있다.

[그림 6.14]는 용해도 데이터에서 가장 중요한 25개의 예측 변수를 나타낸다. VIP 값이 클수록 예측 변숫값이 얼마나 더 중요한지는 응답 변수의 잠재 예측 변수 구조와 관련이 깊다. VIP 값의 구조상 이 값의 제곱값은 예측 변수의 총합과 같다. 통상적으로 VIP 값이 1을 초과하면, 응답 변수가 예측 정보를 포함하고 있다고 본다. 볼드는 작은 PLS 회귀 계수와 작은 VIP 값을 가진 예측 변수는 그다지 중요하지 않으며, 모델에서 제거될 변수 후보로 고려해야 한다고 제안했다(1995).

PLS의 알고리즘 분산

NIPALS 알고리즘은 중소형 규모의 데이터 세트(2,500개 미만의 샘플과 30개 미만의 예측 변수)에서는 꽤 효율적이다(Alin, 2009). 하지만 샘플의 수(n)와 예측 변수의 수(P)가 증가하면, 알고리즘은 점차 비효율적이 된다. 이런 비효율성은 예측 변수와 응답 변수 간 행렬 연산을 함으로써 발생한다. 무엇보다 각 잠재 변수에 대해 예측 변수 행렬과 응답 변수가 축소된다(각 행렬에서 정보를 제거해 새로운 버전의 행렬을 만든다). 이는 알고리즘이 매회 반복될 때마다 예측 변수 행렬과 응답 변수의 서로 다른 버전이 생성된다는 뜻이다. $n \times P$ 행렬과 $n \times 1$ 벡터가 매번 만들어져서 연산하고, 내용을 매번 저장한다. 반복되는 과정하에 n과 P가 커짐에 따라 더 많은 메모리가 필요하게 되고, 이 행렬에 대한 연산도 계속 수행된다.

린드그렌 등(Lindgren et al., 1993)은 계산 과정이 진행됨에 따라 NIPALS의 구조가 $P \times P$ 차원의 "커널" 행렬과(역시 $P \times P$ 차원의) 예측 변수의 공분산 행렬, 예측 변수와 응답 변수의 공분산 행렬($P \times 1$ 차원)을 사용해 만들어진다는 것을 밝혔다. 이런 수정을 통해 알고리즘의 속도를, 특히 관측 수가 예측 변수의 수보다 훨씬 큰 경우에 대해 향상시킬 수 있었다.

커널 접근 방식이 만들어진 것과 거의 동시에 드 종(de Jong, 1993)은 NIPALS 알고리즘을 알고리즘 내의 예측 변수 공간에서 직교하는 잠재 변수 중 응답 변수와의 공산성을 최대로 하는 것을 찾는 문제로 접근함으로써 이를 향상시켰다. 이런 관점 변화는 예측 변수 행렬과 응답 변수 모두를 축소시키는 대신, 예측 변수와 응답 변수 간의 공분산 행렬을 축소시키는 데 집중함으로써 다른 알고리즘으로 만든다. 드 종(1993)은 이 새로운 접근법에 기존에 통계적 방법으로만 알려진 PLS 알고리즘을 단순하게 수정했다는 뜻에서 "SIMPLS"라는 이름을 붙였다. SIMPLS 방식은 공분산 행렬을 축소하게 되므로 매회 반복할 때마다 $P \times 1$ 차원으로 축소된 공분산 행렬을 저장하면 된다. 이는 NIPALS에서 요구되던 저장 공간에 비하면 눈에 띄게 발전한 것이다. SIMPLS 접근 방식은 기존 알고리즘과 다른 방식으로 최적화하지만, 드 종(1993)은 응답 변수가 하나인 경우, SIMPLS의 잠재 변수가 NIPALS와 동일하다는 것도 증명했다(더 자세한 내용은 다변량 응답 변수 모델링에 대한 부분에서 논의할 것이다).

다른 저자 또한 NIPALS 알고리즘에 커널 방식을 적용하는 식으로 계산법을 변경한 방식을 제시했다(de Jong and Ter Braak, 1994; Dayal and MacGregor, 1997). 다얄과 맥그리거(Dayal and MacGregor, 1997)는 SIMPLS와 마찬가지로, 특히 $n >> P$인 경우, 반복 과정의 각 단계에서 예측 변수와 응답 변수 간의 공분산 행렬 축소만 필요하도록 두 가지 효과적인 변형 방식을 제안했다. 알고리즘 내부에서 첫 번째로 수정한 것은 연산에서(축소 과정 없이) 원래의 예측 변수 행렬을 그대로 사용한 것이다. 두 번째 수정은 연산상에서 예측 변수의 공분산 행렬을 (역시 축소 과정 없이) 사용한 것이다.

알린(Alin, 2009)은 다른 알고리즘 수정 방식과 NIPALS의 연산 효율성을 종합적으로 비교했다. 여기서 알린은 다양한 샘플 개수(500 - 10,000), 예측 변수(10 - 30), 응답 변수(1 - 15), 도출할 잠재 변수의 수(3 - 10)를 다양하게 제시했다. 대부분의 시나리오에서 다얄과 맥그리거의 두 번째 커널 알고리즘이 다른 방법보다 연산 효율성이 높았고, $n >$ 2, 500이고, $P >$ 30인 경우 최상의 성능이 나왔다. 그리고 두 번째 알고리즘이 연산 효율이 좋지 않은 경우에서는 첫 번째 알고리즘이 가장 좋았다.

앞에서 소개한 PLS를 구현하는 방법이 원래의 알고리즘보다 연산상으로는 명확하게 이점을 갖고 있다. 하지만 이는 예측 변수의 수가 증가할수록 점점 비효율적이 된다. 란나 등(Rännar et al., 1994)은 $P > n$인 시나리오에 적용해보기 위해 $n \times n$ 차원의 예측 변수 행렬과 응답 변수를 기반으로 한 커널을 만들었다. 이 커널을 사용해 일반적인 PLS를 이 커널을 통해 분석할 수 있으며, (각각 $n \times n$ 차원인) 예측 변수의 외적, 응답 변수의 외적을 구할 수 있다. 또한 이 알고리즘은 샘플 수보다 예측 변수가 더 많은 경우, 연산 효율성이 더 높아진다.

[그림 6.9]에서 언급한 대로 PLS 요소는 응답 변수와 연관된 원예측 변수 공간의 선형 세부 구조를 통해(예: 초평면) 데이터를 요약한다. 하지만 많은 문제들로 인해 응답 변수와 최적으로 연관된 예측 변수 공간의 내재된 구조는 선형이 아닌 곡선이나 비선형 구조다. 여러 연구에서 이런 유형의 예측 변수 공간-응답 변수 간의 상관관계를 찾는데 있어서 PLS의 이런 단점을 지적했다. 많은 방법론이 존재하지만, 앞에서 설명한 알고리즘을 사용해 보다 쉽게 적용 가능한 방법을 제시한 것은 버글런드와 볼드(Berglund and Wold, 1997), 버글런드 등(Berglund et al., 2001)의 연구다. 버글런드와 볼드의 연구(1997)에서는 예측 변수의 제곱(필요시에는 세제곱)을 원예측 변수에 추가하는 방식을 제시했다. 그리고 이렇게 수정된 데이터 세트에 PLS를 적용한다. 또한 이 연구에서는 교차곱 항을 군이 추가할 필요가 없음을 보임으로써 원데이터에 추가해야 하는 새로운 예측 변수의 수를 크게 감소시켰다. 그리고 버글런드 등(Berglund et al., 2001)은 응답 변수와 비선형 관계를 가질 것으로 예상되는 예측 변수를 대상으로 각 2개 이상의 그룹으로 나누는 GIFI 방식(Michailidis and de Leeuw, 1998)을 이에 적용했다. 구간별 지점은 사용자가 데이터의 특성이나 사전 지식을 통해 정하도록 했다. 구간별로 구분된 원래의 예측 변수는 데이터 세트에서 지워지고, 구간화된 예측 변수만 남게 된다. 이렇게 새로

만들어진 예측 변수 집합에 일반적인 방법으로 PLS를 적용한다.

이 두 접근 방식 모두 예측 변수와 응답 변수 간의 비선형 관계를 잘 찾아냈다. 하지만 PLS에 적용할 데이터 세트를 만드는 데, 특히 예측 변수의 수가 많아질수록 더욱 많은 여력이 필요하다. 이후에 설명하겠지만, 다른 예측 모델 기법은 예측 변수 공간 수정 없이도 보다 자연스럽게 예측 변수와 응답 변수 간의 비선형 구조를 정의할 수 있다. 그러므로 만약 예측 변수와 응답 변수 간 복잡한 관계가 존재한다면, 이런 식으로 데이터 세트를 늘려 PLS의 성능을 개선하는 것보다 다른 방식을 적용해보는 쪽을 추천한다.

6.4 벌점 모델

표준적인 가정하에서 일반 최소 제곱 회귀상의 계수는 편향적이지 않고, 모든 불편 선형 기법들 중에서 이 모델의 분산이 가장 낮다. 하지만 MSE가 분산과 편향성의 조합이므로(5.2장), 인수 추정값이 어느 정도 편향적인 것을 감안할 때 보다 작은 MSE를 갖는 모델이 나올 수도 있다. 일반적으로 편향성이 조금 증가하면 분산이 상대적으로 작아지므로 일반 최소 제곱 회귀 계수보다 작은 MSE가 만들어질 수 있다. 예측 변수 간의 상관계수가 큰 경우, 분산이 매우 커진다. 편향적인 모델로 인해 발생하는 공선성 문제를 해결하면, 총MSE가 좋은 회귀 모델을 구축할 수 있다.

편향적 회귀 모델을 만드는 한 가지 방법은 오차 제곱 합에 벌점을 부과하는 것이다. 원래의 최소 제곱 회귀에서는 오차 제곱 합을 최소화하는 인수 추정값을 사용했다는 것을 떠올리자.

$$\text{SSE} = \sum_{i=1}^{n}(y_i - \hat{y}_i)^2.$$

모델이 데이터에 과적합을 일으키거나 공선성 문제가 발생하는 경우([표 6.1]), 선형 회귀 인수 추정값은 급격히 커진다. 이런 경우, 이런 추정값의 크기를 조정해 SSE를 감소시키고자 할 것이다. 이때 추정값이 커졌을 경우, SSE에 벌점을 부과하는 방식으로 인수 추정값을 조절(또는 정규화)할 수 있다. 능형 회귀(Hoerl, 1970)에서는 회귀 인수 제곱 합에 벌점을 부과한다.

$$\text{SSE}_{L_2} = \sum_{i=1}^{n}(y_i - \hat{y}_i)^2 + \lambda \sum_{j=1}^{P} \beta_j^2.$$

"L^2"는 인수 추정값에 2차 벌점(제곱 등)을 사용하는 것을 나타낸다. 이때 벌점은 SSE
가 감소하는 경우에만 인수 추정값이 더 커질 수 있도록 하는 효과를 낸다. 이런 효과로
인해 이 방법은 λ 벌점이 커지는 경우, 추정값이 0에 수렴하게 된다(이런 기법은 "축소법
shrinkage method"이라 불리기도 한다). 이 기법들은 벌점을 부과하는 식으로 모델 분산과 편
향성 간의 트레이드 오프를 만들었다. 편향성을 약간 희생해 분산을 축소시켜 비편향
모델에 비해 전체 MSE가 낮아지도록 했다.

한 가지 예로, [그림 6.15]에는 λ의 값을 다르게 했을 때의 용해도 데이터의 회귀 계
수 이동 경로가 나와 있다. 각 선은 모델 변수에 대응하고, 예측 변수는 분석 이전에 중심
화 및 척도화가 됐으므로 단위는 동일하다. 벌점이 없는 경우, (주황색의) 원자 결합 수를
나타내는 예측 변수 등의 많은 변수는 일반적인 값을 갖고 있다. 하지만 [표 6.1]에서
이미 지목됐던 비수소 원자 수(녹색)나 비수소 원자 결합 수(보라색)처럼 일부 변숫값이
비정상적으로 커지기도 한다. 이런 큰 값은 공선성 문제에 대한 예고다. 벌점이 커지면,

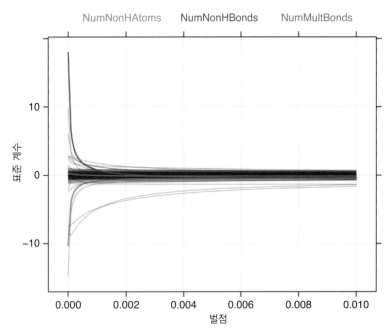

〔그림 6.15〕 능형 회귀 계수 이동 경로

인수 추정값은 서로 다른 속도로 0에 수렴하게 된다.

벌점이 λ = 0.002일 때, 다른 계수값은 여전히 규모가 크지만, 이 두 예측 변수는 훨씬 더 좋은 형태를 보인다.

이때 교차 검증을 사용해 벌점값을 최적화했다. [그림 6.16]에는 RMSE가 어떻게 λ을 바꾸는지가 나와 있다. 벌점이 없는 경우, 오차는 급격히 증가한다. 하지만 벌점이 커짐에 따라 오차는 0.72에서 0.69로 감소한다. 벌점이 0.036 이상 증가하면, 편향성이 커지고 모델 적합도가 낮아지기 시작하며, 이에 따라 MSE가 증가한다.

능형 회귀가 인수 추정값을 0 쪽으로 감소시키지만, 모델에서는 어떤 벌점값도 0으로 설정하지 않았다. 몇몇 인수 추정값은 무시해도 될 정도로 작아졌지만, 이 모델에서는 따로 특징 선택을 쓰지 않는다.

능형 회귀 대신 사용하는 유명한 방법으로는 흔히 라소라고 부르는 **최소 절대 축소와 선택 연산자**lasso, least absolute shrinkage and selection operator 모델이다(Tibshirani, 1996). 이 모델은 능형 회귀와 유사한 벌점 방식을 사용한다.

$$\text{SSE}_{L_1} = \sum_{i=1}^{n}(y_i - \hat{y}_i)^2 + \lambda \sum_{j=1}^{P} |\beta_j|.$$

이 식을 보면 사소한 부분만 고친 것 같지만, 실제 효과는 눈에 띄게 다르다.

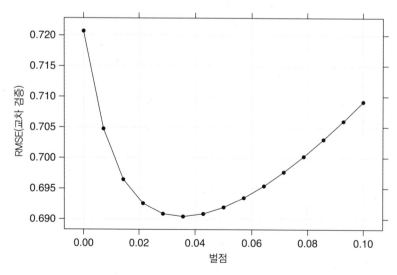

〔그림 6.16〕 능형 회귀 모델의 교차 검증 프로파일

이 식에서 회귀 계수는 0에 수렴하게 감소하지만, 절댓값에 벌점을 매김에 따라 몇 가지 λ의 값에 대해 몇 가지 인수값은 실제로 0으로 설정됐다. 따라서 라소 모델에서는 동시에 정규화를 사용해 모델 성능을 향상시키고 특징 선택을 할 수 있도록 한다. 프리드먼 등(Friedman et al., 2010)은 두 유형의 벌점을 비교해서 아래와 같이 서술했다.

"능형 회귀는 연관된 예측 변수 서로에게서 능력을 서로 빌려올 수 있도록 해 계수를 모두 줄이는 것으로 알려져 있다. k개의 동일한 예측 변수가 있는 극단적인 경우, 모델 최적화를 하면, 각각 크기가 $1/k$인 동일한 계수를 가진 단일 모델을 얻게 될 것이다. ... 하지만 라소의 경우, 매우 연관 관계가 높은 예측 변수들은 별로 고려하지 않고, 하나를 뽑은 후 나머지는 무시할 것이다."

[그림 6.17]은 여러 벌점값에 대한 라소 계수의 변동 경로를 보여준다. x축은 전체(벌점 없는 경우의 보통 최소 제곱 등) 모델 중에서의 비율이다. x축에서 작은 값은 높은 벌점이 사용된 경우를 가리킨다. 벌점이 커지면, 많은 회귀 계수는 0으로 잡힌다. 벌점이 감소하면, 많은 계수가 0이 아닌 값이 된다. 비수소 결합 수(보라색)의 변화를 살펴보면, 계수는 원래 0이었다가 약간 증가하고, 다시 0으로 줄어든다. 수치가 0.4 부근일 때, 이

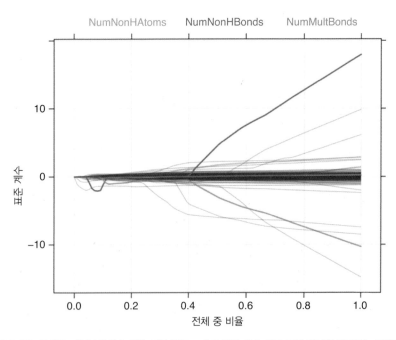

〔그림 6.17〕 용해도 데이터의 라소 계수 변동 경로. x축은 전체 최소 제곱 모델 중에서 차지하는 비율이다. 비율이 커질수록 라소 벌점(λ)은 감소한다.

〔표 6.2〕 PLS, 능형 회귀, 엘라스틱 넷 및 다른 모델에서의 높은 연관성을 가진 2개 예측 변수의 회귀 계수

모델	NumNonHAtoms	NumNonHBonds
NumNonHAtoms만 사용	$-1.2 \ (0.1)$	
NumNonHBonds만 사용		$-1.2 \ (0.1)$
둘 다 사용	$-0.3 \ (0.5)$	$-0.9 \ (0.5)$
모든 예측 변수	$8.2 \ (1.4)$	$-9.1 \ (1.6)$
PLS, 모든 예측 변수	-0.4	-0.8
능형 회귀, 모든 예측 변수	-0.3	-0.3
라소, 엘라스틱 넷	0.0	-0.8

이 표에서의 능형 회귀 벌점은 0.036이고, 라소 모델 벌점은 0.15다. 이 PLS 모델에서는 10개의 성분을 사용했다.

예측 변수는 0이 아니라 꾸준히 증가하는 (아마도 공선성에 의해) 계수가 적용돼 모델에 서 다시 사용된다. [표 6.2]는 일반 최소 제곱, PLS, 능형 회귀, 라소 모델의 회귀 계수를 나타낸다. 이 표에서 능형 회귀 벌점은 0.036이고, 라소 모델 벌점은 0.15다. 최소 제곱 모델과 비교했을 때 능형 회귀 모델은 비수소 원자 수와 비수소 결합 수에 대한 예측 변 수 계수를 0에 근접하게 축소시킨다.

이때 라소 모델에서는 비수소 원자 예측 계수를 축소시켜서 모델 밖으로 내보낸다. 이 모델 중 라소 모델의 교차 검증 오차가 가장 작은 0.67로, PLS 모델(0.68)과 능형 회 귀(0.69)보다 조금 낮다.

이런 정규화는 매우 활발히 연구되고 있다. 라소 모델은 선형 판별 분석(Clemmensen et al., 2011; Witten and Tibshirani, 2011), PLS(Chun and Keleş, 2010), PCA(Jolliffe et al., 2003; Zou et al., 2004) 등의 여러 다른 기법으로 확장돼왔다. 이 모델의 가시적 발전은 에프론 등(Efron et al., 2004)의 연구에서 볼 수 있다. 이들이 제시한 모델인 최소 각도 회귀least angle regression, LARS는 라소 및 유사한 모델을 망라하는 넓은 규모의 프레임워크 다. LARS 모델은 특히 고차원 문제에 있어서 라소 모델을 보다 효과적으로 최적화하는 데 쓰일 수 있다. 프리드먼 등(2010)과 헤스터버그 등(2008)의 연구에서는 이런 기법에 대해 조사했다.

라소 모델을 일반화한 것이 엘라스틱 넷이다(Zou and Hastie, 2005). 이 모델은 벌점의 두 가지 유형을 조합했다.

$$\text{SSE}_{\text{Enet}} = \sum_{i=1}^{n} (y_i - \hat{y}_i)^2 + \lambda_1 \sum_{j=1}^{P} \beta_j^2 + \lambda_2 \sum_{j=1}^{P} |\beta_j|.$$

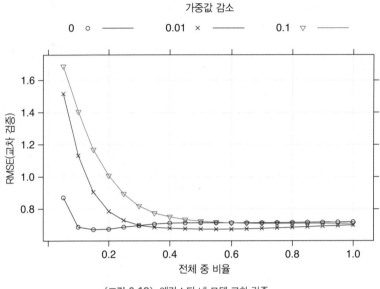

〔그림 6.18〕 엘라스틱 넷 모델 교차 검증

이 모델의 장점은 라소 벌점의 특징 선택 수준의 능형 벌점을 통해 보다 효과적인 정규화를 할 수 있다는 것이다. 저우^{Zou}와 헤이스티^{Hastie}는 이 모델이 높은 연관성을 가진 예측 변수 그룹을 다룰 경우, 보다 효과적일 것이라고 제시했다(2005).

양쪽 모델 모두 최적의 성능을 내기 위해서는 벌점 조율이 필요하다. 여기서 다시 리샘플링을 사용해 용해도 데이터에 대해 모델 조율을 했다. [그림 6.18]에서는 능형 벌점값 3개와 라소 벌점 20가지상의 성능 프로파일을 볼 수 있다. 순수 라소 모델 ($\lambda_1 = 0$)에서는 초기 오차값으로 시작한 후 비율이 0.2보다 커지는 경우, 오차값이 커진다. 능형 벌점값이 0이 아닌 두 모델은 모델이 커질 때 최소 오차값을 갖는다. 최종적으로, 라소 모델의 경우 0.15의 비율일 때 가능한 228개 중 130개의 예측 변수에 대해 최적의 성능이 나왔다.

6.5 컴퓨팅

여기서는 elasticnet, caret, lars, MASS, pls, stats R 패키지를 참고할 것이다. 용해도 데이터는 AppliedPredictiveModeling R 패키지에서 가져올 수 있다. 훈련 데이터 세트와

테스트 세트는 각각 solTrainX, solTestX라는 데이터 프레임에 들어 있다. 우선 R에서 아래와 같이 데이터를 가져온다.

```
> library(AppliedPredictiveModeling)
> data(solubility)
> ## 데이터 객체는 "sol"로 시작한다.
> ls(pattern = "^solT")
  [1] "solTestX"      "solTestXtrans" "solTestY"         "solTrainX"
  [5] "solTrainXtrans" "solTrainY"
```

데이터의 각 열은 예측 변수(예: 화학식)에 해당하고, 행은 각 화합물에 해당한다. 데이터에는 228개의 열이 있다. 일부 열 이름을 임의로 골라 살펴보자.

```
> set.seed(2)
> sample(names(solTrainX), 8)
  [1] "FP043"         "FP160"         "FP130"        "FP038"        "NumBonds"
  [6] "NumNonHAtoms" "FP029"         "FP185"
```

"FP" 열은 0/1의 이항값으로 나타나는 식별용 변수로, 해당 화학 구조 포함 여부를 나타낸다. 이 데이터의 다른 버전은 박스-콕스 변형 처리가 된 형태로, solTrainXtrans와 solTestXtrans 데이터 프레임에 들어 있다. 이 수정된 버전은 이 장과 다음 장에서의 분석 예제로 사용된다.

각 화합물의 용해도는 solTrainY와 solTestY라는 수치형 벡터에 들어 있다.

일반 선형 회귀

단순 최소 제곱을 사용해 선형 회귀 모델을 만드는 기본 함수는 lm이다. 이 함수는 입력값으로 수식과 데이터 프레임을 받는다. 따라서 훈련 데이터 세트의 예측 변수와 결과값이 동일한 데이터 프레임 안에 들어 있어야 한다. 이를 위해 새로운 데이터 프레임을 생성하자.

```
> trainingData <- solTrainXtrans
> ## 용해도 결과값을 데이터에 추가한다.
> trainingData$Solubility <- solTrainY
```

모든 예측 변수를 적용한 선형 모델을 최대한 단순하고 적합하게 만들 때 선형 항목의 수식은 Solubility ~ . 처럼 요약해서 사용할 수 있다.

```
> lmFitAllPredictors <- lm(Solubility ~ ., data = trainingData)
```

잔차 항목은 모델에 자동으로 추가된다. summary를 사용하면 모델 요약 통계, 인수 추정 값, 표준 오차, 각각의 계수가 0과 다른지에 대한 테스트의 p-값을 볼 수 있다.

```
> summary(lmFitAllPredictors)

  Call:
  lm(formula = Solubility ~ ., data = trainingData)

  Residuals:
       Min       1Q    Median       3Q      Max
  -1.75620 -0.28304   0.01165  0.30030  1.54887

  Coefficients:
                    Estimate Std. Error t value Pr(>|t|)
  (Intercept)      2.431e+00  2.162e+00   1.124 0.261303
  FP001            3.594e-01  3.185e-01   1.128 0.259635
  FP002            1.456e-01  2.637e-01   0.552 0.580960
  FP003           -3.969e-02  1.314e-01  -0.302 0.762617
  FP004           -3.049e-01  1.371e-01  -2.223 0.026520 *
  FP005            2.837e+00  9.598e-01   2.956 0.003223 **
  FP006           -6.886e-02  2.041e-01  -0.337 0.735917
  FP007            4.044e-02  1.152e-01   0.351 0.725643
  FP008            1.121e-01  1.636e-01   0.685 0.493331
  FP009           -8.242e-01  8.395e-01  -0.982 0.326536
    :                  :          :          :      :
  MolWeight       -1.232e+00  2.296e-01  -5.365 1.09e-07 ***
  NumAtoms        -1.478e+01  3.473e+00  -4.257 2.35e-05 ***
  NumNonHAtoms     1.795e+01  3.166e+00   5.670 2.07e-08 ***
  NumBonds         9.843e+00  2.681e+00   3.671 0.000260 ***
  NumNonHBonds    -1.030e+01  1.793e+00  -5.746 1.35e-08 ***
  NumMultBonds     2.107e-01  1.754e-01   1.201 0.229990
  NumRotBonds     -5.213e-01  1.334e-01  -3.908 0.000102 ***
  NumDblBonds     -7.492e-01  3.163e-01  -2.369 0.018111 *
  NumAromaticBonds -2.364e+00 6.232e-01  -3.794 0.000161 ***
  NumHydrogen      8.347e-01  1.880e-01   4.439 1.04e-05 ***
  NumCarbon        1.730e-02  3.763e-01   0.046 0.963335
```

```
NumNitrogen           6.125e+00  3.045e+00   2.011 0.044645 *
NumOxygen             2.389e+00  4.523e-01   5.283 1.69e-07 ***
NumSulfer            -8.508e+00  3.619e+00  -2.351 0.018994 *
NumChlorine          -7.449e+00  1.989e+00  -3.744 0.000195 ***
NumHalogen            1.408e+00  2.109e+00   0.668 0.504615
NumRings              1.276e+00  6.716e-01   1.901 0.057731 .
HydrophilicFactor     1.099e-02  1.137e-01   0.097 0.922998
SurfaceArea1          8.825e-02  6.058e-02   1.457 0.145643
SurfaceArea2          9.555e-02  5.615e-02   1.702 0.089208 .
---
Signif. codes:  0 '***' 0.001 '**' 0.01 '*' 0.05 '.' 0.1 ' ' 1

Residual standard error: 0.5524 on 722 degrees of freedom
Multiple R-squared: 0.9446,        Adjusted R-squared: 0.9271
F-statistic: 54.03 on 228 and 722 DF,  p-value: < 2.2e-16
```

(모델 내에 229개의 예측 변수가 있으므로 함수 결과는 매우 길어지고 일부 결과는 잘린다) R의
선형 모델에 대한 보다 자세한 논의는 패러웨이[Faraway]의 논문을 찾아보자(2005).

RMSE와 R^2의 단순 추정값은 각각 0.55와 0.945다. 여기서 이 값들은 훈련 데이터
세트를 다시 예측에 사용해 높게 나온 것이라는 것을 염두에 두자.

새로운 샘플에 대해 모델상의 용해도값을 계산하기 위해 predict를 사용한다.

```
> lmPred1 <- predict(lmFitAllPredictors, solTestXtrans)
> head(lmPred1)
         20          21          23          25          28          31
 0.99370933  0.06834627 -0.69877632  0.84796356 -0.16578324  1.40815083
```

관측값과 예측값을 데이터 프레임에 수집한 후, caret의 함수인 defaultSummary를 사용
해 테스트 세트의 성능을 추정한다.

```
> lmValues1 <- data.frame(obs = solTestY, pred = lmPred1)
> defaultSummary(lmValues1)
     RMSE  Rsquared
0.7455802 0.8722236
```

테스트 세트의 결과를 봤을 때, summary 함수에서 만들어진 lm의 요약 통곗값은 괜찮
아 보인다.

로버스트 선형 회귀 모델을 만들고 싶은 경우에는 기본적으로 후버 방식을 사용하는

MASS 패키지의 로부스트 선형 모델 함수(rlm)를 사용할 수 있다. 아래와 같이 lm과 유사한 방식으로 rlm을 호출한다.

```
> rlmFitAllPredictors <- rlm(Solubility ~ ., data = trainingData)
```

train 함수는 리샘플의 성능 추정값을 구한다. 훈련 세트 크기가 작지 않으므로 10-겹 교차 검증으로 적정한 모델 성능 추정값을 구할 수 있다. 또한 trainControl 함수는 리샘플링 유형을 정의한다.

```
> ctrl <- trainControl(method = "cv", number = 10)
```

train 함수에서는 수식 형태와 비수식 형태의 입력을 모두 받는다(4.9장의 여러 예측 모델 정의 방식에 대한 정리 내용을 참고하라). 비수식 입력 형태는 아래와 같다.

```
> set.seed(100)
> lmFit1 <- train(x = solTrainXtrans, y = solTrainY,
+                 method = "lm", trControl = ctrl)
```

랜덤 숫자 생성 시의 초깃값은 모델링 전에 설정돼야 결과값을 재생성할 수 있다. 이때 결과는 아래와 같다.

```
> lmFit1
  951 samples
  228 predictors

  No pre-processing
  Resampling: Cross-Validation (10-fold)

  Summary of sample sizes: 856, 857, 855, 856, 856, 855, ...

  Resampling results

    RMSE   Rsquared  RMSE SD  Rsquared SD
    0.721  0.877     0.07     0.0247
```

만들어진 모델을 설명하기 위해서는 잔차 분산 등의 모델 가정을 확인해야 한다. 예측 모델에 있어서 몇 가지 동일한 진단 방식을 사용해 모델이 잘 예측하지 못한 부분을 설명할 수 있다. 예를 들어, 모델의 잔차 대비 예측값을 그래프로 그릴 수 있다. 만약, 그래프가 임의로 만들어진 점의 구름 형태를 보인다면, 모델에서 (제곱항 등의) 중요한 부분이 누락되거나 유의한 이상값이 존재하는 것은 아니라고 볼 수 있으므로 좀 더 마음을 편히 갖게 될 것이다. 다른 중요한 그래프는 예측값 대비 관측값으로 예측이 실제값에 얼마나 가까이 도달했는지를 확인할 수 있다. 이 두 가지는 아래와 같이 구한다(훈련 세트의 샘플을 사용한다).

```
> xyplot(solTrainY ~ predict(lmFit1),
+        ## 산점도를 그리고(type = 'p') 배경에 격자선을 그린다('g').
+        type = c("p", "g"),
+        xlab = "Predicted", ylab = "Observed")
> xyplot(resid(lmFit1) ~ predict(lmFit1),
+        type = c("p", "g"),
+        xlab = "Predicted", ylab = "Residuals")
```

결과는 [그림 6.19]와 같다. Resid 함수는 훈련 데이터 세트의 예측 변수를 반환하는 데이터 인수를 추가하지 않고 predict 함수를 적용한 훈련 데이터 세트의 모델 잔차를 구한다는 것을 기억하자. 이 모델에서 진단 그래프상에서는 뚜렷한 경고 사항을 찾아볼 수 없다.

유난히 높은 상관관계를 갖는 예측 변수가 없는 경우, 작은 모델을 만들고자 한다면, 3.3장에 나온 방법을 활용해서 절댓값이 0.9가 넘는 상관관계를 갖는 변수 쌍이 생기지 않도록 예측 변수의 수를 조절할 수 있다.

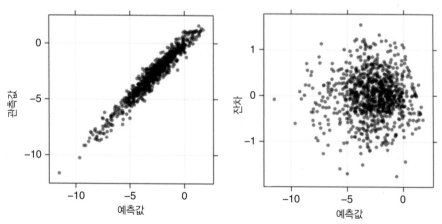

〔그림 6.19〕 훈련 데이터 세트에 대한 선형 모델의 진단 그래프. **왼쪽**: 관측값 대비 예측값 그래프. 이 그래프를 통해 모델이 보정되지 않은 구역이나 이상값을 확인할 수 있다. **오른쪽**: 잔차 대비 예측값 그래프. 모델이 잘 정의돼 있다면, 이 그래프는 이상값이나 특정 패턴 형태가 없는 임의의 점 뭉치일 것이다(예: 퍼널 형태).

```
> corThresh <- .9
> tooHigh <- findCorrelation(cor(solTrainXtrans), corThresh)
> corrPred <- names(solTrainXtrans)[tooHigh]
> trainXfiltered <- solTrainXtrans[, -tooHigh]
> testXfiltered <- solTestXtrans[, -tooHigh]
> set.seed(100)
> lmFiltered <- train(solTrainXtrans, solTrainY, method = "lm",
+                     trControl = ctrl)
> lmFiltered
  951 samples
  228 predictors

  No pre-processing
  Resampling: Cross-Validation (10-fold)

  Summary of sample sizes: 856, 857, 855, 856, 856, 855, ...

  Resampling results

    RMSE   Rsquared  RMSE SD  Rsquared SD
    0.721  0.877     0.07     0.0247
```

로버스트 선형 회귀는 train 함수에서 rlm 함수를 사용해 수행할 수 있다. 하지만 rlm 함수는 예측 변수의 공분산 행렬의 역행렬이 존재하지 않는 경우에는 사용할 수 없다 (lm 함수와 다르다). 예측 변수의 역함수가 존재하는지를 확인하기 위해 PCA를 사용해 예측 변수를 전처리할 것이다. 필터링된 예측 변수를 사용하면, 로버스트 회귀 모델 성능은 아래와 같다.

```
> set.seed(100)
> rlmPCA <- train(solTrainXtrans, solTrainY,
+                 method = "rlm",
+                 preProcess = "pca",
+                 trControl = ctrl)
> rlmPCA
  951 samples
  228 predictors

  Pre-processing: principal component signal extraction, scaled, centered
  Resampling: Cross-Validation (10-fold)
```

```
Summary of sample sizes: 856, 857, 855, 856, 856, 855, ...

Resampling results
  RMSE    Rsquared  RMSE SD  Rsquared SD
  0.782   0.854     0.0372   0.0169
```

부분 최소 제곱

pls 패키지(Mevik and Wehrens, 2007)에는 PLS와 PCR에 사용할 수 있는 함수가 있다. 다얄Dayal과 맥그리거MacGregor 알고리즘인 SIMPLES나 란나Rännar 등이 개발한 알고리즘(1994)도 모두 사용할 수 있다. 기본적으로 pls 패키지에서는 다얄과 맥그리거의 커널 알고리즘을 사용하지만, 다른 알고리즘을 사용하려면 method 인수에 "oscorespls", "simpls", "widekernelpls"라고 지정해주면 된다. plsr 함수는 lm 함수처럼 모델 식을 사용한다.

```
> plsFit <- plsr(Solubility ~ ., data = trainingData)
```

수는 ncomp 인수를 사용해 사전에 지정할 수도 있고, 기본값으로 두는 경우 최대 요인수를 계산한다. 신규 샘플에 대한 예측은 predict 함수를 사용해 구한다. 예측 시에는 한 번에 여러 값에 대해 수행하거나 특정 요인 개수를 지정한다. 예를 들면, 아래와 같은 식이다.

```
> predict(plsFit, solTestXtrans[1:5,], ncomp = 1:2)
, , 1 comps

    Solubility
20  -1.789335
21  -1.427551
23  -2.268798
25  -2.269782
28  -1.867960

, , 2 comps
    Solubility
20   0.2520469
```

```
21   0.3555028
23  -1.8795338
25  -0.6848584
28  -1.5531552
```

plsr function 함수에는 (validation 인수를 사용해) *K*-겹이나 하나만 남겨두는 식의 교차 검증을 사용하거나 (method 인수를 통해) SIMPLS 등의 PLS 알고리즘을 사용할 수 있다.

또한 PLS 성분(loadings), PLS 점수(scores) 또는 다른 양을 구하는 다양한 보조 함수가 있다. plot 함수는 모델의 여러 다양한 면에 대한 시각화가 가능하다.

train 함수도 method 인수에 "oscorespls", "simpls", "widekernelpls" 같은 값을 넣어 pls를 사용할 수 있다. 예를 들면, 아래와 같은 식이다.

```
> set.seed(100)
> plsTune <- train(solTrainXtrans, solTrainY,
+                   method = "pls",
+                   ## 기본 상태에서는
+                   ## 1... tuneLength에 대해 계산한다.
+                   tuneLength = 20,
+                   trControl = ctrl,
+                   preProc = c("center", "scale"))
```

이 코드는 [그림 6.11]에 나타난 PLS 모델을 다시 만들어 낸다.

벌점 회귀 모델

능형 회귀 모델은 MASS 패키지의 lm.ridge 함수나 elasticnet 패키지의 enet 함수를 사용해 만들 수 있다. enet 함수를 호출할 경우, lambda 인수에서 능형 회귀 벌점을 정의한다.

```
> ridgeModel <- enet(x = as.matrix(solTrainXtrans), y = solTrainY,
+                    lambda = 0.001)
```

이때 엘라스틱 넷 모델은 능형 회귀 벌점과 라소 벌점을 모두 사용하고, 이때 R 객체인 ridgeModel에는 고정된 능형 벌점값만 포함된다는 것을 염두에 두자. 라소 벌점은 많은 벌점값을 통해 효율적으로 구해진다. enet 객체의 predict 함수는 s와 mode 인수를

사용해 동시에 1개 이상의 예측값을 구한다. 능형 회귀의 경우에는 라소 벌점이 0인 경우, 하나만 구하면 되므로 전체 값을 모두 구하면 된다. 능형 회귀값을 구하기 위해 s=1로, mode = "fraction"으로 설정한다. 끝의 옵션은 벌점값이 얼마로 정의됐는지를 나타낸다. 전체 값을 모두 구하는 이런 경우에는 fraction에 해당하는 값이 1이다.

```
> ridgePred <- predict(ridgeModel, newx = as.matrix(solTestXtrans),
+                       s = 1, mode ="fraction",
+                       type ="fit")
> head(ridgePred$fit)
         20          21          23          25          28          31
 0.96795590  0.06918538 -0.54365077  0.96072014 -0.03594693  1.59284535
```

벌점값을 조절할 때는 다른 메서드 값을 사용하면 된다.

```
> ## 값에 들어갈 후보 세트를 정의한다.
> ridgeGrid <- data.frame(.lambda = seq(0, .1, length = 15))
> set.seed(100)
> ridgeRegFit <- train(solTrainXtrans, solTrainY,
+                       method = "ridge",
+                       ## 다양한 벌점값에 대해 모델을 적합하게 한다.
+                       tuneGrid = ridgeGrid,
+                       trControl = ctrl,
+                       ## 예측 변수를 동일 척도로 맞춘다.
+                       preProc = c("center", "scale"))

> ridgeRegFit
  951 samples
  228 predictors

  Pre-processing: centered, scaled
  Resampling: Cross-Validation(10-fold)

  Summary of sample sizes: 856, 857, 855, 856, 856, 855, ...

  Resampling results across tuning parameters:

    lambda   RMSE   Rsquared  RMSE SD  Rsquared SD
    0        0.721  0.877     0.0699   0.0245
    0.00714  0.705  0.882     0.045    0.0199
    0.0143   0.696  0.885     0.0405   0.0187
```

0.0214	0.693	0.886	0.0378	0.018
0.0286	0.691	0.887	0.0359	0.0175
0.0357	0.69	0.887	0.0346	0.0171
0.0429	0.691	0.888	0.0336	0.0168
0.05	0.692	0.888	0.0329	0.0166
0.0571	0.693	0.887	0.0323	0.0164
0.0643	0.695	0.887	0.032	0.0162
0.0714	0.698	0.887	0.0319	0.016
0.0786	0.7	0.887	0.0318	0.0159
0.0857	0.703	0.886	0.0318	0.0158
0.0929	0.706	0.886	0.032	0.0157
0.1	0.709	0.885	0.0321	0.0156

RMSE was used to select the optimal model using the smallest value.
The final value used for the model was lambda = 0.0357.

라소 모델은 여러 다른 함수들을 사용해 추정할 수 있다. Lars 패키지에는 lars 함수가 있고, elasticnet 패키지에는 enet가 있으며, glmnet 패키지에는 같은 이름의 함수가 있으므로 이들을 사용하면 된다. 이 함수들의 문법은 거의 비슷하다. Enet 함수는 아래와 같이 사용한다.

```
> enetModel <- enet(x = as.matrix(solTrainXtrans), y = solTrainY,
+                   lambda = 0.01, normalize = TRUE)
```

예측에 사용하는 데이터는 행렬 객체여야 하므로 solTrainXtrans 데이터 프레임을 enet 함수에 사용하기 위해서는 형 변환을 해야 한다. 또한 모델링 전에 예측 변수를 중심화, 척도화해야 한다. 이때는 normalize 인수를 사용해 자동으로 표준화한다. lambda 는 능형 회귀 벌점을 0으로 조절해서 라소 모델을 사용하도록 맞춘다. 예측 전에는 라소 벌점을 정의할 필요가 없다.

```
> enetPred <- predict(enetModel, newx = as.matrix(solTestXtrans),
+                     s = .1, mode = "fraction",
+                     type = "fit")
> ## 여러 값이 들어 있는 리스트가 반환된다.
> names(enetPred)
 [1] "s"        "fraction" "mode"     "fit"
> ## 'fit'에는 예측값이 들어 있다.
> head(enetPred$fit)
```

```
        20          21          23          25          28          31
-0.60186178 -0.42226814 -1.20465564 -1.23652963 -1.25023517 -0.05587631
```

모델에 사용된 예측 변수를 파악하려면 predict 함수에 type = "coefficients"를 같이 사용한다.

```
> enetCoef<- predict(enetModel, newx = as.matrix(solTestXtrans),
+                    s = .1, mode = "fraction",
+                    type = "coefficients")
> tail(enetCoef$coefficients)
        NumChlorine         NumHalogen           NumRings HydrophilicFactor
         0.00000000         0.00000000         0.00000000        0.12678967
        SurfaceArea1       SurfaceArea2
         0.09035596         0.00000000
```

predict 함수에서 동시에 여러 모델에서 예측값을 생성할 때 1개 이상의 s 값이 사용될 수 있다.

라소 모델이나 다른 버전의 모델을 사용하는 다른 패키지로는 biglars(데이터 세트가 큰 경우), FLLat(혼합 라소 모델), grplasso(그룹 라소 모델), penalized, relaxo(완화 라소 모델) 등이 있다. train으로 엘라스틱 넷 모델을 튜닝할 때는 method = "enet"라고 명시한다. 다음은 벌점 세트를 직접 정의해 모델을 튜닝하는 것이다.

```
> enetGrid <- expand.grid(.lambda = c(0, 0.01, .1),
+                         .fraction = seq(.05, 1, length = 20))
> set.seed(100)
> enetTune <- train(solTrainXtrans, solTrainY,
+                   method = "enet",
+                   tuneGrid = enetGrid,
+                   trControl = ctrl,
+                   preProc = c("center", "scale"))
```

[그림 6.18]은 plot(enetTune)으로 만든 것이다.

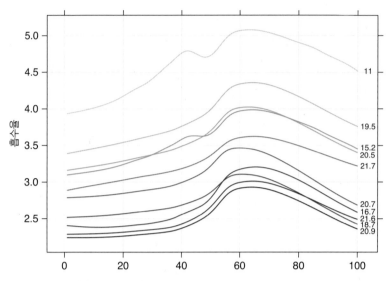

〔그림 6.20〕 Tecator 데이터의 10개 성분의 스펙트럼 샘플. 곡선의 색은 흡수력을 나타낸다. **노란색**은 흡수력이 낮고, **빨간색**은 흡수력이 높다는 것을 나타낸다.

연습 문제

6.1 적외선(IR) 분광 기술을 사용해 물질의 화학적 구성을 판단할 수 있다. IR 분광학 이론에 따르면, 각각의 분자 구조는 IR 파장을 각자 다르게 흡수한다. 이를 활용해 분광기에서 여러 IR 주파를 샘플 물질에 쏜 후, 각 주파에 대한 샘플의 흡수율을 측정한다. 이런 측정 결과들로 스펙트럼 프로파일을 만들고, 이를 사용해 샘플 물질의 화학 구성을 판단할 수 있다.

식품 사료 분석 기기 회사인 테카터 인프라텍Tecator Infratec에서는 215개의 육류 샘플을 100개의 주파에 대해 분석하고자 한다. 이 주파 프로파일 샘플은 [그림 6.20]과 같다. IR 프로파일 외에 각 지방의 수분, 지방, 단백질 비율을 사용해도 화학 분석을 한다. 만약, IR 스펙트럼과 지방 비율 간의 관계를 예측할 수 있다면, 식품 과학자들은 화학 분석 대신 IR로 샘플의 지방 비율을 예측할 수 있을 것이다. 화학 분석은 비싸고 시간도 오래 걸리므로 이렇게 하면 돈을 절약할 수 있다.

(a) R을 켜서 데이터를 아래와 같이 로딩하자.

```
> library(caret)
> data(tecator)
```

> # ?tecator라고 치면 보다 자세한 내용을 확인할 수 있다.

absorp 행렬에는 215개의 샘플에 대한 100개의 흡수율값이 있고, 행렬 끝의 1~3열에는 각각 수분, 지방, 단백질 함유량이 들어 있다.

(b) 이 예제에서 예측 변수는 각각의 빈도에 대한 측정값이다. 빈도는 체계적인 순서대로 들어 있다 보니(850 – 1,050nm), 예측 변수 간에 높은 상관성이 나타난다. 따라서 예측 변수의 개수(215개)보다 적은 차원의 데이터를 사용한다. PCA를 통해 이 데이터의 효율적인 차원 수를 판단해보자. 효율적인 차원은 얼마인가?

(c) 데이터를 훈련 세트와 테스트 세트로 나누고 전처리한 후, 이 장에서 나온 다양한 모델을 적용해보자. 이 모델을 튜닝하는 경우, 튜닝 인수의 최적값은 얼마인가?

(d) 어느 모델의 예측력이 가장 좋은가? 어느 모델이 유의하게 우수하거나 떨어지는가?

(e) 이 샘플의 지방 성분 측정을 위해 어떤 모델을 사용할 것인지 설명하라.

6.2 투과성 예측 모델을 개발함으로써(1.4장 참고) 제약 회사의 자원을 많이 절약할 수 있고, 동시에 약으로 사용할 수 있을 정도로 충분한 투과성을 가진 분자를 빠르게 식별할 수 있다.

(a) R을 켜서 아래와 같이 데이터를 로딩하자.

```
> library(AppliedPredictiveModeling)
> data(permeability)
```

fingerprints 행렬에는 165개 화합물에 대해 1,107개의 분자 예측 변수가 이진수 형태로 들어 있고, permeability에는 투과성값이 들어 있다.

(b) fingerprint의 예측 변수는 분자의 하위 구조의 존재 여부를 나타내고, 보통 각 하위 분자 구조에 모두 들어 있는 경우는 거의 없이 퍼져 있는 편이다. caret 패키지의 nearZeroVar 함수를 사용해 출현 빈도가 낮은 예측 변수를 걸러내자. 모델링에 사용할 변수는 몇 개나 남았는가?

(c) 데이터를 훈련 세트와 테스트 세트로 나누고 전처리한 후, PLS 모델을 적용해보자. 몇 개의 잠재 변수가 최적이었으며, 리샘플링 추정값의 R^2에 대응하는 값은 무엇인가?

(d) 결과를 테스트 세트로 예측해보자. 테스트 세트로 추정한 R^2는 얼마인가?

(e) 이 장에서 언급한 다른 모델들을 만들어 보자. 예측 성능이 더 좋은 모델이 있는가?

(f) 만든 예측 모델을 투과성 연구 실험을 대체하기 위한 용도로 추천할 것인가?

6.3 1.4장에서 의약품의 화학 공정 과정에 대해 논의했다. 여기서 목적은 원물질의 생물학적값(예측 변수)과 공정 과정에서의 측정값(예측 변수), 제품의 응답값 간의 관계를 이해하는 것이다. 생물학적 예측 변수는 바뀔 수 없지만, 처리 과정 전에 원물질의 품질을 판단하는 데 사용할 수는 있다. 반면, 공정 과정 관련 예측 변수는 공정 과정에 따라 달라질 수 있다. 제품 효능을 1% 높이면, 개당 십만 달러가량의 수익을 더 낼 수 있다.

(a) R을 켜서 데이터를 아래와 같이 로딩하자.

```
> library(AppliedPredictiveModeling)
> data(chemicalManufacturing)
```

processPredictors 행렬에는 176회의 공정 과정에 대한 57개의 예측 변수(재료로 사용되는 생화학 물질 관련 변수 12개와 프로세스 관련 예측 변수 45개)가 들어 있다. yield 는 회당 몇 % 상승했는지가 기록돼 있다.

(b) 예측 변수에 기록된 세포 중 아주 소수의 경우, 값이 누락돼 있다. 대치 함수를 써서 누락된 값을 채운다(3.8장 참고).

(c) 데이터를 훈련 세트와 테스트 세트로 나누고 전처리한 후, 이 장에서 나온 모델 중 하나를 적용해보자. 성능 지표의 최적값은 얼마인가?

(d) 결과를 테스트 세트로 예측해보자. 성능 지표값은 얼마이며, 훈련 데이터 세트를 리샘플링해서 확인한 성능 지표와 비교할 때 어떠한가?

(e) 훈련에 사용한 모델에서는 어떤 변수가 가장 중요했나? 생물 변수와 공정 변수 중 어느 쪽이 많은가?

(f) 중요 예측 변수 각각과 응답 변수 간의 관계를 살펴보자. 향후 공정 과정에서의 성능 향상에 이 정보가 도움이 될까?

07

비선형 회귀 모델

앞 장에서는 본질적으로 선형인 회귀 모델에 대해 다뤘다. 이 모델 중 많은 경우가 데이터에 비선형적 추세가 있을 경우, 수동으로 모델에(제곱항 등의) 항을 추가하는 식으로 이를 적합하게 바꿨다. 하지만 이렇게 하기 위해서는 데이터별로 특징적인 비선형성을 이해해야 한다.

하지만 본질적으로 원래 비선형적인 회귀 모델도 많다. 이런 모델을 사용할 때는 모델 훈련 전에 비선형적인 정확한 형태를 알 필요가 없다. 이 장에서는 이들 중 신경망 모델, 다변량 적응 회귀 스플라인multivariate adaptive regression splines, MARS, 서포트 벡터 머신 SVMs, KNN 같은 여러 모델을 살펴볼 것이다. 트리 기반 모델 역시 비선형적이다. 앙상블 모델의 경우, 사용 방식이나 모집단 등의 차이가 있으므로 이 기법은 다음 장에서 다루기로 한다.

7.1 신경망 모델

신경망 모델(Bishop, 1995; Ripley, 1996; Titterington, 2010)은 뇌의 작동 방식에 대한 이론에서 영향을 받은 강력한 비선형 회귀 기법이다. 부분 최소 제곱 방식처럼, 결과값은 관측되지 않은 변수에 대한 중간값의 세트 형태로 만들어진다(여기서는 이를 은닉 변수 또는 은닉 단위라고 부른다).

이 은닉 단위는 원예측 변수의 선형 조합으로 만들어지지만, PLS 모델과는 달리 이 값이 수직적 형태로 추정되지는 않는다([그림 7.1]).

앞에서 말한 대로 각 은닉 단위는 일부 또는 전 예측 변수의 선형 조합이다. 하지만 이런 선형 조합은 일반적으로 비선형 함수 $g(\cdot)$로 로지스틱(시그모이드 함수[sigmoidal] 등) 함수 같은 것이 사용된다.

$$h_k(\mathbf{x}) = g\left(\beta_{0k} + \sum_{i=1}^{P} x_j \beta_{jk}\right), \quad \text{where}$$
$$g(u) = \frac{1}{1 + e^{-u}}.$$

계수 β는 회귀 계수와 동일하며, 계수 β_{jk}는 k번째 은닉 유닛의 j번째 예측 변수의 효과다. 신경망 모델은 보통 결과값까지 도달하는 데 여러 은닉 단위를 포함시킨다. 여기서 PLS의 선형 조합과는 달리, 이런 선형 조합을 정의하는 데는 어떤 제약 조건도 없다. 따라서 각 단위에서 연결된 정보의 단편을 나타내는 계수 간에는 우도가 낮다.

일단 은닉 단위의 개수가 정의되면, 각 단위는 결과와 연관된다. 다른 선형 조합은 결과에 연관된 은닉 단위를 연결할 것이다.

$$f(\mathbf{x}) = \gamma_0 + \sum_{k=1}^{H} \gamma_k h_k.$$

이런 신경망 모델과 P 예측 변수의 유형인 경우, 총 $H(P+1) + H + 1$개의 수를 추정하게 되고, 이는 P가 증가할수록 빠르게 커진다. 용해도 데이터의 경우에는 228개의 예측 변수가 있었던 것을 기억할 것이다. 여기에 3개의 은닉 단위가 있는 신경망 모델을 적용하면 691개의 인수를 추정하게 되고, 5개의 은닉 단위를 사용하는 모델을 적용하면 1,151개의 계수를 사용하게 된다.

이 모델을 비선형 회귀 모델로 친다면, 인수 최적화는 보통 잔차 제곱합을 최소화하는 식으로 진행된다. 이는 꽤 복잡한 수치 최적화 문제가 될 것이다(이 복잡한 비선형 모델

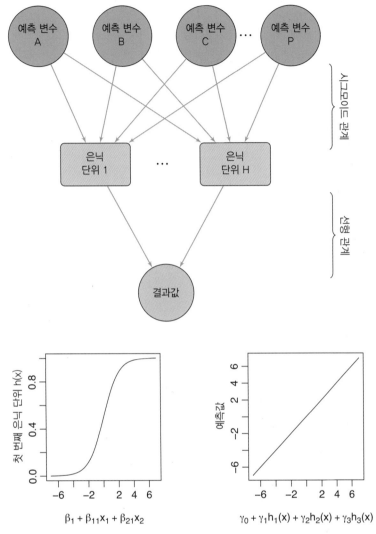

〔그림 7.1〕 단일 은닉층을 가진 신경망 다이어그램. 은닉 단위는 시그모이드 함수로 변환된 예측 변수의 선형 조합으로 만들어진다. 결과값은 은닉 단위의 선형 조합으로 만들어진다.

의 인수에는 제약 조건이 없다는 것을 기억하자). 이 인수들은 보통 임의의 수로 초기화한 후, 방정식을 푸는 특별한 알고리즘이 적용된다. 역전파[back-propagation] 알고리즘(Rumelhart et al., 1986)은 최적 인수를 찾기 위해 파생된 매우 효율적인 방법이다. 하지만 이 방정식의 해법은 보통 전역 해법이 아니다. 이는 이 결과로 나온 인수들이 다른 어떤 인수들보다 항상 낫다고 보장할 수 없다는 뜻이다.

또한 신경망은 회귀 계수가 커짐에 따라 예측 변수와 응답 변수 간의 관계를 과적합시키는 경향이 있다. 이 문제를 해결하기 위해 여러 다른 방법들이 제안돼왔다. 우선, 회귀 방정식을 풀기 위한 반복 알고리즘을 보다 빠르게 멈추는 식이다(Wang and Venkatesh, 1984). 이런 방법은 조기 정지 방식으로 불리며, 이 방식에서는 몇몇 오차율 추정값이 증가하기 시작하면 최적화 과정을 멈춘다(인수 추정값이나 오차율이 안정적임을 나타내는 몇 가지 수치값이 있지만, 이들 대신 오차율 추정값을 사용한다). 하지만 이 과정에는 분명한 문제가 있다. 우선, 모델 오차를 어떻게 추정할 것인가? 명확한 오차율은 매우 긍정적일 수 있다(이는 4.1장에서 논의했다). 이후 훈련 세트를 나누면서 다시 문제가 생길 수 있다. 또한 측정 오차율이 불확실하다고 여겨지는 경우, 이게 실제로 증가해도 증가했다고 볼 수 있을까?

과적합을 줄이는 다른 방법은 가중값 감소$^{weight decay}$를 사용하는 벌점 방식을 사용해 전에 논의한 능형 회귀처럼 모델을 정규화하는 것이다. 여기서는 큰 회귀 계수에 대해 벌점을 추가해 어느 쪽이든 큰 값이 사용되는 경우, 모델 오차가 허용 가능하도록 하는 큰 효과를 내도록 한다. 형식적으로 이렇게 만들어지는 최적화는 주어진 λ에 대해 오차 제곱 합의 다른 형태를 최소화하게 된다.

$$\sum_{i=1}^{n} (y_i - f_i(x))^2 + \lambda \sum_{k=1}^{H} \sum_{j=0}^{P} \beta_{jk}^2 + \lambda \sum_{k=0}^{H} \gamma_k^2$$

정규화한 값이 증가함에 따라 적합화된 모델은 보다 평활화되고 훈련 세트에 덜 과적합된다. 물론 이 인수값은 정의돼 있어야 하고, 은닉 단위에 따른 튜닝 인수가 된다. λ의 허용 가능 범위는 0과 0.1 사이다. 또한 회귀 인수가 더해짐에 따라 동일한 척도가 된다. 이에 따라 예측 변수는 모델링 전에 중심화 및 척도화된다.

여기서 서술된 모델 구조는 가장 단순한 신경망 모델 구조인 단일층 피드 포워드망이다. 은닉 단위층이 1개 이상인 모델도 많다(다른 은닉 단위를 모델링하는 은닉 단위층도 있다). 또한 다른 모델 구조는 층 간에 양방향으로 반복적으로 오가는 형태다. 따라서 이 모델들을 실제로 사용하는 사람은 이후 모델을 최적화할 때 객체 간 특정 연결들을 제거해야 할 것이다. 신경망에 대한 베이지안적 접근도 몇 가지 있다(Neal, 1996). 이 모델에 적용하기 위해 닐^{Neal}이 만든 베이지안 구조(1996)는 자동 정규화와 자동 특징 선택을 포함한다. 신경망에 대한 이런 접근은 여러모로 매우 강력하지만, 특히 모델의 계산적 측면을 보면 정말 어마어마하다는 것을 알 수 있다. 신경망과 매우 유사한 모델로는 자기 조직화 지도$^{self-organizing map}$가 있다(Kohonen, 1995). 이 모델은 비지도식 탐색적 접근 방법에 사용하거나 예측 시에 지도적 방식으로 사용한다(Melssen et al., 2006).

인수가 많은 경우에 선택된 모델은 지역 최적화된 인수 추정값을 찾게 된다. 알고리즘상에서는 수렴하지만, 그 결과로 나온 인수 추정값은 전역 최적 추정값이 아닌 것이다. 많은 경우, 서로 다른 지역 최적화된 해법은 모양이 완전히 다르지만, 성능은 거의 비슷한 모델을 만들어 낸다. 이런 모델의 불안정성은 간혹 모델 성능을 해칠 수 있다. 이에 대한 대안으로 여러 모델에서는 보다 안정적인 예측값을 생성하기 위해 서로 다른 시작값을 만든 후, 이에 대한 결과의 평균을 내는 방식을 사용한다(Perrone and Cooper, 1993; Ripley, 1995; Tumer and Ghosh, 1996). 이런 모델 평균 방식은 신경망 모델에서 매우 긍정적인 효과를 내기도 한다.

하지만 이 모델들은 때때로 (모델 변수 최적화를 위해 경사도를 사용함으로써) 예측 변수들 간의 높은 상관성을 만들어 내기도 한다. 이런 방식을 완화하는 데는 두 가지 방식이 있다. 하나는 높은 상관관계가 있는 변수들을 사전에 거르는 것이다. 다른 하나는 주성분 분석 같은 특징 추출 기법을 모델링 전에 사용함으로써 상관관계 문제를 제거하는 것이다. 이 두 가지 방식의 긍정적인 부작용이라면 최적화에 사용되는 모델 항목이 적어짐으로써 연산 시간이 짧아진다는 것이다.

용해도 데이터의 경우, 모델 평균 신경망 방식을 사용했다. 이를 통해 크기가 1에서 13까지인 은닉 단위를 사용한 단일 은닉층에 대해 세 가지 다른 가중값 감소값

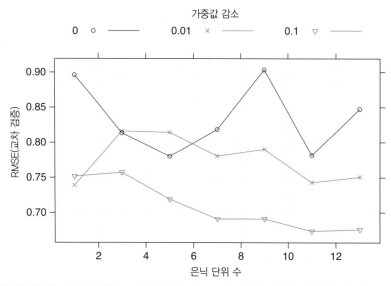

〔**그림 7.2**〕 신경망 모델의 RMSE 프로파일. 최적 모델은 λ = 0.1일 때 11개의 은닉 단위를 사용한 경우였다.

(λ = 0.00, 0.01, 0.10)을 평가했다. 최종 예측값은 5개의 서로 다른 초기 인수값을 사용해 만들어진 신경망의 평균값을 사용한다. 이 모델에 대한 교차 검증 RMSE 프로파일은 [그림 7.2]에 나타나 있다.

가중값 감소량이 커질수록 명확히 모델 성능이 향상됐고, 은닉 단위가 많을수록 모델 오차가 줄어들었다. 최적 모델은 총 2,531 계수에 대해 11개의 은닉 단위를 사용했다. 모델 성능은 높은 정규화(λ = 0.1 등)인 경우, 꽤 안정적이었으므로 이 데이터의 경우 보다 작은 모델일 때도 효과적일 것이다.

7.2 다변량 가법 회귀 스플라인 모델

신경망 기법 및 부분 최소 제곱 기법과 마찬가지로 MARS도 원예측 변수 대신 다른 특징들을 사용한다(Friedman, 1991). 하지만 PLS와 신경망은 예측 변수의 선형 조합 기반인데 반해, MARS는 모델에 사용하는 예측 변수를 두 가지 상반된 형태로 만든다. 또한 MARS에서 원변수 대신 사용되는 요소는 보통 한 번에 예측 변수 한두 개가 사용되는 함수다. MARS의 요소들은 예측 변수를 두 그룹으로 나누어 각 그룹에 대해 예측 변수와 결과값의 선형 조합을 모델링하는 특성을 갖고 있다. 특히, 예측 변수에 구분점을 주기 때문에 이에 따라 생기는 2개의 새 요소들은 원변수에 대한 "경첩" 또는 "하키 스틱" 함수라고 불린다([그림 7.3] 참고). "좌측" 요소는 구분점보다 조금이라도 큰 값을 포함하고, 두 번째 요소는 구분점보다 조금이라도 작은 요소를 포함한다. 이런 새 요소들은 기본 선형 회귀 모델에 추가돼 기울기와 절편을 추정하게 된다. 이에 따라 이 구조에서는 새로운 요소들이 각각 차지하고 있는 원데이터의 일부분에 대한 구간별 선형 모델이 만들어진다.

이때 구분점을 어떻게 가늠할까? 후보 요소들에 대해 선형 회귀 모델을 만들어 후보 구분점을 만들고 각 예측 변수에 대한 각각의 데이터 값을 생성한 후, 이에 대한 모델 오차를 구한다. 여기서 최소 오차를 내는 예측 변수/구분점 조합을 사용한다. 예측 변수 변환에 따라 많은 수에 대해 선형 회귀를 사용해도 계산할 수 있다. 여기서 사용한 것과 마찬가지로 일부 MARS 구현에 있어서 각 예측 변수에 대한 단순 선형 항목(경첩 함수가 없는 경우)의 효용성도 구할 수 있다.

초기 모델을 처음 두 요소로 만든 후, 모델에서는 소모적인 탐색을 통해 다음 요소를 찾고, 주어진 초기 세트와 비교해서 최적의 모델을 찾는다. 이런 과정은 (사용자가 설정한) 중단 지점에 도달할 때까지 계속된다.

용해도 데이터에서의 요소 초기 탐색에서는 분자 무게에 대한 구분점이 5.9일 때 오차율이 가장 낮았다. 이에 대한 결과로 만들어진 예측 변수는 [그림 7.3] 상단의 두 그래프와 같다. 첫 예측 변수는 0으로 설정된 구분점보다 작은 모든 값을 포함하고, 구분점보다 큰 값은 변형되지 않고 남아 있다. 두 번째 요소는 첫 번째 요소의 거울상이다. 원데이터 대신, 이 두 새로운 예측 변수를 사용해 선형 회귀 모델의 결과값을 예측했다. [그림 7.3] 하단은 새로운 두 요소로 만들어진 선형 회귀 결과와 이 요소 간의 구간 형태를 나타낸다. "좌측" 요소는 분자 무게가 5.9보다 작은 경우 음의 기울기를 나타내지만, "우측" 요소는 예측 변수보다 큰 값에 대해 양의 기울기를 나타낸다.

수학적으로 이 새로운 요소에 대한 경첩 함수는 아래와 같이 나타낼 수 있다.

$$h(x) = \begin{cases} x & x > 0 \\ 0 & x \leq 0 \end{cases} \tag{7.1}$$

이 두 경첩 함수는 보통 $h(x - a)$와 $h(a - x)$로 쓴다. 앞의 함수는 $x > a$일 때 0이 아니고, 두 번째 함수는 $x < a$일 때 0이 아니다. 이때 함숫값은 실제로 $-x$라는 사실을 기억하자. [그림 7.3]의 MARS 모델의 실제 모델 방정식은 아래와 같다.

$$-5 + 2.1 \times h(MolWeight - 5.94516) + 3 \times h(5.94516 - MolWeight).$$

이 방정식의 두 번째 항은 [그림 7.3]의 우측 요소고, 마지막 항은 좌측 요소다. 구분점 밑의 회귀선은 마지막 요소가 양의 계수임에도 감소하고 있다.

[표 7.1]에는 요소 생성 단(가지치기 전)의 처음 몇 가지 단계를 나타낸다. 요소는 위에서부터 아래 순서로 선형 회귀 모델에 들어간다. 여기서 이항 식별 기술자는 일반 선형 항목으로 모델에 포함된다(이항 변수를 나누는 것은 무의미하다). 일반화 교차 검증(GCV) 열은 아래와 같다. 가지치기에 앞서 추정 RMSE를 일부 제거했더라도 경첩 함수의 각 쌍은 모델에서 그대로 유지된다.

일단 전체 요소가 생성되면, 알고리즘은 모델 방정식에 유의한 영향을 미치지 못하는 개별 요소를 순차적으로 제거해 나간다. 이 "가지치기" 과정은 각 예측 변수와 추정값이 모델에 반영됨으로써 오차율이 얼마나 줄어드는지를 추정해 이를 평가한다. 이 과정은 반대 방향으로 돌아가지 않으므로 요소를 다시 추가하는 일은 없다. 요소들이 다시 추가된다면, 이 과정을 시작할 때는 중요하다고 여겼던 요소가 제거될 수도 있다. 모델에서 각 요소의 기여도를 판단할 때는 GCV 통계량을 사용한다. 이 값은 1개를 남겨

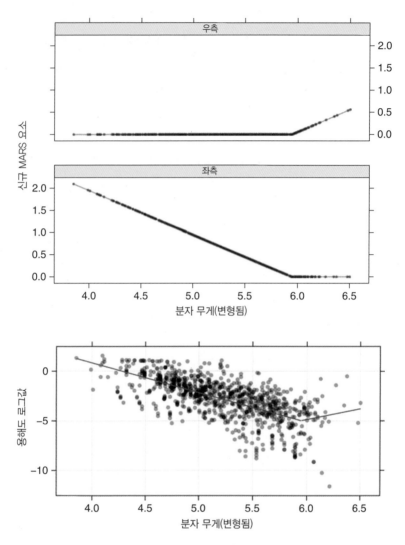

〔그림 7.3〕 용해도 데이터에 대한 MARS에 사용된 요소 예제. 분자 무게에 대해 5.9의 구분점을 찾은 후, 2개의 새 요소를 생성하고 이를 선형 회귀 모델에 사용한다. 상단의 두 그래프에서는 예측 변수와 두 결과 요소 간의 관계를 보여준다. 하단에서는 이 두 요소를 사용한 선형 회귀 모델에서 예측된 관계를 나타낸다. 붉은색 선은 "좌측" 경첩 함수의 기여도를 나타내고, 파란색 선은 현재 행 및 그 위의 행에 대한 항목들과 다른 요소와의 연관성을 나타낸다.

예측 변수	유형	구분점	RMSE	계수
절편			4.193	−9.33
MolWeight	우측	5.95	2.351	−3.23
MolWeight	좌측	5.95	1.148	0.66
SurfaceArea1	우측	1.96	0.935	0.19
SurfaceArea1	좌측	1.96	0.861	−0.66
NumNonHAtoms	우측	3.00	0.803	−7.51
NumNonHAtoms	좌측	3.00	0.761	8.53
FP137	우측		0.727	1.24
NumOxygen	좌측	1.39	0.701	2.22
NumOxygen	선형	1.39	0.683	−0.43
NumNonHBonds	우측	2.58	0.670	2.21
NumNonHBonds	좌측	2.58	0.662	−3.29

GCV 통곗값은 오차 제곱근을 사용했다.

두는 식의 교차 검증식을 추정해 오차값을 구하는 선형 회귀 모델의 계산 형태 단축키와 같다(Golub et al., 1979). GCV는 모델 각 요소의 중요도를 판단해서 구하는 상대 오차율보다 더 좋은 추정값을 낸다.

제거할 항의 수는 수동으로 설정하거나 하나의 튜닝 인수로 놓고, 리샘플링 같은 방식으로 구할 수도 있다. 위의 과정은 하나의 예측 변수를 포함하는 각각의 다른 요소를 사용하는 가법 MARS 모델에 대한 설명이다. 하지만 MARS는 한 번에 요소가 여러 예측 변수를 포함하는 형태의 모델을 만들 수 있다. 2차 MARS 모델에서는 초기 요소 쌍을 생성하거나 알고리즘을 통해 모델 향상을 위한 단일 항을 동일하게 탐색한 후, 각 초기 요소와 쌍을 이룰 새로운 구분점을 생성하는 탐색에 착수할 것이다. 여기서 경첩 함수 쌍을 A와 B라고 가정해보자.

탐색 단계에서는 경첩 함수 C와 D를 찾고, A에 곱해서 모델의 성능을 향상시킬 것이다. 달리 말해서 모델에는 A, $A \times B$, $A \times C$ 항이 생긴다. 동일한 과정이 B 요소에 대해서도 실행된다. 이때 알고리즘은 모델이 이런 항 추가를 통해 개선되지 않는다면, 항을 추가하지 않는다는 것을 기억해두자. 또한 가지치기 단계에서 추가된 항이 제거될 수도 있다. 2개 이상의 항을 한 번에 추가하는 MARS 모델의 경우, 간혹 모델 예측 시 몇몇 샘플 예측이 매우 부정확해지는 등의 불안정성이 나타나는 것을 볼 수 있다(아마도 실제 값의 정도가 반영되지 않아서일 것이다). 하지만 이런 문제는 가법 MARS 모델에서 찾아볼 수 없다.

앞의 내용을 요약하면, MARS 모델에 관련해서는 2개의 튜닝 변수가 있다. 모델에 더 해지는 요소의 차수와 남아 있는 항의 수다. 후자의 경우 (GCV를 활용하는) 기본 가지치기 과정이나 사용자의 설정을 통해 자동으로 정해지거나, 리샘플링 기법을 활용함으로써 결정할 수 있다. 용해도 데이터 분석에서는 10-겹 교차 검증을 사용해 1, 2차 모델과 32부터 38까지 37개 값의 모델 항에 대한 성능을 구했다. 결과 성능 프로파일은 [그림 7.4]와 같다. 여기서 RMSE향상으로는 1차와 2차 모델 간의 차이가 거의 없다.

이에 따라 교차 검증 과정을 통해 38개의 항을 가진 2차 모델을 선택했다. 하지만 1, 2차 모델 간의 프로파일이 거의 유사하므로 보다 간단한 1차 모델이 최종 모델로 선택됐다. 이 모델은 38개의 항을 사용하지만, 함수상에서 예측 변수는 30개만 사용한다 (228개의 가능 변수는 제거됐다).

교차 검증에서 RMSE는 0.7 로그 단위로, R^2는 0.887로 나타났다. MARS 과정에서는 내부적으로 GCV를 통해 모델 성능을 추정한다는 것을 떠올려보자. GCV를 사용하면, RMSE는 0.4 로그 단위로 나타나고, R^2는 0.908로 나온다. 316개 샘플의 테스트 세트의 경우, RMSE는 0.7이고, R^2는 0.879다. 확실히, GCV 추정값이 교차 검증 과정이나 테스트 세트를 사용해 구한 값보다 긍정적으로 나타난다. 하지만 MARS상의 내부 GCV 추정값은 단일 모델에 대해서만 값을 구하지만, 외부 교차 검증 과정은 특정 선택을 포

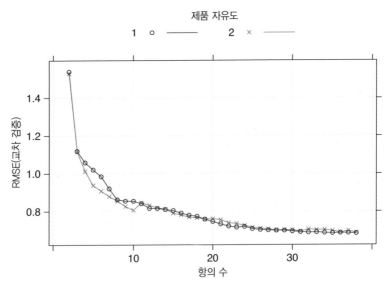

[그림 7.4] MARS 모델의 RMSE 프로파일. 1차와 2차 모델 간에 거의 차이가 없었지만, 교차 검증 과정에서 38개의 항을 가진 2차 모델이 선정됐다. 하지만 위와 같이 거의 유사하므로 보다 단순한 1차 모델을 최종적으로 선정했다.

함한 전체 모델 구축 과정 모두를 대표한다는 것을 염두에 두자. GCV 추정값은 특징 선택상에서 야기될 수 있는 편향적 선택으로 인한 불확실성을 반영하지 않는다(Ambroise and McLachlan, 2002). 이런 현상은 19장에서 보다 자세히 다룰 것이다.

MARS를 사용하면 여러 가지 이점을 얻을 수 있다. 우선 모델에서 자동으로 특징 선택을 실행한다. 이를 통해 모델 방정식은 최종 모델에 들어갈 어떤 요소에도 포함되지 않는 예측 변수에 대해 독립성을 갖는다. 이 점을 절대 과소 평가하면 안 된다. 여러 분야에서 많은 예측 변수가 주어질 때, MARS에서는 모델 구축과 동일한 알고리즘을 사용해 예측 변수 세트를 압축할 수 있다. 이런 과정을 통해 특징 선택 과정은 함수 성능과 직접 연결된다. 두 번째 이점으로는 해석력이 있다.

각 경첩 요소는 (구간적) 선형 모델을 사용한 예측 공간상의 특정 구역을 모델링하는데 사용된다. MARS 모델은 가법 모형이므로 각 예측 변수는 다른 변수를 고려할 필요 없이 각각 단독으로 기여한다. 이를 통해 어떻게 각 예측 변수가 결과값과 연관되는지를 명확하게 해석할 수 있다. 비가법 모델에서는 모델의 해석력이 떨어질 일은 별로 없다. 2개의 예측 변수를 포함한 2차 특징을 고려해보자. 각 경첩 함수는 모두 2개의 구역으로 나누는데, 4개 중 3개의 가능한 구역은 0이므로 모델에 어떤 영향도 미치지 않을 것이다. 따라서 두 특징의 영향은 모델에서 벗어나 있어서 가법 모델만큼 해석이 쉬워진다. 마지막으로 MARS 모델은 데이터를 전처리할 필요가 거의 없다. 데이터 변형과 예측 변수 필터링이 필요 없다. 한 가지 예로, 영분산 예측 변수는 예측에 필요한 정보가 전혀 없으므로 예측 공간을 양분할 때 애초에 선택되지 않는다. 연관된 예측 변수는 모델 성능에 전혀 영향을 미치지 않지만, 모델 해석을 좀 더 복잡하게 만들 수는 있다. 훈련 데이터 세트에 거의 완벽하게 연관된 두 예측 변수가 있다고 가정해보자. 요인으로 어떤 예측 변수가 선택되는지는 완전히 임의로 이뤄지므로 MARS는 반복하면서 1번 이상 그 예측 변수를 선택하게 될 수도 있다. 이 경우, 모델에서 서로 다른 이름으로 나타나면서 중복된 정보를 전달하는 부분이 생기면서 모델 해석이 엉망이 된다.

예측 변수가 모델에 어떤 영향을 미치는지를 이해하기 위한 다른 방법으로는 모델에 대한 변수의 중요도를 수치화하는 것이다. MARS의 경우, 이에 대한 하나의 방법으로 모델에 특정 요소가 추가되면서 나타나는 (GCV 값으로 추정된 감소량을) 평균 오차의 제곱근값으로 나타내는 것이 있다. 이 감소량은 원예측 변수가 요소에 추가됨에 따라 생긴다. 이런 향상은 각 예측 변수별로 모델에 미치는 상대적 영향도로 나타난다. [표 7.1]에서 알 수 있듯이, 모델에 두 분자 무게 요소가 추가됨에 따라 RMSE가 4.19에서 1.15(3.04 감소)로 하락했다. 이후, 2개의 표면적 예측 변수항을 추가해 오차가 0.29

까지 떨어졌다. 이런 수치에 따라 분자 무게에 대한 예측 변수가 표면적 예측 변수보다 중요하다는 것을 알 수 있다. 이 과정은 모델의 모든 예측 변수에 대해 반복된다. 어떤 요인에도 사용되지 않는 예측 변수의 중요도는 0이다. 용해도 모델에서 예측 변수 MolWeight, NumNonHAtoms, SurfaceArea2는 MARS 모델에 가장 영향을 많이 미치는 것으로 나타났다(보다 자세한 내용은 이 장 끝의 '컴퓨팅' 부분을 참고하라).

[그림 7.5]는 연속형 예측 변수를 사용한 가법 MARS 모델의 해석력을 나타낸다. 각 그래프에서 선은 모든 다른 변수들을 평균값의 상수로 두었을 때의 변수 예측 프로파일을 나타낸다. 변수를 모델에 추가함으로써 각 예측 변수가 각각 따로인 것 같이 보인다. 모델의 성격상 다른 예측 변수의 값이 바뀜으로써 프로파일의 모양에는 영향을 미치지 않고, 프로파일이 시작하는 y축의 위치만 달라진다.

7.3 서포트 벡터 머신

SVM은 매우 강력하고 유연성 높은 모델링 기법 유형이다. SVM에 내재된 이론은 원래 분류 모델용으로 만들어진 것이었다. 이후 13장에서는 이 기법의 의도를 보다 자세히 살펴볼 것이다. 회귀형 모델의 경우, 스몰라(1996)와 드러커 등(Drucker et al., 1997)의 연구를 따르면서 회귀 방정식에서 이상값으로부터 받는 영향을 축소하는 데 있어서는 로버스트 기법의 영향을 받았다. 또한 서포트 벡터 회귀에도 다양한 유형이 있지만, 여기서는 ϵ-불감성 회귀ϵ-insensitive regression라고 불리는 한 가지 기법에 대해서만 살펴볼 것이다.

선형 회귀에서 SSE를 최소화하는 변수 추정값을 찾고자 했던 것을 염두에 두자(6.2장 참고). SSE를 최소화할 때의 한 가지 단점은 변수 추정값이 전체 데이터 추세와 좀 떨어진 관측 하나로부터도 영향을 받을 수 있다는 것이다. 영향도 있는 관측 결과가 데이터에 포함된 경우, 후버 함수 같이 덜 민감한 다른 최소화 지표를 사용해 최적의 변수 추정값을 찾도록 한다. 이 함수는 값이 "작은" 경우 잔차의 제곱을 사용하고, 큰 경우 잔차의 절댓값을 사용한다. 144쪽의 [그림 6.6]을 보면 이 내용을 확인할 수 있다.

회귀를 사용하는 SVM은 후버 함수와 비슷한 함수를 사용하지만, 중요한 차이가 있다. 사용자가 정의한 수치(ϵ로 표시됨)가 주어졌을 때, 임계점 내에 잔차가 있는 데이터 포인트는 회귀 최적화에 영향을 미치지 않지만, 임계점과의 절대 차가 큰 데이터 포인트는 모델에 선형 영향을 미칠 수 있다.

이 방법은 여러 결과를 낳는다. 첫째, 잔차 제곱을 사용하지 않으므로 큰 이상값이 회

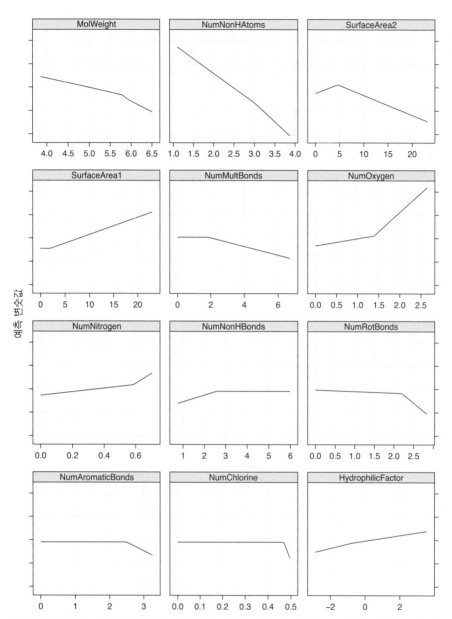

〔그림 7.5〕 MARS 모델을 사용했을 때 결과와 연속형 변수 간의 예측 관계(다른 모든 예측 변숫값은 평균값을 사용한다). 모델의 가법적 성격상 각 예측 변수가 각각 따로인 것 같이 보인다. 각각의 프로파일을 합치면 최종 예측값이 된다. 그래프는 모델의 중요도대로 위부터 아래까지 순서대로 나열돼 있다.

귀 방정식에 미칠 수 있는 효과가 한정돼 있다. 둘째, 모델에 잘 맞는 샘플(잔차가 작음)은 회귀 방정식에 전혀 영향을 미치지 않는다. 사실, 임계값이 충분히 큰 수로 설정됐다면, 회귀선을 정의하는 데 영향을 미치는 것은 이상값뿐이다. 거의 예측할 수 없는 점들이 선을 정의한다는 것을 보면, 이는 다소 직관적이지 않다. 하지만 우리는 이런 접근이 모델을 정의하는 데 매우 효과적이라는 사실을 계속 지켜봤다.

모델 변수를 추정하기 위해 SVM은 [그림 7.6]에서 본 ϵ 손실 함수뿐만 아니라 벌점도 함께 사용한다. SVM 회귀 계수는 다음 식의 값을 최소화한다.

$$Cost \sum_{i=1}^{n} L_{\epsilon}(y_i - \hat{y}_i) + \sum_{j=1}^{P} \beta_j^2,$$

이때 $L_{\epsilon}(\cdot)$는 ϵ-불감성 함수다. Cost 변수는 사용자가 설정한 비용에 대한 벌점으로 잔차가 큰 경우, 벌점을 매긴다.[1]

단순 선형 회귀 모델에서 데이터와 인수의 선형 조합을 통해 새로운 샘플에 대한 예측값을 매긴다는 것을 상기하자. 새로운 샘플 u에 대한 예측 방정식은 아래와 같다.

$$\hat{y} = \beta_0 + \beta_1 u_1 + \ldots + \beta_P u_P$$
$$= \beta_0 + \sum_{j=1}^{P} \beta_j u_j$$

선형 서포트 벡터 머신 예측 함수도 매우 비슷하게 생겼다. 인수 추정값은 아래와 같이 알 수 없는 인수(α_i) 집합과 훈련 세트 데이터 포인트로 만들어진 함수로 만들어진다.

$$\hat{y} = \beta_0 + \beta_1 u_1 + \ldots + \beta_P u_P$$
$$= \beta_0 + \sum_{j=1}^{P} \beta_j u_j$$
$$= \beta_0 + \sum_{j=1}^{P} \sum_{i=1}^{n} \alpha_i x_{ij} u_j$$
$$= \beta_0 + \sum_{i=1}^{n} \alpha_i \left(\sum_{j=1}^{P} x_{ij} u_j \right). \tag{7.2}$$

이 방정식은 다양한 면으로 살펴볼 필요가 있다.

첫째, 데이터 포인트만큼의 많은 α 인수가 있다. 고전 회귀 모델링 관점에서 볼 때, 이 모델은 과하게 매개변수화돼 있는 경향이 있다. 일반적으로 데이터 포인트보다 적은 인

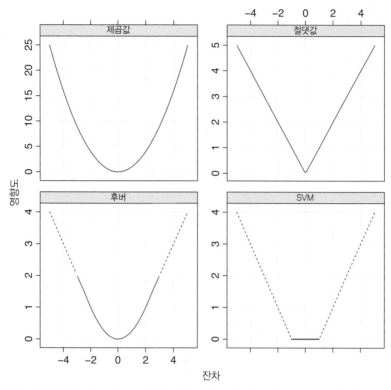

[**그림 7.6**] 모델 잔차와 여러 기법에 의한 회귀선에 미치는 영향 간의 관계도. 서포트 벡터 머신의 경우, 임계값 2가 사용됐으나 후버 기법의 경우 $\epsilon = 1$이 사용됐다. 그림을 읽기 쉽게 하기 위해 y축 척도를 각각 다르게 두었다는 것을 기억해두자.

수를 추정하는 것이 낫다. 하지만 금액값을 효과적으로 사용하면 이 문제를 완화하게 돼 모델을 정규화할 수 있다.

둘째, 새 예측 모델에는 개별 훈련 데이터 세트의 데이터(x_{ij} 등)가 필요하다. 훈련 세트가 크다면, 예측 방정식이 다른 기법보다 다소 복잡해질 수도 있다. 하지만 몇 퍼센트의 훈련 데이터 샘플은 α_i 인수가 정확히 0으로, 예측 방정식에는 아무런 영향을 미치지 못할 것임을 알 수 있다. 값이 0인 α_i 인수와 연관된 데이터 값은 회귀선과 $\pm \epsilon$ 범위 내의 훈련 데이터 세트다(회귀선 주변에 "퍼널"이나 "튜브" 형태로 모여 있다). 이 결과로 나온 훈련 세트의 일부인 $\alpha \neq 0$인 데이터 포인트만 예측에 필요하다. 이 샘플을 사용해 만들어진 회귀선은 회귀선을 보조한다는 의미에서 서포트 벡터라고 불린다.

[그림 7.7]은 이 모델의 로버스트 정도를 나타낸다. 기울기 4에 절편 1로 단순 선형 모델이 만들어졌고, 데이터에서는 극단적 이상값이 하나 나타났다. 상단 그래프는 해

당 데이터에 대해 만들어진 선형 회귀 모델(검은 직선)과 $\epsilon = 0.01$인 서포트 벡터 머신 회귀 모델(파란색 점선)을 보여준다. 선형 회귀선은 이 점과 점점 근접해 가면서 기울기와 절편을 각각 3.5과 1.2로 바꾼다. 서포트 벡터 회귀는 파란색 선으로 나타나 있고, 기울기 3.9에 절편 0.9인 실제 회귀선에 보다 근접한다. 가운데의 그래프 역시 SVM을 보여주지만, 서포트 벡터는 검은 원으로 나타나 있고, 다른 점들은 빨간색으로 나타나 있다. 수평의 회색 보조선은 $0 \pm \epsilon$를 나타낸다. 100개의 데이터 포인트 중 70개가 서포트 벡터에 포함된다.

최종적으로 [식 7.2]의 최종값은 예측 함수에 들어간 새 샘플로 새 샘플값의 외적의 합으로 나타난다. 행렬 대수 항으로 나타내면, 이 값은 내적($\mathbf{x}'\mathbf{u}$)에 대응된다. 이 회귀 방정식은 아래와 같이 보다 일반적으로 나타날 수 있기 때문에 이런 특성은 더욱 중요하다.

$$f(\mathbf{u}) = \beta_0 + \sum_{i=1}^{n} \alpha_i K(\mathbf{x}_i, \mathbf{u}),$$

여기서 $K(\,\cdot\,)$는 커널 함수다. 예측 변수가 모델에 선형으로 들어가면, 커널 함수는 위와 같이 간단히 내적의 합으로 나타낼 수 있다.

$$K(\mathbf{x}_i, \mathbf{u}) = \sum_{j=1}^{P} x_{ij} u_j = \mathbf{x}_i'\mathbf{u}.$$

하지만 회귀 모델을 일반화하고, 예측 변수의 비선형 함수까지 포함하는 유형의 커널 함수도 있다.

$$\text{다항} = (\phi(\mathbf{x}'\mathbf{u}) + 1)^{\text{자유도}}$$
$$\text{방사형 기반 함수} = \exp(-\sigma\|\mathbf{x} - \mathbf{u}\|^2)$$
$$\text{쌍곡 탄젠트} = \tanh(\phi(\mathbf{x}'\mathbf{u}) + 1)$$

이때 ϕ와 σ는 척도용 인수다. 이 예측 변수들로 만들어진 함수로부터 만들어지는 모델이 비선형 모델이므로 이런 일반화는 "커널 트릭"으로 불리곤 한다.

이 모델의 비선형 관계에 적응하는 능력을 나타내기 위해 [그림 7.7] 아래쪽의 사인(sin) 곡선에 따른 데이터로 시뮬레이션해봤다. 이상값 역시 이 데이터에 추가됐다. 그 결과, $sin(x)$에 대한 항과 절편이 나타난 선형 회귀 모델이 나온다(검은색 선). 다시, 회귀선은 바깥의 점들과 근접해 간다. 방사형 기반 커널 함수를 사용한 SVM 모델은 파란색

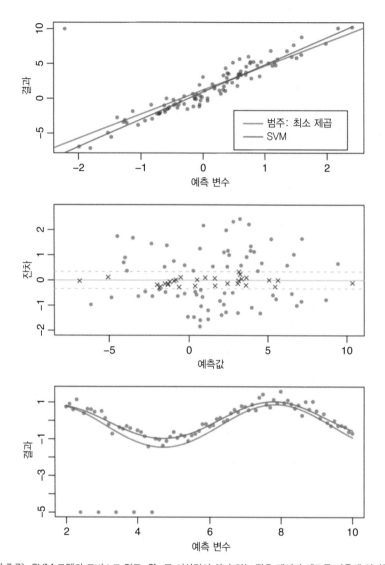

〔그림 7.7〕 SVM 모델의 로버스트 정도. **위**: 큰 이상값이 하나 있는 작은 데이터 세트를 사용해 일반적인 회귀선(**빨강**)과 선형 SVM 모델(**파랑**) 간의 차를 보였다. **가운데**: SVM 잔차 대비 예측값(y축의 위쪽 끝은 그래프를 보다 이해하기 쉽게 하기 위해 생략했다). 그래프의 기호는 서포트 벡터(회색 원)와 다른 샘플(붉은 십자)을 나타낸다. 수평선의 값은 ±ε = 0.01다. **아래**: 일부 이상값을 추가한 사인 그래프에 대한 시뮬레이터. 붉은색 선은 일반 회귀선(잔차와 sin(x)에 대한 항 포함)이고, 파란색 선은 방사형 기반 함수의 SVM 모델이다.

점선으로 나타나 있다(sin 함수 형태를 따로 정의하지는 않았다). 이 선이 전체 데이터의 구조를 보다 잘 나타낸다.

어떤 커널 함수를 사용해야 할까? 이는 문제에 따라 달라진다. 방사형 기반 함수는 매우 효율적으로 보인다. 하지만 회귀선이 정말 선형이라면, 선형 커널 함수가 더 나은 선택일 것이다.

일부 커널 함수에는 추가 변수가 필요하다는 것을 기억해두자. 예를 들어, 다항 커널 함수에서는 다항에 대한 차수를 정의해야 한다. 이와 비슷하게, 방사형 기반 함수 역시 척도를 조절하는 변수(σ)가 있다. 이 변수들은 비용값과 함께 모델의 튜닝 인수에 들어간다. 방사형 기반 함수의 경우, 이를 사용해 커널 인수를 추정할 때 연산을 줄일 수 있다. 카푸토 등(Caputo et al., 2002)은 훈련 데이터 세트의 조합을 사용해 $\|x - x'\|^2$의 분포를 구한 후, 10%부터 90%까지를 σ의 범위로 두는 식으로 인수를 추정할 수 있다고 제안했다. 후보값을 눈금에 늘어놓는 식이 아니라, 이 두 비율의 중간점을 사용하는 식으로 인수값을 튜닝하는 것이다.

비용 변수는 모델의 복잡도를 측정하는 대표적인 수단이다. 비용이 커지면 모델은 매우 유연해지지만, 오차 효과는 증폭된다. 비용이 작은 경우, 모델은 "경직이 오며" 과적합으로 가는 경향이 낮아진다(오히려 과소 적합이 나타나는 경향이 있다). 수정된 오차 함수에 있어서 인수 제곱항의 영향도가 커지기 때문이다(ϵ 이상으로). 퍼널의 크기를 크게 해 모델을 튜닝할 수도 있다. 하지만 ϵ와 비용 인수 간에는 관계가 존재한다. 이 실험에 있어서 비용 인수가 모델 튜닝을 보다 유연하게 한다는 것을 발견했다. 그러므로 ϵ를 수정해 다른 커널 인수를 조정하도록 하는 것이 좋겠다.

예측 변수가 모델에 외적값의 합으로 들어갔으므로 예측 변수 척도 차이가 모델에 영향을 미칠 수 있다. 그러므로 SVM 모델을 만들기 전에 예측 변수에 먼저 중심화, 척도화하는 것을 추천한다.

SVM을 용해도 데이터에 적용해보자. 첫째, 방사형 기반 함수 커널을 사용한다. 커널 인수를 $\sigma = 0.0039$로 추정하면, 모델은 $\log_2$ 단위로 했을 때 0.25와 2048 사이의 14개의 비용값을 사용해 튜닝하게 된다([그림 7.8]). 비용값이 작은 경우, 모델은 데이터를 과하게 부적합하게 구한다. 다만, 비용이 2^{10}에 달하는 경우, 오차가 증가하면서 모델이 과적합해지는 경향이 있다. RMSE 값을 최소로 하는 비용값은 128이다. 이로써 다항 모델 또한 구해졌다.

여기서 비용과 다항 차수, 척도 방식을 사용해 튜닝했다. 일반적으로 2차 모델은 선형 모델보다 오차율이 적다. 또한 더 큰 척도를 사용한 모델은 성능이 더 낫다. 여기서

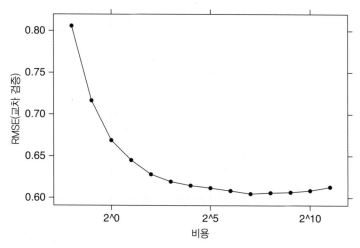

〔그림 7.8〕 용해도 데이터에 적용한 방사형 기반 함수 SVM 모델의 교차 검증 프로파일. 커널 인수는 σ = 0.0039로 구해진다.

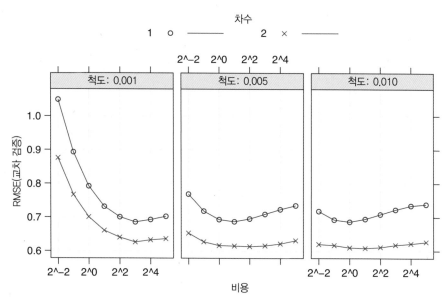

〔그림 7.9〕 용해도 데이터에 적용한 다항 SVM 모델의 교차 검증 프로파일. 최종 모델은 척도 0.01에 비용 값 2인 2차 모델로 만들어졌다.

는 척도 0.01에 비용 2를 사용한 2차 모델이 최적으로 나타났다([그림 7.9]).

앞과 비교해보면, 최적의 방사형 기반 모델과 최적의 SVM 모델은 (훈련 샘플 세트 951개 중) 623과 627이라는 상대적으로 비슷한 서포트 벡터 값을 사용한다. 또한 방사형기반 모델의 커널 변수를 튜닝하는 것이 (튜닝 인수가 3개인) 다항 모델을 튜닝하는 것보다 쉽다는 것을 짚고 넘어갈 필요도 있다.

SVM 모델과 다른 커널 방법의 문법은 계속 변화하면서 많은 대안이 제시돼왔다. 한가지 방법으로 연관 벡터 머신(Tipping, 2001)은 SVM 모델에 베이지안의 흐름을 적용한 것이다. 이 경우, 위에서 묘사한 변수 α의 사전 분포와 선택된 연관 벡터는 사후 분포를 통해 판단된다. 사후 분포가 0 주변에 너무 많이 몰려 있을 경우, 예측 방정식에는이 샘플을 사용하지 못한다. 이 모델에는 보통 SVM에 사용된 서포트 벡터보다 적은 연관 벡터가 사용된다.

7.4 *K*-최근접 이웃

*K*NN 방식은 단순히 훈련 세트에서 *K*개의 가장 근접한 샘플을 사용해 새로운 샘플에대해 예측한다([그림 4.3]과 유사하다). *K*NN은 이 장에서 소개하는 다른 방법들과 달리,[식 7.2]와 같은 모델 하나로 깔끔하게 정리되지 않는다. 대신, 이 모델은 훈련 데이터세트의 개별 샘플 데이터를 기반으로 만들어진다. 회귀 분석으로 새 샘플에 대해 예측할 때, *K*NN에서는 예측 변수 공간 중 해당 샘플의 *K*NN을 찾는다. 이때 새 샘플에 대해 예측된 응답값은 *K*개의 이웃 응답값의 평균이 된다. 중간값 같은 다른 통곗값 역시새 샘플에 대해 예측할 때 평균 대신 사용될 수 있다.

위에서 묘사한 기본 *K*NN 방법은 사용자가 샘플 간의 거리를 어떻게 정의하느냐에따라 달라진다. 유클리드 거리(두 샘플 간의 직선 거리)가 일반적으로 사용된다. 그 식은아래와 같다.

$$\left(\sum_{j=1}^{P} (x_{aj} - x_{bj})^2 \right)^{\frac{1}{2}},$$

이때 x_a와 x_b가 각각의 두 샘플이다. 민코프스키 거리^{Minkowski distance}는 유클리드 거리를일반화한 것으로써 그 식은 아래와 같다.

$$\left(\sum_{j=1}^{P} |x_{aj} - x_{bj}|^q \right)^{\frac{1}{q}},$$

이때 $q > 0$이다(Liu, 2007). $q = 2$일 때, 민코프스키 거리와 유클리드 거리가 동일하다는 것은 쉽게 알 수 있다. $q = 1$일 때 민코프스키 거리는 이진 예측 변수 샘플에서 일반적인 지표로 사용되는 맨하탄(또는 시티 블록city-block) 거리와 동일하다. 타니모토Tanimoto, 해밍Hamming, 코사인cosine 같은 다른 거리 지표도 많고, 각각 예측 변수 유형이나 특정 분야의 성격에 따라 더 적합한 것들이 있을 것이다. 한 가지 예로, 타니모토 거리의 경우 분자식이 이진 식별자로 표기된 계산 화학 문제에서 꾸준히 사용한다(McCarren et al., 2011).

KNN 기법은 기본적으로 샘플 간의 거리를 기반으로 하므로 예측 변수의 척도가 샘플 간 거리에 엄청난 영향을 미친다. 척도가 급격히 다른 예측 변수가 포함된 데이터의 경우, 데이터 간 거리를 구할 때 가장 큰 척도의 예측 변수에 가장 많은 무게가 쏠리게 될 것이다. 즉, 가장 큰 척도의 예측 변수가 샘플 간의 거리에 가장 크게 기여하게 된다는 뜻이다. 이런 편향 가능성을 피하고 각 예측 변수가 거리 계산에 동등한 영향을 미치게 하기 위해 KNN을 실행하기 전에 모든 예측 변수에 대해 중심화 및 척도화하는 것을 추천한다.

척도화 문제에 더해서 샘플 간의 거리를 사용할 때 샘플상에서 하나 이상의 예측 변숫값이 누락돼 있는 경우에는 샘플 간 거리를 계산할 수 없기 때문에 문제가 생길 수 있다. 이런 경우, 분석가가 취할 수 있는 방법은 두 가지다.

첫째, 해당 샘플이나 해당 예측 변수를 분석에서 제거할 수 있다. 하지만 이것은 가장 원치 않는 방법으로, 실제로는 샘플이나 예측 변수가 매우 넓게 분포돼 있는 경우에나 선택할 수 있는 방법이다. 만약, 예측 변수가 전 샘플에 걸쳐 충분한 양의 정보를 담고 있다면, 다른 대안인 결측값을 대치하는 방법을 선택할 수 있다. 이때 예측 변수의 평균 같은 나이브한 추정값을 선택하거나 완전히 채워져 있는 예측 변수를 사용해 최근접 이웃 방법 등을 사용할 수 있다(3.4장 참고).

데이터 전처리 및 거리 지표 선택 이후의 다음 단계는 최적 이웃 수를 찾는 것이다. 다른 모델에서의 튜닝 인수처럼, K 역시 리샘플링을 통해 판단할 수 있다. 용해도 데이터의 경우, 1부터 20까지 20개의 K 값에 대해 평가한다. [그림 7.10]에 나타난 것처럼, RMSE 프로파일은 처음 4개의 K 값에 거쳐 급격히 줄어들다가 $K = 8$인 단계를 통과하면서 K 값이 증가함에 따라 RMSE도 꾸준히 증가한다. K가 작은 경우에는 보통 과적

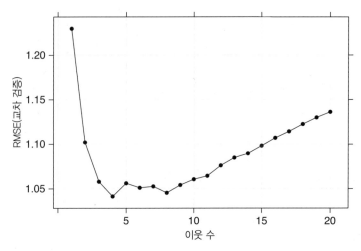

〔그림 7.10〕 용해도 데이터에 적용된 KNN 모델에 대한 RMSE 교차 검증 프로파일. 이웃의 최적 수는 4다.

합 현상을 보이고, K가 큰 경우에는 과소 적합 현상을 보이게 되므로 이런 성능 프로파일은 KNN에서는 일반적이다. 후보값에 걸쳐 RMSE의 범위는 1.041에서 1.23까지로 $K=4$일 때 값이 가장 작아진다. 이때 최적의 K에 대한 교차 검증 R^2 값은 0.747이다.

KNN의 기본 버전은 직관적이고, 단순하며 적절한 예측값을 만들어 낸다. 특히, 응답 변수가 지역 예측 변수에 대해 구조적으로 의존하는 경우에는 더욱 쉽다. 하지만 이 버전은 몇 가지 중요한 문제점이 있고, 이에 대해 학자들이 해법을 찾아냈다. 많이 알려진 두 가지 문제점은 계산 시간 문제와 지역 구조와 KNN의 예측력 간 연결고리가 없다는 문제다.

우선, 샘플 예측에 있어서 한 샘플과 다른 모든 샘플 간의 거리를 계산해야 한다. 따라서 훈련 데이터 세트를 메모리에 올려야 하고, 새 샘플과 모든 훈련 샘플 간의 거리를 계산해야 하므로 n에 따라 계산 시간이 증가한다. 이 문제를 완화시키기 위해 원데이터의 위치를 나타내는 식으로 데이터가 메모리를 덜 사용하는 형태로 원데이터를 대체하는 법도 있다. 이런 방식에 대한 하나의 예제로는 k-차원 트리(k-d 트리)가 있다(Bentley, 1975). k-d 트리는 트리 구조를 사용해 예측 변수 공간을 수직으로 나누지만, 8장에서 소개할 트리 종류와는 다른 규칙을 사용한다.

트리가 만들어진 후, 새 샘플이 이 구조에 따라 배치된다. 거리는 트리상에서 새 샘플과 가까운 훈련 데이터의 관측값에 대해서만 계산된다. 이 방식은 계산 성능을 눈에 띄게 향상시켜주며, 이는 특히 훈련 샘플의 수가 예측 변수 수보다 훨씬 많은 경우에 두드러진다.

 KNN 방식은 지역 예측 변수 구조가 응답 변수와 연관이 없는 경우, 예측 성능이 낮을 수 있다. 연관성이 없거나 잡음이 많은 예측 변수가 한 가지 원인이 될 수도 있다. 이 경우, 예측 변수 공간상에서 유사한 샘플이 멀리 위치하게 될 수도 있기 때문이다. 따라서 연관이 없거나 잡음이 많은 예측 변수를 제거하는 것은 KNN에 있어서 핵심 전처리 단계다. KNN의 예측력을 높이는 다른 방법으로는 새 샘플에 대한 거리를 기반으로 새 샘플을 예측할 때 이웃의 기여도를 가중값으로 두는 것이다. 이런 식으로 변형하면, 새 샘플과 가까운 훈련 샘플은 예측 응답값에 더 기여하게 되고, 멀리 있는 샘플은 예측 응답값에 영향을 덜 미치게 된다.

7.5 컴퓨팅

이 장에서는 caret, earth, kernlab, nnet 패키지의 함수들을 사용할 것이다.

 R에는 신경망을 만들 수 있는 여러 패키지와 함수가 있다. 관련 패키지로는 nnet, neural, RSNNS가 있다. 여기서 주로 초점을 맞추고 있는 nnet 패키지는 이 장에서 강조한 기본 신경망 모델(은닉 유닛이 1단계인)과 가중값 감소를 사용하며, 문법이 단순하다. RSNNS는 넓은 범위의 신경망을 지원한다. 버그미어[Bergmeir]와 베니테즈[Benitez]는 R에서 사용할 수 있는 다양한 신경망 모델 패키지를 정리하고, RSNNS 설명서를 만들었다 (2012).

신경망 모델

회귀 모델에 맞출 때 nnet 함수를 사용하면, 수식 및 비수식 방식 모두를 적용할 수 있다. 회귀의 경우, 은닉 유닛과 예측값 간의 선형 관계는 linout = TRUE를 명기해서 사용할 수 있다. 기본 신경망 함수는 아래와 같이 호출한다.

```
> nnetFit <- nnet(predictors, outcome,
+               size = 5,
+               decay = 0.01,
+               linout = TRUE,
+               ## 출력되는 결과 양을 줄임.
```

```
+               trace = FALSE,
+               ## 인수 추정값을 찾기 위한
+               ## 반복 횟수를 늘림.
+               maxit = 500,
+               ## 모델에 사용되는 인수 수
+               MaxNWts = 5 * (ncol(predictors) + 1) + 5 + 1)
```

이 함수는 5개의 은닉 유닛을 가진 하나의 모델을 생성한다. 이때, predictors의 데이터는 동일한 척도로 표준화돼 있다고 가정한다.

모델 평균을 사용할 때는 비슷한 문법으로 caret 패키지의 avNNet을 사용하면 된다.

```
> nnetAvg <- avNNet(predictors, outcome,
+                size = 5,
+                decay = 0.01,
+                ## 얼마나 많은 모델에 대한 평균을 구할지 명시함.
+                repeats = 5,
+                linout = TRUE,
+                ## 출력되는 결과 양을 줄임.
+                trace = FALSE,
+                ## 인수 추정값을 찾기 위한
+                ## 반복 횟수를 늘림.
+                maxit = 500,
+                ## 모델에 사용되는 인수 수
+                MaxNWts = 5 * (ncol(predictors) + 1) + 5 + 1)
```

또한 새 샘플은 아래와 같이 처리된다.

```
> predict(nnetFit, newData)
> ## 또는
> predict(nnetAvg, newData)
```

리샘플링을 통해 은닉 유닛의 수와 가중값 감소량을 선택할 때 앞의 방법을 그대로 사용하려면, train 함수를 적용하면 된다. 이때 method ="nnet"이나 method = "avNNet"을 적용한다. 우선 모든 예측 변수 간의 최대 상관계수 절댓값이 0.75보다 작도록 하기 위해 필요한 예측 변수를 제거한다 .

```
> ## findCorrelation 함수에서는 예측 변수 행렬을 사용해
> ## 모든 예측 변수가 임계값 이하를 유지하기 위해
> ## 제거해야 할 행 번호를 판단한다.
```

```
> tooHigh <- findCorrelation(cor(solTrainXtrans), cutoff = .75)
> trainXnnet <- solTrainXtrans[, -tooHigh]
> testXnnet <- solTestXtrans[, -tooHigh]
> ## 평가 모델 후보 집합을 생성한다.
> nnetGrid <- expand.grid(.decay = c(0, 0.01, .1),
+                         .size = c(1:10),
+                         ## 다음 옵션은 서로 다른 랜덤 시드 값 대신
+                         ## 배깅(다음 장 참고)을 사용하기 위한
+                         ## 것이다.
+                         .bag = FALSE)
> set.seed(100)
> nnetTune <- train(solTrainXtrans, solTrainY,
+                   method = "avNNet",
+                   tuneGrid = nnetGrid,
+                   trControl = ctrl,
+                   ## 모델링 전에 데이터를 자동으로 표준화한다.
+                   preProc = c("center", "scale"),
+                   linout = TRUE,
+                   trace = FALSE,
+                   MaxNWts = 10 * (ncol(trainXnnet) + 1) + 10 + 1,
+                   maxit = 500)
```

다변량 가법 회귀 스플라인

MARS 모델은 여러 패키지에 포함돼 있지만, earth 패키지에 가장 다양하게 구현돼 있다. 명목형 포워드 패스와 가지치기 단계를 사용하는 MARS 모델은 간단히 호출할 수 있다.

```
> marsFit <- earth(solTrainXtrans, solTrainY)

> marsFit
  Selected 38 of 47 terms, and 30 of 228 predictors
  Importance: NumNonHAtoms, MolWeight, SurfaceArea2, SurfaceArea1, FP142, ...
  Number of terms at each degree of interaction: 1 37 (additive model)
  GCV 0.3877448    RSS 312.877    GRSq 0.907529    RSq 0.9213739
```

이때 이 모델은 모델 선정을 위해 내부적으로 GCV 기법을 사용하므로 이 모델의 세부 내역은 이 장에서 앞에서 사용했던 것과는 다르다는 것을 염두에 두자. summary 함수는

보다 상세한 결과값을 보여준다.

```
> summary(marsFit)
  Call: earth(x=solTrainXtrans, y=solTrainY)

                                      coefficients
  (Intercept)                          -3.223749
  FP002                                 0.517848
  FP003                                -0.228759
  FP059                                -0.582140
  FP065                                -0.273844
  FP075                                 0.285520
  FP083                                -0.629746
  FP085                                -0.235622
  FP099                                 0.325018
  FP111                                -0.403920
  FP135                                 0.394901
  FP142                                 0.407264
  FP154                                -0.620757
  FP172                                -0.514016
  FP176                                 0.308482
  FP188                                 0.425123
  FP202                                 0.302688
  FP204                                -0.311739
  FP207                                 0.457080
  h(MolWeight-5.77508)                 -1.801853
  h(5.94516-MolWeight)                  0.813322
  h(NumNonHAtoms-2.99573)              -3.247622
  h(2.99573-NumNonHAtoms)               2.520305
  h(2.57858-NumNonHBonds)              -0.564690
  h(NumMultBonds-1.85275)              -0.370480
  h(NumRotBonds-2.19722)               -2.753687
  h(2.19722-NumRotBonds)                0.123978
  h(NumAromaticBonds-2.48491)          -1.453716
  h(NumNitrogen-0.584815)               8.239716
  h(0.584815-NumNitrogen)              -1.542868
  h(NumOxygen-1.38629)                  3.304643
  h(1.38629-NumOxygen)                 -0.620413
  h(NumChlorine-0.46875)              -50.431489
  h(HydrophilicFactor- -0.816625)       0.237565
  h(-0.816625-HydrophilicFactor)       -0.370998
```

```
      h(SurfaceArea1-1.9554)              0.149166
      h(SurfaceArea2-4.66178)            -0.169960
      h(4.66178-SurfaceArea2)            -0.157970

Selected 38 of 47 terms, and 30 of 228 predictors
Importance: NumNonHAtoms, MolWeight, SurfaceArea2, SurfaceArea1, FP142, ...
Number of terms at each degree of interaction: 1 37 (additive model)
GCV 0.3877448    RSS 312.877    GRSq 0.907529    RSq 0.9213739
```

이 결과에서 $h(\cdot)$는 경첩 함수다. 위의 결과에서 h(MolWeight-5.77508)는 분자 무게
가 5.77508보다 작을 때 0이라는 뜻이다([그림 7.3] 상단 그래프와 유사함). 거울 경첩 함
수는 h(5.77508 - MolWeight)로 나타난다.

earth 패키지의 plotmo 함수를 사용해 [그림 7.5]와 유사한 그래프를 생성할 수 있다.
외부 리샘플링을 사용해 모델을 튜닝할 때는 train 함수를 사용한다. 다음 코드는 [그
림 7.4]의 결과를 다시 만들어 낸다.

```
> # 테스트할 후보 모델을 정의한다.
> marsGrid <- expand.grid(.degree = 1:2, .nprune = 2:38)
> # 시드 값을 고정해 동일한 결과를 다시 만든다.
> set.seed(100)
> marsTuned <- train(solTrainXtrans, solTrainY,
+                    method = "earth",
+                    # 테스트할 후보 모델을 명시적으로 선언한다.
+                    tuneGrid = marsGrid,
+                    trControl = trainControl(method = "cv"))

> marsTuned

  951 samples
  228 predictors

No pre-processing
Resampling: Cross-Validation (10-fold)

Summary of sample sizes: 856, 857, 855, 856, 856, 855, ...

Resampling results across tuning parameters:
```

degree	nprune	RMSE	Rsquared	RMSE SD	Rsquared SD
1	2	1.54	0.438	0.128	0.0802
1	3	1.12	0.7	0.0968	0.0647
1	4	1.06	0.73	0.0849	0.0594
1	5	1.02	0.75	0.102	0.0551
1	6	0.984	0.768	0.0733	0.042
1	7	0.919	0.796	0.0657	0.0432
1	8	0.862	0.821	0.0418	0.0237
:	:	:	:	:	:
2	33	0.701	0.883	0.068	0.0307
2	34	0.702	0.883	0.0699	0.0307
2	35	0.696	0.885	0.0746	0.0315
2	36	0.687	0.887	0.0604	0.0281
2	37	0.696	0.885	0.0689	0.0291
2	38	0.686	0.887	0.0626	0.029

RMSE was used to select the optimal model using the smallest value.
The final values used for the model were degree = 1 and nprune = 38.

```
> head(predict(marsTuned, solTestXtrans))
 [1]  0.3677522 -0.1503220 -0.5051844 0.5398116 -0.4792718 0.7377222
```

MARS 모델의 각 예측 변수 중요도를 추정하는 함수로는 earth 패키지의 evimp와 caret 패키지의 varImp가 있다(후자의 경우, 전자를 호출한다).

```
> varImp(marsTuned)
  earth variable importance

    only 20 most important variables shown (out of 228)

              Overall
MolWeight      100.00
NumNonHAtoms    89.96
SurfaceArea2    89.51
SurfaceArea1    57.34
FP142          44.31
FP002          39.23
NumMultBonds   39.23
FP204          37.10
```

FP172	34.96
NumOxygen	30.70
NumNitrogen	29.12
FP083	28.21
NumNonHBonds	26.58
FP059	24.76
FP135	23.51
FP154	21.20
FP207	19.05
FP202	17.92
NumRotBonds	16.94
FP085	16.02

이 결과는 0과 100 사이의 값으로 척도화됐으며, [표 7.1]의 결과와는 다르다([표 7.1]
의 모델은 전체 모델 확장 및 가지치기 과정이 생략됐다). 여기서 처음 몇 개의 변수 이후, 잔차
가 모델 중요도에 비해 훨씬 작았다는 것을 기억해두자.

서포트 벡터 머신

서포트 벡터 머신이 구현된 R 패키지는 여러 개가 있다. e1071 패키지의 svm 함수는 회
귀에 LIBSVM 라이브러리를 연동해서 사용한다(Chang and Lin, 2011). 회귀용 SVM 모델
을 보다 포괄적으로 구현한 것에는 kernlab 패키지가 있다(Karatzoglou et al., 2004). 이
패키지에서 ksvm 함수를 보면, 회귀 모델 및 다양한 커널 함수를 사용할 수 있다. 방사
형 기본 함수가 기본 커널 함수다. 가능한 비용값과 커널 변수를 안다면, 아래와 같이
이 모델을 만들 수 있다.

```
> svmFit <- ksvm(x = solTrainXtrans, y = solTrainY,
+               kernel ="rbfdot", kpar = "automatic",
+               C = 1, epsilon = 0.1)
```

함수에서 자동으로 σ을 추정하기 위한 분석을 한다. y가 숫자 벡터이므로 이 함수에서
는 (분류 모델이 아닌) 회귀 모델을 만든다. 다항식 또는 (using kernel = "polydot") 선
형(kernel = "vanilladot") 등의 다른 커널 함수도 사용할 수 있다.

값을 알 수 없는 경우에는 리샘플링을 통해 추정한다. train 함수에서 method에
"svmRadial", "svmLinear"이나 "svmPoly"를 넣어주면 각각 다른 커널을 만든다.

```
> svmRTuned <- train(solTrainXtrans, solTrainY,
+                    method = "svmRadial",
+                    preProc = c("center", "scale"),
+                    tuneLength = 14,
+                    trControl = trainControl(method = "cv"))
```

tuneLength 인수는 2^{-2}, 2^{-1}, ...간의 14개의 비용값을 그리드 서치를 통해 찾을 것이다. 그리고 여기서도 기본적으로 σ 값을 수치적으로 추정한다.

```
> svmRTuned
  951 samples
  228 predictors

Pre-processing: centered, scaled
Resampling: Cross-Validation (10-fold)

Summary of sample sizes: 855, 858, 856, 855, 855, 856, ...

Resampling results across tuning parameters:
  C     RMSE   Rsquared  RMSE SD  Rsquared SD
  0.25  0.793  0.87      0.105    0.0396
  0.5   0.708  0.889     0.0936   0.0345
  1     0.664  0.898     0.0834   0.0306
  2     0.642  0.903     0.0725   0.0277
  4     0.629  0.906     0.067    0.0253
  8     0.621  0.908     0.0634   0.0238
  16    0.617  0.909     0.0602   0.0232
  32    0.613  0.91      0.06     0.0234
  64    0.611  0.911     0.0586   0.0231
  128   0.609  0.911     0.0561   0.0223
  256   0.609  0.911     0.056    0.0224
  512   0.61   0.911     0.0563   0.0226
  1020  0.613  0.91      0.0563   0.023
  2050  0.618  0.909     0.0541   0.023
```

Tuning parameter 'sigma' was held constant at a value of 0.00387
RMSE was used to select the optimal model using the smallest value.
The final values used for the model were C = 256 and sigma = 0.00387.

finalModel이라는 하위 객체는 ksvm 함수가 만든 모델을 포함한다.

```
> svmRTuned$finalModel
  Support Vector Machine object of class "ksvm"

  SV type: eps-svr (regression)
   parameter : epsilon = 0.1 cost C = 256
  Gaussian Radial Basis kernel function.
   Hyperparameter : sigma = 0.00387037424967707

  Number of Support Vectors : 625

  Objective Function Value : -1020.558
  Training error : 0.009163
```

여기서 이 모델은 서포트 벡터로 625개의 훈련 세트 데이터를 사용한 모델을 확인할 수 있다(훈련 세트의 66% 사용).

kernlab에서는 rvm 함수를 사용해 회귀 RVM 모델을 구현할 수 있다. 문법은 ksvm 예제와 매우 유사하다.

K-최근접 이웃

caret 패키지의 knnreg 함수를 사용하면 *K*NN 회귀 모델을 만들 수 있다. train 함수를 사용해 모델을 *K*에 맞춰 튜닝할 수 있다.

```
> # 우선 너무 떨어져 있고 불균형한 식별자를 제거한다.
> knnDescr <- solTrainXtrans[, -nearZeroVar(solTrainXtrans)]
> set.seed(100)
> knnTune <- train(knnDescr,
+                  solTrainY,
+                  method = "knn",
+                  # 새로운 예측을 위해 중심화 및 척도화를 실행한다.
+                  preProc = c("center", "scale"),
+                  tuneGrid = data.frame(.k = 1:20),
+                  trControl = trainControl(method = "cv"))
```

이 객체로 새 샘플에 대해 예측을 실행할 때, 새 샘플은 훈련 세트를 기반으로 판단된 값을 사용해 자동으로 척도화 및 중심화가 이뤄진다.

연습 문제

7.1 [그림 7.7]에서의 사인 곡선과 같은 단일 예측 변수와 비선형 관계를 시뮬레이션하고, 서포트 벡터 머신 모델에서의 비용값, ϵ, 커널 인수 간의 관계를 파악하라.

```
> set.seed(100)
> x <- runif(100, min = 2, max = 10)
> y <- sin(x) + rnorm(length(x)) * .25
> sinData <- data.frame(x = x, y = y)
> plot(x, y)
> ## 예측에 사용할 x 값의 구간을 만든다.
> dataGrid <- data.frame(x = seq(2, 10, length = 100))
```

(a) 방사형 기반 함수를 사용해 다른 모델을 만들고, 비용값(변수 C)과 ϵ의 값을 새로 구하라. 적합 곡선을 그려보자. 그 예는 아래와 같다.

```
> library(kernlab)
> rbfSVM <- ksvm(x = x, y = y, data = sinData,
+                kernel ="rbfdot", kpar = "automatic",
+                C = 1, epsilon = 0.1)
> modelPrediction <- predict(rbfSVM, newdata = dataGrid)
> ## 행이 1개인 행렬이다.
> ## 기존 그래프에 점을 추가해 모델 예측값을 나타낸다.
> points(x = dataGrid$x, y = modelPrediction[,1],
+ type = "l", col = "blue")
> ## 다른 변수에 대해서도 시도해본다.
```

(b) kpar = list(sigma = 1) 같은 식으로 kpar 인수를 사용해 σ를 수정할 수 있다. σ를 다른 값으로 바꿔보면서 이 변수가 모델 적합도를 어떻게 변경하는지 살펴보자. 비용 변수, ϵ, σ 값이 모델에 어떻게 영향을 미치는가?

7.2 프리드먼(Friedman, 1991)은 시뮬레이션으로 만든 여러 벤치마크 데이터를 소개했다. 이 시뮬레이션 중 하나는 데이터를 만드는 데 아래와 같은 비선형 방정식을 사용했다.

$$y = 10\sin(\pi x_1 x_2) + 20(x_3 - 0.5)^2 + 10x_4 + 5x_5 + N(0, \sigma^2)$$

여기서 x 값은 [0, 1] 사이에서 균등 분포를 나타내는 임의의 수다(이 시뮬레이션에서는 비슷하게 정보가 없는 변수가 5개 더 있다). Mlbench 패키지에는 mlbench.friedman1이라는 데이터 시뮬레이션 함수가 있다.

```
> library(mlbench)
> set.seed(200)
> trainingData <- mlbench.friedman1(200, sd = 1)
> ## 데이터 프레임에서 행렬로 데이터 'x'를 변환한다.
> ## 이렇게 하는 한 가지 이유는 이를 통해 행에 이름을 붙일 수 있다는 것이다.
> trainingData$x <- data.frame(trainingData$x)
> ## 데이터가 사용되는 것을 보자.
> featurePlot(trainingData$x, trainingData$y)
> ## 다른 기법에서 어떻게 사용되는지도 보자.
>
> ## 이를 통해 'y' 벡터와 'x' 예측 변수 행렬로 구성된 리스트가 만들어진다.
> ## 또한 큰 테스트 세트에 대해 시뮬레이션해본다.
> ## 예측률이 좋을 때의 실제 오차율을 추정한다.
> testData <- mlbench.friedman1(5000, sd = 1)
> testData$x <- data.frame(testData$x)
>
```

이 데이터에 대해 여러 모델을 튜닝해본다. 한 가지 예는 아래와 같다.

```
> library(caret)
> knnModel <- train(x = trainingData$x,
+                   y = trainingData$y,
+                   method = "knn",
+                   preProc = c("center", "scale"),
+                   tuneLength = 10)
> knnModel
  200 samples
   10 predictors

Pre-processing: centered, scaled
Resampling: Bootstrap (25 reps)

Summary of sample sizes: 200, 200, 200, 200, 200, 200, ...

Resampling results across tuning parameters:
```

```
k   RMSE   Rsquared   RMSE SD   Rsquared SD
5   3.51   0.496      0.238     0.0641
7   3.36   0.536      0.24      0.0617
9   3.3    0.559      0.251     0.0546
11  3.24   0.586      0.252     0.0501
13  3.2    0.61       0.234     0.0465
15  3.19   0.623      0.264     0.0496
17  3.19   0.63       0.286     0.0528
19  3.18   0.643      0.274     0.048
21  3.2    0.646      0.269     0.0464
23  3.2    0.652      0.267     0.0465

RMSE was used to select the optimal model using the smallest value.
The final value used for the model was k = 19.
> knnPred <- predict(knnModel, newdata = testData$x)
> ## 'postResample' 함수를 사용해서
> ## 테스트 세트의 성능값을 구한다.
> postResample(pred = knnPred, obs = testData$y)
     RMSE Rsquared
3.2286834 0.6871735
```

어떤 모델이 성능이 가장 좋았는가? MARS로(X1–X5) 정보성 변수를 찾았는가?

7.3 앞 장에서 사용한 테스트 데이터에 대해 SVM, 신경망, MARS, *K*NN 모델을 만들자. 높은 상관관계를 가진 예측 변수에 대해 신경망이 유난히 민감하다. PCA를 통한 전처리가 이 모델에 효과가 있을까?

7.4 연습 문제 6.2의 투과성 문제로 돌아가보자. 다양한 비선형 회귀 모델을 사용해 리샘플링과 테스트 세트에 대한 성능을 평가하자.

(a) 어느 비선형 회귀 모델이 최적의 리샘플링 및 테스트 세트에 대한 성능을 보이는가?

(b) 연습 문제 6.2에서 개발했던 최적의 선형 모델보다 더 나은 성능의 비선형 회귀 모델이 있는가? 있다면, 이를 통해 예측 변수와 응답 변수 간에 내재돼 있는 관계에 대해 어떤 것을 알 수 있는가? RMSE가 선택에 사용됐다.

(c) 여기서 만든 예측 모델을 투과성 실험을 대체하기 위한 용도로 추천할 것인가?

7.5 연습 문제 6.3에서는 화학 공정 프로세스에 사용되는 데이터에 대해 설명했다. 앞과 동일한 데이터 결측값 추정, 데이터 나누기, 전처리 단계를 거친 후 여러 비선형 회귀 모델을 적용해보자.

(a) 어느 비선형 회귀 모델이 최적의 리샘플링 및 테스트 세트에 대한 성능을 보이는가?

(b) 최적의 비선형 모델을 구하는 데는 어떤 변수가 가장 중요했나? 생물학 변수와 공정 변수 중 어느 쪽이 많은가? 최적의 선형 모델로부터 상위 10개의 예측 변수를 뽑아 여기서의 상위 10개의 예측 변수와 비교해보자. 어떻게 다른가?

(c) 최적의 비선형 회귀 모델에서 단독으로 사용된 예측 변수에 대해 상위 예측 변수와 응답 변수 간의 관계를 살펴보자. 이에 대한 그래프를 통해 생물학 변수와 공정 변수 그리고 이들 간의 관계에 대해 어떤 감이 오는가?

08
회귀 트리와 규칙 기반 모델

트리 기반 모델은 내부적으로 1개 이상의 예측 변수에 대해 데이터를 나누는 if-then[1] 구문으로 이뤄져 있다. 이 모델은 이렇게 데이터를 나눠 결과를 예측한다. 예를 들어, 매우 단순한 트리는 아래와 같이 정의한다.

```
if Predictor A >= 1.7 then
|   if Predictor B >= 202.1 then Outcome = 1.3
|   else Outcome = 5.6
else Outcome = 2.5
```

이 경우, 2차 예측 변수 공간은 3개의 구역으로 나뉘고, 각 구역에서 결과는 하나의 수 (1.3, 2.5, 5.6 등)로 나온다. [그림 8.1]을 보면 예측 공간에서 이런 규칙을 표현한 것을 알 수 있다.

트리 모델 관점에서 데이터에 대해 두 번의 분기를 주면, 이를 통해 트리에 3개의 말단 노드나 잎을 만든다. 새 샘플에 대한 예측값을 구하려면, 끝에 도달할 때까지 샘플의 예

---

[1] if-then(만약, -그렇다면) 구문: 만약, A일 경우 B를 실행하라는 형식의 조건 구문_옮긴이

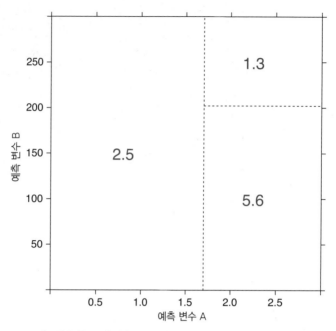

〔그림 8.1〕 트리 기반 모델에 의해 정의된 구역별 예측값 예제

측 변수들 값을 사용해 만들어진 트리상의 if-then 구문을 계속 따라가야 한다. 모델의 말단 노드에 있는 수식을 통해 최종 예측값을 생성한다. 위에서 나타낸 것처럼, 모델은 단순한 숫자값으로 나타난다. 또는 최종 노드는 예측 변수들로 만들어진 보다 복잡한 함수 형태를 띠고 있기도 한다. 회귀 트리는 8.1, 8.2장에서 설명한다.

트리에서 만든 if-then 구문은 어떤 샘플에 대해서든 하나의 최종 노드로 가도록 하는 단일 경로를 정의해줄 것이다. 규칙은 (트리상에서 가능한) if-then 상태들의 집합으로, 각각 독립적인 상태를 정의한다. 위의 예제상에는 세 가지 규칙이 존재한다.

```
if Predictor A >= 1.7 and Predictor B >= 202.1 then Outcome = 1.3
if Predictor A >= 1.7 and Predictor B < 202.1 then Outcome = 5.6
if Predictor A < 1.7 then Outcome = 2.5
```

규칙들은 샘플들이 여러 규칙에 해당될 수 있도록 단순화되거나 정돈된다. 이런 접근을 통해 단순한 트리 기반 모델이 더욱 장점을 갖게 된다. 규칙 기반 모델은 8.3장 및 8.7장에서 설명한다.

트리 기반 모델과 규칙 기반 모델은 여러 가지 이유로 널리 쓰이는 모델링 방안이다. 우선, 이 모델은 매우 해석하기 쉽고, 설명하기 쉬운 조건문들로 만든다. 또한 모델 구현 논리에 따라 여러 유형의 변수(넓은 분포, 한쪽으로 치우친 경우, 연속형, 범주형 등)를 전처리할 필요 없이 효과적으로 처리할 수 있다. 게다가 이 모델들은 선형 회귀 모델 등과 같이 예측 변수와 응답 변수 간의 관계를 정의할 필요가 없다. 또한 이 모델은 결측값을 효과적으로 처리할 수 있고, 내부적으로 특징 선택을 실행하므로 실생활에서의 모델링 문제를 처리하기에 매우 적합한 특성을 갖고 있다.

하지만 단일 트리나 규칙만으로는 매우 취약하다. 잘 알려진 두 가지 약점은 (1) 모델 불안정성(데이터가 조금만 달라져도 트리나 규칙 구조가 매우 달라지며, 이에 따라 해석도 완전히 달라진다)과 (2) 예측 성능이 최적 이하로 나오게 되는 것이다. 후자의 경우가 발생하는 이유는 이 모델들은 더 많은 유사 형태의 결과값을 포함하는 사각형 범위를 정의하는 형식의 특성을 갖기 때문이다. 예측 변수와 응답 변수 간의 관계가 예측 변수의 사각형 공간에서는 명확히 정의되기 어려우므로 트리 기반이나 규칙 기반 모델에서는 다른 종류의 모델보다 예측 오차가 더 커질 수 있다.

연구자들은 이런 문제를 해결하기 위해 여러 트리(및 규칙 기반 모델)를 한 모델에서 결합한 앙상블 기법을 개발했다. 앙상블 기법은 단일 트리보다 훨씬 나은 예측 성능을 보인다(규칙 기반 모델들보다 일반적으로 더 낫다). 앙상블은 8.4~8.7장에서 다룬다.

8.1 기본 회귀 트리

기본 회귀 트리는 데이터를 응답 변수에 따라 비슷한 값을 갖는 보다 작은 그룹으로 나눈다. 결과값의 유사성을 찾기 위해 회귀 트리에서는 아래 내용을 판단한다.

- 구분을 위한 예측 변수와 구분값
- 트리의 단계나 복잡성
- 최종 노드의 예측 방정식

이 장에서는 최종 노드가 단순 상수인 모델을 사용하는 기법에 대해 주로 설명할 것이다.

회귀 트리를 만드는 데는 많은 방법이 있다. 가장 오래 되고, 많이 사용되는 방법 중 하나로는 브레이먼Breiman 등의 분류 및 회귀 트리classification and regression tree, CART 방법을 들 수 있다(1984). 회귀의 경우, 모델은 전체 데이터 세트 S를 사용해 모든 예측 변수의 모든 값에 대해 전체 오차 제곱 합을 최소화하면서 데이터를 두 그룹(S_1, S_2)으로 나누기 위한 예측 변수의 값을 탐색한다.

$$\text{SSE} = \sum_{i \in S_1}(y_i - \bar{y}_1)^2 + \sum_{i \in S_2}(y_i - \bar{y}_2)^2, \qquad (8.1)$$

여기서 수식 $\bar{y}_1$과 수식 $\bar{y}_2$는 S_1과 S_2 그룹 각각에 대한 훈련 데이터 세트의 결과값의 평균이다. S_1, S_2 그룹 각각에 대해 예측 변수를 통해 SSE를 가장 많이 줄일 수 있는 값을 사용해 데이터를 분리한다. 회귀 트리의 반복 분할 특성 때문에 이 방법은 반복 분할 recursive partitioning 방식으로도 알려져 있다.

용해도 데이터로 돌아가보자. [그림 8.2]는 (단위를 변환한) 탄소 원자 수로 분할한 경우의 SSE를 나타내고 있다. 회귀 트리 방식을 사용했을 때, 이 변수에 대한 최적의 구분점은 3.78이다. 이 구분점에 대해 SSE를 줄이려면, 다른 모든 예측 변수의 최적값과 S_1과 S_2를 나누는 데 사용된 최소 오차 절댓값에 대한 구분점을 비교해야 한다. 모든 다른 변수를 고려한 후, 이 변수에 대한 최적값을 선택한다([그림 8.3] 참고). 이 과정이 여기서

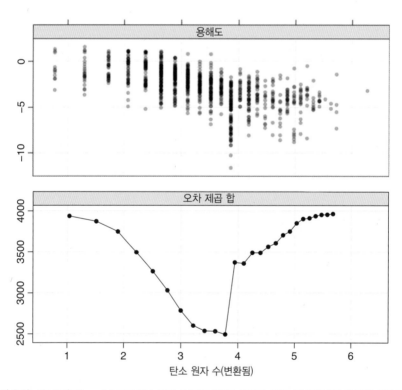

[**그림 8.2**] **위**: 용해도(y-axis) 대비 탄소 원자 수(척도 변환) 산점도. **아래**: 이 예측 변수에 대한 모든 가능한 분기점에 대한 SSE 프로파일. 여기서 사용된 분기점은 두 가지 서로 다른 데이터 값 간의 중간점이다.

멈춘 경우, 이 예측 변수가 3.78보다 작은 모든 샘플값에 대해 결과값이 −1.84로 예측될 것이다(이 샘플의 용해도 평균값이다). 또한 이 분기점 이상의 샘플은 모두 −4.49의 예측값이 나올 것이다.

만약, 탄소 원자 수 >= 3.78라면 Solubility = -4.49이고, 아닌 경우는 Solubility = -1.84다.

실제로 이 과정은 S_1과 S_2 각각에 대해 분기되는 샘플 수가 특정 수치(20개의 샘플 같이)로 떨어질 때까지 계속 이뤄진다. 이 과정은 트리 생장 단계로 넘어가면서 종결된다. [그림 8.4]에서는 예제 데이터의 두 번째 분기를 나타낸다.

예측 변수가 연속형인 경우, 데이터는 자연히 정렬돼 있으므로 최적 분기점을 직관적으로 찾아낸다. 이진형 예측 변수의 경우도 분기점이 하나만 가능하기 때문에 역시 분기점을 구하기 쉽다. 하지만 예측 변수가 2개 이상의 범주로 이뤄지는 경우, 최적의 분기점을 찾는 과정은 2개 이상의 경로를 거쳐야 할 수도 있다. 보다 자세한 내용은 14.1장을 참고하라.

일단 전체 트리가 만들어지면, 트리가 매우 커지면서 훈련 데이터 세트에 과적합되는 경향이 있다. 그 후 트리는 가지치기를 하면서 단계를 줄인다. 브레이먼 등(Breiman et al., 1984)이 이를 사용한 과정은 비용 대비 복잡도 기준 튜닝이다. 이 과정의 목적은 최소 오차율을 갖는 "적합한 크기의 트리"를 찾는 것이다. 이를 위해 트리 크기를 사용해 오차율에 벌점을 매긴다.

$$SSE_{c_p} = SSE + c_p \times (\text{# 말단 노드 수}),$$

이때 c_p는 복잡도 변수다. 복잡도 변수에 특정값을 넣음에 따라 최저 벌점 오차율을 보이는 최소의 가지친 트리를 구할 수 있다. 브레이먼 등(1984)은 c_p의 몇 가지 값에 대한 최적의 트리를 찾는 것에 대한 이론과 알고리즘을 정리했다. 앞에서 논의한 다른 정규화 방식과 같이, 벌점이 작을수록 모델이 보다 복잡해지는 경향이 있다. 이 경우에서는 벌점이 작을수록 트리가 커지는 결과를 보인다. 복잡도 변수에 들어가는 값이 커질수록(그루터기처럼) 분기가 하나만 있거나 어쩌면 분기가 전혀 없는 나무가 될 수도 있다. 후자의 경우, 현재의 복잡도 변숫값상에서는 어떠한 예측 변수도 다양한 결과값을 나타낼 수 없다는 것을 나타낸다.

최적의 가지치기된 트리를 찾기 위해서는 c_p 값들에 따른 데이터를 계산해봐야 한다. 이 과정에서는 각각의 선택된 c_p 값에 따른 SSE를 구한다. 하지만 우리는 이 SSE들로부터 관측 샘플이 다른 경우, 매우 다양하게 나올 수 있다는 사실을 익히 알고 있다. 브레

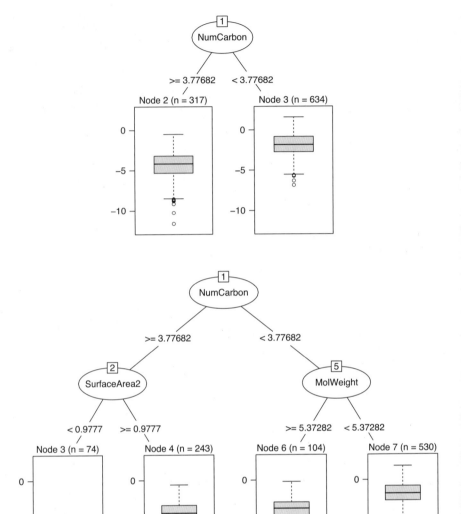

〔그림 8.3〕 위: 용해도 데이터의 초기 분기. 아래: 첫 분기 이후 두 그룹은 4개로 나눠진다.

이면 등(1984)은 각 c_p 값에 따른 SSE의 분산을 이해하기 위해 4장에서 논의했던 것과 유사한 교차 검증 방식을 제시했다. 또한 가장 단순한 트리를 정의하기 위해 1-표준 오차 규칙을 사용하는 방안도 제시했다. 트리의 오차 절댓값이 최소가 되는 1-표준 오차 내에서 가장 작은 트리를 찾는 것이다(105쪽의 4.6장을 참고하라). 다른 방법으로는 수치적으로 가장 작은 오차값을 갖는 트리 크기를 선택하는 것이 있다(Hastie et al., 2008).

용해도 데이터를 사용해 회귀 트리를 만들 때 1-표준 오차 규칙을 사용하면, 11개의 말단 노드($c_p = 0.01$)를 갖는 형태로, 이때 RMSE의 교차 검증 추정값은 1.05다. [그림 8.4]에는 회귀 트리 모델이 나타나 있다. 모델에 있는 모든 분기점은 연속형이나 서수형 예측 변수를 포함하고 있고, 트리의 여러 경로에서는 한 번 이상 동일한 예측 변수를 사용한다.

[그림 8.4]의 트리는 대충 보기에는 꽤 해석하기 좋게 생겼다. 예를 들어, 혹자는 어떤 화합물이 어느 정도 많은 탄소 원자를 갖고 있고, 표면적이 매우 작으며, 비수소 원자를 많이 갖고 있다면 용해도가 가장 낮을 것이라고 말할 수도 있을 것이다. 하지만 이 트리에는 겹치는 부분이 많다. 예를 들어, 가지 12와 16의 용해도 값의 분포는 대략 동일하지만, 한쪽은 표면적이 작고 다른 한쪽은 크다.

그 대신 최소 가능 RMSE 값을 복잡도 변숫값으로 선택함으로써 모델을 튜닝할 수 있다. 이에 대한 교차 검증 프로파일은 [그림 8.5]에서 확인할 수 있다. 이 경우, 튜닝 과정에서는 c_p 값이 0.0003이고, 25개의 말단 노드를 갖는 더 큰 트리를 선택한다. 이 모델의 추정 RMSE 값은 0.97이다. 이 모델이 보다 데이터에 적합하지만, 이 트리는 [그림 8.4]의 트리보다 단계가 많다. 따라서 모델을 해석하는 것이 훨씬 더 어렵다.

이 트리 기법으로 결측값도 처리할 수 있다. 트리를 만들 때, 결측값은 무시한다. 각 분기점에서 여러 다양한 값(대리 분기점이라고 부른다)을 구한다. 대리 분기점은 트리에서 실제로 사용하는 원분기점과 결과가 동일한 분기점이다. 만약, 대리 분기점이 원분기점을 잘 예측한다면, 원분기점의 예측 변수를 사용할 수 없는 경우, 그 대신 사용할 수 있다. 실제로 여러 대리 분기점이 트리의 일부 분기점을 대체할 수 있었다.

트리가 일단 한 번 만들어지면, 예측 변수의 결과값에 대한 상대적 중요도를 매길 것이다. 중요도의 집계값을 계산하는 한 가지 방법으로는 각 예측 변수의 최적화 기준에 대한 전체적인 감소율을 추적하는 것이다(Breiman et al., 1984). *SSE*가 최적화 기준인 경우, *SSE*가 훈련 데이터 세트에 대해 얼마나 감소했는지를 각 예측 변수에 대해 집계한다. 직관적으로 트리에서 자주 나타나는 예측 변수(초기 분기에서 등장한 예측 변수 등)나, 트리에서 여러 번 나타난 변수가 트리에서 적게 등장하거나, 아예 안 나타난 예측

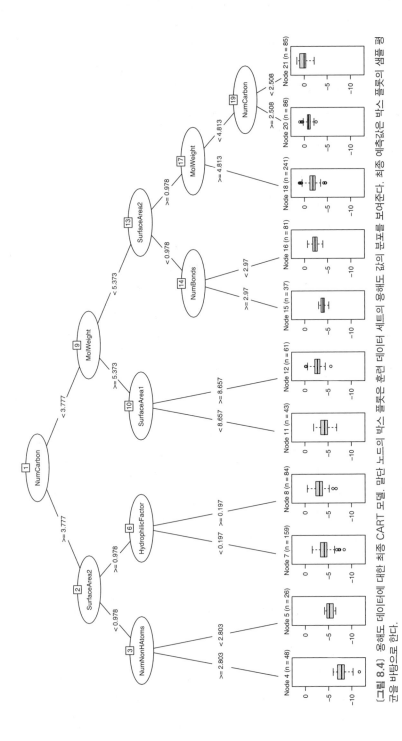

(그림 8.4) 용해도 데이터에 대한 최종 CART 모델. 말단 노드의 박스 플롯은 훈련 데이터 세트의 관측값의 분포를 보여준다. 최종 예측값은 누락값없는 박스 플롯이 샘플의 평균을 바탕으로 한다.

220

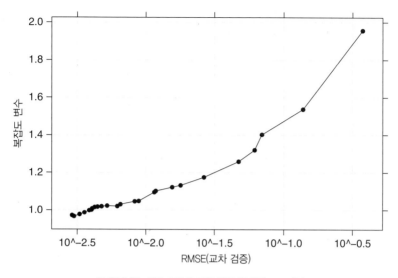

〔그림 8.5〕 회귀 트리의 교차 검증 RMSE 프로파일

변수보다 중요할 것이다. [그림 8.6]은 보다 복잡한 최종 용해도 모델에서의 16개의 예측 변수에 대한 중요도 값을 구한 것이다.

트리 기반 모델의 장점은 트리가 크지 않은 경우, 모델이 단순하고 해석하기 쉽다는 것이다. 또한 이런 트리 유형은 (많은 복잡한 검색을 사용함에도 불구하고) 금방 구할 수 있다. 트리 모델은 본질적으로 특징 선택을 다룬다. 만약, 어떤 예측 변수가 분기점에서 전혀 사용되지 않는다면, 해당 예측 방정식은 이 데이터와 독립적 관계를 갖는다. 이런 이점은 예측 변수의 상관관계가 높을 때 약화된다. 만약, 두 예측 변수의 상관관계가 매우 높다면, 분기점에서는 변수를 임의로 선택하게 된다. 한 가지 예로, 두 표면적 관련 변수는 상관계수가 매우 높은데(0.96), 각각 [그림 8.4]의 트리에서 사용된 것을 알 수 있다.

이 예측 변수 간의 작은 차이에서 둘 중 무엇을 선택할지가 결정되지만, 이는 사실 변수 간의 임의의 차이로 이뤄질 수도 있다. 따라서 실제 사용할 변수보다 더 많은 변수를 선택해야 한다. 또한 변수 중요도도 영향을 미친다. 만약, 용해도 데이터에 표면적 관련 변수가 하나만 있다면, 이 변수는 트리에서 두 번 사용될 수도 있고, 이런 경우 중요도는 급증할 것이다. 하지만 데이터 내 표면적 변수가 2개로 나타남으로써 중요도가 평범한 수치로 나타난다.

트리가 매우 해석하기 좋고 계산하기 좋지만, 여기엔 매우 중요한 단점들도 있다. 우

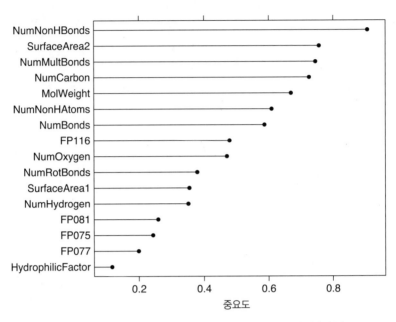

〔그림 8.6〕 용해도 회귀 트리 모델에서 사용된 16개의 예측 변수의 변수별 중요도

선, 단일 회귀 트리는 다른 모델링 기법에 비해 좀 덜 최적인 예측 성능을 보이는 경향이 있다. 이는 어느 정도 모델의 단순성 때문이기도 하다. 모델 구축 시, 트리 모델은 데이터를 예측 공간에서 직사각형 구획으로 나눈다. 예측 변수와 결과값 간의 관계가 이 사각형 공간에서는 명확히 정의되기 어려우므로 트리의 예측 성능이 최적이기는 어렵다. 또한 트리에서 가능한 예측 결과의 수는 한정적이고, 이는 말단 노드의 수로 정해진다. 용해도 데이터의 경우, 최적의 트리는 11개의 말단 노드를 가지므로 이에 따라 11개의 예측값만이 가능하다. 이런 제한은 데이터상의 모든 미묘한 차이를 감지하기 어렵게 만든다. 예를 들어, [그림 8.4]의 노드 21은 가장 높은 용해도 예측값에 대응된다. 하지만 훈련 데이터 세트에서 트리의 이 경로에 도달한 데이터들은 여러 로그 유닛의 데이터에 대해 퍼져 있다는 것을 확인할 수 있다. 만약, 새로운 데이터가 훈련 데이터와 일치한다면, 이 경로에 도달한 많은 데이터 샘플들에 대한 예측 정확도는 높지 못할 것이다. 지금까지 살펴본 2개의 회귀 트리 모델은 6장에서 살펴본 단순한 선형 회귀 모델의 RMSE보다 비교적 큰 값의 RMSE를 갖는다.

또 다른 단점은 단일 트리는 불안정한 경향이 있다는 것이다(브레이먼(1996b)과 헤이스티(2008, 8장) 등의 논문 참고). 만약, 데이터가 조금 변경된다면 (모델 분산이 커지는 등의 변화가 생기면서) 분기점들은 완전히 달라진다는 것을 알 수 있을 것이다. 이런 단점은 앙상블 방법(이 장의 뒤쪽에서 설명할 것이다)에서 이런 특성을 활용해서 매우 좋은 성능을 내는 모델을 만들 것이다.

마지막으로 이 트리들은 선택 편향적이다. 다른 값을 많이 갖는 예측 변수들은 다른 더 균일한 예측 변수에 비해 선호되는 경향이 있다(Loh and Shih, 1997 및 2007; Loh, 2010). 로와 시이(Loh and Shih, 1997)는 아래와 같이 명시했다.

> "데이터 세트에 정보성과 잡음성 변수가 섞여 있을 때, 잡음성 변수가 정보성 변수에 비해 훨씬 많은 분기점을 갖게 되면 곤란하다. 이 경우, 잡음성 변수가 트리의 최상위 분기점에 선택될 가능성이 매우 높다. 가지치기 역시 이상한 구조를 만들어버리거나 아예 트리를 없애버릴 수도 있다."

또한 결측값 수가 증가할수록 예측 변수 선택 역시 편향적이 될 수 있다(Carolin et al., 2007).

용해도 회귀 트리([그림 8.6])의 변수 중요도를 통해 이 모델이 이진 식별자보다(덜 균일한) 연속형 예측 변수에 대한 의존도가 더 높다는 것을 확인할 수 있다는 것을 다시 한 번 기억해두자. 이는 선택 편향성이나 변수 특성 때문일 수 있다.

하지만 많은 불편향 회귀 트리 기법도 있다. 한 가지 예로, 로(2002)는 분기 변수 및 값을 따로 선택함으로써 문제를 해결하는 일반화 불편향 상호작용 감지 및 추정generalized, unbiased, interaction detection and estimation, GUIDE 알고리즘을 제안했다. 이 알고리즘은 통계적 가설 검정을 통해 예측 변수 순위를 매긴 후, 가장 영향도가 높은 순서대로 적절한 분기값을 찾는다.

다른 방법으로는 호손 등이 제안한 조건부 추론 트리가 있다(2006). 여기서는 회귀, 분류 등에 사용할 수 있는 불편향 트리 기반 모델의 통합 체계가 드러난다. 이 모델에서는 통계적 가설 검정을 사용해 모든 예측 변수와 가능한 분기점에 대한 전체 탐색을 한다. 후보 분기점에서는 통계적 검정을 사용해 분기점을 통해 만들어진 두 그룹의 평균 차를 비교하고, 검정에 대한 p-값을 구한다.

검정 통계량으로 p-값을 활용하는 데는 여러 장점이 있다. 첫째, p-값은 척도와 관계없으므로 서로 다른 척도를 사용하는 예측 변수 간 비교가 가능하다. 둘째, 예측 변수의 원p-값을 통해 많은 후보 분기점으로 인해 생기는 편향성을 줄이는 다중 비교 수정법을 적용할 수 있다(Westfall and Young, 1993). 이 수정법은 많은 통계 가설 검정에서 발생하는 긍정 오류로 나오는 검정 결과 수를 감소시킬 수 있다.

따라서 분기점 수(및 이에 따른 *p*-값)가 증가할수록 다중 비교 절차에 따른 예측 수의 벌점도 늘어난다. 이런 연유로 균일도가 높은 데이터의 편향성이 감소된다. 따라서 통계적 유의 수준을 사용해 추가 분기점을 생성해야 할지를 판단할 수 있다(호손 등(2006)은 1에서 *p*-값을 뺀 값을 사용했다).

기본적으로 이 알고리즘은 가지치기를 사용하지 않는다. 이후 데이터가 더 쪼개질수록 샘플 숫자가 감소하면서 가설 검정력 역시 감소한다. 이에 따라 새 분기점의 *p*-값은 높아지고, 우도는 낮아진다(이와 더불어 과적합도 발생한다). 하지만 통계적 가설 검정은 예측 성능과 직결되지 않으므로 (리샘플링 등의 기법을 통해) 성능값을 기반으로 트리 복잡도를 선택하는 것을 여전히 권장한다.

유의 수준을 0.05로 했을 때(통계적 유의성상 긍정 오류율을 5%로 함), 용해도의 조건부 추론 트리는 32개의 말단 노드를 갖는다. 이 트리는 [그림 8.4]의 기본 트리보다 크다. 이를 통해 유의 수준을 튜닝 변수로 해서 0.7부터 0.99 사이의 16개 값을 구했다([그림 8.7]의 교차 검정 프로파일을 확인하자). 여기서 가장 작은 오차값을 갖는 트리는 36개의 말단 노드를 갖는다(이때 임계값은 0.853이다). 임계값을 수정함으로써 유의 수준이 0.05일 때, RMSE가 0.94였던 것 대비 RMSE 값을 0.92로 향상시켰다.

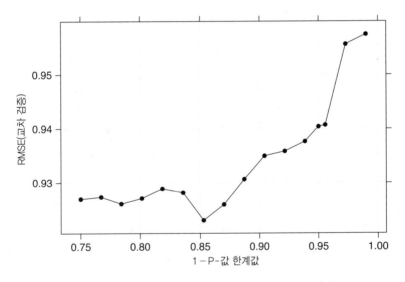

〔그림 8.7〕 조건부 추론 회귀 트리의 교차 검증 RMSE 프로파일

8.2 회귀 모델 트리

단순 회귀 트리의 한 가지 제약점이라면 각 말단 노드에서는 각 노드에서 예측 시 훈련 데이터 세트의 결과값의 평균을 사용한다는 것이다. 이에 따라 이 모델은 실제 결과 값이 극단적으로 높거나 낮은 샘플에 대해 예측할 때는 좋지 않을 것이다. 5장의 [그림 5.1]에서는 데이터 세트에 대한 관측값과 예측값에 대한 예제 그래프를 볼 수 있다. 이 그래프에서 모델은 양쪽 극단값의 경우, 샘플 예측력이 낮아지는 경향이 있다. 이 그래프에서 나온 예측값은 랜덤 포레스트라는 회귀 트리 앙상블 기법(이 장 후반부에서 설명할 것이다)을 통해 만들어졌다. 이 기법 역시 말단 노드에서 훈련 데이터의 평균값을 사용하므로 동일한 문제점을 갖고 있지만, 단일 트리의 경우처럼 심각하지는 않다.

이 문제에 대한 한 가지 대응법은 말단 노드에서 서로 다른 추정값을 사용하는 것이다. 여기서는 퀸런(1992)이 설명한 모델 트리 기법인 M5를 주로 설명할 것이다. 이 모델은 회귀 트리와 비슷하지만, 아래와 같은 차이점이 있다.

- 분기 기준이 다르다.
- 말단 노드에서는 결과값을 (단순 평균이 아니라) 선형 모델을 사용해 예측한다.
- 어떤 샘플에 대해 예측할 때는 여러 모델의 트리 경로에 따른 값들을 조합해서 결과를 내는 경우가 많다.

이 기법의 주요 구현 기법은 M5라고 불리는 트리 모델의 "합리적 재구축" 기법으로, 왕과 비튼(Wang and Witten)이 만들었으며(1997), 웨카[2] 소프트웨어 패키지에 포함돼 있다. 다른 방법으로는 트리의 말단 부분에 다른 모델을 적용하는 방식의 로(2002)와 젤리스 Zeileis 등(2008)의 연구가 있다.

단순 회귀 트리와 마찬가지로 초기 분기점은 전체 예측 변수와 훈련 데이터 세트 전체를 무작위로 검색하는 방식으로 발견하지만, 다른 모델과 달리 노드의 오차율의 예상 감소량을 사용한다. S를 전체 데이터 세트라 하고 $S_1, \cdots, S_P$가 분기 후 P개의 데이터 부분 집합이라고 가정해보자. 이때 분기 규칙은 아래와 같다.

$$\text{reduction} = \text{SD}(S) - \sum_{i=1}^{P} \frac{n_i}{n} \times \text{SD}(S_i), \tag{8.2}$$

---

[2] 뉴질랜드의 와이카토(Waikato) 대학에서 개발된 오픈소스 데이터 분석 소프트웨어. https://www.cs.waikato.ac.nz/ml/weka/

여기서 SD는 표준편차고, n_i는 i 분기에서의 샘플 개수다. 이 수치는 분기점에서의 전체 분산에 샘플 크기 만큼의 가중값을 부가한 값이 분기 이전 데이터에 대한 값보다 작은지를 가늠하는 데 사용된다. 이 기법은 퀸린이 말했던 분류 트리 기법과 유사하다 (1993b). 가장 오차 감소가 컸던 분기를 선택하고, 모델의 분기 변수를 사용해 파티션을 나눈 후, 이를 사용해 선형 모델을 만든다. 다음 분기로 넘어가 이 과정을 반복한다. 초기 분기점을 판단하고 현재 분기점의 변수로 구분한 데이터에 대한 선형 모델을 만든다. 그리고 다른 변수에도 모두 동일하게 적용한다. [식 8.2]의 SD(S)에 각 선형 모델에서의 오차를 사용해 다음 분기의 예상 오차율 감소를 판단한다. 트리 성장 과정은 오차율이 더 이상 개선되지 않거나 이 과정에 사용할 샘플이 더 이상 없을 때까지 트리의 가지별로 계속 사용한다. 트리가 완전히 자라면 트리의 모든 노드에 대한 선형 모델이 만들어진다.

[그림 8.8]은 4개의 분기와 8개의 선형 회귀 모델로 만든 모델 트리 예제다. 예를 들어, 모델 5는 분기 1-3에서 사용한 모든 예측 변수와 1a, 2b, 3b 조건을 만족하는 훈련 데이터 세트를 사용해 만든다.

일단 선형 모델의 전체 세트를 만들면, 각각은 일부 항을 제거하는 단순화 과정을 거친다. 주어진 모델에서 보완된 오차율을 계산한다. 첫째, 관측값과 예측값 간의 절댓값 차를 구한 후, 많은 인수를 사용하는 모델에 대한 벌점 항목을 곱한다.

$$\text{보완 오차율} = \frac{n^* + p}{n^* - p} \sum_{i=1}^{n^*} |y_i - \hat{y}_i|, \tag{8.3}$$

여기서 n^*은 모델을 만들 때 사용한 훈련 세트의 데이터 수고, p는 변수의 수다. 각 모델 항목을 제거하고 나면 보완된 오차율을 계산할 수 있다. 항목들은 보완 오차율이 감소할 때까지 제거된다. 어떤 경우, 선형 모델은 절편을 하나만 갖는 식으로 단순화될 수도 있다. 이 과정은 각 선형 모델에 독립적으로 적용된다.

모델 트리 역시 과적합 가능성을 줄이기 위해 평활 기법 같은 같은 것들이 함께 사용된다. 이 기법은 헤이스티Hastie와 프레기본Pregibon의 "반복 축소recursive shrinking" 방법론을 기반으로 한다(1990). 예측 시, 새 샘플은 트리의 적합한 경로를 따라 내려가서 가장 밑으로 갔다가 위로 올라오면서 선형 모델과 합쳐진다. [그림 8.8]을 참고해서 새 샘플이 모델 5와 연관된 경로를 따라 내려간다고 가정해보자. 트리에서는 이 샘플을 부모 노드의 선형 모델과 모델 5를 사용해 예측한다. 두 예측 결과는 아래와 같이 결합된다.

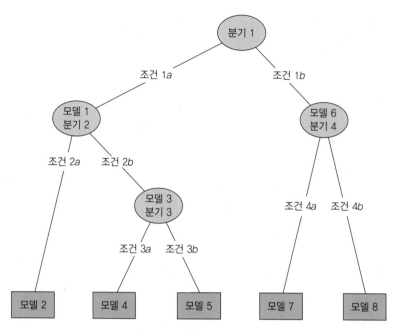

〔그림 8.8〕 회귀 모델 트리 예제

$$\hat{y}_{(p)} = \frac{n_{(k)}\,\hat{y}_{(k)} + c\,\hat{y}_{(p)}}{n_{(k)} + c},$$

이때 $\hat{y}_{(k)}$는 말단 노드에서의 예측값(모델 5)이고, $n_{(k)}$는 자식 노드에서의 훈련 세트 데이터 수이며, $\hat{y}_{(p)}$는 부모 노드의 예측값이고, c는 기본값이 15인 상수다. 이렇게 결합된 예측값을 계산하면, 트리를 따라 다음 모델(모델 1)과 유사한 방식으로 결합되는 식으로 반복된다. 이 예제에서 조건 1a, 2b, 3b하에 새 샘플이 도달하면 3개의 선형 모델 조합을 사용한다. 이때 평활 방정식은 상대적으로 단순한 모델의 선형 조합이다.

이런 평활 방식은 노드 간의 선형 모델이 매우 다른 경우, 모델상에 유의한 양의 효과를 갖는다. 선형 모델은 매우 다른 결과를 내기도 하는데, 여기에는 몇 가지 가능한 요인들이 있다.

첫째, 한 노드에서 사용 가능한 훈련 세트 샘플 수는 새 분기가 추가될 때마다 감소한다. 이는 훈련 세트의 서로 다른 구역을 모델링하게 할 수 있으므로 이 경우 매우 다른 선형 모델이 만들어진다. 이는 특히 훈련 세트가 작은 경우에 그러하다.

둘째, 분기 과정에서 도출되는 선형 모델에서는 유의한 공선성이 나타난다. 훈련 세트의 두 예측 변수가 서로에 대해 높은 상관관계를 갖고 있다고 가정해보자. 이 경우,

알고리즘은 두 예측 변수 중 하나를 임의로 선택할 것이다. 만약, 두 예측 변수가 결과적으로 나눠지게 돼 이 선형 모델의 후보군으로 사용된다면, 이 선형 모델에는 효과적으로 정보 중 한 부분에 해당하는 것이 두 항목에 들어 있게 된다. 앞에서 말했듯이, 이런 경우 모델 계수가 매우 불안정해진다. 많은 모델에서 사용되는 평활 기법은 이런 불안정한 선형 모델의 영향력을 줄여줄 수 있을 것이다.

트리가 일단 완전히 커지면, 불충분한 가지를 찾아내 제거하는 식으로 다시 축소시킨다. 이 과정은 말단 노드부터 시작하고, 가지가 있을 때와 없을 때의 보완된 오차율을 구한다. 이때 가지가 보완된 오차율을 줄이지 못하는 경우, 이 가지를 제거한다. 이 과정은 더 이상 제거할 가지가 없을 때까지 계속된다.

용해도 데이터에 대해 가지치기를 할 때와 하지 않을 때, 평활법을 사용할 때와 사용하지 않을 때의 조건하에서 모델 트리를 만들었다. [그림 8.9]에는 이 데이터의 교차 검증 프로파일이 나와 있다. 가지치기를 하지 않은 트리는 트리 내에 159개의 경로를 가져서 훈련 데이터 세트에 과적합한 경향이 있다.

트리 가지치기가 되지 않은 경우, 모델 평활법은 오차율을 유의하게 증가시킨다. 이 데이터에서 모델 내 가지치기 효과 역시 중요하다. 트리 내 경로 수가 159에서 18로 감소했다. 가지치기된 트리에 평활법을 적용하면 성능이 약간 상승하고, 따라서 최적 모델은 가지치기와 평활법을 모두 사용한 것이 된다.

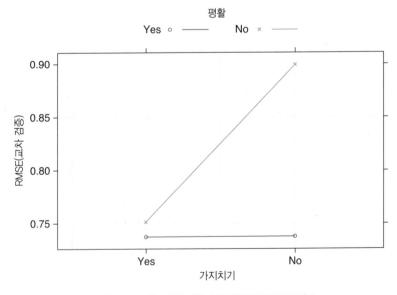

〔그림 8.9〕 모델 트리에 대한 교차 검증 RMSE 프로파일

결과로 나온 모델 트리를 보면([그림 8.10]), 많은 분기상에서 탄소 수 등 동일한 예측 변수를 사용하고 있다는 것을 알 수 있다. 또한 이 데이터에서 분기는 식별자형 대신 연속형 변수를 선호한다는 것을 알 수 있다. 이 데이터에서 *SSE*와 오차율 감소에 기반한 분기점은 대부분 식별자의 결과를 만드는 것을 알 수 있다. 이 선형 모델에 대한 자세한 내용은 [그림 8.11]에서 볼 수 있다(모델 계수는 동일한 척도로 정규화됐다). 이 그림에서 모델의 대부분은 많은 수의 식별자를 포함한 많은 예측 변수를 사용한다는 것을 알 수 있다. 하지만 식별자[3] 계수는 연속형 변수에 비해 상대적으로 적다.

또한 이 모델은 공선성 문제를 나타낼 때도 사용할 수 있다. 그림에서 선형 모델 5번(트리 왼쪽 아래)은 아래의 경우다.

```
NumCarbon <= 3.777 &
MolWeight <= 4.83 &
SurfaceArea1 > 0.978 &
NumCarbon <= 2.508 &
NumRotBonds <= 0.347 &
SurfaceArea2 > 10.065
```

모델 감소와 평활법 후, 대응하는 선형 모델에는 두 표면적 예측 변수를 포함해서 57개의 계수가 남는다. 훈련 세트에서 이 두 예측 변수의 상관관계는 매우 높다(0.96). 이에 따라 우리는 공선성이 발생할 것이라고 예상할 수 있다. 이 예측 변수들의 척도화된 두 계수는 거의 반대의 형태를 보인다. SurfaceArea1은 0.9이고, SurfaceArea2는 −0.8이다. 두 예측 변수는 거의 동일한데, 이에는 모순이 있다. 용해도는 표면적이 증가할수록 동일하게 감소한다. [그림 8.11]에서 많은 모델은 이 두 변수에 대해 반대의 징후를 나타낸다. 그럼에도 불구하고 이 모델의 성능은 꽤 훌륭하다. 모델에 평활법을 적용함으로써 이런 공선성 문제가 감소한다. 연관성 높은 변수를 제거함으로써 보다 해석하기 쉽고, 일관성 있는 모델을 만들 수 있다. 하지만 이런 방법을 사용하는 경우에는 성능이 눈에 띄게 하락할 수 있다.

---

3 또한 여기서 첫 번째 세 분기는 [그림 8.4]에 나왔던 회귀 트리와 동일한 예측 변수를 포함하고 있다(또한 이 셋 중 둘의 분기값은 동일하다)는 것을 알아두자.

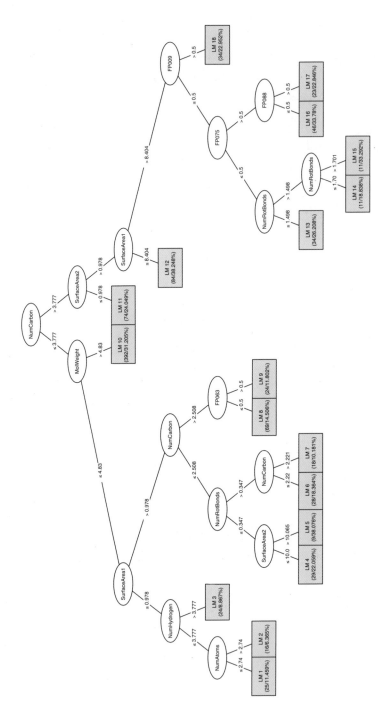

[그림 8.10] 용해도 데이터의 최종 모델 트리. 각 말단 노드의 아래에 있는 수는 샘플의 수와 해당 노드의 영향 범위를 나타낸다.

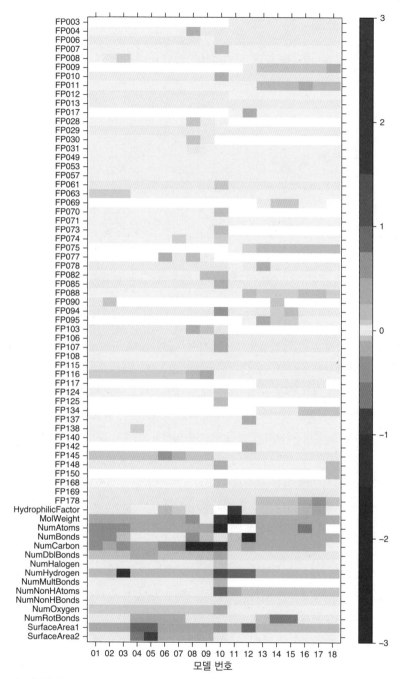

〔그림 8.11〕 〔그림 8.10〕 모델 트리의 선형 모델 계수. 계수는 동일한 척도로 정규화됐다. **흰색 사각형**은 예측 변수가 선형 모델에 포함되지 않았음을 뜻한다.

8.3 규칙 기반 모델

규칙은 트리의 각각의 경로로 정의할 수 있다. 앞의 [그림 8.10]에서 본 모델 트리와 그림 하단 우측에 있는 선형 모델 15를 살펴보자.

```
NumCarbon > 3.777 &
SurfaceArea2 > 0.978 &
SurfaceArea1 > 8.404 &
FP009 <= 0.5 &
FP075 <= 0.5 &
NumRotBonds > 1.498 &
NumRotBonds > 1.701
```

[그림 8.10]의 모델 트리에서는 총 18가지 규칙을 볼 수 있다. 트리에서 새로운 샘플은 이 규칙에 의해 하나의 경로로만 트리를 따라 내려온다. 이 규칙에 영향을 받는 샘플의 수를 '범위coverage'라고 한다.

앞에서 설명한 가지치기 알고리즘에 추가해서 전체 규칙이나 룰을 정의하는 일부 조건을 제거함으로써 모델 트리 복잡성을 감소시킬 수 있다. 앞의 규칙을 보면, 회전 결합 수가 두 번 사용된다는 것을 알 수 있다. 이는 트리의 다른 경로에서 회전 결합 수가 1.498에서 1.701 사이인 데이터를 모델링하는 것이 중요하다고 결론지었기 때문에 나타난 결과다. 하지만 단독으로 살펴보면, 위의 규칙은 불필요한 중복으로 복잡성만 가중시켰다. 따라서 이 룰의 다른 규칙이 모델에 크게 영향을 미치지 않으므로 제거하는 것이 유리하다.

퀸란은 분류 트리에서 만들어진 규칙을 단순화하는 방법을 설명했다(1993b). 초기 모델 트리로부터 보다 단순한 규칙 세트를 만드는 유사한 기법들을 모델 트리에 적용할 수 있다. 큐비스트Cubist 모델 관점에서의 보다 상세한 접근 방법은 이 장의 후반(8.7장)에서 설명한다.

홈즈Holmes 등은 다른 "분리해서 정복하는separate and conquer" 기법을 사용해 모델 트리로부터 규칙을 만드는 방법을 기술했다(1993). 이 과정은 단일 트리 대신 여러 다른 모델 트리로부터 규칙을 도출하는 것이다.

첫째, 초기 모델 트리를 만든다(비평활 모델 트리를 만드는 것을 추천한다). 하지만 이때, 모델로부터 가장 범위가 넓은 규칙만 남긴다. 훈련 세트에서 이 규칙에 포함되는 샘플을 제거하고, 남은 데이터를 사용해 다른 모델을 만든다. 또 다시 범위가 가장 큰 규칙만을 남긴다. 이 과정을 훈련 데이터 세트가 하나의 규칙에 포함될 때까지 계속한다. 새 샘플을 예측할 때는 어떤 규칙에 해당하는지를 가늠한 후, 가장 범위가 큰 규칙에 해당하는 선형 모델을 적용한다.

용해도 데이터에 대해 우선 규칙 기반 모델을 구했다. 모델 트리 튜닝 과정과 유사한 방식으로 가지치기와 평활법의 모든 조합을 통해 4개의 모델을 구했다. 이와 동일하게 리샘플링한 데이터 세트를 사용해 모델 트리 분석을 해서 직접 비교가 가능하도록 했다. [그림 8.12]는 이 과정의 결과다. 그림의 우측은 [그림 8.9]와 동일하고, 좌측은 모델 트리가 규칙으로 변환됐을 때의 결과다. 모델에 평활법과 가지치기가 적용된 경우, 이 데이터에 대해 모델 트리와 규칙 기반의 경우, 모두 동일한 오차율을 보인다. 모델 트리에서 가지치기는 모델에 큰 영향을 미치고, 평활법은 가지치기되지 않은 모델에 더 큰 영향을 미친다.

가장 적합한 모델 트리의 교차 검증 RMSE는 0.737이다. 최적의 규칙 기반 모델의 RMSE는 0.741이다. 이 결과만을 볼 때는 모델 트리를 사용해 예측할 것이다. 하지만 앞에서 설명한 대로 규칙 기반 모델을 좀 더 살펴봐야 한다.

결론적으로, 최종 규칙으로는 9개가 선정됐고 그중 마지막 규칙은 관련이 없어 제외됐다. 이 규칙에 사용된 조건은 아래와 같다.

규칙 1: NumCarbon <= 3.777 & MolWeight > 4.83
규칙 2: NumCarbon > 2.999
규칙 3: SurfaceArea1 > 0.978 & NumCarbon > 2.508 & NumRotBonds > 0.896
규칙 4: SurfaceArea1 > 0.978 & MolWeight <= 4.612 & FP063 <= 0.5
규칙 5: SurfaceArea1 > 0.978 & MolWeight <= 4.612
규칙 6: SurfaceArea1 <= 4.159 & NumHydrogen <= 3.414
규칙 7: SurfaceArea1 > 2.241 & FP046 <= 0.5 & NumBonds > 2.74
규칙 8: NumHydrogen <= 3.414

[그림 8.10]의 전체 모델 트리를 다시 살펴보면, NumCarbon $\geq$ 3.77 조건을 사용하는 모델 10에 해당하는 규칙이 가장 넓은 범위를 차지한다. 이 규칙을 새 모델의 첫 번째 규칙으로 저장한다. 남은 샘플을 사용해 다음 모델 트리를 만들어 본다. 이때, 가장 넓은 범위를 차지하는 규칙은 MolWeight > 4.83로, 앞의 규칙과 유사한 조건을 갖는다. 이 경우, NumCarbon > 2.99에 대한 샘플은 마지막 2개의 규칙 범위에 들어간다. 많은 동일한 예측 변수가 다른 규칙에서도 사용된다. SurfaceArea1(5회), MolWeight(3회), NumCarbon(역시 3회). [그림 8.13]에는 각 규칙에 대한 선형 모델 계수가 나타나 있다(전체 모델 트리는 [그림 8.11]과 유사하다). 여기의 선형 모델은 더 넓게 퍼져 있다. 선형 모델

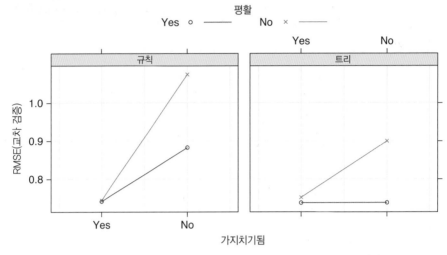

〔그림 8.12〕 규칙 변환 전후의 모델 트리에 대한 교차 검증 RMSE 프로파일

의 항 수는 규칙이 만들어질수록 감소한다. 이는 트리가 깊어질수록 남는 데이터가 적어지기 때문에 일어나는 일이다.

8.4 배깅 트리

1990년대에 앙상블 기법(많은 모델 예측 방식을 결합한 방식)이 등장했다. 배깅은 부트스트랩 집합Bootstrap AGgregtation의 줄임말로, 레오 브레이먼Leo Breiman에 의해 처음 제안된 초기 앙상블 기법 중 하나다(Breiman, 1996a). 배깅은 앙상블을 만들 때 가능한 회귀(또는 분류 등. 이는 14.3장을 참고하라) 모델을 모두 합쳐 부트스트랩을 사용하는 일반적 접근 방식이다(4.4장 참고). 이 방식은 구조가 단순한 편이고, 알고리즘 8.1의 단계로 구성돼 있다. 앙상블의 각 모델을 통해 새 샘플의 예측값을 구성하고, 이 m개의 예측값 평균을 내어 배깅 모델의 예측값으로 사용한다.

배깅 모델은 배깅을 사용하지 않는 모델에 비해 몇 가지 장점이 있다.

첫째, 효과적인 배깅은 집계 과정에서 예측 분산을 감소시킨다(편향성-분산 간의 트레이드 오프에 대한 논의는 5.2장을 참고하라). 회귀 트리 같이 불안정한 예측값을 만드는 모델은 훈련 데이터의 여러 버전을 사용한 후 집계함으로써 실제로 예측 분산을 감소시키고, 따라서 예측이 더욱 안정적이 된다. [그림 8.14]의 트리 그림을 보자. 이 예제에서는

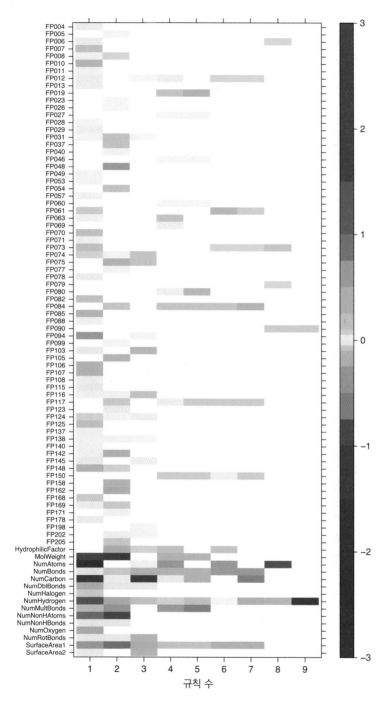

〔그림 8.13〕 M5의 규칙 기반 버전의 선형 모델 계수. 계수는 〔그림 8.11〕과 동일한 척도로 정규화했다. **흰색 사각형**은 예측 변수가 이 규칙의 선형 모델 방정식에 포함되지 않았음을 뜻한다.

```
1.  for i = 1 to m do
2.  |   원데이터에 부트스트랩한 샘플을 만든다.
3.  |   T는 샘플의 가지치기되지 않은 트리 모델을 만든다.
4.  끝
```

알고리즘 8.1 배깅

용해도 데이터에 대해 6개의 부트스트랩 샘플을 만들고, 각 샘플에 대한 최대 깊이의 트리를 만들었다. 이 트리들의 구조는 다양하다([그림 8.14] (b), (d)의 각 트리를 비교해보면, 좌측과 우측의 구조가 모두 다르다는 것을 알 수 있다). 따라서 각 샘플의 예측값도 트리별로 다양할 것이다. 샘플별로 모든 단일 트리별 예측값의 평균을 구하면, 평균 예측값은 각각의 예측값의 분산보다 낮은 분산을 갖게 된다. 즉, 다른 단계의 부트스트랩 샘플을 만들고, 각 부트스트랩 샘플에 대해 모델을 구축한 후, 모델 간의 예측값의 평균을 구하면, 앞의 배깅 모델에서 선택한 샘플의 예측값과 매우 유사한 값을 얻을 수 있다는 것이다. 또한 이런 특성은 배깅되지 않은 모델에 비해 배깅 모델의 예측 성능을 향상시킨다. 모델의 목적이 최적의 예측값을 찾는 것이라면, 배깅은 확실한 장점이 있다.

하지만 선형 회귀나 MARS 같은 안정적이고 분산이 낮은 모델에 배깅을 취하는 것은 예측 성능 향상에 그다지 도움이 되지 않는다. [그림 8.15]를 보면, 용해도 데이터와 혼합물 연구 데이터에 대해 트리, 선형 모델, MARS에 배깅을 취했다(10장 참고). 각 데이터 세트에 대해 RMSE 기반의 테스트 세트 성능을 배깅 횟수 대비로 나타냈다. 용해도 데이터의 경우, RMSE가 배깅 횟수에 따라 감소하는 경향은 트리, 선형 회귀, MARS 모두 유사한데, 이는 일반적인 결과가 아니다. 이는 이 데이터에 대해 선형 회귀, MARS의 각 모델 예측값이 본질적으로 불안정하므로 배깅 앙상블을 사용해 향상시켜야 한다는 뜻이다. 또는 이 데이터를 트리로 모델링하는 것이 비효율적이라는 것을 나타낸다. 선형 회귀와 MARS는 앙상블을 사용하는 데도 불구하고 이에 비해 회귀 트리 예측력은 매우 향상되지만, 이미 정해진 데이터를 배깅한 결과는 보다 일반적이다.

배깅이 모델 예측력의 분산을 감소시키는 능력에 대해 좀 더 살펴보자. [그림 5.2]의 시뮬레이션된 사인 곡선을 살펴보자. 여기서는 20개의 사인 곡선을 시뮬레이션한 후, 각 데이터 세트에 대한 회귀 트리와 MARS를 구했다. 패널의 붉은색 선은 실제 추이를 나타내고, 여러 검은색 선은 각 모델의 예측값을 나타낸다. 이때 원래 곡선 주변의 CART가 패턴의 변곡점의 분산만을 보여주는 MARS에 비해 잡음이 많다는 것을 기억

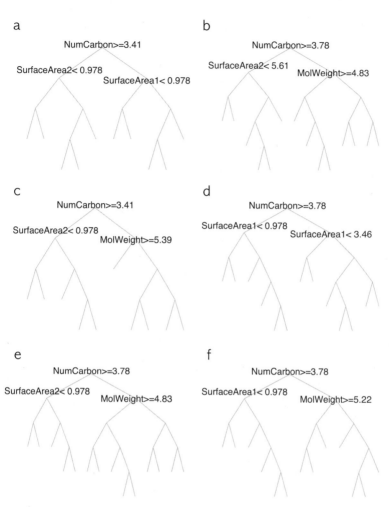

〔그림 8.14〕 용해도 데이터의 배깅에 대한 최고 깊이의 트리 예제. 트리들의 구조가 다양하므로 트리 간 예측값도 다양할 것임을 염두에 두자. 트리 앙상블의 예측값 분산은 각 트리별 예측값의 분산보다는 작을 것이다. (a) 샘플 1, (b) 샘플 2, (c) 샘플 3, (d) 샘플 4, (e) 샘플 5, (f) 샘플 6

해두자. 이를 통해 모델 불안정성에 의한 회귀 트리의 높은 분산을 설명할 수 있다.

그림의 아래쪽은 각각 50번씩 반복해서 돌린 20개의 배깅 회귀 트리와 MARS 모델의 결과다. 회귀 트리의 경우 실제 곡선의 분산은 급격히 줄어들었고, MARS의 경우 분산은 패턴의 곡선 주변만 감소했다. 각 모델의 시뮬레이션 테스트 세트를 사용한 결과, 트리 배깅에 의한 RMSE의 평균 감소량은 8.6%다. 이때 가장 안정적인 MARS 모델의 경우 2%가 감소했다([그림 8.16]).

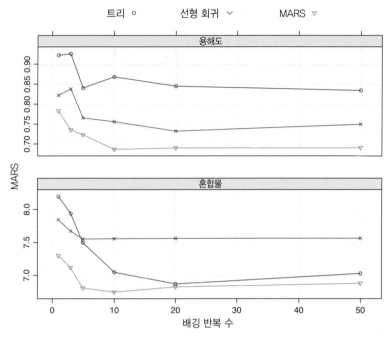

트리 ○   선형 회귀 ∨   MARS ▽

〔그림 8.15〕 용해도 데이터(위)와 콘크리트 혼합물 데이터(아래. 데이터에 대한 자세한 설명은 10장을 참고하라)의 부트스트랩 샘플 수별 테스트 세트에 대한 배깅 트리, 선형 모델, MARS의 RMSE 성능 프로필. 배깅은 용해도 데이터의 세 가지 방법에 대해 거의 동일한 규모의 RMSE 향상을 보여주는데, 이는 이례적인 경우다. 배깅에서 나타나는 보다 일반적인 향상 형태는 혼합물 데이터에서 볼 수 있다. 이 경우, 트리가 가장 향상 정도가 좋음을 알 수 있다.

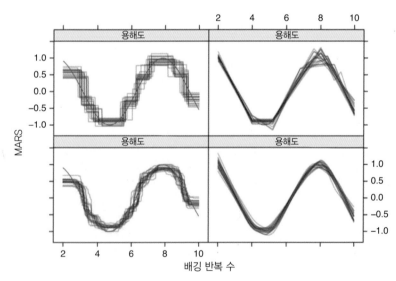

〔그림 8.16〕 배깅 회귀 트리와 MARS 모델의 효과

배깅 모델의 다른 이점으로는 교차 검증 추정이나 테스트 세트 추정과 높은 연관성이 있는 각자의 자체 내부 예측 성능 추정값을 제공한다는 것이다. 앙상블 시 각 모델에 대해 부트스트랩 샘플을 만들면, 일부 샘플이 떨어져 나가는 이유가 바로 이것이다. 이 샘플을 아웃 오브 백out-of-bag이라고 하며, 모델 구축에 사용되지 않으므로 예측 성능 평가에 사용할 수 있다. 따라서 앙상블의 모든 모델은 아웃 오브 백 샘플의 성능 평가 예법을 따른다. 그러면 아웃 오브 백 성능 지표의 평균으로 전체 앙상블의 예측 성능을 측정할 수 있고, 이 값은 보통 테스트 세트나 교차 검증을 통해 얻는 예측 성능 평가값과도 연관될 것이다. 이 오차 추정값은 보통 아웃 오브 백 추정값으로 불린다.

기본 모델의 경우, 사용자가 배깅을 하기 위해서는 한 가지 방법밖에 없다. 집계할 부트스트랩 샘플 m을 만드는 것이다. 종종 반복 횟수가 증가할수록 예측력이 기하급수적으로 감소하는 것을 목격할 수 있다. 예측 성능이 가장 좋은 경우는 트리 수가 적을 때($m < 10$) 생긴다. 이 부분에 대한 보다 자세한 설명이 필요하다면, [그림 8.17]에 나와 있는 다양한 부트스트랩 샘플을 사용해 CART 트리를 만든 것의 예측 성능($RMSE$)을 살펴보자. 예측 성능은 10개의 트리를 따라 좋아지다가 어떤 지점을 넘어서면서 차츰 감소하는 것을 볼 수 있다. 이 실험에서 배깅 앙상블의 크기를 50까지 늘리면, 성능이 조금이라도 꾸준히 향상되는 것을 볼 수 있다. 50회의 배깅을 반복한 후에도 원하는 만큼 향상되지 않는다면, 다음 장에서 논의할 랜덤 포레스트나 부스팅 같은 다른 강력한 예측 앙상블 기법을 사용하는 것이 좋다.

용해도 데이터의 경우, 배깅을 취하지 않은 CART 트리의 경우, 표준 오차 0.021에서 추가 교차 검증 RMSE는 0.97을 나타낸다. 배깅 후 성능은 향상돼 RMSE 0.9에 표준 오차 0.019를 보인다. CART 트리 같은 조건부 추론 트리 역시 배깅할 수 있다. 비교를 위해 배깅하지 않은 조건부 추론 트리는 추가 RMSE와 표준 오차가 각 0.93과 0.034임을 알아두자. 배깅 조건부 추론 트리는 추가 RMSE를 0.8, 표준 오차를 0.018로 감소시킨다. 모델의 양쪽 유형 모두, 배깅을 통해 성능은 증가하고 추정값의 분산은 감소했다. 이런 특정 예제에서 배깅 조건부 추론 트리는 RMSE로 추정한 예측 성능에 있어서 CART 트리보다 조금 앞에 서는 것을 알 수 있다. 조건부 회귀 트리의 교차 검증 RMSE와 더불어 테스트 세트의 R2 값은 조건부 회귀 트리의 경우(0.87) CART보다(0.85) 좀 더 낫다.

배깅이 일반적으로는 불안정한 모델의 예측 성능을 향상시키지만, 일부 주의해야 할 내용이 있다. 첫째, 부트스트랩 샘플 수가 증가할수록 계산 비용과 메모리 사용량이 증가한다. 이런 문제는 모델러가 병렬 컴퓨팅이 가능할 경우, 배깅 프로세스를 쉽게 병렬

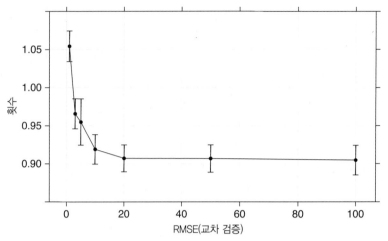

[그림 8.17] 용해도 데이터의 부트스트랩 샘플 수별 배깅 CART 트리의 교차 검증 성능 프로파일. 세로 선은 ± *RMSE*의 1-표준 오차를 말한다. 예측 성능의 향상은 대부분 10개 부트스트랩의 집계를 통해 생긴다.

처리해 대부분 줄일 수 있다. 각 부트스트랩 샘플과 사용하는 모델은 다른 모든 샘플과 모델에 대해 독립적이다. 즉, 각 모델을 따로따로 만들어 하나로 합친 후, 예측 결과를 낸다는 말이다.

이 방법의 다른 문제로는 배깅 모델은 배깅하지 않은 모델에 비해 해석력이 떨어진다는 것이 있다. [그림 8.4]에서 나온 것과 같은 단일 회귀 트리에서 얻을 수 있는 간단한 규칙 같은 것은 구할 수 없다. 하지만 변수 중요도 수치 같은 것은 앙상블의 각 모델 중요도 수치를 합쳐 구할 수 있다. 변수 중요도에 대한 자세한 내용은 다음 장에서 랜덤 포레스트에 대해 설명할 때 함께 논의한다.

8.5 랜덤 포레스트

용해도 데이터에서 설명한 대로 배깅 트리(또는 높은 분산에 편향성이 낮은 기법들)는 예측 값의 분산을 감소시킴으로써 단일 트리에서 예측 성능을 향상시킨다. 부트스트랩 샘플 생성을 통해 트리 구축 과정의 랜덤 요소를 찾아볼 수 있다. 이는 트리의 분포를 조절하면서 각 샘플 예측값의 분포도를 만들어 낸다. 하지만 전체 예측 변수가 모든 트리의 모든 분기에 사용되지 않으므로 배깅의 트리는 서로 완전히 독립적이라고는 볼 수 없다. 여기서 충분히 많은 수의 원샘플과 예측 변수와 응답 변수 간의 관계 수치를 사용해 트리 모델링을 시작한다면, 내재된 관계를 통해 서로 다른 부트스트랩 샘플로부터 나온 트리가 서로 유사한 구조를 가질 것(특히 트리의 상단)이라고 상상할 수도 있을 것이다. 이런 특성은 트리 상관tree correlation이라 하는데, 이는 예측 변수의 분산을 감소시킴으로써 발생하는 배깅을 방지한다. [그림 8.14]는 이런 현상에 대한 직관적인 설명을 보여준다. 부트스트랩 샘플을 취했음에도 각 트리는 약 3.5로 척도화된 탄소 원자의 수를 사용해 첫 분기점을 만든다. 2단계 분기점은 좀 더 다양하지만, 표면적 변수와 분자 무게 중 하나다. 각 트리는 완전히 다르지만 — 어떤 두 트리도 완전히 동일하지 않다 — 모두 유사한 구조로 시작해서 서로 연관돼 있다. 따라서 배깅을 통해 분산을 감소시키는 것이 좋다. 헤스티에 등은 트리 상관 현상을 수학적으로 설명했다(2008). 트리 간 상관을 감소시키기 위해서는 트리 비상관decorrelating이라고 알려진, 배깅 퍼포먼스를 향상시킬 수 있는 논리적 단계를 거쳐야 한다.

통계적 관점에서 예측 변수 간 상관관계를 감소시킴으로써 트리 구축 과정에 랜덤 요소를 더할 수 있다. 브리먼이 배깅을 발견한 후, 많은 연구자들이 랜덤 요소를 학습 과정에 추가함으로써 이 알고리즘을 수정했다. 트리는 유명한 배깅 학습기로, 디트리히(Dietterich, 2000)는 랜덤 분기 선택에 대한 발상을 구체화해 트리의 각 분기에서 상위 k개의 예측 변수로 임의의 부분 집합을 구한 후, 이를 통해 트리를 구축하는 방법을 만들었다. 다른 방법으로는 기술자의 랜덤 부분 집합으로 전체 트리를 만드는 방법이 있다(Ho, 1998; Amit and Geman, 1997). 브레이먼(2000) 역시 트리 구조를 교란하기 위해 응답 변수에 잡음을 추가하는 방식을 고안했다. 브레이먼(2001)은 원배깅 알고리즘과 이런 방식을 자세히 살펴본 후, 랜덤 포레스트라고 불리는 통합 알고리즘을 만들었다. 기본 트리 기반 랜덤 포레스트 알고리즘은 알고리즘 8.2처럼 구현한다.

여기서는 앙상블 내의 각 모델을 통해 새 샘플을 예측하고, 이후 m개의 예측값을 평균 내서 포레스트의 예측값을 구한다. 알고리즘이 임의로 각 분기점에서 예측 변수를 선택하므로 트리 상관은 자연스럽게 감소할 것이다. 한 가지 예로, 용해도 데이터의 랜덤 포레스트의 앞의 6개 트리의 첫 번째 분기는 NumNonHBonds, NumCarbon, NumNonHAtoms, NumCarbon, NumCarbon, NumCarbon 변수를 사용하는데, 이는 [그림 8.14]의 트리와 다르다.

랜덤 포레스트의 튜닝 변수는 임의로 선택하는 변수의 수 k로, 이는 각 분기에서 선택하고, 보통 m_{try}로 쓰인다. 회귀 관점에서는 브레이먼(2001)이 예측 변수의 수의 1/3을 m_{try}로 설정할 것을 추천했다. m_{try} 변수를 튜닝하기 위해 랜덤 포레스트는 계산 집약적이므로 2부터 P까지의 범위에 걸쳐 5개의 K 값을 뽑아 시작하는 것이 좋다. 실제 업

1. 구축할 모델의 수, m을 정한다.

2. **for** $i = 1 \, to \, m$ **do**

3.   원데이터의 부트스트랩 샘플을 생성한다.

4.   이 샘플에 대해 트리 모델을 만든다.

5.   **for** 각 분기 **do**

6.   원예측 변수에 대해 임의로 $k(< P)$를 선택한다.

7. k 예측 변수 간에 가장 좋은 변수를 구한 후, 데이터를 나눈다.

8.   **end**

9.   일반적 트리 모델의 기준을 사용해 트리가 완성됐는지 판단한다(가지치기는 하지 않는다).

10. **end**

알고리즘 8.2 기본 랜덤 포레스트

무에서는 전체 포레스트 구조에서 트리의 수를 정의해둬야 한다. 브레이먼(2001)은 랜덤 포레스트에서는 과적화가 일어나지 않음을 증명했다. 따라서 역으로 생각해보면, 이 모델은 포레스트 구조상에 트리가 많아진다는 것에 큰 영향을 받지 않을 것이다. 실제로 포레스트가 커질수록 모델을 훈련하고 구축하는 데 많은 계산 부하가 생긴다. 시작 시에는 최소 1,000개의 트리를 사용하는 것을 추천한다. 만약, 교차 검증 성능 프로파일이 1,000개의 트리에서도 유효하다면, 성능이 저하될 때까지 트리를 추가한다.

브레이먼은 많은 독립 학습기의 선형 조합이 앙상블 내의 각 학습 대비 전체 앙상블의 분산을 감소시킨다는 것을 나타낸 바가 있다. 랜덤 포레스트 모델은 편향성이 낮은 강력하고 복잡한 학습기를 선택함으로써 분산을 감소시켰다. 많은 독립적이고, 강력한 학습기의 조합을 통해 오차율에 있어서도 향상을 가져왔다. 각 학습기가 기존의 모든 학습기와는 독립적으로 선택되므로 랜덤 포레스트는 결과값의 잡음으로부터 큰 영향을 받지 않는다. 이는 20.2장에서 보다 자세히 살펴본다. 여기서는 랜덤 포레스트 및 다른 모델의 잡음 효과를 설명한다. 이와 더불어 응답 변수에 잡음이 별로 없을 경우, 학습기의 독립성에 의해 데이터의 과소 적합이 나타날 수도 있다(그림 5.11).

배깅과 비교했을 때, 트리 구축 프로세스에서는 각 분기에서 원예측 변수의 일부만을 구하므로 일반적으로 랜덤 포레스트에서는 많은 트리를 사용하지만, 트리 대 트리 기반보다 계산상 효율적이다. 이런 성격에 병렬 트리 구축 방식이 결합되면 랜덤 포레스트

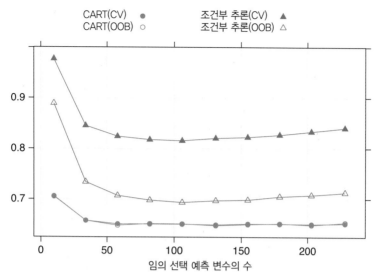

〔그림 8.18〕 CART와 조건부 추론 방식으로 랜덤 포레스트를 사용한 것에 대한 교차 검증 RMSE 프로파일

는 계산을 부스팅(8.6장)보다 더욱 효율적으로 할 수 있다.

    CART나 조건부 추론 트리도 배깅과 마찬가지로 랜덤 포레스트의 기본 학습기가 될 수 있다. 두 방식을 10-겹 교차 검증과 아웃 오브 백 검증 방식과 마찬가지로 기본 학습기를 사용해 용해도 ·데이터에 대한 모델 훈련을 시켰다. m_{try} 변수는 10과 228개에서 10개의 값을 넣었다. 이 조합에 대한 RMSE 프로파일은 [그림 8.18]에서 볼 수 있다. CART 트리는 배깅과 달리, 모든 튜닝 변숫값에 대해 조건부 추론 트리보다 나은 성능을 보인다.

    각 프로파일에서 $m_{try} = 58$부터 $m_{try} = 155$까지 평평한 상태임을 알 수 있다. CART-기반 랜덤 포레스트 모델은 RMSE 추정 방식에 상관없이 $m_{try} = 131$일 때 수치상으로 최적임을 알 수 있다. 실험상 랜덤 포레스트 튜닝 인수는 성능에 큰 영향을 미치지 않았다. 이 데이터에서 RMSE에서 실제 차이를 나타냈던 유일한 요인은 최솟값(여기서는 10)을 언제 사용하느냐에 대한 것이었다. 일반적으로 이런 작은 값은 최적 성능을 내는 것과 상관없는 경우가 많다. 하지만 여기서는 작은 튜닝 인수값이 최적의 결과를 내는 희한한 경우가 나타났다. 랜덤 포레스트 모델이 얼마나 좋은 성능을 내는지 빠르게 판단하기 위해 회귀 기본 튜닝 인수값($m_{try} = P/3$)에서 성능이 좋다고 가정해보자. 성능을 최대로 내고자 한다면, 이 값을 튜닝해서 좀 더 나은 성능 향상을 기대할 수 있을 것이다.

    [그림 8.18]을 보면, CART 트리를 사용해 랜덤 포레스트 모델을 만들었을 때(튜닝

변수 간 비교 시) 아웃 오브 백 오차 추정값과 교차 검증을 사용한 RMSE가 매우 유사하게 나오는 것을 알 수 있다. 이런 작은 샘플 사이즈와 다른 환경하에서는 데이터에서 나타나는 패턴이 명확하지 않다. 이럴 때 아웃 오브 백 오차율을 사용하면, 랜덤 포레스트 모델 튜닝 계산 시간을 확연히 감소시킬 수 있다. 조건부 추론 트리를 사용해 포레스트 모델을 생성하는 경우, 아웃 오브 백 오차가 교차 검증 RMSE보다 훨씬 긍정적으로 나온다. 그래서 이 경우에는 다시 패턴을 찾는 것이 어려워진다.

랜덤 포레스트는 앙상블 성격을 가지므로 예측 변수와 응답 변수 간의 관계를 이해하기는 불가능하다. 하지만 이 방법에서는 트리를 기본 학습기로 사용하므로 앙상블에서 예측 변수의 영향도를 측정할 수는 있다. 브레이먼(2000)은 원래 각 트리에 대해 동시에 하나의 예측 변수에 대한 아웃 오브 백 샘플을 구성하기 위해 각 변수의 값을 임의로 정렬하는 방식을 제안했다. 각 변수에 대한 정렬되지 않은 샘플과 정렬된 샘플 간의 예측 성능 차이를 기록한 후, 전체 포레스트에 포함시킨다. 다른 방법은 포레스트 모델에서 각 예측 변수의 등장 횟수를 예측 변수의 성능 지표로 해 이를 기반으로 노드의 순도 향상 정도를 측정하는 것이다. 이 각 예측 변수의 개별 향상도를 전체 포레스트에 대해 합산해 예측 변수의 전반적인 중요도를 측정한다.

예측 변수의 상대적 영향도를 측정하는 식의 이런 방법은 단일 회귀 트리에 대해 설명한 8장의 방법과는 매우 다르지만, 여기서도 마찬가지로 편향성으로 인한 한계가 발생한다. 또한 스트로블 등의 학자(2007)들은 예측 변수 간의 상관관계가 중요도에 유의한 영향을 미친다는 것을 발견했다. 한 가지 예로, 정보성 예측 변수와 높은 상관관계를 갖는 비정보성 예측 변수가 이상하게 높은 중요도값을 보였다. 몇몇 경우에서 이 중요도는 별로 중요하지 않은 변수보다 크거나 같다. 또한 이들은 m_{try} 튜닝 변수가 중요도에 매우 큰 영향을 미친다는 것도 발견했다.

예측 변수 상관관계로 인한 다른 영향으로는 주요 예측 변수의 중요도가 희석된다는 것이 있다. 예를 들어, 중요도가 X인 매우 중요한 예측 변수가 있다고 가정해보자. 만약, 다른 예측 변수가 이 변수와 완전히 연관돼 있고, 역시 매우 중요하게 여겨진다면, 이 두 예측 변수의 중요도는 대략 $X/2$가 될 것이다. 이런 예측 변수가 모델에 3개 있다면, 중요도 값은 $X/3$ 정도로 떨어질 것이다. 이는 몇몇 문제에서 매우 큰 영향을 미칠 수 있다. 한 가지 예로, RNA 표현식 프로파일링 데이터에서는 많은 위치에서 동일한 유전자가 나타나는데, 이 결과 유전자 간 변수는 매우 높은 상관관계를 갖게 된다. 이 유전자가 어떤 결과를 예측하는 데 중요하다고 했을 경우, 모든 변수를 랜덤 포레스트에 적용하면 이 유전자는 실제 영향도보다 덜 중요하게 쓰일 것이다.

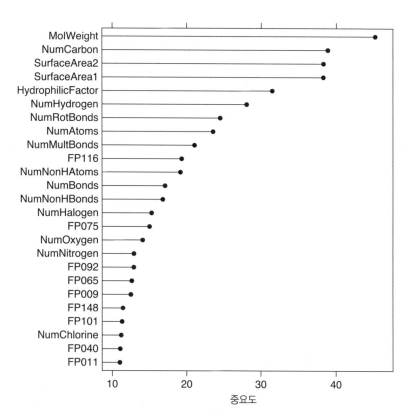

〔**그림 8.19**〕 용해도 랜덤 포레스트 CART 트리 모델에서 사용된 상위 25개의 예측 변수의 변수별 중요도

스트로블 등(2007)은 예측 변수 간 상관관계를 고려해 랜덤 포레스트 모델에서 중요도를 구하는 다른 방식을 만들었다. 이 방법은 예측 변수 간 중복 효과를 감소시킨다. 이는 앞에서 말한 유효도 감소 효과를 유발하지 않는다.

용해도 데이터의 상위 25개의 예측 변수에 대한 랜덤 포레스트 변수 중요도는 [그림 8.19]에 나와 있다. 이 모델에서 model, MolWeight, NumCarbon, SurfaceArea2, SurfaceArea1가 중요도 지표의 상위를 차지하고 있고, 중요도값은 식별자 변수에서 점차 줄어들기 시작한다. 식별자 116번과 75번의 중요도는 식별자로는 상위를 차지하고 있어서 이 식별자가 나타내는 구조가 화합물 용해도에서 중요한 위치를 차지한다고 볼 수 있다.

단일 CART 트리를 사용한 랜덤 포레스트 중요도값([그림 8.6])과 비교했을 때 상위 4개의 예측 변수 중 2개가 동일하고(SurfaceArea2, NumCarbon), 상위 16개 중 14개가 동일하다는 것을 알 수 있다. 하지만 중요도 순서는 매우 다르다. 예를 들어, NumNonHBonds 는 CART 트리에서는 최상위 변수지만, 랜덤 포레스트에서는 14위일 뿐이다. 랜덤 포레스트에서는 MolWeight가 최상위 예측 변수지만, CART 트리에서는 5위다. 이런 차이는 새삼스러운 것은 아니다. 단일 트리의 그리디 알고리즘에서 선호하는 예측 변수가 랜덤 포레스트와 다르다는 것을 알아두면 된다.

8.6 부스팅

부스팅 모델은 원래는 분류 문제에서 만들어진 것으로, 이후 회귀쪽으로도 확장됐다. 부스팅에 익숙하지 않은 독자라면(14.5장의) 분류에 사용되는 부스팅에 대해 먼저 읽고 이 장으로 다시 돌아오는 것이 도움이 될 것이다. 이 장을 제대로 완성시키기 위해 부스팅이 원래 분류 용도로 어떻게 만들어졌고, 이게 회귀의 맥락으로 어떻게 확장되게 됐는지에 대한 부스팅의 역사에 대해 간략히 짚고 넘어가자. 부스팅의 역사는 에이다부스트AdaBoost 알고리즘으로부터 시작했고, 프리드먼의 확률 경사 부스팅 머신으로 발전했으며, 이는 실제로 현재 부스팅 알고리즘으로 널리 사용되고 있다.

1990년대 초기에 부스팅 알고리즘이 탄생했다(Schapire, 1990; Freund, 1995; Schapire, 1999). 이 알고리즘은 약한 분류기(임의 분류보다 조금 나은 분류기)들을 합쳐서 (또는 부스팅해서) 오분류로 인한 오차율을 훨씬 낮게 만드는 앙상블 분류기를 만드는 학습 이론의 영향을 받았다(Valiant, 1984; Kearns and Valiant, 1989). 연구자들은 부스팅 이론을 효과적으로 구현할 수 있는 방안을 찾기 위해 오랜 시간 동안 고생했다. 그러던 중 프로인드Freund와 샤피르Schapire가 공동 작업으로 에이다부스트 알고리즘을 만들어 냈다(1999). 에이다부스트(알고리즘 14.2)는 컨즈Kerns와 밸리언트Valiant의 약학습기를 강학습기로 부스팅하는 개념을 실제로 구현할 수 있도록 한다(Kearns and Valiant, 1989).

에이다부스트 알고리즘 형태에서의 부스팅은 매우 강력한 예측 도구며, 일반적으로 개별 모델보다 좋은 성능을 낸다. 이 알고리즘이 모델링 관련 커뮤니티에서 주목을 받으면서 유전자 발현 관련 응용 분야(Dudoit et al., 2002; Ben-Dor et al., 2000), 계량 분석 화학(Varmuza et al., 2003), 음악 장르 분류(Bergstra et al., 2006) 등의 분야에서 널리 사용되기 시작했다.

에이다부스트 알고리즘이 좋은 성능을 내 성공적으로 사용되면서 많은 연구자들이 (Friedman et al., 2000) 손실 함수, 가법 모델링, 로지스틱 회귀 등의 통계적 개념에 에이다부스트를 연결해서 부스팅을 지수 손실 함숫값을 최소화하는 직관적인 가법 모델 형태로 해석할 수 있다는 것을 보였다. 이런 부스팅에 대해 근본적으로 이해하면 부스팅이 분류 문제에 대해 여러 알고리즘적 일반화가 가능하게 하는 새로운 관점을 가질 수 있다는 것을 알 수 있다(14.5장 참고). 더불어, 이런 새로운 관점으로 보면 회귀 문제에서도 이 방법을 사용할 수 있도록 확장할 수 있다.

프리드먼의 부스팅에 대한 통계적 체계를 통해 이 알고리즘을 다른 종류의 문제들에 보다 단순하고 우아하게 적용할 수 있다(Friedman, 2001). 프리드먼은 분류와 회귀를 아우르는 이 방법을 "경사 부스팅 머신gradient boosting machines"이라고 불렀다. 경사 부스팅의 기본 법칙은 아래와 같다. 주어진 손실 함수(예를 들면, 회귀에 대한 오차 제곱)와 약학습기(회귀 트리 등)에 대해 알고리즘은 손실 함수를 최소화하는 가법 모형을 찾는다. 이 알고리즘은 보통 응답 변수를 가장 잘 추측할 수 있는 식(회귀에서는 응답 변수의 평균값)으로 초기화된다. 경사값(또는 잔차)을 구하고, 손실 함수를 최소화하는 잔차값에 맞는 모델을 만든다. 이렇게 구해진 모델을 이전 모델에 더하고, 이 과정을 사용자가 정의한 만큼 반복한다.

이 책에서 설명했던 대로 튜닝 인수를 사용하는 모델링 기법이라면 약한 것부터 강한 것까지 예측력의 범위를 구할 수 있다. 부스팅은 약학습기를 사용하므로 대부분의 튜닝 인수를 사용하는 기법도 약학습기를 사용한다. 앞에서 말한 대로 트리는 여러 측면에서 매우 훌륭한 기본 학습기다. 첫째, 깊이에 제약을 줌으로써 약학습기를 유연하게 만들 수 있다. 둘째, 분리된 트리를 쉽게 합칠 수 있고, 각 예측 변수를 회귀 모델에 쉽게 추가해서 예측값을 만들 수 있다. 셋째, 트리를 매우 빠르게 만들 수 있다. 더불어, 각 트리로부터의 결과를 바로 집계할 수 있어서 가법 모델링 과정에 본질적으로 적합하다.

회귀 트리를 기본 학습기로 사용하는 경우, 단순 회귀 경사 부스팅에서는 트리 깊이와 반복 횟수 2개의 튜닝 변수를 사용한다. 여기서 트리 깊이는 상호작용 깊이interaction depth로도 알려져 있는데, 이는 각각의 다음 분기를 이전 분기 예측 변수에 대한 상위 상호작용으로 보기 때문이다. 오차 제곱을 손실 함수로 사용할 경우, 이 튜닝 인수를 사용하는 단순 부스팅 알고리즘은 알고리즘 8.3과 같다.

확실히 알고리즘 8.3에서 사용한 부스팅은 랜덤 포레스트와 유사한 면이 있다. 최종 예측값은 모델의 앙상블로부터 나오고, 트리가 기본 학습기로 사용된다. 하지만 앙상블 방식은 각 기법마다 조금씩 다르다. 랜덤 포레스트의 경우, 각 트리를 따로따로 만들고 각 트리는 최대 깊이로 만들어지며, 각 트리는 최종 모델에 동일하게 반영된다. 하지만

1. 깊이 D와 반복 횟수 K를 선택한다.
2. 응답값의 평균 y를 구한 후, 이를 각 샘플에 대한 기본 예측값으로 사용한다.
3. **for** $k = 1$ *to* K **do**
4.   각 샘플에 대해 관측값과 현재 예측값의 차이인 잔차를 구한다.
5.   잔차값을 응답값으로 사용한 후, 회귀 트리를 깊이 D에 맞춘다.
6.   앞에서 맞춘 회귀 트리를 사용해 각 샘플에 대해 예측값을 구한다.
7.   앞에서 만든 예측값과 앞 반복 과정에서 만들어진 예측값을 더해 각 샘플의 예측값을 수정한다.
8. **end**

알고리즘 8.3 단순 회귀 경사 부스팅

부스팅의 트리는 이전 트리에 좌우되고, 최소 깊이로 만들어지며, 최종 모델에 반영되는 정도도 각각 다르다. 하지만 이런 차이에도 불구하고, 랜덤 포레스트와 부스팅은 유사한 예측 성능을 낸다. 랜덤 포레스트의 경우 트리를 개별적으로 만들기 때문에 병렬 처리가 가능하고, 부스팅의 계산 시간이 보통 랜덤 포레스트보다 크다.

프리드먼은 그가 개발한 경사 부스팅 머신이 학습 능력이 제대로 정의돼 있지 않은 학습기가 경사도에 최적화하도록 사용되는 경우, 과적합에 민감할 수도 있다는 것을 발견했다. 따라서 부스팅 알고리즘의 각 단계에서 최적의 학습기를 선택해야 한다. 하지만 약학습기를 사용하는 데도 불구하고, 부스팅은 각 단계에서 최적의 약학습기를 선택할 때는 여전히 그리디 방법론을 사용한다. 이 방법이 현재 시점에서는 최적의 해를 내지만, 훈련 데이터에 과적합될 경우 광역 최적 모델을 찾지 못할 수도 있다는 문제점도 있다. 그리디 방법에 대한 대책으로 6.4장에서 설명했던 것과 동일한 방식으로 학습 과정에 정규화나 축소를 적용해 제약을 가하는 방법이 있다. 알고리즘 8.3에서 정규화 과정은 반복문의 마지막 줄에 추가할 수 있다. 이전 반복의 예측값에 예측값을 추가하는 대신, 이전 예측값에 현재 예측값의 일부만 추가한다. 이 부분은 흔히 학습율로 불리고, 기호 λ로 나타낸다. 이 변수는 0에서 1 사이의 값을 가지며, 모델의 튜닝 변수로도 사용될 수 있다. 리지웨이(Ridgeway, 2007)는 학습 변수가 작은 값(< 0.01)일 때 가장 잘 동작하지만, 이 경우 반복 횟수가 더 많아지므로 변숫값은 최적의 모델을 찾는 데 소요되는 계산 시간에 역비례한다고 말했다. 반복 횟수가 커지면 모델을 저장해야 하는 메모리가

더 많이 필요하게 된다.

프리드먼이 경사 부스팅 머신을 발표한 후, 여기에 브레이먼의 배깅 기법을 차용하는 것을 고려하기 시작했다. 특히, 배깅의 랜덤 샘플링이 배깅의 예측값 분산을 줄인다는 것에 관심을 보였다. 프리드먼은 부스팅 머신 알고리즘에 랜덤 샘플링 개념을 더하는 식으로 이를 수정하고, 새로운 기법인 **확률 경사 부스팅**stochastic gradient boosting을 발표했다. 이를 위해 프리드먼은 반복문 진입 전에 다음 단계를 넣었다. 바로 훈련 데이터 일부를 임의로 선택하는 것이다. 현재 반복 과정에서 남은 단계의 잔차와 모델은 현재 데이터의 샘플에 기반한 것이다. 여기서 사용되는 훈련 데이터 비율은 흔히 배깅 비율로 알려져 있으며, 이는 모델의 새로운 튜닝 인수로도 사용될 수 있다. 이를 통해 단순한 수정을 통해 부스팅의 예측 정확도를 높이고, 계산 자원을 줄일 수 있다는 것을 확인했다. 프리드먼은 배깅 데이터 수를 0.5 근방으로 사용하는 것을 제안한다. 하지만 이 값은 다른 인수들처럼 변경하고자 하면 변경할 수 있다.

[그림 8.20]에는 부스티드 트리에 대해 트리 깊이(1~7), 트리 수(100~1,000), 축소(0.01, 0.1) 튜닝 변수를 조정했을 때에 대한 교차 검증 RMSE가 나와 있다. 이 그림에서 배깅 비율은 0.5로 고정했다.

이 부분을 탐색하던 중, 축소값이 클수록(오른쪽 그래프) 모든 트리 깊이와 트리 수에 대해 RMSE가 감소하는 것을 알 수 있다. 또한 RMSE는 축소가 0.01일 때, 트리 깊이와

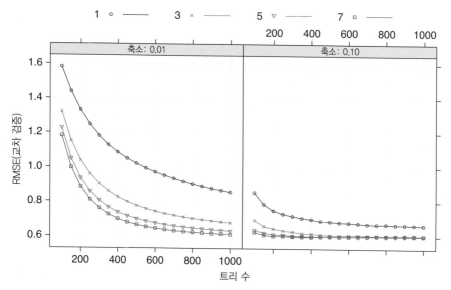

〔그림 8.20〕 부스티드 트리 모델의 교차 검증 RMSE 프로파일

함께 감소한다. 축소가 0.1이고, 트리 수가 300 미만일 때도 RMSE에 동일한 형태가 나타났다.

1-표준 오차 규칙을 사용했을 때, 최적의 부스티드 트리는 깊이 3인 400개의 트리를 갖고, 0.1의 축소 상수를 갖는다. 이 설정에서 교차 검증 RMSE는 0.616이다.

부스팅의 변수 중요도는 오차 제곱 감소 정도를 뜻한다. 특히, 각 예측 변수로터 만들어지는 오차 제곱값이 감소하는 것은 앙상블에서의 각 트리로부터 합해진 결과다(즉, 각 예측 변수에 대해 각 트리로부터 향상된 값이 나왔다는 말이다). 각 예측 변수의 향상도는 전체 앙상블에 대해 평균을 낸 후 전체 중요도 값으로 사용한다(Friedman, 2002; Ridgeway, 2007). 모델에 대한 상위 25개의 예측 변수는 [그림 8.21]에 나타나 있다. 이 예제에서는 SurfaceArea1, SurfaceArea2와 더불어 NumCarbon과 MolWeight가 가장 중요한 것으로 나타난다. 중요도는 7개의 예측 변수 이후부터 차츰 감소한다. 이 결과와 랜덤 포레스트를 비교하면 두 기법에서 모두 동일한 4개의 상위 예측 변수를 정의했지만, 순서는

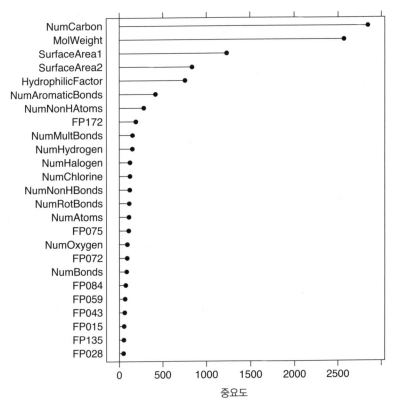

〔그림 8.21〕 용해도의 확률 경사 부스팅 모델에서 사용된 상위 25개의 예측 변수에 대한 변수별 중요도

각기 다르다. 또한 부스팅의 중요도 프로파일이 랜덤 포레스트에 비해 중요도 기울기가 훨씬 가파르다. 이는 부스팅의 트리는 서로 종속돼 있어서 경사 기법에 따른 연관된 구조를 가지기 때문이다. 많은 동일한 예측 변수가 여러 트리에서 선택되므로 이 변수들의 중요도가 증가된다. 랜덤 포레스트와 부스팅 간의 변수 중요도 차이에 있어서 순서와 규모는 크게 고려할 필요는 없다. 대신, 데이터에 대한 이 두 관점을 고려해 각 관점에서 예측 변수와 응답 변수 간의 전체적인 관계를 이해해야 한다.

8.7 큐비스트

큐비스트^{Cubist}는 규칙 기반 모델로, 이전에 발표된 여러 방법론을 융합한 것이며 (Quinlan 1987, 1992, 1993a) 그 이후로도 계속 발전돼왔다. 이전에 큐비스트는 상업용으로밖에 사용할 수 없었으나 2011년 소스 코드가 오픈소스 라이선스하에 공개됐다. 이와 동시에 모델의 현재 버전에 대한 모든 상세 내용도 공개됐다. 이 모델에 대한 설명은 오픈소스 버전 모델[4]을 기반으로 한다. 큐비스트와 기존의 모델 트리 및 규칙 기반 기법들 간의 눈에 띄는 차이점은 아래와 같다.

- 선형 모델 평활화, 룰 생성, 가지치기에 사용되는 상세 기법은 다르다.
- 연합^{committee}이라는 추가 부스팅 같은 과정이 있다.
- 모델 규칙에 따라 만들어진 예측값을 훈련 데이터 점 근처로 조정할 수 있다.

이 모델 트리 구축 과정은 8.2장에서 설명한 과정과 거의 동일하다. 다만, 선형 모델의 평활 과정은 퀸란이 설명한 방식보다 좀 더 복잡하다(1992). 큐비스트에서 모델은 두 모델의 선형 조합을 사용한다.

$$\hat{y}_{par} = a \times \hat{y}_{(k)} + (1 - a) \times \hat{y}_{(p)},$$

이때 $\hat{y}_{(k)}$는 현재 모델에 대한 예측이고, $\hat{y}_{(p)}$는 트리 내의 상위 모델이다. 큐비스트에서는 모델 트리와 다른 방정식을 사용해 조합 비율을 구한다. $e_{(k)}$는 하위 모델 잔차($y - \hat{y}_{(k)}$ 등)의 모음이고, $e_{(p)}$는 상위 모델과 유사하다. 평활 과정에서는 우선($\text{Cov}[e_{(p)}, e_{(k)}]$라고 표기된) 두 모델 잔차 집합 간의 공분산을 구한다. 이는 전반적인 두 잔차 집합 간의 선형 관

---

[4] 이는 큐비스트 소스 코드를 개발한 크리스 키퍼(Chris Keefer)의 공이다.

계 측정값이다. 공분산이 크다면, 잔차는 동일한 부호에 상대적으로 큰 값이고, 값이 0에 가깝다면 이는 두 모델의 오차 간 어떤(선형) 관계도 없다는 뜻이다. 또한 큐비스트는 잔차 간 차이의 분산인 $\mathrm{Var}[e_{(p)} - e_{(k)}]$ 역시 계산한다. 이때 큐비스트에서 사용하는 평활 계수는 아래와 같다.

$$a = \frac{\mathrm{Var}[e_{(p)}] - \mathrm{Cov}[e_{(k)}, e_{(p)}]}{\mathrm{Var}[e_{(p)} - e_{(k)}]}.$$

분자의 앞 부분은 상위 모델의 RMSE에 비례한다. 만약, 상위 모델의 오차 분산이 공분산보다 크다면, 평활 과정에서는 상위 모델보다 하위 모델에 더 가중값을 주게 된다. 역으로 상위 모델의 분산이 낮다면, 이 모델에 더 가중값을 주게 된다.

최종적으로는 가장 작은 RMSE 값을 갖는 모델이 평활 모델에서 가장 높은 가중값을 얻게 된다. 모델에서 동일한 RMSE를 사용하는 경우, (공분산과 상관없이) 평활 과정에서는 동일한 가중값을 갖는다.

앞에서 이야기한 "분리해서 정복하는" 기법과 달리, 최종적으로는 모델 트리를 사용해 초기 규칙을 구성한다. 큐비스트는 각 노드에서 선형 모델을 연속적으로 수집한 후, 각 규칙들로 구성된 하나의 선형 모델의 평활 형태로 나타낸다. 보완 오차율([식 8.3])은 가지치기 및 룰 결합에서 사용하는 기준이다. 말단 노드 근처에서 만들어지는 분기로부터 시작해 훈련 데이터에 대한 보완 오차율을 사용해 각 규칙의 조건을 검증한다. 어떤 규칙에서 한 조건을 제거해도 오차율이 커지지 않는다면, 이 조건을 제거한다. 이를 통해 전체 모델에서 하나의 규칙을 완전히 삭제할 수도 있다. 규칙 조건을 완전히 결정지은 후에 새 샘플은 (가장 범위가 넓은 규칙이 아니라) 가장 적합한 규칙들에 의해 만들어진 선형 모델의 평균을 이용해 예측값을 구하게 된다.

모델 연합은 규칙 기반 모델의 연속 형태를 만드는 식으로 구성된다. 부스팅과 마찬가지로 각 모델은 이전 모델의 결과에 따라 달라진다. 부스팅은 각 데이터의 기존 적합도에 따라 새로운 가중값을 부여하고, 이 가중값에 맞춰 새 모델에 대한 적합도를 구한다. 모델 연합 요소의 기능은 각기 다르다. 훈련 데이터 세트 결과는 사전 모델 적합도 기반으로 보완된 후, 이 가응답 결과를 사용해 새로운 규칙 집합을 구축한다. 자세히 살펴보면, m번째 모델 연합 요소는 아래와 같이 보완된 응답 결과를 사용한다.

$$y^*_{(m)} = y - (\hat{y}_{(m-1)} - y).$$

기본적으로 어떤 데이터 값에 대한 예측이 제대로 되지 못했다면, 다음 차례에는 모델에서 더 좋은 값을 구할 수 있도록 샘플에 대한 값을 증가시킨다. 이와 비슷한 식으로 과하게 예측된 값에 대해서는 조정 후, 다음 모델에서는 이 값을 더 작게 예측하도록 할 것이다. 전체 연합 모델이 만들어지면, 새 샘플은 각 모델을 사용해 예측값을 만든 후 최종 규칙 기반 예측 단계에서는 각 모델에서 예측한 값의 단순 평균을 구해 최종값을 만든다(부스팅에서는 평균을 구할 때 단계별 가중값을 사용했다).

규칙 기반 모델이 완성된 후 (단일 모델이든 모델 연합이든), 큐비스트에서는 훈련 세트의 샘플에 대한 예측값을 보완할 수 있다(Quinlan, 1993a). 새 샘플에 대해 예측할 때는 훈련 데이터 세트를 통해 K개의 가장 유사한 이웃들을 구한다. 모델이 새 샘플에 대해 예측한 값을 $\hat{y}$라고 하면, 최종 예측은 아래와 같다.

$$\frac{1}{K} \sum_{\ell=1}^{K} w_\ell \left[t_\ell + (\hat{y} - \hat{t}_\ell) \right],$$

t_ℓ는 훈련 세트 중 이웃으로 선정된 데이터의 관측 결과값이고, $\hat{t}_\ell$는 이 이웃에 대한 모델 예측값이며, w_ℓ은 새 샘플로부터 이웃 훈련 데이터까지의 거리를 통해 구해진 가중값이다. 새 샘플 예측값과 근접한 이웃 간의 차이가 증가할수록 보정값 역시 커질 것이다.

이 과정을 실제로 진행하기 위해서는 세부 사항이 정의돼야 한다. 우선, 이웃 간의 거리를 구하는 식이 필요하다. 큐비스트에서는 맨해튼^{Manhattan} 거리(시가지^{city block} 거리라고도 함)를 사용해 최근접 이웃을 찾는다. 그리고 이웃은 예측 샘플에서 "충분히 가까운" 경우에만 해당한다. 이웃을 걸러내기 위해 일단 훈련 데이터 세트의 각 데이터 점에 대한 평균 거리를 구해 이를 임계값으로 잡는다.

만약, 예측 샘플에 대해 가능한 이웃과의 거리가 이 평균 거리보다 크면, 이 점은 이웃에서 탈락한다. 가중값 w_ℓ에서도 이웃과의 거리를 사용한다. 기본 가중값은 아래와 같이 계산한다.

$$w_\ell = \frac{1}{D_\ell + 0.5},$$

이때 D_ℓ는 예측 샘플과 이웃 간의 거리다. 이 가중값을 이후 합이 1이 되도록 정규화한다. 가중값을 부여함으로써 예측 샘플과 비슷한 이웃의 영향력을 커지게 하는 효과가 생긴다. 퀸란(1993a)은 www.RuleQuest.com에 공개한 큐비스트 소스 코드에 보다 자세한 정보 및 상세 내용을 실었다.

이 모델을 튜닝할 때는 연합 수와 이웃 수를 서로 다르게 조정한다. [그림 8.22]에서

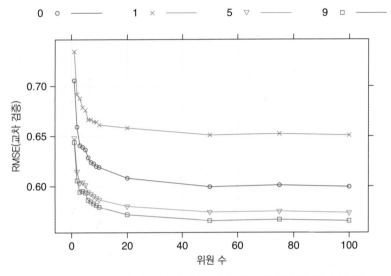

〔그림 8.22〕 큐비스트의 이웃과 구성 위원의 수에 따른 교차 검증 RMSE 프로파일

교차 검증 프로파일을 확인할 수 있다. 사용하는 이웃의 수와는 관계없이 오차는 위원 수가 증가할수록 유의한 감소 형태를 보이고, 50개가량의 위원 수가 된 후에 안정적으로 바뀐다. 훈련 데이터 세트를 사용해 모델 예측을 조정하는 것은 매우 흥미로운 일이다. 순수한 규칙 기반 모델이 이웃한 개인 모델을 조정한 것보다 성능이 더 좋지만, 이웃이 9개 정도인 경우가 오차가 가장 작다. 결국, 오차가 가장 작은 (0.57 로그) 모델은 100개의 위원과 9개의 이웃을 사용해 조정된 결과다. 물론 성능 저하를 막기 위해 위원을 더 적게 사용할 수도 있다. 최종 큐비스트 모델에서 위원별 규칙의 평균 수는 5.1로 1개에서 15개까지 있다.

단일 위원을 사용한 큐비스트 모델과 기존 룰 기반 모델에서 이웃 조정을 하지 않은 모델을 비교해볼 수 있다. M5 규칙 기반 모델은 추정 교차 검증 오차율이 0.74인데 반해, 큐비스트 모델의 경우 오차율이 0.71이었다. 결과의 분산을 기반으로 했을 때, 이 차이는 통계적으로 조금 유의하다(p-value: 0.0485). 이는 규칙 기반 모델을 구축하는 두 방법 간의 방법론적 차이가 이 데이터상에서는 크지 않음을 나타낸다.

큐비스트 모델의 예측 변수의 중요도를 측정할 수 있다고 증명된 기법은 없다. 각 선형 모델은 각 예측 변수에 대한 기울기를 갖고 있지만, 앞에서 본 것처럼, 이 값은 데이터 간에 유의한 공선성이 있는 경우, 매우 커질 수 있다. 이 값에만 의존하는 지표에서도 분기에 사용되는 예측 변수는 사용하지 않는다. 하지만 예측 변수가 선형 모델이나 분기에서 얼마나 많이 사용됐는지를 계산해서 이를 각 변수의 모델에 대한 영향력으로 사용하는 정도를 고안해볼 수는 있을 것이다. 다만, 이런 방식에서는 큐비스트에서 사용하는 이웃 기반 수정을 생략하고 있다. 모델러는 전체 사용 수 계산에서 분기나 선형 모델의 예측 변수 횟수에 어떤 식으로 가중값을 부여할 것인지 선택할 수 있다.

용해도 데이터의 경우, 예측 변수의 중요도는 100개의 위원을 사용한 모델에서 계산한 후 9개의 최근접 이웃을 사용한 예측을 기반으로 수정했다. [그림 8.23]은 이 값을 도식화했다. 여기서 x축은 예측 변수의 총사용량(분기나 선형 모델에서 사용된 횟수)이다. 이 데이터를 사용한 다른 모델에서와 마찬가지로 연속형 변수는 식별자형보다 모델에 훨씬 큰 영향을 미치는 것으로 나타났다. 하지만 부스티드 트리 모델과 달리, 이 데이터에서는 이 변수들의 중요도가 보다 감소했다. 적합한 모델에서는 소수의 예측 변수가 중요도의 대다수를 차지하지 않았다.

8.8 컴퓨팅

이 장에서 사용할 R 패키지는 caret, Cubist, gbm, ipred, party, partykit, randomForest, rpart, RWeka다.

단일 트리

R에서 단일 회귀 트리를 만들 때 범용적으로 사용하는 두 패키지는 rpart와 party다. rpart 패키지는 rpart 함수를 사용해 CART 방식 기반으로 분기를 만들고, party 패키지에서는 ctree 함수를 사용해 조건부 추론 체계 기반의 분기를 만든다. rpart와 ctree 함수 모두 수식 방식을 사용한다.

```
> library(rpart)
> rpartTree <- rpart(y ~ ., data = trainData)
> # 또는
> ctreeTree <- ctree(y ~ ., data = trainData)
```

rpart 함수에서는 rpart.control 인수를 통해 여러 변동을 줄 수 있는 인수가 있다. 훈련 시 주로 사용되면서 train 함수를 통해 사용하게 되는 두 가지 인수로는 복잡도

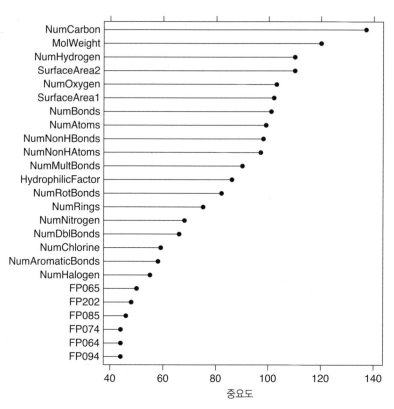

〔그림 8.23〕 용해도 데이터에 대해 큐비스트 모델을 사용해 구한 상위 25개의 예측 변수에 대한 변수 중요도

(cp)와 최대 노드 깊이(maxdepth)를 들 수 있다. 복잡도 인수를 통해 CART 트리를 튜닝하려면, train 함수의 method 옵션을 method = "rpart"로 설정해야 한다. 최대 깊이를 튜닝하려면 method 옵션을 method = "rpart2"로 설정해야 한다.

```
> set.seed(100)
> rpartTune <- train(solTrainXtrans, solTrainY,
+ method = "rpart2",
+ tuneLength = 10,
+ trControl = trainControl(method = "cv"))
```

party 패키지에서는 이와 비슷한 식으로 ctree_control 인수를 사용해 여러 변숫값을 조정할 수 있다. 이 변수 중 mincriterion, maxdept는 훈련 과정에서 일반적으로 사용된다. mincriterion은 분기를 위해 사용되는 통계적 제약 관련 내용을 정의하고, maxdepth는 트리의 최대 깊이를 정의한다. Mincriterion 이상의 조건부 추론 트리를 튜닝하기 위해서는 train 함수의 method 옵션을 사용해 method = "ctree"로 설정해둬야 한다. 트리를 최대 깊이 이상으로 튜닝하기 위해서는 method 옵션에서 method = "ctree2"와 같이 설정한다.

party 패키지의 plot 함수를 아래와 같이 사용하면 [그림 8.4]와 같은 트리 다이어그램을 만들 수 있다.

```
> plot(treeObject)
```

Rpart 트리로 이런 그래프를 만들고자 한다면, partykit을 사용해 rpart 객체를 party 객체로 변형한 후 plot 함수를 사용한다.

```
> library(partykit)
> rpartTree2 <- as.party(rpartTree)
> plot(rpartTree2)
```

모델 트리

웨카 소프트웨어를 사용하면 모델 트리를 기본적으로 구현할 수 있지만, 그 모델을 R에서 사용하려면 RWeka 패키지가 필요하다. 여기에는 두 가지 다른 인터페이스가 적용된다. 적합한 모델 트리를 만들 때는 M5P가 사용되고, 규칙 기반 형태로 만들 때는 M5Rules가 사용된다. 어느 쪽의 함수든 수식 형태를 사용한다.

```
> library(RWeka)
> m5tree <- M5P(y ~ ., data = trainData)
> # 또는 규칙 기반일 때는 아래와 같다.
> m5rules <- M5Rules(y ~ ., data = trainData)
```

이 예제에서 추가 분기를 만들기 위해 사용된 훈련 세트 데이터의 최소 수는 기본 4~10으로부터 증가하기 시작했다. 이를 위해 control은 아래와 같이 사용됐다.

```
> m5tree <- M5P(y ~ ., data = trainData,
+               control = Weka_control(M = 10))
```

control에는 이외에도 평활과 가지치기에 사용되는 옵션들이 있다. 전체 모델 트리를 사용할 경우, [그림 8.10]과 유사한 시각화를 만들기 위해서는 M5P의 결과에 plot 함수를 적용해야 한다.

이런 모델을 튜닝하기 위해 caret 패키지의 train 함수에서 사용할 수 있는 방법에는 두 가지가 있다. 이는 method = "M5"를 사용해 모델 트리를 평가하는 것과 모델의 규칙 기반 버전을 사용하는 것으로 모두 평활법과 가지치기를 사용한다. [그림 8.12]는 다음 코드와 이후 plot(m5Tune)을 통해 모델을 평가한 결과다.

```
> set.seed(100)
> m5Tune <- train(solTrainXtrans, solTrainY,
+                 method = "M5",
+                 trControl = trainControl(method = "cv"),
+                 ## M5() 옵션을 사용해
+                 ## 데이터가 10이 되도록 분기할 때 필요한
+                 ## 샘플의 최소 수를 정의한다.
+                 control = Weka_control(M = 10))
```

method = "M5Rules"를 사용해 train을 사용한 경우, 규칙 기반 모델에 대해서만 평가한다.

배깅 트리

Ipred 패키지에는 배깅 트리에 대한 두 가지 함수가 있다. 수식 형태를 사용하는 bagging과 수식이 아닌 인터페이스를 사용하는 ipredbagg다.

```
> library(ipred)
> baggedTree <- ipredbagg(solTrainY, solTrainXtrans)
> ## 또는
> baggedTree <- bagging(y ~ ., data = trainData)
```

여기서는 rpart 함수를 사용한다. 트리 형식에 대한 자세한 내용은 bagging과 ipredbagg의 rpart.control로 값을 전달하는 control 인수를 통해 정의할 수 있다. 기본적으로는 가능한 한 가장 큰 트리가 만들어진다.

여러 다른 패키지에서도 배깅용 함수를 제공한다. 앞에서도 언급했던 RWeka 패키지의 경우 Bagging이라는 함수가 있고, caret 패키지에는 트리 등의 많은 모델을 배깅할

수 있는 bag이라는 공용 체계가 있다. 조건부 추론 트리 역시 mtry라는 인수가 예측 변수의 수와 동일할 경우, party 패키지의 cforest 함수를 사용해 배깅할 수 있다.

```
> library(party)
> ## mtry 인수의 수가 예측 변수의 수와 동일해야 한다.
> ## (열의 수가 결과값 수 -1이어야 한다).
> bagCtrl <- cforest_control(mtry = ncol(trainData) - 1)
> baggedTree <- cforest(y ~ ., data = trainData, controls = bagCtrl)
```

랜덤 포레스트

랜덤 포레스트에 대한 기본적인 구현에는 동일한 이름의 패키지를 사용한다.

```
> library(randomForest)
> rfModel <- randomForest(solTrainXtrans, solTrainY)
> ## 또는
> rfModel <- randomForest(y ~ ., data = trainData)
```

주요 인수로는 각 분기에서 임의로 후보군으로 선정되는 예측 변수의 수인 mtry와 부트스트랩 샘플 수인 ntree가 있다. 회귀에서 mtry의 기본값은 예측 변수 수/3이다. 트리의 수는 안정적이고, 재현 가능한 결과를 만들 수 있도록 충분히 커야 한다. 기본은 500개지만, 최소 1,000개의 부트스트랩 샘플을 사용한다(또한 mtry의 값과 예측 변수의 수에 따라 더 달라질 것이다). 다른 중요한 옵션으로는 중요도가 있다. 기본적으로 변수 중요도는 시간이 소모되므로 따로 계산하지 않고, importance = TRUE로 명시한 경우, 이 값을 구한다.

```
> library(randomForest)
> rfModel <- randomForest(solTrainXtrans, solTrainY,
+                         importance = TRUE,
+                         ntrees = 1000)
```

조건부 추론 트리를 사용한 포레스트를 구축할 때는 party 패키지의 cforest 함수를 사용할 수 있다. 여기에도 비슷한 옵션이 있지만, control 인수에서 사용할(편향 함수나 불편향 함수 등) 분기 알고리즘을 선택할 수 있다.

하지만 이 함수들은 모두 결측값을 사용할 수 없다.

train 함수는 이 모델 각각에 대해 method = "rf" 또는 method = "cforest"라고 명시하는 식으로 튜닝 가능한 래퍼를 사용할 수 있다. mtry 변수를 최적화하면 약간이나마 성능의 향상을 볼 수 있을 것이다. 또한 train에서는 성능 추적을 위해(아웃 오브 백 추정이 아닌) 표준 리샘플링 방식을 사용한다.

randomForest 모델에서 변수별 중요도는 importance 패키지의 함수를 사용해 구한다. Cforest 객체에는 유사한 함수로 party 패키지의 varimp를 사용한다.

각 패키지에는 중요도를 계산할 수 있는 각각의 함수가 있고, 이에 대한 특성은 부록의 [표 B.1]에 들어 있다. caret에는 트리 모델 객체의 변수 중요도를 구하는 함수의 래퍼를 단일 함수로 만든 varImp라는 함수가 있다. 이를 사용하는 트리 객체는 rpart, classbagg(ipred 패키지의 배깅 함수), randomForest, cforest, gbm, cubist가 있다.

부스티드 트리

확률 경사 부스팅 머신을 통해 부스팅 회귀 트리를 만들기 위해 가장 많이 사용되는 패키지는 gbm이다. 랜덤 포레스트와 마찬가지로 다음 두 가지 방식을 사용해 모델을 구축할 수 있다.

```
> library(gbm)
> gbmModel <- gbm.fit(solTrainXtrans, solTrainY, distribution = "gaussian")
> ## 또는
> gbmModel <- gbm(y ~ ., data = trainData, distribution = "gaussian")
```

여기서 distribution 인수는 부스팅 과정에서 최적화되는 손실 함수 유형을 정의한다. 연속형 응답 변수에 대해서는 distribution = "gaussian"으로 설정돼 있어야 한다. 또한 gbm 내에서 트리 수(n.trees), 트리 깊이(interaction.depth), 축소(shrinkage), 관측값의 샘플링 비율(bag.fraction)을 바로 설정할 수 있다.

다른 변수들과 마찬가지로 이 변수들을 튜닝할 때 train 함수를 사용할 수도 있다. 트리 깊이, 트리 수, 축소를 튜닝하려면, 우선 튜닝 행렬을 정의한다. 그리고 이 행렬을 아래와 같이 훈련한다.

```
> gbmGrid <- expand.grid(.interaction.depth = seq(1, 7, by = 2),
+                        .n.trees = seq(100, 1000, by = 50),
```

```
+                    .shrinkage = c(0.01, 0.1))
> set.seed(100)
> gbmTune <- train(solTrainXtrans, solTrainY,
+                   method = "gbm",
+                   tuneGrid = gbmGrid,
+                   ## gbm( )은 많은 결과값을 만드므로
+                   ## verbose 옵션을 사용해
+                   ## 화면에 너무 많이 출력되는 것을 막는다.
+                   verbose = FALSE)
```

큐비스트

앞에서 말했듯이, 룰퀘스트RuleQuest에서 만든 이 모델의 소스 코드는 최근 오픈소스 라이선스하에 공개됐다. 이 오픈소스 코드를 사용해 만들어진 Cubist라는 R 패키지가 있다. 큐비스트 코드에서 가변수를 생성하고 사용하는 것을 모두 다루므로 함수에서 수식 방식은 지원하지 않는다. 다음 단순한 코드를 사용하면 단일 후보에 추가 보완이 없는 단순 규칙 기반 모델을 만들 수 있다.

```
> library(Cubist)
> cubistMod <- cubist(solTrainXtrans, solTrainY)
```

committee 인수를 사용하면 여러 모델을 만들 수 있다. 이제는 친숙한 predict 함수를 써서 새로운 샘플에 적용해볼 수 있다.

```
> predict(cubistMod, solTestXtrans)
```

샘플에 대한 예측 결과가 나오기 전까지는 인수 기반 수정 방법을 적용할 수 없다. predict 함수에는 neighbors라는 인수가 있다. 여기에 단일 정수값(0~9)을 적용해 훈련 데이터의 규칙 기반 예측 방식을 수정할 수 있다.

모델을 훈련하고 나면, summary 함수를 통해 각 규칙에 대한 최종 평활 선형 모델 같은 정확한 규칙을 구할 수 있다. 또한 대부분의 다른 모델과 마찬가지로 caret 패키지의 train 함수를 사용해 리샘플링을 통해 이웃 및 위원 모델들의 다른 값을 튜닝할 수 있다.

```
> cubistTuned <- train(solTrainXtrans, solTrainY, method = "cubist")
```

연습 문제

8.1 연습 문제 7.2에 등장한 시뮬레이션 데이터를 다시 만들어 보자.

```
> library(mlbench)
> set.seed(200)
> simulated <- mlbench.friedman1(200, sd = 1)
> simulated <- cbind(simulated$x, simulated$y)
> simulated <- as.data.frame(simulated)
> colnames(simulated)[ncol(simulated)] <- "y"
```

(a) 모든 예측 변수를 사용하는 랜덤 포레스트 모델을 만들고 각 변수의 중요도를 구하라.

```
> library(randomForest)
> library(caret)
> model1 <- randomForest(y ~ ., data = simulated,
+                         importance = TRUE,
+                         ntree = 1000)
> rfImp1 <- varImp(model1, scale = FALSE)
```

랜덤 포레스트 모델에서는 비정보성 예측 변수(V6 — V10)를 유의하게 사용하고 있는가?

(b) 이번에는 정보성 예측 변수 중 하나와 높은 상관관계를 갖는 추가 예측 변수를 추가해보자. 예는 아래와 같다.

```
> simulated$duplicate1 <- simulated$V1 + rnorm(200) * .1
> cor(simulated$duplicate1, simulated$V1)
```

이 데이터에 다른 랜덤 포레스트 모델을 적용해보자. 이때 V1의 중요도는 달라지는 가? V1과 높은 상관관계를 갖는 다른 예측 변수를 추가한 경우에는 어떠한가?

(c) party 패키지의 cforest 함수로 조건부 추론 트리를 사용한 랜덤 포레스트 모델을 만들어 보자. The party 패키지의 varimp 함수를 사용하면 변수 중요도를 구할 수 있다. 이 함수의 조건 인수를 사용해 원래의 중요도 측정 방식과 스트로블 등이 구한 수정된 방식(2007) 간에서 선택할 수 있다. 이 중요도 값은 기존 랜덤 포레스트

모델과 동일한 패턴을 나타내는가?

(d) 이 과정을 부스티드 트리나 큐비스트 같은 다른 트리 모델에 대해서도 진행해보자.
동일한 패턴이 나타나는가?

8.2 이 값이 달라짐에 따라 트리의 우도가 변하는 것을 시뮬레이션해보자.

8.3 확률 경사 부스팅에서 배깅 정도와 학습 곡선은 경사에 의해 유도되므로 트리 구
조를 조정하게 된다. 튜닝을 통해 이 인수의 최적값을 구할 수 있겠지만, 이 인수의 크
기가 변수 중요도 크기에 어떤 영향을 미치는지를 미리 이해해두면 유용할 것이다. [그
림 8.24]에는 용해도 데이터에 대해 배깅 비율과 학습 비율에 2개의 극단값(0.1, 0.9)을
사용한 부스팅에 대한 변수 중요도 그래프가 나와 있다. 왼쪽 그래프에서는 두 값이 모
두 0.1로 설정돼 있고, 오른쪽 그래프는 모두 0.9다.

(a) 오른쪽에서 앞의 몇 개 예측 변수만을 살펴봤을 때 왼쪽에 비해 왜 값이 넓게 분포
돼 있지 않을까?

(b) 다른 샘플에 대해 어떤 모델이 더 예측력이 좋을 것이라고 보는가?

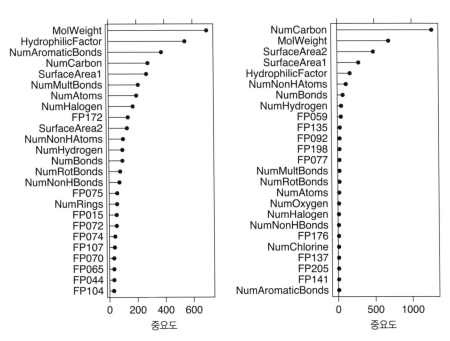

〔그림 8.24〕 배깅 정도와 축소 정도 인수값에 따른 변수 중요도 크기 변화. 왼쪽 그래프에서는 두 튜닝 인수
값을 0.1로 설정했고, 오른쪽 그래프에서는 0.9로 설정했다.

(c) [그림 8.24]의 각 모델에서 상호작용 정도가 증가할수록 예측 변수 중요도의 기울기에는 어떤 영향을 미치는가?

8.4 용해도 데이터에서 분자 무게나 탄소 원자 수 같은 단일 예측 변수를 사용해 다음의 여러 모델에 적용해보자.

(a) 단순 회귀 트리

(b) 랜덤 포레스트 모델

(c) 단일 규칙을 사용하거나 여러 위원을 사용하는 방식 각각에 대한 큐비스트 모델(각각에 대해 이웃 보정 적용을 한 경우와 적용하지 않은 경우를 구하자)

테스트 데이터 세트에 대해 용해도 데이터 결과와 예측 데이터에 대한 그래프를 그리자. 또한 테스트 세트에 대한 모델 예측 결과를 모델에 적용해보자. 모델은 어떻게 달라지는가? 튜닝 인수를 변경하는 것이 모델 적합도에 유의한 영향을 미치는가?

8.5 연습 문제 6.1에서 이야기한 테카터 데이터에 대해 각각 다른 트리 모델과 규칙 기반 모델을 만들어 보자. 선형 모델과 비교했을 때 어떻게 다른가? 예측 변수 간의 상관관계가 모델에 영향을 미치는가? 만약, 그렇다면, 이 문제를 완화하기 위해 예측 변수를 어떤 식으로 변경하거나 재변조할 것인가?

8.6 연습 문제 6.2와 7.4에서 설명했던 투과성 문제로 돌아가보자. 여러 트리 기반 모델에 대해 훈련시켜보고 리샘플링 데이터와 테스트 세트 데이터에 대한 성능을 평가해보자.

(a) 어느 트리 기반 모델이 리샘플링 데이터와 테스트 세트에 대해 최적의 성능을 보이는가?

(b) 이 모델 중 이 데이터로 기존에 실행했던 회귀 모델에서 공분산을 유지하거나 제거한 형태에 대해 이보다 더 나은 형태를 보이는 것이 있는가? 이때 모델의 성능은 어떤 방식으로 비교했는가?

(c) 지금까지 개발한 모든 모델에 대해 투과성 실험을 하는 연구실에 모델을 변경하라고 추천한다면 어떤 모델을 추천할 것인가?

8.7 화학 공정 프로세스에 대해 설명한 연습 문제 6.3과 7.5로 돌아가 보자. 앞과 동일한 데이터 대치법, 분기, 전처리 단계를 밟아 여러 트리 기반 모델을 만든다.

(a) 어느 트리 기반 회귀 모델의 리샘플링 세트와 테스트 세트의 성능이 가장 최적인가?

(b) 최적의 트리 기반 회귀 모델에서 가장 중요한 예측 변수는 무엇인가? 생물학 변수
   와 공정 변수 중 어느 쪽이 많은가? 최적의 선형 모델과 비선형 모델에서 상위 10
   개의 중요 예측 변수가 어떻게 다른가?

(c) 말단 노드에서의 분포에 대한 최적의 단일 트리를 그려보자. 이 그래프에서 생물학
   변수와 공정 변수, 이들 간의 관계에 대한 추가 지식을 얻을 수 있는가?

09

용해도 모델 정리

앞에서 여러 장에 걸쳐 용해도 데이터 세트에 적합한 다양한 모델을 찾았다. 이 데이터에 대한 모델들을 어떻게 비교할 수 있고, 최종 모델로는 무엇을 선택해야 할까? [그림 9.1]과 [그림 9.2]는 교차 검증과 테스트 데이터 세트를 사용해 구한 성능 지표에 대한 산점도다.

성능이 좋지 않은 일부 모델을 제외하면, 리샘플링 결과와 테스트 데이터 세트 결과와는 꽤 높은 상관관계가 있다(RMSE의 경우 0.9, R^2의 경우 0.88). 대부분의 경우, 모델의 순위는 비슷하다. K-최근접 이웃 모델이 가장 성능이 낮고, 2개의 단일 트리 기반 모델이 그 다음이다. 이 트리에 배깅을 취한 것은 좀 더 낫긴 하지만 그렇다고 성능이 확 좋아지지는 않는다. 또한 조건부 랜덤 포레스트 모델 결과도 그저 그렇다.

보다 좋은 성능을 보이는 모델 "집단"으로는 모델 트리, 선형 회귀, 벌점 선형 모델, MARS, 신경망 등이 있다. 이 모델들은 보다 단순하지만 선형 모델 내의 주어진 예측 변수 수 및 MARS, 모델 트리의 복잡도를 해석하기는 어렵다. 대부분의 경우, 이 모델들들을 구현하기는 쉽다. 이런 모델들은 제약회사에서 수백만 개의 화합물을 검수하는 데 사용돼야 하므로 구현 용이성의 중요도가 낮지 않다는 것을 감안하자.

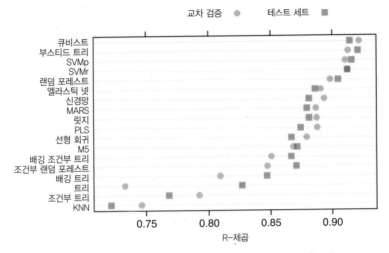

〔그림 9.1〕 10-겹 교차 검증과 테스트 세트로 구한 용해도 모델의 R^2 그래프

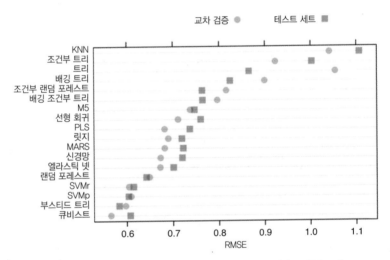

〔그림 9.2〕 10-겹 교차 검증과 테스트 세트로 구한 용해도 모델의 RMSE 그래프

고성능 모델군에는 서포트 벡터 머신(SVM), 부스티드 트리, 랜덤 포레스트, 큐비스트가 포함된다. 모두 기본적으로는 매우 복잡한 예측 방정식으로 만들어진 블랙 박스 형태다. 이 모델들의 성능은 나머지 모델의 한참 위다. 따라서 이 모델들에는 새 큰 샘플에 대한 예측을 할 때 사용하기 위한 계산을 효율적으로 구현할 수 있게 하는 부분이 있을 것이다.

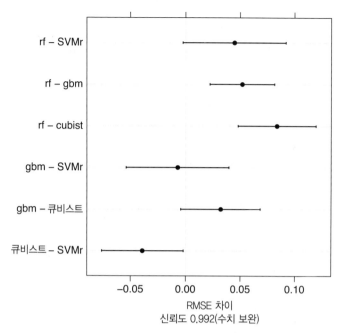

〔**그림 9.3**〕 고성능 모델의 RMSE 차이에 대한 신뢰 구간

이 모델 간에 실제 차이가 있을까? 리샘플링 결과를 갖고 신뢰 구간 집합을 만든 후 4.8장의 기법을 사용해 모델의 RMSE 간 차이를 나타내봤다. [그림 9.3]은 이 구간을 보여준다. 여기에는 통계적으로 유의한 차이가 거의 나타나지 않는다.

또한 대부분의 평균 오차는 0.05 로그보다 적으므로 과학적으로 유의미하지 않다. 따라서 이 중 무엇을 선택해도 상관없다.

10

사례 연구:
콘크리트 혼합물의 압축 강도

지금까지 주로 본 것은 예측값이 미리 정의되지 않은 관측 데이터였다. 예를 들어, 앞 장에서 사용한 QSAR 데이터를 보면 "화학 공간"의 충분한 양을 차지하는 다양한 화합물을 포함하고 있다. 이 데이터 세트는 (분자 무게 등의) 화학적 값에 대한 정확한 수치로 만들어진 것은 아니다. 대신 모델에 사용하기 위한 적당한 정도의 화합물들을 샘플링해 사용했다.

설계 실험은 몇 가지 방법을 사용해 예측 변수(일종의 요인이라고 볼 수 있다)의 정확한 수를 구하는 것으로부터 시작한다. 예측 변수 설정을 통해 훌륭한 수학적, 실험적 특성을 끌어낼 수 있다. 이 중 한 가지 특성은 균형이다. 어느 실험 요인(예측 변수)도 다른 요인들보다 더 많이 사용되지 않는다면, 균형적인 설계라고 할 수 있다. 이는 대부분의 경우 각 예측 변수는 사용 가능한 단계가 동일하고, 단계의 빈도 역시 각 요인별로 동일하다는 의미다. 최선의 실험 설계를 구하는 데 사용되는 속성은 실험 단계에서 도출된다.

박스 등(Box et al., 1978)은 많은 실험 요인을 저해상도로 스크리닝("넓은 그물을 편다")해 결과와 관련된 활성 요인이나 중요 요인을 판단하는 방식의 순차적 실험 개념을 대중화했다. 변수 중요도가 측정된 후에는 중요 요인들의 부분 집합들로 보다 명확한 실험을 만들게 된다. 그 다음 실험에서는 중요 요인 간의 관계 성격에 대해 보다 명확하게 보일 수 있다. 실험의 최종 단계는 소수의 중요 요인들로 세부 조정을 하는 것이다. 반응 표면 실험(Response surface experiments, Myers and Montgomery, 2009)에서는 더 적은 예측값 집합을 사용했다. 여기서 초기 목표는 실험 변수의 비선형 모델을 기반으로 실험 설정을 최적화하는 것이다.

실험 설계와 예측 모델은 여러 면에서 다르다.[1]

- 연구 단계는 모든 가능한 예측 변수(실험 요인)와 각 변수마다 여러 값을 포함하는 단일한 종합적 데이터 세트를 선호한다. 실험의 계획, 설계, 분석이 반복되는 패러다임은 표면적으로는 대부분의 예측 모델링 문제와 다르다.
- 실험 순서의 최종 단계에 이를 때까지 가장 중요한 것은 어떤 예측 변수가 결과에 영향을 어떠한 미치는지를 이해하는 것이다. 반응 표면 실험에서 가장 중요한 것은 온전히 예측에 대한 것이다.

이 실제 사례는 실험 설계로부터 화합물 데이터의 최적 배합을 예측하는 것에 초점이 맞춰져 있다.

콘크리트는 대부분의 산업에서 중요한 역할을 하고 있다. 많은 건물과 길에서 콘크리트를 사용한다(비용 다음으로). 사람들이 관심을 갖고 있는 부분은 경화 콘크리트의 압축 강도다. 많은 콘크리트는 여러 성분을 물과 혼합해 만든 후 건조시켜 경화한다. 인프라의 많은 중요한 역할을 고려할 때, 이 조합은 매우 중요하므로 이에 관련된 많은 연구가 진행되고 있다. 이 장에서는 압축 강도를 최대화하는 조합을 찾는 모델을 만들 것이다.

예(Yeh, 2006)는 혼합물 설계라 부르는 실험 시나리오의 표준 유형을 만들었다(Cornell, 2002; Myers and Montgomery, 2009). 여기서는 각 성분별 혼합비에 대한 최댓값과 최솟값 간의 범위를 사용해 범위 내 공간을 체계적으로 채우는 방식으로 여러 혼합물을 생성한다. 설계된 혼합물의 각 유형에 대해 이에 대응하는 선형 회귀 모델이 있어서 성분 간의 관계와 결과에 대한 모델이 있다. 이 선형 모델에는 교호 작용과 성분에 대한 고차 항목도 포함시킬 수 있다. 예(2006)가 사용한 성분들은 아래와 같다.

- 시멘트(kg/m^3)

---

[1] 여기서 사용된 사례는 예측 모델에서 실험 설계가 활용되는 경우다. 계량 분석 화학 분야에서 순차적으로 레벨 조합 알고리즘을 제거하는 방식의 직교 배열형 디자인은 QSAR 모델 개선에서 찾아볼 수 있다(Mandal et al., 2006, 2007). 또한 능동 학습 분야에서도 예측 모델 결과를 사용한 훈련 데이터 세트 기반의 샘플을 순차적으로 추가하고 있다(Cohn et al.,1994; Saar-Tschansky and Provost, 2007a).

- 비산회(kg/m³), 재의 성분
- 고로 슬래그²(kg/m³)
- 물(kg/m³)
- 유동화제(kg/m³), 부분적으로 뭉치는 것을 감소시키는 첨가물
- 조골재(kg/m³)
- 세골재(kg/m³)

예(2006)는 추가의 화합물과 관련되지 않고 압축 강도와 관련된 요인은 (테스트에서의) 혼합 시간에 대해서도 기술했다. 이는 첨가물에 대한 것이 아니라 보통 절차 요인으로 포함된다. 특정 실험 디자인(과 선형 모델 형태)에서는 혼합물과 절차상의 변수가 실험에 포함되기도 한다(보다 자세한 내용은 코넬(Cornell, 2002)의 연구를 살펴보자).

예(1998)는 콘크리트 혼합물 실험 모델링에서 다른 방법을 사용했다. 이 논문에서 저자는 공통의 실험 요인에 대한 17개의 소스로부터 나온 서로 다른 실험은 하나의 "메타 실험"으로 묶고, 전체 혼합물에 대한 공간에 예측 모델을 만들기 위해 신경망을 사용했다. 혼합 시간 역시 모델에 포함됐다. 예(1998)가 "일부 혼합물은 표준적 상태가 아니어서 분석에서 제외했다"라고 명시했음에도 불구하고, 이 실험의 공식적인 버전에서는 서로 다른 실험에 대한 1,030개의 데이터 값을 포함하는 데이터 세트를 포함하고 있다. 이때 어떤 혼합물이 제거됐는지에 대해 명확한 정보가 없으므로 이 책에서는 모든 데이터 값을 사용해 분석한다. [표 10.1]은 예측 데이터(양)와 결과에 대한 요약값이다.

[그림 10.1]은 각 예측 변수 대비 압축 강도에 대한 산점도다. 혼합 시간은 예측 변수와 강한 비선형 관계가 있고, 시멘트의 양은 선형 관계가 있음을 알 수 있다. 이때 유동화제나 비산회의 값이 0인 것처럼 여러 성분에서 동일한 숫자가 높은 빈도로 나타나는 것을 확인할 수 있다. 이런 경우, 압축 강도값은 예측 변수의 이런 값에 대해 여러 값을 보인다. 이는 트리나 MARS 같은 분할법을 사용할 경우, 이 모델에서 이런 혼합물의 값을 분리해 압축 강도값을 보다 효과적으로 예측할 수도 있다는 것을 말한다. 예를 들어, 유동화제나 비산회를 사용하지 않지만, 정확히 228kg/m³의 물을 사용하는 혼합물은 53가지다. 이를 통해 모델에서 이런 혼합물에 특정된 혼합물의 중요한 부분 비율이 있을 것이라는 것을 알 수 있다. 고전적 회귀 모델과 달리, 트리나 규칙 기반 모델을 사용하면, 이런 부분 집합에 대해 모델링할 수 있다.

---

2 제철의 용광로에서 나온 슬래그. 철강 속의 불순물과 코크스의 재, 석회석이 반응해 생긴 용융물로, 주성분은 CaO, SiO_2, Al_2O_3로 이뤄진다(출처: 화학대사전, 세화, 2001)._옮긴이

〔표 10.1〕 콘크리트 혼합물에 대한 데이터

9 변수 1030 관측값

시멘트

n 누락 단일 값 평균					0.05	0.10	0.25	0.50	0.75	0.90	0.95
1,030	0	278	281.2	143.7	153.5	192.4	272.9	350.0	425.0	480.0

최저: 102.0 108.3 116.0 122.6 132.0
최대: 522.0 525.0 528.0 531.3 540.0

고로 슬래그

n 누락 단일 값 평균					0.05	0.10	0.25	0.50	0.75	0.90	0.95
1,030	0	185	73.9	0.0	0.0	0.0	22.0	142.9	192.0	236.0

최저: 0.0 11.0 13.6 15.0 17.2
최대: 290.2 305.3 316.1 342.1 359.4

비산회

n 누락 단일 값 평균					0.05	0.10	0.25	0.50	0.75	0.90	0.95
1,030	0	156	54.19	0.0	0.0	0.0	0.0	118.3	141.1	167.0

최저: 0.0 24.5 59.0 60.0 71.0
최대: 194.0 194.9 195.0 200.0 200.1

물

n 누락 단일 값 평균					0.05	0.10	0.25	0.50	0.75	0.90	0.95
1030	0	195	181.6	146.1	154.6	164.9	185.0	192.0	203.5	228.0

최저: 121.8 126.6 127.0 127.3 137.8
최대: 228.0 236.7 237.0 246.9 247.0

유동화제

n 누락 단일 값 평균					0.05	0.10	0.25	0.50	0.75	0.90	0.95
1,030	0	111	6.205	0.00	0.00	0.00	6.40	10.20	12.21	16.05

0.0 1.7 1.9 2.0 2.2,
22.0 22.1 23.4 28.2 32.2

조골재

n 누락 단일 값 평균					0.05	0.10	0.25	0.50	0.75	0.90	0.95
1,030	0	284	972.9	842.0	852.1	932.0	968.0	1029.4	1076.5	1104.0

최저: 801.0 801.1 801.4 811.0 814.0
최대: 1124.4 1125.0 1130.0 1134.3 1145.0

세골재

n 누락 단일 값 평균					0.05	0.10	0.25	.50	0.75	.90	0.95
1030	0	302	773.6	613.0	664.1	730.9	779.5	824.0	880.8	898.1

최저: 594.0 605.0 611.8 612.0 613.0
최대: 925.7 942.0 943.1 945.0 992.6

시기

n 누락 단일 값 평균					0.05	0.10	0.25	0.50	0.75	0.90	0.95
1,030	0	14	45.66	3	3	7	28	56	100	180

	1	3	7	14	28	56	90	91	100	120	180	270	360	365
Frequency	2	134	126	62	425	91	54	22	52	3	26	13	6	14
%	0	13	12	6	41	9	5	2	5	0	3	1	1	1

압축 강도

n 누락 단일 값 평균					0.05	0.10	0.25	0.50	0.75	0.90	0.95
1,030	0	845	35.82	10.96	14.20	23.71	34.45	46.14	58.82	66.80

최저: 2.33 3.32 4.57 4.78 4.83
최대: 79.40 79.99 80.20 81.75 82.60

274

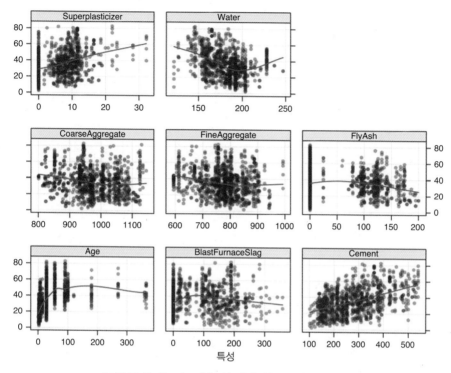

〔그림 10.1〕 콘크리트 예측 변수 대비 압축 강도에 대한 산점도

각 소스에서 어떤 식으로 데이터를 도출해야 하는지 알려주지는 않지만, 중복되는 데이터 값을 갖는 19개의 서로 다른 혼합물이 있다. 이 혼합물들은 주로 2~3개의 중복되는 상태값을 갖지만, 일부 상태값은 4개의 중복값을 갖기도 한다. 이 데이터를 사용해 모델링할 때, 중복값이 독립적인 관측값과 동일하게 사용돼서는 안 된다. 예를 들어, 훈련 데이터 세트와 테스트 세트에 모두 중복된 혼합물값이 들어갈 경우, 모델이 잘 동작한다고 과하게 긍정적으로 측정되는 결과를 야기할 수 있다. 이런 경우, 여기서 일반적으로 사용한 방법은 각 동일한 혼합물의 결과값에 대해 평균을 취하는 것이다. 이에 따라 모델링에 사용할 수 있는 혼합물의 수는 1,030개에서 992개로 낮아졌다.

10.1 모델 구축 전략

예(1998)가 사용한 신경망 모델은 8개의 은닉 유닛을 사용하는 단일층 네트워크다. 여기서는 여러 데이터 분할 방법을 사용했다. 각각 하나의 소스에서의 전체 데이터 같이 서로 다른 훈련 데이터 세트를 사용한 4개의 모델을 실행했다. 이 모델을 테스트 세트에 적용한 결과, R^2값이 0.814에서 0.895까지 나왔다. 또한 테스트 세트로 데이터의 25%를 임의로 선택해 사용했다. 이를 4번 반복했을 때 테스트 세트에 대한 R^2 값은 0.908에서 0.922까지 나왔다.

예(1998)의 분석에서 제대로 비교된 것은 아니었지만, 이 사례에서도 유사한 데이터 분할 방식을 사용할 것이다. 임의로 추출한 25%($n = 247$)의 데이터 세트를 테스트 세트로 사용할 것이며, 10-겹 교차 검증을 5회 반복하는 식으로 여러 모델을 튜닝할 것이다.

이 사례 연구에서는 여러 모델을 만들고 평가할 것이다. 일단 최종 모델이 선택되면, 실제 제약하에서 모델을 최적의 압축 강도를 낼 수 있는 혼합 비율을 예측하는 데 사용할 것이다.

결과를 내는 모델에서 예측 변수를 어떻게 사용할 수 있을까? 예(1998)는 물과 시멘트의 비율 기준으로 나누는 등의 전통적 방식에 대해 설명했지만, 기존의 실험 데이터는 적합하지 않다고 언급했다. 이 장에서는 전체 양의 비율에 따라 모델에 예측 변수를 사용할 것이다. 이로 인해 예측 변숫값에 종속성이 생긴다(다른 7개의 값을 알면 나머지 값을 자동으로 알게 됨). 하지만 변수 간 상관관계가 그다지 크지 않으므로 공선성과 관련된 방법들(PLS, 능형 회귀 등)이 다른 모델보다 좋은 성능을 보일 것이라고 생각하지 않는다.

여기서 실험한 모델들은 아래와 같다.

- 선형 회귀, 부분 최소 제곱, 엘라스틱 넷. 각 모델에 대해 2개 요인 간의 상호작용(age × water 등)과 제곱 항이 들어간 예측 변수의 확장된 집합을 사용했다.
- 방사형 기본 함수인 서포트 벡터 머신(SVM)
- 신경망 모델
- MARS 모델
- 회귀 트리(CART와 조건부 트리 모두 사용), 모델 트리(규칙을 사용하는 경우, 사용하지 않는 경우 모두), 큐비스트(위원과 이웃 기반 조절 활용, 비활용 모두)
- 랜덤 포레스트 모델에 이은 배깅과 부스티드 회귀 트리

모델을 어떻게 튜닝하는지에 대한 자세한 내용은 이 장의 끝에 나오는 컴퓨팅 단원에서 다룰 것이다.

10.2 모델 성능

각 모델에 대해 동일한 교차 검증 반복법을 사용했다. [그림 10.2]는 모델 간 리샘플링 결과에 대해 일렬로 나열한 그래프다. 각 선은 일반적으로 제공되는 교차 검증 결과다. 여기서 가장 성능이 좋은 모델은 트리 앙상블(랜덤 포레스트와 부스팅), 규칙 앙상블(큐비스트), 신경망 모델이다. 선형 모델과 단순 트리의 경우, 성능이 좋지 않았다. 배깅 트리, SVM, MARS의 결과는 무난했지만, 우수한 모델들에 비하면 분명 성능이 떨어진다. 평균 R^2의 통계량은 모델별로 0.76에서 0.92에 포함된다(리샘플링에 의해 구해진). 가장 우수한 3개의 모델에 테스트 세트를 적용했다. RMSE 값은 대략 교차 검증 순위와 일치한다.: 3.9(부스티드 트리), 4.2(신경망), 4.5(큐비스트)

[그림 10.3]에는 세 모델에 대한 원데이터, 예측값, 잔차가 나타나 있다. 각 모델에 대한 그래프는 거의 유사하다. 각 그래프에서 압력값이 높아지는 끝쪽에서 미미하게 값이 차이 나는 경향이 있지만, 전반적으로 관측값과 예측값이 꽤 일치하는 것을 볼 수 있다.

잔차의 대부분은 ±2.8MPa로, 가장 큰 오차가 15MPa보다 조금 크다. 이 그래프에서 봤을 때는 뚜렷하게 어느 것이 좋고 나쁜지를 가늠하기 어렵다.

신경망 모델의 경우, 27개의 은닉 단위를 사용하고 0.1의 가중값을 두었다. 이 모델의 성능 프로파일(여기에는 나와 있지 않으나 뒤의 컴퓨팅 단원에서 제공하는 코드를 사용해 구할 수 있다)을 살펴보면, 가중값은 모델의 효과에 거의 영향을 미치지 않음을 알 수 있다. 최종 큐비스트 모델에서는 100개의 위원을 사용했고, 3-근접 이웃 예측 방법을 더해 보완했다.

화합물 데이터에 대한 큐비스트 그래프(254쪽의 그래프)와 유사하게, 이웃의 수가 너무 적거나 너무 많은 경우, 성능에 좋지 않은 영향을 미친다. 부스티드 트리는 빠른 학습율과 깊이가 깊은 트리인 경우 더 좋다.

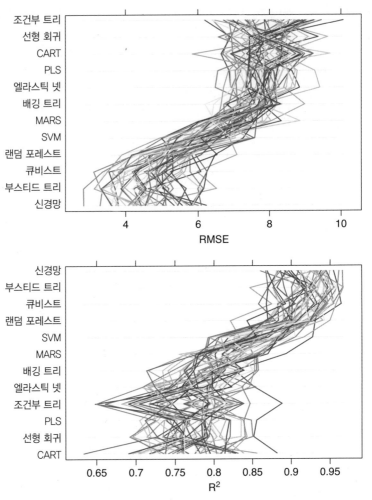

〔**그림 10.2**〕 여러 모델에 대한 교차 검증 RMSE와 R^2 그래프. 각 선은 동일하게 제공되는 교차 검증 세트에 대한 결과다.

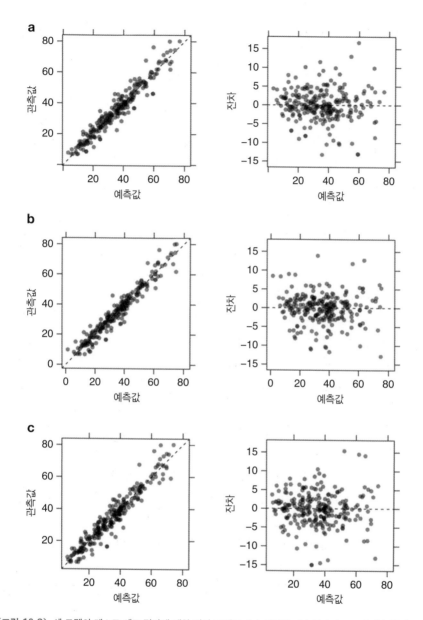

〔그림 10.3〕 세 모델의 테스트 세트 결과에 대한 진단 그래프. (a) 신경망, (b) 부스티드 트리, (c) 큐비스트

10.3 압축 강도 최적화

신경망과 큐비스트 모델은 압축률을 높인 경우, 가능한 조합을 판단하는 데 사용된다. 이때 수치적 탐색 방법을 사용해 압축률(모델에서 예측한 대로)이 높아졌을 경우의 화합물 배합을 찾을 수 있다. 가능한 조합의 후보군을 찾은 경우, 추가 실험을 통해 화합물의 강도가 실제로 높아졌는지 검증한다. 앞에서 설명한 목적을 위해 배합 기간을 28일이라는 값으로 고정하고(이 값에 대한 훈련 데이터 세트 값이 가장 크다) 혼합물의 원재료 양을 최적화한다.

검색은 정확히 어떻게 이뤄질까? 7차원 공간을 탐색하는 여러 수치적 최적화 방법이 있다. 많은 방식이 예측 방정식의 기울기(1차 미분값)를 사용한다. 여러 모델(신경망, SVM 등)에서는 평활 예측 방정식을 사용한다. 하지만 이외에는 기울기 기반 탐색 방법이 적합하지 않은 이산적인 모델이 많다(트리 및 규칙 기반 모델과 다변량 가법 회귀 스플라인 등).

이에 대한 대안으로는 최적의 압축 강도 설정을 위해 미분값을 사용하지 않고 미분값 기반 최적화보다 더 많은 횟수로 예측 방정식을 구하는 '직접적 방법'이라고 불리는 최적화 방법을 사용하는 것이다. 이런 방식의 두 가지 검색 방식은 넬더-미드의 심플렉스법(Nelder and Mead, 1965; Olsson and Nelson, 1975)과 담금질 기법(simulated annealing, Bohachevsky et al., 1986)이다. 이 중 심플렉스 탐색 방법이 가장 결과가 좋다.[3] 넬더-미드 방법은 탐색 공간의 지역 최적 공간에 '갇힐' 가능성이 있으므로 이 경우 좋지 않은 혼합물을 만들게 될 수 있다. 이 문제에 대응하는 방법으로는 여러 다른 지점에서 이 탐색을 반복한 후, 가장 좋은 결과를 내는 탐색 내용을 선택하는 방법을 들 수 있다. 이 방식을 사용하기 위해 훈련 데이터 세트에서 15~28일이 걸린 혼합물을 선택했다. 15일 걸린 세트를 처음 임의로 선택한 후, 남은 시작점은 4.3장에서 이야기한 최대 비유사성 샘플링 방식을 사용해 선택했다.

탐색을 시작하기 전에 실제로 사용할 수 없거나 사용하면 안 되는 방정식 공간을 탐색하는 것을 피하기 위한 제약 조건을 걸어야 한다. 예를 들면, 물의 양은 5.1%에서 11.2% 사이여야 한다. 이 탐색 과정에서는 수분이 최소 5% 이상인 혼합물만을 탐색하도록 설정했다.

훈련 세트에서 28일에 테스트한 배합은 416개다. 이 중 최상위 3개 혼합물의 압축 강도는 81.75, 79.99, 78이다. [표 10.2]는 평활 모델과 비평활 모델(각각 신경망 모델과 큐비스트다)의 상위 3개의 예측 혼합물을 보여준다. 모델에서는 데이터상에서 나타난 것

---

3 이 장의 끝에서 담금질 기법을 사용하는 코드를 사용해볼 수 있다.

[표 10.2] 두 모델에 대해 기간을 28로 고정했을 때의 상위 3개의 최적 혼합물. 훈련 데이터 세트에서 기간을 맞추면, 가장 튼튼한 혼합물의 압축 강도는 81.75, 79.99, 78.8이 나온다.

모델	시멘트	슬래그	재	가소제	수분량	예측		
큐비스트								
새 혼합물 1	12.7	14.9	6.8	0.5	34.0	25.7	5.4	89.1
새 혼합물 2	21.7	3.4	5.7	0.3	33.7	29.9	5.3	88.4
새 혼합물 3	14.6	13.7	0.4	2.0	35.8	27.5	6.0	88.2
신경망								
새 혼합물 4	34.4	7.9	0.2	0.3	31.1	21.1	5.1	88.7
새 혼합물 5	21.2	11.6	0.1	1.1	32.4	27.8	5.8	85.7
새 혼합물 6	40.8	4.9	6.7	0.7	20.3	20.5	6.1	83.9

보다 더 강도를 높이는 배합을 찾아낼 수 있다.

큐비스트에서의 혼합물은 유사한 압축 강도를 가진 것으로 나타난다. 이 배합은 시멘트, 슬래그, 재, 가소제로 이뤄져 있다. 신경망에서의 혼합물도 근처의 혼합물 공간에 위치하고 있으며, 이 예측값은 큐비스트 모델의 예측값보다는 조금 낮게 나오고, 최고 관측값보다는 높게 나온다. 6개 모두 혼합물의 수분 함량은 매우 낮다. 주성분 분석을 사용한 성분으로 (7차원 공간 내의) 훈련 세트 혼합물을 나타낼 수 있다. [그림 10.4]는 28일의 데이터에 대한 PCA 그래프다. 탐색 작업의 시작점에 사용된 15개 혼합물의 주성분값(× 표시로 나타남)은 훈련 세트의 다른 401개 점(작은 회색 점으로 표시됨)과 같이 나타나 있다. 두 모델에서의 상위 3개 예측값도 함께 표기돼 있다. 많은 예측 혼합물들은 혼합물 공간 주변에 위치하고 있으며, 추정값 때문에 모델의 부정확성이 드러나 보일 수도 있다. 이 경우, 새 배합을 과학적이고 실증적으로 검증하는 것이 매우 중요하다.

최적의 혼합물을 찾아내는 보다 복잡한 방법도 사용할 수 있다. 예를 들어, 탐색에서 혼합물의 비용(또는 다른 요인을)을 포함하는 것이 중요할 수 있다. 이를 위해 다변량 혹은 다항목 최적화 등을 여러 방법으로 시도할 수 있다. 한 가지 간단한 방법은 만족도 함수desirability function를 사용하는 것이다(Derringer and Suich, 1980; Costa et al., 2011). 혼합물의 중요한 성격(강도, 비용)을 사용해 적합도를 0과 1 사이로 표기했다. 이때 1은 가장 좋은 것이고, 0은 가장 좋지 않은 것이다. 예를 들어, 특정 비용 이상의 혼합물은 사용할 수 없다. 이 비용 이상의 혼합물은 적합도가 (말 그대로) 0이다. 비용이 낮아질수록 비용과 적합도 간의 관계도 선형적으로 줄어들도록 정의돼 있을 것이다. [그림 10.5]는 비용과 강도 간의 적합도를 측정하는 함수에 대한 두 가지 가설 예제를 나타낸다. 이것을 보면 비용이 20보다 크고, 강도가 70 이하인 배합은 아예 받아들이지 않도록 고려돼 있

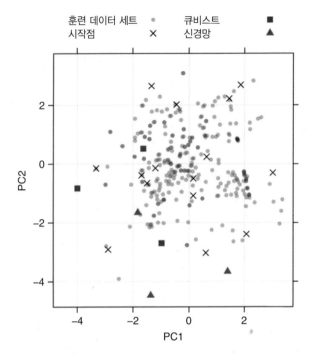

〔**그림 10.4**〕 28일된 혼합물의 훈련 데이터 세트의 PCA 그래프. 15개의 서로 다른 훈련 세트의 혼합물에 대해 탐색 알고리즘을 실행했다(그래프에서 × 표시). 두 모델에서 예측된 최상위 3개의 혼합물도 함께 표기돼 있다.

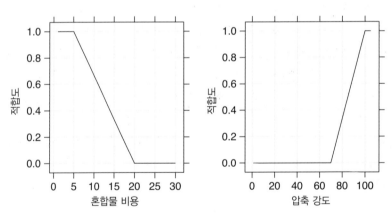

〔**그림 10.5**〕 혼합물의 비용과 압축 강도의 바람직한 정도에 대한 각각의 함수 예제. 이 값들 중 강도가 높고 비용이 적게 드는 혼합물을 찾기 위한 최적의 기하 평균을 구한다.

다. 모든 특성에 대해 최적화하도록 적합도 함수를 한 번 만들면 전체의 적합도를 합치게 되는데, 이때는 주로 기하 평균을 사용한다. 이때 기하 평균은 각 값을 곱하게 되고, 만약 어떤 적합도에 대한 함수에서 0의 값이 나오는 경우, 다른 값도 결국 0이 돼 사용할 수 없게 되므로 주의하자. 전체 적합도는 모든 특성을 사용했을 때 구해진 값을 모두 탐색한 후 최적의 값을 구한다. 이런 방식의 사례는 웨이저 등(Wager et al., 2010)과 크루즈-몬티구도 등(Cruz-Monteagudo et al., 2011)의 연구에서 찾아볼 수 있다.

10.4 컴퓨팅

이 장에서는 caret, desirability, Hmisc, plyr 패키지의 함수를 사용한다.

혼합물 데이터는 UC 얼바인 머신 러닝 데이터 모음에서 찾을 수 있다. Applied PredictiveModeling 패키지에는 원데이터(질량)와 혼합 비율에 대한 다른 버전의 데이터가 들어 있다.

```
> library(AppliedPredictiveModeling)
> data(concrete)
> str(concrete)

  'data.frame':    1030 obs. of 9 variables:
    $ Cement             : num 540 540 332 332 199 ...
    $ BlastFurnaceSlag   : num 0 0 142 142 132 ...
    $ FlyAsh             : num 0 0 0 0 0 0 0 0 0 0 ...
    $ Water              : num 162 162 228 228 192 228 228 228 228 228 ...
    $ Superplasticizer   : num 2.5 2.5 0 0 0 0 0 0 0 0 ...
    $ CoarseAggregate    : num 1040 1055 932 932 978 ...
    $ FineAggregate      : num 676 676 594 594 826 ...
    $ Age                : int 28 28 270 365 360 90 365 28 28 28 ...
    $ CompressiveStrength: num 80 61.9 40.3 41 44.3 ...
> str(mixtures)

  'data.frame':    1030 obs. of 9 variables:
    $ Cement             : num 0.2231 0.2217 0.1492 0.1492 0.0853 ...
    $ BlastFurnaceSlag   : num 0 0 0.0639 0.0639 0.0569 ...
    $ FlyAsh             : num 0 0 0 0 0 0 0 0 0 0 ...
    $ Water              : num 0.0669 0.0665 0.1023 0.1023 0.0825 ...
```

```
$ Superplasticizer    : num 0.00103 0.00103 0 0 0 ...
$ CoarseAggregate     : num 0.43 0.433 0.418 0.418 0.42 ...
$ FineAggregate       : num 0.279 0.278 0.266 0.266 0.355 ...
$ Age                 : int 28 28 270 365 360 90 365 28 28 28 ...
$ CompressiveStrength: num 80 61.9 40.3 41 44.3 ...
```

[표 10.1]은 Hmisc 패키지의 describe 함수, [그림 10.1]은 caret의 featurePlot 함수를 사용해 만들었다.

```
> featurePlot(x = concrete[, -9],
+             y = concrete$CompressiveStrength,
+             ## 그래프 간에 간격을 둔다.
+             between = list(x = 1, y = 1),
+             ## 배경 격자('g')와 평활선('smooth')을 추가한다.
+             type = c("g", "p", "smooth"))
```

복제한 혼합 데이터 값을 평균을 내고 훈련 데이터 세트와 테스트 데이터 세트로 쪼개는 코드는 아래와 같다.

```
> averaged <- ddply(mixtures,
+                   .(Cement, BlastFurnaceSlag, FlyAsh, Water,
+                     Superplasticizer, CoarseAggregate,
+                     FineAggregate, Age),
+                   function(x) c(CompressiveStrength =
+                                 mean(x$CompressiveStrength)))
> set.seed(975)
> forTraining <- createDataPartition(averaged$CompressiveStrength,
+                                    p = 3/4)[[1]]
> trainingSet <- averaged[ forTraining,]
> testSet <- averaged[-forTraining,]
```

예측 변수에 상호작용 같은 값을 추가한 확장 데이터 세트에 대한 선형 모델을 만들기 위해 특정 모델식을 생성한다. 식에서의 점은 모든 예측 변수를 나타내는 축약형으로 (.)^2가 모델에서 사용될 때 이 식은 모든 선형 항목과 2차 상호작용에까지 적용된다. 제곱 항은 수동으로 만들어져서 I() 함수 내에 포함된다. 이 "현재의" 함수는 R에서 (기호상에서가 아니라) 수치적으로 예측 변수를 제곱하도록 만들어져 있다.

이 식은 처음에는 paste를 사용해 조합한 문자열로 만들어져서 R 수식으로 변경된다.

```
> modFormula <- paste("CompressiveStrength ~(.)^2 + I(Cement^2) +",
+                     "I(BlastFurnaceSlag^2) + I(FlyAsh^2) + I(Water^2) +",
+                     " I(Superplasticizer^2) + I(CoarseAggregate^2) +",
+                     "I(FineAggregate^2) + I(Age^2)")
> modFormula <- as.formula(modFormula)
```

각 모델은 10-겹 교차 검증을 통해 반복된 후 trainControl 함수에 의해 정의된다.

```
> controlObject <- trainControl(method = "repeatedcv",
+                               repeats = 5,
+                               number = 10)
```

완전히 동일한 겹을 만들려면, 임의의 수 생성기에 동일한 시드 값을 넣은 후에 train 함수를 실행해야 한다. 선형 회귀 함수에 적용하는 방식은 아래와 같다.

```
> set.seed(669)
> linearReg <- train(modFormula,
+                    data = trainingSet,
+                    method = "lm",
+                    trControl = controlObject)
> linearReg
  745 samples
   44 predictors

  No pre-processing
  Resampling: Cross-Validation(10-fold, repeated 5 times)

  Summary of sample sizes: 671, 671, 672, 670, 669, 669, ...

  Resampling results

    RMSE  Rsquared  RMSE SD  Rsquared SD
    7.85  0.771     0.647    0.0398
```

결과상으로는 확장 모델식을 사용했고, 44개의 예측 변수를 사용했다. 다른 두 선형 모델은 아래와 같이 만든다.

```
> set.seed(669)
> plsModel <- train(modForm, data = trainingSet,
+                    method = "pls",
+                    preProc = c("center","scale"),
+                    tuneLength = 15,
+                    trControl = controlObject)
> enetGrid <- expand.grid(.lambda = c(0, .001, .01, .1),
+                          .fraction = seq(0.05, 1, length = 20))
> set.seed(669)
> enetModel <- train(modForm, data = trainingSet,
+                    method = "enet",
+                    preProc = c("center","scale"),
+                    tuneGrid = enetGrid,
+                    trControl = controlObject)
```

MARS, 신경망, SVM은 아래와 같이 만든다.

```
> set.seed(669)
> earthModel <- train(CompressiveStrength ~ ., data = trainingSet,
+                    method = "earth",
+                    tuneGrid = expand.grid(.degree = 1,
+                                           .nprune = 2:25),
+                    trControl = controlObject)
> set.seed(669)
> svmRModel <- train(CompressiveStrength ~ ., data = trainingSet,
+                    method = "svmRadial",
+                    tuneLength = 15,
+                    preProc = c("center","scale"),
+                    trControl = controlObject)
> nnetGrid <- expand.grid(.decay = c(0.001, .01, .1),
+                          .size = seq(1, 27, by = 2),
+                          .bag = FALSE)
> set.seed(669)
> nnetModel <- train(CompressiveStrength ~ .,
+                    data = trainingSet,
+                    method = "avNNet",
+                    tuneGrid = nnetGrid,
```

```
+                preProc = c("center","scale"),
+                linout = TRUE,
+                trace = FALSE,
+                maxit = 1000,
+                trControl = controlObject)
```

회귀와 모델 트리도 비슷한 방식으로 만든다.

```
> set.seed(669)
> rpartModel <- train(CompressiveStrength ~ .,
+                data = trainingSet,
+                method = "rpart",
+                tuneLength = 30,
+                trControl = controlObject)
> set.seed(669)
> ctreeModel <- train(CompressiveStrength ~ .,
+                data = trainingSet,
+                method = "ctree",
+                tuneLength = 10,
+                trControl = controlObject)
> set.seed(669)
> mtModel <- train(CompressiveStrength ~ .,
+ data = trainingSet,
+ method = "M5",
+ trControl = controlObject)
```

아래 코드는 나머지 모델 객체를 만든다.

```
> set.seed(669)
> treebagModel <- train(CompressiveStrength ~ .,
+                data = trainingSet,
+                method = "treebag",
+                trControl = controlObject)
> set.seed(669)
> rfModel <- train(CompressiveStrength ~ .,
+                data = trainingSet,
+                method = "rf",
+                tuneLength = 10,
+                ntrees = 1000,
```

```
+                     importance = TRUE,
+                     trControl = controlObject)
> gbmGrid <- expand.grid(.interaction.depth = seq(1, 7, by = 2),
+                        .n.trees = seq(100, 1000, by = 50),
+                        .shrinkage = c(0.01, 0.1))
> set.seed(669)
> gbmModel <- train(CompressiveStrength ~ .,
+                    data = trainingSet,
+                    method = "gbm",
+                    tuneGrid = gbmGrid,
+                    verbose = FALSE,
+                    trControl = controlObject)
> cubistGrid <- expand.grid(.committees = c(1, 5, 10, 50, 75, 100),
+                           .neighbors = c(0, 1, 3, 5, 7, 9))
> set.seed(669)
> cbModel <- train(CompressiveStrength ~ .,
+                   data = trainingSet,
+                   method = "cubist",
+                   tuneGrid = cubistGrid,
+                   trControl = controlObject)
```

이 모델의 리샘플링 결과는 caret의 resamples 함수를 사용해 하나의 객체로 모을 수 있다. 이 객체를 사용해 시각화하거나 모델 간의 정형적 비교를 할 수 있다.

```
> allResamples <- resamples(list("Linear Reg" = lmModel,
+                                "PLS" = plsModel,
+                                "Elastic Net" = enetModel,
+                                MARS = earthModel,
+                                SVM = svmRModel,
+                                "Neural Networks" = nnetModel,
+                                CART = rpartModel,
+                                "Cond Inf Tree" = ctreeModel,
+                                "Bagged Tree" = treebagModel,
+                                "Boosted Tree" = gbmModel,
+                                "Random Forest" = rfModel,
+                                Cubist = cbModel))
```

[그림 10.2]는 이 객체에 아래 코드를 적용해 만들어졌다.

```
> ## RMSE 값을 그림
> parallelPlot(allResamples)
> ## R-제곱값 사용
> parallelplot(allResamples, metric = "Rsquared")
```

리샘플링 결과를 사용해 다른 시각화 방법에 적용할 수도 있다(다른 옵션을 보려면 ?xyplot. resamples를 살펴보자).

테스트 세트에 간단히 predict를 적용해 이에 대한 예측값을 구할 수 있다.

```
> nnetPredictions <- predict(nnetModel, testData)
> gbmPredictions <- predict(gbmModel, testData)
> cbPredictions <- predict(cbModel, testData)
```

최적의 혼합물을 구하기 위해 우선 28일 데이터를 사용해 훈련 데이터로부터 임의의 시작점 세트를 구했다.

배합 간의 거리를 불일치 정도에 대한 값으로 사용해 각 변수에 대해 데이터를 동일한 평균과 분산을 갖도록 선가공한다. 이후 하나의 임의 혼합물을 선택해 최대 불일치 표집 과정을 초기화한다.

```
> age28Data <- subset(trainingData, Age == 28)
> ## 기간과 압축 강도 열을 삭제한 후
> ## 예측값 열에 중심화 및 척도화 실행
> pp1 <- preProcess(age28Data[, -(8:9)], c("center", "scale"))
> scaledTrain <- predict(pp1, age28Data[, 1:7])
> set.seed(91)
> startMixture <- sample(1:nrow(age28Data), 1)
> starters <- scaledTrain[startMixture, 1:7]
```

이후 4.3장의 최대 불일치 표집 과정상에서는 14개의 혼합물을 선택해 탐색 알고리즘의 각 시작점으로 사용한다.

```
> pool <- scaledTrain
> index <- maxDissim(starters, pool, 14)
> startPoints <- c(startMixture, index)
> starters <- age28Data[startPoints,1:7]
```

탐색 과정에서는 하나의 성분(수분)을 제외하고 탐색 작업을 수행한 후, 수분은 다른 6개의 성분 비율의 합을 통해 추론한다. 이 과정을 빼먹으면, 탐색 과정에서는 성분 하나를 추가하지 않고 혼합비를 구할 것이다.

```
> ## 수분 제거
> startingValues <- starters[, -4]
```

압축 강도를 최대화하기 위해 R 함수 optim을 사용해 최적의 배합에 대한 혼합물 공간을 탐색한다. 후보 혼합물을 예측값으로 변환하려면 R 함수를 직접 작성해야 한다. 이 함수에서 함수를 최소화할 수 있는 설정값을 넣는 경우, 압축 강도가 음수로 나올 수 있어야 한다. 다음의 함수에서는 (a) 비율이 0에서 1 사이고, (b) 수분의 비율이 5% 이하로 떨어지지 않는지 확인한다. 만약, 이런 조건이 맞지 않는다면, 이 함수에서는 매우 큰 양수를 반환해 탐색 과정에서 다루지 않을 것이다(optim은 최솟값을 찾도록 돼 있다).

```
> ## 압수의 입력값은 6개의 혼합비에 대한 벡터
> ## ('x')와 예측에 사용할 모델('mod')이다.
> modelPrediction <- function(x, mod)
+{
+    ## 혼합 비율이
+    ## 정확한 범위 내인지 확인한다.
+    if(x[1]<0|x[1]>1) return(10^38)
+    if(x[2]<0|x[2]>1) return(10^38)
+    if(x[3]<0|x[3]>1) return(10^38)
+    if(x[4]<0|x[4]>1) return(10^38)
+    if(x[5]<0|x[5]>1) return(10^38)
+    if(x[6]<0|x[6]>1) return(10^38)
+
+    ## 수분 비율을 추정한다.
+    x <- c(x, 1 - sum(x))
+
+    ## 수분 비율 확인
+    if(x[7] < 0.05) return(10^38)
+
+    ## 벡터를 data.frame으로 변환하고
+    ## 이름을 붙인 후 기간을 28일로 고정한다.
+    tmp <- as.data.frame(t(x))
+    names(tmp) <- c('Cement','BlastFurnaceSlag','FlyAsh',
+                    'Superplasticizer','CoarseAggregate',
```

```
+                       'FineAggregate', 'Water')
+     tmp$Age <- 28
+     ## 모델 예측값을 구한 후 제곱해
+     ## 원래의 단위로 변환한 후 값의 음수를 반환한다.
+     -predict(mod, tmp)
+   }
```

우선 큐비스트 모델을 사용한다.

```
> cbResults <- startingValues
> cbResults$Water <- NA
> cbResults$Prediction <- NA
> ## 각 시작점에서 탐색을 반복한다.
> for( i in 1:nrow(cbResults))
+   {
+     results <- optim(unlist(cbResults[i,1:6]),
+                      modelPrediction,
+                      method = "Nelder-Mead",
+                      ## 담금질 기법을 사용하기 위해 method = 'SANN'으로 지정한다.
+                      control=list(maxit=5000),
+                      ## 다음 옵션은
+                      ## modelPrediction( ) 함수로 넘기는 것이다.
+                      mod = cbModel)
+     ## 예측 압축 강도를 저장한다.
+     cbResults$Prediction[i] <- -results$value
+     ## 최종 혼합물값도 저장한다.
+     cbResults[i,1:6] <- results$par
+   }
> ## 수분비를 구한다.
> cbResults$Water <- 1 - apply(cbResults[,1:6], 1, sum)
> ## 최상의 3개 혼합물에 대한 정보를 갖고 있다.
> cbResults <- cbResults[order(-cbResults$Prediction),][1:3,]
> cbResults$Model <-"Cubist"
```

동일한 과정으로 신경망 기법을 적용한다.

```
> nnetResults <- startingValues
> nnetResults$Water <- NA
> nnetResults$Prediction <- NA
> for( i in 1:nrow(nnetResults))
```

```
+  {
+    results <- optim(unlist(nnetResults[i, 1:6,]),
+                     modelPrediction,
+                     method = "Nelder-Mead",
+                     control=list(maxit=5000),
+                     mod = nnetModel)
+    nnetResults$Prediction[i] <- -results$value
+    nnetResults[i,1:6] <- results$par
+  }
> nnetResults$Water <- 1 - apply(nnetResults[,1:6], 1, sum)
> nnetResults <- nnetResults[order(-nnetResults$Prediction),][1:3,]
> nnetResults$Model <-"NNet"
```

[그림 10.4]를 만들려면, PCA를 28일이 된 혼합물과 6개 예측값에 적용한다. 성분을 합친 후 아래와 같은 그래프를 그릴 수 있다.

```
> ## 28일에 대해 PCA를 실행한다.
> pp2 <- preProcess(age28Data[, 1:7], "pca")
> ## 이 혼합물의 성분을 구한다.
> pca1 <- predict(pp2, age28Data[, 1:7])
> pca1$Data <-"Training Set"

> ## 어느 점에서 탐색을 시작할지 찾아서 명명한다.
> pca1$Data[startPoints] <-"Starting Values"
> ## 새 혼합물에도 동일한 방식을 적용한다.
> ## age28Data 객체의 순서와 동일하도록 열을 재배치해야 한다.
> pca3 <- predict(pp2, cbResults[, names(age28Data[, 1:7])])
> pca3$Data <-"Cubist"
> pca4 <- predict(pp2, nnetResults[, names(age28Data[, 1:7])])
> pca4$Data <-"Neural Network"
> ## 데이터를 결합한 후 축의 범위를 정하고 그래프를 그린다.
> pcaData <- rbind(pca1, pca3, pca4)
> pcaData$Data <- factor(pcaData$Data,
+                        levels = c("Training Set","Starting Values",
+                                   "Cubist","Neural Network"))

> lim <- extendrange(pcaData[, 1:2])
> xyplot(PC2 ~ PC1, data = pcaData, groups = Data,
+        auto.key = list(columns = 2),
```

```
+         xlim = lim, ylim = lim,
+         type = c("g","p"))
```

desirability 패키지를 사용해 적합도 함수를 구할 수 있다. dMin과 dMax를 사용해 각각 최솟값과 최댓값에 대한 적합도 함수 곡선 정의를 만들 수도 있다.

Part 3 분류 모델

11

분류 모델에서의 성능 측정

이 책의 앞 부분에서는 주로 연속형 응답 변수에 대한 모델을 구축하고 평가하는 것에 초점을 맞췄다. 이제는 초점을 범주형 응답 변수에 대한 모델 구축 및 평가로 옮기려고 한다. 많은 회귀 모형 기법이 분류에 사용되고 있기는 하지만, 앞에서 사용했던 RMSE 나 R^2 같은 지표는 분류 목적으로는 적합하지 않으므로 모델 성능 측정 방법은 필연적으로 달라질 수밖에 없다. 이 장에서는 분류 모델 성능 평가용 지표에 대해 논의하는 것으로 시작할 것이다. 이 장의 첫 번째 부분에서는 분류 예측 모델의 여러 면에 대해 들여다보고, 어떤 질문에 이런 모델이 맞을지 상세히 살펴본다. 이후 두 번에 걸쳐 통계 및 시각화 방법으로 분류 모델을 평가하는 방법에 대해 살펴볼 것이다.

11.1 클래스 분류

분류 모델에서는 일반적으로 두 가지 유형으로 예측한다. 회귀 모델 같이 분류 모델은 예측값을 보통 확률 형태의 연속값으로 만든다(예: 각 샘플이 각 클래스에 들어갈 값은 0과 1

사이로 나타나며, 이를 모두 합치면 1이 된다). 연속형 예측값 외에도 분류 모델은 이산적 범주 형태의 예측 클래스 값을 구한다. 대부분 실제 사례의 경우, 이산적 범주 예측값을 통해 의사 결정을 하게 된다. 자동 스팸 필터링을 예로 들면, 이 경우 각 이메일에 대해 판단해야 한다.

분류 모델에서는 이 두 유형의 예측 결과를 모두 만들지만, 보통 초점은 연속형 예측 값보다는 이산형 예측값에 더 맞춰진다. 하지만 각 클래스에 대한 확률값은 분류값에 대한 신뢰도를 측정할 때 매우 유용하다. 스팸 이메일 필터 예제를 다시 살펴보면, 스팸일 가능성이 0.51인 이메일은 스팸일 가능성이 0.99로 예측되는 메일과 동일하게 분류될 것이다. 두 메시지는 필터에서는 모두 동일하게 취급되지만, 실제로 스팸일 것에 대한 신뢰도는 두 번째 메시지가 더 높다. 두 번째 예제로 생체 내에서의 상태(무독성, 약한 독성, 강한 독성 등)에 따른 분자 분류 모델을 만들 수 있다(Piersma et al., 2004). 각각 예측 독성 범주가 0.34, 0.33, 0.33로 확률이 예측되는 분자는 예측 확률이 0.98, 0.01, 0.01 인 분자와 동일하게 분류될 것이다. 하지만 이 경우, 두 번째 분자들은 첫 번째 분자들에 비해 독성이 약하다고 확신할 수 있다.

몇 가지 사례의 경우, 원하는 결과는 클래스별 예측 확률로, 이를 사용해 다른 계산을 한다. 보험사에서 허위 신고를 찾아내고 방지하려고 한다고 가정해보자. 기존 데이터를 사용해 허위 신고 확률을 예측하는 분류 모델을 만들 수 있다. 이 확률은 보험사의 조사 비용과 함께 계산해 손실 비용을 구해 보험사의 최적 이자 내에서 조사가 가능할 수 있는지 판단하도록 할 수 있다. 분류 확률을 다른 모델의 입력값으로 넣는 다른 예제로 특정 기간에서의 고객이 내는 수익으로 정의되는 고객 생애 가치customer lifetime value, CLV 계산이 있다(Gupta et al., 2006). CLV를 추정하려면, 고객이 주어진 시간 구간 내에 소비하는 금액, 고객 응대 비용, 고객이 해당 시간 구간 내에 소비할 확률 등의 값이 필요하다.

앞에서 언급한 대로 대부분의 분류 모델은 클래스별 예측 확률을 만든다. 하지만 신경망이나 부분 최소 제곱 같은 모델을 분류에 사용할 경우, 이 모델들은 확률에서 정해진 정의-값은 0과 1 사이로 합이 1이 돼야 한다는 규칙을 따르지 않는 연속값을 생성해낼 것이다. 예를 들어, 부분 최소 제곱 분류 모델(보다 자세한 내용은 12.4장에서 설명한다)에서는 각 클래스에 0/1 가변수를 만들어 이 값을 모델에 동시에 사용할 것이다. 샘플에 대한 모델의 예측값이 0과 1 사이라는 것을 보장할 수 없다. 이런 예측 모델의 경우, 예측값을 "확률 같은" 값으로 변환해 분류에서 해석 가능하도록 해야 한다. 이런 방법 중 하나로는 소프트맥스softmax 변환 방법(Bridle, 1990)이 있다. 이는 아래와 같이 정의한다.

$$\hat{p}_\ell^* = \frac{e^{\hat{y}_\ell}}{\sum_{l=1}^{C} e^{\hat{y}_l}}$$

이때 $\hat{y}_\ell$는 ℓ번째 클래스에 대한 모델 예측값이고, $\hat{p}_\ell^*$는 0과 1 사이로 변환된 값이다. 이때 결과는 3개의 클래스로 나뉘어 있고, PLS 모델에서는 $\hat{y}_1 = 0.25$, $\hat{y}_2 = 0.76$, $\hat{y}_3 = -0.1$로 값을 예측한다고 가정해보자. 소프트맥스 함수를 통해 이 값을 $\hat{p}_1^* = 0.30$, $\hat{p}_2^* = 0.49$, $\hat{p}_3^* = 0.2$로 변경한다. 보다 명확하게 말하면 이 변환에는 어떤 확률 정의도 돼 있지 않다. 이 방법을 통해서는 확률값과 같은 수치값을 구할 수 있는 것이다.

잘 보정된 확률

스팸 이메일을 예측하든, 분자의 독성 상태를 예측하든, 보험 사기든, 고객 생애 가치를 계산하는 확률 모델이든 추정 클래스 확률은 샘플의 실제 확률을 반영하기 원한다. 즉, 예측 클래스 확률(또는 확률 같은 값)을 통해 결과값이 잘 조절돼야 한다는 것이다. 구분을 잘하려면 확률은 보고자 하는 사건의 실제 가능성을 반영해야 한다. 스팸 필터 설명으로 다시 돌아가면, 만약 모델에서 특정 이메일이 스팸일 확률 또는 확률과 비슷한 값이 20%로 나온 경우, 이 클래스에서 평균 5개 중 1개가 이런 유형의 메시지라면, 이 모델은 잘 조정됐다고 볼 수 있을 것이다.

이런 클래스별 확률의 품질을 평가할 때 사용하는 것 중 한 가지 방법은 보정 그래프를 사용하는 것이다. 주어진 데이터 세트에 대해 이 그래프는 사건별 관측 확률 대비 예측 클래스 확률을 보여준다. 이런 시각화를 만드는 한 가지 방법은 결과를 알고 있는 표본 집합(보통 테스트 세트를 사용한다)에 분류 모델을 적용해 점수를 매기는 것이다. 그런다음, 데이터를 클래스별 확률 기반으로 만든 그룹으로 묶는다. 예를 들어, 집합을 [0, 10%], (10%, 20%], ...(90%, 100%] 같이 만들 수 있을 것이다. 각 집합에 대해 관측된 사건 확률을 구해보자. 한 가지 예로, 클래스 확률이 10% 미만인 집합에 50개의 샘플이 있고, 이는 단일 사건에 대한 것이라고 가정해보자. 집합의 중간점은 5%고, 관측 사건 확률은 2%다. 보정 그래프에서는 x축에 집합의 중간값을 나타내고, y축에는 관측 사건 확률을 표시한다. 점이 45도로 떨어지면, 모델이 잘 보정된 확률을 나타낸다고 볼 수 있다.

한 가지 예로, 실제 사건 확률이 알려진 상태로 데이터 세트를 시뮬레이션했다. 두 클래스(클래스 1, 2)와 두 예측 변수(A, B), 사건의 실제 확률(p)에 대한 식은 아래와 같다.

$$\log\left(\frac{p}{1-p}\right) = -1 - 2A - .2A^2 + 2B^2$$

[그림 11.1]은 사건 확률 $p = 0.50$에 대한 등고선을 따라 시뮬레이션한 테스트 세트를 나타낸다. 훈련 세트에 이차 판별 분석(quadratic discriminant analysis, QDA, 13.1장 참고)과 랜덤 포레스트 모델(14.4장) 2개를 맞춰봤다. $n = 1,000$인 테스트 세트를 사용해 모델에 점수를 매기고, 이에 대한 보정 그래프를 [그림 11.1]처럼 만든다. 두 분류 모델 모두 테스트 세트에 대해서는 유사한 정확도를 보인다(두 모델 모두 약 87.1%). 보정 그래프상에서는 QDA의 클래스별 확률이 랜덤 포레스트 대비 성능이 낮은 것으로 보인다. 예를 들어, 20%에서 30% 사이의 클래스 확률을 갖는 그룹에 대해 QDA 사건 관측 확률은 4.6%로, 랜덤 포레스트 모델의 확률(35.4%)보다 훨씬 낮다.

이럴 때, 클래스 확률을 이벤트의 확률(또는 실제 데이터상의 확률)에 보다 가깝게 반영하는 식으로 보정할 수 있다.

예를 들어, [그림 11.1]을 보면 실제 확률이 높거나 낮은 경우, QDA 모델에서는 이벤트 확률을 낮게 예측하는 시그모이드 패턴을 보이는 것을 알 수 있다. 이 패턴을 보완하기 위해 추가 모델을 만들 수도 있다. 이 시그모이드 패턴과 일치하는 식으로는 로지스틱 회귀 모델(12.2장 참고)이 있다. 훈련 데이터 세트로부터 나온 클래스 예측값과 실제 결과값은 다음 수식으로 추정하는 확률을 후처리하는 데 사용할 수 있다(Platt, 2000).

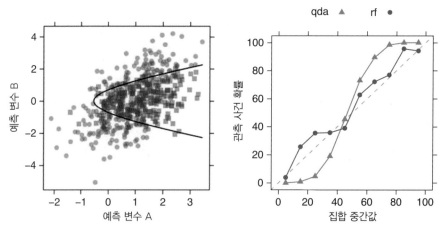

〔그림 11.1〕 **왼쪽**: 두 클래스와 두 예측 변수로 이뤄진 시뮬레이션 데이터 세트. **검은 직선**은 50% 확률 등고선이다. **오른쪽**: 테스트 세트에 대한 랜덤 포레스트와 이차 판별 분석 모델을 적용했을 때의 확률에 대한 보정 그래프

$$\hat{p}^* = \frac{1}{1 + \exp(-\beta_0 - \beta_1 \hat{p})} \tag{11.1}$$

이때 변수 β는 보정되지 않은 클래스 확률($\hat{p}$)에 대한 함수를 사용해 실제 클래스를 예측하는 방식으로 추정할 수 있다. QDA 모델의 경우, 이 과정을 통해 $\hat{\beta}_0 = -5.7$, $\hat{\beta}_1 = 11.7$로 구한다. [그림 11.2]는 테스트 세트의 샘플에 대해 이런 식의 보정법을 사용한 결과를 보여준다. 이 결과에 따르면, 테스트 세트 데이터의 보정 효과가 상승했다. 그 대신, 베이즈 규칙을 적용(13.6장 참고)해도 예측값을 비슷하게 재보정할 수 있다. 베이지안 접근법 역시 예측력을 향상시킨다([그림 11.2]). 이때 보정 후 새 확률값과 예측 클래스 간의 일관성을 보장하기 위해 샘플을 재분류해야 한다는 사실을 기억하자.

클래스 확률 나타내기

클래스 확률을 시각화해 모델 결과를 효과적으로 전달할 수 있다. 2개의 클래스에 대해서는 각 실제 결과에 대해 예측 클래스가 어떻게 나타났는지 히스토그램으로 표현해 모델의 강점과 약점을 확인할 수 있다. 앞에서 4장에서 신용 평가 예제를 다뤘다. 이때 고객의 신용 정도를 예측하기 위해 2개의 분류 모델 — 서포트 벡터 머신(SVM)과 로지스틱 회귀 모델 — 을 만들었다. 두 모델의 성능이 대략 유사해 더 단순한 로지스틱 회귀 모델을 선호했다. [그림 11.6]의 상단에는 로지스틱 회귀 모델을 적용한 테스트 세트의

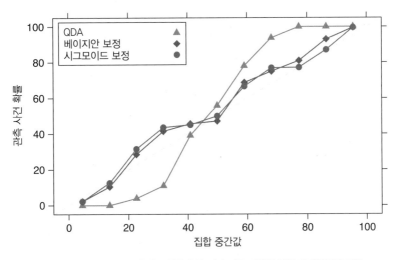

〔그림 11.2〕 기본 QDA 클래스 확률과 두 가지 다른 방법을 적용해 재보정된 버전

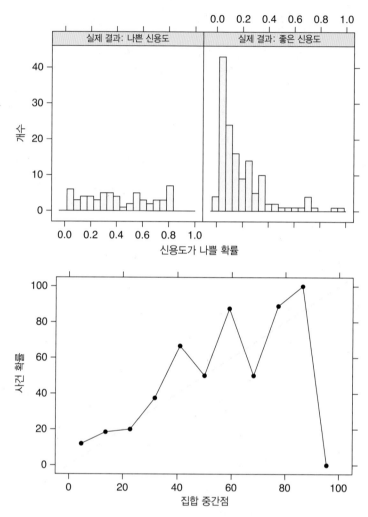

〔그림 11.3〕 **상단**: 신용도가 나쁠 확률에 대한 히스토그램. 고객의 실제 클래스에 따라 그래프가 2개로 나뉘었다. **하단**: 이 확률에 대한 보정 그래프

확률에 대한 히스토그램이 나와 있다(각 그래프는 실제 신용 등급을 나타낸다). 실제 신용이 좋은 고객에게 나쁜 신용 등급이 매겨질 확률은 대부분 고객에 대해 꽤 낮은 정도를 갖는 편향된 분포를 보인다. 이에 반해, 신용도가 나쁜 고객의 확률은 모델이 나쁜 신용도에 대한 경우를 판단할 능력이 부족하기 때문에 평평한 형태다(고르게 분포돼 있다).

[그림 11.3]은 이 데이터에 대한 보정 그래프다. 나쁜 신용도에 대한 정확도는 나쁜 신용도가 82.7%의 확률로 예측되는 샘플이 없어지는 지점까지 커진 후 감소한다.

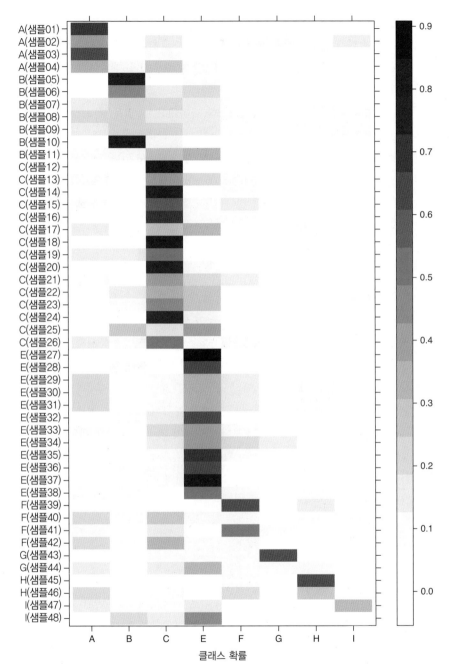

〔그림 11.4〕 8개 클래스의 테스트 세트에 대한 히트맵. 행에는 실제 클래스가 나와 있고, 열에는 각 그룹(A 부터 I까지로 표시돼 있다)의 확률이 숫자로 표시돼 있다.

이런 패턴은 모델이 보정도와 성능 모두가 낮다는 것을 나타낸다.

3개 이상의 클래스가 있는 경우, 클래스 확률의 히트맵을 사용해 예측 신뢰도를 측정할 수 있다. [그림 11.4]는 8개의 클래스(A부터 I까지로 표시)와 48개의 샘플에 대한 테스트 세트 결과를 나타낸 것이다.

각 행은 (샘플 정의 항목에 따라) 실제 클래스를 나타내고, 각 열은 클래스의 확률을 나타낸다. 일부 경우에 있어서는 20번 샘플과 같이 예측 클래스가 명확히 결정되는 경우도 있지만(C 클래스에 대한 확률이 78.5%), 명확하지 않은 경우도 있다. 7번 샘플을 살펴보자. 가장 큰 4개의 확률(과 관련된 클래스)은 19.6%(B), 19.3%(C), 17.7%(A), 15%(E)다. 모델이 이 샘플에 대해 가장 큰 확률을 갖는 것을 클래스로 선택했다고 해도 이 샘플이 C, A, E 클래스일지도 모르는 일이다.

중간 지대

분류 성능을 높이기 위한 방법으로 신뢰도가 낮아 클래스가 명확히 구분되지 않는 애매한 지점 또는 중간 지대를 만드는 방법이 있다. 응답률이 균일한 이종 문제의 경우, 중간 지대는 $0.50 \pm z$로 정의할 수 있다. z가 0.10이라고 가정하면, 예측 확률이 0.40에서 0.60인 샘플은 "애매한" 것으로 분류된다. 이런 경우, 모델 성능은 중간 지대의 샘플을 제외하고 계산한다. 이때 성능 측정 시 "애매한" 것으로 분류되는 비율을 함께 명시해 미예측 분류율을 파악할 수 있도록 한다. 2개보다 클래스가 더 많은 데이터 세트에서는($C > 2$), 명확한 예측을 위해 가장 큰 클래스의 확률이 $(1/C) + z$보다 크게 하는 방향으로 유사한 제약 조건을 만들 수 있다. [그림 11.4]의 데이터에서 $(1/C) + z$이 30%인 경우, 5개의 샘플이 애매하다고 분류될 것이다.

11.2 분류 예측 평가

A 분류 모델의 성능을 평가하는 가장 보편적인 방법은 혼동 행렬confusion matrix을 사용하는 것이다. 혼동 행렬은 데이터의 클래스 관측값과 예측값에 대한 단순한 표다. [표 11.1]은 이종 결과에 대한 예시다. 대각선에 포함된 칸은 클래스 값이 명확히 분류된 경우를 나타내고, 대각선에 포함되지 않는 칸은 가능한 각각의 오차 경우 수다.

〔표 11.1〕 이종 문제("사건"과 "사건 없음"으로 나타남)에 대한 혼동 행렬(confusion matrix) 테이블의 각 구역값은 긍정 참(TP), 긍정 오류(FP), 부정 참(TN), 부정 오류(FN)

예측값	관측값	
	사건	사건 없음
사건	TP	FP
사건 없음	FN	TN

여기서 가장 단순한 지표는 총정확도다(또는 염세주의자들을 위한 총오차율이다). 이를 통해 관측 클래스와 예측 클래스 간의 유사도를 확인할 수 있고, 가장 직관적인 해석이 가능하다. 하지만 이 통계량에는 몇 가지 단점이 있다.

첫째, 총정확도는 만들어지는 오차의 종류에 대한 구분이 없다. 스팸 필터링에서 중요한 이메일을 삭제하게 되는 오차로 인한 비용은 잘못해 필터를 통과한 스팸 메일에 대한 비용보다 비쌀 것이다. 이런 식으로 오차에 대한 비용이 다르면, 이 정확도는 모델상의 중요한 특성을 놓치게 된다. 프로보스트 등(Provost et al., 1998)은 이 문제에 대한 종합적인 토의를 했고, 이는 이후에 설명할 것이다.

둘째, 각 클래스의 자연적인 발생 빈도를 고려해야 할 수도 있다. 예를 들어, 미국의 경우, 임산부는 다운증후군 등의 유전병을 감지하기 위한 알파페토프로테인 검사를 위해 혈액을 정기적으로 채취한다. 이 검사에서 태아가 이 질환[1]을 보유할 확률이 800명 중 1명 또는 0.1%라고 가정해보자. 이때 예측 모델이 모든 샘플이 다운증후군에 대해 음성으로 예측한다면 예측률은 거의 완벽할 것이다.

모델이 적당히 동작하는지를 판단하려면 어떤 정확도를 따라야 할까? 무정보율[no-information rate]은 모델을 사용하지 않았을 때의 정확도다. 이 비율은 여러 가지로 정의할 수 있다. C개의 클래스를 갖는 데이터 세트의 경우, 가장 간단히 정의해 순수한 임의성을 사용해보면 $1/C$로 볼 수 있을 것이다. 하지만 이는 훈련 세트 클래스의 상대적 비율을 전혀 고려하지 않은 것이다. 다운증후군 예제의 경우, 모집단으로부터 1,000개의 임의의 검사 샘플을 수집했을 때, 양성이 나올 것이라고 기대하는 숫자는 (아마도 한두 개로) 매우 작을 것이다. 다운증후군에 대해 모두 음성으로 예측해버리는 모델은 임의 추정으로 만든 무정보율(50%)을 손쉽게 통과할 것이다. 무정보율에 대한 다른 정의로는 훈련 데이터 세트에서 가장 대다수인 클래스의 비율을 사용하는 것이다. 이 비율보다 높은 정확도를 갖는 모델은 신뢰할 만하다고 볼 수 있다. 클래스 간 불안정성으로 인한

---

[1] 의학 용어로, 이 비율은 해당 질환의 유병률을 나타내고, 베이지안 통계에서는 사건의 사전 확률을 의미한다.

영향과 이에 대한 대처법은 16장에서 설명한다.

총정확도를 계산하고 이를 무정보율과 비교하는 대신, 훈련 데이터 세트 샘플의 클래스 분포를 활용하는 다른 지표들을 사용할 수도 있다. 카파 통계량(Kappa statistic, 코헨 카파 통계량Cohen's Kappa이라고도 한다)는 원래 두 평가자 간의 일치 정도를 측정하기 위해 만들어졌다(Cohen, 1960). 카파는 우연의 일치로 만들어지는 정확성을 고려한 수치다. 이 통계량의 형식은 아래와 같다.

$$Kappa = \frac{O - E}{1 - E}$$

여기서 O는 관측된 정확도고, E는 혼동 행렬의 행별 총합을 기반으로 한 정확도의 예측값이다. 이 통계량은 -1에서 1 사이의 값을 갖는다. 0인 경우 관측값과 예측값 간에 일치되는 값이 하나도 없다는 뜻이고, 1은 예측값과 관측값이 완벽하게 들어맞는다는 뜻이다. 음의 값은 이 예측이 실제와는 반대라는 것을 나타내지만, 예측 모델을 보다 보면 큰 음의 값도 아주 드물게 나타나기도 한다.[2] 큰 음의 값을 갖는 카파는 어쨌든 예측 변수와 응답 변수 간에 관계가 존재한다는 것을 나타내므로 예측 모델이 제대로 된 방향으로 관계를 찾고 있음을 의미하기도 한다. 클래스 분포가 동일한 경우, 총정확도와 카파는 비례한다. 문제에 따라 다르지만, 카파 값이 0.30에서 0.50 사이인 경우, 어느 정도 일치한다고 볼 수 있다. 모델의 정확도가 높지만(90%), 기대 정확도 역시 높은(85%) 경우, 카파 통계량은 관측값과 예측값 간에 적절한 절충을 하는 것으로 나타난다(Kappa = 1/3).

또한 카파 통계량은 2종 이상의 분류 문제에 대해 일치 정도를 평가하는 데도 사용할 수 있다. 클래스에 대해 자연스러운 순서를 붙이는 경우(예: "낮음", "중간", "높음"), 가중값 카파라는 다른 통계량을 사용해 실제 결과와 많이 떨어진 오차율 등에 벌점을 부가적으로 매길 수 있다. 예를 들어, "낮음"이 "높음"으로 잘못 분류된 경우, "낮음"을 "중간"으로 분류한 오차보다 카파 통계량을 더 떨어뜨릴 수 있다. 이에 대해 더 자세히 알고 싶다면 아그레스티의 논문(2002)을 참고하라.

---

2 예측 모델이 실제와 완전히 일치하는 관계를 찾다 보면, 이런 일이 실제로 일어나기도 한다.

이종 문제

클래스가 2개인 경우를 생각해보자. [표 11.1]에서는 "사건"과 "사건 없음" 클래스에 대한 혼동 행렬을 다뤘다. 이 표의 상단 행은 사건이 일어난 샘플에 대한 값이다. 일부는 정확히 분류됐고(긍정 참, True Positive, TP) 일부는 잘못 분류됐다(긍정 오류, False Positive, FP). 이와 비슷하게, 두 번째 행에서는 부정 참(TN)과 부정 오류(FN)값이 나타나 있다.

클래스가 2개인 경우, 한 클래스가 (앞의 다운증후군 예제와 같이) 실제 관심 있는 사건인 경우, 이와 연관된 다른 통계량이 있다. 모델의 **민감도**sensitivity는 관심을 두는 사건이 일어난 모든 샘플이 명확히 분류됐는지에 대한 비율로, 아래와 같이 나타낸다.

$$민감도 = \frac{사건이\ 이미\ 일어났고,\ 사건이\ 일어날\ 것이라고\ 예측됐던\ 샘플의\ 수}{사건이\ 있었던\ 샘플\ 수}$$

간혹 민감도는 사건 집단의 정확도를 측정하므로 긍정 참의 비율로 보기도 한다. 이와 반대로 **특이도**specificity는 사건이 일어나지 않을 것이라고 예측된 샘플 중 실제로 사건이 일어나지 않은 샘플의 비율로, 아래와 같이 나타낸다.

$$민감도 = \frac{사건이\ 일어나지\ 않을\ 것이라고\ 예측됐고,\ 실제로도\ 사건이\ 일어나지\ 않은\ 샘플의\ 수}{사건이\ 없었던\ 샘플\ 수}$$

위양성율은 1-특이도로 정의한다. 모델에 특정 정확도가 있다고 했을 때, 일반적으로 민감도와 특이도 간의 트레이드 오프가 발생한다. 모델의 민감도가 직관적으로 증가하면, 더 많은 샘플이 사건이 일어난 것으로 예측하면서 특이도가 줄어든다. 민감도와 특이도 간에 가능한 트레이드 오프 시 각 오류 종류에 따라 서로 다른 벌점을 매기는 식으로 조절할 수 있다.

스팸 필터링의 경우에는 보통 특이도에 초점을 맞춘다. 대부분의 사람은 가족이나 동료로부터 온 메일이 자동으로 삭제되지 않기를 바라기 때문에 스팸 메일이 약간 오더라도 관대하다. 시스템 동작 특성ROC 곡선은 이런 트레이드 오프 정도를 평가하기 위한 한 가지 방법으로, 이에 대해서는 다음 장에서 다룰 것이다.

앞에서 4장에서 신용 평가 예제를 다뤘다. 고객의 신용 정도를 예측하기 위해 2개의 분류 모델—SVM과 로지스틱 회귀 모델—을 만들었다. 두 모델의 성능이 대략 유사해 더 단순한 로지스틱 회귀 모델을 선호했다. 앞에서 선택한 200명의 고객에 대한 테스

〔표 11.2〕 4.5장의 신용 평가 데이터에 대한 로지스틱 회귀 모델을 적용한 테스트 세트 혼동 행렬

예측값	관측값	
	나쁨	좋음
나쁨	24	10
좋음	36	130

트 세트를 사용해 [표 11.2]에서는 로지스틱 회귀 모델에 대한 혼동 행렬을 만들었다. 총정확도는 77%로, 무정보율인 70%보다 약간 낮다. 테스트 세트의 카파 값은 0.375로, 일치 정도도 적당하다. 관심 사건이 신용도가 낮은 고객이라면 이 모델의 민감도는 40%로 추정되고, 특이도는 92.9%다. 확실히 이 모델은 낮은 신용도의 고객에 대해 예측하는 데 문제가 있다. 이는 클래스 간의 불안정성과 낮은 신용도에 대한 강력한 예측 변수의 부재로부터 야기된 것이다.

간혹 긍정 오류와 부정 오류율을 반영한 단일 척도가 있지는 않을까 하는 의견도 나온다. 요든의 J 지수(Youden's J Index, Youden, 1950)가 이런 역할을 한다.

$$J = 민감도 + 특이도 - 1$$

이 척도는 사건과 사건 없는 양쪽 그룹에서 제대로 예측된 샘플의 비율을 나타낸다. 몇몇 문제에서는 양쪽의 오차 크기를 합치는 것이 정확한 방법일 수 있다. 민감도와 특이도를 하나의 값으로 합치는 가장 일반적인 방법은 ROC 곡선을 사용하는 것으로, 이에 대해서는 다음에 좀 더 자세히 이야기할 것이다.

민감도과 특이도에서 종종 간과되는 점 중 하나는 이 값들이 조건부 척도라는 것이다. 민감도는 해당 사건 인수 내의 정확도다(특이도는 사건 없는 인수 내의 정확도다). 산부인과 의사는 민감도와 특이도를 사용해 "태아가 다운증후군을 갖지 않았다고 가정할 때, 이 검사의 정확도는 95%군요."와 같은 말할 수 있을 것이다. 하지만 이 말은 새로운 샘플이 나타나는 순간, 환자에게 전혀 도움이 되지 않을 것이다. 이는 예측의 범주다. 모델 예측을 사용하는 사람은 흔히 "태아가 유전 질환을 갖고 있을 경우는 얼마일까?"와 같은 무조건 질의에 관심이 있다. 이는 검사의 민감도와 특이도, 모집단 사건 빈도의 값에 달려 있다. 사건이 직관적으로 매우 희박하게 일어나면, 이 빈도는 답에 반영된다. 사용 정도를 고려했을 때, 민감도는 양의 예측값이 나올 것이고, 특이도는 음의 예측값이 나올 것이다. 이 값들로 데이터에 대한 무조건 평가식[3]을 만들 수 있다. 양의 예측값은 "샘플

---

3 베이지안 통계와 연관지어보면 민감도와 특이도는 조건부 확률로, 출현 빈도가 사전 확률이고, 양과 음의 예측값은 사후 확률이다.

이 사건을 경험하는 확률은 얼마인가?"라는 질문에 대한 답이다. 이 식은 아래와 같다.

$$PPV = \frac{\text{민감도} \times \text{발현도}}{(\text{민감도} \times \text{발현도}) + ((1 - \text{민감도}) \times (1 - \text{발현도}))}$$

$$NPV = \frac{\text{민감도} \times (1 - \text{발현도})}{(\text{발현도} \times (1 - \text{민감도})) + (\text{민감도} \times (1 - \text{발현도}))}$$

확실히 예측값은 성능과 사건 확률의 필연적인 조합이다. [그림 11.5]의 상단 그래프는 모델이 95%의 특이도를 갖고, 민감도는 90%와 99%일 때의 예측값에 대한 영향 정도를 보여준다. 큰 음수값은 영향이 적을 때 나타난다. 하지만 사건 빈도가 높아지면서 음의 예측값은 점차 작아진다. 양의 예측값의 경우도 마찬가지다. 이 그림에서 민감도에 따른 크기 차이(90% 대 99%)는 양의 예측값의 경우별로 영향이 없다는 것을 알 수 있다.

[그림 11.5]의 아래 그래프에서는 사건 확률이 평형(50%)일 때, 양의 예측값이 민감도와 특이도에 대한 함수처럼 반응한다는 것을 보여준다. 이 경우, 양의 예측값은 아래와 같다.

$$PPV = \frac{\text{민감도}}{\text{민감도} \times (1 - \text{특이도})} = \frac{TP}{TP \times FP}$$

이 그래프는 민감도값의 영향이 특이도보다 적다는 것도 보여준다. 예를 들어, 특이도가 ≥ 90%와 같이 높을 경우, 민감도의 넓은 범위에서 큰 양수가 나타나는 것을 알 수 있다.

예측값은 모델 성격을 정의하는 데는 보통 쓰이지 않는다. 많은 경우, 이는 출현 정도와 관련이 있는데, 여기에는 몇 가지 이유가 있다. 우선, 출현 정도는 계량하기 어렵다. 우리가 경험할 수 있는 것은 매우 적은 사람에 대한 것이고, 전문가이라 하더라도 사전 지식에 따른 이런 수량을 추정한다. 또한 출현 정도는 동적으로 나타난다. 예를 들어, 스팸 메일의 비율은 새로운 방법이 만들어지면 증가하지만, 어느 정도 이상이 되면 또 떨어진다. 의학 진단의 경우, 유병률은 지리적 위치(예: 도시 대 시골)에 따라 매우 다양하게 나타난다.

예를 들어, 임질구균에 대한 여러 기관에서의 임상 실험 결과를 살펴봤을 때, 9개의 의료 기관에 걸쳐 환자의 출현 빈도는 0%부터 42.9%까지 다양했다(Becton Dickinson and Company, 1991).

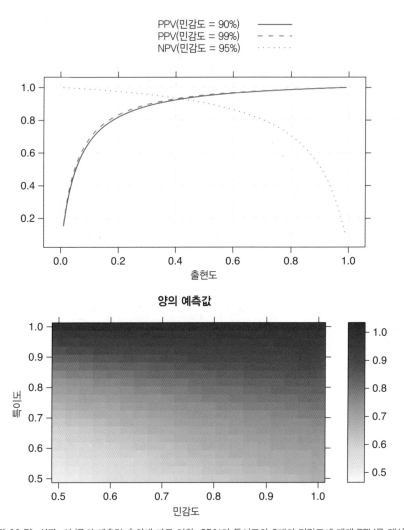

〔그림 11.5〕 **상단**: 양/음의 예측값 출현에 따른 영향. 95%의 특이도와 2개의 민감도에 대해 PPV를 계산했고, 90%의 민감도와 95%의 특이도에 대해서도 NPV를 계산했다. **하단**: 고정된 50%의 출현도에 대해 민감도와 특이도에 대한 함수상에서 양의 예측값이 나왔다.

비정확도 기반 기준

많은 상용 예측 모델의 경우, 정확도가 모델의 우선적인 목표인 것은 아니다. 모델의 목적은 보통 아래와 같다.

- 최대 수익이 나는 투자 기회 예측
- 마켓 분할을 통한 고객 만족도 상승
- 보다 나은 제품 수요 예측을 통한 재고 관리 비용 감소
- 사기 거래 관련 비용 감소

정확도는 물론 중요하지만, 이 값으로는 모델이 데이터를 얼마나 잘 예측하느냐만 알수 있을 뿐이다. 목적에 적합한 모델을 찾으려면, 성능과 더 직접 연관된 다른 지표들도고려돼야 한다. 이 지표들은 옳은 예측과 잘못된 예측 결과를 수치화한다(수익, 비용 등).예를 들어, 이상 탐지의 경우, 모델에서 이상 거래로 탐지할 가능성을 수치화한다. 이상한 것이 특정 이벤트라고 가정해보자. 이상 탐지 모델 예측(맞든, 틀리든) 결과는 각 경우에 대해 자세히 살펴보는 데는 비용이 든다. 긍정 참의 경우에는 잘못된 거래를 잡아낸것에 대한 이득 수치가 있을 것이다. 이와 유사하게, 부정 오류의 경우 수익상 손해가발생한다.

라로스의 직접 마케팅을 살펴보자(2006, 7장 참고). 한 옷가게에서 고객에게 프로모션메일을 발행하려고 한다. 보유 중인 고객의 쇼핑 행태 데이터를 사용해 어떤 고객이 응답할지를 찾고자 한다("응답자"와 "무응답자"의 두 가지 클래스로 구분한다). 가능한 경우의2×2 표가 [표 11.3]에 나타나 있다. 여기서 결과 유형은 왼쪽에 각 결정에 대한 수익이나 비용은 오른쪽에 표시했다. 예를 들어, 만약 모델이 응답자를 정확히 예측한다면,고객이 프로모션에 응했을 때의 평균 수익은 $28.40로 추정할 수 있다. 프로모션 메일을 보내는 데는 $2.00의 적은 비용이 발생하므로 결과가 맞게 나왔을 때의 실제 수익은$26.40다. 만약, 고객이 응답할 것이라고 잘못 예측한 경우(긍정 오류), 발생하는 손실은프로모션 비용($2.00)뿐이다.

[표 11.3] 라로스(Larose)의 직접 메일 예제에 대한 혼동 행렬과 비용/수익(2006)

예측값	관측값		관측값	
	응답	무응답	응답	무응답
응답	TP	FP	$26.40	-$2.00
무응답	FN	TN	-$28.40	-

〔표 11.4〕 **왼쪽**: 민감도 75%에 특이도 94.4%인 예측 모델에 대한 가설 검정 혼동 행렬. **오른쪽**: 모든 고객에게 전체 메일을 보냈을 때의 혼동 행렬

예측값	관측값		관측값	
	응답	무응답	응답	무응답
응답	1,500	1,000	2,000	18,000
무응답	500	17,000	0	0

모델이 정확하게 무응답자를 예측한다면, 구매를 일으키지 않을 사람들에게 메일을 보내지 않은 것이므로 여기에는 어떤 이득이나 손실이 없다.[4] 하지만 실제 응답자가 응답하지 않을 것이라고 잘못 예측한 경우, $28.40달러를 벌 수 있었는데 잃은 것이므로 이는 부정 오류 비용이라고 볼 수 있다. 이 모델에 대한 총수익은 아래와 같이 구할 수 있다.

$$수익 = \$26.40 TP - \$2.00 FP - \$28.40 FN \tag{11.2}$$

하지만 실제 클래스별 발생 정도를 고려해야 한다. 직접 마케팅의 응답률은 보통 매우 낮으므로(Ling and Li, 1998) 마케팅 실행 시의 기대 수익은 [식 11.2]에서 알 수 있는 바와 같이 다른 값들보다 큰 부정 오류 비용에 의해 좌우된다.

[표 11.4]는 응답률이 10%인 경우, 2만 명의 고객에 대한 가설의 혼동 행렬이다. 이 표의 왼쪽은 민감도 75%에 특이도 94.4%인 예측 모델의 결과다. 총수익은 $23,400로 고객당 $1.17다. 동일한 민감도를 갖지만, 특이도가 100%인 다른 모델이 있다고 가정해보자. 이런 경우, 총수익은 $25,400로 증가하며, 이에 따라 모델 성능이 현저히 증가하는 것으로 나타날 것이다(이는 프로모션 메일 비용이 낮기 때문이다).

[표 11.4]의 오른쪽은 모든 고객에게 전체 메일을 보낸 경우의 결과다. 이 방법은 완벽한 민감도와 가능한 최악의 특이도를 갖는다. 여기서는 비용이 적게 들 것이므로 수익은 $16,800로 고객당 $0.84다.

이 값은 어떤 예측 모델을 사용하든 기본 성능 수치로 사용된다. 또는 모델을 사용했을 때 전체 메일을 통해 얻을 수 있는 수익 이상으로 획득한 수익으로 모델 성능을 정의하기도 한다.

드러먼드Drummond와 홀트Holte는 두 클래스에 대해 성능 측정 시 서로 다른 비용을 사

---

[4] 이는 참이거나 참이 아닐 수도 있는 소수의 가정에 의지한다. 이에 대해서는 20.1장에서 실제 수익 모델링 관점에서의 사례를 들어 자세히 설명할 것이다.

용하는 것에 대한 일반적인 정의를 내렸다(2000). 이들은 확률-비용 함수probability-cost function, PCF를 아래와 같이 정의한다.

$$PCF = \frac{P \times C(+|-)}{P \times C(-|+) + (1 - P) \times C(+|-)}$$

여기서 P는 사건의(사전) 확률이고, $C(-|+)$는 사건(+)을 일어나지 않는 것으로 잘못 예측했을 때 발생하는 비용이며, $C(+|-)$는 일어나지 않는 사건을 잘못 예측했을 때 발생하는 비용이다. 이때 PCF는 긍정 오류 샘플과 관련된 총비용의 비율이다. 이때 모델을 나타내는 방법으로 비용을 나타내는 형식인 표준화 예상 비용normalized expected cost, NEC을 사용할 것을 권장한다.

$$NEC = PCF \times (1 - TP) + (1 - PCF) \times FP$$

기본적으로 NEC를 구할 때는 이벤트 빈도, 모델 성능, 비용을 고려해 총비용이 0과 1 사이 값이 되도록 척도화한다. 이때 이 방식이 두 오류 유형의 비용만 고려하므로([표 11.3]의 직접 마케팅 비용 같은) 다른 비용이나 수익이 발생할 수 있는 문제에는 적합하지 않다는 것을 염두에 두자.

11.3 클래스 확률 평가

클래스 확률은 모델 예측상에서 단순 클래스 값 외에 더 많은 정보를 갖고 있을 수 있다. 이 장에서는 모델 간 비교를 위해 확률을 사용하는 여러 가지 방법을 다룰 것이다.

시스템 동작 특성(ROC) 곡선

ROC 곡선(Altman and Bland, 1994; Brown and Davis, 2006; Fawcett, 2006)은 연속형 데이터 값의 집합이 주어졌을 때 값이 어느 제한값을 넘고, 특정 사건이 발생한다고 가정하고 효과적인 제한값을 판단하기 위한 일반적인 방법으로 고안됐다. 이에 대해서는 19장에서 보다 자세히 설명할 것이고, 여기서는 ROC 곡선을 클래스 확률의 구분 지점을 판단하는 용도로 사용하는 것에 대해 설명할 것이다.

앞에서 논의한 신용 모델 테스트 세트를 살펴보면, 로지스틱 회귀 모델에서 민감도는 낮았고(40%), 이에 비해 특이도는 꽤 높았다(92.9%). 기본으로 50% 확률 제약하에서 클래스별 값을 구하게 된다. 이 제약값을 낮춰 민감도를 향상시킴으로써[5] 긍정 참값을 더 많이 구할 수 있을까? 모델에서 신용도가 낮음을 30%로 분류하도록 제약값을 낮췄을 때 민감도는 60%로 향상됐지만, 특이도는 낮아졌다(79.3%). [그림 11.3]에 따르면, 제약값을 낮출 경우 나쁜 신용도의 고객을 더 많이 잡아낼 수 있지만, 좋은 신용도의 고객까지 통째로 잡아내게 된다.

ROC 곡선은 모델상에서 이런 여러 제약값에 따른 각 클래스 확률을 평가하기 위해 만든다. 각 제약값 후보에 대해 긍정 참 비율 결과(민감도)와 긍정 오류 비율(1-특이도)을 각각 그린다. [그림 11.6]은 신용 데이터에 대해 이를 구했을 때의 결과다. 검은색 점은 기본 50%의 제약값에 대한 것이고, 녹색 네모는 30% 제약도에 대한 성능을 나타낸 것이다. 이 그림에서 괄호 안의 숫자는 (특이도, 민감도)다. 이때 (0, 0)에서부터 50% 제약값까지의 곡선의 궤도는 기울기로, 민감도의 증가량이 특이도의 감소량보다 크다. 하지만

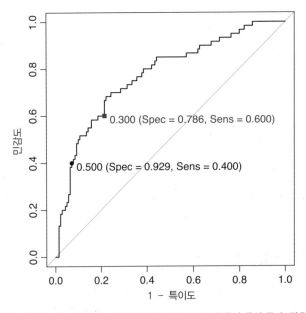

〔그림 11.6〕 신용 모델에 로지스틱 회귀 모델을 적용한 결과의 시스템 동작 특성 곡선. 점은 50%의 한계에 대한 값이고, 녹색 네모는 30%의 한계에 대한 값이다(0.30보다 확률이 큰 경우를 사건이라고 한다).

---

5 이 분석에서 다른 제약값의 효과를 파악하기 위해 테스트 세트를 사용했다. 일반적으로 새로운 제약값은 다른 데이터 세트에서 추론한 후, 이를 사용해 모델을 훈련하거나 성능을 평가한다.

민감도가 70%보다 커지면, 민감도의 증가량보다 특이도의 감소량이 눈에 띄게 커진다.

이 그래프는 민감도와 특이도 간의 트레이드 오프를 최대로 하는 제약값을 선택하는 데 유용하다. 하지만 이런 제약값 선택은 샘플을 더 긍정값(경우에 따라서는 부정값)으로 판별하는 효과만을 가져온다. 혼동 행렬에서는 샘플을 양쪽 비대각 칸에서 밖으로 옮길 수 없다. 민감도나 특이도 중 하나가 증가할 때마다 항상 감소가 일어난다.

ROC 곡선은 모델의 수치 평가에도 사용할 수 있다. 두 클래스를 모두 구분할 수 있는 완벽한 모델은 민감도와 특이도 모두 100%다. 그림상으로 ROC 곡선은 (0, 0)과 (0, 1)에서는 한 단계 상승만 있고, (0, 1)에서 (1, 1)에서는 동일한 값을 나타낸다. 이런 경우, ROC 곡선 아래 영역의 넓이는 1이 된다. 완전히 잘못된 모델은 ROC 곡선이 거의 45도의 대각선을 그리고, ROC 영역 아래의 넓이는 약 0.50가 된다. 여러 모델을 눈으로 비교하려면, ROC 곡선을 동일한 그래프상에 겹쳐 그리면 된다. ROC 곡선을 비교하는 것은 (동일 모델을 사용하지만) 서로 다른 예측 변수 세트와 (모델 비교상에서는) 다른 튜닝 인수를 사용하거나 다른 분류 방식을 하용하는 2개 이상의 모델을 비교하기에 유용하다.

최적의 모델은 그래프의 왼쪽 상단에 보다 가까워야 한다. 달리 말하면, ROC 곡선 아래의 면적이 가장 넓은 모델이 가장 효과적이다. 신용 데이터의 경우, 로지스틱 모델은 ROC 곡선 아래의 면적이 약 0.78이고, 95% 신뢰 구간은 부트스트랩 신뢰 구간 방법을 사용했을 때 (0.7, 0.85)다(Hall et al., 2004). 여러 ROC 곡선을 정식으로 비교하는 방법과 관련된 연구는 많다. 이에 대해 더 보려면 한리와 맥닐(Hanley and McNeil, 1982), 드롱 등(DeLong et al., 1988), 벤커트러먼(Venkatraman, 2000), 페프 등(Pepe et al., 2009)의 연구를 살펴보자.

ROC 곡선을 사용할 때의 한 가지 장점은 모델을 민감도와 특이도에 대한 함수로 정의함으로써 곡선이 클래스 비율에 영향을 받지 않는다는 것이다(Provost et al., 1998; Fawcett, 2006). 곡선 아래의 면적을 사용해 모델을 평가할 때의 단점은 정보를 찾을 수 없다는 것이다. 예를 들어, 모델 비교 시 단독 ROC 곡선이 다른 곡선보다 항상 우수하지는 않다(곡선 교차 등이 발생한다). 이 곡선에 대한 내용을 요약해보면, 곡선의 어느 특정 부분에 집중해보는 경우, 더욱 정보의 손실이 발생한다. 예를 들어, 왼쪽을 보면 한 모델이 매우 가파른 ROC 곡선을 그리지만, 다른 모델에 비해 AUC는 낮다. ROC 곡선의 낮은 쪽 끝이 원래 계획에 맞다고 해도 AUC 값을 봤을 때 최적의 모델은 아니다. 곡선의 일부 부분만을 확인하려면 ROC 곡선 하단의 일부 영역을 사용할 수도 있다(McClish, 1989).

ROC 곡선은 이종 문제에 대해서만 정의돼 있지만, 3개 이상의 클래스를 다루도록 확장할 수도 있다. 핸드와 틸(Hand and Till, 2001), 라쉬스와 플래치(Lachiche and Flach, 2003), 리와 파인(Li and Fine, 2008)의 연구에서는 2개가 넘는 클래스에 대해 ROC 곡선의 정의를 확장하는 서로 다른 방법을 사용한다.

리프트 도표

리프트 도표(Lift Charts, Ling and Li, 1998)는 이종 문제 데이터 세트에서 모델이 얼마나 사건을 잘 탐지하는지를 측정하기 위한 시각화 도구다. M개의 사건에 대해 클래스별 사건 확률이 매겨지는 샘플 그룹이 있다고 가정해보자. 사건 확률 순서대로 샘플을 나열했을 때, 사건이 일어난 경우가 일어나지 않은 경우보다 높기를 기대할 수 있다. 이에 대해 리프트 도표는 점수에 따라 샘플의 순위를 매기고, 더 많은 샘플이 평가되면서 만들어지는 누적 사건 비율을 살펴본다. 최적의 경우, M개의 높은 순위 샘플은 M개의 모든 사건값을 가질 것이다. 모델이 효과가 없는 경우, 순위가 높은 X%의 데이터는 보통 X개의 사건에 대한 값을 가질 것이다. 리프트 값은 완전히 임의로 선택한 샘플이라기보다 모델에서 많이 검출된 샘플의 수다.

리프트 도표를 만드는 방법은 아래와 같다.

1. 모델 구축 과정에 사용되지는 않았지만, 결과를 알고 있는 샘플 세트를 예측한다.
2. 기본 사건 발생률(예: 전체 데이터 세트의 실제 사건 발생률)을 정한다.
3. 데이터를 사건 확률별로 분류한 후 순서대로 나열한다.
4. 각 단일 클래스별 확률값에 대해 확률값 이하의 모든 샘플의 실제 사건 발생 비율을 구한다.
5. 각 제약 확률별 실제 사건이 일어날 비율을 기본 사건 발생률로 나눈다.

리프트 도표는 검출된 샘플의 누적 비율 대비 누적 이익/리프트 값에 대한 그래프다. [그림 11.7]은 50% 사건 비율인 데이터 세트에 대한 최상, 최하 리프트 곡선을 나타낸다. 비정보성 모델은 45도 기준선에 근접한 곡선을 그리는데, 이는 순위를 매긴 샘플에 대해 어떤 이득도 없다는 뜻이다. 다른 곡선은 이 모델이 두 클래스를 완벽하게 분리해냄을 뜻한다. x축의 50% 지점에서 모델은 모든 사건에 대한 값을 검출해낸다.

ROC 곡선처럼 서로 다른 모델에 대한 리프트 곡선을 비교해 가장 적합한 모델을 찾

316

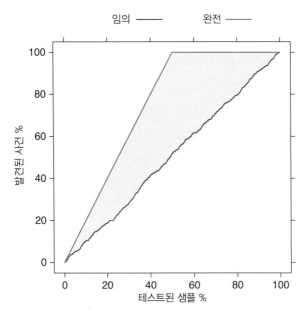

〔그림 11.7〕 두 모델의 리프트 그래프 예제. 하나는 두 클래스를 완벽하게 분리해내고, 하나는 완전히 무보
정성이다.

을 수 있고, 곡선 아래 영역의 면적은 성능을 수치로 측정하는 데 사용할 수 있다. ROC
곡선과 마찬가지로 리프트 곡선에서도 더 주요하게 보게 되는 부분이 있다. 예를 들어,
높은 순위의 샘플에 대한 곡선 부분에는 긍정 참에 해당하는 부분이 많을 것이며, 이 부
분이 곡선에서 가장 중요한 부분일 것이다.

　직접 마케팅 내용을 고려해보자. 이 곡선을 사용하면, 모델 제약값과 비슷한 것을 구
할 수 있다. 다시 살펴보면, 응답률은 10%고, 대부분의 응답값은 모델 예측값의 상위
7% 내에서 발견된다. 이 고객의 부분 집합에 대해서만 프로모션 메일을 보내면 제약값
이하의 샘플에는 영향을 거의 미치지 않을 것이므로 고객 응답에 대한 새로운 임계값이
적용될 것이다.

　이 경우, 예측 모델은 프로모션 메일 전송과 관련된 기본 수익보다 더 많은 수익을 내
도록 해야 한다는 것을 기억하자.

　리프트 그래프를 사용해 곡선의 각 점에 대해 리프트 값이 기본 수익을 넘을 정도로
충분한지 판단함으로써 기대 수익을 구할 수 있다.

11.4 컴퓨팅

이 장에서는 R 패키지 AppliedPredictiveModeling, caret, klaR, MASS, pROC, randomForest를 사용할 것이다.

이 장에서의 예제는 [그림 11.1]에서 봤던 시뮬레이션 데이터를 사용할 것이다. AppliedPredictiveModeling 패키지의 quadBoundaryFunc 함수를 사용해 예측 변수와 결과값을 생성한다.

```
> library(AppliedPredictiveModeling)
> set.seed(975)
> simulatedTrain <- quadBoundaryFunc(500)
> simulatedTest <- quadBoundaryFunc(1000)
> head(simulatedTrain)
            X1          X2      prob  class
1   2.4685709   2.28742015 0.9647251 Class1
2  -0.1889407  -1.63949455 0.9913938 Class1
3  -1.9101460  -2.89194964 1.0000000 Class1
4   0.3481279   0.06707434 0.1529697 Class1
5   0.1401153   0.86900555 0.5563062 Class1
6   0.7717148  -0.91504835 0.2713248 Class2
```

랜덤 포레스트와 2차 판별 모델을 데이터에 적용할 것이다.

```
> library(randomForest)
> rfModel <- randomForest(class ~ X1 + X2,
+                         data = simulatedTrain,
+                         ntree = 2000)
> library(MASS) ## qda() 함수
> qdaModel <- qda(class ~ X1 + X2, data = simulatedTrain)
```

qda 객체에 대한 predict 함수의 결과값에는 예측 클래스(class라는 항목에 들어 있다)와 연관 확률이 포함된 posterior라는 행렬이 포함돼 있다. QDA 모델은 훈련 데이터 세트와 테스트 데이터 세트에 대한 예측값을 생성한다. 이 장의 후반부에서 훈련 세트의 확률을 사용해 클래스 확률을 보정하는 가법 모델을 적용할 것이다. 그 후 이 보정 내용을 테스트 세트 확률에 적용할 것이다.

```
> qdaTrainPred <- predict(qdaModel, simulatedTrain)
> names(qdaTrainPred)
  [1] "class"        "posterior"
> head(qdaTrainPred$class)
  [1] Class1 Class1 Class1 Class2 Class1 Class2
  Levels: Class1 Class2
> head(qdaTrainPred$posterior)
        Class1        Class2
  1 0.7313136 0.268686374
  2 0.8083861 0.191613899
  3 0.9985019 0.001498068
  4 0.3549247 0.645075330
  5 0.5264952 0.473504846
  6 0.3604055 0.639594534
> qdaTestPred <- predict(qdaModel, simulatedTest)
> simulatedTrain$QDAprob <- qdaTrainPred$posterior[,"Class1"]
> simulatedTest$QDAprob <- qdaTestPred$posterior[,"Class1"]
```

랜덤 포레스트 모델에서는 predict 함수를 두 번 호출해 예측 클래스 값과 클래스 확률을 구한다.

```
> rfTestPred <- predict(rfModel, simulatedTest, type = "prob")
> head(rfTestPred)
    Class1 Class2
  1 0.4300 0.5700
  2 0.5185 0.4815
  3 0.9970 0.0030
  4 0.9395 0.0605
  5 0.0205 0.9795
  6 0.2840 0.7160
> simulatedTest$RFprob <- rfTestPred[, "Class1"]
> simulatedTest$RFclass <- predict(rfModel, simulatedTest)
```

민감도와 특이도

caret에는 민감도와 특이도를 계산할 수 있는 함수가 있다. 이 함수를 사용하기 전에 각 클래스의 역할을 사전에 인지하고 있어야 한다.

```
> # 클래스 1이 주요 사건이다.
> sensitivity(data = simulatedTest$RFclass,
+              reference = simulatedTest$class,
+              positive = "Class1")
  [1] 0.8278867
> specificity(data = simulatedTest$RFclass,
+              reference = simulatedTest$class,
+              negative = "Class2")
  [1] 0.8946396
```

또한 데이터 세트의 일반적인 값(46%)이나 사전 판단을 사용해도 예측값을 구할 수 있다.

```
posPredValue(data = simulatedTest$RFclass,
+              reference = simulatedTest$class,
+              positive = "Class1")
  [1] 0.8695652
> negPredValue(data = simulatedTest$RFclass,
+              reference = simulatedTest$class,
+              positive = "Class2")
  [1] 0.8596803
> # 허용값을 수동으로 변경
> posPredValue(data = simulatedTest$RFclass,
+              reference = simulatedTest$class,
+              positive = "Class1",
+              prevalence = .9)
  [1] 0.9860567
```

혼동 행렬

R에서는 여러 가지 방법으로 혼동 행렬을 만들 수 있다. caret 패키지의 confusionMatrix 함수는 표와 관련된 통계량을 구한다.

```
> confusionMatrix(data = simulatedTest$RFclass,
+              reference = simulatedTest$class,
+              positive = "Class1")

  Confusion Matrix and Statistics
```

```
            Reference
Prediction Class1 Class2
    Class1    380    57
    Class2     79   484

                Accuracy : 0.864
                  95% CI : (0.8412, 0.8846)
     No Information Rate : 0.541
     P-Value [Acc > NIR] : < 2e-16
                   Kappa : 0.7252
 Mcnemar's Test P-Value : 0.07174
             Sensitivity : 0.8279
             Specificity : 0.8946
          Pos Pred Value : 0.8696
          Neg Pred Value : 0.8597
              Prevalence : 0.4590
          Detection Rate : 0.3800
    Detection Prevalence : 0.4370

        'Positive' Class : Class1
```

또한 이 함수에도 허용값을 수동으로 변경할 수 있는 옵션이 있다. 만약, 클래스가 2개를 넘는다면, 민감도, 특이도 및 기타 통계량은 "1대 전체 1"를 기본으로 구하게 된다 (예: 첫 번째 클래스 대 두 번째와 세 번째 클래스의 집합).

시스템 동작 특성 곡선

pROC 패키지(Robin et al., 2011)를 사용해 곡선을 그리고, 관련된 다양한 통계량을 도출할 수 있다.[6] 우선, pROC의 함수인 roc를 사용해 관련 정보를 포함하는 R 객체를 만들자. 이때 만들어진 객체를 사용해 ROC 곡선을 그리고, 곡선 아래 구역의 넓이를 구할 것이다. 예를 살펴보자.

```
> library(pROC)
> rocCurve <- roc(response = simulatedTest$class,
+                  predictor = simulatedTest$RFprob,
```

---

[6] R에는 R ROCR, caTools, PresenceAbsence 등 ROC 곡선을 구할 수 있는 여러 패키지가 있다.

```
+                    ## 이 함수에서 중요한 사건은 두 번째 클래스다.
+                    ## 그래서 클래스 라벨을 바꿔줄 것이다.
+                    levels = rev(levels(simulatedTest$class)))
```

이 객체로부터 통계량(ROC 곡선 아래의 면적과 신뢰 구간 등)을 구할 것이다.

```
> auc(rocCurve)
  Area under the curve: 0.9328
> ci.roc(rocCurve)
  95% CI: 0.9176-0.948(DeLong)
```

plot 함수를 사용해 ROC 곡선을 바로 만들 수 있다.

```
> plot(rocCurve, legacy.axes = TRUE)
> ## 기본으로 x축은 뒤로 가게 돼 있지만
> ## legacy.axes = TRUE 옵션을 사용해 1-spec 형식으로
> ## x축을 0에서 1로 옮길 수 있다.
>
> ## 또한 다음에 plot.auc를 사용할 때
> ## add = TRUE를 사용해 다른 곡선을 추가할 수 있다.
```

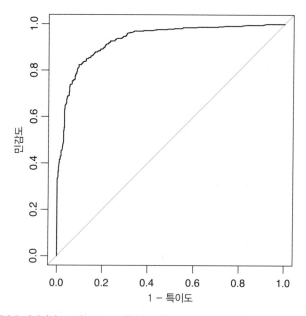

〔그림 11.8〕 pROC 패키지의 roc와 plot.roc 함수를 사용해 만든 ROC 곡선

322

[그림 11.8]은 이 함수를 호출했을 때의 결과를 보여준다.

리프트 도표

리프트 곡선은 caret 패키지의 lift 함수를 사용해 그린다. 이 함수의 입력값으로 실제 클래스는 왼쪽에 쓰여 있고, 모델 클래스 확률을 측정하는 1개 이상의 열을 오른쪽에 쓴 형태의 수식으로 받는다. 예를 들어, 테스트 세트의 랜덤 포레스트와 QDA 적용 결과 확률에 대한 리프트 그래프를 만들고 싶다면 아래와 같이 하면 된다.

```
> labs <- c(RFprob = "Random Forest",
+           QDAprob = "Quadratic Discriminant Analysis")
> liftCurve <- lift(class ~ RFprob + QDAprob, data = simulatedTest,
+                    labels = labs)
> liftCurve
  Call:
  lift.formula(x = class ~ RFprob + QDAprob, data = simulatedTest, labels
    = labs)
  Models: Random Forest, Quadratic Discriminant Analysis
  Event: Class1(45.9%)
```

두 리프트 그래프를 그리려면 xyplot 함수를 사용해 래티스 그래프를 그린다.

```
> ## 위에 범주를 사용하기 위해 옵션 값을 활용한다.
> xyplot(liftCurve,
+        auto.key = list(columns = 2,
+                        lines = TRUE,
+                        points = FALSE))
```

[그림 11.9]를 확인하자.

확률 보정

PresenceAbsence 패키지의 calibration.plot 함수나 caret 패키지의 calibration을 사용해 앞에서 말한 보정 그래프를 그릴 수 있다(자세한 내용은 이후 내용 참고). Calibration 함수 문법은 lift 함수와 비슷하다.

```
> calCurve <- calibration(class ~ RFprob + QDAprob, data = simulatedTest)
> calCurve
  Call:
  calibration.formula(x = class ~ RFprob + QDAprob, data = simulatedTest)

  Models: RFprob, QDAprob
  Event: Class1
  Cuts: 11
> xyplot(calCurve, auto.key = list(columns = 2))
```

[그림 11.9]에는 이 그래프도 나와 있다. gbm 패키지의 calibrate.plot 함수는 보정 그래프에 관찰된 이벤트 비율을 클래스 확률 함수로 모델링하는 식으로 완전히 다르게 접근하고 있다.

QDA 확률을 재보정하려면 실제 결과를 클래스 확률 함수로 모델링하는 후처리 모델을 만들어야 한다. 시그모이드 함수에 적용하려면 R의 기본 glm 함수로 만든 로지스틱 회귀 모델을 사용해야 한다(자세한 내용은 12.2장 참고). 이 함수는 로지스틱 회귀를 포함하는 일반화 선형 모델에 대한 넓은 범위의 기능에 대한 인터페이스다(Dobson, 2002). 모델에 적용하려면 family라는 인수를 사용해 함수에 모델링할 결과 데이터의 유형을 정의해줘야 한다. 여기서 결과는 이산 범주형이므로 이항 분포를 사용한다.

```
> ## glm( )은 두 번째 요인에 대해 확률을 구하므로
> ## relevel( )을 사용해 임시로 요인 단위를
> ## 역으로 변경해야 한다.
> sigmoidalCal <- glm(relevel(class, ref = "Class2") ~ QDAprob,
+                     data = simulatedTrain,
+                     family = binomial)
> coef(summary(sigmoidalCal))
                Estimate Std. Error   z value     Pr(>|z|)
  (Intercept) -5.701055  0.5005652 -11.38924 4.731132e-30
  QDAprob      11.717292  1.0705197  10.94542 6.989017e-28
```

원모델에 [식 11.1]의 추정 기울기와 절편을 적용해 수정 확률을 구한다. R에서는 the predict 함수를 사용할 수 있다.

```
> sigmoidProbs <- predict(sigmoidalCal,
+                         newdata = simulatedTest[,"QDAprob", drop = FALSE],
+                         type = "response")
> simulatedTest$QDAsigmoid <- sigmoidProbs
```

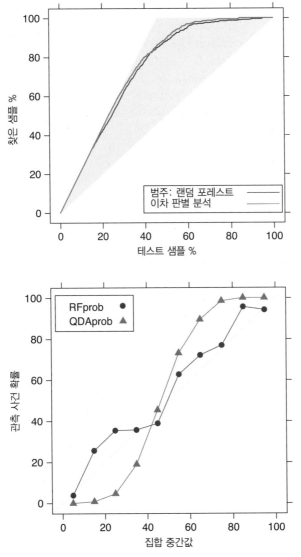

〔**그림 11.9**〕 랜덤 포레스트와 QDA 모델에 대한 리프트 곡선과 보정 곡선 예제

보정을 위한 베이지안 접근법은 훈련 데이터의 클래스 확률을 사용해 확률 $Pr[X]$ 및 $Pr[X|Y = C_\ell]$을 추정하는 것이다(412쪽의 [식 13.5]를 참고). R에서는 나이브 베이즈 모델을 구현한 klaR 패키지의 NaiveBayes 함수를 사용해 이를 구한다.

```
> BayesCal <- NaiveBayes(class ~ QDAprob, data = simulatedTrain,
+                          usekernel = TRUE)
> ## qda( )와 마찬가지로 이 모델에 predict 함수를 써서
> ## 클래스와 확률을 모두 구한다.
> BayesProbs <- predict(BayesCal,
+                        newdata = simulatedTest[,"QDAprob", drop = FALSE])
> simulatedTest$QDABayes <- BayesProbs$posterior[,"Class1"]
> ## 보정 전후의 확률
> head(simulatedTest[, c(5:6, 8, 9)])
      QDAprob RFprob QDAsigmoid   QDABayes
 1  0.3830767 0.4300 0.22927068  0.2515696
 2  0.5440393 0.5185 0.66231139  0.6383383
 3  0.9846107 0.9970 0.99708776  0.9995061
 4  0.5463540 0.9395 0.66835048  0.6430232
 5  0.2426705 0.0205 0.05428903  0.0566883
 6  0.4823296 0.2840 0.48763794  0.5109129
```

usekernel = TRUE 옵션을 사용하면 클래스 확률의 확률 분포를 유연하게 모델링할 수
있다. 새로 구한 확률을 다른 그래프에서 평가해보자.

```
> calCurve2 <- calibration(class ~ QDAprob + QDABayes + QDAsigmoid,
+                          data = simulatedTest)
> xyplot(calCurve2)
```

12

판별 분석 및
기타 선형 분류 모델

일반적으로 판별 기법이나 분류 기법은 예측 변수의 특성에 따라 샘플을 그룹으로 군집화하는 경향이 있다. 이때 이를 최적화하는 경로가 각 기법에 따라 달라진다. 몇몇 기법은 수학적 방식을 차용하고(예: 선형 판별 분석LDA), 다른 데서는 알고리즘 방식을 차용한다(예: k-최근접 이웃법).

이 장에서는 LDA나 비슷한 수학적 계보를 가진 고전적 방식(부분 최소 제곱 판별 분석 partial least squares discriminant analysis, PLSDA, 로지스틱 회귀 분석 등)을 다루면서 예측 변수 변량의 특성에 기반을 둔 군집으로 샘플을 분리하는 데 초점을 맞출 것이다.

12.1 사례 연구: 성공적인 보조금 신청 예측

이 데이터는 멜버른 대학에서 후원한 2011년 캐글Kaggle 공모전에 사용한 것으로, 이때의 문제는 보조금 신청이 통과할 것인지, 아닌지에 대해 파악하는 것이었다. 공공 기관에서 보조금을 신청하는 것이 시간이 갈수록 줄어들면서 대학교에서 가능한 자금을 추정하기 위해 보조금 신청자를 판별하는 것이 중요해지고 있다. 대학에서는 신청자를 판별하는 것뿐만 아니라 성공률을 판별할 수 있는 중요한 요인들을 이해하는 것도 필요하다. 앞의 회귀 부분에서 이야기한 내용이지만, 모델의 이해도와 예측 간에는 간혹 트레이드 오프가 발생한다. 분류 모델에서도 마찬가지다. 이에 대해서는 이 장부터 다음 장까지 이어 설명할 것이다.

공모전에서는 모델 구축에 2005~2008년에 걸쳐 8,708개의 신청서를 사용했고, 테스트 세트는 2009년부터 2010년까지의 신청서를 사용했다. 수상자는 테스트 세트상 ROC 곡선이 0.968 이하인 경우였다. 1등과 2등은 캐글 블로그[1]에 데이터와 모델링 방법을 올렸다.

이에 대한 데이터는 캐글 웹 사이트[2]에서 찾을 수 있지만, 결과값이 함께 붙어 있는 훈련 데이터 세트만 포함돼 있다. 여기엔 실제 신청이 성공했는지 여부를 포함해 보조금 신청에 관련된 많은 정보들이 들어 있다. 원데이터에는 아래와 같은 많은 예측 변수가 포함돼 있다.

- 보조금을 신청한 개개인의 업무. 여기에 포함될 수 있는 값으로는 수석 연구원(데이터에는 chief investigator를 줄여 "CI"라고 표기돼 있다), 위임 연구원delegated researcher, DR, 주 감독관principal supervisor, PS, 외부 자문external advisor, EA, 외부 수석 연구원external chief investigator, ECI, 수석 연구생student chief investigator, SCI, 연구생student researcher, SR, 명예 방문 연구원honorary visitor, HV, 신분 미상unknown, UNK이 있다. 각 보조금 신청자 수의 범위는 1에서 14까지 분포하고 있다.

- 지원 후보의 특성인 생년월일, 모국어, 최고 학점, 국적, 기존 보조금 신청 통과(및 탈락) 횟수, 학과 현재 학적, 연, 교원 임용 기간, 4개 등급의 저널별 출판 횟수 등

- 오스트레일리아의 연구 분야 코드 분류 체계에 따른(RFCD) 1개 이상의 코드. 이를 통해 보조금 분야를 응용 경제학, 미생물학, 문헌 정보학 등의 세부 분야로 나눌 수 있다. 이 데이터에 사용된 RFCD 값은 738가지다. 보조금 분야에 1개 이상의 코드가 정의돼 있다면, 상대 비율로 기록될 것이다. 오스트레일리아 통계 학회[3]에서 관리하는 RFCD는 210,000부터 449,999까지다. 데이터상에는

---

[1] http:/blog.kaggle.com/

[2] http:/www.kaggle.com/c/unimelb

[3] RFCD는 http:/tinyurl.com/25zvts에서 확인할 수 있고, SEO 코드는 http:/tinyurl.com/8435ae4에서 찾아볼 수 있다.

일부 무의미한 코드가 부여된 지원서(0이나 999,999 등)가 있는데, 이 분석에서는 미상 범주로 포함할 것이다.

- 사회 경제학 코드 분류 체계(SEO)에 따른 1개 이상의 코드. 이 분류는 보조금의 목적에 따른 것으로, 건축 분야 촉진이나 의료 서비스 등이 있다. 보조금 분야에 1개 이상의 코드가 정의돼 있다면, 상대 비율로 기록될 것이다. 이 데이터상에도 RFCD 코드와 마찬가지로 오스트레일리아 정부에서 관리하는 코드에서 발견되지 않는 값이 있다. 이 값도 미상 범주에 포함된다.
- 보조금 신청 일자
- 17개로 나눈 보조금 금액 범주
- 각각의 후원자 유형을 코드로 나타낸 보조금 분야 코드

모델 구축 과정에서의 첫 번째 단계 중 하나는 원데이터 구조를 모델에 가장 정보를 잘 전달할 수 있는 형식으로 변형, 변조하는 것이다(특성 엔지니어링). 이 변조 과정은 매우 중요하다. 이 과정에서 분석에 대해 미리 내다보고 적합한 예측 변수를 선정해 사용할 수 있도록 해야 한다. 예측 변수의 적합한 형식을 맞추는 데 실패하면 효과적인 예측 모델 개발이 어려울 수 있다.

보조금 데이터의 원래 형식은 모델링하기에 적합하지 않다. 예를 들어 보면, 보조금을 신청한 개인별 데이터의 많은 항목이 깨져 있다. 원래는 데이터에 각 개인당 15개의 열이 있다. 보조금과 관련된 14명의 사람이 있으므로 개개인에 대해 보조금과 관련된 많은 열이 있어야 하지만 상당수에는 값이 들어 있지 않다.

이 데이터를 변형하는 것이 기본적인 첫 번째 과제다. 예를 들어, 보조금과 관련해 보통 여러 신청자가 연결돼 있는데, 데이터상에서 이런 정보를 어떻게 표현해야 할까? 비슷하게, 여러 RFCD와 이에 관련된 백분율을 모델에 어떻게 적용할 것인가? 그리고 데이터에 결측값이 많으므로 예측 모델을 만들기 전에 이 부분을 해결해야 한다. 우리가 이 모든 문제를 해결함에 있어서 최종 목표는 보조금 신청 성공 여부를 예측하는 것이라는 걸 항상 마음에 두고 있어야 한다.

이 목표하에서 다음 단계를 따를 것이다. 첫째, 예측 변수의 그룹을 만들어 업무별로 (수석 연구원 등) 대상자들이 얼마나 많은 기여를 했는지 나타내본다. 둘째, 업무 기반 그룹별로 모국어, 국적, 학위, 생년월일, 학과 보조금 내역에 대한 개수를 구한다. 예를 들어, 오스트레일리아 수석 연구원의 수를 하나의 변수로 두고 위임 연구원 중 보조금 심사에 통과한 수를 다른 변수로 둔다. 게재 데이터의 경우, 4등급의 저널에 게재한 논문의 총수를 각 업무별로 집계한다. 재직 기간도 이와 비슷한 방식으로 업무별로 집계

한다.

각 후원자 코드별 변수와 보조금 종류에 대한 변수도 만든다. RFCD와 SEO 코드에서 보조금별로 확률이 0이 아닌 경우의 인수를 사용한다. 마지막으로 보조금 원서가 접수된 월과 주에 대한 척도를 만들어 반영한다. 최종적으로 이 변조 법칙에 따라 1,784개의 예측 변수를 만들게 된다.

그 결과, 이 예측 변수 중 가장 주를 이루는 것은 자연스럽게 많은 0 값을 갖는 이산값(0/1 가변수나 개수)이다. 많은 예측 변수가 기본적으로 범주형이므로 결측값은 "미상"으로 표기된다. 예를 들어, 912개의 보조금 원서에 결측 범주 코드가 들어간다. 보조금 원서의 결측 범주에 대한 이진 변수를 만들어 이 내용에 대해 파악해봤다.

3장에서 확인했던 대로 몇몇 예측 모델은 실제 사용하는 예측 변수 유형별로 서로 다른 제약 조건이 있을 것이다. 예를 들어, 이 데이터에서는 많은 예측 변수의 0.99보다 큰 절대적인 연관성을 갖는다. 따라서 이 예측 변수 집합에서 데이터상 높은 의존성을 갖는 예측 변수를 제거하기 위해 고연관성 필터를 적용했다. 최종적으로 이런 이유로 56개의 예측 변수를 제거했다. 많은 예측 변수가 이산형이므로 데이터의 분포가 매우 넓고 불균형적인 성격도 띄고 있다. RFCD 코드의 경우, 변수의 95%에서 0이 아닌 경우는 50개보다 적었다. 이런 클래스별 불균형은 3장에서 언급했던 것처럼 많은 변수가 분산이 0에 가까운 변수로 분류된다는 것으로, 이는 모델상의 연산 문제를 야기한다.

하지만 모든 모델에서 이런 문제가 발생하는 것은 아니므로 모델에 따라 2개의 서로 다른 예측 변수 세트를 사용하자. 예측 변수의 "전체 세트"는 분포와 상관없이 모든 변수를 사용한다(1,070개 예측 변수). "일부 세트"는 분포가 드문드문 있는 형태를 보이거나 불균형한 예측 변수에 민감한 모델에 사용할 용도로 252개의 예측 변수를 갖는다. 다음 장에서는 각 모델에 대해 예측 변수 세트를 적용한 내용[4]에 대해 설명할 것이다. 다시 한 번 이야기하면, 결과값과의 연관 관계를 파악하지 않고 예측 변수를 제거하는 과정을 비지도 특징 선택이라고 한다. 지도 특징 선택을 사용하는 모델들도 이 장에서 일부 다루며, 19장까지에 걸쳐 전반적인 특징 선택에 대해 다룰 것이다.

새로 변조된 데이터를 간단하게 단변량별로 살펴봄으로써 응답 변수에 대한 몇 가지 재미있는 관계를 발견하게 된다. 두 연속형 변수인, 수석 연구원의 사전 보조금 신청 성공 횟수와 실패 횟수는 보조금 신청 성공 횟수와 높은 연관성이 있다. 현재 보조금 신청 여부에 따른 이 변수들의 분포는 [그림 12.1]에 나와 있다. 당연하게도 이 히스토그램

---

4 하지만 14장에서 설명하는 몇몇 트리 기반 방법은 범주형 변수를 가변수로 변환하지 않는 경우, 더욱 유용하게 사용된다. 이런 경우는 범주형 전체 세트를 사용한다.

성공 ■ 　　　실패 ■

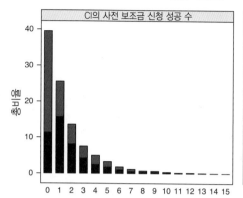
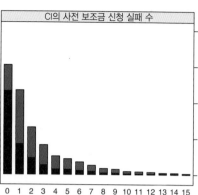

〔그림 12.1〕 2008년 이전 데이터 중 보조금 신청 성공에 대한 두 상위 연속 변수. 수석 연구원이 사전에 보조금 신청에 성공한 것과 사전에 보조금 신청에 실패한 것은 그 이후 보조금을 받는 데 성공하거나 실패하는 것과 매우 높게 연관돼 있다. x축은 15개의 신청건으로 잘라 끝의 긴 꼬리로 인해 차이 구분이 어려워지는 것을 막는다.

은 "기존의 성공이나 실패 여부는 현재의 성공 및 실패 여부에 따라 분포가 이동한다"는 것을 보여준다.

이런 정보를 토대로 이 변수들이 대부분의 분류 모델에 대해 유의한 역할을 할 수 있을 것이라 볼 수 있다.

3개의 범주형 변수(계약 정보 그룹 A, 후원 미상, 1월)는 보조금 지원 성공, 높은 단변량과 관련돼 있다. 이 세 변수에 대한 관계는 강하지 않지만, 몇 가지 유용한 패턴을 발견할 수 있다. [표 12.1]의 데이터는 보조금이 큰 경우, 후원자 미상 또는 1월에 접수하는 보조금 신청 접수와 지원 성공 간에 연관성이 있다는 것을 보여준다. 이 문제를 다르게 살펴보면, 보조금 지원이 실패하는 경우는 금액이 작은 경우, 후원자가 명시된 경우, 1월 외의 다른 달에 지원한 경우였을 수 있다. 이 표에서는 각 그룹에 대한 성공률과 성공 지원 확률 대비 성공 실패 확률의 비율인 오즈를 나타낸다(이 사례와 같은). 이항 변수에 대한 예측 확률을 측정하는 한 가지 일반적인 방법은 이 오즈다. 일례로 1월에 접수한 보조금 서류의 경우, 오즈(10.7)가 다른 달(0.8)에 비해 훨씬 높다. 이 예측 변수의 오즈비를 보면 1월에 접수한 서류가 다른 달에 비해 13.9배 성공할 가능성이 높다는 것을 알 수 있다. 이 높은 오즈비를 통해 이 예측 변수가 다른 분류 모델을 개발할 때도 영향력이 있을 것이라는 것 역시 예상할 수 있다.

마지막으로 직접적으로 불명확한 데이터를 어떻게 구분할지 선택해야 한다. 구분 방법을 결정하기 전에 연도별 성공 비율을 정리해두는 것이 필요하다. 예를 들면,

〔표 12.1〕 보조금 성공과의 최상위 단변량 관계를 갖는 3개의 범주형 변수 관련 통계량

| | 후원 성공 | | N | 비율 | 오즈 | 오즈비 |
	성공	실패				
계약 정보 그룹						
A	1,501	818	2,319	64.7	1.835	2.84
다른 그룹	2,302	3,569	5,871	39.2	0.645	
후원 여부						
미상	732	158	890	82.2	4.633	6.38
확인	3,071	4,229	7,300	42.1	0.726	
월						
1월	480	45	525	91.4	10.667	13.93
2~12월	3,323	4,342	7,665	43.4	0.765	

45%(2005), 51.7%(2006), 47.2%(2007), 36.6%(2008)와 같다. 2008년이 데이터상에서 가장 비율이 낮게 나오기는 하지만, 계속 낮아지고 있다고 확정 짓기에는 정보가 충분하지 않다. 데이터 구분 방법은 모델의 적용 분야에 따라 다르게 고려해야 한다. 이를 어떻게 사용할 것이고, 목적에 맞는지는 어떤 기준으로 평가할 것인가? 이 모델의 목적은 새 원서에 대한 성공 가능성을 수량화하는 예측 모델을 만드는 것이기 때문에 이 공모전에서는 테스트용으로 가장 최근의 데이터를 사용했다.

만약, 신청 성공률이 매해 거의 일정하다면, 데이터 구분 전략은 상대적으로 간단할 것이다. 2005년부터 2008년까지의 모든 가능한 데이터를 취한 후, 이 중 일부를 테스트 세트로 사용하고, 리샘플링을 통해 나머지 데이터 중 샘플을 취해 여러 모델을 튜닝하면 된다. 하지만 모든 해의 데이터에서 임의로 테스트 샘플을 고르면, 상대적으로 연관성이 낮은 테스트 세트가 만들어질 수 있다. 이로 인해 과거의 보조금 접수 환경에 맞춰진 모델을 구축하게 될 수도 있다.

또 다른 전략으로는 2008년 이전 데이터를 사용해 모델을 만든 후, 2008년 데이터에 들어맞도록 튜닝하는 방법이 있다. 근본적으로 2008년 데이터는 2009년부터 2010년의 원테스트 데이터 세트에 시간상으로 보다 근접한 테스트 세트다. 하지만 이것은 모델 성능의 불확실성에 대한 실제 측정값과는 상관없는 데이터에 대한 단일한 "관점"일 뿐이다. 보다 중요한 것은 이 전략은 2008년의 특정한 데이터에 부분 과적합이 생길 수 있고, 그 다음 해에 일반적으로 잘 맞지 않을 수도 있다는 점이다. 한 가지 예로, 회귀 모델의 경우, 모델 구축 시 자동으로 특징 선택을 거치는 여러 분류 모델이 있다. 단일 테스트 세트를 여러 번 사용했을 때 발생할 수 있는 한 가지 가능성 있는 방법상의

오류는 모델에 선정된 예측 변수 세트가 2008년의 보조금 원서에만 적합한 세트인 경우다. 다른 지원서 세트를 적용하기 전까지는 이런 경우인지 알 도리가 없다.

이 데이터에 대해 이 두 방법을 어떻게 비교할 수 있을까? [그림 12.2]는 13.4장에서 자세히 논의할 서포트 벡터 머신 분류 모델의 결과를 나타냈다. 하지만 이 모델은 7.3장에서 다룬 서포트 벡터 회귀 모델과 유사하다. 앞에서 설명한 방사형 기본 함수 커널을 사용해 커널 인수인 σ과 비용값인 C를 튜닝 인수로 과적합을 조절할 수 있도록 했다. 방사형 기본 함수 커널 인수에 대해 여러 값을 구한 후, 이에 비용 함수를 적용해 평가하도록 했다.

[그림 12.2]는 모델을 튜닝하는 두 가지 방식을 보여준다. 서포트 벡터 머신에 대한 2개의 튜닝 인수 프로파일을 살펴보자.

- 첫 번째 모델은 모든 2008년 이전 데이터와 25%의 2008년 데이터($n = 290$)를 포함하는 8,189개의 지원서를 사용해 만들었다. 정규화 및 커널 인수 선정을 위해서는 10-겹 교차 검증을 사용했다. 비용 변수에 대한 성능 프로파일은 [그림 12.2]의 파란색 선과 같다(이 프로파일에서는 커널 인수의 최적값을 사용했다). 2008년의 지원서 세트($n = 1,785$)는 최종 튜닝 인수 선택값을 평가할 때도 다시 사용한다(파란색 프로파일).

- 두 번째 모델은 2008년 이전 데이터를 사용해 구축한 후, 2008년 원서 데이터에 대한 ROC 곡선 면적이 가장 큰 튜닝 인수값을 선택했다. 변수 선택 검증 시

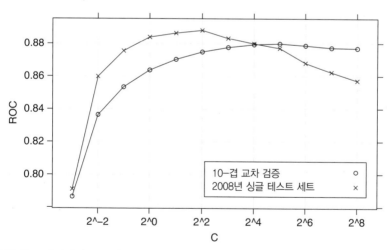

〔그림 12.2〕 모델 튜닝 시 2008년 이전 데이터에서 서로 다른 데이터 세트를 사용한 보조금 신청 성공에 대한 두 모델

에는 추가 샘플을 사용하지 않았다(붉은색 프로파일).

파란색 프로파일에서는 비용 변숫값으로 32를 제시한다. 이때 ROC 곡선 면적은 0.88이다. 붉은색 프로파일은 2008년 데이터만을 사용해 평가한 결과(샘플링 없음)를 보여준다. 여기서 ROC 곡선의 면적이 0.89인 최적의 모델을 만들기 위해서는 튜닝 과정상 비용값이 더 작아야 함(4)을 알 수 있다. 첫째, 모델을 평가할 데이터의 양에 따라 곡선상에서 다른 튜닝 변수를 제안하는 것이 문제가 된다. 둘째, 2008년 데이터로 교차 검증 모델을 평가할 때, ROC 곡선 면적이 상대적으로 교차 검증 결과가 나타내는 값보다 작다(0.83).

여기서는 이에 대한 타협점으로 모델 구축 시 2008년 이전 데이터를 사용한 후, 2008년 원서의 2,075개의 임의의 샘플을 선택해 평가하는 식으로 튜닝했다. 최적 변수를 판단한 후, 이 변수와 전체 훈련 데이터 세트를 사용해 최적 모델을 구축한다(2008년 이전 데이터와 추가한 2,075개의 원서 데이터). 그리고 2008년 이후에 제공된 518개의 원서 데이터 세트를 사용해 모델 튜닝을 하는 동안, 2008년 데이터를 반복적으로 평가에 사용해도 방법상의 오류가 나지 않는다는 것을 확인할 것이다. 여기서는 이 샘플 세트를 2008년 데이터로 명기할 것이다. 이 2008년에 접수된 적은 데이터 세트는 테스트 세트로 사용하고, 다른 추가 모델을 정의하기 전(15장)까지는 평가하지 않을 것이다. 이 방법에 대해서는 [표 12.2]에 요약 정리했다.

확실히 말해, 시간에 따라 변하는 데이터에 대한 이런 문제를 처리할 수 있는 명확한 방법은 없다. 그러므로 분석가는 모델링 목적을 이해하고, 모델 훈련 및 검증 계획을 꼼꼼하게 만들어야 한다. 이 사례의 경우, 원서 데이터는 충분한 최근 데이터를 갖고 있다는 미덕을 보여준다. 튜닝 과정을 많이 훼손하지 않고 보다 작은 데이터 세트로 분할할 수 있을 정도는 된다. 이 방식의 단점은 아래와 같다.

1. 튜닝 과정에서 파생된 모델 변수는 2008년의 2,075개의 원서와 2008년 이전 데이터를 사용하는 최종 모델에 적합할 것이라는 가정하에 구해진다.

[표 12.2] 이 장 및 이후에 사용할 보조금 지원 데이터에 대한 데이터 분할 전략 구조

	모델 튜닝		최종 모델	
	훈련	2008년	훈련	2008년
2008 이전($n=6,633$)	×		×	
2008($n=1,557$)		×	×	
2008($n=518$)				×

334

2. 최종 모델은 2008년 보조금의 일부를 사용하므로(모델 변수는 2008년 보조금에서는 사용되지 않는다) 원서 테스트 세트의 성능은 튜닝 과정에서 만들어지는 결과보다 나은 경향이 있다.

모델 튜닝상에서 만들어진 결과와 테스트 세트 결과는 15장에서 비교할 것이다.

12.2 로지스틱 회귀

선형 회귀(6.2장)는 변수들 간에 선형 관계를 이루고, 잔차 제곱합을 최소화하는 식으로 변수를 선택하는 모델 형태다. 잔차 제곱합을 최소화하는 모델은 모델 잔차가 정규(가우시안) 분포를 따른다고 가정할 수 있는 경우, 인수의 우도 추정값을 최대로 만든다는 것으로 알려졌다.

최대 우도 변수 추정은 데이터의 확률 분포에 대한 가정을 하고자 할 때 사용하는 기법이다. 우도 함수는 이론적 확률 분포와 관측 데이터에 기반을 두고 변숫값의 일부 세트에 만들어질 수 있는 확률 구조다. 변수의 두 집합을 정의했을 때, 이 중 우도가 더 큰 쪽이 관측 데이터에 보다 가깝다고 본다.

이항 구조에 대해 종종 사용되는 확률 분포로는 이항 분포[5]가 있다. 이 분포에서는 사건이나 특정 클래스에 대한 확률을 나타내는 단일 인수 p를 사용한다. 보조금 지원 데이터의 경우, p는 보조금을 받을 확률을 말한다. 2008년 이전 보조금 데이터를 보면, 총 6,633개의 지원서와 이 중 3,233이 성공했다는 결과값이 있다. 이때 이항 우도 함수의 형태는 아래와 같다.

$$L(p) = \binom{6633}{3233} p^{3233}(1-p)^{6633-3233}, \tag{12.1}$$

여기서 p와 $1-p$의 지수는 관측 데이터상의 클래스별 빈도를 나타낸다. 수식의 첫 번째 부분은 "n개 중 r개를 선택하라"는 것이고, 이 데이터에서는 3,233개의 성공 결과와 3,400개의 실패 결과 중에 선택할 수 있다.

최대 우도 추정값을 사용해 $f(p)$의 최댓값을 만드는 p-값을 찾을 수 있다. 여기서는 샘플 분포에 따라 3233/6633 = 0.487이 최대 우도 추정값이 된다.

---

[5] 3개 이상의 클래스를 사용하는 데이터는 보통 다항 분포를 사용해 모델링한다. 보다 자세한 내용은 아그레스티의 연구 (Agresti, 2002)를 참고하라.

하지만 우리는 성공률에 영향을 미치는 데는 여러 요인이 있다는 것을 알고 있으므로 이런 요인들을 사용해 모델을 만들어 보다 나은 확률 추정을 하고자 한다. 여기서는 모델을 재인수화해 p를 이런 요인들로 함수화한다. 선형 회귀처럼 로지스틱 회귀 모델에도 각 모델 항에 대한 기울기 인수와 절편이 있다. 하지만 사건 확률이 0과 1 사이이므로 기울기와 절편 모델이 이 범위 내의 값을 가질 것이라고는 보장할 수 없다. 이 장의 앞부분에서 이야기했듯이, p가 사건 확률이라면, 이 사건의 오즈는 $p/(1-p)$가 된다. 로지스틱 회귀 모델에서 사건의 로그 오즈는 선형 함수 형태다.

$$\log \left(\frac{p}{1-p} \right) = \beta_0 + \beta_1 x_1 + \cdots + \beta_P x_P. \tag{12.2}$$

이때 P는 변수의 개수다. 식의 오른쪽에는 보통 선형 예측 변수가 들어간다. 로그 오즈의 범위는 $-\infty$에서 ∞까지 될 수 있으므로 선형 예측 변수의 값의 범위는 고려하지 않아도 된다. 여기서 일부 항목을 이동하면 사건 확률 함수를 만들 수 있다.

$$p = \frac{1}{1 + \exp\left[-(\beta_0 + \beta_1 x_1 + \cdots + \beta_P x_P)\right]} \tag{12.3}$$

이 비선형 함수는 모델 항목에 대한 시그모이드 함수로, 확률 추정값을 0과 1 사이로 제한한다. 또한 이 모델에서 사용되는 변수는 비선형 데이터(예측 변수의 제곱값도 x_j인 모델 항목 중 하나로 사용된다)임에도 불구하고 모델에서는 선형 클래스 경계를 만든다.

이제 이항 분포의 인수와 모델을 이을 방법을 찾았으므로 인수(β)의 후보값을 찾고, 관측 데이터를 사용해 우도 함숫값을 구할 수 있다. 데이터상에서 우도가 최대로 나오는 β 값을 찾은 후, 이 값을 사용해 샘플의 결과값을 예측하게 된다.

로지스틱 회귀와 일반적인 선형 회귀는 모두 다양한 확률 분포를 아우르는 일반화 선형 모델(GLMs)의 범주에 포함된다. 돕슨(Dobson, 2002)은 이 모델들을 매우 근사하게 소개했다. 이 모델들은 함수의 결과가 [식 12.2]의 로그 오즈와 같이 선형 예측 형태로 만들어진다는 측면에서 선형이라고 볼 수 있다. 물론 이 모델들은 간혹 비선형 방정식([식 12.3]에서의 p 등)을 만들기도 한다. p에 대한 식이 비선형적이더라도, 이는 선형 분류 범위를 만든다는 것을 다시 한 번 기억해두자.

예를 들어, 일자 같은 단일 예측 변수를 사용해 보조금 데이터에 대한 단순한 로지스틱 회귀 모델을 만들었다고 가정해보자. [그림 12.3]은 데이터를 5일 주기로 묶었을 때 보조금 신청 성공에 대한 관측 확률을 나타낸다. 이 그래프에서 연초와 연말의 경우, 더 높은 신청 성공률을 보였다. 실제로 2008년 이전 데이터에서 한 해의 첫날 접수한 343

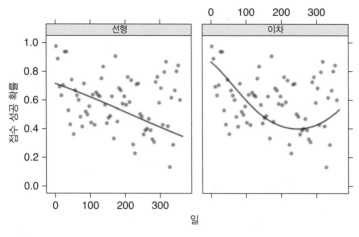

〔그림 12.3〕 일자와 보조금 신청 성공 확률의 관계에 대한 2개의 로지스틱 회귀 모델. 이 그래프에서 일값은 5일 주기로 묶여 있다. 모델에서는 예측 변수를 묶은 버전을 사용하지 않는다. 일자(예: 1, 2, ..., 365)에 대한 함수 형태로 로그 오즈를 구한다.

명의 신청자들 중 떨어진 신청자는 0명이었다. 해의 중간으로 갈수록 성공률이 급격히 떨어지지만, 연말에는 다시 증가한다. 단순 로지스틱 회귀 모델상에서는 날을 사용해 절편에 대응하는 기울기를 추정할 것이다. 훈련 데이터를 사용해 모델 최적화 경로상에서 이 두 변수에 대한 다른 값들을 넣어가며 관측된 훈련 데이터를 사용해 이항 분포상의 우도를 최대로 하는 조합을 찾아간다. 최종적으로 추정 절편은 0.919고, 기울기는 −0.0042로 나타난다. 이를 통해 하루가 차이날 때마다 로그 오즈는 0.0042만큼 감소한다는 것을 알 수 있다. 최적 모델은 [그림 12.3]의 왼쪽에 나와 있다. 이는 하반기의 추세를 정확히 나타내는 것은 아니다. 일자의 제곱 항에 대응하는 세 번째 변수를 만들어 새로운 모델을 만들 수도 있다. 이 모델의 경우, 추정 절편값은 1.88이 되고, 1차 항에 대한 기울기는 −0.019이며, 제곱 항의 기울기는 −0.000038로 추정된다. [그림 12.3]의 오른쪽을 보면 모델이 명확하게 향상됐다는 것을 알 수 있지만, 이 역시 연말의 성공률 증가 정도를 확실하게 추정하지는 못한다. 추가 항이 필요하다는 증거로 선형 모델의 경우 ROC 곡선 하단 면적이 0.56이지만, 추가 항을 사용한 후 0.66으로 증가했다는 것을 들 수 있다.

효과적인 로지스틱 회귀 모델을 만들기 위해서는 각 연속 변수에 대해 성공률이 얼마나 연관돼 있는지를 조사한 후, 이를 기반으로 비선 형성에 대응하기 위해 모델 항목을 인수화할 수 있어야 한다. 이에 대한 한 가지 효율적 방법으로는 해럴(Harrell, 2001)이 제안한 방법을 들 수 있다. 이 방법은 제약 3차 스플라인을 사용해 유연하고 응용 가능한 예측 변수를 만들어 다양한 비선형성에 대응하는 것이다. 이 방법에 대해서는 이 장의 '컴퓨팅' 부분에서 보다 상세히 다룰 것이다. 다른 방법으로는 일반화 가법 모델이 있다(Hastie and Tibshirani, 1990; Hastie et al., 2008). 여기서도 유연한 회귀 방법(스플라인 등)을 사용해 로그 오즈를 모델에 적용한다. 이 방법에 대해 더 자세히 공부하는 것은 독자들의 몫으로 남겨두겠다.

보조금 데이터의 경우, 예측 변수의 전체 세트를 사용해 로지스틱 회귀 모델을 만들고, 다른 예측 변수항을 구해 비선형성을 계산한다. 하지만 [그림 12.1]의 두 예측 변수와 같이 많은 예측 변수의 경우, 하나 이상의 분포에 대해 완전히 들어맞는 데이터 값은 거의 없다. 그러므로 예측 변수에 대해 명확한 함수 형태를 만들기가 어려워진다. 이 예측 변수 집합을 사용했을 때, 로지스틱 회귀 모델을 만들면 ROC 곡선 하단 면적이 0.78이 되고, 이때 2008년 데이터에 대해 민감도는 77%고, 특이도는 76.1%가 된다.

많은 범주형 예측 변수의 경우 흩어져 있고 분포가 불균형 상태다. 따라서 전체 데이터 세트를 사용해 모델을 만들 경우, 분산이 0에 가까운 예측 변수들을 제거한 데이터 세트를 갖고 만든 모델보다 성능이 더 낮을 것이다. 253개의 변수만을 사용하는 데이터 세트를 사용한 경우, ROC 곡선 하단 면적은 0.87이고, 민감도는 80.4%, 특이도는 82.2%다([그림 12.4]). [표 12.3]은 이에 대한 혼동 행렬이다. 이 모델을 통해 이런 예측

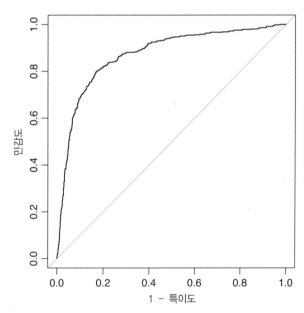

〔그림 12.4〕 로지스틱 회귀 모델을 사용해 보조금 데이터의 테스트 세트를 사용했을 때의 ROC 곡선. AUC는 0.87이다.

〔표 12.3〕 로지스틱 회귀 모델에 대한 2008년 데이터 세트의 혼동 행렬

	관측 클래스	
	성공	실패
성공	439	236
실패	131	751

이 모델의 총정확도는 76.4%로 민감도는 77%, 특이도는 76.1%다.

변수를 제거했을 때 어느 정도의 성능 향상을 얻을 수 있음을 알 수 있다.

　로지스틱 회귀 모델의 경우, 일반적인 통계적 가설 검정을 통해 각 변수의 기울기가 통계적으로 유의한지를 구할 수 있다. 이 모델에서는 일반적으로 Z 통계량이 사용된다 (Dobson, 2002).

　이 통계량은 신호 대 잡음의 비율을 측정하는 수치로, 추정 기울기를 이에 대응하는 표준 오차로 나눈다. 이 통계량을 사용해 예측 변수 중 어떤 항이 모델에 가장 큰 영향을 미치는지 순위를 매겨볼 수 있다. 이 데이터에서 5개의 가장 중요한 예측 변수는 수석 연구원의 실패 횟수, 수석 연구원의 성공 횟수, F 그룹의 계약값, E 그룹의 계약값, 일자(제곱값)다.

　로지스틱 회귀 모델은 단순하고 모델 항에 대한 추정이 가능하기 때문에 매우 널리 쓰인다. 예를 들어, 날짜가 보조금 신청 성공 확률과 연관이 있는지를 공식적으로 확인하려고 한다. 해럴(2001)의 연구는 모델 변수의 추정 목적으로 통계 모델을 사용한 매우 훌륭한 사례다.

　이 모델은 목적이 예측에만 있는 경우에도 효과적이지만, 앞에서 설명한 대로 이 모델은 사용자가 성능이 가장 좋은 예측 변수 데이터에 대해 효과적으로 나타내는 방법을 파악해야 한다. 앞으로 설명하겠지만, 모델 훈련 과정에서 이런 관계를 경험적으로 도출해내는 다른 분류 모델들이 있다. 만약, 모델을 예측 용도로만 사용한다면, 이런 기법이 보다 나을 것이다.

12.3 선형 판별 분석

LDA의 기반은 피셔(1936)와 웰치(Welch, 1939)의 연구로 거슬러 올라간다. 두 통계학자는 각각 최적의 분류 규칙을 찾는 문제에 대해 서로 다른 관점을 갖고 있었다. 앞으로

살펴보겠지만, 이 둘은 이종 분류 기법에 대해 동일한 규칙을 찾아냈다. 이 장에서는 필요한 기술적 내용을 찾아내는 두 가지 접근 방식에 대해 모두 살펴보고, 이 장 후반에서 이야기할 다른 방법과의 연결고리에 필요한 일부 수학적 기반에 대해서도 함께 설명할 것이다.

분류 문제에서 웰치(1939)는 총오분류 확률을 최소화하는 접근 방법을 선택했다. 이 방법은 클래스 확률과 변수의 다분량 분포를 사용한다. 웰치의 접근 방식을 살펴보기 위해서는 우선 베이즈 규칙[6]에 대해 기본적으로 이해하고 있어야 한다.

$$Pr[Y = C_\ell|X] = \frac{Pr[Y = C_\ell]Pr[X|Y = C_\ell]}{\sum_{l=1}^{C} Pr[Y = C_l]Pr[X|Y = C_l]} \tag{12.4}$$

$Pr[Y = C_\ell]$는 C_ℓ 클래스에 포함돼 있는 사전 확률이다. 실제로 이 값은 각 클래스의 샘플 비율로 파악할 수 있거나 모든 경우의 사전 확률이 동일한 경우는 알 수 없다. $Pr[X|Y = C_\ell]$는 이 데이터가 C_ℓ 클래스라고 주어졌을 경우, 관측 변수 X의 조건부 확률이다. 여기서 이 데이터가 특정 확률 분포(다변량 정규 분포 등)를 따른다고 가정한 후, 이 값에 대한 수학적 형식을 정의할 수 있다. 이 식의 결과는 $Pr[Y = C_\ell|X]$로, 이는 이 샘플 X가 C_ℓ 클래스에 포함될 것에 대한 사후 확률이라고 한다. 이 식에 대한 보다 자세한 설명은 13.6장을 참고하라.

이종 분류 문제에서 총오분류율을 줄일 규칙은 X가 $Pr[Y = C_1|X] > Pr[Y = C_2|X]$인 경우, 1번 그룹에 넣고, 이 부등식의 반대의 경우에는 2번 그룹에 넣는 것이다. [식 12.4]에 따르면, 이 규칙은 다음의 경우 X를 그룹 1로 보낸다.

$$Pr[Y = C_1]Pr[X|Y = C_1] > Pr[Y = C_2]Pr[X|Y = C_2]. \tag{12.5}$$

이 규칙은 이종 이상의 경우로도 쉽게 확장할 수 있다. 여기서 $Pr[Y = C_\ell]Pr[X|Y = C_\ell]$가 전체 C 중 가장 큰 값을 갖는 경우라면, X를 C_ℓ로 분류하는 식이다.

[그림 12.5]는 단일 변수와 2개의 클래스를 갖는 경우에 대해 이 방식을 적용한 것을 나타낸다(이때 값이 겹치는 것을 피하기 위해 각 데이터 값을 "지터 처리"했다). 각 데이터 그룹에서 파란색으로 나타난 것은 각 클래스에 대한 정규 분포의 확률 밀도 함수다($Pr[X|Y = C_1]$, $Pr[X|Y = C_2]$ 등). 여기서는 예측 변수가 1개이므로 새 샘플은 x축에서 값을 찾은 후, 이 값에 대응하는 각 클래스의 확률 밀도 함수를 찾아 분류할 것이다(추가로 각 그룹에서 전체 확률 $Pr[X]$를 파악한다). 새 샘플에서 변수의 값이 4라고 가정해보자. 클래스

---

6   베이즈 규칙은 13.6장에서 더 자세히 다룰 것이다.

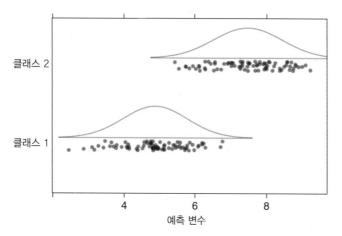

[그림 12.5] 샘플을 두 그룹으로 분류하는 데 단일 변수를 사용했다. 각 그룹의 파란색 선은 클래스별 평균과 분산에 따른 정규 분포의 확률 밀도 함수를 나타낸다.

2에 대한 이 값의 확률은 거의 0이므로 이 샘플은 1번 클래스에 속하는 것으로 예측될 것이다.

이 예제에서는 단일 예측 변수를 사용했으므로 실제로 사용될 때의 베이즈 법칙의 복잡도는 나타나지 않는다. 분류상에서 예측 변수 수는 대부분 1보다 크고, 간혹 매우 커지기도 한다. 보다 실제에 가까운 경우, 많은 차원에 대해 $Pr[X|Y = C_\ell]$ 같은 값은 어떻게 계산할 수 있을까?[7] 어떤 다변량 확률 분포를 사용해 이런 것을 나타낼 수 있을까?

한 가지 특별한, 자주 사용되는 시나리오로는 예측 변수의 분포가 다변량 정규 분포를 따른다고 가정하는 것이다. 이 분포는 두 가지 변수, 즉 다차원 평균 벡터 μ_ℓ와 공분산 행렬 Σ_ℓ을 사용한다. 또한 그룹별 평균이 유일하고(μ_ℓ이 그룹마다 다름) 그룹 간에 공분산 행렬이 동일하다면, [식 12.5]나 보다 일반적인 다클래스 문제를 사용해 ℓ번째 그룹의 선형 판별 함수를 찾아내 해결할 수 있다.

$$X'\Sigma^{-1}\mu_\ell - 0.5\mu_\ell'\Sigma^{-1}\mu_\ell + \log\left(Pr[Y = C_\ell]\right). \tag{12.6}$$

실제로 이론적 평균 μ_ℓ은 클래스 평균($\bar{x}_\ell$)을 사용해 추정한다. 이론적 공분산 행렬, Σ은 유사한 방식으로 관측 공분산 행렬 S를 사용해 추정하고, X는 관측 샘플 $\mathbf{u}$로 대체한다. [그림 12.5]의 간단한 예제를 살펴보면, 샘플 데이터의 평균과 분산은 파란색으로 표시한 확률 분포를 만들기에 충분하다. 이종 클래스의 경우, 클래스 평균과 분산은 두 예측

---

[7] 이 경우에 대해서는 다음 장의 나이브 베이즈 모델을 다룰 때 다시 언급할 것이다.

변수 간의 샘플 공분산값을 갖고 계산한다(또는 샘플 공분산 행렬을 채우는 방식을 사용한다).

이때 [식 12.6]은 X에 대한 선형 함수로, 클래스 간 경계를 정의한다는 것을 기억해 두자. 이때 이 방법의 이름은 LDA다. 이때 '공분산 행렬은 그룹 간에 동일하지 않다'라 는 식으로 가정을 살짝 바꾸면, 이는 13.1에서 다루는 이차 판별 분석이 된다.

피셔는 분류 문제를 다른 방식으로 풀었다. 이 방식에서는 그룹 내 분산값과 연관시 켜 그룹 간 분산을 최대로 하는 예측 변수의 선형 조합을 찾는다. 달리 말해, 피셔는 데 이터의 중심값이 최대로 떨어진 동시에 각 데이터 그룹의 분산을 최소로 하는 예측 변 수 조합을 찾고자 한 것이다.

이 개념을 설명하기 위해 [그림 12.5]를 풀어 [그림 12.6]으로 나타냈다. 여기서 파 란색 막대는 클래스 평균을 나타낸다. 이때는 단일 변수를 사용하므로 그룹 간 분산은 평균 차이의 제곱이다. 그룹 내 분산은 그룹 간의 예측 변수 분산의 분산으로 추정할 수 있다(그림 내의 빨간색 막대). 이 두 수의 비율은 신호 대 잡음 비율과 같다. 피셔의 방법을 사용해 신호 대 잡음 비율을 최대로 하는 예측 변수의 선형 조합을 찾아낼 수 있다. 앞 에서 이야기한 웰치의 방법과 비슷하게, 여기서도 예측 변수를 추가하면 더욱 복잡해진 다. 그룹 간, 그룹 내 분산을 구할 때 변수의 공분산 구조 등이 들어가게 되면서 연산이 복잡해진다.

수학적으로 **B**가 그룹 간 공분산 행렬이고, **W**가 그룹 내 공분산 행렬이라고 가정하 자. 이 경우, 피셔의 문제는 다음 식에서 b의 최댓값을 찾는 형태로 만들 수 있다.

$$\frac{b'\mathbf{B}b}{b'\mathbf{W}b} \tag{12.7}$$

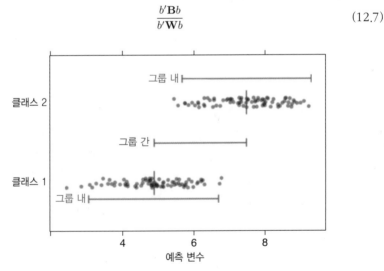

〔그림 12.6〕 〔그림 12.5〕와 동일한 데이터. 여기에는 그룹 간과 그룹 내 분산을 나타냈다. 그룹 내 범위는 평 균 ±2-표준편차를 기본으로 한다.

이 최적화 문제의 해답은 $\mathbf{W}^{-1}\mathbf{B}$의 최대 고윳값에 대응하는 고유 벡터다. 이 벡터는 선형 판별식, 다음 판별값은 앞의 판별값과 관련 없는 방향의 제약에 따른 최적값으로 찾는다.

피셔의 방법을 보다 명확히 이해하기 위해 이종 문제를 살펴보자. 이종 문제에 대해 [식 12.7]을 풀어보면, 판별 함수는 $S^{-1}(\bar{\mathbf{x}}_1 - \bar{\mathbf{x}}_2)$로, 여기서 S^{-1}은 데이터의 공분산 행렬의 역행렬이고, 여기에 각 그룹의 예측 변수의 평균 벡터 간의 차이를 곱하는 것이다($\bar{\mathbf{x}}_1$은 클래스 1의 데이터에서 구한 각 예측 변수의 평균 벡터다). 실제로 새로운 샘플 $\mathbf{u}$는 판별 함수 $\mathbf{u}'S^{-1}(\bar{\mathbf{x}}_1 - \bar{\mathbf{x}}_2)$로 프로젝션되며, 이를 통해 판별값을 구한다. 새 샘플이 프로젝션한 값이 2번 그룹 평균보다 1번 그룹 평균에 더 가까우면 1번 그룹으로 분류한다.

$$\left|b'(\mathbf{u} - \bar{\mathbf{x}}_1)\right| - \left|b'(\mathbf{u} - \bar{\mathbf{x}}_2)\right| < 0. \tag{12.8}$$

[그림 12.7]은 이를 좀 더 복잡하게 표현한 것으로, 여기서는 두 클래스와 두 예측 변수 A, B를 사용한다. 선 $A = B$는 데이터 점들을 각각의 그룹으로 손쉽게 구분한다. 하지만 이 선이 판별 함수는 아니다. 판별 함수는 오히려 이 선과 직교하며 선을 나눈다([그림 12.8] 참고). 예측 변수가 2개일 때, 알려지지 않은 샘플 u에 대한 판별 함수는 아래와 같다.

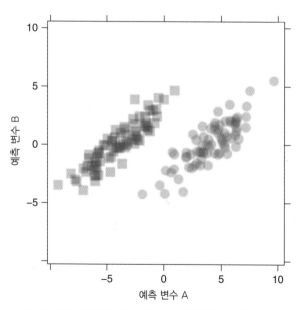

〔그림 12.7〕 깔끔하게 두 그룹으로 분리된 샘플의 간단한 예시

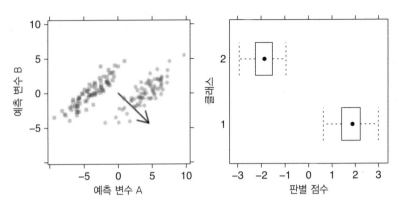

〔그림 12.8〕 A = B 선은 시각적으로 데이터를 두 그룹으로 대략 나누는 벡터다. 클래스에 속한 정도를 평가하는 방법은 샘플을 판별 벡터(붉은색 화살표)로 프로젝션한 후, 각 그룹의 평균과의 거리를 계산하는 것이다. 이후 어느 평균과 더 가까운지를 통해 샘플을 각 그룹으로 분류한다. 박스 플롯은 LDA를 실행한 후 각 클래스의 샘플의 분포와 그룹 간-그룹 내 분산의 최댓값을 나타낸다.

$$
\begin{aligned}
D(u) &= \mathbf{u}' S^{-1} (\bar{\mathbf{x}}_1 - \bar{\mathbf{x}}_2) \\
&= u_A \left(\frac{(\bar{x}_{1A} - \bar{x}_{2A}) s_B^2}{s_A^2 s_B^2 - s_{AB}^2} - \frac{(\bar{x}_{1B} - \bar{x}_{2B}) s_{AB}}{s_A^2 s_B^2 - s_{AB}^2} \right) \\
&\quad + u_B \left(\frac{(\bar{x}_{1B} - \bar{x}_{2B}) s_A^2}{s_A^2 s_B^2 - s_{AB}^2} - \frac{(\bar{x}_{1A} - \bar{x}_{2A}) s_{AB}}{s_A^2 s_B^2 - s_{AB}^2} \right).
\end{aligned}
$$

여기서 $\bar{x}_{1A}$는 1번 클래스에만 속한 데이터로 구한 예측 변수 A의 샘플 평균이고, $\bar{x}_{2A}$는 2번 클래스에서 A의 샘플 평균이다(예측 변수 B의 경우에도 표기법은 유사하다). 또한 s_A^2는 예측 변수 A의 샘플 분산이고(두 클래스 모두에 대해 구함), s_B^2는 예측 변수 B의 샘플 분산이며, s_{AB}는 두 예측 변수 간의 샘플 공분산이다.

이 함수에서 모든 예측 변수의 분산과 예측 변수 간 공분산 모두를 사용한다는 것을 기억하자. 예측 변수가 많은 경우, 예측 방정식에서는 매우 많은 인수를 추정해야 한다. $P = 2$고, 클래스가 2개인 경우, 이 식에서는 4개의 평균과 3개의 분산 인수를 사용한다. 일반적으로 P개의 예측 변수와 C개의 클래스가 있을 때, 모델에는 $CP + P(P+1)/2$개의 인수가 필요하다. 로지스틱 회귀와 비교해보면, 비슷한 경우 여기서는 3개의 인수만 추정하면 된다. 모델 간의 이런 차이는 예측 변수 수가 증가할수록 보다 눈에 띄게 된다. 하지만 LDA에서의 추가 인수값은 예측 변수 간의 상관성으로, 이는 모델에서 명시적으로 처리된다. 두 모델 모두 공선성이 매우 큰 경우, 이를 감소시키기는 하지만, 이런 특성은 일부 연관성이 있는 경우 로지스틱 회귀보다 LDA가 나은 점이다. 피셔의 식은 문제를 보다 직관적으로 볼 수 있도록 하고, 수학적으로 해결하기 쉽도록 돼 있으며, 웰치의 방식과 달리 데이터의 분포에 대한 어떤 가정도 하지 않는다. 수학적 최적화의 경우, 판별 함수의 최대 개수가 예측 변수 수보다 적거나 그룹의 수보다 1 이상 적어야 하는 것으로 정해져 있다. 예를 들어, 10개의 예측 변수와 3개의 그룹에 대한 문제인 경우, 최대 2개의 선형 판별 벡터를 구할 수 있다. PCA와 마찬가지로 이 문제의 고윳값은 $W^{-1}B$의 각 요소로 나타나는 분산값으로 나타난다. 따라서 LDA는 PCA나 부분최소 제곱(PLS)과 마찬가지로 잠재 변수 사용군에 속한다. 실제로 판별 벡터의 수는 성능 기준으로 일반적으로 사용하는 교차 검증이나 리샘플링을 사용해 추정하는 튜닝 인수다.

선형 판별 함수에 대해 자세히 살펴보면, 여러 선형 회귀(6.2장)에서 관측되는 것과 유사한 점이 두 가지 있다.

첫째, LDA의 해는 공분산 행렬의 역행렬에 따라 달라지고, 이 행렬에 역행렬이 존재할 때만 유일 해를 갖는다. 회귀와 마찬가지로 이는 데이터가 예측 변수보다 샘플의 수가 많고, 예측 변수는 독립적이라는 것을 의미한다(공분산 행렬에 역행렬이 존재하는지를 판단하는 방법은 뒤의 '컴퓨팅' 부분을 참고). 예측 변수가 샘플보다 많거나 예측 변수 간의 연관성이 높은 경우, 회귀와 마찬가지로 가장 많이 사용되는 방법은 우선 PCA를 실행해 차원을 축소한 후 연관성 없는 예측 변수의 조합을 새로 생성하는 것이다.

이 방법을 실행했을 때, 데이터의 클래스 구조는 차원 축소에 반영되지 않았다. 클래스 구조를 차원 축소에 반영하려면 PLSDA나 정규화 방법을 사용하는 것이 좋다(이는 다음 단원 참고).

둘째, 선형 판별 함수는 P 차원의 벡터로 이 값은 원예측 변수와 직접 연결된다. 이 값의 크기를 통해 각 변수가 샘플의 분류에 얼마나 기여하는지를 바로 이해할 수 있으며, 내재된 시스템에 대한 이해와 해석도 가능하다.

앞에서 논의했던 것처럼 실제로 LDA를 수행하기에 앞서 데이터의 엄격한 전처리가 필요하다. 실제 데이터 적용 시 척도화, 중심화한 후 분산이 0에 가까운 예측 변수는 제거할 것을 추천한다. 공분산 행렬의 역행렬이 만들어지지 않을 경우에는 PLS나 정규화 방식을 사용할 것을 추천한다. 이와 비슷한 방식으로 샘플보다 예측 변수가 더 많은 경우에도(이 장에서 이후에 설명할) PLS나 정규화 방법을 사용할 것을 추천한다. 이와 동일하게, 공분산 행렬의 역행렬을 만드는 것에 따라 교차 검증을 사용할 때 예측 변수 수에 비례해 샘플의 수를 파악해야 한다. 한 가지 예로, 샘플의 수가 훈련 세트의 예측 변수 수보다 5% 많고, 10-겹 교차 검증을 사용하기로 한 경우, 모든 겹에서 예측 변수보다 샘플의 수가 적으므로 어느 겹에서도 공분산 행렬의 역행렬이 만들어지지 않을 것이다.

이제 보조금 지원 데이터에 대해 LDA가 어떻게 작동하는지를 살펴볼 것이다. LDA

는 0에 가까운 분산을 갖는 예측 변수나 공선성을 갖는 예측 변수에 민감하므로 예측 데이터 세트에 대해 253개의 예측 변수(로지스틱 회귀에서처럼 일자의 제곱 항을 포함했다) 만을 사용하도록 데이터를 줄였다. 이 부분 집합을 사용했을 때, 2008년 데이터에 대한 ROC 커브 하단 넓이는 0.89다. [표 12.4]는 이 데이터에 대한 혼동 행렬이고, [그림 12.9]는 이에 대한 ROC 곡선이다. 이 그래프의 밝은 회색 선은 앞에서 확인한 로지스틱 회귀 모델의 ROC 곡선이다.

앞에서 언급한 것처럼 선형 판별 함수 계수를 구하면 예측 변수의 상대적 중요도를 파악할 수 있다. 판별 함수 계수의 절댓값 크기로 구한 상위 5개의 예측 변수는 일자(제곱)(2.2), 일자(-1.9), 수석 연구원의 보조금 실패 횟수(-0.62), 수석 연구원의 보조금 성

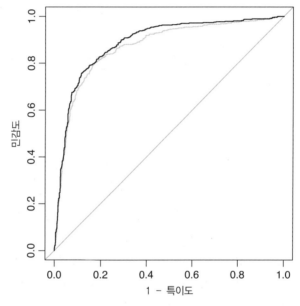

〔그림 12.9〕 2008 데이터 세트에 LDA를 적용했을 때의 ROC 곡선. AUC는 0.89다. 회색 선은 앞의 로지스틱 회귀 모델에 대한 ROC 곡선이다.

〔표 12.4〕 2008년 데이터 세트를 LDA 모델에 적용했을 때의 혼동 행렬

	관측 클래스	
	성공	실패
성공	458	175
실패	112	812

이 모델의 총정확도는 81.6%로, 민감도는 80.4%, 특이도는 82.3%다.

공 횟수(0.58), 그룹 A의 계약값(0.56)이다. 이때 여기에는 단변량 접근 방식으로 보조금 신청 성공과 관련이 있다고 판별된 예측 변수가 포함돼 있다는 것을 염두에 두자. 여기서 수석 연구원이 기존 보조금 신청에 실패한 횟수는 수석 연구원이 보조금 신청에 성공한 횟수와 역의 관계가 있고, 금액과 관련된 값은 직관적으로 관련돼 있을 것으로 보인다.

선형 판별 벡터에 2008 데이터 세트를 프로젝션하고 판별값의 분포를 구한다([그림 12.10]). 보조금 신청 성공과 실패 분포에는 겹치는 부분이 있으므로 LDA의 분류 성능은 나쁘지 않다. 특히, LDA가 한 차원으로 이런 관계를 모두 요약해버리는 경우가 그러하다([표 12.4]).

여기서는 예측 변수보다 샘플이 많으므로 공분산 행렬의 역행렬을 만들 수 있고, 데이터는 선형 초평면으로 꽤 잘 나뉠 수 있다. 이에 따라 LDA는 예측 변수와 응답 변수 간에 내재된 관계를 잘 보여주는 예측력 좋은 모델을 만들게 된다.

하지만 이것은 위의 기본 사항을 만족하는 데이터 세트에 대한 시나리오므로 클래스별 확률 추정값이 매우 긍정적으로 나올 수 있음을 염두에 둬야 한다. 특히, 샘플 수가 예측 변수 수와 동일해지는 시점에서의 LDA 예측 클래스 확률은 매우 신중히 사용해야 한다. 이런 유의점을 보이기 위해 간단한 시뮬레이션을 할 것이다. 500개의 샘플에 대해 임의의 표준 분포로부터 10, 100, 200, 450개의 예측 변수를 선택한 데이터 세트를 만들었다. 샘플의 응답 변수에는 각 범주별로 250개의 샘플을 임의로 골라 넣었다. 따라서 이 데이터 세트의 예측 변수와 응답 변수 간에는 아무런 연관성이 없다. 이후 이 데이터 세트 각각에 대해 LDA 모델을 만든 후 성능을 측정한다. 예상했던 대로 각 테스

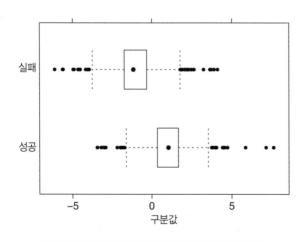

〔그림 12.10〕 2008년 데이터에 대한 구분값의 박스플롯

트 세트에 대한 분류 정확도는 대략 50% 정도다. 이 데이터는 완전히 임의로 구성됐으므로 테스트 세트의 예측 클래스 확률 역시 0.5 정도가 될 것이라고 예상할 수 있다. 예측 변수 수가 샘플의 수와 약간 연관이 있는 것은 사실이다. 하지만 예측 변수 수가 증가할수록 예측 클래스 확률은 0과 1에 좀 더 가까워진다([그림 12.11]). 얼핏 보기에 이결과는 전혀 직관적이지 않다. 테스트 세트의 성능을 봤을 때, 모델은 동전 던지기와 마찬가지지만, 모델은 분명 유의하게 샘플을 각각의 범주로 분류하고 있다.

어떻게 이렇게 될 수 있을까? 이는 외견상 LDA의 수학적 구조에 따른 모순적인 결론으로 보인다. LDA가 최적의 판별 벡터를 찾는다는 것을 상기해보자. 지리적으로 샘플 수가 예측 변수(또는 차원) 수와 동일하다면, 샘플을 완벽하게 분류하는 벡터를 1개는

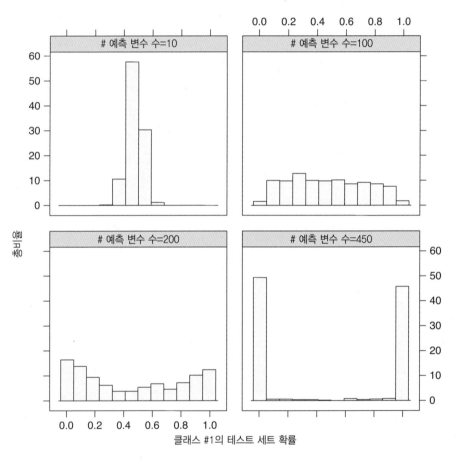

〔그림 12.11〕 모든 예측 변수가 비정보성인 경우의 이종 예제 시뮬레이션에 대한 테스트 세트의 클래스 확률 히스토그램. 예측 변수 수가 샘플 수(훈련 데이터 세트의 경우 500)에 달하는 경우, 클래스 확률은 2개의 극단값으로 벌어진다(하지만 전체 정확도는 50% 정도일 것이다).

찾을 수 있다. 가장 간단한 사례로 2개의 샘플과 2개의 차원을 가진 데이터를 생각해보자. 이 샘플이 동일한 위치에 있지 않는 한, 두 샘플을 완벽히 구분해내는 하나의 벡터(실제로는 무한히 많이)를 찾을 수 있다.

2차원에 대한 3개의 샘플(한 클래스에 2개가 속해 있고, 나머지 1개가 다른 클래스에 속한 경우) 역시 데이터 값이 직선을 그리거나 한 값이 다른 두 값 사이에 들어가 있는 경우가 아닌 한 완벽하게 구분해낼 수 있다.

분명히, 이 데이터 시나리오는 잘못 조정된 클래스 확률 추정값을 만들 수 있다(11.3 장 참고). 이런 LDA에서의 상속 문제 및 기타 기본 요구 사항으로 인해 LDA는 예측 변수보다 최소 샘플 수가 5~10배 많은 경우에 적용할 것을 추천한다. 이 비율이 5 이하인 경우, LDA 결과를 활용할 때는 주의해야 한다.

마지막으로 로지스틱 회귀와 마찬가지로 LDA에서 사용되는 예측 변수들은 [그림 12.3]에서 일자의 값에 제곱을 해 사용한 것처럼 모델 적용 시 변형해 포함시켜야 한다. 추가로 실제 활용 시 예측 변수 간의 교차(상호작용) 항을 적용할 수도 있다. 이런 방법을 적용하는 것은 비선형 판별 경계선을 LDA에 포함시키는 한 가지 방법이다. 하지만 이런 추가 항을 통해 의미 있는 예측 정보를 찾을 수 있을 것이라고 생각한다면, 예측 변수 간의 상호작용 값 등의 변형값만을 추가해야 한다. 비정보성 예측 변수를 추가로 포함하면 LDA의 예측력이 떨어질 수 있고, 공분산 행렬이 역행렬을 만들지 못하게될 수도 있다. 실제로 예측 변수와 분류 결과 간에 비선형 구조가 의심되지만, 어떤 예측 변수와 연관돼 있는 것인지 확실하지 않다면, 다음 장에 나온 방법을 사용해볼 수 있을 것이다.

12.4 부분 최소 제곱 판별 분석

앞에서 여러 번 언급했던 것처럼 선행적이든 후행적이든 특정 문제에 사용하기 위해 구한 예측 변수는 샘플상에서 높은 연관성을 갖거나 샘플 수보다 많아질 수 있다. 두 문제중 한 가지라도 발생했다면, 최적의 판별 함수를 찾는 데 있어 일반적인 LDA 방식을 사용할 수는 없다.

대신 회귀 때 했던 것과 마찬가지로 데이터에서 높은 연관성을 갖는 예측 변수를 제거하는 전처리 작업을 하면 된다. 만약, 데이터상에 더 복잡한 연관 구조가 존재한다거나 예측 변수 수가 여전히 샘플 수보다 많다면(또는 예측 변수 수 대비 샘플 수의 비율이 너무 낮다면), PCA를 사용해 예측 변수 차원 공간을 축소할 수 있다. 하지만 6.3장에서 이미 다룬 바와 같이, PCA는 각 그룹별로 샘플을 최적으로 구분하는 예측 변수의 조합을 정확하게 정의하지 못한다. 피셔 LDA의 목적은 그룹 간-그룹 내 분산을 최대화하는 부분 공간을 찾는 것임을 기억하자. PCA가 응답 변수의 분류 정보를 고려하지 않으므로 이를 통해 분류해 최적의 부분 공간을 찾을 수 있을 것이라고 기대하지 않는다. 이렇게 과다하게 결정된 문제에 순차적 방법(PCA 후 LDA)을 적용하는 대신, 판별 목적으로 PLS를 사용할 것을 추천한다.

PLS를 분류 문제에 적용하기 시작한 것은 1980년대 중반으로 거슬러 올라간다 (Berntsson and Wold, 1986). 회귀 쪽에서 언급했던 것처럼 원래의 NIPALS 알고리즘은 계량 분석 화학 모임에서 만들어진 후 발전해왔다. 자연스럽게, 이 모임에서는 PLS를 분류에서도 사용할 수 있다는 것을 발견하고, 이를 PLS 판별 분석(또는 PLSDA)이라고 명명했다. 한 가지 예로, 던과 볼드(Dunn and Wold, 1990)의 연구에서는 PLSDA를 계량 분석 화학에서의 패턴 인식 예제에 적용한 후, 이것이 전통적인 PCA 후 LDA 방법에 비해 샘플을 각 그룹으로 분류하는 성능이 더 낮다는 것을 보였다.

왜 PLS를 분류로 자연스럽게 확장했는지에 대한 직관을 얻기 위해 회귀에서의 PLS를 간단하게 복습해보자. PLS는 차원을 축소하는 것과 동시에 연속형 응답 변수와의 최대 연관성을 갖는 잠재 변수를 찾는다는 것을 기억해보자([그림 6.9] 참고). 이종 문제에서의 분류에서 (0과 1로 표기된) 샘플의 분류값을 이 모델에서의 응답값으로 사용한다. 회귀에서의 PLS에서처럼 범주형 응답 벡터에서의 연관성을 최적화할 때 차원의 축소를 위해 잠재 변수를 선택할 것이다. 물론, 분류가 최종 목적일 때는 연관성을 최적화하는 것이 이상하지만, 이게 아니라 분류와 더불어 분류 오차 최소화나 다른 목적도 같이 있을 경우에는 이런 접근이 더 나을 수 있다. 이런 사실에도 불구하고, 그룹의 정보가 예측 변수 공간 차원 축소에 사용되는 경우, PLSDA의 성능이 더 낮다.

PLS에서는 응답 변수와 연관된 차원 축소에 연관 기준을 사용하지만, 이 기준이 제대로 동작하는 것을 알 수 있다. 왜 이것이 사실인지 살펴보기 전에 우선 응답 변수의 구조를 통해 이것이 실제로 어떻게 돌아가는지를 확인해보자. 이종 문제에서 클래스는 0/1의 가변수로 만들어진다. C개의 클래스에 대해 C개의 가변수가 만들어지고, 각 샘플은 각 변수에 해당하는 열 중 하나에 들어갈 것이다.[8] 이에 따라 데이터의 응답 변수는 가변수의 행렬 형태로 만들어진다. 따라서 이 문제는 [그림 6.9]의 PLS 회귀 방식으

---

[8] 수학적으로 가변수의 $C - 1$에 대해 안다면, 최종 가변수의 값은 자동으로 알 수 있다. 따라서 $C - 1$개의 가변수만을 사용해도 된다.

로는 해결되지 않으므로 다변량 응답 변수의 개념이 적용돼야 한다.

분류에 다변량 응답 변수를 적용한 PLS를 사용하면 정준 상관 분석과 LDA 모두에
있어 강한 수학적 연결고리가 만들어진다(기술적으로 자세한 내용은 바커와 레이엔의 연구
(Barker and Rayens, 2003)를 찾아보자). 위에서의 결과 구조를 가정했을 때, 바커와 레이
엔(2003)은 이 관점에서의 PLS의 방향은 그룹 간 공분산 행렬에서 다소 교란된 아이겐
벡터(LDA에서의 **B** 등)임을 발견했다.[9] 따라서 PLS는 그룹 간 정보에 따라 최적으로 분리
되는 방법을 찾는다고 볼 수 있다. 반면, PCA는 예측 변수의 전체 공분산 행렬에 의해
만들어진 전체 분산을 사용해 차원을 축소하는 것이다.

이 연구는 분류에서 차원 축소에 있어서 PCA보다 PLS를 선택해야 하는 명확한 근거
를 제공한다. 하지만 리우와 레이엔(Liu and Rayens, 2007)의 연구에서 차원 축소가 필요
없고 분류가 목적이라면, LDA가 항상 PLS보다 낮은 오분류율을 보인다는 것을 밝혔다.
따라서 분류 도구로 LDA는 여전히 필요하다.

PLS 회귀처럼 여기에도 튜닝 변수가 하나 있다. 바로 남아 있어야 하는 잠재 변수 수
다. 보조금 데이터에 LDA를 적용할 때, 328쪽에서 설명한 예측 변수 축소 데이터 세
트에 일자의 제곱 항을 추가해 사용했다(이 데이터 세트에서는 분산이 0에 가까운 예측 변수
와 공선성을 너무 크게 만드는 예측 변수를 제거했다). 하지만 PLS에서는 이 조건하에서 모델
을 만들 수 있다. 앞에서 간단히 살펴본 것처럼 예측 정보가 거의 없거나 아예 없는 예
측 변수를 포함하는 경우, PLS의 성능에 영향을 미친다. 예측 변수를 모두 포함하는 전
체 데이터 세트에서 PLS를 실행하면 6개의 요소를 기반으로([그림 12.12] 참고) ROC 곡
선 하단 면적이 0.87이고, 민감도가 83.7%이며, 특이도가 77%인 최적 모델이 만들어

〔표 12.5〕 PLS 모델의 2008년 데이터 세트에 대한 혼동 행렬

	관측 클래스	
	성공	실패
성공	490	220
실패	80	767

이 모델의 총정확도는 80.7%로 민감도는 86%, 특이도는 77.7%다. 이 행렬은 예측 변수 축소
데이터 세트를 사용해 구성했다.

---

[9] 응답 행렬의 최적값 제약으로 인해 공분산 구조가 바뀔 수 있다. 바커와 레이엔의 연구(Barker and Rayens, 2003)에서
는 여기서 응답 변수 최적화 제약을 사용하는 것은 타당하지 않으며, 제약 조건을 제거한 후 문제에 접근해야 한다는 것
을 명확하게 인지했다. 응답 변수 공간 제약이 없을 때, PLS 해법은 그룹 간 공분산 행렬을 명확하게 수반한다.

진다. 이 ROC 결과는 LDA보다 다소 나쁘다. 이게 놀랄 만한 결과일까? 결론적으로, 여기서는 예측 변수를 더 사용했다. 사실, 응답 변수에 대한 정보가 거의 없거나 아예 없는 예측 변수를 포함시키면 PLS 모델 성능이 떨어진다. 이 현상에 대한 자세한 내용은 19.1장을 참고하라.

만약, 더 많은 예측 변수가 있는 데이터에서 PLS의 성능이 LDA보다 낮다면, 다음 논리적 단계는 (LDA에서 사용한 것처럼) 예측 변수 축소 데이터 세트로 PLS 성능을 측정하는 것이다.[10] 리우와 레이엔의 연구(Liu and Rayens, 2007)를 통해 LDA가 오분류율을 최소화하는 면에서는 PLS보다 성능이 좋음을 알고 있다. 이 문제에서는 ROC 값을 최적화하는 것을 선택했다. 이때도 LDA가 PLS보다 성능이 좋을까? 예측 변수 축소 데이터 세트에서 PLS 요소의 최적 개수는 4로, 이때 ROC 값은 0.89고([그림 12.12]) 이때의 혼동 행렬은 [표 12.5]에 나타나 있다. 예측 변수가 더 작은 데이터 세트를 사용하면 ROC 값을 향상시키고, 이 값을 얻기 위해 더 적은 요소를 사용함으로써 LDA 모델 성능과 동일한 값을 얻을 수 있다.

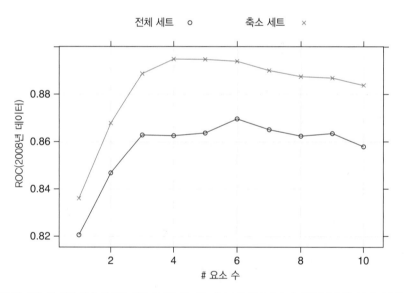

[그림 12.12] 두 예측 변수 데이터 세트에 대한 보조금 데이터의 PLS 요소에 대한 ROC 값. 전체 변수를 사용하는 경우, ROC 곡선은 6개의 요소에 대해 최대 면적을 갖는다. 예측 변수를 축소한 부분 데이터 세트를 사용할 때, ROC 곡선은 요소가 4개일 때 최대 면적을 갖는다.

---

[10] 환기 차원에서 다시 언급하면, 결과값과 연관된 예측 변수는 선택하지 않는다. 이 비지도 선택 방식을 사용하면 선택 편향성이 발생하지 않는다. 이에 대해서는 19.5장에서 설명한다.

PLSDA에서는 0/1 가변수 형태로 응답 변수를 나타냈다는 것을 기억하자. PLS는 선형 모델이므로 PLSDA 모델의 예측값은 0과 1 사이로 한정돼 있지 않다. 최종 클래스는 모델 예측값이 가장 큰 클래스로 구분한다. 하지만 클래스 확률을 구해야 하는 경우에는 원모델 예측값에 후처리를 해야 한다. 11.1장에서 설명했던 소프트맥스 방법도 여기에 사용할 수 있다. 하지만 이 기법을 사용했을 때 유의한 클래스 확률을 구할 수 없었다. 가장 유의한 확률도 보통 0이나 1에 근접하지 않았다. 다른 방법으로는 베이즈 규칙을 사용해 원래의 모델 결과를 클래스 확률로 변환하는 것이다([그림 12.13]). 이쪽이 보다 유의한 클래스 확률을 구하는 것으로 보인다. 베이즈 규칙을 사용했을 때의 한 가지 장점은 사전 확률을 정의할 수 있다는 것이다. 데이터가 1개 이상의 특이한 클래스를 갖고 있는 경우, 이 성질을 유용하게 사용할 수 있다. 이런 경우, 훈련 데이터 세트는 인위적으로 균일하게 분포돼 있고, 사전 확률의 특이도를 사용해 보다 정확한 확률을 구하게 된다. [그림 12.14]에는 2008년 보조금 데이터[11]의 클래스 확률이 나와 있다.

클래스 간에 겹치는 부분이 있으므로 분포는 적당히 밀려난 형태를 보인다. 실제로

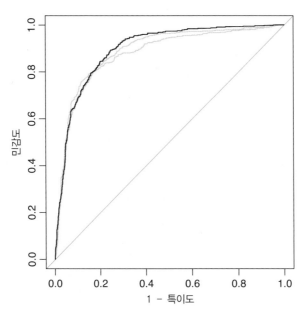

〔그림 12.13〕 PLS를 2008년 데이터에 적용했을 때의 ROC 곡선(검정). AUC는 0.89다. 비교를 위해 LDA와 로지스틱 회귀에서의 ROC 곡선(회색)을 겹쳐 그렸다. 세 가지 방법 모두 유사한 성능을 보인다.

---

[11] 2008년 이전 데이터를 사용해 모델을 만들고, 2008년 데이터 세트로 튜닝했다는 것을 기억하자. 여기서의 예측값은 2008년 이전 데이터만을 사용해 만든 4개의 요소를 사용한 PLSDA 모델에서 구했다.

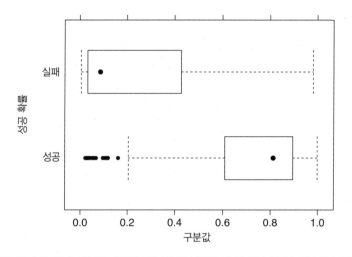

〔그림 12.14〕 베이즈 규칙을 사용해 구한 2008년 데이터의 PLSDA 클래스 확률 박스 플롯

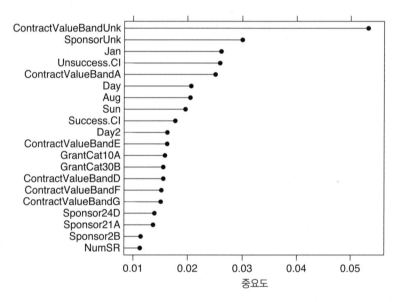

〔그림 12.15〕 보조금 데이터에 대한 부분 최소 제곱 변수 중요도

보조금 신청에 성공할 확률이 높고, 실패할 확률이 낮게 나타난다.

회귀의 경우는 PLS 예측 변수 중요도를 정의할 수 있다(〔그림 12.15〕). 이 데이터를 바로 사용했을 때, 계약값이 알려지지 않은 그룹은 다른 예측 변수에 비해 상대적으로 중요도가 높다. LDA와 마찬가지로 수석 연구원의 성공 여부는 중요도 순위에서 윗자리를 차지한다. PLS 분류 모델에서 다른 중요한 변수로는 계약값, 다른 보조금 관련 수, 1월과 8월이었다. 흥미롭게도, 일요일 역시 목록의 윗자리에서 볼 수 있다.

마지막으로 예측 변수와 응답 변수 간의 비선형적 상관관계가 존재하고 PLS를 사용해 이 관계를 찾으려면 6.3장에서 제시했던 방법을 사용해볼 수 있을 것이다.

12.5 벌점 모델

6.4장에서 다뤘던 정규화 방법과 유사한 방법으로 많은 분류 모델에서 라소 같이 벌점(또는 정규화) 방식을 적용해 데이터에 대한 적합도를 높일 수 있다. 뒷장에서는 서포트 벡터 머신이나 신경망 같은 본질적인 비선형 모델에 벌점을 적용하는 방법을 논의할 것이다.

예를 들어, 로지스틱 회귀 모델에 벌점 항을 추가하는 경우, 이는 능형 회귀와 매우 유사한 형태가 된다. 로지스틱 회귀 모델에서는 이항 우도 함수 $L(p)$의 값을 최대화하는 인수값을 찾는다([식 12.1]). 이 모델을 정규화하는 간단한 방법은 로그 우도에 제곱 항 벌점 함수를 추가하고, 아래를 최대로 하는 인수값을 찾는 것이다.

$$\log L(p) - \lambda \sum_{j=1}^{P} \beta_j^2.$$

아일러스 등(Eilers et al., 2001)과 박 및 헤이스티(Park and Hastie, 2008)는 예측 변수가 많고 훈련 데이터 세트 샘플은 적은 데이터에서 이 모델을 적용하는 것에 대해 논의했다. 이 경우, 벌점 항목을 통해 로지스틱 회귀 모델 계수[12]가 안정화될 수 있다. 능형 회귀에서처럼 벌점을 추가함으로써 높은 상관관계를 갖는 변수의 영향력을 감소시킬 수 있다.

선형 회귀 모델을 정규화하는 다른 방법으로는 회귀 계수의 절댓값 기반의 벌점 항을 추가해주는 것이라는 말을 되새겨보자(6.4장의 라소 모델과 유사하다). glmnet 모델(Friedman et al., 2010)에서는 이항(또는 다항) 우도 함수에 대해 라소와 유사한 벌점 항을 사용한다. 라소와 마찬가지로 이 경우 회귀 계수가 0이므로 정규화와 특징 선택을

---

[12] 이 벌점을 추가하는 다른 방법은 다음 장에서 신경망을 사용하면서 논의할 것이다. 이때 가중값 감소량과 단일 은닉 유닛을 사용한 신경망은 벌점 로지스틱 회귀 모델 형태가 된다. 하지만 신경망에서는 인수 추정 시 이항 우도를 사용하지 않아도 된다(13.2장 참고).

동시에 진행해야 한다. glmnet 모델은 엘라스틱 넷과 마찬가지로 능형 회귀와 라소 벌점을 동시에 사용하지만, 벌점의 구조는 약간 다르다.

$$\log L(p) - \lambda \left[(1 - \alpha) \frac{1}{2} \sum_{j=1}^{P} \beta_j^2 + \alpha \sum_{j=1}^{P} |\beta_j| \right].$$

여기서 a의 값은 "혼합 비율"로 이 값에 따라 라소 벌점만 사용할 때($\alpha = 1$)와 능형 회귀 벌점만을 사용할 때($\alpha = 0$)를 조절한다. 다른 튜닝 인수 λ는 전체 벌점 양을 조절한다.

보조금 지원 데이터에서 glmnet 모델은 혼합 인수 α에 대해 7개의 값을 적용해보고 전체 벌점값에 대해 40개의 값을 적용해 튜닝했다. 예측 변수는 모두 사용했다. [그림 12.16]은 이 모델에 대한 ROC 곡선 하단 면적의 히트맵이다. 이 그림에서는 비교 가능한 많은 선택지가 있지만, 이 데이터는 라소 벌점보다 능형 벌점이 많이 포함된 모델을 선호한다. 히트맵의 하단 열은 완전히 능형 벌점을 사용할 경우, 벌점의 크기에 상관없이 성능이 낮다는 것을 보여준다. 결론적으로 수치적으로 최적화된 값은 혼합 비율이 0.1이고, 정규화값이 0.19인 경우다. 이 설정은 1,070개 중 44개의 예측 변수만을 사용한 최종 glmnet 모델에서도 여전히 유효하다. 이 모델에서의 ROC 곡선 하단 면적은 0.91이다.

앞에서 적은 예측 변수를 사용해 만들었던 로지스틱 회귀 모델의 경우, AUC가 0.87로 비정보성 예측 변수를 제거하는 기법을 통해 모델의 효과를 증대시킬 수 있음을 보여준다. 지도 특징 선택의 다른 방법은 19장에서 다룬다.

대신, 벌점 기법을 LDA 모델에 적용할 수 있다. 예를 들어, 클레멘슨 등(Clemmensen et al., 2011)은 LDA 모델에 유연 판별 분석flexible discriminant analysis, FDA 체계를 적용했다. 이에 대해서는 13.1장과 13.3장에서 설명할 것이다. 이 모델에서는 엘라스틱 넷 방식을 사용했다. L_1 벌점은 예측 변수 제거 효과를 가져오고 L_2 벌점은 판별 함수 계수를 0에 가깝게 줄인다. LDA 모델에 벌점을 추가하는 다른 방식으로는 비튼과 팁시라니(Witten and Tibshirani, 2009, 2011)가 기존 연구에서 많이 참고해 발표한 방식이 있다. 동일한 라소 벌점 방식이지만, PLS 판별 모델에 적용해 PLS의 일부 부하를 동시에 감소시킨 방식도 있다(Chung and Keles, 2010).

클레멘슨 등의 벌점 LDA 모델(Clemmensen et al., 2011)을 보조금 데이터에 적용해봤다. 이 모델을 구현한 소프트웨어는 사용자로부터 튜닝 인수로(L_1 벌점값 대신) 예측 변수 수를 명시한다. 이 인수를 L_2 벌점값으로 사용해 모델을 튜닝한다. [그림 12.17]은

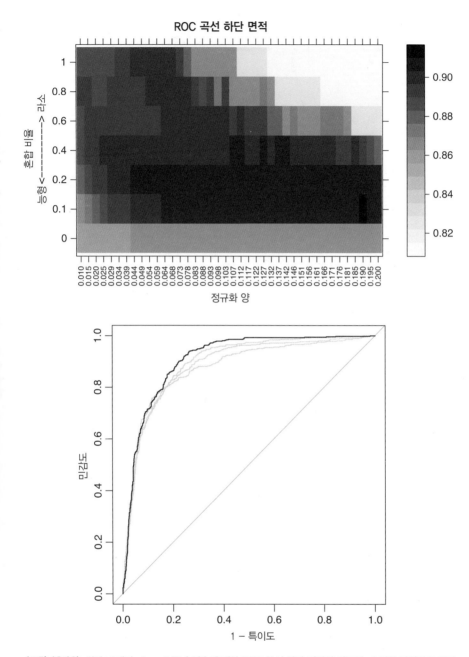

〔그림 12.16〕 상단: 2개의 glmnet 튜닝 인수에 대한 ROC 곡선 하단 면적의 히트맵. 수치적 최적값은 혼합 비율이 0.1이고, 정규화값이 0.19인 경우다. 하단: glmnet을 사용했을 때의 2008년 데이터의 ROC 곡선(곡선 하단 면적: 0.91)

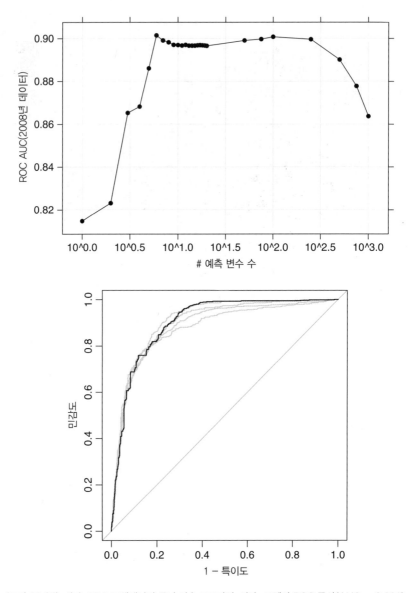

〔그림 12.17〕 **상단**: LDA 모델에서의 튜닝 인수 프로파일, **하단**: 모델의 ROC 곡선(AUC = 0.901)

능형 벌점값만을 사용했을 때의 결과를 나타낸다(이 벌점값의 범위 내에서 성능은 거의 차이를 보이지 않는다). 예측 변수 수가 최댓값에 근접할 때 적절한 성능을 보인다. 벌점이 증가하고 예측 변수가 제거됨에 따라 성능이 증가하기 시작해 중요 요인이 제거되기 전까지는 어느 정도 일정한 선을 유지한다. 이 지점부터 성능은 급속도로 떨어진다. 튜닝 과정을 통해 다른 모델에 비해 성능이 좋은 모델에서는 6개의 변수가 사용됐다(AUC 값은 0.9).

12.6 최근접 축소 중심 모델

최근접 축소 중심 모델(마이크로어레이 예측 분석predictive analysis for microarrays, PAM이라고도 한다)은 고차원 문제에 최적화된 선형 분류 모델이다(Tibshirani et al., 2002, 2003; Guo et al., 2007). 각 클래스에 대한 훈련 데이터의 (각 클래스별) 각 예측 변수의 평균값을 구해 데이터의 중심값으로 사용한다. 전체 중심값은 모든 클래스의 데이터를 통해 구한다.

예측 변수가 특정 클래스에 대해 충분한 정보를 갖고 있지 않은 경우, 이 클래스의 중심값은 전체 중심값에 가까울 것이다. [그림 12.18]의 왼쪽에 있는 세 클래스의 데이터를 살펴보자. 이 데이터는 유명한 피셔/앤더슨의 붓꽃 데이터Fisher/Anderson iris data로, 붓꽃의 꽃잎과 꽃받침에 대한 4개의 값을 사용해 꽃을 setosa, versicolor, virginica 의 세 가지 종으로 구분한다. 이 그래프에서 versicolor와 virginica 클래스의 데이터는 겹치지만, setosa 붓꽃은 잘 구분돼 있다. 꽃받침 너비 차원의 중심값은 x축의 회색 기호로 나타나 있다. virginica의 중심값(꽃받침 너비)은 전체 중심값에 매우 근접하며,

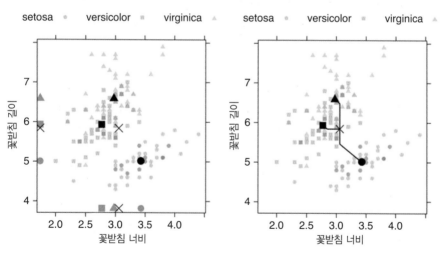

〔그림 12.18〕 **왼쪽**: 세 클래스에 대한 예제로 클래스별 중심값(검은색)과 전체 중심값(×). 축 근처의 **회색 기호**는 단일 차원으로 프로젝션한 중심값이다. **오른쪽**: 클래스별 중심값을 분포의 중심으로 축소했을 때의 경로

versicolor의 중심값은 전체 중심값에 setosa 꽃보다 좀 더 근접해 있다. 이는 꽃받침 너비 변수는 다른 종보다 setosa 종을 구분하는 데 보다 정보성을 갖는다는 것을 보여준다. 꽃받침 길이(y축 근처)의 경우, versicolor의 중심은 전체 데이터의 중심에 근접해 있고, 나머지 두 종은 극단적으로 떨어져 있다.

클래스를 알 수 없는 샘플을 분류하는 한 가지 방법은 전체 차원에 대해 가장 가까운 클래스 중심값을 찾은 후, 그 클래스로 예측하는 것이다("최근접 중심" 모델). 이 방법은 선형 클래스 경계선을 만들어 내는 것을 알 수 있다.

탑시라니 등이 사용한 방법(2002)은 클래스 중심을 전체 중심에 가깝게 축소시키는 방법이다. 이렇게 하려면, 가장 전체 중심에 가까운 중심값부터 이동해야 한다. 예를 들어, 꽃받침 너비 차원의 경우 virginica 중심값이 다른 두 클래스보다 중심에 더 가깝다. 이 모델에서 클래스 중심값이 전체 중심값과 만나면, 이 클래스의 샘플은 분류하기 어렵게 된다. 꽃받침 너비의 경우, virginica 중심이 전체 중심값에 도달하면, 꽃받침 너비는 versicolor나 setosa인 꽃 분류에만 사용된다는 말이다. 충분히 축소하면, 모든 클래스를 중심값 쪽으로 축소할 수 있다. 이 경우 예측 변수가 중심값에 도달하면, 이 변수는 더 이상 모델에서 사용하지 않게 된다. 결과적으로 최근접 축소 중심 모델은 모델 훈련 과정 중에 특징 선택까지 동시에 수행한다.

최근접 축소 중심 방법의 튜닝 인수는 한 가지로 축소된다. [그림 12.18]의 오른쪽은 서로 다른 축소값에 대한 중심값 이동 경로를 나타낸다. 각 예측 변수는 하나의 클래스 중심값이 중심값에 도달할 때까지 중심을 향해 대각선으로 움직인다는 것을 기억하자. 이때 클래스는 중심을 향해 단일 차원상에서 이동한다. 이 모델에서 예측 변수의 중심화 및 척도화가 필요하다.

이 모델은 축소 튜닝 변수로 조절 가능한 특징 선택 기능이 내장돼 있어서 예측 변수가 많은 문제에 유용하다. 최근접 축소 중심 방법은 원래 예측 변수 수가 (수천 개 정도로) 많고, 샘플 수는 적은 RNA 프로파일링 데이터에 적용하기 위해 만들어졌다. 대부분의 RNA 프로파일링 데이터 세트의 샘플 수는 100~200개 이내다. 이런 작은 n과 높은 P의 시나리오인 경우, 데이터에 높은 비선형성 모델을 적용하기 어렵고, 선형 분류 경계를 만드는 게 좋다. 또한 클래스 중심과 전체 중심 간의 거리를 통해 구한 사전 클래스 확률을 사용해 클래스 확률을 구할 수 있다. 전체 중심과 클래스별 중심 간의 거리를 통해 변수 중요도를 구할 수 있다(절댓값이 큰 경우, 모델 내 중요도가 높다).

보조금 지원 데이터에서는 1,070개의 변수 전체를 사용한다. 축소 인수에는 0(축소 및 특징 선택을 거의 하지 않음)부터 25까지의 30개 값을 사용해 모델을 튜닝했다([그림

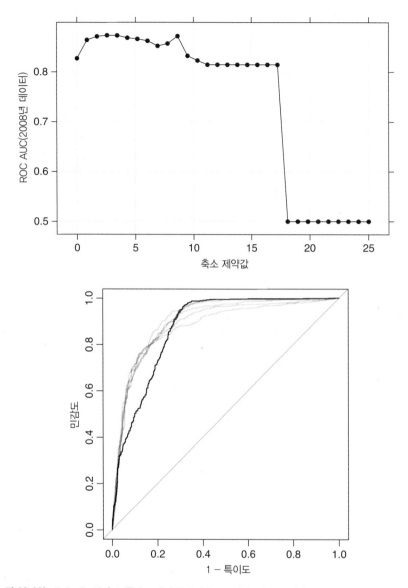

〔그림 12.19〕 **상단**: 최근접 축소 중심 모델의 튜닝 인수 프로파일. **하단**: 모델의 ROC 곡선(AUC = 0.873)

12.19]). 축소값이 클 때, 거의 모든 예측 변수를 사용하지 않고 ROC 곡선 아래 면적도 매우 좁다. 제약값이 대략 17까지 낮아지면, 5개의 예측 변수(수석 연구원의 실패 횟수, 후원 재단 미정, A 그룹의 계약값, 그룹 미상인 경우의 계약값, 1월 접수 여부)가 추가된다. 이 예측 변수를 추가하는 것은 모델 적합도에 큰 영향을 미친다. 곡선의 정점(축소값 2.59)에서

중요 변수들이 제거되기 시작하면서 축소값 증가에 따라 과소 적합이 나타나기 시작한다. 제약값 8.6에서의 정점이 특이하다. 이 값은 증가하면서 예측 변수 2개가 제거된다. 후원 재단 코드 2B와 F 그룹 계약값이다. 하지만 다음 축소값에서는 3개의 예측 변수를 추가로 제거한다(D 그룹 계약값, E 그룹 계약값, G 그룹 계약값). 하지만 이로 인해 ROC 곡선 하단 면적이 급격히 줄어든다. 이런 성능상의 특이한 변동은 성능 측정값이 하나이기 때문에 나타난다. 성능과 축소값 간의 실질적인 관계는 이 값에서 보여지는 것보다 완만하다. 최적의 제약값하에서 36개의 예측 변수를 사용했을 때 ROC 곡선 하단 면적은 0.87이다. 2008년 데이터에 대해 민감도는 83.7%이고, 특이도는 77%다. [그림 12.19]에 ROC 곡선도 나와 있다.

12.7 컴퓨팅

이 장에서는 다음 AppliedPredictiveModeling, caret, glmnet, MASS, pamr, pls, pROC, rms, sparseLDA, subselect R 패키지를 사용한다.

보조금 지원 데이터는 캐글 웹 사이트[13]에서 찾을 수 있다. AppliedPredictiveModeling R 패키지에는 여기서 사용한 객체와 분석을 재현할 수 있는 스크립트가 포함돼 있다.

앞에서 이야기한 데이터 분할 방법에 따라 보조금 지원 데이터에 대한 2개의 데이터 프레임이 만들어져 있다. training에는 2008년 이전 데이터와 모델 튜닝에 필요한 2008년 데이터 세트가 있고, testing 데이터 프레임에는 2008년 데이터만 포함돼 있지만, 이는 다음 장에서 사용할 것이다.

Pre2008 벡터에는 2008년 이전의 보조금 접수에 대한 훈련 데이터 세트인 6,633개의 행에 대한 인덱스가 들어 있다(데이터 분할 방법은 [표 12.2]에 간략히 정리돼 있다). 이 세트의 대부분 변수는 이항 변수다. 예를 들어, RFCD 코드, SEO 코드, 후원 재단, 그룹별 계약값은 각각 사전 정의된 RFCD나 ContractValueBand 같은 값에 대한 이항값을 사용한다.[14] 값을 알 수 없는 경우에는 SponsorUnk 같이 특정 가변수를 새로 생성한다. 일자나 접수한 월에 대해서도 이항 가변수가 존재한다.

---

[13] http:/www.kaggle.com/c/unimelb

[14] 이후 장에서는 범주형 예측 변수를 다른 방법으로 나타낼 수 있는 여러 모델에 대해 논의할 것이다. 예를 들면, 트리 모델에서는 분기에 가변수를 사용할 수 있지만, 1개 이상의 범주에 너무 많은 분기점이 생길 수 있다. 이런 경우, 이 변수를 팩터형으로 만들어 사용하는 법에 대해 상세히 다룰 것이다.

더불어, 보조금 데이터에는 각 역할의 빈도 같은 연속형 변수나 개수형 변수도 있다. 한 가지 예로, NumCI와 NumEA는 각각 보조금을 신청한 수석 연구원과 외부 자문의 수다. 특정 직군이 없는 사용자의 수는 numUnk 변수에 들어 있다. 데이터 내에는 이와 유사한 개수 데이터가 여러 가지 있다. 특정 시간대에 태어난 사람 수(한 가지 예로, CI.1925는 1925년에서 1930년 사이에 태어난 수석 연구원이다)나, 특정 지역에서 태어난 사람(HV.Australia 등)이나, 학위별 사람 수(ECI.PhD 등)가 이런 경우다. 이전에 성공 또는 실패한 보조금 지원 수는 Unsuccess.PS와 Success.CI. 변수에 들어간다. 논문 관련 정보는 두 가지 방법으로 나타난다. 하나는 B.CI나 Astar.CI와 같은 각 직무별 총합으로 이 변수들은 개별 논문의 총수(AstarTotal)나 모든 저널에 실린 논문 총수(allPub) 같은 변수와 동일하게 사용할 수 있다. 일자는 숫자값으로 저장된다.

마지막으로 클래스 결과값은 성공 실패 여부와 함께 Class라는 열에 저장된다.

이 책의 회귀 부분에서 설명했던 것처럼 사용하는 데이터의 유형에 따라 각각의 모델은 서로 다른 제약 조건을 사용한다. 앞에서 논의했던 것처럼 예측 변수의 조합에 따라 데이터를 두 가지 일반적인 형태로 나눴다. 하나는 이항 가변수와 개수 데이터까지 전체 변수 세트를 사용하는 것이고, 나머지 하나는 분산이 0에 근접한 예측 변수와 연관성이 매우 높은 변수를 제거한 축소 데이터 세트다. 한 가지 예로, AstarTotal, ATotal, BTotal, CTotal 열을 모두 합하면 allPub이 된다. 축소 데이터 세트에서는 allPub이 제거된다. 이와 비슷한 방식으로 월과 일자에 대한 가변수는 축소 데이터 세트에서 사용하지 않는다. 빈도가 가장 낮은 Mar와 Sun 열도 축소 데이터 세트에서는 제거된다.

각 그룹을 명시하기 위해 2개의 문자열 벡터 fullSet와 reducedSet를 만들었다.

```
> length(fullSet)
  [1] 1070
> head(fullSet)
  [1] "NumCI"  "NumDR"  "NumEA"  "NumECI"  "NumHV"  "NumPS"

> length(reducedSet)
  [1] 252
> head(reducedSet)
  [1] "NumCI"  "NumDR"  "NumECI"  "NumPS"  "NumSR"  "NumSCI"
```

여기서 극단적인 공선성 문제(선형 조합 등)를 어떻게 파악할 수 있을까? subselect 패키지의 trim.matrix 함수는 정사각 대칭 행렬(공분산 행렬 등)을 사용해 알고리즘을 통해 선형 조합을 제거한다. 예를 들어, 축소 데이터 세트에서는 이런 문제가 발생하지 않는다.

```
> reducedCovMat <- cov(training[, reducedSet])
> library(subselect)
> trimmingResults <- trim.matrix(reducedCovMat)
> names(trimmingResults)

  [1] "trimmedmat"  "numbers.discarded" "names.discarded"
  [4] "size"
> ## 어떤 예측 변수가 제거됐는지 살펴보자.
> trimmingResults$names.discarded

  character(0)
```

하지만 전체 데이터 세트에 동일한 함수를 취하면, 여러 예측 변수가 나타나는 것을 알 수 있다.

```
> fullCovMat <- cov(training[, fullSet])
> fullSetResults <- trim.matrix(fullCovMat)

> ## 이 함수상에서 제외돼야 하는 날짜는
> ## 다르게 선택될 수 있다.
> fullSetResults$names.discarded

  [1] "NumDR"       "PS.1955"     "CI.Dept1798" "PS.Dept3268" "PS.Faculty1"
  [6] "DurationUnk" "ATotal"      "Nov"         "Sun"
```

caret 패키지의 findLinearCombos라는 함수도 동일한 기능을 하지만, 여기서는 정사각 행렬이 필요하지 않다.

모델 개발 시에는 ROC 커브 기반으로 인수를 튜닝할 때 train을 사용한다. 이를 위해 원하는 결과를 얻었는지 확인하기 위해 조정 함수를 사용해야 한다. 이를 위해 caret 패키지의 trainControl 함수를 사용한다. 우선, ROC 곡선 하단 면적을 계산하려면 클래스 확률을 구해야 한다. 기본적으로 train에서는 클래스 확률만을 구한다. 이때 확률이 필요하다면 classProbs 옵션 값을 명시해줄 수 있다. 또한 기본적인 모델 평가를 위해 전체 정확도와 카파 통계량을 사용한다. caret 패키지에는 ROC 곡선의 하단 면적과 민감도, 특이도를 계산하는 twoClassSummary라는 함수가 있다. 이를 구하는 문법은 아래와 같다.

```
> ctrl <- trainControl(summaryFunction = twoClassSummary,
+                      classProbs = TRUE)
```

하지만 이 장을 시작하면서 2008년 이전 데이터를 사용해 모델을 만든 후 (훈련 데이터
세트의) 2008년 데이터를 사용해 모델을 튜닝하는 용도로 데이터 분할 구조를 만들었
다. 이에 따라 train 함수에는 어느 샘플을 사용해 인수를 추정할 것인지가 명확히 명
시돼야 한다. trainControl의 index 인수에 이 샘플을 명시한다. 어느 리샘플링 방법
을 사용하든 주어진 샘플을 명확히 정의할 수 있다. 한 가지 예로, 10-겹 교차 검증에
서 10-겹에 대해 각각 이 옵션을 사용해 정의할 경우, 샘플을 정확히 특정해 추가하거
나 제외할 수 있다. index에서는 2008년 이전 데이터에 대응하는 행을 명시한다. 정확
한 문법상으로는 이 행 번호가 리스트에 들어 있어야 한다(제공되는 데이터가 1개 이상인
경우). Pre2008 벡터에는 2008년 이전에 접수된 보조금 데이터의 위치가 들어 있었다는
것을 기억하자. trainControl은 아래와 같이 호출한다.

```
ctrl <- trainControl(method = "LGOCV",
                     summaryFunction = twoClassSummary,
                     classProbs = TRUE,
                     index = list(TrainSet = pre2008))
```

이때 2008년의 성과 추정을 통해 튜닝 인수가 선택됐다면, 최종 모델은 2008년 데이
터를 포함한 훈련 데이터 세트에 적합한 상태로 만들어진다.

최종적으로, 2008년 이전 데이터로 만들어진 모델을 기반으로 한 (최종 모델이 모든 훈
련 데이터에 대해 다시 최적화되기 전의) 2008년의 보조금 지원 관련 예측값을 저장해야 할
것이다. 이에 대해서는 savePredictions 인수를 사용할 수 있다.

```
ctrl <- trainControl(method = "LGOCV",
                     summaryFunction = twoClassSummary,
                     classProbs = TRUE,
                     index = list(TrainSet = pre2008),
                     savePredictions = TRUE)
```

이 책의 많은 모델에서는 임의의 수를 사용하는데, 이때 이 임의의 수의 키는 각 모델
이 실행되기 전에 만들어져야 계산을 동일한 값으로 이후에 여러 번 생성할 수 있다. 이

장에서는 임의의 수의 키를 476으로 선택했다.

로지스틱 회귀

기본 R의 glm 함수(GLM용)는 일반적으로 로지스틱 회귀 모델에 사용된다. 이 문법은 앞에서 수식 기반으로 설명했던 모델링 함수와 동일하다. 예를 들어, [그림 12.3]의 2008년 이전 데이터에 대한 왼쪽 그래프의 모델에 대한 코드는 아래와 같다.

```
> levels(training$Class)
  [1] "successful" "unsuccessful"
> modelFit <- glm(Class ~ Day,
+                 ## 2008년 이전 데이터의 행을 선택한다.
+                 data = training[pre2008,],
+                 ## 'family'는 데이터의 분포와 관련된다.
+                 ## binomial 값은 회귀와 연관돼 있다.
+                 family = binomial)
> modelFit
  Call: glm(formula = Class ~ Day, family = binomial, data = training[pre2008,
      ])

  Coefficients:
  (Intercept)      Day
    -0.91934 0.00424

  Degrees of Freedom: 6632 Total (i.e. Null); 6631 Residual
  Null Deviance:           9190
  Residual Deviance: 8920      AIC: 8920
```

glm 함수는 필요한 사건에 대한 값을 2차 인자 레벨로 사용한다. 일자에 대한 기울기값은 양의 수로, 이는 지원 실패 비율의 증가를 나타낸다. 보조금 성공 확률을 구하려면 1에서 이 값을 뺀다.

```
> successProb <- 1 - predict(modelFit,
+                   ## 여러 날에 대해 예측
+                   newdata = data.frame(Day = c(10, 150, 300,
                                                  350)),
+                   ## glm으로는 클래스를 예측할 수 없지만,
```

```
+                        ## 사건별 확률을 구할 수는 있다.
+                        type = "response")
> successProb
       1       2       3       4
 0.70619 0.57043 0.41287 0.36262
```

일자에 대한 비선형 항을 추가하기 위해 앞의 식을 아래와 같이 고친다.

```
> daySquaredModel <- glm(Class ~ Day + I(Day^2),
+                        data = training[pre2008,],
+                        family = binomial)
> daySquaredModel
  Call: glm(formula = Class ~ Day + I(Day^2), family = binomial,
    data = training[pre2008,
     ])

  Coefficients:
  (Intercept)         Day    I(Day^2)
   -1.881341    0.018622   -0.000038

  Degrees of Freedom: 6632 Total(i.e. Null); 6630 Residual
  Null Deviance:          9190
  Residual Deviance: 8720          AIC: 8730
```

glm 함수에는 수식을 사용하지 않는 방법이 없으므로 여러 예측 변수를 사용하는 모델을 만들려면 손을 좀 더 대야 한다. 다른 해법은 아래에 있다.

로지스틱 모델에 사용하는 다른 R 함수는 해럴(Harrell, 2001)의 rms(회귀 모델용) 패키지에서 찾아볼 수 있다. lrm 함수는 glm과 매우 유사하며, 도움말 함수도 지원한다. 한 가지 예로, 제약 3차 스플라인을 사용해 예측 변수의 유연한 비선형 함수에 맞출 수 있다. 일자의 경우는 아래와 같다.

```
> library(rms)
> rcsFit <- lrm(Class ~ rcs(Day), data = training[pre2008,])
> rcsFit
  Logistic Regression Model

  lrm(formula = Class ~ rcs(Day), data = training[pre2008, ])
```

		Model Likelihood Ratio Test		Discrimination Indexes		Rank Discrim. Indexes	
Obs	6633	LR chi2	461.53	R2	0.090	C	0.614
successful	3233	d.f.	4	g	0.538	Dxy	0.229
unsuccessful	3400	Pr(> chi2)	<0.0001	gr	1.713	gamma	0.242
max |deriv|	2e-06			gp	0.122	tau-a	0.114
				Brier	0.234		

	Coef	S.E.	Wald Z	Pr(>|Z|)
Intercept	-1.6833	0.1110	-15.16	<0.0001
Day	0.0124	0.0013	9.24	<0.0001
Day'	-0.0072	0.0023	-3.17	0.0015
Day''	0.0193	0.0367	0.52	0.6001
Day'''	-0.0888	0.1026	-0.87	0.3866

Lrm 함수는 glm과 마찬가지로 2차 요인의 확률을 모델링한다. 결과 하단의 표는 제약 3차 스플라인의 서로 다른 비선형 요인별 p-값이다. 앞의 3개의 비선형 요인의 p-값이 작다. 즉, 이는 클래스와 일자 사이의 비선형 연관 관계가 있다는 것을 나타낸다. 이 패키지에는 1개 이상의 변수에 대한 예측 프로파일을 빠르게 만들어주는 Predict라는 함수도 있다. 이 함수는 아래처럼 사용할 수 있다.

```
> dayProfile <- Predict(rcsFit,
+                       ## 그래프 변수의 범위를 지정한다.
+                       Day = 0:365,
+                       ## 보조금 성공 여부에 대한 모델값이 되도록
+                       ## 예측값을 뒤집는다.
+                       fun = function(x) -x)
> plot(dayProfile, ylab = "Log Odds")
```

이 코드는 [그림 12.20]과 같은 그림을 그린다. fun 인수는 예측 결과의 부호를 변경하므로 이를 통해 그래프는 보조금 성공 확률을 나타낸다. 이 그래프를 보면, 일자의 제곱항이 스플라인에 나타나는 추세를 추정하는 것을 알 수 있다.

이외에도 rms 패키지에는 모델 검증을 위한 리샘플링 기법과 모델 시각화 함수 등 여러 관련된 많은 함수가 있다. 이에 대한 자세한 설명 및 R 코드는 해럴(Harrell, 2001)을 참고하라.

예측 변수가 많은 경우, 수식을 사용해 모델을 정의하는 것이 번거로울 수 있다. 앞

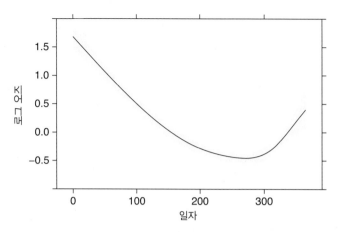

〔그림 12.20〕 rms 패키지에서 만들어진 일자에 맞춰진 제약 3차 스플라인. 회색 범위는 로그 오즈에 대한 신뢰 제약 구간이다.

장에서 살펴봤던 것처럼 train 함수를 사용해 모델을 효율적으로 적합하게 만들고 검증할 수 있다. 로지스틱 회귀의 경우, train 함수가 glm 함수에 인터페이스돼 있어서 모델 수식을 사용하지 않고 바로 클래스 예측값을 구한 후, 이에 대해 ROC 곡선 하단 면적 및 다른 수치를 구할수 있다.

모델 최적화에 앞의 데이터 세트 일자의 제곱 예측 변수를 추가해 확장한다.

```
> training$Day2 <- training$Day^2
> fullSet <- c(fullSet, "Day2")
> reducedSet <- c(reducedSet, "Day2")
```

보조금 데이터에서 전체 예측 변수에 대한 모델 최적화 코드는 아래와 같다.

```
> library(caret)
> set.seed(476)
> lrFull <- train(training[,fullSet],
+                 y = training$Class,
+                 method = "glm",
+                 metric = "ROC",
+                 trControl = ctrl)

> lrFull
```

```
8190 samples
1071 predictors
   2 classes: 'successful', 'unsuccessful'

No pre-processing
Resampling: Repeated Train/Test Splits(1 reps, 0.75%)

Summary of sample sizes: 6633

Resampling results

   ROC   Sens  Spec
   0.78  0.77  0.76
```

이 결과의 상위값에는 8,190개의 지원 데이터가 사용됐고, "Summary of sample sizes" 리스트에는 6,633개 데이터 값이 올라가 있다는 것을 알아두자. 뒤쪽의 수는 2008년 이전 샘플 집합에서만 가져왔다([표 12.2] 참고). "Resampling Results"는 실제 2008년 데이터를 사용한 성능 추정값이다.

보다 작은 예측 변수 세트를 사용해 모델을 만드는 것은 아래와 같다.

```
> set.seed(476)
> lrReduced <- train(training[,reducedSet],
+                     y = training$Class,
+                     method = "glm",
+                     metric = "ROC",
+                     trControl = ctrl)

> lrReduced

8190 samples
 253 predictors
   2 classes: 'successful', 'unsuccessful'

No pre-processing
Resampling: Repeated Train/Test Splits(1 reps, 0.75%)

Summary of sample sizes: 6633

Resampling results
```

```
ROC   Sens  Spec
0.87  0.8   0.82
```

LDA 분석과 마찬가지로 분산이 0에 가까운 변수를 제거하는 것은 모델 적합도에 긍정적인 영향을 미친다. 주어진 데이터에 대한 예측값(2008년 보조금)은 하위 객체 pred에 들어 있다.

```
> head(lrReduced$pred)

            pred         obs successful unsuccessful rowIndex .parameter
6634 successful  successful    0.99878    0.0012238     6634       none
6635 successful  successful    0.85151    0.1484924     6635       none
6636 successful  successful    0.92019    0.0798068     6636       none
6637 successful  successful    0.96694    0.0330572     6637       none
6639 successful  successful    0.98928    0.0107160     6638       none
6642 successful  successful    0.57563    0.4243729     6639       none
        Resample
6634 TrainSet
6635 TrainSet
6636 TrainSet
6637 TrainSet
6639 TrainSet
6642 TrainSet
```

이때 결과의 .parameter 열을 살펴보자. train 함수에서는 예측 변수를 저장하면서 많은 튜닝 변수도 저장한다. 결과값의 이 열을 사용해 예측하는 데 사용된 모델명을 지정할 수 있다. 이 레벨의 로지스틱 회귀에는 튜닝 인수가 없으므로 .parameter는 단일 값("none")을 갖는다.

이 데이터에서 혼동 행렬은 아래와 같이 구한다.

```
> confusionMatrix(data = lrReduced$pred$pred,
+                 reference = lrReduced$pred$obs)
  Confusion Matrix and Statistics

              Reference
Prediction     successful unsuccessful
  successful          458          176
  unsuccessful        112          811
```

```
                     Accuracy : 0.815
                       95% CI :(0.795, 0.834)
         No Information Rate : 0.634
         P-Value [Acc > NIR] : < 2e-16

                        Kappa : 0.611
       Mcnemar's Test P-Value : 0.000205

                  Sensitivity : 0.804
                  Specificity : 0.822
               Pos Pred Value : 0.722
               Neg Pred Value : 0.879
                   Prevalence : 0.366
               Detection Rate : 0.294
         Detection Prevalence : 0.407

             'Positive' Class : successful
```

이 결과는 lrReduced상에 나타나는 값과 동일하다. pROC 패키지를 사용해 ROC 곡선을 구하고, 이를 그릴 수도 있다.

```
> reducedRoc <- roc(response = lrReduced$pred$obs,
+                   predictor = lrReduced$pred$successful,
+                   levels = rev(levels(lrReduced$pred$obs)))
> plot(reducedRoc, legacy.axes = TRUE)

> auc(reducedRoc)
 Area under the curve: 0.872
```

선형 판별 분석

LDA 모델을 만드는 유명한 함수로는 MASS 패키지의 lda가 있다. 이 함수의 입력값에는 수식에 데이터 프레임이 들어가거나 예측 변수 행렬과 클래스에 속한 것에 대한 정보를 포함하고 있는 factor형 변수 모음이 들어갈 수 있다. LDA 모델은 아래와 같은 형식으로 만들 수 있다.

```
> library(MASS)
```

```
> ## 우선, 데이터를 중심화 및 척도화한다.
> grantPreProcess <- preProcess(training[pre2008, reducedSet])
> grantPreProcess


Call:
preProcess.default(x = training[pre2008, reducedSet])


Created from 6,633 samples and 253 variables
Pre-processing: centered, scaled
> scaledPre2008 <- predict(grantPreProcess,
+                          newdata = training[pre2008, reducedSet])
> scaled2008HoldOut <- predict(grantPreProcess,
+                          newdata = training[-pre2008, reducedSet])

> ldaModel <- lda(x = scaledPre2008,
+                 grouping = training$Class[pre2008])
```

이 데이터는 클래스가 2개이므로 하나의 판별 벡터만 얻을 수 있다는 것을 염두에 두자. 이 판별 벡터는 ldaModel$scaling에 들어 있다. 이 행렬의 앞 6개 값은 아래와 같다.

```
> head(ldaModel$scaling)

              LD1
NumCI    0.1301673
NumDR    0.0017275
NumECI   0.1219478
NumPS    0.0042669
NumSR   -0.0642209
NumSCI  -0.0655663
```

이 정보를 통해 예측 변수에 대한 해석과 예측 변수 간의 관계를 알 수 있고, 데이터가 중심화되고 척도화돼 있다면 관련된 중요값들 역시 파악할 수 있다. 이 판별 벡터는 샘플의 예측값을 구하는 데 사용할 수 있는데, MASS 패키지의 predict 함수를 사용해 이 과정을 단순화할 수 있다. 보조금 데이터의 테스트 세트를 사용해 아래의 문법으로 예측값을 구한다.

```
> ldaHoldOutPredictions <- predict(ldaModel, scaled2008HoldOut)
```

이 객체에는 예측된 클래스, 사후 확률, 선형 판별값이 모두 들어 있으므로 사용자가
(1) 관측값 대비 예측값에 대한 혼동 행렬, (2) 사후 확률 분포와 추가적으로 (3) 선형
판별값의 분포를 만들 수 있다.

이종 클래스 설정을 보면 예측값을 유지하는 판별 벡터의 수가 트레이닝 수를 넘지
않는다는 것을 직접적으로 알 수 있다. 이종 이상의 데이터를 사용하는 경우에는 일반
적인 검증 과정을 통해 선형 판별 벡터의 최적 수를 판단한다. lda 함수를 통해 예측값
을 유지하는 데 필요한 선형 판별자의 수는 predict 함수의 dimen 옵션을 사용해 설정
할 수 있다. caret 패키지의 train 함수를 사용해 이런 최적화 과정을 간단하게 만들 수
있다.

```
> set.seed(476)
> ldaFit1 <- train(x = training[, reducedSet],
+                   y = training$Class,
+                   method = "lda",
+                   preProc = c("center","scale"),
+                   metric = "ROC",
+                   ## 앞서 정의함
+                   trControl = ctrl)
> ldaFit1

  8190 samples
   253 predictors
     2 classes: 'successful', 'unsuccessful'

  Pre-processing: centered, scaled
  Resampling: Repeated Train/Test Splits(1 reps, 0.75%)

  Summary of sample sizes: 6633

  Resampling results

    ROC   Sens  Spec
    0.89  0.8   0.82
```

이것은 이종 문제고 판별 벡터가 하나이므로 공식적인 튜닝을 하지 않는다. 일반적으로
는 테스트 세트를 사용해 구한 예측 클래스와 확률을 사용한다.

```
> ldaTestClasses <- predict(ldaFit1,
+                           newdata = testing[,reducedSet])
> ldaTestProbs <- predict(ldaFit1,
+                          newdata = testing[,reducedSet],
+                          type = "prob")
```

문제상의 클래스가 2개 이상이고, 판별 벡터의 수를 최적화해야 할 경우에도 train 함수를 사용한다. 이때 method의 값을 "lda2"로 하고, tuneLength에는 사용자가 평가하고자 하는 최대 차원 수를 넣는다.

부분 최소 제곱 판별 분석

PLSDA는 응답 범주를 정의하는 범주 행렬을 만든 후, 이를 pls 패키지의 plsR 함수에 적용하는 식으로 사용한다. 분류 설정 쪽으로도 바로 확장되는 PLS의 알고리즘 변형에 대해 6.3장의 내용을 확인하는 것은 독자들의 몫으로 남겨둔다.

caret 패키지의 함수(plsda)를 사용해 데이터를 PLS 모델에 적용할 수 있도록 하는 적합한 가변수를 생성하고, 원모델 예측값에 대해 후처리를 해 클래스 확률을 구한다. 문법은 6.3장에서 본 PLS의 회귀 모델 코드와 매우 유사하다. 가장 큰 차이는 결과에서 factor 변수를 사용한다는 것이다.

한 가지 예로, 작은 예측 변수 세트를 사용해 적합 모델을 만드는 코드를 살펴보자.

```
> plsdaModel <- plsda(x = training[pre2008,reducedSet],
+                      y = training[pre2008, "Class"],
+                      ## 이 데이터는 PLS에서 동일한 척도로 만들어져 있다.
+                      ## 'scale' 옵션은 후처리 단계에 사용된다.
+                      scale = TRUE,
+                      ## 확률 계산에는 베이즈 방법을 사용한다.
+                      probMethod = "Bayes",
+                      ## 모델에 사용할 요소의 수를 명시한다.
+                      ncomp = 4)
> ## 2008년 데이터에 대해 예측한다.
> plsPred <- predict(plsdaModel,
+                     newdata = training[-pre2008, reducedSet])
> head(plsPred)
 [1] successful successful successful successful successful successful
 Levels: successful unsuccessful
```

```
> plsProbs <- predict(plsdaModel,
+                     newdata = training[-pre2008, reducedSet],
+                     type = "prob")
> head(plsProbs)
  [1] 0.98842 0.88724 0.83455 0.88144 0.94848 0.53991
```

plsdaModel 객체는 plsR 함수에서 바로 구해진 객체로 인한 것과 모든 동일한 함수를 상속한다. 이런 성질로 인해 loadings나 scoreplot 같은 pls 패키지의 모든 다른 함수도 여기에 사용할 수 있다.

PLS 객체의 분류 설정에도 train 함수를 사용해 분류 설정을 할 수 있다. 아래 코드에서는 처음 10개의 PLS 요소를 구한 후, 이에 대해 각각 ROC 곡선 하단의 면적을 구하고, 적합 모델을 구하거나 예측값을 샘플링하기 전에 예측 변수에 자동으로 중심화 및 척도화를 실행한다.

```
> set.seed(476)
> plsFit2 <- train(x = training[, reducedSet],
+                  y = training$Class,
+                  method = "pls",
+                  tuneGrid = expand.grid(.ncomp = 1:10),
+                  preProc = c("center","scale"),
+                  metric = "ROC",
+                  trControl = ctrl)
```

기본 predict 함수는 새로운 샘플에 대해 예측값을 구하지만, type = "prob"라고 명기된 경우에는 클래스 확률을 구한다. [그림 12.15]에 나온 변수 중요도를 구하는 방법은 아래 코드와 같다.

```
> plsImpGrant <- varImp(plsFit2, scale = FALSE)
> plsImpGrant

pls variable importance

  only 20 most important variables shown(out of 253)

                        Overall
ContractValueBandUnk    0.0662
SponsorUnk              0.0383
```

Jan	0.0338
Unsuccess.CI	0.0329
ContractValueBandA	0.0316
Day	0.0266
Aug	0.0257
Success.CI	0.0219
GrantCat10A	0.0211
Day2	0.0209
GrantCat30B	0.0202
ContractValueBandE	0.0199
ContractValueBandD	0.0193
ContractValueBandF	0.0188
ContractValueBandG	0.0184
Sponsor24D	0.0172
Sponsor21A	0.0169
Sponsor2B	0.0147
NumSR	0.0144
Jul	0.0124

```
> plot(plsImpGrant, top = 20, scales = list(y = list(cex = .95)))
```

벌점 모델

벌점 로지스틱 회귀에 사용하는 기본적인 패키지는 glmnet다(다음 장에서는 신경망을 사용해 비슷한 모델을 만드는 법을 설명할 것이지만, 일단 로지스틱 회귀로 설명한다). glmnet 함수는 앞의 6.5장에서 설명한 enet 함수와 매우 비슷하다. 데이터에 대응하는 기본 인수는 아래와 같다. x는 예측 변수 행렬이고, y는 factor형 클래스다(로지스틱 회귀에서 사용되는 형태). 추가로 family 인수는 결과 분포와 관련이 있다. 이종 문제의 경우에는 로지스틱 회귀에 family="binomial"을 사용하고, 3종 이상의 클래스를 사용하는 경우에는 family="multinomial"가 적당하다.

사용자가 lambda 옵션에 사용자 정의 값을 넣어도 함수에서는 자동으로 데이터 값에 대한 정규화를 실행한다. 이때 정규화 유형은 혼합 인수 α에 따라 판단된다는 것을 기억하자. glmnet에서 이 인수의 값은 완전히 라소 벌점을 사용하는 경우인, 기본값 alpha = 1로 돼 있다.

glmnet의 predict 함수는 여러 종류의 예측값 — 모델에서 사용한 예측 변수에 대한 예측 클래스(와/또는) 회귀 인수 추정값 — 을 구한다. 예를 들면 아래와 같다.

```
> library(glmnet)
> glmnetModel <- glmnet(x = as.matrix(training[,fullSet]),
+                       y = training$Class,
+                       family = "binomial")

> ## 세 가지 다른 정규화 레벨에 대한 예측값을 구한다.
> ## 결과는 factor형이 아님을 알아두자.
> predict(glmnetModel,
+         newx = as.matrix(training[1:5,fullSet]),
+         s = c(0.05, 0.1, 0.2),
+         type = "class")

      1              2              3
1 "successful"  "successful"  "unsuccessful"
2 "successful"  "successful"  "unsuccessful"
3 "successful"  "successful"  "unsuccessful"
4 "successful"  "successful"  "unsuccessful"
5 "successful"  "successful"  "unsuccessful"
> ## 모델에서 사용한 예측 변수는 어떤 것일까?
> predict(glmnetModel,
+         newx = as.matrix(training[1:5,fullSet]),
+         s = c(0.05, 0.1, 0.2),
+         type = "nonzero")

$`1`
[1]   71   72  973 1027 1040 1045 1055

$`2`
[1] 1027 1040

$`3`
[1] 1040
```

참고로 glmnet 패키지에는 auc라는 이름의 함수가 있다. glmnet 패키지를 로딩하면 이 전에 pROC 패키지가 로딩되면서 아래와 같은 메시지가 나타날 것이다. "The following object(s) are masked from 'package:pROC': auc(다음 객체는 package:pROC': auc로부터 마스크 처리됩니다.)" 이 함수를 호출하면, R에서는 어떤 함수를 사용해야 할지 헷갈린다. 이 문제를 처리하는 데는 두 가지 방법이 있다.

- 어느 패키지를 더 이상 사용하지 않는다면, detach(package:pROC)를 사용해 분리해버릴 수 있다.
- 함수 호출 시 네임스페이스 규칙을 사용해 적합한 함수를 호출할 수 있다. 예를 들어, pROC:::auc와 glmnet:::auc라고 명시하는 경우 각각의 특정 함수를 호출할 수 있다.

이에 대한 다른 가능성 있는 사례는 아래에 설명할 것이다.

train 함수를 호출하면 ROC 곡선 하단 면적을 사용해 모델을 튜닝할 수 있다. 보조금 데이터의 경우는 아래와 같다.

```
> ## 튜닝 값 정의
> glmnGrid <- expand.grid(.alpha = c(0, .1, .2, .4, .6, .8, 1),
+                         .lambda = seq(.01, .2, length = 40))
> set.seed(476)
> glmnTuned <- train(training[,fullSet],
+                    y = training$Class,
+                    method = "glmnet",
+                    tuneGrid = glmnGrid,
+                    preProc = c("center","scale"),
+                    metric = "ROC",
+                    trControl = ctrl)
```

[그림 12.16]의 상단 히트맵은 plot(glmnTuned, plotType = "level") 코드로 만들었다. 벌점 LDA 함수는 sparseLDA와 PenalizedLDA 패키지에 있다. sparseLDA 패키지의 주함수는 sda[15]다. 이 함수에는 lambda라는 능형 인수 인자가 있다. 라소 벌점은 stop 인수를 사용해 두 가지 방법으로 나타낼 수 있다. 라소 인수의 크기는 양수를 사용해 조절하거나(예: stop = 0.01) 남은 예측 변수 수를 음의 자연수를 사용해 선택할 수도 있다 (예: 변수가 6개인 경우 stop = -6). 예제를 살펴보자.

```
> library(sparseLDA)
> sparseLdaModel <- sda(x = as.matrix(training[,fullSet]),
+                       y = training$Class,
```

---

[15] 이 함수에 대해서도 다른 이름 중복 문제가 발생할 수 있다. Sda 패키지의 sda 함수(축소 판별 분석(shrinkage discriminant analysis))와 혼동할 수 있다. 두 패키지 모두를 호출한 경우, sparseLDA:::sda와 sda:::sda를 사용하면 이 문제를 완화할 수 있다.

```
+                              lambda = 0.01,
+                              stop = -6)
```

train 함수에 method = "sparseLDA" 인수를 사용했다. 여기서 train은 lambda와 남을 예측 변수 수를 감안해 모델을 튜닝할 것이다.

최근접 축소 중심법

이 모델을 원래 R에서 구현한 것은 pamr 패키지("R의 마이크로어레이 예측 분석Predictive Analysis of Microarrays in R")에 있다. 다른 패키지인 rda에는 구오 등(Guo et al., 2007)이 만든 모델의 확장형이 들어 있다.

　pamr 패키지의 함수 문법은 다소 표준적이지 않다. 모델 훈련 함수는 pamr.train으로, x와 y 요소가 들어 있는 단일 리스트 객체를 입력 데이터로 사용한다. 데이터 세트의 일반적인 형태는 각 샘플이 행으로 있고, 예측 변수별로 다른 열에 들어 있는 것이다. pamr.train 함수에서는 행이 예측 변수고, 열이 각 샘플인 반대 형태로 들어 있는 변수를 사용한다.[16] 보조금 데이터의 경우, 입력 데이터는 아래와 같은 형태로 들어간다.

```
> ## t( ) 함수를 사용해 데이터를 도치해 차원을 변경한다.
> ## 내부적으로는 데이터 프레임을 행렬로 변경한다.
> inputData <- list(x = t(training[, fullSet]), y = training$Class)
```

모델을 생성하는 기본 문법은 아래와 같다.

```
> library(pamr)
> nscModel <- pamr.train(data = inputData)
```

기본적으로 함수에서는 30개의 적합한 축소값을 선택해 예측값을 구한다. 축소량과 사전 확률, 그 외 다른 모델에 사용되는 값을 정의할 수 있는 옵션이 있다. pamr.predict에서는 새 샘플에 대해 예측값을 구함과 동시에 주어진 축소값을 사용한 모델에서는 어떤 특정 변수가 사용됐는지를 알려준다. 예를 들어, 축소값을 5로 선정한 경우는 아래와 같다.

---

[16] 마이크로어레이 데이터는 예측 변수 수가 보통 샘플 수보다 훨씬 크다. 게다가 일반적인 스프레드시트 프로그램의 열 수 제약 때문에 도치된 형태의 데이터를 사용한다.

380

```
> exampleData <- t(training[1:5, fullSet])
> pamr.predict(nscModel, newx = exampleData, threshold = 5)
[1] successful unsuccessful successful unsuccessful successful
Levels: successful unsuccessful
> ## 이 제약값하에서 사용된 변수는 무엇인가?
> ## predict 함수는 남은 변수의 열 수를 알려준다.
> thresh17Vars <- pamr.predict(nscModel, newx = exampleData,
+                               threshold = 17, type = "nonzero")
> fullSet[thresh17Vars]

  [1] "Unsuccess.CI"        "SponsorUnk"          "ContractValueBandA"
  [4] "ContractValueBandUnk" "Jan"
```

이 패키지에는 *K*-겹 교차 검증을 사용해 적합한 축소값을 구하는 함수도 있지만, 이 함수에서는 리샘플링 방법을 하나만 사용할 수 있고, 전체 정확도에 따라 모델을 튜닝한다. train 문법은 아래와 같다.

```
> ## 튜닝 인수의 특정 범위를 선택한다.
> nscGrid <- data.frame(.threshold = 0:25)
> set.seed(476)
> nscTuned <- train(x = training[,fullSet],
+                    y = training$Class,
+                    method = "pam",
+                    preProc = c("center","scale"),
+                    tuneGrid = nscGrid,
+                    metric = "ROC",
+                    trControl = ctrl)
```

이 방법을 사용하면 안정적인 문법을 쓰면서 모델 튜닝에 대해 더 많은 옵션을 사용할 수 있다(ROC 곡선 하단 면적 등). train 객체에 대한 predict 함수에서는 사용자가 직접 축소량을 정의할 필요가 없다(함수에서 자동으로 최적값을 구해 사용함).

predictors 함수는 (train에서 구한 최적 제약값에 대한) 예측 방정식에서 사용하는 예측 변수들을 보여준다. 모델 튜닝 후 36개가 선택됐다.

```
> predictors(nscTuned)
  [1] "NumSR"        "Success.CI"   "Unsuccess.CI"
  [4] "CI.Faculty13" "CI.Faculty25" "CI.Faculty58"
  [7] "DurationGT15" "Astar.CI"     "AstarTotal"
```

```
[10] "allPub"              "Sponsor21A"             "Sponsor24D"
[13] "Sponsor2B"           "Sponsor34B"             "Sponsor4D"
[16] "Sponsor62B"          "Sponsor6B"              "Sponsor89A"
[19] "SponsorUnk"          "ContractValueBandA"     "ContractValueBandC"
[22] "ContractValueBandD"  "ContractValueBandE"     "ContractValueBandF"
[25] "ContractValueBandG"  "ContractValueBandUnk"   "GrantCat10A"
[28] "GrantCat30B"         "Aug"                    "Dec"
[31] "Jan"                 "Jul"                    "Fri"
[34] "Sun"                 "Day"                    "Day2"
```

또한 varImp 함수는 클래스 간 중심값과 전체 중심값 간의 거리를 기반으로 만든 변수
중요도를 알려준다.

```
> varImp(nscTuned, scale = FALSE)

pam variable importance

  only 20 most important variables shown(out of 1071)

                     Importance
ContractValueBandUnk    -0.2260
SponsorUnk               0.1061
Jan                      0.0979
ContractValueBandA       0.0948
Unsuccess.CI            -0.0787
Day                     -0.0691
Aug                     -0.0669
Sun                      0.0660
GrantCat10A             -0.0501
Success.CI               0.0413
Day2                    -0.0397
ContractValueBandE       0.0380
GrantCat30B             -0.0379
ContractValueBandD       0.0344
Sponsor21A               0.0340
ContractValueBandF       0.0333
ContractValueBandG       0.0329
Sponsor24D              -0.0299
Sponsor2B               -0.0233
NumSR                    0.0224
```

이 데이터에서 값 차이의 부호는 예측 변수의 중요도 방향을 알려준다. 예를 들어, 계약 그룹이 미상인 경우, 보조금 지원 신청 중 소수만이 성공했다(기본 통과율이 46.4%인데 반해, 19.4%만이 성공했다). 이 예측 변수가 음의 부호를 갖는 것은 사건 비율의 하락과 연관돼 있다는 뜻이다. 역으로 후원 재단이 미상인 경우에는 성공률이 높다(82.2%, [표 12.1] 참고). 이 예측 변수의 거리는 양수고, 사건 비율이 증가하는 것을 가리킨다.

연습 문제

12.1 책의 서두에서 간 손상 데이터 세트에 대해 설명했다. 이 데이터에는 281개의 서로 다른 화합물에 대해 각각 간 손상을 '야기하지 않음', '다소 야기할 수 있음', '간 손상 가능' 중 하나로 분류하고 있다([그림 1.2]). 이 화합물들은 184가지 생물학 검사(실험 등)를 통해 각 화합물이 신체의 특정 부위에 생물학적으로 어떤 영향을 미칠 수 있는지를 검수해 분석한다. 각 변수의 값이 클수록 화합물의 성질이 큰 것이다. 각 화합물에는 생물학 검사값뿐만 아니라 192가지 화학 지문 변숫값도 들어 있다. 각 변수는 해당 화합물이 어느 하위 구조(원자 또는 화합물 내의 원자 조합)인지 또는 특정 하위 구조의 존재 여부를 나타낸다. 이 데이터 세트의 목적은 화합물의 간 손상 여부를 예측해 간 손상을 야기할 가능성이 높은 다른 화합물을 사전에 검사할 수 있도록 하는 것이다. R을 켠 후, 다음 명령어를 사용해 데이터를 로딩하자.

```
> library(caret)
> data(hepatic)
> # ?hepatic 명령어를 통해 보다 자세한 내용을 확인하자.
```

bio와 chem 행렬에는 281가지 화합물에 대한 생물학적 성분 분석값 및 화학 지문 변숫값이 들어 있으며, injury 벡터에는 각 화합물의 간 손상 분류값이 들어 있다.

(a) 주어진 간 손상 상태에 대한 분류값의 불균형 상태에서 훈련 세트와 테스트 세트를 어떻게 만들 것인지 설명하라.

(b) 이 문제를 최적화하기 위해 어떤 분류 통계량을 사용할 것인가? 그 이유는 무엇인가?

(c) 데이터를 훈련 세트와 테스트 세트로 나누고 전처리를 한 후, 생물학 변수에 대해

이 장에서 나온 모델들을 적용해보고, 화학 지문 변수에 대해서도 따로 적용해보자. 생물학 변수의 경우, 어느 모델의 예측력이 가장 좋고, 이때의 최적 성능값은 얼마인가? 화학 지문 변수의 경우, 어느 모델의 예측력이 가장 좋고, 이때의 최적 성능값은 얼마인가? 이 결과를 바탕으로 했을 때, 어느 예측 변수 세트 간의 독성에 대한 정보를 더 제대로 포함하고 있다고 볼 수 있을까?

(d) 생물학 변수 및 화학 변수의 최적 모델상에서 상위 5개의 가장 중요한 예측 변수는 무엇인가?

(e) 이번에는 화학 변수와 생물학 변수를 하나의 예측 변수 세트로 결합하자. (c)에서 만든 예측 모델에 이 데이터 세트를 적용하자. 어느 모델의 예측력이 가장 좋은가? (c)에서 만든 최적 모델들보다 더 나은 성능이 나오는가? 이때 중요도순으로 상위 5개의 변수는 무엇인가? 각 예측 변수 세트에서 최적의 예측 변수를 비교해보면 어떠한가?

(f) (생물학 변수, 화학 지문 변수, 모든 변수에 대한 각각의 모델 중) 화합물의 간 독성 예측 모델로 어떤 모델을 추천하겠는가?

12.2 [예제 4.4]에서 96개의 기름 샘플을 일곱 가지 기름 유형(호박, 해바라기, 땅콩, 올리브, 콩, 유채, 옥수수)으로 구분하는 데이터를 설명했다. 여기서는 각 샘플에 가스 크로마토그래피를 적용해 일곱 가지 지방산 유형의 비율을 구했다. 이 데이터를 사용한 샘플의 지방산 비율을 통해 기름의 유형을 예측하는 모델을 만들고자 한다.

(a) 간 손상 데이터와 마찬가지로 이 데이터 역시 극단적으로 불균형한 결과값을 갖는다. 이 불균형 상태에서 데이터를 훈련 세트와 테스트 세트로 나눌 수 있을까?

(b) 어떤 분류 통계량을 사용해 이 문제를 최적화할 것인가? 그 이유는 무엇인가?

(c) 이 장에서 만들어진 모델 중 이 데이터에 가장 잘 맞는 것은 어떤 것인가? 어느 기름 유형의 예측 정확도가 가장 높은가? 예측이 가장 안 되는 것은 무엇인가?

12.3 MLC++ 소프트웨어 패키지 웹 사이트[17]에는 많은 머신 러닝 데이터 세트가 있다. "churn(이탈)" 데이터 세트는 계정 정보를 기반으로 통신사 고객 이탈을 예측하기 위해 만들어졌다. 데이터 파일상에서는 이 데이터는 "실제를 기반으로 만든 가짜" 데이터임을 명시하고 있다.

이 데이터에는 고객 계정 관련, 고객의 문의 전화 횟수, 지역 번호, 통화 시간 등에 대한 19개의 예측 변수가 들어 있다. 결과값은 고객의 이탈 여부다. 데이터는 C50 패키지

---

17 http://www.sgi.com/tech/mlc

안에 들어 있다. 이를 불러오는 방법은 아래와 같다.

```
> library(C50)
> data(churn)
> ## churnTrain과 churnTest 두 객체를 읽어들인다.
> str(churnTrain)
> table(churnTrain$Class)
```

(a) 예측 변수와 결과값 간의 관계를 시각화해 데이터를 탐색해보자. 예측 변수 자체에
변수 간 상관관계나 퇴화 분포 같은 중요한 요소가 있는가? 1개 이상의 변수를 포
함하는 함수를 사용하면 데이터를 보다 효과적으로 모델링할 수 있는가?

(b) 기본적인 모델을 사용해 훈련 데이터 세트에 적합한 모델을 만들고, 리샘플링을 통
해 이 모델을 튜닝해보자. 모델 효과 평가에는 어떤 기준을 사용해야 할까?

(c) 모델 비교를 위해 리프트 도표를 사용하자. 80%의 이탈 고객을 정의하려면, 얼마
나 많은 고객을 정의해야 할까?

13

비선형 분류 모델

앞 장에서는 본질적으로 선형 구조인 — 모델의 구조상 선형 클래스 구분을 하는 — 모델을 소개했다. 이 경우, 예측 변수에 대한 비선형 함수는 수동으로 정의해야만 했다. 이 장에서는 본질적으로 비선형적인 모델을 다룬다. 회귀 쪽에서 이야기했던 것과 마찬가지로 데이터 모델링에 트리나 규칙을 사용하는 방식의 비선형 모델도 있다. 이에 대해서는 다음 장에서 이야기할 것이다.

일부 예외(13.3장의 FDA 모델 같은 경우)를 제외하면, 이 장에서 이야기할 기법들은 대량의 비정보성 예측 변수를 입력값으로 사용했을 때 반대로 영향을 받는다. 따라서 특징 선택 방법(19장 참고)으로 이 모델들을 결합하면 성능이 눈에 띄게 향상될 수 있다. 이 장에서 보일 분석은 비정보성 예측 변수의 지도식 삭제 없이 이뤄지므로 보다 포괄적인 접근 방식에 비해 성능이 다소 낮아 보일 수도 있다.

13.1 비선형 판별 분석

앞 장에서 예측 변수에 내재된 분포를 가정해 선형 판별 분석의 선형 경계를 만들어 내는 것에 대해 살펴봤다. 이 장에서는 앞 장에서 살펴봤던 선형 판별 방식을 수정해서 비선형 구조로 최대한 데이터를 분리할 수 있는 방법을 살펴볼 것이다. 이런 방법으로는 이차 판별 분석(QDA), 정규 판별 분석(RDA), 혼합 판별 분석(MDA) 등이 있다.

이차 판별 분석과 정규 판별 분석

선형 판별 분석은 모델이 총오분류 비율을 감소하는 방향으로 구성됐다. 각 클래스의 예측 변수는 동일한 공분산 구조를 공유한다는 가정을 통해 클래스의 경계를 예측 변수의 선형 함수 형태로 만든다.

이차 판별 모델의 경우, 이 가정이 느슨하게 적용돼 클래스별 공분산 구조를 포함할 수 있다. 이 변화에 따른 가장 큰 파급 효과는 이제 의사 결정의 경계가 예측 변수 공간 내의 2차 곡선으로 변한다는 것이다. 판별 함수의 복잡도가 증가하면, 많은 문제의 경우 모델 성능이 향상되기도 한다. 하지만 이런 일반화의 다른 파급 효과는 데이터의 정의가 보다 엄격해진다는 것이다. 클래스별 공분산 행렬을 사용하는 경우에는 역행렬이 존재해야 한다. 즉, 변수 수는 각 클래스 내 경우의 수보다 적어야 한다. 또한 각 클래스 내의 변수는 극단적인 공선성을 가지면 안 된다. 게다가 데이터의 주요 변수가 이산 범주형인 경우, QDA에서만 이를 선형 함수 형태로 모델링할 수 있고, 이마저도 모델의 효과는 제한된다.

순수한 수학적 최적화 관점에서 살펴보면, LDA와 QDA는 각각 데이터가 초평면이나 이차 평면으로 완전히 구분될 수 있다는 가정하에 총오분류율을 최소화한다. 하지만 실제로 데이터는 선형과 이차 클래스 경계 사이 어딘가의 형태에서 가장 잘 구분된다. 프리드먼(1989)이 제안한 RDA는 LDA와 QDA 사이의 평면을 연결하는 하나의 방식이다. 이 방식에서 프리드먼은 다음 공분산 행렬을 권장한다.

$$\widetilde{\Sigma}_\ell (\lambda) = \lambda \Sigma_\ell + (1 - \lambda) \Sigma, \tag{13.1}$$

여기서 Σ_ℓ은 ℓ번째 클래스의 공분산 행렬이고, Σ는 모든 클래스 간 값을 혼합한 공분산 행렬이다. 튜닝 인수, λ를 사용하면 LDA($\lambda = 0$)와 QDA($\lambda = 1$) 간의 공분산 행렬 비를 유연하게 조절할 수 있다는 것을 쉽게 알 수 있다. λ를 조절해 모델을 튜닝하면, 데이터 주도 방식을 통해 선형과 이차 경계 사이에서 적합한 경계를 선택할 수 있다.

RDA에서는 다른 방식으로 데이터를 정규화한다. 혼합 공분산 행렬(항등 행렬이라고 한다)을 사용해 관측값으로부터 독립값이라고 추정되는 예측 변수로 값을 연결한다.

$$\Sigma\left(\gamma\right) = \gamma\Sigma + \left(1 - \gamma\right)\sigma^2\mathbf{I}, \tag{13.2}$$

σ^2는 모든 예측 변수에 대한 공통의 분산값이고, $\mathbf{I}$는 항등 행렬이다(행렬 대각 항의 값은 1이고, 나머지 값은 모두 0이다). 이때 모델의 모든 변수가 독립적이라고 가정한다. 4장에서부터 봐온 두 예측 변수에 대한 이종 문제는 이제 어느 정도 친숙할 것이다. 이 예측 변수 간에는 매우 높은 상관성이 있고, 이를 통해 γ 값이 1 근처일 때가 대략 가장 적합한 것임을 알 수 있다. 하지만 고차원 데이터의 경우, 이런 패턴을 시각적으로 인지하도록 하는 것이 훨씬 어려우므로 λ에 대한 RDA 모델을 튜닝한 후, γ를 사용해 훈련 데이터 세트에서 모델에 가장 적합한 가정을 구한다. 다만, 이때 γ가 1이거나 λ이 0인 경우, QDA에 적용할 데이터는 가장 엄격한 기준에 맞춰져야 한다는 것을 기억하자.

혼합 판별 분석

헤이스티와 팁시라니(1996)는 LDA의 확장 형태로 MDA를 개발했다. LDA에서는 클래스별 평균이 각각 다른 예측 변수 데이터에 대한 분포를 가정하고 있다(이때 공분산 구조는 클래스 독립적이다). MDA에서는 LDA를 다른 관점에서 일반화한다. 여기서는 각 클래스가 여러 다변량 정규 분포를 따르는 것을 허용한다. 이 분포의 평균은 각각 다르겠지만, 공분산 구조는 LDA와 마찬가지로 동일하게 가정한다. [그림 13.1]은 단일 예측 변수를 사용하는 경우의 이 개념을 나타낸다. 여기서 각 클래스는 3개의 서로 다른 평균값과 동일한 분산값을 갖는 정규 분포를 따른다. 이는 데이터의 하위 클래스를 다루는 데 효과적이다. 모델러가 얼마나 많은 분포를 사용하는지를 명시하면 MDA 모델에서 예측 변수 공간에서의 최적 위치를 판단할 것이다.

어떻게 이 분포들을 결합해 클래스 확률을 구할 수 있을까? 베이즈 규칙하에서([식 12.4]), MDA는 $Pr[X|Y = C\ell]$를 수정한다. 클래스별 분포로 클래스마다의 혼합 형태를 만들어 하나의 다변량 정규 분포로 결합한다. $D_{\ell_k}(x)$가 ℓ번째 클래스의 k번째 하위 클래스에 대한 판별 함수라고 할 때, ℓ번째 클래스의 전체 판별 함수는 $L\ell$에 비례한다.

$$D_\ell(x) \propto \sum_{k=1}^{L_\ell} \phi_{\ell k} D_{\ell k}(x),$$

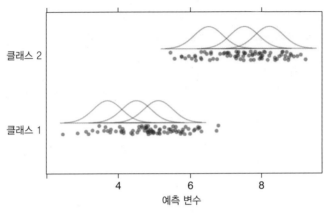

[그림 13.1] 단일 예측 변수에 대해 각 클래스에서 혼합 판별 분석으로 3개의 구분된 하위 클래스를 만든다.

이때 $L\ell$는 ℓ번째 클래스에서 사용한 분포의 수고, $\phi\ell_k$는 훈련 중에 추정된 혼합 비율이다. 이 전체 판별 함수를 통해 클래스 비율과 예측값을 구한다.

이 모델에서 클래스별 분포의 수가 모델의 튜닝 인수가 된다(클래스마다 달라질 수 있다). 헤이스티와 팁시라니(1996)는 각각의 분포에 필요한 r 클래스별 평균의 시작값을 결정하기 위한 알고리즘과 함께 수치 최적화 방안을 사용해 자명하지 않은 방정식을 풀 수 있다. 또한 LDA와 마찬가지로 클레멘슨 등(2011)은 MDA에 능형 또는 라소 벌점을 적용해 MDA 모델에 특징 선택을 결합하는 방식을 제안했다.

MDA는 보조금 데이터에서 그룹 하위 클래스 수를 1부터 8까지의 가능한 범위 내

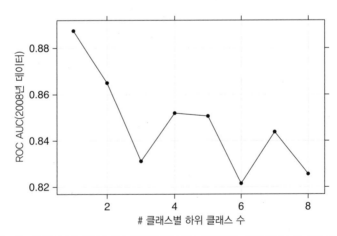

[그림 13.2] 보조금 데이터에 대한 MDA 모델의 튜닝 인수 프로파일. 하위 클래스의 최적 수는 1로, 이는 LDA를 실행했을 때와 동일한 결과다.

에서 튜닝해봤다([그림 13.2]). ROC 곡선 아래 영역의 넓이는 그룹별 하나의 하위 클래스를 사용했을 때 최적화되고, 이때의 값은 LDA 때의 값과 같다. MDA는 이 데이터에서 복잡한 판별 경계를 사용하면 이항 변수가 많아짐에 따라 성능이 반대로 나빠질 수 있다.

13.2 신경망

부분 최소 제곱 판별 분석 등 지금까지 살펴본 다른 분류 방법들에서 C개의 클래스는 C개의 이항 가변수 열로 변조한 후 모델에 적용했다. 앞에서 회귀 목적으로 신경망에서 단일 응답 변수를 사용하는 것에 대해 논의했지만, 이 모델에서는 회귀와 분류 목적으로 여러 결과에 대해서도 쉽게 처리할 수 있다. 신경망 분류에 대해서는 여기서 논의할 것이다.

[그림 13.3]은 분류용 모델 구조다([그림 7.1]의 회귀 모델처럼). 최하위층에서는 단일 결과를 사용하는 대신 각 클래스별로 여러 노드를 갖는다. 이때 회귀 신경망과 마찬가지로 비선형 변환 방식을 추가로 사용해 은닉 유닛을 조합한다는 것을 알아두자. 각 클래스는 0과 1 사이의 값으로(보통 시그모이드 함수를 사용한다) 변형된 은닉 유닛의 선형 조합을 통해 값을 예측한다. 하지만 예측값이 0과 1 사이(추가로 사용한 시그모이드 함수로 인해)라고 하더라도 모든 예측값을 합했을 때 1이 아니므로 "확률적인 값"이라고 할 수는 없다. 여기서는 11.1장에서 논의했던 소프트맥스 변환을 사용해 신경망의 결과를 이 추가적 제약에 맞춘다.

$$f_{i\ell}^*(x) = \frac{e^{f_{i\ell}(x)}}{\sum_l e^{f_{il}(x)}},$$

이때 $f_{i\ell}(x)$은 ℓ번째 클래스와 i번째 샘플에 대한 모델 예측 함수다.

신경망에서 적합한 인수 추정값을 찾기 위해서는 무엇을 최적화해야 할까? 회귀에서는 오차 항 제곱의 합이 중심이지만, 이 경우에는 샘플과 클래스에 대한 오차의 누적값을 통해 여러 결과를 조절하는 것으로 대체할 수 있다.

$$\sum_{\ell=1}^{C} \sum_{i=1}^{n} \left(y_{ii} - f_{i\ell}^*(x)\right)^2,$$

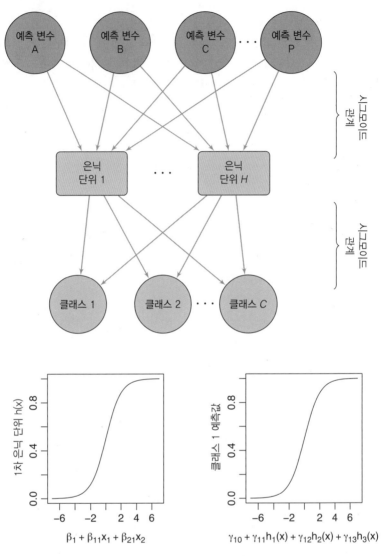

〔**그림 13.3**〕 단일 은닉층을 가진 분류 신경망 다이어그램. 은닉 단위는 시그모이드 함수로 변환된 예측 변수의 선형 조합으로 만들어진다. 결과값 역시 시그모이드 함수를 사용했다.

여기서 $y_{i\ell}$은 ℓ 클래스에 대한 0/1 식별자다. 분류에서 인수값을 판단하려면 이 방식이 효과적일 수 있다. 가장 큰 예측값을 갖는 클래스를 샘플 분류에 사용한다.

이 밖에 $n=1$인 샘플 크기에서의 이항 우도 함수를 사용하는 베르누이 분포([식 12.1])의 우도를 최대화하는 인수 추정값을 찾는 방법도 있다.

$$\sum_{\ell=1}\sum_{i=1} y_{ii} \ln f_{i\ell}^*(x). \tag{13.3}$$

이 함수 역시 엔트로피 또는 교차-엔트로피cross-entropy라는 이름을 갖게 되는데, 이 함수는 다음 장(14장)에서 논의할 몇 가지 트리 기반 모델에서 사용된다. 성능상 차이가 별로 없다는 연구 결과가 있었지만(Kline and Berardi, 2005), 우도는 이론적으로 오차 제곱값 방식보다 효력이 있다. 하지만 비숍(1995)은 엔트로피 함수가 오차 제곱 항 함수로 만들어진 값보다 작은 확률값을 정확하게 추정한다고 밝혔다.

회귀에서 봤던 것과 마찬가지로 분류 신경망도 충분히 과적합될 수 있다. 엔트로피나 오차 항의 제곱 합을 최적화하면서 가중값 감소는 인수 추정값 크기를 감소시킨다. 이를 통해 더욱 완만한 분류 경계를 얻을 수 있다. 또한 앞에서 논의했던 것처럼 모델 평균을 통해 과적합을 줄일 수 있다. 이 경우, 신경망 전반에서 구한 클래스 확률 추정값 ($f_{i\ell}^*(x)$)의 평균을 낸 후, 이 평균값을 사용해 샘플을 분류한다.

[그림 13.4]는 서로 값을 다르게 한 가중값과 모델 평균에서의 모델 적합에 대한 예를 보여준다. 각 모델은 동일한 임의의 값으로 각각의 모델을 초기화한 후, 3개의 은닉 단위를 사용해 오차 제곱 합에 대해 최적화했다. 가중값을 사용하지 않은 모델의 첫 행은 확실히 과적합됐고, 이 경우 모델 평균에 미치는 영향은 미미하다. 두 번째 행에서 소량의 가중값을 사용한 경우(모델 평균과 같이) 향상이 있던 것으로 보이지만, 단일 신경망을 사용한 경우에는 여전히 어느 정도 훈련 데이터에 과적합된 것으로 보인다. 가중값을 가장 많이 사용한 경우에는 모델 평균에 거의 영향을 미치지 않는 최상의 결과를 보였다. 이 데이터에서 가중값을 사용하는 단일 모델이 계산 비용이 가장 적게 드는 가장 좋은 선택일 수 있다.

신경망 분류 모델의 여러 다른 면은 회귀에서의 성격과 마찬가지다. 예측 변수나 은닉 단위의 수가 늘어나면 모델에 사용되는 인수가 많아지고, 역전파와 같은 수치 계산 과정을 통해 이 인수들을 추정한다. 공선성 및 비정보성 변수가 모델 성능에 중요한 영향을 미칠 것이다.

신경망의 여러 유형을 보조금 지원 데이터에 적용해봤다. 첫째, 모델 계수 추정에 엔트로피를 사용해 단일 신경망 모델(모델 평균을 사용하지 않음)을 적용해봤다. 은닉층의 수(1부터 10까지의 범위)와 가중값의 양($\lambda = 0, 0.1, 1, 2$)을 사용해 모델을 튜닝했다. 최적의 모델은 $\lambda = 2$일 때 8개의 은닉 단위를 사용한 것으로, 이때 ROC 곡선 하단의 면적은 0.884였다. 튜닝 인수 프로파일을 보면, 튜닝 인수 간에 뚜렷한 추세는 없고, 분산이 크게 나타나는 것을 알 수 있다.

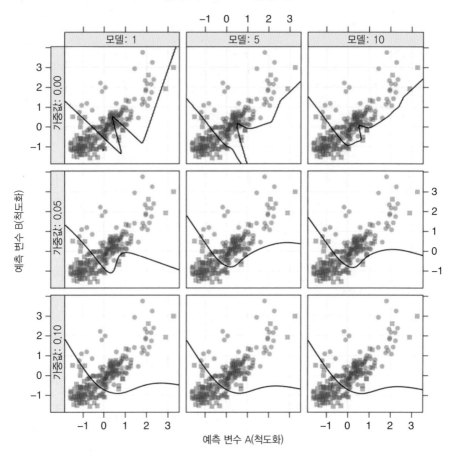

[그림 13.4] 여러 평활 및 정규화 단계에 따른 신경망에서의 분류 경계. 가중값이 감소하고 모델 수가 증가할수록 경계는 보다 완만해진다.

이 분산을 처리하기 위해 동일한 튜닝 과정을 반복하면서 10개의 신경망을 데이터에 적용해 이 결과의 평균을 구했다. 여기서 최적의 모델은 $\lambda = 2$일 때 은닉 모델을 사용했고, 이때 ROC 곡선 하단 면적은 0.884였다.

모델 효과 증대를 위해 다양한 데이터 변환을 적용했다. 특히, 공간 부호 변환은 이러한 데이터에 대한 신경망의 성능에 상당히 긍정적인 영향을 미쳤다. 단일 신경망 모델에 이 변환을 결합했을 때, 곡선 하단 면적은 0.903이었다. 모델 평균 사용 시의 ROC 곡선 하단 면적은 0.911이었다.

[그림 13.5]는 여러 모델에 걸쳐 튜닝 인수 프로파일을 시각화한 것이다. 데이터 변

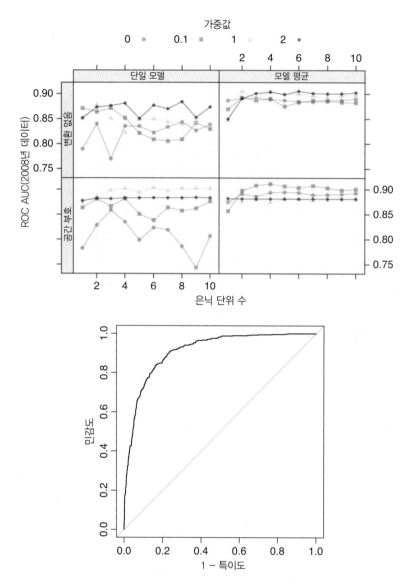

〔그림 13.5〕 **상단**: 보조금 신청 성공 모델을 예측 변수의 변환 유무, 모델 평균 적용 유무의 4개 다른 조건하에서 튜닝했다. **하단**: 공간 부호 변환 및 모델 평균을 적용한 신경망 모델의 2008년 데이터에 대한 ROC 곡선(곡선 하단 면적: 0.911)

환을 전혀 사용하지 않은 경우, 모델 평균을 사용했을 때 모든 튜닝 인수에 대해 모델 성능이 향상됐다. 모델 평균은 모델 간 차이를 줄이는 역할도 한다. 그림을 보면 프로파일 곡선이 서로 가까워진 것을 알 수 있다. 공간 부호 변환을 단일 모델에 적용한 경우,

1. 각 C개의 클래스에 대한 이진 가변수를 열로 하는 새로운 응답 변수 행렬을 만든다.
2. 예측 변수나 예측 변수의 함수에 대한 기울기와 절편을 구하는 다변량 회귀 모델을 만든다(선형 회귀, MARS 등 어느 방법을 사용해도 된다).
3. 최적 점수화 기법을 사용해 모델 변수 후처리를 한다.
4. 가법 회귀 계수를 판별값으로 사용한다.

알고리즘 13.1 일반화 LDA 모델의 유연 판별 분석 알고리즘(Hastie et al., 1994)

변환을 적용하지 않았던 모델보다 성능이 향상된 것을 알 수 있다. 하지만 모델 평균과 공간 부호 변환 모두를 사용한 경우에는 성능이 최적화된다.

13.3 유연 판별 분석

앞에서 고전적 선형 판별 분석의 동기는 총오분류율을 최소화하는 것에 있다고 했다. 이로 인해 동일한 모델도 완전히 다른 방식으로 도출하게 됐다. 헤이스티 등(1994)은 C개의 클래스가 있는 경우, C개의 선형 회귀 모델 세트를 각각의 이진 클래스 식별자에 맞춘 후, 이 모델을 후처리를 해서 판별 계수를 얻는 과정을 보였다(알고리즘 13.1 참고). 이를 여러 방식으로 확장해 선형 판별 모델을 도출하는 아이디어를 발견했다. 우선 6, 7장에 등장한 라소, 능형 회귀, MARS 등의 여러 모델을 회귀 변수를 생성하는 식으로 확장할 수 있다. 예를 들면, MARS를 사용해 원예측 변수의 비선형 조합인 경첩 함수 세트를 만들고, 이를 판별 함수로 사용할 수 있다. 다른 예로, 라소를 사용해 특징 선택을 통한 판별 함수를 만들 수 있다. 이런 개념적 체계를 유연 판별 분석flexible discriminant analysis, FDA이라고 한다.

예제 데이터에 MARS를 사용한 유연 판별 알고리즘을 사용했을 때 나타나는 비선형적 성질은 [그림 4.1]을 통해 확인할 수 있다(93쪽). MARS에서는 남은 항목의 수와 경첩 함수에 포함된 예측 변수의 차수를 튜닝 인수로 사용한다는 것을 떠올려보자. 가법 모델을 사용하는 경우(1차 모델), 남은 항목의 최대 수를 2로 두고, 클래스에 대한 이항 변수를 생성한 경우 판별 함수는 아래와 같다.

$$D(A, B) = 0.911 - 19.1 \times h(0.2295 - B)$$

이 식에서 $h(\cdot)$은 183쪽의 [식 7.1]에서 설명한 경첩 함수다. 판별 함숫값이 0보다 큰 경우, 이 샘플은 1번 클래스로 분류된다. 이 모델에서 예측 방정식은 하나의 변수에만 사용되고, [그림 13.6]의 좌측 그림에서는 이런 결과 클래스 범위가 나타나 있다. 예측 변수 B가 이를 나누는 유일한 예측 변수이므로 클래스 경계는 수평선을 그린다.

MARS의 제약 조건이 엄격한 경우, FDA가 그다지 명확한 효과를 보이지는 않는다. 남은 항목의 최대 수를 4까지로 기준을 완화했을 때의 판별 방정식은 아래와 같다.

$$\begin{aligned} D(A, B) = &- 0.242 \\ &+ 11.6 \times h(A - 0.1322) \\ &- 13.9 \times h(A - 0.2621) \\ &- 12.1 \times h(0.2295 - B). \end{aligned}$$

이 FDA 모델에 대한 예측 변수와 클래스 경계는 [그림 13.6]의 우측 그림에서 살펴볼 수 있다. MARS 경첩 함수 h의 한쪽 중단점은 0이라는 것을 상기하자. 이를 통해 경첩 함수는 데이터의 특정 구역을 분리한다. 한 가지 예로, $A < 0.1322$이고 $B > 0.2295$인 경우 경첩 함수 중 어떤 것도 예측 변수에 영향을 미치지 않고 모델의 절편이 음인 경

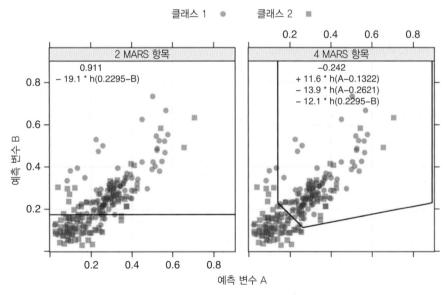

〔그림 13.6〕 다른 복잡도에 대한 두 FDA 모델의 분류 경계

우는 이 구역의 모든 점이 2번 클래스로 분류된다는 것을 보인다. 하지만 $A > 0.2621$ 이고 $B < 0.2295$인 경우, 예측 변수는 모든 세 경첩 함수에 대한 함수다. 기본적으로 MARS 특징들은 예측 변수 공간 내의 다차원상 다각형 구역으로 분리되고, 이 구역 내의 공통 부분에 속하는 클래스를 예측한다.

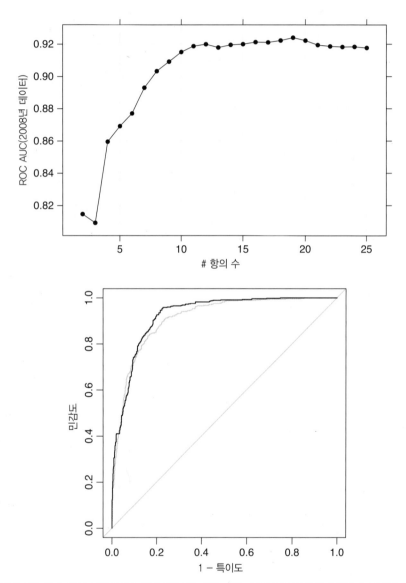

〔그림 13.7〕 **상단**: FDA 모델의 인수 튜닝 프로파일. **하단**: FDA ROC 곡선(곡선 하단 면적: 0.924)을 통해 이전 신경망 모델 곡선(회색)과의 관계를 볼 수 있다.

FDA 모델을 보조금 지원 모델에 튜닝해서 훈련시켜봤다. 1차 MARS 경첩 모델에 대해 남은 항목의 수를 2부터 25까지로 넣고 평가해봤다. 성능은 항목의 수가 최대 15까지 증가하는 동안 증가했다([그림 13.7] 참고).

최적 숫자값은 19였지만, 여기에는 아직 좀 더 조절할 여지가 남아 있다. 이 모델에서 2008년 데이터에 대한 ROC 곡선 하단 면적은 0.924이고, 이때 민감도는 82.5%며, 특이도는 86.4%다. FDA 모델에는 19개의 항과(1,070개의 변수 중) 14개의 예측 변수가 사용됐다. 또한 9개의 모델 항은 이종 범주형 변수의 단순한 선형 함수다. 이 모델의 판별 방정식은 아래와 같다.

$$
\begin{aligned}
D(x) = \ &0.85 \\
&-0.53 \times h(1 - \text{수석 연구원 수}) \\
&+0.11 \times h(\text{수석 연구원의 지원 성공 수} - 1) \\
&-1.1 \times h(1 - \text{수석 연구원의 지원 성공 수}) \\
&-0.23 \times h(\text{수석 연구원의 지원 실패 수} - 1) \\
&+1.4 \times h(1 - \text{수석 연구원의 지원 실패}) \\
&+0.18 \times h(\text{수석 연구원의 지원 실패} - 4) \\
&-0.035 \times h(8 - \text{모든 연구원의 A급 저널 논문 게재 수}) \\
&-0.79 \times \text{후원 재단 코드 24D} \\
&-1 \times \text{후원 재단 코드 59C} \\
&-0.98 \times \text{후원 재단 코드 62B} \\
&-1.4 \times \text{후원 재단 코드 6B} \\
&+1.2 \times \text{후원 미상} \\
&-0.34 \times \text{계약 그룹 B} \\
&-1.5 \times \text{계약 그룹 미상} \\
&-0.34 \times \text{보조금 그룹 코드 30B} \\
&+0.3 \times \text{토요일 접수 여부} + 0.022 \times h(54 - \text{일자}) \\
&+0.076 \times h(\text{일자} - 338).
\end{aligned}
$$

이 식을 통해 모델상에서 예측 변수의 정확한 효과를 더 상세히 알 수 있다. 예를 들어, 수석 연구원의 수가 0에서 1로 증가함에 따라 지원서 성공 확률도 증가한다. 수석 연구원이 1명 넘게 있는 경우에는 반대쪽 경첩 함수가 제거됨에 따라 모델에 영향을 미치지 않는다. 또한 수석 연구원의 지원 성공 수에 따라 성공 확률이 증가하고, 수석 연구원의 지원 실패 횟수에 따라 성공 확률이 감소한다. 이는 앞에서 살펴본 모델과 비슷

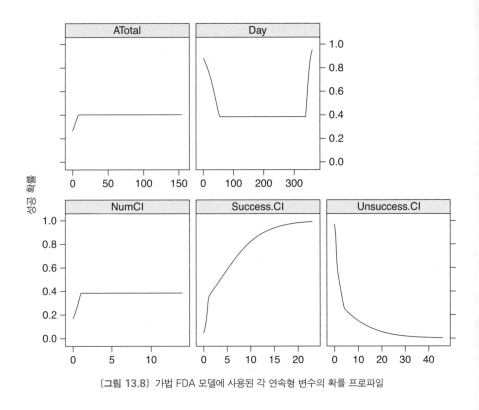

〔그림 13.8〕 가법 FDA 모델에 사용된 각 연속형 변수의 확률 프로파일

한 결과다. 일자의 경우, 지원 성공 확률은 해가 갈수록 감소하고, 성공 확률이 증가하는 연말까지는 모델에 영향을 미치지 않는다.

위의 판별 함수에서 클래스 확률 추정값을 구하기 위해 추가로 변경할 수 있다. 〔그림 13.8〕에서는 연속 변수에 대한 확률 추이 변화를 눈으로 확인할 수 있다. 이때 가법 모델이 사용된 경우, 각 변수의 확률 프로파일은 다른 변수와는 독립적으로 고려돼야 한다는 것을 기억하자. 여기서 수석 연구원의 수와 A급 저널 게재 횟수는 예측에만 다소 영향을 미친다. 다음은 각 예측 변수에 대응되는 변수들을 하나씩 제거해가는 가지치기 알고리즘의 결과다.

일자에 대한 프로파일에는 이와 관련 있는 2개의 변수가 있다. 그 결과, 이 변수는 연초와 연말에만 모델에 영향을 미친다. 앞 장에서 이 변수는 이 변수에 대한 이차 함수를 추가해 결과값과 비선형 관계를 갖게 되는 것에 대한 좋은 증거가 있었다. FDA에서도 동일한 관계를 사용해 값을 추정할 것이다. 하나의 예측 변수인, 수석 연구원의 지원서 실패 횟수는 모델상에서는 평활 확률 프로파일에 반영돼 여러 항으로 나타난다. 이 항 변수인 계약 그룹 B, 계약 그룹 미상, 보조금 코드 30B, 후원 재단 코드 24D, 후원 재단 코드 59C, 후원 재단 코드 62B, 후원 재단 코드 6B는 성공 확률에 긍정적인 영향을 미치지만, 토요일 접수 여부, 후원 재단 미상인 경우는 성공률을 감소시키는 데 기여한다.

FDA에 모델 배깅을 취하면, 예측 변수와 결과 간에 보다 완만한 결과 곡선을 생성할 수 있다. MARS 모델은 전체 데이터를 검색하지만, 분기는 훈련 데이터 세트의 특정 데이터 값을 기반으로 만들어지므로 다소 불안정한 예측 변수가 생길 수도 있다.[1] FDA 배깅 모델을 사용하면 중요한 변수에 보다 많은 분기를 추가해 보다 나은 추정값을 구할 수 있도록 하는 효과가 있다. 하지만 실험 결과, MARS나 FDA 배깅 모델은 모델 성능에 미치는 영향이 미미할 뿐만 아니라 항의 수가 증가할수록 판별 방정식의 해석력이 감소하는 것으로 나타났다([그림 8.16]의 추세와 유사함).

FDA 모델의 많은 변수의 척도가 다르므로 판별 분석을 통해 어떤 변수가 결과에 가장 큰 영향을 미치는지를 파악하는 용도로 판별 함수를 쓰기는 어렵다. 대신 7.2장에서 설명한 변수 중요도를 측정하는 것과 동일한 방법을 여기서도 사용할 수 있다. 가장 중요도가 높은 예측 변수 5개를 순서대로 나열하면, 계약 그룹 미상, 수석 연구원의 지원 실패 횟수, 수석 연구원의 성공 횟수, 후원 재단 미상, 일자로 나타난다.

FDA 구조하에서 MARS를 사용하는 대신, 밀보로(Milborrow, 2012)는 이종 문제에서 로지스틱 회귀의 2단계 접근법을 제시했다. 여기서는 이항 응답 가변수 예측을 위해 초기에는 MARS 모델을 사용한다(알고리즘 13.1의 처음 두 단계와 같다). 이후 기존 가변수 모델에서 만들어진 MARS 모델의 값을 사용해 로지스틱 회귀 모델을 만든다. 이 방법을 실제로 사용했을 때, FDA 모델과 유사한 결과를 얻을 수 있었다.

13.4 서포트 벡터 머신

서포트 벡터 머신은 1960년대 중반에 블라디미르 뱁닉Vladimir Vapnik이 처음 개발한 통계 모델 기법이다. 1960년대 후반으로 가면 이 모델은 당시 사용할 수 있는 머신 러닝 기법 중 가장 유연하고 효과적인 방법 중 하나로 진화하며, 뱁닉(2010)은 이를 포괄적으로 사용하는 방안을 내놓는다. 이 모델의 회귀 버전은 7.3장에서 살펴봤다. 이는 원래 분류용으로 만들어졌던 모델의 확장판이다. 여기서는 회귀용 SVM과 동일한 개념으로

---

[1] 하지만 MARS와 FDA 모델은 선형 회귀를 사용해 모델 인자를 추정하므로 트리 기반 모델보다 안정적이다.

접근해 이를 분류 문제에 적용해볼 것이다.

[그림 13.9]의 왼쪽 그래프에 나와 있는 두 변수를 사용해 두 클래스로 완전히 나뉘어 있는 샘플의 클래스를 예측하는 문제를 살펴보자. 왼쪽에 나온 것처럼 아주 많은 (사실상 무한한) 수의 선형 경계를 사용해 데이터를 완벽하게 분류할 수 있다. 이런 경우, 적합한 클래스 경계를 어떻게 선택할 수 있을까? 모든 곡선이 동일하게 중요하다고 할 경우, 정확도 같은 여러 성능 측정 지표로는 부족하다. 모델의 효능을 판단하기 위해 보다 적합한 지표는 무엇일까?

뱁닉은 이를 위해 마진margin이라는 지표를 정의했다. 간단히 말하면, 마진은 분류 경계와 가장 가까운 훈련 데이터 값 간의 거리다.

한 가지 예로, [그림 13.9]의 오른쪽 그래프에서 분류 경계 중 하나인 검은색 선을 볼수 있다. 양쪽 그래프의 경계선 중 점선은 선과 가장 가까운 훈련 데이터의 최대 거리 (경계선으로부터의 등거리)다. 이 예제에서 세 점은 분류 경계선으로부터 동일하게 가깝고, 이는 검은색 기호로 따로 표시돼 있다. 이 점들로 정의된 마진을 수치화해 가능한 모델들을 평가한다. SVM 개념에서 경계선과 데이터 간의 거리를 최대로 하는 경계선의 기울기와 절편을 최대 선형 마진 분류기라고 한다.

SVM 기법의 내부 동작을 더 잘 이해하기 위해 간단한 예제를 통해 이 기법의 몇 가지 수학적 구조를 탐구해보자. 이종 문제가 있고, 이때 클래스 #1 샘플의 값은 1이며, 클래스 #2 샘플의 값은 −1이라고 가정해보자. 또한 x_i 벡터에 훈련 데이터 세트 샘플의 예측 변수 데이터가 들어 있다고 가정해보자. 최대 마진 분류기를 통해 샘플을 분류하

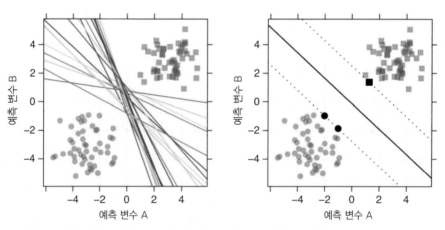

〔그림 13.9〕 **왼쪽**: 완전히 나뉘어 있는 데이터 세트. 무한대의 선형 클래스 경계를 통해 오차는 0이 된다. **오른쪽**: 최대 선형 마진 분류기를 통해 구한 클래스 경계. 검은색 점은 서포트 벡터다.

는 결정값 $D(\mathbf{x})$를 만든다. $D(x) > 0$인 경우, 이 샘플은 클래스 #1이고, 아닌 경우 #2다. 값을 모르는 샘플 $\mathbf{u}$에 대해 결정 방정식은 기울기와 절편이 들어가는 선형 판별 함수와 유사한 형태로 만들어진다.

$$
\begin{aligned}
D(\mathbf{u}) &= \beta_0 + \boldsymbol{\beta}'\mathbf{u} \\
&= \beta_0 + \sum_{j=1}^{P} \beta_j u_j.
\end{aligned}
$$

여기서 이 방정식은 예측 변수 관점에서 만들어졌다는 것을 기억해두자. 이 방정식을 변환해서 최대 마진 분류기를 샘플의 각 데이터 점에 적용해볼 수 있다. 이 관점에서 α_i $\geq$ 0인 경우, 방정식은 아래와 같이 바뀐다(식 [7.2]와 유사).

$$
\begin{aligned}
D(\mathbf{u}) &= \beta_0 + \sum_{j=1}^{P} \beta_j u_j \\
&= \beta_0 + \sum_{i=1}^{n} y_i \alpha_i \mathbf{x}_i' \mathbf{u}
\end{aligned}
\tag{13.3}
$$

이를 통해 이 문제처럼 완벽히 구분된 경우라면, 인수 α는 마진에 들어가지 않는 모든 샘플의 경우, 정확히 0이 된다는 것을 알 수 있다. 역으로 α 값이 0이 아닌 데이터 집합은 마진의 경계에 있는 점이다([그림 13.9]의 검은색 점). 따라서 예측 방정식은 훈련 데이터의 하위 집합의 함수이며, 이를 서포트 벡터^{support vector}라고 한다. 예측 방정식은 경계에 가장 근접하고 가장 적은 확실성을 갖고 예측되는 훈련 데이터 샘플에 대한 함수일 뿐이다.[2] 예측 방정식은 온전히 이 데이터만을 지원^{support}하므로 최대 마진 분류기를 보통 서포트 벡터 머신^{support vector machine}이라고 한다.

첫 번째 실험에서 [식 13.4]는 다소 신기하게 보인다. 하지만 이 식은 서포트 벡터 머신이 새 샘플을 어떻게 분류하는지를 설명해준다. [그림 13.10]의 회색 원으로 표시된 새 샘플이 이 모델에서 분류된 것이라고 가정해보자. 각 서포트 벡터와 새 샘플 간의 거리는 회색 점선으로 나타나 있다. 이 데이터에는 3개의 서포트 벡터가 있으므로 새 샘플을 분류하기 위해 필요한 유일한 정보가 포함돼 있다. [식 13.4]의 평균은 클래스 값, 모델 인수, 새 샘플과 서포트 벡터 변숫값의 내적, 외적의 합이다. 아래 표는 이 합의 요

---

2 서포트 벡터 회귀 모델에서 예측 함수를 잔차가 가장 큰 샘플에 대해 판단했던 것과 유사한 상황이라는 것을 기억해 두자.

소를 세 서포트 벡터별로 나눠 나타냈다.

참 클래스	내적	y_i	α_i	외적
SV 1 클래스 2	−2.4	−1	1.00	2.40
SV 2 클래스 1	5.1	1	0.34	1.72
SV 3 클래스 1	1.2	1	0.66	0.79

내적 $x_i'u$는 원점으로부터 x_i까지의 거리, 원점으로부터 u까지의 거리, x_i와 u 간의 각의 코사인 값의 곱으로 구할 수 있다(Dillon and Goldstein, 1984).

인수 추정값 α_i에 대해 첫 번째 서포트 벡터는 예측 방정식에서 가장 큰 단일 효과를 갖고(나머지는 모두 동일하다), 음의 기울기를 갖는다. 새 샘플의 경우, 내적이 음수이고 이 데이터의 총기여도는 양수이므로(결정 함수 $D(u)$의 값이 양수가 되므로), 예측값은 1번 클래스다. 나머지 두 서포트 벡터 머신에서는 이 샘플에 대한 결정 함숫값을 증가시키는 양의 내적과 전체 곱을 갖는다. 이 모델에서 잔차는 −4.372이고, 따라서 새 샘플에 대한 $D(u)$는 0.583이다. 이 값이 0보다 크므로 새 샘플은 1번 클래스에 가장 적합하다고 나온다.

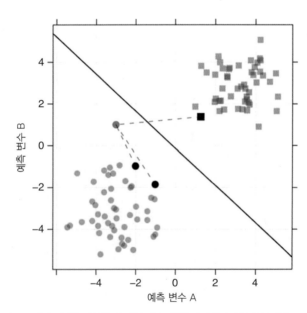

〔그림 13.10〕 서포트 벡터 머신을 사용한 새 샘플 예측. 결정 방정식의 최종값은 $D(u) = 0.583$이다. 회색 선은 서포트 벡터와 새 샘플 간의 거리를 나타낸다.

클래스가 완전히 구분되지 않는 경우에는 어떻게 될까? 코테스와 뱁닉(Cortes and Vapnik, 1995)은 이런 상황을 만족시키기 위해 초기 최대 마진 분류기를 확장했다. 이 식에서는 경계선에 있거나 경계선 반대 쪽으로 분류된 훈련 데이터 값의 합을 비용으로 두었다. α 값의 추정값을 구할 때, 데이터 값이 클래스 경계 반대쪽에 있거나 마진 안에 있는 경우 마진 값에 벌점이 부과된다. 비용값은 모델의 튜닝 인수로 경계의 복잡도를 조절할 수 있는 기본적인 방법이다. 예를 들어, 오차 비용이 증가하면 최대한 많은 훈련 데이터를 제대로 분류할 수 있도록 분류 경계를 옮기고 형태를 변경한다. 4장의 [그림 4.2]에서는 이 내용을 보여주고 있다. 오른쪽 그래프에서는 과하게 높은 비용이 발생한 경우, 심한 과적합 결과로 이어진다는 것을 보여준다.

7.3장에서 언급한 것을 반복하면 이 책에서 언급하는 대부분의 정규화 모델은 과적합을 피하기 위해 계수에 일정 벌점을 부과한다. 벌점이 큰 경우는 비용과 마찬가지로 모델 복잡도에 제약을 건다. 서포트 벡터 머신의 경우, 오차의 수에 대해 벌점을 부과할 때 비용값을 사용한다. 이에 따라 비용값이 큰 경우, 모델 복잡도를 낮추려고 하는 대신 높이는 쪽으로 유도한다.

지금까지는 선형 분류 경계를 사용하는 모델에 대해 살펴봤다. [식 13.4]에서는 이를 위해 내적 $\mathbf{x}_i'\mathbf{u}$를 사용했다는 사실을 떠올려보자. 예측 변수를 이 식에 선형 방정식 형태로 대입하면, 경곗값은 이에 대응하는 선형 형태로 구해진다. 보저 등(Boser et al., 1992)은 단순 선형 외적 대신 커널 함수로 교체해 모델의 선형적 성질을 비선형 분류 경계로 확장했다.

$$D(\mathbf{u}) = \beta_0 + \sum_{i=1}^{n} y_i \alpha_i \mathbf{x}_i' \mathbf{u}$$
$$= \beta_0 + \sum_{i=1}^{n} y_i \alpha_i K(\mathbf{x}_i, \mathbf{u}),$$

여기서 $K(\cdot, \cdot)$는 두 벡터의 커널 함수다. 선형 함수의 경우, 커널 함수는 동일한 내적 $\mathbf{x}_i'\mathbf{u}$이다. 하지만 회귀 SVM처럼 아래와 같은 다른 비선형 변환 방식도 적용할 수 있다.

$$다항 = (척도화(\mathbf{x}'\mathbf{u}) + 1)^도$$
$$방사형\ 기본\ 함수 = \exp(-\sigma\|\mathbf{x} - \mathbf{u}\|^2)$$
$$쌍곡\ 탄젠트 = \tanh(척도화(\mathbf{x}'\mathbf{u}) + 1)$$

이때 내적으로 인해 예측 변수 데이터는 적용 전 중심화와 척도화를 진행해야 규모가 큰 값들 방향으로 계산이 치우치지 않는다는 것을 염두에 두자.

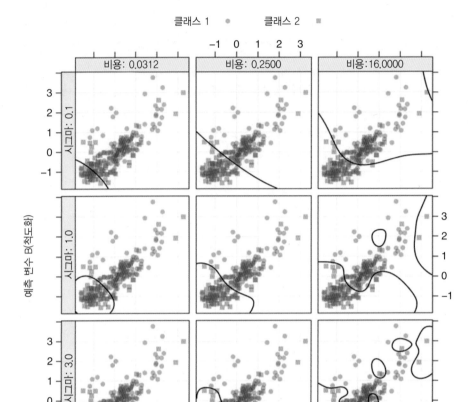

클래스 1 ● 클래스 2 ■

〔그림 13.11〕 비용 변수와 커널 변수(σ)에 따른 9개의 방사형 기본 함수 서포트 벡터 머신 모델

SVM 모델은 커널 기법을 통해 매우 유연한 결정 경계를 만들수 있게 됐다. 커널 함수 매개변수와 비용값의 선택을 통해 복잡성을 제어한다. 이때 모델이 교육 데이터에 과도하게 적합하지 않도록 적절히 조정해야 한다. [그림 13.11]에서는 서로 다른 비용 및 튜닝 변숫값의 서로 다른 조합을 사용해 만든 모델의 분류 경계 예시를 보여준다. 비용값이 낮은 경우, 모델은 데이터에 확실히 과소 적합한 형태를 보인다. 이와 반대로 비용값이 상대적으로 높은 경우(여기서는 16인 경우), 모델은 데이터에 과적합될 수 있다. 이 경향은 커널 변숫값이 큰 경우에 뚜렷하게 나타난다. 리샘플링을 사용해 이 매개변숫값을 적절하게 추정하면, 과소 적합과 과적합 간의 균형점을 찾도록 한다. 4.6장에서는 모델 튜닝 예제로, 서포트 벡터 머신의 방사형 기본 함수를 사용했다.

서포트 벡터 머신은 커널 방식의 일반적인 형태에 속하며, 한동안 매우 활발히 연구됐다. 여기서는 오분류된 샘플과 비선형 클래스 경계를 사용하기 위해 원모델을 확장한 것에 대해 살펴봤다. 서포트 벡터 머신에는 이외에도 이종 이상의 클래스를 다루는 등여러 가지에 대한 확장형이 있다(Hsu and Lin, 2002; Duan and Keerthi, 2005). 또한 모델의 원래 목적은 클래스 확률 추정이 아니라 샘플 분류를 위한 제대로 된 결정 경계선을 만드는 것이다. 하지만 플랫(Platt, 2000)은 클래스 확률 추정을 위해 SVM 모델의 결과를 후처리하는 방법을 고안했다. 최소 제곱 서포트 벡터 머신(Suykens and Vandewalle, 1999), 연관 벡터 머신(Tipping, 2001), 임포트 벡터 머신import vector machines(Zhu and Hastie, 2005) 같은 서포트 벡터 머신의 다른 형태들도 있다.

특정 기능에 특화된 커널들도 만들어졌다. 예를 들어, 6.1장에서 살펴본 QSAR 모델 및 회귀 분석에 대한 장에서는 화학 기술자를 예측 변수로 사용했다. [그림 6.1]에서는 아스피린의 화학식을 살펴봤다. 분자식으로부터 기술자를 구하는 대신, 식을 그래프(또는 네트워크) 형태로 변환할 수 있다. 커널 함수의 특정 종류인 그래프 커널을 사용해 화학식에서 기술자 변수를 도출하지 않고 모델에 화학식의 내용을 바로 반영할 수 있다 (Mahé et al., 2005; Mahé and Vert, 2009). 이와 비슷하게 텍스트 마이닝에도 다른 커널을 적용해볼 수 있다. 단어 가방bag-of-words 방식은 단어별 빈도를 구해 글을 요약한다. 이 수치는 분류 모델의 예측 변수로 사용된다. 이 방법에는 몇 가지 문제가 있다. 우선, 예측 변수 도출을 위해 부가적인 계산이 들어간다. 둘째, 이런 단어 기반 방식에서는 글의 순서를 고려하지 않는다. 예를 들어, 문장 "미란다가 곰을 먹었다Miranda ate the bear"와 "곰이 미란다를 먹었다the bear ate Miranda"는 단어 가방 수치는 동일하지만, 의미는 완전히 다르다. 문자열 커널String kernels(Lodhi et al., 2002; Cancedda et al., 2003)에서는 문서의 전체 글을 직접 사용하므로 단어 가방 방식보다 중요 관계를 찾기에 더 적합하다.

보조금 지원 데이터에 대해 여러 방식으로 SVM을 사용해봤다. 방사형 기본 함수 커널과 다항 커널을 (선형 및 이차항을 사용해) 사용한 후 평가했다. 또한 전체 변수 세트와 축소된 변수 세트를 모두 사용해 모델을 평가했다. 19장에서 살펴본 것처럼 서포트 벡터 머신은 모델에 비정보성 변수가 포함될 경우, 부정적인 영향을 받을 수 있다.

방사형 기본 함수에서 방사형 기본 함수 인수 추정을 위해 분석적 방법을 사용한다. 전체 예측 변수를 모두 사용하는 경우, 추정값은 $\sigma = 0.000559$이고, 축소 데이터 세트에서는 $\sigma = 0.00226$다. 하지만 이 수치를 사용한 모델들의 성능이 좋지 않으므로 이 인수에 분석 추정값보다 작은 여러 값을 대입해봤다. [그림 13.12]에서 이 모델들의 결과를 볼 수 있다. 적은 예측 변수를 사용한 경우가 전체 데이터 세트를 사용한 경우보

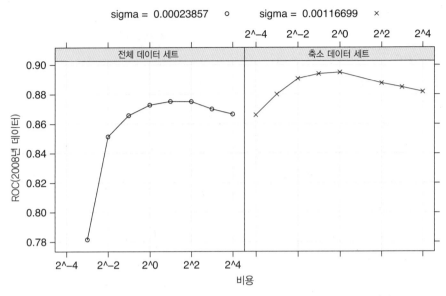

〔그림 13.12〕 보조금 데이터의 방사형 기본 함수 SVM 모델에 대한 튜닝 프로파일

다 더 좋은 결과가 나왔다. 이때 ROC 곡선 하단 면적은 0.895이고, 84%의 민감도와 80.4%의 특이도를 보였다. 축소 데이터 세트에서는 σ 값이 작은 경우, 결과가 더 좋았으나 0.001167 이하에서는 모델 적합도가 더 나아지지 않았다.

다항 모델에서는 상당한 양의 시행착오를 통해 이 커널의 배율 인수에 대한 적절한 값을 결정했다. 값이 부적절하면 모델에 대한 수치가 나빠지고, 매개변수에 가능한 값은 다항식 차수 및 비용 변수에 따라 달라진다. [그림 13.13]은 데이터를 적용한 결과다. 축소 데이터 세트에 대해 만들어진 모델의 성능이 전체 데이터 세트를 사용한 모델보다 좋게 나왔다. 또한 선형 모델과 이차 모델의 최적 성능은 거의 동일했다.

이에 따라 모델상에서는 데이터에 대해 주로 선형 관계를 골라냈음을 알 수 있다. 주어진 예측 변수의 상당수가 이항 변수이므로 이 결과는 말이 된다. 이 모델들 중 ROC 곡선 하단 면적의 최적값은 0.898이다.

전반적으로 서포트 벡터 머신 모델은 지금까지 만들어진 모델과 비교했을 때 경쟁력이 있지는 않다. 12장에서 살펴본 대부분의 선형 모델들은 서포트 벡터 머신과 비슷한 (또는 더 나은) 성능을 보인다. 이 장에서 살펴본 FDA 모델이 훨씬 효과적이다. 하지만 우리의 경험상 SVM 모델은 대부분의 문제에 있어서 매우 좋은 성능을 보인다.

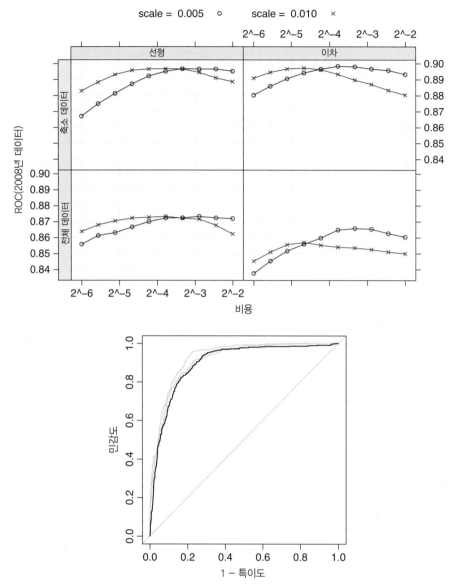

〔그림 13.13〕 **상단**: 이차 SVM 모델의 성능 프로파일. **하단**: 최적 모델의 ROC 곡선(곡선 하단 면적: 0.895)

13.5 K-최근접 이웃 모델

4.2장에서 모델 튜닝과 과적합 모델에 대해 논의하면서 K-최근접 이웃(KNN) 분류 모델을 처음 살펴봤다. 또한 7.4장에서는 KNN을 회귀 관점으로 확대해 살펴봤다. 이때는 회귀에 대한 KNN의 많은 아이디어를 직접 적용했지만, 여기서는 이 방법이 분류에 적용되는 방식의 고유한 측면을 강조할 것이다.

지금까지 살펴본 분류 방법에서는 데이터를 최적으로 구분하는 선형 또는 비선형 경계선을 찾았다. 그 후 이 경계를 사용해 새로운 샘플의 분류 결과를 예측했다.

KNN에서는 샘플의 위치적 이웃을 사용해 분류 결과를 예측하는 식의 다른 방식을 사용할 것이다. 분류 KNN에서도 회귀에서의 관점과 마찬가지로 훈련 데이터 세트의 K 개의 가장 가까운 샘플을 사용해 새 샘플의 결과를 예측한다. "가까움^{Closeness}"은 유클리드 거리나 민코프스키 거리 같은 거리값을 사용해 구하고(7.4장), 이때 수치 선택은 예측 변수 특성에 따라 달라진다. 어떤 거리값을 사용하든 예측 변수의 원래 측정 단위가 결과 거리 계산에 영향을 미친다는 사실을 인지하고 있어야 한다. 이는 예측 변수들이 서로 완전히 다른 단위를 사용하는 경우, 샘플 간의 거리값이 큰 단위를 사용하는 변수 쪽으로 치우친다는 뜻이다. 각 예측 변수가 거리 계산에 동일한 영향을 미치게 하려면 KNN을 수행하기 전에 모든 예측 변수에 대해 중심화 및 척도화를 실행해줘야 한다.

회귀 관점에서 새 샘플의 분류값을 판단하려면, 거리값을 통해 K개의 가장 근접한 훈련 데이터 세트의 샘플을 구해야 한다. 새 샘플의 각 클래스별 클래스 확률 추정값은 훈련 데이터 세트의 이웃 비율로 구한다. 새 샘플의 예측 클래스는 가장 확률 추정값이 높은 클래스가 된다. 만약, 2개 이상의 클래스가 동일하게 가장 높은 추정값을 갖는다면, $K + 1$개의 최근접 이웃을 사용해 다시 계산하거나 임의로 하나를 선택한다.

튜닝 인수를 사용하는 방법은 어떤 것이든 과적합되는 경향이 있고, [그림 4.2]에서 알 수 있듯이 KNN은 이 문제에 특히 민감하다. 이웃이 너무 적은 경우에는 높은 지역 적합성(과적합)을 보이고, 이웃이 너무 많은 경우에는 데이터상에서 분리되지 않는 경계를 구한다. 따라서 최적의 K 값을 구하기 위해 보통 교차 검증이나 리샘플링 방법을 사용한다.

보조금 데이터에서 이웃의 범위는 1부터 451까지의 튜닝 범위에 대해 평가했다. [그림 13.14]는 2008년 데이터의 ROC 곡선 하단 면적에 대한 튜닝 프로파일을 나타낸다. 1~5명의 이웃에 대한 예측 성능이 급격히 증가하고, 이후 튜닝 범위 내에서 계속 성능이 향상되는 것을 알 수 있다. 초기 예측 성능의 급격한 증가는 내부 지역 정보가 샘플을 구분하는 데 매우 유용하다는 것을 의미한다. 이후 예측 성능이 꾸준히 증가하는 것

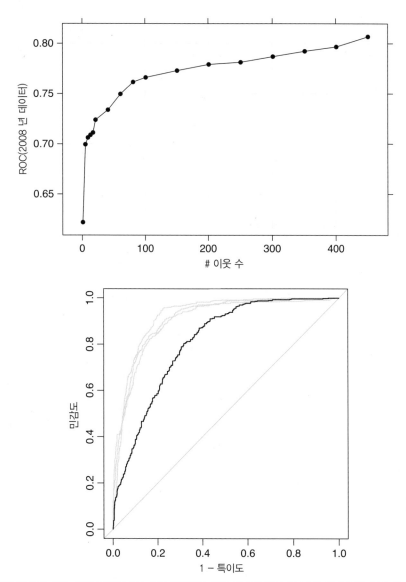

〔그림 13.14〕 **상단**: KNN 모델의 인수 튜닝 프로파일. **하단**: 테스트 세트 데이터의 ROC 곡선. 곡선 하단 면적은 0.81이다.

은 샘플을 구분하는 데 사용한 정보를 가진 이웃이 많다는 것을 뜻한다. 이러한 패턴은 KNN에서 다소 일반적인 형태는 아니다. 보통은 [그림 7.10]에서 나타나는 것처럼 이웃의 수가 증가함에 따라 과소 적합이 나타나고, 이에 따라 예측 성능의 감소가 발생하기 때문이다. 대부분의 데이터 세트에서는 예측에 이렇게 많은 이웃을 사용하지 않는 편이다. 이 예제는 *K*NN의 수치적 불안정성 문제를 보여준다. 이웃의 수가 증가할수록 동점일 확률도 증가한다. 한 가지 예로, 이웃의 수가 451보다 커지는 경우, 동점인 경우가 과하게 발생한다. ROC 곡선 하단의 최적 면적은 0.81로, 이때 *K* = 451이다. [그림 13.14]의 하단 그래프는 *K*NN ROC 프로파일을 SVM과 FDA의 경우와 비교한 것이다. 이 데이터에서 KNN의 예측력은 다른 튜닝된 비선형 모델보다 낮다. 지역 정보는 예측력이 있지만, 광역 최적 분리 경계를 찾는 모델만큼 유용하지는 않다.

13.6 나이브 베이즈 모델

앞 장에서 이미 선형 판별 모델 관점에서의 베이즈 규칙에 대해 알아봤다. 이 장에서는 앞 장의 논의를 확장하고 LDA, QDA, RDA 모델과 같이 다변량 확률 밀도를 구하는 분류 모델에 대해 중점적으로 살펴볼 것이다.

베이즈 규칙은 "우리가 관측한 변수를 기반으로 했을 때, $C\ell$ 클래스가 나올 확률은 얼마일까?"라는 질문에 대한 답을 알려준다. 좀 더 수학적으로 나타내보자. Y가 클래스 변수고, X가 예측 변수의 집합일 때, "주어진 X에 대해 결과가 ℓ번째 클래스일 확률은 얼마일까?"에 대한 답인 $Pr[Y = C\ell|X]$ 값을 추정할 것이다. 베이즈 규칙은 이를 구하기 위해 아래와 같은 공식을 제공한다.

$$Pr[Y = C_\ell|X] = \frac{Pr[Y]Pr[X|Y = C_\ell]}{Pr[X]} \tag{13.5}$$

여기서 $Pr[Y = C\ell|X]$는 일반적으로 클래스의 사후 확률을 나타낸다. 이 식의 원소는 아래와 같다.

- $Pr[Y]$는 결과의 사전 확률이다. 기본적으로 우리가 문제에 대해 이미 알고 있는 것을 바탕으로 클래스 확률이 어떻게 될 거라고 생각하는가? 예를 들어, 고객 이탈 예측의 경우, 회사들은 보통 전체 고객의 전환율에 대한 지식을 갖고 있다. 질병 관련 문제에서 사전 확률은 해당 지역 인구의 질병 발병률이 될 것이다 (11.2장에 보다 상세한 내용이 나와 있다).
- $Pr[X]$는 예측 변숫값의 확률이다. 예를 들어, 새 샘플을 예측할 때 이 샘플의 패턴은 기존 훈련 데이터 세트와 비교했을 때 어떠한가? 보통, 이 확률은 다변량 확률 분포를 사용해 구한다. 실제로 보통 이 계산의 복잡도를 줄여 유의한 가정

을 획득한다.

- $Pr[X|Y = C\ell]$는 조건부 확률이다. $C\ell$ 클래스에 연결된 데이터의 예측 변숫값의 관찰 확률은 얼마인가? $Pr[X]$와 비슷한 식으로 엄격한 가정을 사전에 해두지 않는다면 계산이 복잡해질 수 있다.

나이브 베이즈 모델은 모든 예측 변수가 상호 독립적이라는 가정하에 예측 변숫값의 확률 계산을 단순화한다. 이는 매우 엄격한 가정이다. 이 책 대부분의 사례 연구와 예제를 봤을 때, 이 가정이 현실적이라고 주장하기는 어렵다. 하지만 이 독립 가정은 계산 복잡도를 눈에 띄게 감소시켜준다.

예를 들어, 조건부 확률 $Pr[X|Y = C\ell]$을 구하려면, 각 독립 변수의 확률 밀도 곱을 사용해야 한다.

$$Pr[X|Y = C_\ell] = \prod_{j=1}^{P} Pr[X_j|Y = C_\ell]$$

무조건부 확률 $Pr[X]$은 독립을 가정했을 때 이와 유사한 결과가 나온다. 독립 확률을 구할 때, 연속형 변수에 대해서는 정규 분포를 가정한다(이때 훈련 데이터 세트의 샘플 평균과 분산을 사용한다).

비인수 커널 밀도 추정 등의 다른 방법(Hardle et al., 2004)을 사용하면 확률 밀도를 보다 유연하게 구할 수 있다. 범주형 변수의 경우, 훈련 데이터 세트의 관측 빈도를 사용해 확률 분포를 파악할 수 있다.

예를 들면, [그림 13.15]는 친숙한 이종 문제를 보여주고 있다. 왼쪽 그래프에는 훈련 데이터 세트가 나와 있다. 확실히 두 예측 변수는 독립적이지 않다(상관 계수는 0.78이다). 이때 새 샘플(검은색으로 칠해진 삼각형)의 값을 예측해야 한다고 가정해보자. 총조건부 확률 $Pr[X|Y = C\ell]$을 구하려면, 각 변수를 따로 계산해야 한다. 예측 변수 A에 대한 2개의 조건부 확률 밀도는 [그림 13.15]의 오른쪽에 나와 있다. 여기서의 검은색 수직선은 이 예측 변수에 대한 새 샘플의 값을 나타낸다. 훈련 데이터에서 이 예측 변수를 단독으로 사용하면, 첫 번째 클래스에 훨씬 가깝게 나온다.

첫 번째 클래스에 대한 클래스 확률 $Pr[X|Y = C\ell]$을 구하는 법은 예측 변수 A와 B에 대한 2개의 조건부 확률값을 구한 후, 이 둘을 곱해 이 클래스에 대한 총조건부 확률을 구하는 식이다.

$Pr[X]$도 이와 비슷한 방식이다. 이때 변수 A와 B의 확률을 전체 훈련 데이터 세트(두 클래스 모두 사용)에 대해 구하는 것만 다르다. [그림 13.15]의 예에서 예측 변수 간의 연

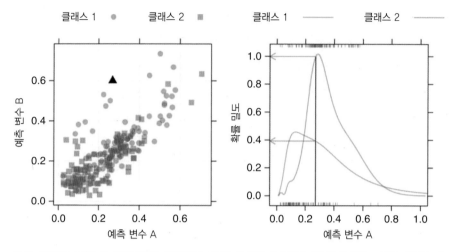

〔그림 13.15〕 **왼쪽**: 새 샘플(색칠된 삼각형)을 예측할 때 대한 두 클래스 데이터에 대한 그래프. **오른쪽**: 비인수 밀도 추정을 사용한 예측 변수 A의 조건부 밀도 그래프. 새 샘플에 대한 예측 변수 A의 값은 검은색 수직선으로 나타나 있다.

관도는 꽤 높으므로 새 샘플이 실제로는 이렇지 않을 수도 있음을 알 수 있다. 하지만 독립 가정을 사용하면, 이 확률은 과하게 추정될 수 있다.

사전 확률로 인해 하나 이상의 클래스에 대한 최종 확률이 한쪽으로 기울어질 수 있다. 예를 들어, 특이한 사건에 대해 모델링할 때, 보통은 데이터에서 사건이 포함된 샘플을 선택해서 고르게 되므로 훈련 데이터 세트의 클래스 분포는 보다 고르게 분포돼 있다. 하지만 모델러는 이 이벤트가 실제로 매우 특이하므로 사전 확률을 낮추고 싶을 것이다. 따로 사전 확률이 주어지지 않는다면, 일반적으로는 사전 확률을 추정할 때 훈련 데이터 세트에서 어느 정도의 비율을 차지하는지를 관측한 값을 사용한다.

이런 극도로 비현실적인 가정을 감안할 때, 군이 왜 이 모델을 고려해야 할까? 첫째, 나이브 베이즈 모델은 큰 훈련 데이터 세트에서도 빠르게 구할 수 있다. 예를 들어, 예측 변수가 모두 범주형인 경우 훈련 데이터 세트의 모든 변수의 빈도 분포가 정리된 테이블만 있으면 된다. 둘째, 이런 엄격한 가정에도 불구하고, 많은 경우 모델 성능이 괜찮은 편이다.

베이즈 규칙은 기본적으로 확률 정의다. 클래스 확률을 구한 후 이 중 가장 큰 클래스 확률을 클래스 값으로 예측한다. 모델의 목적은 예측 변수와 연관된 조건부 확률 및 무조건부 확률을 판단하는 것이다. 연속형 예측 변수인 경우, 이 변수에 대해 정규 분포 등의 분포에 대한 가정을 해야 한다([그림 13.16]에서 나온 것 같은). 비인수 확률 밀도를 사용해 확률 추정을 보다 유연하게 할 수 있다. 보조금 데이터에서 일자에 대한 예측

〔표 13.1〕 일자에 대한 조건부 확률과 빈도 $Pr[X|Y = C\ell]$

요일	수		총비율	
	성공	실패	성공	실패
월	749	803	9.15	9.80
화	597	658	7.29	8.03
수	588	752	7.18	9.18
목	416	358	5.08	4.37
금	606	952	7.40	11.62
토	619	861	7.56	10.51
일	228	3	2.78	0.04

변수를 보면, 과도한 지원서를 제출한 시간대가 몇 개 있다. 여기서 정규 분포의 검은색 곡선은 과하게 넓어 이 데이터의 의미를 제대로 잡아내지 못한다. 붉은 곡선은 비인수 추정값이고, 데이터의 추세를 보다 정확히 잡아낸다.

범주형 변수의 경우, 훈련 데이터 세트의 예측 변수의 빈도 분포를 사용해 $Pr[X]$와 $Pr[X|Y = C\ell]$를 추정한다.

[표 13.1]은 지원서를 접수한 일자별 관측 빈도를 나타낸다. 전체 비율을 나타내는 열은 각 클래스별 $Pr[X|Y = C\ell]$의 추정값이다. 새 샘플을 예측할 때 이 표를 통해 확률을 추정할 수 있다.

다만 익히 알려진, 샘플 크기가 작은 경우에 특히 심하게 나타나는 문제로 일부 값의

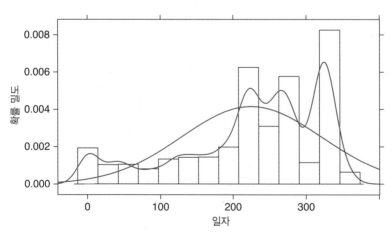

〔그림 13.16〕 일자의 밀도 함수 $Pr[X]$을 구하기 위한 두 가지 방법. 파란색 선은 정규 분포 기반이고, 붉은색 선은 비인수 밀도 추정을 통해 만든 것이다.

빈도가 0으로 나와 있는 경우가 있다. 만약, 예측 변수가 특정 클래스에 대해 훈련 샘플을 갖고 있지 않다면, 조건부 확률은 0이 될 것이고, 확률은 곱해져 하나의 예측 변수는 사후 확률이 0이라고 강제될 것이다. 이런 문제를 피하기 위한 방법으로 동일한 보정 인자(보통 1과 2 사이)를 분자에 더해주는 방식의 라플라스 보정이나 라플라스 평활법을 사용하는 것이 있다(Niblett, 1987; Zadrozny and Elkan, 2001; Provost and Domingos, 2003). 분모의 경우, 빈도는 보정 인자에 예측 변수의 값을 곱한 만큼 증가한다. 예를 들어, 일요일에 지원서를 접수하는 빈도는 매우 낮다. 이런 극단적인 확률을 보정하기 위해 보정 인자를 통해 관측 빈도를 229와 4로 바꾸고, 분모를 7로 늘린다. 훈련 데이터 세트의 크기가 크므로 이런 보정으로 인한 영향은 작다(일요일의 추정 성공률은 2.78%에서 2.79%로 증가했다). 하지만 표에 나타난, 실패한 3개의 접수는 2008년 이후에 접수된 건이다. 2008년 이전 데이터로 훈련한 경우, 확률이 0으로 나타날 것이다. 이 경우, 1인 값을 수정하면 보조금 확률이 0.02%로 변경되지만, 보정 계수를 2로 설정하면 0.03%로 증가한다. 더 작은 훈련 데이터 세트 크기에 대해 보정을 통해 표상의 결측값과 관련해서 보다 좋은 효과를 가져올 수도 있다.

보조금 데이터의 경우, 많은 예측 변수가 개수 데이터다. 이 값들은 숫자지만, 이산적인 값이고, 범주형으로도 다룰 수 있다. 많은 경우, 관측 빈도 분포는 간단하다. 예를 들어, 훈련 데이터 세트에서 부서 내 수석 연구원 2,678명의 지원 횟수는 0부터 3까지의 4개 값을 보이며, 매우 오른쪽으로 치우친 분포를 나타낸다. 이렇게 나눠진 예측 변수를 대칭인 정규 분포에 의해 생성된 것처럼 취급하면 잘못된 확률 추정값이 만들어진다. 이를 분석하기 위해 15개 미만의 값을 갖는 모든 예측 변수를 이산 변수로 보고, 이 변수들의 확률을 빈도 분포를 통해 구해 축소 데이터 세트를 평가한다([표 13.1]의 일자와 같은 경우가 있다). 15개 이상의 고유한 값을 갖는 예측 변수로 수석 연구원의 접수 성공 횟수, 수석 연구원이 A급 저널에 논문을 기고한 횟수, 일자 등 14개가 있다.

이 예측 변수는 정규 분포나 비인수 확률 밀도(확률 밀도 유형이 하나의 튜닝 인수가 된다)를 사용해 모델링하고, 라플라스 보정 계수 2를 사용한다. 연속형 변수에 정규 분포를 적용하면, 곡선 하단 면적은 0.78이 나오고, 민감도는 58.8%, 특이도는 79.6%다. 확률 밀도의 비인수 추정을 사용했을 때, ROC 곡선 하단 면적은 0.81로 늘어나고, 민감도(64.4%)와 특이도(82.4%) 역시 증가한다. 다만, 불행하게도 이 모델의 성능은 KNN과 유사하며, 이 장의 다른 모델의 결과보다 상대적으로 떨어진다.

11.1장에서 베이즈 규칙은 클래스 확률 추정값을 보정하는 데 사용된다고 설명했다. 이를 위해 실제 클래스를 Y로 두고, 훈련 데이터 세트의 클래스 확률값을 "예측 변

수"로 둔 후, 훈련 데이터 세트의 모델 예측값을 통해 $Pr[X|Y = C\ell]$를 구한다. 새 샘플 값을 예측할 때, 모델에서 만든 클래스별 확률값을 베이즈 규칙을 사용해 보정한다. 얄 궂게도, 일반적으로 베이즈 규칙을 적용해 구한 클래스 확률은 잘 보정되지 않는 경향 이 있다. 예측 변수 수가 (샘플 크기에 비해 상대적으로) 늘어날수록 사후 확률은 보다 극단 적으로 움직인다([그림 12.11]에서 살펴본 선형 판별 분석 관측값과 유사하다). QDA가 베이 즈 규칙을 기반으로 만들어졌으며(예측 변수에서 다변량 정규 분포를 사용함), [그림 11.1] 의 QDA 결에서 2개의 예측 변수에 대해 보정이 제대로 되지 않았음을 볼 수 있다(하지 만 다른 베이즈 규칙을 응용해 재보정해 성능이 나아졌다).

13.7 컴퓨팅

이번에는 caret, earth, kernlab, klaR, MASS, mda, nnet, rrcov R 패키지를 사용할 것이다. 또한 이 장에서는 앞 장에서 사용한 데이터 내용(데이터 프레임 등)에 이어 동일한 R 객체 를 사용한다.

비선형 판별 분석

이 장의 초반에 설명한 다양한 비선형 판별 분석을 실행할 수 있는 여러 패키지가 있 다. QDA는 MASS 패키지의 qda 함수에 구현돼 있고, 이의 이상값 제어 버전은 rrcov의 QdaCov 함수에 구현돼 있다. RDA는 klaR의 rda 함수로 사용할 수 있으며, MDA는 mda 패키지에 구현돼 있다. 이 모델의 문법들은 매우 유사하므로 여기서는 보조금 지원 데 이터에 MDA 모델을 적용하는 예를 시연해보도록 한다.

mda 함수는 수식 인터페이스를 사용한다. 튜닝 인수는 각 클래스마다 다른, 클래스별 하위 클래스의 수를 사용한다. 예를 들어, 클래스별 3개의 하위 모집단을 갖는 보조금 데이터에 MDA 모델을 적용하는 방법은 아래와 같다.

```
> library(mda)
> mdaModel <- mda(Class ~ .,
+                ## 위에서처럼 요약된 수식을 사용하려면
+                ## 관련된 변수와 클래스 변수만 포함되도록 데이터를 축소해야 한다.
+                data = training[pre2008, c("Class", reducedSet)],
```

```
+ subclasses = 3)
> mdaModel
  Call:
  mda(formula = Class ~ ., data = training[pre2008, c("Class",
      reducedSet)], subclasses = 3)

  Dimension: 5

  Percent Between-Group Variance Explained:
      v1     v2     v3     v4     v5
   72.50  92.57  96.10  98.66 100.00

  Degrees of Freedom(per dimension): 253

  Training Misclassification Error: 0.18709 (N = 6633)

  Deviance: 6429.499
> predict(mdaModel,
+          newdata = head(training[-pre2008, reducedSet]))
  [1] successful successful successful successful successful successful
  Levels: successful unsuccessful
```

caret 패키지를 사용해 각 비선형 판별 모델을 만들고, 최적 튜닝 인수를 찾아낼 수 있다. 보조금 데이터의 trControl 옵션은 12.7장에서 논의한 대로 설정해 아래와 같이 사용한다.

```
> set.seed(476)
> mdaFit <- train(training[,reducedSet], training$Class,
+                  method = "mda",
+                  metric = "ROC",
+                  tuneGrid = expand.grid(.subclasses = 1:8),
+                  trControl = ctrl)
```

RDA(method = "rda")와 QDA("rda"나 rrcov 패키지의 "QdaCov" 사용)도 유사한 문법으로 사용할 수 있다.

MDA의 벌점 버전은 sparseLDA 패키지의 smda 함수로 사용할 수 있다. 보다 자세한 내용은 클레멘슨 등(2011)의 연구를 살펴보자.

신경망

신경망과 관련해서는 nnet, RSNNS, qrnn, neuralnet 등의 많은 R 패키지가 있다. R에서 신경망을 다루는 것에 대한 보다 자세한 내용으로는 베너블과 리플리(Venables and Ripley, 2002)의 연구, 베르그미어와 베니테즈(Bergmeir and Benitez, 2012)의 책 7장을 참고하면 된다.

여기서는 nnet 패키지를 주로 사용해 분석할 것이다. 문법은 일부를 제외하면 회귀 모델과 매우 유사하다. 대부분의 분류 모델은 은닉 단위에서 결과값으로 이동할 때 시그모이드 변환을 사용하기 때문에 linout 인수는 FALSE로 설정해야 한다. 오차의 제곱이나 엔트로피의 합을 사용해 모델 매개변수와 논리 인수인 softmax 및 entropy를 추정해 둘을 합한다.

이 패키지는 수식 인터페이스와 수식을 사용하지 않고 예측 변수와 결과의 행렬이나 데이터 프레임을 사용하는 인터페이스 모두를 지원한다. 후자의 경우, 결과는 팩터형이 아니라 C 이진 식별자 집합으로 변환해줘야 한다. 이 패키지의 class.ind 함수를 사용하면 이를 손쉽게 변환할 수 있다.

```
> head(class.ind(training$Class))
     successful unsuccessful
[1,]         1            0
[2,]         1            0
[3,]         1            0
[4,]         1            0
[5,]         0            1
[6,]         1            0
```

수식 인터페이스를 사용해 간단한 모델을 적용해보자.

```
> set.seed(800)
> nnetMod <- nnet(Class ~ NumCI + CI.1960,
+                 data = training[pre2008,],
+                 size = 3, decay = .1)

# weights:  13
initial  value 4802.892391
iter  10 value 4595.629073
iter  20 value 4584.893054
iter  30 value 4582.614616
```

```
iter  40 value 4581.010289
iter  50 value 4580.866146
iter  60 value 4580.781092
iter  70 value 4580.756342
final    value 4580.756133
converged
> nnetMod

a 2-3-1 network with 13 weights
inputs: NumCI CI.1960
output(s): Class
options were - entropy fitting decay=0.1
> predict(nnetMod, newdata = head(testing))

          [,1]
6641 0.5178744
6647 0.5178744
6649 0.5138892
6650 0.5837029
6655 0.4899851
6659 0.5701479
> predict(nnetMod, newdata = head(testing), type = "class")
 [1] "unsuccessful" "unsuccessful" "unsuccessful" "unsuccessful"
 [5] "successful"   "unsuccessful"
```

3개 이상의 클래스에 대해 모델링할 때 predict를 호출하면 각 클래스별로 열을 생성한다.

여기서 train 함수는 가중값의 양과 은닉 단위 수를 통해 모델을 튜닝하므로 이를 위해 이 함수의 래퍼를 제공한다. 동일한 모델 코드를 사용하고(method = "nnet") 인터페이스는 어느 쪽이든 사용할 수 있다. 다만, train에서는 클래스에 팩터형 벡터를 사용하지 않는다(class.ind를 내부적으로 사용해 가변수를 생성한다). 또한 회귀와 마찬가지로 avNNet 함수를 단독으로 사용하거나 train(method = "avNNet")을 사용해 모델 평균을 사용할 수도 있다.

보조금 데이터의 최종 모델은 아래 코드처럼 만든다.

```
> nnetGrid <- expand.grid(.size = 1:10,
+                         .decay = c(0, .1, 1, 2))
> maxSize <- max(nnetGrid$.size)
```

```
> numWts <- 1*(maxSize * (length(reducedSet) + 1) + maxSize + 1)
> set.seed(476)
> nnetFit <- train(x = training[,reducedSet],
+                  y = training$Class,
+                  method = "nnet",
+                  metric = "ROC",
+                  preProc = c("center","scale","spatialSign"),
+                  tuneGrid = nnetGrid,
+                  trace = FALSE,
+                  maxit = 2000,
+                  MaxNWts = numWts,
+                  ## 앞 장에서 ctrl을 정의했다.
+                  trControl = ctrl)
```

유연 판별 분석

mda 패키지에는 이 모델을 만들기 위한 함수(fda)가 있다. 모델에서는 수식 인터페이스를 사용할 수 있고, 회귀 인수 추정을 위한 정확한 방법을 명시할 수 있는 옵션(method)이 있다. MARS에서 FDA를 사용하는 데에는 두 가지 방법이 있다. method = mars를 사용해 mda 패키지에서 MARS를 사용하는 것이다. 하지만 7.5장에서 살펴본 earth 패키지에서도 보다 많은 옵션을 사용해 MARS 모델을 적용할 수 있다. 이때는 earth 패키지를 불러온 후 method = earth로 정의하면 된다. 예를 들어, 보조금 데이터에 대한 간단한 FDA 모델은 아래와 같이 만들 수 있다.

```
> library(mda)
> library(earth)
> fdaModel <- fda(Class ~ Day + NumCI, data = training[pre2008,],
+                 method = earth)
```

Fda 함수를 호출해서 earth로 연결할 때 earth 함수의 nprune 등의 인자를 정의해줘야 한다. MARS 모델은 fit이라는 하위 객체에 포함돼 있다.

```
> summary(fdaModel$fit)
  Call: earth(x=x, y=Theta, weights=weights)

          coefficients
```

```
(Intercept)    1.41053449
h(Day-91)     -0.01348332
h(Day-202)     0.03259400
h(Day-228)    -0.02660477
h(228-Day)    -0.00997109
h(Day-282)    -0.00831905
h(Day-319)     0.17945773
h(Day-328)    -0.51574151
h(Day-332)     0.50725158
h(Day-336)    -0.20323060
h(1-NumCI)     0.11782107

Selected 11 of 12 terms, and 2 of 2 predictors
Importance: Day, NumCI
Number of terms at each degree of interaction: 1 10 (additive model)
GCV 0.8660403    RSS 5708.129    GRSq 0.1342208    RSq 0.1394347
```

이때 여기서 나오는 모델의 계수는 후처리되지 않았다는 것을 염두에 두자. 최종 모델
계수는 coef(fdaModel)로 확인할 수 있다. 예측은 아래와 같다.

```
> predict(fdaModel, head(training[-pre2008,]))
[1] successful successful successful successful successful successful
Levels: successful unsuccessful
```

함수에 method = "fda"를 명시해서 남아 있는 항의 수를 사용해 모델을 튜닝한다. 추
가로 이 패키지의 varImp 함수를 사용해 MARS 모델과 동일한 방법으로 변수 중요도를
판단한다(7.2장 참고).

서포트 벡터 머신

회귀 쪽에서 설명했던 것처럼 서포트 벡터 머신과 다른 커널 방법을 구현한 R 패키지
는 e1071, kernlab, klaR, svmPath 등 여러 가지가 있다. 이 중 가장 널리 쓰이는 것은
kernlab 패키지다.

SVM 분류 모델 방법은 넓게 보면 회귀 경우와 동일하다. epsilon 인수는 회귀에만
관련돼 있지만, 대신 회귀에는 다른 인자들을 사용할 수 있다.

- prob.model 인수는 ksvm에 연결돼 플랫(Platt, 2000)의 방법을 사용해 SVM 결정
  값을 클래스 확률로 변환하는 시그모이드 함수에 대한 추가 매개변수 집합을 추
  정한다. 이 옵션이 TRUE로 돼 있지 않으면 클래스 확률을 예측할 수 없다.
- class.weights 인수는 각 클래스에 비대칭적 비용을 부과한다(Osuna et al.,
  1997). 이는 하나 이상의 특정 유형 오류가 다른 유형보다 더 해롭거나 모델이
  특정 클래스로 편향되는 심각한 클래스 불균형이 있는 경우에 특히 중요하다(16
  장 참고). 여기서 사용한 방법은 가중값이나 비용의 **명명된** 벡터를 사용하는 방식
  이다. 예를 들어, 실패한 지원을 감지하는 모델이 한쪽으로 편향된 형태를 보이
  려고 한다면, 아래와 같은 구문을 사용한다.

```
class.weights = c(successful = 1, unsuccessful = 5)
```

이 경우 긍정 오류가 부정 오류보다 5배의 비용이 높아진다. 이때 (이 구현 내용에
서는) ksvm의 클래스 가중값 구현은 예측 클래스에 영향을 미치지만, 클래스 확
률 모델은 가중값에 영향을 미치지 않는다는 것을 기억하자. 이 내용은 17장에
서 활용된다.

아래 코드는 보조금 데이터의 축소된 데이터 세트에 방사형 기본 함수를 적용한 것
이다.

```
> set.seed(202)
> sigmaRangeReduced <- sigest(as.matrix(training[,reducedSet]))
> svmRGridReduced <- expand.grid(.sigma = sigmaRangeReduced[1],
+                                .C = 2^(seq(-4, 4)))
> set.seed(476)
> svmRModel <- train(training[,reducedSet], training$Class,
+                    method = "svmRadial",
+                    metric = "ROC",
+                    preProc = c("center", "scale"),
+                    tuneGrid = svmRGridReduced,
+                    fit = FALSE,
+                    trControl = ctrl)

> svmRModel

  8190 samples
```

```
  252 predictors
    2 classes: 'successful', 'unsuccessful'
Pre-processing: centered, scaled
Resampling: Repeated Train/Test Splits (1 reps, 0.75%)

Summary of sample sizes: 6633

Resampling results across tuning parameters:

  C       ROC    Sens   Spec
  0.0625  0.866  0.775  0.787
  0.125   0.88   0.842  0.776
  0.25    0.89   0.867  0.772
  0.5     0.894  0.851  0.784
  1       0.895  0.84   0.804
  2       NaN    0.814  0.814
  4       0.887  0.814  0.812
  8       0.885  0.804  0.814
  16      0.882  0.805  0.818

Tuning parameter 'sigma' was held constant at a value of 0.00117
ROC was used to select the optimal model using the largest value.
The final values used for the model were C = 1 and sigma = 0.00117.
```

결과가 팩터 형태인 경우, 함수상에서는 자동으로 prob.model = TRUE 옵션을 사용한다. kernel과 kpar 인수를 사용해 다른 커널 함수를 정의할 수도 있다. 새 샘플에 대해 예측하는 방법도 다른 함수 사용법과 비슷하다.

```
> library(kernlab)
> predict(svmRModel, newdata = head(training[-pre2008, reducedSet]))
   [1] successful successful successful successful successful successful
   Levels: successful unsuccessful
> predict(svmRModel, newdata = head(training[-pre2008, reducedSet]),
+         type = "prob")

    successful unsuccessful
  1  0.9522587   0.04774130
  2  0.8510325   0.14896755
  3  0.8488238   0.15117620
  4  0.9453771   0.05462293
```

```
5  0.9537204   0.04627964
6  0.5009338   0.49906620
```

K-최근접 이웃 분석

KNN 분류 모델을 적용하는 것도 회귀 모델을 적용하는 것과 유사한 문법을 사용한다. 설정에서 caret 패키지의 method를 "knn"으로 설정한다. [그림 13.14]의 상단 그림을 만드는 코드는 아래와 같다.

```
> set.seed(476)
> knnFit <- train(training[,reducedSet], training$Class,
+                 method = "knn",
+                 metric = "ROC",
+                 preProc = c("center", "scale"),
+                 tuneGrid = data.frame(.k = c(4*(0:5)+1,
+                                              20*(1:5)+1,
+                                              50*(2:9)+1)),
+                 trControl = ctrl)
```

아래 코드를 통해 테스트 세트 데이터에 대해 예측하고, 이와 관련해 ROC 곡선을 생성할 수 있다.

```
> knnFit$pred <- merge(knnFit$pred,  knnFit$bestTune)
> knnRoc <- roc(response = knnFit$pred$obs,
+               predictor = knnFit$pred$successful,
+               levels = rev(levels(knnFit$pred$obs)))
> plot(knnRoc, legacy.axes = TRUE)
```

나이브 베이즈 분석

R에서 나이브 베이즈 분석을 할 때는 e1071 패키지의 naiveBayes 함수와 klaR 패키지의 NaiveBayes 함수 두 가지를 가장 많이 쓴다.

두 함수 모두 라플라스 보정 기능을 제공하지만, klaR 패키지에서는 보다 유연한 조건부 확률 밀도 추정값 옵션을 제공한다. 두 함수 모두 모델을 정의할 때 수식 방법과 비수식 방법을 모두 제공한다. 하지만 이 모델에 (팩터 변수 대신) 이항 가변수를 사용하는 것은 고민해봐야 한다. 각각의 범주는 수치형 데이터로 사용되고, 모델은 가우시안 등의 연속형 분포로부터 확률 밀도 함수($Pr[X]$)를 구하게 되기 때문이다.

위에서 설명한 내용은 많은 예측 변수가 팩터 형태로 사용된 경우이므로 훈련 데이터 세트와 테스트 데이터 세트를 추가로 만들도록 하겠다.

```
> ## 일부 예측 변수는 이미 팩터 형태다.
> factors <- c("SponsorCode", "ContractValueBand", "Month", "Weekday")
> ## 축소 데이터 세트로부터 다른 변수를 가져온다.
> nbPredictors <- factorPredictors[factorPredictors %in% reducedSet]
> nbPredictors <- c(nbPredictors, factors)

> ## 필요한 예측 변수만 찾는다.
> nbTraining <- training[, c("Class", nbPredictors)]
> nbTesting <- testing[, c("Class", nbPredictors)]

> ## 예측 변수를 확인하며 이 중 필요한 변수를 변환한다.
> for(i in nbPredictors)
+   {
+     varLevels <- sort(unique(training[,i]))
+     if(length(varLevels) <= 15)
+       {
+         nbTraining[, i] <- factor(nbTraining[,i],
+                                   levels = paste(varLevels))
+         nbTesting[, i] <- factor(nbTesting[,i],
+                                  levels = paste(varLevels))
+       }
+   }
```

모델을 만들기 위해 수식 형태의 NaiveBayes 함수를 사용한다.

```
> library(klaR)
> nBayesFit <- NaiveBayes(Class ~ .,
+                         data = nbTraining[pre2008,],
+                         ## 비인수 추정을
+                         ## 사용해야 할까?
+                         usekernel = TRUE,
+                         ## 라플라스 보정
+                         fL =2)
> predict(nBayesFit, newdata = head(nbTesting))
  $class
```

```
        6641        6647        6649        6650        6655        6659
 successful  successful  successful  successful  successful  successful
Levels: successful unsuccessful

$posterior
      successful unsuccessful
6641  0.9937862 6.213817e-03
6647  0.8143309 1.856691e-01
6649  0.9999078 9.222923e-05
6650  0.9992232 7.768286e-04
6655  0.9967181 3.281949e-03
6659  0.9922326 7.767364e-03
```

일부 경우에는 아래와 같은 경고가 나타나기도 한다. "Numerical 0 probability for all classes with observation 1(관측값 1인 모든 클래스에 대한 확률 수치는 0이다)." 이 경우, 이 모델에 대한 predict 함수에서는 0을 매우 작은 0이 아닌 숫자(기본값은 0.001이다)로 변환해주는 threshold라는 인수를 사용할 수 있다.

train 함수에서는 확률 밀도 추정 방법(usekernel)과 라플라스 보정값을 튜닝 인수로 사용한다. 기본적으로 함수에서는 정규 분포와 비인수 방법(과 라플라스 보정값을 사용하지 않는 경우)을 가정하고 확률을 구한다.

연습 문제

13.1 이전 연습 문제에서 사용한 간 손상 데이터를 사용한다(연습 문제 12.1). bio와 chem 행렬에는 281가지 화합물에 대한 생물학적 성분 분석값 및 화학 지문 변숫값이 들어 있으며, injury 벡터에는 각 화합물의 간 손상 분류값이 들어 있다.

(a) 이전에 이 데이터를 사용했을 때와 동일하게 훈련 데이터 세트와 테스트 데이터 세트를 전처리하자. 앞과 동일한 분류 통계량을 사용해 생물학 변수에 대해 이 장에서 설명한 모델을 적용하고, 화학적 식별자 변수에 대해서도 따로 적용해보자. 생물학 변수의 경우, 어느 모델의 예측력이 가장 좋고, 이때의 최적 성능값은 얼마인가? 화학 식별자 변수의 경우, 어느 모델의 예측력이 가장 좋고, 이때의 최적 성능값은 얼마인가? 어느 비선형 모델이 분류 성능을 가장 향상시키는가?

(b) 생물학 변수 및 화학 변수의 최적 모델상에서 상위 5개의 가장 중요한 예측 변수는 무엇인가?

(c) 이번에는 화학 변수와 생물학 변수를 하나의 예측 변수 세트로 결합하자. (a)에서 만든 예측 모델에 이 데이터 세트를 적용하자. 어느 모델이 예측력이 가장 좋은가? (a)에서 만든 최적 모델들보다 더 나은 모델 성능이 나오는가? 이때 중요도순으로 상위 5개의 변수는 무엇인가? 각 예측 변수 세트에서 최적의 예측 변수를 비교해 보면 어떠한가? 선형 모델과 비교했을 때 중요 예측 변수가 어떻게 다른가?

(d) (생물학 변수, 화학 지문 변수, 모든 변수에 대한 각각의 모델 중) 화합물의 간 독성 예측 모델로 어떤 모델을 추천하겠는가? 설명해보자.

13.2 이전 연습 문제에서 사용한 지방산 데이터를 사용한다(연습 문제12.2).

(a) 앞 장에서 한 것과 동일한 방식으로 데이터의 분할 및 전처리를 하자. 앞과 동일한 분류 통계량을 사용하고, 이 데이터에 대해 이 장에서 논의한 모델을 적용하자. 어느 모델이 가장 예측력이 좋은가? 최적의 선형 모델의 성능과 비교했을 때 최적 모델의 성능은 어떻게 다른가? 이 비교에 의해 이 데이터는 비선형 구분 경계선을 갖는다고 할 수 있는가?

(b) 어느 지방 유형의 예측 정확도가 가장 높은가? 예측이 가장 안 되는 것은 무엇인가?

14
분류 트리와 규칙 기반 모델

분류 트리는 트리 기반 모델군에 속하고, 회귀 모델과 유사하며, 여러 단계의 if-then 구문으로 이뤄져 있다. 앞의 두 장에서 살펴본 이종 문제의 경우, 간단한 분류 트리는 아래와 같다.

```
if Predictor B >= 0.197 then
|   if Predictor A >= 0.13 then Class = 1
|   else Class = 2
else Class = 2
```

이 경우, 2차 예측 변수 공간은 3개의 구역(혹은 말단 노드)으로 나뉘고, 각 구역에서 결과는 "클래스 1"이나 "클래스 2"로 구분될 것이다. [그림 14.1]은 예측 변수 공간에서의 트리를 나타냈다. 내포된 if-then 구문은 회귀 때와 마찬가지로 아래와 같은 규칙 형태로 나타난다.

```
if Predictor A >= 0.13 and Predictor B >= 0.197 then Class = 1
if Predictor A >= 0.13 and Predictor B < 0.197 then Class = 2
if Predictor A < 0.13 then Class = 2
```

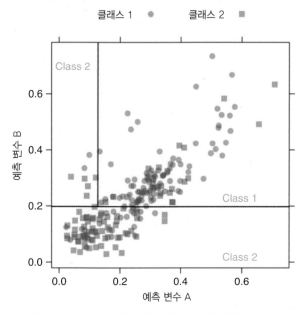

클래스 1 ● 클래스 2 ■

〔그림 14.1〕 트리 기반 모델에 의해 정의된 구역별 예측 클래스 예제

확실히 트리의 구조와 규칙은 회귀에서 살펴봤던 것과 유사하다. 또한 분류에서의 트리 장단점 역시 유사하다. 트리는 해석력이 높고, 결측값 및 다양한 유형의 변수를 처리하기가 쉽지만 모델의 불안정성이 항상 문제가 되며, 최적의 예측 성능을 보이지 못할 수도 있다. 하지만 분류 적용 시 최적 분기와 규칙을 찾는 과정은 약간 다르다. 이는 최적화 기준의 차이에서 나타나는 것으로, 이에 대해서는 뒤에서 설명한다.

14.3장에서 14.6장까지는 분류 트리나 규칙 관련 랜덤 포레스트, 부스팅 및 다른 앙상블 방법을 이에 대한 내용으로 확장할 것이다.

14.1 기본 분류 트리

회귀 트리에서처럼 분류 트리의 목적은 데이터를 보다 작고 동질적인 그룹으로 분할하는 것이다. 여기서 동질성이란, 분기별 노드가 보다 순수한 성격을 갖는 것이다(각 노드에는 동일한 클래스의 비율이 높은 것). 분류에서 순수를 정의하는 간단한 방법은 정확도를 높이거나 오분류를 낮추는 것이다. 그러나 순수 척도로서의 정확도를 사용하면 샘플을 주로 한 클래스로 분류하는 방식으로 데이터를 분할하는 것보다는 오분류를 최소화하는 방식으로 데이터를 분할하는 것에 초점을 두게 되므로 다소 그릇된 방향으로 나아갈 수 있다.

이에 대한 두 가지 대안으로 지니 계수(Gini index, Breiman et al., 1984)와 교차 엔트로피가 있다. 이 둘은 편차나 정보량으로 나타나며(이 장 후반부에서 설명한다), 정확도보다는 순도에 초점을 맞춘 것이다. 이종 문제에서 주어진 노드의 지니 계수는 아래와 같이 정의한다.

$$p_1(1-p_1) + p_2(1-p_2), \tag{14.1}$$

여기서 p_1와 p_2는 각각 클래스 1과 클래스 2에 대한 확률이다. 이는 이종 문제이므로 $p_1 + p_1 = 1$이고, 따라서 [식 14.1]은 $2p_1p_2$로 쓸 수 있다. 이때 어느 한쪽 클래스 확률이 0에 수렴할수록 지니 계수는 작아지는 것을 쉽게 볼 수 있다. 즉, 노드가 클래스 하나로 수렴할수록 순수하다는 뜻이다. 이와 반대로 $p_1 = p_2$일 때 지니 계수는 최대가 되고, 이 경우 해당 노드의 순도는 가장 낮다.

연속형 변수와 범주형 응답 변수를 사용하는 경우, 최적 분기점을 찾는 과정은 8.1장에서 설명한 과정과 유사하다. 첫째, 샘플을 예측 변숫값 기준으로 정렬한다. 이때 분기점은 각 고유한 예측 변숫값 간의 중간점이 된다. 만약, 응답 변수가 이항 변수라면, 이 과정에서 각 분기점에 대해 2×2 분할표가 나온다. 이 표는 보통 아래와 같이 나타난다.

	클래스 1	클래스 2	
> 분기	n_{11}	n_{12}	n_{+1}
≤ 분기	n_{21}	n_{22}	n_{+2}
	n_{1+}	n_{2+}	n

분기 전의 지니 계수는 아래와 같다.

$$지니(분기\ 이전) = 2\left(\frac{n_{1+}}{n}\right)\left(\frac{n_{2+}}{n}\right).$$

새 노드의 분기 후 지니 계수의 값은 각각 $2\left(\frac{n_{11}}{n_{+1}}\right)\left(\frac{n_{12}}{n_{+1}}\right)$와 $2\left(\frac{n_{21}}{n_{+2}}\right)\left(\frac{n_{22}}{n_{+2}}\right)$보다 크거나 같거나 작아진다. 이 값들은 각 분기에서 $\left(\frac{n_{+1}}{n}\right)$과 $\left(\frac{n_{+2}}{n}\right)$의 가중값을 적용해 샘플의 비율대로 합쳐진다. 각각의 가중값은 분기에서 크거나 작거나 같거나에 따라 달라진 것을 나타낸다. 단순화한 후, 분기점을 평가하기 위해 아래와 같이 지니 계수를 구한다.

$$\text{지니(분기 이후)} = 2\left[\left(\frac{n_{11}}{n}\right)\left(\frac{n_{12}}{n_{+1}}\right) + \left(\frac{n_{21}}{n}\right)\left(\frac{n_{22}}{n_{+2}}\right)\right].$$

그럼 이제 [그림 14.1]의 간단한 예제를 살펴보자. 예측 변수 B에 대한 분기점의 분할 표는 아래와 같다.

	클래스 1	클래스 2	
$B > 0.197$	91	30	121
$B \leq 0.197$	20	67	87

$B > 0.197$ 분기의 샘플의 지니 계수는 0.373이고, $B \leq 0.197$에 해당하는 샘플의 계수는 0.354다. 전체적으로 분기가 잘돼 있는지를 판단하려면, 각각의 순도에 상위 노드의 샘플 수 대비 해당 노드의 샘플 비율을 가중값으로 두어 각각의 순도를 구한 후, 이 값들을 합해줘야 한다. 이 경우, $B > 0.197$ 분기의 가중값은 0.582이고, $B \leq 0.197$의 분기에 대한 가중값은 0.418이다. 이 분기에서의 총지니 계수는 $(0.582)(0.373) + (0.418)$ $(0.354) = 0.365$다. 여기서는 하나의 분기점에 대해서만 지니 계수를 구했다. 하지만 분할 알고리즘에서는 거의 모든 분기점[1]에 대해 구한 후 순도 수치를 최소화하는 분기 값을 선택한다. 분기 과정은 각 분할에 대해 반복되므로 트리의 단계가 증가하면 중단 기준이 필요하다(각 노드의 최소 샘플 수, 최대 트리 단계 등).

최대 깊이가 주어지는 트리의 경우, 훈련 데이터에 대한 과적합이 나타난다는 우려가 있다. 보다 일반화된 트리 형태는 초기 트리의 가지치기 버전으로 순도 기준이 트리의 총말단 노드값에 따라 벌점이 매겨지는 식의 비용 복잡도 관련 튜닝 절차를 밟는다. 비용 복잡도 요인은 복잡도 인수라고 불리며, 이를 튜닝 과정에 사용해 최적값을 구할 수 있다. 이 과정에 대해 보다 자세한 내용은 8.1장을 참고하라.

가지치기 후, 이 트리를 예측에 사용한다. 분류에서 각 말단 노드에서는 훈련 데이터 세트에 대한 클래스 확률 벡터를 구하고, 이를 사용해 새 샘플에 대해 예측한다. 위의 간단한 예제를 사용할 경우, 새 샘플의 예측 변수가 $B = 0.10$라면, 클래스 1과 2에 대한 예측값은 각각 $(0.23, 0.77)$일 것이다.

분류 트리에서도 회귀 트리와 비슷한 방식으로 결측값을 처리할 수 있다. 트리 구축 시 분기를 생성하는 경우에는 결측 정보가 없는 샘플만을 사용한다. 예측 시에는 결측 값이 있는 분기에 대해서는 다른 분기점을 사용한다. 이와 비슷한 방식으로 각 예측 변

---

[1] 분기 알고리즘의 기술적 방식에 대한 논의는 브레이먼의 연구(1996c)를 참고하라.

수에 대한 최적화 기준에 따른 전체 반영도를 구해 분류 트리에서의 변수 중요도를 구할 수 있다. 회귀에서의 병렬 처리는 8.1장을 살펴보자.

변수가 연속형인 경우, 최적의 분기점을 판단하는 분할 프로세스는 명료하다. 예측 변수가 범주형인 경우, 과정상에서 동일하게 판단 가능한 경로 2개를 취하는 일반적인 통계 모델링 방법과는 조금 다른 방식을 사용한다. 한 가지 예로, 예측 변수와 연관된 기울기와 잔차를 추정하는 로지스틱 회귀 모델을 떠올려보자. 범주형 변수의 경우, 이항 가변수를 만들어(3.6장) 범주의 각각의 정보에 대한 이항값을 넣는다. 이렇게 만든 각 가변수를 모델에 각각 포함시킨다. 또한 트리 모델에서는 범주형 변수를 묶을 수도 있다. 이렇게 되면 각 새 예측 변수가 하나의 분기점만을 가지므로 순도를 쉽게 구할 수 있다.

트리 모델에서 분기 과정을 각 분기의 양쪽에 여러 범주를 사용하는 식으로 보다 동적으로 데이터를 나누는 것도 가능하다. 하지만 이런 경우, 알고리즘에서는 범주형 변수를 이항값의 순서 집합으로 사용해야 한다. 따라서 트리와 규칙 기반 모델을 적용할 때, 실제로 사용하는 사람은 범주형 데이터를 어떤 식으로 처리할지 선택해야 한다.

1. 각 범주형 변수를 모델에 단일 형태로 넣어 모델에서 이 값을 어떻게 묶거나 분할할지를 결정한다. 이 책에서는 이 방식을 그룹 범주 형태로 사용한다고 지칭한다.

2. 범주형 변수를 일단 이항 가변수로 만든다. 이 방식을 사용하면, 결과로 나오는 이항 가변수는 개별적으로 사용되고, 범주형 변수를 이항값으로 나눈다. 따라서 모델링 이전에 이항 가변수로 나누는 형태는 범주를 1대다 형태로 만든다. 이 방식은 개별 범주를 사용하는 것으로 명기한다.

어떤 방법이 더 적합한지는 데이터와 모델에 따라 달라진다. 예를 들어, 일부 범주가 결과에 대해 예측력이 매우 높은 경우에는 첫 번째 방법이 더 나을 것이다. 하지만 이후에 살펴보겠지만, 이 선택에 따라 모델의 복잡도와 이에 따른 성능이 크게 달라질 수 있다. 앞으로 모델은 위에서 말한 두 가지 방법 모두를 사용해 만든 후, 어느 방법이 더 유리한지를 살펴볼 것이다. 두 방법의 차이는 [그림 14.14]에 요약해뒀다.

범주형 변수의 분할 과정을 나타내기 위해 보조금 데이터에 CART 모델을 적용한 것을 [그림 14.3]에 나타냈다. 이 데이터의 첫 번째 분기는 17개의 범주를 갖는 계약값 그룹으로 I, J, P와 그룹 미상을 한쪽으로 분할하고, 나머지에 다른 범주들을 넣었다. 조합 관점에서는 가능한 범주의 수가 늘어날수록 범주 정렬 횟수는 계승 비례로 증가한다. 따라서 최적 분할을 결정하기 전에 범주를 정렬하는 데는 알고리즘적으로 접근하는

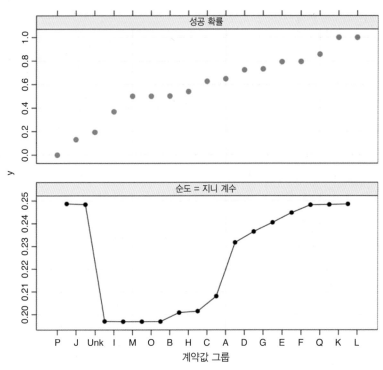

〔그림 14.2〕 **상단**: 각 계약값 그룹에 대한 성공 확률(y축) 정렬값에 대한 산점도. **하단**: 각 정렬된 분기에 대한 지니 계수 프로파일. **미상**, I, M, O, B 범주 간의 분기에서 지니 계수는 거의 비슷했고, I와 M 범주에서 최솟값이 나왔다.

것이 합리적이지만, 여기서는 그리디 방식을 취한다. 다른 한 가지 방법은 선택된 클래스의 샘플 비율에 따라 범주를 정렬하는 것이다. [그림 14.2]의 상위 그래프는 각 계약값 그룹에서의 보조금 지원 성공 확률을 나타낸 것으로, 성공률이 가장 낮은 것부터 높은 것 순으로 정렬돼 있다. 지니 계수를 구하면, 분기점은 정렬된 범주를 분할하고 있다. 이때 왼쪽에 배치된 범주를 하나의 그룹으로 넣고, 오른쪽에 배치된 범주를 다른 그룹으로 넣는다. 이렇게 순차적으로 나뉜 결과는 하단의 그래프에 나와 있다. 확실히, 범주 미상의 경우부터 P, J 범주까지의 샘플을 추가하는 경우, 지니 계수가 급격히 감소한다. 이 그림에서 확인하기는 어렵지만, I와 M 범주를 구분하는 분기점에서 지니 계수의 최솟값이 나타난다. 그러므로 알고리즘상에서는 계약값 그룹 I, J, P와 그룹 미상을 하나로 묶고, 나머지 샘플을 다른 그룹으로 묶는 것을 선택한다. 하지만 이 분기만을 사용할 경우, 새로운 샘플의 계약값 그룹이 I, J, P거나 미상인 경우 지원 실패로 분류할 것이고, 나머지의 경우는 성공으로 분류할 것이다.

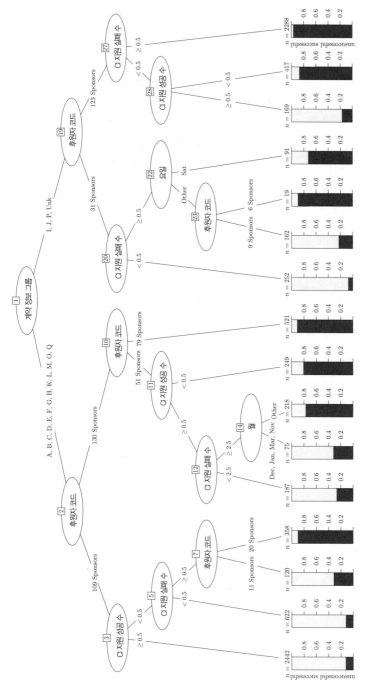

[그림 14.3] 보조금 데이터에서 그룹 범주형 변수를 선택했을 때의 최종 CART 모델

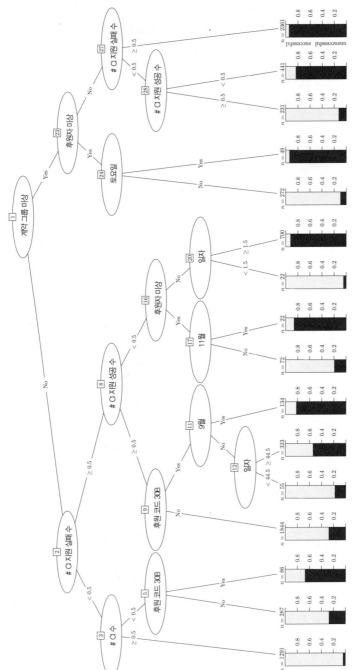

[그림 14.4] 보조금 데이터에서 범주형 변수 개별 사용을 선택했을 때의 최종 CART 모델

예측 변수를 그룹화된 범주로 둔 후, 비용 복잡도에 따라 가지치기를 하면서 트리를 만들면, [그림 14.3]처럼 나타난다. 예측 변수가 변조돼 있으므로 데이터에 대한 기본 지식 없이는 트리를 해석하기 어렵다. 하지만 이 트리에서도 트리 구조에서 예측 변수와 응답 변수 간의 관계를 통한 지식을 얻는 것은 충분히 가능하다. 또한 후원 재단 코드, 요일, 월과 같은 그룹화된 범주가 보조금 지원 성공과 연관이 있다는 것도 알 수 있다. 그룹화된 범주 모델에서 말단 노드가 16개였을 때 ROC 곡선 하단 면적은 0.91이었다.

다음으로 CART를 각각의 범주형 변수를 사용해 만들어봤다. 이 방법에서는 훨씬 많은 예측 변수가 생길 것이므로 가지치기가 된 트리에서도 더 많은 말단 노드가 생길 것이라고 생각했다. 하지만 이런 예상과 달리, 최종적으로 가지치기돼 나온 트리는 [그림 14.4]와 같이 16개의 노드를 갖는다. 트리의 AUC는 0.912로 [그림 14.5]에서 이 트리의 성능을 그룹화된 범주형 변수를 사용한 것과 비교했다. CART 분류 트리를 사용했을 때, 보조금 데이터에서 그룹화된 범주형 변수를 쓰거나, 각각의 범주형 변수를 쓰거나, 예측 성능상으로는 실질적인 차이를 보이지 않았다.

[그림 14.3]과 [그림 14.4]를 비교해보면, 트리 모델이 그룹화된 범주형 변수와 개별 변수 형태일 때 어떻게 처리하는지에 따라 같은 점과 다른 점을 찾을 수 있다. 첫째, 트

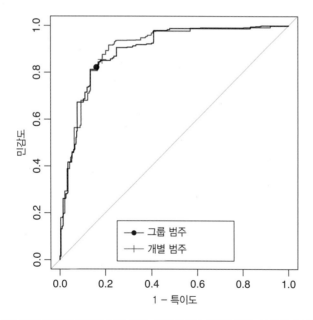

〔**그림 14.5**〕 실제 데이터에서의 CART ROC 곡선. 그룹 범주를 사용한 경우, 곡선 하단 면적은 0.89이고, 개별 범주를 사용한 경우 역시 AUC는 0.89다.

리의 상위 4단계에서는 동일하게 계약 그룹값, 후원 재단 코드, 수석 연구원의 지원 성공 및 실패 횟수를 사용한다.

트리에서 중요한 정보를 비슷하게 정의하지만, 개별 범주를 사용한 트리가 그룹 범주를 사용한 트리보다 훨씬 해석하기 쉽다. 한 가지 예로, 두 트리 모두 계약값 그룹 변수를 첫 번째 분기에 사용하지만, 개별 범주 트리는 그룹 미상값을 다음 노드에서 가장 중요하게 사용한다. 이쪽이 보다 내용이 명확하고 순도가 높다. 그룹 범주형 트리에서는 정렬된 범주의 순도 그래프를 확인하지 않으면, I, J, P, 그룹 미상이 하나로 묶여 있어서 그룹 미상의 중요도를 파악할 수 없다. 월과 요일 변수에서도, 개별 범주 트리가 특정 월이나 요일에 대한 중요도에 대해 보다 명확한 정보를 제공해주는 식의 비슷한 내용을 볼 수 있다. 따라서 트리의 경우, 개별 범주형 변수를 사용하면 그룹 범주를 사용하는 경우에는 어려웠던, 예측 변수와 응답 변수 간의 관계에 대해 보다 중요한 해석을 얻을 수 있다.

분류 트리의 다른 방법으로는 C4.5 모델이 있다(Quinlan, 1993b). 여기서는 정보 이론을 따라 분기 기준을 만든다(Wallace, 2005; Cover and Thomas, 2006). 트리를 통해 말단 노드에서의 클래스별 확률 분포 등의 일련의 데이터가 가진 정보를 얻고자 한다고 가정해보자. 확률 분포가 극단적으로 불균형적으로 분포돼 있다면, 샘플이 주 클래스에 쏠려 있을 가능성이 높고, 추측상의 불확실성도 낮아진다. 하지만 노드 내의 클래스 확률이 고른 경우, 새 샘플의 실제 클래스의 불확실성은 높아진다. 확률 분포에 대한 내용을 평균적으로 알고자 한다면, 이런 경우 불확실 정도가 너무 높기 때문에 데이터에서 더 많은 정보를 얻어야 한다. 섀넌(Shannon, 1948) 및 연구자들은 정보에 대한 이론을 만들었다. 정보 통계량이라 부르는 수치는 데이터상에서 해석할 수 있는 비트[bits]의 평균 수치를 나타낸다.

여기서는 $C = 2$ 클래스가 있을 때 첫 번째 클래스의 확률이 p다. 이때 정보 통계량의 공식적인 정의는 아래와 같다.

$$정보량 = -[p \, log_2 p + (1 - p) \, log_2 (1 - p)].$$

여기서 $p = 0$으로 이 값은 $0 \, log_2 (0) = 0$에 따라 구해진다. 앞에서 말한 것처럼 이 수치의 단위는 비트[bit]다.

[그림 14.1]의 이종 데이터에서 클래스는 거의 반씩 나뉘어 있다. 첫 번째 클래스의 샘플의 비율을 p라고 했을 때 $p = 0.53$이다. 이때 실제 클래스를 추정(정보)하기 위한 정보 비트의 평균 수는 0.997이다. 그럼 클래스 1의 샘플이 더 적은 불균형적인 상

황($p = 0.10$)을 가정해보자. 이때 정보량은 0.46비트로 임의로 실제 클래스를 추정하기가 더 쉬워지기 때문에 더 작아진다.[2] 이 수치에 대해서는 신경망에서의 목적 함수([식 13.3])와 로지스틱 회귀([식 12.1]에서 단일 데이터 값에 대한 경우)에서 이미 두 번 언급한 적이 있다.

이 값이 분기를 나누는 것과 무슨 상관이 있을까? 위의 일반적인 분할표를 사용했을 때, 분기 전의 데이터가 갖는 총정보는 아래와 같다.

$$정보량(분기\ 전) = -\left[\frac{n_{1+}}{n} \times log2\left(\frac{n_{1+}}{n}\right)\right] - \left[\frac{n_{2+}}{n} \times log2\left(\frac{n_{2+}}{n}\right)\right]$$

다시 $n_{1+} = 0$ 또는 $n_{2+} = 0$인 경우, 보통 괄호 안은 0으로 처리한다.

이때 분류 트리에 분기가 생김으로써 정보 기준이 향상되는 것을 확인할 수 있다. 이때의 정보 획득량(information gain, 간단히 gain이라고도 함)[3]은 아래와 같이 구한다.

$$정보\ 획득량(분기) = 정보량(분기\ 전) - 정보량(분기\ 후)$$

트리에서는 정보 획득량이 작은 분기보다 큰 분기를 선호한다.

위 표의 이항 분기의 경우, 분기 후 정보량은 각 분할 지점의 정보량 합이다. 예를 들어, 분기값보다 큰 데이터에 대한 정보량은 아래와 같다.

$$정보량(큰\ 경우) = -\left[\frac{n_{11}}{n_{+1}} \times log2\left(\frac{n_{11}}{n_{+1}}\right)\right] - \left[\frac{n_{12}}{n_{+1}} \times log2\left(\frac{n_{12}}{n_{+1}}\right)\right].$$

분기의 반대쪽에 대한 식도 이와 유사하다. 분기 후의 전체 정보량은 이 값들의 가중 평균으로, 가중값은 분기 후 각 잎에 들어 있는 샘플의 수와 연관돼 있다.

$$정보량(분기\ 후) = \frac{n_{+1}}{n} 정보량(분기값보다\ 큰\ 쪽) + \frac{n_{+2}}{n} 정보량(분기값보다\ 작은\ 쪽)$$

이종 데이터로 다시 되돌아가서 예측 변수 B에 대해 0.197 기준 분기가 있다고 가정해보자. $B > 0.197$인 경우의 정보량은 0.808이고, 분기의 반대쪽 값은 0.778이며, 분기후 샘플의 비율에 따라 가중값을 줘 구한 전체 정보량은 0.795이므로 여기서 획득량은 $0.997 - 0.795 = 0.201$이다. 이와 반대로 다른 분기는 완전히 비정보성으로 분기 후의

---

[2] 엔트로피 관점에서 이 개념을 살펴보면, 불확실성의 척도로 볼 수 있다. 클래스가 50/50으로 균등하게 나눠져 있다면, 결과를 전혀 추측할 수 없다. 이 경우 불확실성이 최대다. 하지만 10개의 샘플이 클래스 1에 속한다면, 임의의 데이터 값은 클래스 1에 속할 가능성이 좀 더 높으므로 불확실성은 그만큼 낮아진다.

[3] 상호 정보 통계량(mutual information statistic)이라고도 한다. 이 지표에는 18장에서 다시 다룬다.

정보량이 분기 전의 정보량과 동일하므로 이 경우 정보 획득량은 0이 된다.

연속형 변수의 경우, 트리를 통해 정보 획득량을 최대로 하는 변수와 이에 대한 단일 분기를 찾는 것을 주 목적으로 만들어진다.[4] 이 데이터의 경우, 분기 변수를 B로 하고, 0.197 값을 기준으로 하는 정보 획득량이 가장 크다. 이에 대해서는 [그림 14.1]에서 확인할 수 있다. 또한 이 분기는 CART상에서 지니 계수상 최적의 분기라는 것도 알 수 있다.

이는 이 방법에서의 문제점 중 하나다. 예측 변수상 분기에 사용할 수 있는 값이 여러 가지가 있는 경우, 정보 획득량 기준은 가능한 값이 많은 변수 쪽으로 치우친다(몇 개의 구분된 값을 보이는 연속형 변수보다 범주형 변수를 선호한다). 이 현상은 8.1장에서 살펴본 회귀 트리의 편향성과도 유사하다. 이런 편향성은 범주형 변수를 (연속형 변수에서의 이항 분기를 사용하는 대신) 다중 방식으로 분기를 만드는 알고리즘의 기능과도 관련이 있다. 다중 방식 분기는 보통 정보량이 크다. 편향성을 수정할 때는 정보량을 분기 자체의 정보 측정 정도로 나눈 정보량 비율을 사용한다. 퀸란(1993b)의 연구에서 이 지표의 예시를 볼 수 있고, 다른 연구 내용(1996b)에서는 이 과정을 최소 기술 길이minimum description length, MDL 원리를 사용해 연속형 변수에 이 과정을 적용한 것도 찾아볼 수 있다.

범주형 변수 분기를 평가하는 한 가지 방법으로는 각 범주마다 분을 만드는 식의 다중 분기 방식을 사용해 예측 변수를 나타내는 것이다. 가능한 값이 많은 변수를 사용한다면, 과하게 복잡한 트리를 만들게 될 수 있다. 예를 들어, 보조금 데이터의 후원 재단 코드 변수에는 298가지 개별값이 있다. 만약, 이 변수가 중요하게 사용된다면, 초기 트리에는 298개의 분기가 만들어질 것이다(가지치기 전). 아래에 설명할 가지치기를 거쳐, 이 분기 중 몇 개는 합쳐져서 간단하다.

퀸란의 책(1993b) 7장에서는 2개 이상으로 범주를 묶을 수 있는 다중 범주 분기를 만드는 식으로 기본 방법을 수정한 방식에 대해 다룬다. 범주형 변수를 분기 변수로 사용하기 전에 예측 변수가 아래와 같은 경우에는 모델에서 획득 비율을 먼저 구한다.

- 여러 분기가 개별값으로 나타나는 다중 분기(각 범주가 서로 다른 분기에서 사용되는 방식의 기본적인 방법)
- 2개의 범주가 하나로 묶이고, 이와 나머지를 따로 분리하는 모든 가능한 조합에 대한 다중 분기

---

[4] 기본적으로 C4.5는 간단히 연속형 변수의 이진 분기를 사용한다. 하지만 퀸란의 연구(1993b)에서는 분기점 근처의 값을 다르게 처리하는 약 임계점 처리(soft tresholding) 기법에 대해서도 서술하고 있다. 지면 관계상 이는 다음에 설명한다.

예측 변수가 이런 식으로 나타나는 경우, 그리디 알고리즘을 사용해 이를 병합할 수 있는 최적의 범주를 찾는다. 이에 따라 범주형 변수는 많은 방법으로 나타낼 수 있다. 최종 그룹을 만들면, 이 설정상에서 정보 획득 비율을 구한다. 최적의 분기 변수를 찾기 위해 이 비율을 다른 변수에서 구한 비율과 비교한다. 모델이 새 분기 변수를 탐색할 때마다 이 과정을 매번 반복한다. 이 옵션은 많은 계산이 필요하고, 범주형 변수의 가능한 정도가 얼마 안 되는 경우 효과가 적다. 불행하게도, 현재 사용할 수 있는 C4.5에서는 이 옵션을 쓸 수 없다(웨카 Weka 소프트웨어의 경우 J48이라고 사용함). 데이터에 이 옵션을 적용했을 때의 효과는 여기서 바로 설명하기는 어렵지만, 이후 C5.0(C4.5의 다음 버전)을 설명할 때 같이 보여줄 수 있을 것이다. 이 옵션이 모델에 큰 영향을 미칠 수 있으므로 버전을 차별화하기 위해 이 버전의 C4.5를 J48이라고 표시한다.

결측값을 포함한 훈련 데이터 세트로 트리를 만들 때, C4.5에서는 훈련 과정을 일부 수정한다.

- 정보 획득량을 구할 때, 비결측값 데이터를 사용해 정보 통계량을 구한 후, 분기에서 비결측값 데이터의 비율로 척도화한다.

- C4.5에서는 정보 획득량을 예측 변수의 정보량 기반으로 조절하는 식으로 선택 편향성을 처리한다는 것을 상기하자. 예측 변수에 결측값이 있는 경우, 가지의 수는 1씩 증가한다. 결측값은 변수상의 "추가" 범주나 값으로 처리한다.

- 마지막으로 최종 분기를 통해 클래스 분포가 결정되고, 결측값은 각 클래스의 비율에 따라 배치한다. 데이터의 기여도 비율은 비결측값의 클래스 분포에 따라 나눈다. 예를 들어, 11개의 샘플을 나누고, 이 중 하나가 결측값이라고 가정해보자. 만약, 세 가지 샘플이 클래스 #1이고, 나머지가 클래스 #2라면, 결측값의 기여도는 클래스 #1에 0.30이고, 클래스 #2에 0.70이다(분기 양쪽).

따라서 각 노드의 클래스 빈도 분포는 전체 데이터 모두를 포함하지 않는다. 또한 말단 노드의 오차 수는 비율에 따라 달라진다.

CART와 마찬가지로, C4.5로 큰 트리를 만들 때도 과적합에 가까운 트리를 만든 후 두 가지 다른 방법으로 가지치기를 한다.

- 하위 트리를 간단히 제거하는 방법
- 하위 트리를 키워 트리의 다른 노드를 대체하는 방법

CART에서는 비용 복잡도에 따른 가지치기를 한다. 비관적 가지치기에서는 트리가 단순

화됐는지, 아닌지를 판단한다. 한 가지 예로, 하위 트리가 제거 대상인 경우를 살펴보자. 비관적 가지치기에서는 하위 트리가 있는 경우와 없는 경우의 오차 수를 센다. 하지만 명백한 오차율은 매우 긍정적일 수 있다는 것은 이미 알려진 사실이다. 이를 극복하기 위해 비관적 가지치기에서는 오차의 상한선을 둔다. 이 값은 오차 수를 비관적으로 추정한 값이다. 이 값을 하위 트리가 있는 경우와 없는 경우에 대해 구한다. 하위 트리가 없는 경우의 추정 오차 수가 트리가 있는 경우보다 낮은 경우, 모델에서 이 트리를 제거한다.

추정 오차율을 구할 때, C4.5에서는 0.25 구간의 기본 신뢰 구간을 사용한다(신뢰 요인 confidence factor이라고 한다). 신뢰 요인이 증가할수록 트리가 커지므로 이를 사용해 모델을 튜닝할 수도 있다. 이 방식은 직관적으로 통계적 기반이 거의 없는데, 퀸란(1993b)은 이를 인정하고 아래와 같이 말했다.

> "이는 표본 추출과 신뢰 제약에 대한 통계적 개념을 해치므로 이런 추론은 꼭 필요한 데만 조금 사용해야 한다."

즉, 이 기법은 적합한 트리 크기를 판단하는 데 있어 교차 검증보다 매우 효과적이고, 계산 효율적일 수 있다는 뜻이다.

트리를 키워 가지치기를 한 후, 새 샘플을 말단 노드에 도달할 때까지 적합한 경로를 찾아 보내는 식으로 분류한다. 이때 훈련 데이터 세트에서 말단 노드에 가장 많이 도달하는 클래스를 새 샘플에 대한 클래스로 예측한다. 클래스 확률과 유사한 신뢰값의 경우도 말단 노드의 클래스 빈도를 기반으로 구한다. 퀸란(1993b)은 신뢰 요인의 상하 범위를 위에서 설명한 비관적 가지치기와 유사한 방식으로 어떻게 도출할 수 있는지를 설명했다.

1개 이상의 결측값을 가진 샘플에 대해 예측하고자 할 때도 비율을 샘플에 적용한다. 데이터의 결측값이 있는 변수에 대한 분기가 있는 경우, 트리상에서 가능한 모든 경로를 구한다. 보통, 예측 클래스는 이때 나온 단일 말단 노드에서 가장 큰 비율을 차지하는 클래스를 취한다. 결측값이 1개 이상의 말단 노드에 도달하게 되는 경우, 최종 예측 클래스를 판단할 때는 각 클래스에 가중값을 둔 후 큰 값을 고른다.

모든 관련된 말단 노드의 클래스 가중값을 합친 후 총가중값이 가장 큰 클래스를 해당 샘플의 예측 클래스로 사용한다. 이 방식으로 샘플이 도달 가능한 각 말단 노드를 전체 예측에 사용한다.

보조금 데이터에 대한 J48 트리를 만들어봤다. 여기서 신뢰 요인을 튜닝 인수로 쓸

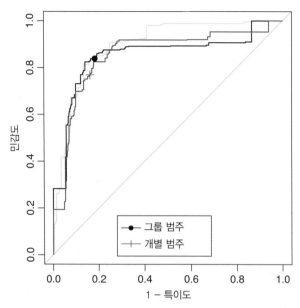

〔그림 14.6〕 주어진 데이터에 대해 범주 예측 변수를 두 가지 방법으로 처리한 것에 대한 **J48** ROC 곡선. 기호(검은 원과 더하기 기호)는 50% 확률로 구분한 것을 나타낸다. 범주 그룹을 사용한 경우, 곡선 하단 면적은 0.835이고 개별 범주를 사용한 경우는 0.842다. 회색 선은 이전 CART 모델을 나타낸다.

수도 있지만, 그간의 경험으로 볼 때 기본값(0.25)을 사용해도 괜찮다. 범주형 변수를 표현하는 데 있어서 2개의 다른 방법을 사용해 만든 두 모델이 잘 동작했다. 사전에 다룬 내용에 따르면, 범주를 통합 집합으로 다룸으로써 개별 범주를 사용하는 것보다 훨씬 큰 트리를 만들게 될 수 있다. 이 내용은 이 데이터의 경우에 한정된 이야기다. 범주 트리의 경우, 가지치기가 완료된 트리에서도 2,918개의 말단 노드가 생긴다. 이 현상은 기본적으로는 후원 재단 코드를 사용한 분기가 매우 많이 생겨서다. 2,918개의 노드 중 2,384개(82%)가 이 변수를 사용한다. 개별 범주를 사용하는 경우의 트리는 훨씬 작다 (말단 노드 821개).

큰 모델에서 ROC 곡선 하단 면적은 0.835이고, 이에 비해 개별 범주를 사용한 경우는 0.842다. [그림 14.6]은 2개의 ROC 곡선과 기본 50% 확률 선에 대응하는 각 곡선의 점을 나타낸다. 여기서 각 방법에 대해 특이도는 대략 동일하지만(큰 모델의 경우 81.7%, 나머지는 83.8%), 민감도의 경우에는 유의한 차이가 있다. 복잡한 모델의 경우 민감도가 83.9%지만, 개별 범주를 사용한 경우 지원 성공에 대한 예측력이 상대적으로 낮게 나타났다(민감도 76.8%). 하지만 이런 통계량은 성공에 대한 명목형 50% 단위를 바탕으로 한 것이다. 다만, 곡선이 상당히 겹쳐서 구분선을 다르게 넣어도 이와 유사한 결과가 나온다(16.4장 참고).

분류 트리에서는 CART와 C4.5 방식이 가장 널리 사용되지만, 이 분야는 널리 연구되고 있고 트리 기반의 다른 여러 모델도 제시되고 있다. 예를 들면, 회귀 트리 장에서 다뤘던, 조건부 추론 트리(Hothorn et al., 2006)의 경우, 분기 시의 선택 편향성을 피할 수 있다. 또한 M5와 큐비스트 같은 복잡한 모델을 말단 노드에서 사용하는 여러 가지 기법도 있다(Frank et al., 1998; Loh, 2002; Chan and Loh, 2004; Zeileis et al., 2008). 분기를 다른 유형으로 하는 방식도 있다. 예를 들어, 브레이먼 등(Breiman et al., 1984)은 예측 변수의 선형 조합을 사용해 분기하는 방식을 소개했다. 클래스가 선형으로 나눠지는 경우에는 기존 분기 방법으로는 시간을 추정하기가 매우 어려우므로 이때 이런 사각 트리oblique tree가 매우 유용하다. 멘즈 등(Menze et al., 2011)은 사각 트리에 앙상블 모델을 적용하는 방법을 제안했다.

14.2 규칙 기반 모델

앞에서 살펴본 것처럼 규칙 기반 모델은 하나 이상의 개별 조건문으로 이뤄져 있다. 여기서는 트리와 달리, 샘플을 규칙들을 통해 예측한다. 규칙은 오래전부터 분류기로 사용돼왔으며, 이 장에서는 분류 규칙을 만드는 방법을 살펴본다.

C4.5 규칙

분류 트리로부터 규칙 기반 모델을 만드는 방법에는 다양한 관점 및 알고리즘이 있다. 퀸란(1987, 1993b)의 여러 저서에서 이런 개념들이 처음 제시됐다. 이 모델은 C4.5 규칙C4.5 Rules 모델로 불리며, 앞에서 소개한 C4.5 트리 방법론을 기반으로 만들어졌다. 우선, 가지치기하지 않은 트리를 만든 후, 트리에 따른 각 경로를 개별 규칙으로 축소한다.

이렇게 주어진 초기 세트를 사용해 각 규칙마다 조건문에서 특정 항목을 제거함으로써 일반화시킬 수 있는지를 평가한다. 여기서 사용하는 가지치기 과정은 C4.5 트리 가지치기에서 사용하는 방식과 동일하다. 규칙에 대해 모델에서는 기본 비관적 오차율을 구한 후, 규칙에서 각 조건을 하나하나 제거한다. 조건을 제거한 후, 비관적 오차율을 다시 계산한다. 만약, 오차율 중 하나라도 기본 선보다 작다면, 최소 오차율을 갖는 조건을 제거한다. 모든 조건이 기본 선보다 크거나 모든 조건이 제거될 때까지 이 과정을 반복한다. 후자의 경우에는 모델에서 이 규칙을 완전히 제거한다. 아래의 표는 보조금 지원 데이터에 대해 5개의 조건을 갖는 규칙에 대한 가지치기 과정을 나타낸 것이다.

조건	비관 오차율		
	통과 1	통과 2	통과 3
기본선	*14.9*	*5.8*	*5.2*
1월 1일	12.9	**5.2**	
지원 실패가 0인 경우(CI)	77.3	53.5	50.7
CI 수	42.0	21.6	19.7
SCI 수	18.0	8.1	7.3
지원 성공이 0인 경우(CI)	**5.8**		

첫 번째 통과의 경우, 수석 연구원에 의한 지원 성공이 0인 것에 대한 조건을 제거하는 것이 오차율에 가장 적은 영향을 미치므로 이 조건을 규칙에서 제거한다. 어느 오차율도 기본선 이하가 되지 않을 때까지 가지치기 3번이 필요했다. 그리고 이때 매회마다 비관적 오차율이 감소했다는 것을 확인하자. 마지막으로 수석 연구원의 지원 실패가 0인 경우와 연관되는 조건이 규칙에서 제거되는 경우 오차율이 가장 크므로 이 조건이 규칙에서 가장 중요하다는 것을 알 수 있다.

각 규칙 내의 조건 가지치기를 끝낸 후, 각 클래스에 대한 규칙들을 각각 처리해서 규칙을 재정렬한다. 우선, MDL 원칙에 따라 중복되거나 효과가 적은 규칙을 제거한다(퀸란과 리버스트(1989)의 연구 및 퀸란의 연구 중 5장(1993b)을 참고하라). MDL 수치는 규칙 세트의 성능 및 복잡도를 사용해 구한다. 동일한 성능의 두 규칙 세트의 경우, 단순한 규칙 세트의 수치가 더 좋게 나온다. 각 클래스에 대해 데이터의 초기 그룹은 모든 훈련 데이터 세트 샘플이 적어도 하나의 규칙을 다루도록 만들어지고, 이는 초기 규칙 세트로 합쳐진다. 이 규칙 세트로 시작해서 탐색 기법(그리디 언덕 오르기 기법greedy hill climbing 이나 담금질 기법 등)을 사용해 더 이상 규칙 세트가 향상되지 않을 때까지 규칙을 더하거나 제거한다. 이 클래스에서 두 번째로 주요한 작업은 가장 정확한 순으로 규칙을 정렬하는 것이다.

각 클래스에 대해 이런 규칙 세트 작업이 완료되면, 각 클래스를 정확도에 따라 정렬한 후 관련된 규칙이 전혀 없는 샘플에 대해서는 기본 클래스를 부여한다. 새 샘플에 대해 예측하는 경우, 만족스런 결과가 나올 때까지 각 규칙을 적용해 평가한다. 이때 첫 번째 활성화된 규칙의 클래스로 클래스를 예측한다.

1.	**반복**
2.	가지치기된 분류 트리 생성
3.	가장 넓은 범위를 포함하는 트리의 경로를 판단함.
4.	이 경로를 규칙 세트에 규칙으로 추가함.
5.	이 규칙에 해당하는 샘플을 훈련 데이터 세트에서 제거함.
6.	**훈련** 데이터 세트 샘플이 모두 규칙에 해당될 때까지 반복함.

알고리즘 14.1 규칙 기반 모델을 만드는 PART 알고리즘(Frank and Witten, 1998)

PART

C4.5 규칙은 후보 규칙의 초기 세트를 동시에 만든 후, 이후 모델에서 후처리를 한다는 관점을 따른다. 그 대신, 이때는 규칙이 점점 많이 만들어질 수 있다. 이러한 방식으로 새로운 규칙을 이전 규칙 세트에 적용해 데이터의 중요한 추이를 보다 효과적으로 포착할 수 있다.

프랭크와 비튼(Frank and Witten, 1998)은 알고리즘 14.1에서 제시한 PART라는 새로운 규칙 모델을 제시했다. 여기서는 데이터를 통해 가지치기한 C4.5 트리를 만든 후, 가장 많은 샘플을 포함하는 트리 경로를 규칙으로 사용한다. 규칙에 해당하는 샘플을 데이터 세트에서 제거한 후, 이 과정을 모든 샘플이 최소한 하나의 규칙에 해당할 때까지 반복한다. 이 모델에서는 규칙을 생성하기 위해 트리를 사용하지만, 각 규칙은 개별적으로 만들어지고 데이터에 적용할 때는 자유도가 더 높다.

보조금 데이터에 대한 PART 모델에서는 범주 그룹 모델을 좀 더 선호한다. 이 모델에서 결과는 이전 모델보다 더 낮지 않다. 추정 민감도는 77.9%고, 특이도는 80.2%며, ROC 곡선 하단 면적(여기서 구하지는 않음)은 0.809다. 이 모델에서는 360개의 규칙을 사용한다. 여기서 181개의 규칙은 성공에 대해 구분하고, 179개는 실패를 구분한다. 이때 가장 많이 사용되는 5개의 예측 변수는 후원 재단 코드(332가지 규칙), 계약값 그룹(30가지), 수석 연구원의 지원 실패 수(27가지), 수석 연구원의 지원 성공 수(26가지), 수석 연구원 수(23가지)였다.

14.3 배깅 트리

분류용 배깅 트리는 회귀용 배깅 트리를 간단히 고친 것이다(8.4장 참고). 정확히는 알고리즘 8.1의 회귀 트리를 C 클래스에 대한 가지치기를 하지 않은 분류 트리로 대체한 것이다.

회귀에서의 설정과 마찬가지로 이 모델도 앙상블에서의 각 모델을 사용해 새 샘플의 클래스를 예측한다. 앙상블에서 각 모델에 동일한 가중값을 사용할 경우, 각 모델은 새 샘플의 클래스에 대한 투표권을 갖는다고 생각할 수 있다. 각 클래스의 전체 표 수를 앙상블(M) 내의 모델 수로 나눠 샘플의 예상 벡터를 만든다. 이 중 가장 득표율이 높은 그룹으로 샘플을 분류한다.

보조금 데이터의 범주형 예측 변수에 이 양쪽 방법을 모두 사용해 배깅 모델을 만들어봤다. 회귀 트리 장에서 논의했던 것처럼 배깅 성능은 트리가 50개인 경우, 보통 최고점에 도달하므로 각 모델에서 50개씩의 트리를 만든다. [그림 14.7]에서는 범주를 개별 처리와 그룹 처리를 한 경우, 각각의 배깅 앙상블 성능을 나타냈다. 두 ROC 곡선은 모두 분류 트리나 J48로 만든 곡선보다 완만하다. 이는 앙상블에서 분산을 줄이는 배깅의 장점을 보여준다. 게다가 두 배깅 모델은 각각의 이전 모델들보다 더 나은 AUC(둘 다 0.92)를 보인다. 이 데이터에서 범주를 개별로 사용하거나 그룹으로 사용한 경우 모두 ROC 곡선, 민감도, 특이도 모두 거의 유사해 배깅 성능에 어떤 뚜렷한 차이를 찾을 수 없었다. [그림 14.7]에서 현재 데이터 세트의 성능을 보면 J48에서의 결과([그림 14.6])보다 향상된 것을 알 수 있다.

회귀에서와 비슷한 식으로 앙상블의 개별 트리에서의 변수 중요도를 합쳐 변수 중요도를 구할 수 있다. 개별 범주와 그룹 범주의 상위 16개 예측 변수의 변수 중요도는 [그림 14.15]에 나와 있고, 이에 대한 비교는 연습 문제 14.1에 독자들의 몫으로 남겨둔다.

〔표 14.1〕 랜덤 포레스트 모델에 대한 2008년 데이터의 혼동 행렬

	관측 클래스	
	성공	실패
성공	491	144
실패	79	843

이 모델의 총정확도는 85.7%, 민감도는 86.1%, 특이도는 85.4%였다.

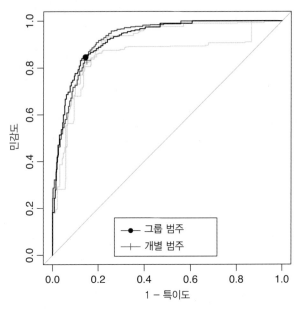

〔그림 14.7〕 배깅 분류 트리 모델의 ROC 곡선. 두 모델의 곡선 하단 면적은 0.92다. 민감도와 특이도는 각각 82.98, 85.71이다.

14.4 랜덤 포레스트

분류용 랜덤 포레스트에서는 회귀 트리의 위치에 분류 트리를 넣는 식으로 랜덤 포레스트 회귀 알고리즘(알고리즘 8.2)을 조금 비튼다.

배깅에서 포레스트의 각 트리는 새 샘플의 분류에 대한 투표를 행사하고, 전체 앙상블상의 각 클래스의 투표 비율은 예측 확률 벡터로 만들어진다.

알고리즘에서 트리 유형은 바뀌었지만, 각 분기에서 무작위로 선택한 예측 변수의 튜닝 인수는 동일하다(m_{try}로 표기함). 회귀에서처럼 훈련 시 예측 변수를 임의로 선택하는 아이디어를 통해 포레스트 내의 트리의 연관도를 제거한다. 분류 문제에 있어서 브레이먼(2001)의 연구에서는 m_{try}를 예측 변수 수의 제곱근으로 설정할 것을 추천한다. m_{try} 튜닝 시 P가 예측 변수 수라고 할 때, 2 to P까지의 범위에 걸쳐 5개의 값을 뽑아 시작할 것을 추천한다. 이와 비슷한 식으로 아직 성능이 최고점이 아니라면 1,000개의 트리에 대한 앙상블에서 시작한 후 이 수치를 늘려 나가는 것을 추천한다.

대부분의 경우, 분류 랜덤 포레스트는 이전에 논의했던 회귀에서의 특성과 매우 유사한 성격을 갖는다. 예를 들면, 아래와 같다.

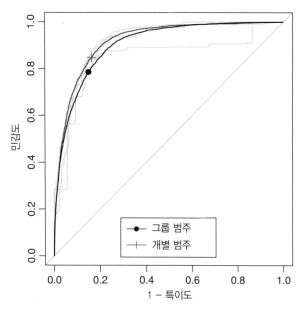

〔그림 14.8〕 랜덤 포레스트 모델의 ROC 곡선. 개별 범주에 대한 곡선 하단 면적은 0.92이고, 그룹 범주 모델의 AUC는 0.9다.

- 모델은 m_{try}에 대해 상대적으로 덜 예민하다.
- 대부분의 트리에서처럼 최소한의 데이터 전처리만이 필요하다.
- 정확도, 민감도, 특이도, 혼동 행렬 등의 성능의 아웃-오브-백 값을 구할 수 있다.

한 가지 다른 점이라면 클래스별 가중값을 다르게 준다는 것이다. 이런 측면에 대해서는 16장에서 보다 자세히 설명한다.

개별 범주와 그룹 범주 모델을 모두 사용해 랜덤 포레스트 모델을 만들 수 있다. 5부터 1,000까지의 범위에서 튜닝 인수 m_{try}를 구할 수 있다. 개별 범주의 경우, m_{try}의 최적 튜닝된 값은 100이고, 그룹 범주의 경우 이 값은 250이었다. [그림 14.8]에서 이 결과를 확인할 수 있다. 여기서 개별 범주의 경우, AUC가(0.92) 그룹 범주의 경우보다(0.9) 미미하게 더 높았다. 이항 예측 변수를 사용한 모델이 민감도가 더 높았으나(86.1% vs. 84.7%) 특이도의 경우 좀 더 낮았다(85.4% vs. 87.2%).

단일 트리에서 변수 중요도는 각 예측 변수의 최최적화 기여도를 합치는 식으로 구할 수 있다. 랜덤 포레스트에서는 성능 향상 기준(기본은 보통 지니 계수다)을 전체 앙상블에 대해 합친 후 전체 변수 중요도를 구한다. 또는 앙상블 전체에 대한 예측 변수의 중요도는 8.5장에서 다뤘던 치환법을 사용해 구할 수도 있다(Breiman, 2000). 보조금 데이터에 대해 이 두 가지 유형의 변수를 모두 사용해 통합 향상도 기반의 변수 중요도를 구했을 때의 주요 예측 변수는 [그림 14.15]에 나타냈다. 이에 대한 해석은 독자들을 위해 연습 문제 14.1로 남겨둔다.

조건부 추론 트리도 랜덤 포레스트의 기본 학습기로 사용할 수 있다. 하지만 이 방법론을 현재 구현하기에는 보조금 데이터의 상대적 크기 때문에 계산 부하가 걸린다. 조건부 추론 트리와 CART 트리를 사용한 랜덤 포레스트의 성능 비교는 연습 문제 14.3에서 확인할 수 있다.

14.5 부스팅

회귀에서 이미 부스팅을 다뤘지만, 이 방법은 원래 분류 문제를 위해 만든 것이다 (Valiant, 1984; Kearns and Valiant, 1989). 많은 약 분류기(임의 분류보다 조금 좋은 성능이 나오는 분류기)를 합쳐 강 분류기로 만드는 방법이다. 부스팅 알고리즘에는 여러 가지 종류가 있고, 이 중 여기서는 중요한 것만 다룰 것이다.

에이다부스트

1990년대 초기에는 원래의 부스팅 알고리즘을 구현하기 위해 많은 방법이 등장했다 (Schapire, 1990; Freund, 1995). 프론드와 샤피르(1996)는 부스팅 알고리즘을 실제로 처음 구현해서 유명한 에이다부스트 알고리즘을 만들어 냈다. 이에 대한 가장 직관적인 버전은 알고리즘 14.2와 같다.

이 알고리즘을 요약해보면, 에이다부스트에서는 여러 약 분류기를 만든 후 매 반복 분기마다 알고리즘에서 현재의 샘플 가중값 기반으로 최적의 분류기를 찾는다. k회차에서 제대로 분류되지 않은 샘플은 $(k + 1)$회에서 보다 높은 가중값을 갖게 되고, 제대로 분류된 샘플은 다음 회차에서 가중값이 낮아진다. 즉, 분류하기 어려운 샘플은 알고리즘에서 이 샘플을 적합하게 분류할 수 있는 모델을 찾을 때까지 가중값이 점차 커진다는 것이다. 따라서 알고리즘상 각 반복 구간에서는 샘플을 다르게 분류할 수 있는 영역에 초점을 맞추게 됨으로써 데이터의 다른 면을 학습하도록 유도된다. 각 반복 구간에서 단계별 가중값은 해당 구간의 오차율을 기반으로 만들어진다. 알고리즘 14.2에서 나

1. 하나의 클래스를 $+1$로 나타내고, 나머지 클래스를 -1로 나타낸다.
2. 각 샘플의 초기 시작 가중값은 동일하게 $(1/n)$로 둔다.
3. **for** $k = 1$ *to* K**일 때**
4.   가중값이 부여된 샘플을 사용해 약 분류기에 적용한 후, k번째 모델의 오분류율을 구한다(err_k).
5. k번째 단계의 $\ln((1 - err_k)/err_k)$를 계산한다.
6.   오분류된 샘플에 가중값을 추가하고, 제대로 분류된 샘플에는 가중값을 줄이는 식으로 가중값을 갱신한다.
7. **end**
8. k번째 각 샘플의 기본값을 k번째 모델 예측값과 곱한 후, 이 값을 k 전반에 걸쳐 더해 부스티드된 분류기의 예측값을 구한다. 만약, 이 합이 양의 수라면, 이 샘플은 $+1$ 클래스로 분류하고, 아니라면 -1 클래스로 분류한다.

알고리즘 14.2 이종 클래스 문제에 대한 에이다부스트 알고리즘

타난 기본 가중값을 보면 보다 정확한 모델이 보다 높은 양의 값을 갖고, 부정확한 모델은 보다 낮은 음의 값을 갖는다.[5] 가중값이 추가된 분류기의 전체 집합은 앙상블로 묶인 후 각각의 분류기보다 더 나은 분류력을 갖는다.

부스팅은 모든 분류 기법에 적용할 수 있지만, 트리의 가지(그루터기라고도 한다)를 거의 두지 않음으로써 트리 깊이에 제약을 두어 약 분류기로 만들 수 있기 때문에 분류 트리를 부스팅에 가장 많이 쓴다. 브레이먼(1998)은 부스팅에 왜 분류 트리가 적합한지를 설명했다. 분류 트리는 편향성이 낮고, 분산이 높은 기법으로 트리 앙상블을 통해 분산을 낮출 수 있으므로 이 결과 편향성과 분산 모두 낮은 결과를 구한다. 에이다부스트 알고리즘의 관점에서 존슨과 레이엔(2007)은 낮은 분산의 기법이 부스팅을 통해 높은 성능 향상을 보이지 않는다는 것을 밝혔다. 따라서 LDA or KNN 같은 부스팅 방법이 신경망(Freund and Schapire, 1996)이나 나이브 베이즈(Bauer and Kohavi, 1999) 부스팅 방법 만큼의 성능 향상을 보이지 않는다.

---

[5] 약 분류기를 사용하면, 기본값이 간혹 0에 가까워지기도 한다.

확률 경사 부스팅

8.6장에서 언급했듯이, 프리드먼 등(2000)은 에이다부스트 알고리즘을 통계적으로 연구했다. 이들은 분류 문제에 있어 이 알고리즘이 지수 손실 함숫값을 최소화하는 직관적 가법 모델 형태로 해석할 수 있다는 것을 보였다. 이 체계를 통해 리얼 에이다부스트Real AdaBoost, 젠틀 에이다부스트Gentle AdaBoost, 로짓부스트LogitBoost 같은 일반화된 알고리즘이 생겼다. 이런 일반화 모형은 앞에서 회귀 트리 장에서 다뤘던 경사 부스팅 머신이라는 동일한 체계를 사용한다.

회귀 설정과 마찬가지로 트리를 기본 학습기로 사용하는 경우, 기본 경사 부스팅은 트리 깊이(또는 상호작용 깊이)와 반복 횟수의 두 가지 튜닝 변수를 사용한다. 확률 경사 부스팅의 식에서는 사건 확률을 모델링하는데, 이 방식은 기존에 로지스틱 회귀에서 봤던 것과 비슷하다.

$$\widehat{p}_i = \frac{1}{1 + exp\left[-f(x)\right]},$$

여기서 $f(x)$는 $[-\infty, \infty]$ 범위의 모델 예측식이다. 예를 들어, 모델의 초기 추정값은 샘플의 로그 오즈값으로 $f_i^{(0)} = \log\frac{\widehat{p}}{1-\widehat{p}}$이고, p는 훈련 데이터 세트의 샘플 비율이다.

베르누이 분포를 사용한 두 클래스의 확률 경사 부스팅 알고리즘은 알고리즘 14.3에 나타나 있다.

보다 적합한 손실 함수와 이에 대한 경사를 사용자가 직접 선택함으로써 알고리즘을

---

1. 샘플에 대한 모든 예측값을 로그 오즈값으로 초기화한다: $f_i^{(0)} = \log\frac{\widehat{p}}{1-\widehat{p}}$
2. **for** $j = 1 \ldots M$ 다음을 반복함.
3.   잔차(경사)를 구한다. $z_i = y_i = \widehat{p}_i$
4.   훈련 데이터 세트에서 임의의 샘플을 취한다.
5.   임의의 부분 집합에 대해 잔차를 결과로 사용해 모델을 훈련한다.
6.   말단 노드의 피어슨 잔차 추정값을 구한다. $r_i = \frac{1/n\sum_i^n (y_i - \widehat{p}_i)}{1/n\sum_i^n \widehat{p}_i(1-\widehat{p}_i)}$
7. $f_i = f_i + \lambda f_i^{(j)}$을 사용해 현재 모델을 갱신한다.
8. **end**

알고리즘 14.3 분류에 대한 단순 경사 부스팅(이종 문제)

조절할 수 있다(Hastie et al., 2008). 알고리즘 14.3의 마지막 단계에서 축소를 구현할 수도 있다. 게다가 이 알고리즘에서는 내부의 For 반복문의 첫 번째 단계 이전에 임의의 샘플을 취하는 구조를 추가함으로써 확률 경사 부스팅 체계에 포함될 수 있다. 이 과정에 대한 자세한 내용은 8.6장에서 확인할 수 있다.

보조금 데이터에서 트리 깊이를 한 가지부터 아홉 가지로 두고, 트리의 수를 100부터 2,000까지 두며, 축소 범위를 0.01부터 0.1까지 둬 튜닝 인수 그리드를 만든다. 이 그리드에서 범주형 변수는 개별 범주로 사용되고, 따로 그룹 범주를 사용한 것으로도 만들고, 이들을 사용해 부스팅 모델을 만든다. 개별 범주 모델에서 ROC 곡선 하단 최적 면적은 0.94이고, 트리 깊이는 9이고, 트리 수는 1,300이며, 축소는 0.01이다. 그룹 범주 모델에서 ROC 곡선 하단의 최적 면적은 0.92이고, 트리 깊이는 7이며, 트리 수는 100, 축소는 0.01이다([그림 14.9]를 참고하라). 여기서 개별 범주 모델은 그룹 범주 모델보다 ROC상으로 볼 때 더 나은 성능을 낸다. 하지만 각 모델에서 트리의 수는 각각 다르다. 이항 예측 변수 세트는 그룹 범주보다 크기 때문에 당연한 일이다.

[그림 14.10]과 [그림 14.11]의 그룹 범주와 개별 범주 변수의 튜닝 인수 프로파일을 탐색해보면 흥미로운 차이점을 발견할 수 있다. 우선, 개별 범주 변수의 부스팅은 그

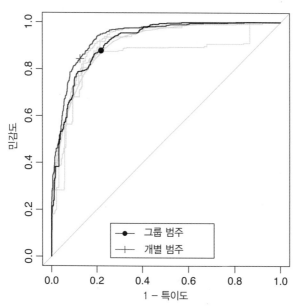

〔그림 14.9〕 부스티드 트리 모델의 ROC 곡선. 개별 범주의 경우 곡선 하단 면적은 0.936, 그룹 범주 모델의 경우 AUC는 0.916이다.

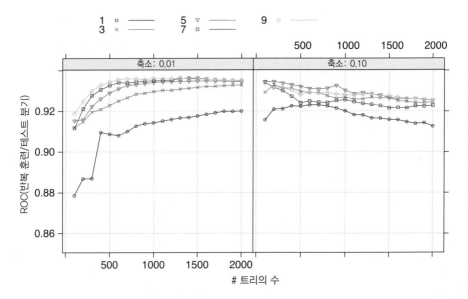

〔**그림 14.10**〕 그룹 범주를 사용하는 부스티드 트리 모델의 튜닝 인수 프로파일

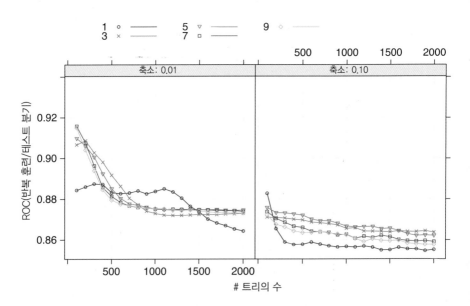

〔**그림 14.11**〕 개별 범주를 사용하는 부스티드 트리 모델의 튜닝 인수 프로파일

룹 범주 변수의 부스팅에 비해 튜닝 인수 설정 전반에 걸쳐 거의 일정하게 나은 예측 성능을 보임을 알 수 있다. 이 패턴이 나타나는 이유는 많은 중요한 그룹 범주 변수 중 한가지 값만 주요한 예측 정보를 담고 있기 때문이다. 따라서 개별 범주 변수를 사용한 트리는 정보를 보다 쉽게 파악할 수 있어서 부스팅 과정을 유도한다. 그룹 범주 변수 내에서 축소 인수를 증가시키면 트리 깊이 전반에 대해 예측 성능을 균일하게 낮춘다. 이 결과는 그룹 범주 예측 변수의 경우 부스팅이 보통 크기의 초기 트리에 대해서는 가장 예측 정보를 많이 획득한다는 것을 의미한다. 단일 트리에서의 AUC(0.89)와 최적의 부스티드 트리를(0.92) 비교함으로써 이에 대해 알 수 있다.

개별 범주 예측 변수에 대해 부스팅을 취하면, 트리가 증가함에 따라 축소값이 작은 경우 성능이 향상되고, 축소값이 큰 경우 성능이 저하되는 것을 볼 수 있다. 하지만 축소값의 크기에 상관없이, ROC 값이 대략 0.94인 경우에는 예측값이 최고값에 도달한다. 이 결과에 따르면, 이 데이터에서는 부스팅을 통해 축소를 크게 사용하지 않고도 꽤 빠르게 최적의 설정을 찾을 수 있다.

분류 설정에서의 부스팅의 변수 중요도를 계산하는 방식은 회귀와 유사하다. 앙상블에서의 각 트리에서 각 변수의 분기 기준의 향상 정도를 구해 이를 합친다. 이렇게 구한 중요도 값을 전체 부스팅 앙상블에서 평균을 낸다.

14.6 C5.0

C5.0는 퀸란의 C4.5 분류 모델에 부스팅이나 각 오차별로 각각 다른 비용을 매기는 방식 등의 기능을 추가해서 개선한 버전이다. C4.5와 마찬가지로 이 알고리즘에도 트리기반과 규칙 기반 버전이 있고, 선대 방식과 주요 알고리즘의 대부분을 공유한다. C4.5나 큐비스트와는 달리, 2011년에 처음 공개된 프로그램 소스 코드에서 더 개선된 사항에 대한 내용은 거의 없으며, 여기서도 이 내용에 대해서만 설명한다.

이 모델에는 많은 요소와 옵션이 있으며, 여기서는 크게 단일 분류 트리를 만드는 것, 이에 대응하는 규칙 기반 모델, C5.0의 부스팅 과정, 알고리즘의 세부 요소(변수 중요도 등)로 구분해 설명한다.

분류 트리

C5.0 트리에는 더 작은 트리를 만들기 위한 기본적인 향상 과정이 있다. 예를 들어, 이 알고리즘에서는 여러 범주의 분할에 대해 충돌을 야기하지 않는 조건들을 결합한다. 또한 비용 복잡도 방식으로 하위 트리를 제거하는 식의 최종 전역 가지치기 과정을 다룬다. 이때 오차율이 기본 비율(가지치기하지 않은 경우)에서 1 표준 오차를 초과하는 오차율을 보일 때까지 하위 트리를 제거한다. 초기 실험에서는 이런 추가 과정이 이전 알고리즘보다 더 단순한 트리를 만들 수 있도록 한다고 봤다.

　범주형 변수를 통합 집합으로 처리하는 방식으로 명목형 C5.0 트리를 보조금 데이터에 적용해봤다. 이 트리에는 86개의 말단 노드가 만들어지고 ROC 곡선 하단 면적은 0.685였다. 트리에 가장 많이 등장하는 5개 변수는 계약값 그룹(분기 6개), 일자(분기 6개), 후원 재단 코드(분기 5개), 범주 코드(분기 4개), 요일 (분기 4개)이었다. 이전 J48 트리에는 후원 재단 코드 같은 많은 값을 가진 범주형 변수로 인해 만들어진 말단 노드가 훨씬 더 많았다(2,918). C5.0 트리에서는 14.1장에서 소개했던 것처럼 범주를 2개 이상의 더 작은 그룹으로 결합하는 방식의 직관적인 알고리즘을 사용해 이 문제가 생기지 않도록 했다. C5.0에서 이 옵션을 사용하지 않는다면, 범주형 예측 변수들로 인해 트리가 훨씬 커질 것이다(213개의 말단 노드). 하지만 더 큰 트리의 ROC 곡선 하단 면(0.685)은 작은 트리와 거의 동일하다.

　C5.0 모델은 이전에 설명한 J48 트리의 크기까지 도달하지 않는다. J48과 C5.0에서 (그룹핑하지 않음) 많은 값을 갖는 범주형 예측 변수는 많은 분기에서 사용되고, 그룹핑 옵션이 사용되지 않은 경우 각 분기에서 2개 이상의 가지를 만든다.

분류 규칙

규칙을 만드는 과정은 C4.5와 유사하다. 초기 트리를 만들고, 규칙을 합치고, 가지치기를 통해 각 규칙을 단순화한 후 전체 데이터 세트에 대해 구성 규칙의 수를 줄이는 전역 절차를 적용한다. 규칙 내 조건에 대한 가지치기와 규칙 집합 단순화 과정은 C4.5와 동일하지만, C5.0에서는 규칙의 순서를 따로 정하지 않는다. 대신, 새 샘플 예측 시 C5.0에서는 활성화된 규칙 모두를 사용하고, 각 규칙마다 샘플에 가장 가까운 클래스에 투표를 한다. 각 클래스에 대한 표는 신뢰값에 따라 가중값이 매겨지고, 이 샘플에 대해 가장 많은 표를 얻은 클래스를 사용한다. 하지만 예측 신뢰값은 활성화 규칙 중 가장 특이도가 높은 규칙과 연관돼 있다. C4.5에서는 규칙을 나열한 후, 가장 첫 번째의 활성화 규칙을 예측에 사용한다는 것을 기억하자.

보조금 데이터에 이 알고리즘을 적용해보자. 규칙 기반 모델은 22개의 규칙으로 이뤄지고, 이때 ROC 곡선 하단 면적은 0.675다. 모델의 복잡도는 PART 모델보다 훨씬 단순하다. 보조금 지원 성공을 예측하기 위한 규칙을 신뢰값 기준으로 정리했을 때, 세 가지 상위 규칙은 아래와 같다.

1. (해의 첫 날 여부)

2. (수석 연구원 수 > 0)이고, (주 감독관 수 ≤ 0)이고, (학생 수석 연구원 수 ≤ 0)이고, (수석 연구원의 보조금 지원 실패 횟수 ≤ 0)이고, (SEO 코드 ≠ 730106)이고, (일자 ≤ 209)

3. (외부 수석 연구원 수 ≤ 0)이고, (1975년 근방에 태어난 수석 연구원 수 ≤ 0)이고, (수석 연구원의 지원 성공 횟수 ≤ 0)이고, (일자 < 109)이고, (보조금 그룹 코드 미상)이고, (화요일, 금요일, 월요일, 수요일, 목요일)

마찬가지로 보조금 지원 실패를 예측하는 상위 규칙 세 가지는 아래와 같다.

1. (수석 연구원의 보조금 지원 실패 횟수 > 0)이고, (일자 > 327)이고, (후원 재단 코드가 2B, 4D, 24D, 60D, 90B, 32D, 176D, 7C, 173A, 269A)이고, (계약값 그룹이 미상이거나 J)이고, (보조금 그룹 코드가 10A, 30B, 30D, 30C)

2. (수석 연구원 수 ≤ 1)이고, (수석 연구원의 보조금 지원 실패 횟수 > 0)이고, (수석 연구원의 B급 저널 논문 수 > 3)이고, (후원 그룹 코드 = 4D)이고, (계약값 그룹이 B, 미상, J)이고, (11월, 12월, 2월, 3월, 5월, 6월)

3. (수석 연구원 수 > 0)이고, (1945년 근방에 태어난 수석 연구원 수 ≤ 0)이고, (수석 연구원의 지원 성공 횟수 ≤ 0)이고, (일자 > 209)이고, (후원 재단 코드가 21A, 60D, 172D, 53A, 103C, 150B, 175C, 93A, 207C, 294B)

지원 성공 예측에 11개의 규칙이 사용됐고, 실패 예측에도 11개가 사용됐다. 규칙 중에 가장 많이 등장한 변수는 수석 연구원의 지원 실패 횟수(11회), 계약값 그룹(9회), 보조금 그룹 코드(8회), 일자(8회), 월(5회)이다.

C5.0에는 규칙 기반 모델에 사용하는 다른 요소도 있다. 한 가지 예로, 이 모델에서는 효용 그룹utility band을 만들 수 있다. 이때 효용성은 규칙 집합에서 특정 규칙이 제거됐을 때의 오차 증가 정도로 측정한다. 규칙은 반복 알고리즘을 통해 정렬된다. 모델에서 효용이 가장 작은 규칙을 제거한 후 다른 규칙의 효용성을 재계산하고, 규칙이 제거되는 순서에 따라 중요도를 정의한다. 예를 들어, 가장 먼저 제거되는 규칙은 효용성이 가장 낮은 것이고, 가장 마지막에 제거되는 규칙은 가장 높은 것이다. 그룹은 효용성 순서

를 (높은 쪽부터 낮은 쪽으로) 매겼을 때, 대략 크기가 비슷한 규칙의 집합이다. 누적 오차율 간 관계는 규칙 그룹을 모델에 추가하는 식으로 프로파일링할 수 있다.

부스팅

C5.0의 부스팅 과정은 기본적으로 앞에서 설명한 에이다부스트 알고리즘과 유사하다. 모델을 순차적으로 적용한 후, 샘플의 예측 정확도에 따라 각 순서에 가중값을 부여하는 식이다. 하지만 몇 가지 중요한 차이점이 있다.

첫째, C5.0에서는 트리 생성 시 첫 번째 트리와 같은 수의 말단 노드를 만들게 유도함으로써 동일한 크기의 트리를 만들도록 한다. 앞의 부스팅 기법에서는 트리 복잡도를 튜닝 인수로 사용했다.

둘째, 이 모델에서는 에이다부스트와 달리, 구성 트리의 예측값을 결합한다. 각 부스티드 모델은 앞에서 설명한 대로 각 클래스 값의 신뢰값을 구하고 이 값의 단순 평균을 계산한 후, 이 중 신뢰값이 가장 큰 클래스를 선택한다. 모델 훈련 과정 중에는 단계별 가중값을 구하지 않는다.

셋째, C5.0에서는 모델 훈련 중 두 가지의 "무익성 분석futility analysis"을 수행한다. 모델이 매우 효과적일 경우(예: 오분류 샘플의 가중값 합이 0.10 미만일 때)나 모델이 매우 비효율적일 때(예: 오분류 샘플의 가중값 평균이 50% 이상일 때) 모델은 자동으로 부스팅을 멈춘다. 또한 부스팅 반복이 반쯤 진행된 이후에는 각 샘플에 대해 제대로 된 예측이 가능한지를 판단한다. 안 되는 경우에는 이후 연산에서 누락된다.

마지막으로 C5.0은 모델 훈련 시 다른 가중값 방식을 사용한다. 우선 몇 가지 기호를 소개한다.

$$N = \text{훈련 데이터 세트 크기}$$
$$N_- = \text{오분류 샘플 수}$$
$$wk = k\text{번째 부스팅에서의 샘플 가중값}$$
$$S_+ = \text{정확히 분류된 샘플의 가중값 합}$$
$$S_- = \text{오분류된 샘플의 가중값 합}$$

이 알고리즘에서는 오분류된 샘플의 가중값 합과 전체 가중값 합의 반 사이의 중간값을 판단하는 것부터 시작한다.

$$\text{중간값} = \frac{1}{2}\left[\frac{1}{2}(S_- + S_+) - S_-\right] = \frac{1}{4}(S_+ - S_-).$$

여기서부터, 정확히 분류된 샘플의 경우, 아래 방정식을 통해 값을 조정한다.

$$w_k = w_{k-1} \times \frac{S_+ - \text{중간값}}{S_+}$$

또한 오분류된 샘플은 아래와 같이 갱신한다.

$$w_k = w_{k-1} + \frac{\text{중간값}}{N_-}.$$

이렇게 갱신되는 구조를 통해 샘플이 틀리게 예측되는 경우, 가중값이 양의 방향으로 매우 커진다. 샘플이 제대로 예측된 경우, 방정식의 증가 형태로 인해 가중값은 더욱 천천히 감소하고, 샘플의 감소율만큼 예측 정확도는 높아진다. [그림 14.12]는 단일 샘플에 대해 여러 번 부스팅을 반복한 후 가중값의 변화를 그린 예제다.

퀸란(1996a)은 부스팅과 배깅 트리 기반 모델에 대한 여러 가지 실험 후, C4.5가 덜 효과적이라는 것을 보였다.

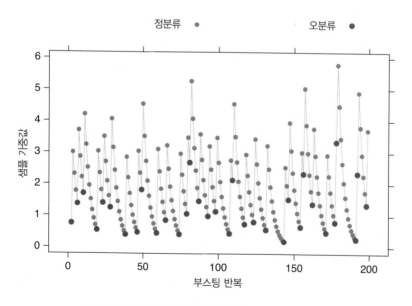

〔그림 14.12〕 부스팅 시 C5.0에서의 샘플 가중값 구조 예제

모델의 다른 측면

C5.0에서는 분기 후의 모든 말단 노드에 도달한 훈련 데이터 세트 샘플의 비율을 구해 예측 변수 중요도로 사용했다.

예를 들어, 첫 번째 분기에서는 모든 샘플이 이 분기에 의해 영향을 받으므로 중요도 는 자동으로 100%가 된다. 다른 예측 변수도 분기에 자주 사용될 수 있지만, 만약 말단 노드에서 소수의 훈련 세트 샘플만을 처리하면, 중요도는 거의 0에 근접할 것이다. 규 칙 기반 모델과 부스티드 모델에는 모두 동일한 방식이 적용된다.

또한 C5.0에는 변수를 거르거나 제거하는 옵션이 있다. 초기 알고리즘은 어느 예측 변 수가 결과값과 관계가 있는지를 고려하지 않았고, 최종 모델은 중요 변수만을 사용해 만든다. 이를 위해 훈련 데이터 세트를 임의로 반으로 나눈 후, 변수 효용성을 판단하기 위한 목적으로 트리를 만든다(이를 "거름망 트리winnowing tree"라고 부르자). 모델에 대한 각 변수의 중요도는 다음의 2단계의 절차를 통해 결정된다.

1. 거름망 트리의 어느 분기에도 해당하지 않는 예측 변수는 중요하지 않는 것으로 처리한다.
2. 거름망 트리를 만드는 데 사용되지 않은 나머지 반의 훈련 데이터 세트 샘플을 사용해 트리의 오차율을 구한다. 각 변수를 뺀 후의 오차율도 구해 모든 변수를 사용했을 때의 오차율과 비교한다. 변수가 없을 때의 오차율이 더 좋다면, 이 변 수는 결과와 상관이 없다고 판단돼 차후 제거한다.

비정보성 변수의 잠정적인 목록을 만든 후, C5.0을 사용해 다시 트리를 만든다. 만약, 오차율이 더 나빠진다면 거름망 과정을 제거하고 예측 변수는 모두 사용한다.

중요한 예측 변수를 찾은 후(있다면), 통상적인 C5.0 훈련 프로세스를 전체 훈련 데이 터 세트에 적용한다. 이때에는 거름망 과정을 통과한 변수만 사용한다.

예를 들어, C5.0을 사용해 대략 비슷하게 보조금 데이터를 나눠 반에 대해 트리를 만 든 후, 나머지 반으로 오차율을 추정한 결과 약 14.6%이 나왔다. 학생인 수석 연구원의 수와 연관된 변수를 제거한 후에는 오차율이 14.2%로 다소 낮아졌다. 이 결과 학생인 수석 연구원의 수는 이후 고려 대상에서 제외됐다. 이와 반대로 계약값 그룹을 제거하 니, 오차율이 24.8%로 증가했다. 이 변수는 그 다음 C5.0 모델에서도 계속 유지됐다.

보조금 데이터

보조금 데이터에 대해 C5.0 모델의 다양한 버전을 사용해봤다.

- 단일 트리와 규칙 기반 모델
- 트리와 규칙에 부스팅을 적용(100회까지 반복)
- 모든 예측 변수 그룹과 걸러진 변수 그룹
- 범주형 변수에 대해 앞에서 설명한 두 가지 처리 방식

마지막 모델의 경우, 모델 간의 차이가 거의 없었다. [그림 14.13]은 범주형 변수를 변조하는 두 가지 방법에 대한 ROC 곡선이다. 두 곡선은 거의 동일하다.

[그림 14.13]의 상단 그래프는 그룹 범주를 사용한 C5.0 모델의 튜닝 프로파일이다. 거름망 알고리즘을 적용한 경우, 성능이 다소 감소했다. 다만, 이는 데이터의 실험상 잡음 범위 내로 보인다. 부스팅은 이 모델들에게 긍정적 효과를 가져오는 것이 명확해 보인다. 이때 개선 효과는 약 50회의 반복 이후에 보인다. 단일 규칙을 사용한 경우, 단일 트리보다 결과가 나쁘지만, 부스팅은 규칙 기반 모델에 가장 큰 효과를 가져오고, 성능도 우수하다. 이 모델의 최적 ROC 곡선 하단 면적은 0.942로 모델들 간에 가장 좋은 수치다.

이 모델에는 어떤 변수들이 사용됐는가? 첫째, 각 변수가 부스팅의 전체 반복 과정상의 규칙에서 얼마나 자주 사용됐는지를 알아두면 좋을 것이다. 예측 변수의 대부분이 거의 사용되지 않았다. 예측 변수의 99%가 전체 규칙의 0.71% 이하에 사용됐다. 가장 자주 사용된 10개의 변수는 아래와 같다. 계약 그룹값(9.2%), 수석 연구원의 지원 실패 횟수(8.3%), 수석 연구원의 성공 횟수(7.1%), 일자(6.3%), 보조금 그룹 코드(6%), 월(3.5%), 요일(3.1%), 후원 그룹 코드(2.8%), 외부 수석 연구원 수(1.1%), 수석 연구원의 C급 저널 논문 수(0.9%)다. 앞에서 말한 대로 예측 변수의 샘플 비율을 합친 값인 중요도로 예측 변수의 순위를 매겼다. 부스팅을 하는 경우, 처음 분기에서의 예측 변수의 중요도는 100%이므로 이 수치의 정보성이 떨어진다. 이 모델에서는 유의한 부스팅 반복 횟수가 사용된 경우, 40개의 예측 변수의 중요도가 100%가 된다. 이 모델에서는 357개의 변수(24%)만을 사용한다.

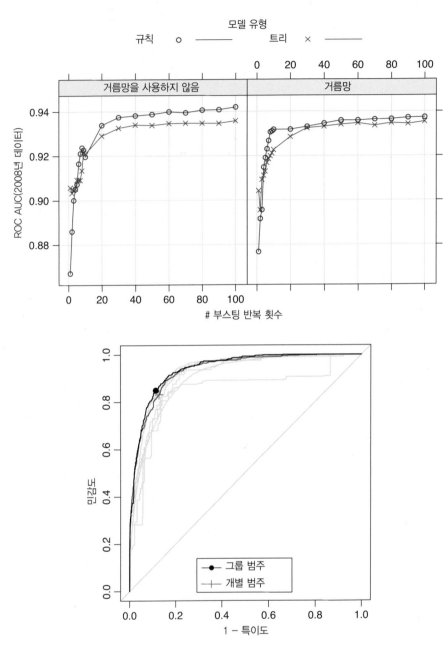

〔그림 14.13〕 **상단**: 그룹 범주를 사용한 C5.0 모델의 튜닝 프로파일. **하단**: 부스티드 C5.0 모델의 ROC 곡선. 그룹 범주와 개별 범주 버전 모델 모두 거의 동일하게, ROC 곡선 하단 면적은 0.942가 나왔다.

14.7 범주형 변수의 두 가지 변조 방식 비교

이 장의 모든 모델에서는 범주형 변수를 변조하는 두 가지 방식을 모두 적용한다. [그림 14.14]에서는 각 모델에 주어진 데이터 세트를 적용한 결과를 볼 수 있다. 보통, 두 변조 방식에 대해 ROC 곡선 하단 면적을 비교하면 큰 차이가 없다. J48에서는 분리된 이항 가변수를 사용한 경우 민감도가 손실됐고, 확률 경사 부스팅과 PART에서는 그룹형 변수를 사용했을 때 특이도의 손실이 있었다. 일부 경우, 변조에 따라 모델의 복잡도가 달라졌다. [그림 14.10]과 [그림 14.11]에 나온 대로 부스티드 트리에서는 변조 방식 선택에 따라 튜닝 프로파일이 매우 달라졌다. 따라서 이런 결과를 다른 모델과 다른 데이터 세트에 일반화해 적용하기는 어렵기 때문에 모델 훈련 단계에서는 두 변조 방식을 모두 취하는 것이 좋다.

14.8 컴퓨팅

이 장에서는 C50, caret, gbm, ipred, partykit, pROC, randomForest, RWeka 패키지를 사용한다. 또한 이 장에서는 12.7에서 만든 R 객체를 사용한다. 이 객체(training 데이터 프레임 등)에는 보조금 지원 데이터가 들어 있다.

12.7장에서 설명한 가변수들에 추가로 여러 범주형 예측 변수(SponsorCode, ContractValueBand, CategoryCode, Weekday)를 R 팩터로 변형했다. 이 변수들의 개별 범주를 사용해 모델에 적용하는 경우, 문자열 벡터 fullSet을 사용한다. 범주형 변수를 통합 집합으로 처리하는 경우, 변수들의 다른 리스트는 연관된 데이터의 팩터형 버전인 factorPredictors에 들어 있다. 추가로 문자열 factorForm은 factorPredictors에 있는 모든 예측 변수명을 사용해 만든 R 수식이다(꽤 길다).

이 장에서 살펴볼 문법들은 다른 컴퓨팅 장에서 다루는 문법과 거의 유사하고, 특히 회귀 트리에서 본 내용과 유사하다. 이 장에서의 초점은 개별 모델 함수 처리 방식 및 결과 해석 방식이다. 이 장에서는 분석을 재현하기 위한 코드도 일부 있다. 모델에 대한 전체 프로그램은 AppliedPredictiveModeling 패키지의 Chapter 디렉터리에서 찾을 수 있다.

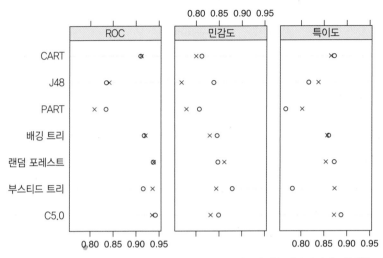

〔그림 14.14〕 트리와 규칙 기반 모델에서의 범주형 변수 표현을 다르게 했을 때의 효과. "그룹화"는 예측 변수의 범주를 통합 집합으로 다루고, "개별"은 모델링 전에 범주를 각각의 가변수로 변환하는 것을 말한다.

분류 트리

단일 분류 트리를 만들 수 있는 많은 R 패키지가 있다. 기본 패키지는 rpart다. 회귀 쪽에서 설명한 바와 같이 모델의 정확한 형태를 정의하기 위해 이 함수에서는 수식 방법만을 사용한다.

보조금 데이터에는 변수가 많고, 앞에서 말한 것처럼 그룹 범주를 사용해 모델링하기 위해 R 수식을 프로그래밍으로 만들었다. 아래 구문을 통해 이 변수들을 사용해 우리의 데이터 분할 방법에 따른 CART 모델을 적용한다.

```
> library(rpart)
> cartModel <- rpart(factorForm, data = training[pre2008,])
```

이 코드는 내부 교차 검증 과정을 통해 트리를 자동으로 성장시키고 가지치기를 한다. 분류에서 중요한 한 가지 인수에는 parms가 있다. 이를 사용해 결과의 사전 확률이나 분할 유형(지니 계수나 정보 통계량 등 사용 지표) 등 모델 훈련 과정에 대한 몇 가지 변경사항을 선언할 수 있다. 이 값은 리스트로 사용해야 한다.[6] 자세한 내용은 ?rpart로

---

[6] 이런 유형의 인수에 대한 예제는 16.9장의 각 유형 오차에 대해 차등 비용을 사용해 rpart를 적용한 내용에서 확인할 수 있다.

확인하자. 또한 control 인수를 사용해 모델 적용 시의 수치 항목(트리 깊이 등)을 조정할 수 있다.

모델 결과는 회귀 트리와 다소 다르다. 이를 확인하기 위해 두 예측 변수를 사용한 작은 모델을 만들었다.

```
> rpart(Class ~ NumCI + Weekday, data = training[pre2008,])
  n= 6633

node), split, n, loss, yval(yprob)
      * denotes terminal node

1) root 6633 3200 unsuccessful(0.49 0.51)
  2) Weekday=Sun 223 0 successful(1.00 0.00) *
  3) Weekday=Fri,Mon,Sat,Thurs,Tues,Wed 6410 3000 unsuccessful(0.47 0.53)
    6) Weekday=Mon,Thurs,Tues 2342 1000 successful(0.57 0.43) *
    7) Weekday=Fri,Sat,Wed 4068 1700 unsuccessful(0.41 0.59) *
```

이 결과를 통해 분기 변수 및 값과 함께 각 가지에 얼마나 많은 샘플이 들어가 있는지 확인할 수 있다(위의 결과에 따르면, 두 번째 노드에 223개의 샘플이 들어가 있다). 주 클래스와 (2번 노드에서의 successful) 이 노드에서 판별이 끝나는 샘플의 예상 클래스 확률도 출력된다.

예측 구문도 R에서의 다른 모델과 유사하다. 기본적으로 predict 함수를 사용해 각 클래스별 확률을 구한다. predict(object, type = "class")로 주 클래스의 팩터형 벡터를 만든다.

C4.5를 R로 구현한 것은 RWeka 패키지의 J48 함수다. 이 함수도 모델 수식 방식을 사용한다.

```
> library(RWeka)
> J48(Class ~ NumCI + Weekday, data = training[pre2008,])
  J48 pruned tree
  ------------------

Weekday = Fri: unsuccessful(1422.0/542.0)
Weekday = Mon: successful(1089.0/455.0)
Weekday = Sat
|   NumCI <= 1: unsuccessful(1037.0/395.0)
|   NumCI > 1
```

```
|   |   NumCI <= 3: unsuccessful(378.0/185.0)
|   |   NumCI > 3: successful(61.0/26.0)
Weekday = Sun: successful(223.0)
Weekday = Thurs
|   NumCI <= 0: unsuccessful(47.0/21.0)
|   NumCI > 0: successful(520.0/220.0)
Weekday = Tues
|   NumCI <= 2
|   |   NumCI <= 0: unsuccessful(45.0/21.0)
|   |   NumCI > 0: successful(585.0/251.0)
|   NumCI > 2: unsuccessful(56.0/22.0)
Weekday = Wed: unsuccessful(1170.0/521.0)


Number of Leaves  :      12

Size of the tree :   18
```

이 C4.5 구현 내용에서는 가지치기 전의 범주형을 그룹화하지 않았다는 것을 기억하자. 예측 함수는 자동으로 가능한 클래스를 구한 후, predict(object, type = "prob")에서 클래스별 확률을 구한다.

CART나 J48 트리를 시각화할 때는 partykit 패키지의 plot 함수를 사용해 이에 대한 내용을 상세히 시각화한다. 이때 as.party를 사용해 객체들을 적절하게 변환한 후, plot 함수를 적용한다.

단일 C5.0는 C50 패키지를 사용해 만들 수 있다.

```
> library(C50)
> C5tree <- C5.0(Class ~ NumCI + Weekday, data = training[pre2008,])
> C5tree

Call:
C5.0.formula(formula = Class ~ NumCI + Weekday, data
 = training[pre2008, ])

Classification Tree
Number of samples: 6633
Number of predictors: 2

Tree size: 2
```

```
Non-standard options: attempt to group attributes
> summary(C5tree)

Call:
C5.0.formula(formula = Class ~ NumCI + Weekday, data
  = training[pre2008, ])

C5.0 [Release 2.07 GPL Edition]    Thu Dec 6 13:53:14 2012
-------------------------------

Class specified by attribute `outcome'

Read 6633 cases(3 attributes) from undefined.data

Decision tree:
Weekday in Tues,Mon,Thurs,Sun: successful(2565/1010)
Weekday in Fri,Wed,Sat: unsuccessful(4068/1678)

Evaluation on training data(6633 cases):

        Decision Tree
        ----------------
        Size      Errors

          2 2688(40.5%)  <<

        (a)  (b)     <-classified as
        ---- ----
        1555 1678    (a): class successful
        1010 2390    (b): class unsuccessful

    Attribute usage:

    100.00% Weekday

Time: 0.0 secs
```

이 함수에서는 J48과 달리, 평일값을 그룹 형태로 분리할 수 있다는 것을 확인하자. 이 모델의 조정 함수(C5.0Control)를 통해 이 기능을 끌 수 있다(subset = FALSE). 거름망이나 분기의 신뢰도 등의 다른 옵션도 사용할 수 있다. J48과 마찬가지로 기본 예측 함수에서 클래스를 판별하고 type = "prob" 옵션을 통해 확률을 구한다.

caret에 래퍼 함수 train을 사용해 이런 모델을 사용할 수 있다. 예를 들어, 그룹 범주를 사용한 CART를 적용하려면 아래와 같이 사용할 수 있다.

```
> set.seed(476)
> rpartGrouped <- train(x = training[,factorPredictors],
+                       y = training$Class,
+                       method = "rpart",
+                       tuneLength = 30,
+                       metric = "ROC",
+                       trControl = ctrl)
```

ctrl 객체를 통해 사용할 수 있는 데이터에는 어떤 내용이 있고, 어느 성능 지표를 구할지(민감도, 특이도, ROC 곡선 하단 면적 등)를 명시할 수 있다. J48과 C5.0 트리의 모델 코드는 각각 J48과 C5.0Tree다. train과 원래 모델 함수 간의 가장 큰 차이는 모델에 대한 인터페이스와 ROC 곡선 하단 면적 등의 다른 지표를 사용해 튜닝이 가능한지의 여부다.

rpart, C5.0, J48은 다른 함수와 달리, 수식 방식을 사용한다는 것을 기억하자. 보통 수식 방식에서는 자동으로 범주형 변수를 이항 가변수 집합으로 분해한다. 이 함수들은 (물론 이미 데이터를 가변수로 변형했지만) 데이터의 범주형 성격을 최대한 존중해 이 변수들을 범주 그룹 집합으로 처리한다. R에서 보다 일반적으로 사용하는 train 함수에서는 모델링 전 단계에서 가변수를 생성한다. 이를 위해 위의 코드 스니펫에서 train을 호출하면서 비수식 방식을 사용했다.

규칙

RWeka 패키지에는 여러 규칙 기반 모델이 있다. PART 함수는 프랭크와 비튼(1998)의 연구를 기반으로 한 모델을 만든다. 이 함수의 문법은 J48과 유사하다.

```
> PART(Class ~ NumCI + Weekday, data = training[pre2008,])
  PART decision list
  ------------------
```

```
Weekday = Fri: unsuccessful(1422.0/542.0)

Weekday = Sat AND
NumCI <= 1: unsuccessful(1037.0/395.0)

Weekday = Mon: successful(1089.0/455.0)

Weekday = Thurs AND
NumCI > 0: successful(520.0/220.0)

Weekday = Wed: unsuccessful(1170.0/521.0)

Weekday = Tues AND
NumCI <= 2 AND
NumCI > 0: successful(585.0/251.0)

Weekday = Sat AND
NumCI <= 3: unsuccessful(378.0/185.0)

Weekday = Sun: successful(223.0)

Weekday = Tues: unsuccessful(101.0/43.0)

Weekday = Sat: successful(61.0/26.0)

 : unsuccessful(47.0/21.0)

Number of Rules : 11
```

규칙 기반의 다른 RWeka 함수에 대해서는 ?Weka_ classifier_ rules 도움말을 참고
하라.

C5.0 규칙은 트리와 동일한 방식으로 C5.0 함수를 사용하면 되지만, 이때에는 rules
= TRUE 옵션을 추가한다.

```
> C5rules <- C5.0(Class ~ NumCI + Weekday, data = training[pre2008,],
+                 rules = TRUE)
> C5rules
  Call:
  C5.0.formula(formula = Class ~ NumCI + Weekday, data
```

```
  = training[pre2008, ], rules = TRUE)

Rule-Based Model
Number of samples: 6633

Number of predictors: 2

Number of Rules: 2

Non-standard options: attempt to group attributes
> summary(C5rules)
Call:
C5.0.formula(formula = Class ~ NumCI + Weekday, data
 = training[pre2008, ], rules = TRUE)

C5.0 [Release 2.07 GPL Edition]      Thu Dec 6 13:53:14 2012
-------------------------------

Class specified by attribute `outcome'

Read 6633 cases(3 attributes) from undefined.data

Rules:

Rule 1:(2565/1010, lift 1.2)
    Weekday in Tues, Mon, Thurs, Sun
    -> class successful  [0.606]

Rule 2:(4068/1678, lift 1.1)
    Weekday in Fri, Wed, Sat
    -> class unsuccessful  [0.587]

Default class: unsuccessful

Evaluation on training data(6633 cases):

            Rules
        ----------------
         No      Errors
```

```
   2 2688(40.5%)    <<

  (a)   (b)    <-classified as
  ----  ----
  1555  1678   (a): class successful
  1010  2390   (b): class unsuccessful

Attribute usage:

100.00% Weekday


Time: 0.0 secs
```

예측 방식도 위의 구문을 따른다. C5.0 트리의 변수 중요도와 규칙은 caret 패키지의 C5imp 함수나 varImp 함수를 사용해 구한다.

train 함수를 사용하는 경우, C5.0Rules나 PART를 사용할 수 있다.

단일 트리에 대한 다른 패키지로는 party(조건부 추론 트리), tree(CART 트리), oblique. tree(사각 트리), partDSA(몰리나로 등(Molinaro et al., 2010)의 연구 기반), evtree(유전 알고리즘을 사용해 만드는 트리) 등이 있다. 여기서 다루지 않은 다른 분할 방식인 로직 회귀(Logic Regression(Ruczinski et al., 2003))를 사용하고자 할 때는 LogicReg 패키지 등을 사용할 수 있다.

배깅 트리

기본 배깅 트리 패키지는 ipred다. bagging 함수는 수식 방식을 사용해 rpart 트리를 배깅 형태로 만든다(ipredbagg 함수는 비수식 방식을 사용한다). 문법은 익숙한 유형이다.

```
> bagging(Class ~ Weekday + NumCI, data = training[pre2008,])
```

Nbagg 인수는 앙상블의 트리 수를 조정한다(기본값은 25다). 기본 predict 함수에서는 클래스를 판별하고, type = "prob" 옵션을 준 경우 확률을 구한다.

caret 패키지의 다른 함수인 bag(트리가 아닌 경우를 포함하는)은 보다 일반적인 배깅 모델을 만든다.

랜덤 포레스트

원래의 랜덤 포레스트 함수를 R로 옮긴 것은 randomForest 패키지에 있으며, 기본 문법은 258쪽에서 본 회귀 트리 코드와 동일하다. $m_{try} \approx \sqrt{p}$ 의 기본값은 회귀와 다르다. cutoff는 분류의 경우에만 사용하는 옵션으로, 트리 앙상블에서 클래스를 결정하기 위한 투표의 제한선을 조정한다. 이 옵션은 랜덤 포레스트의 predict 함수에서도 쓸 수 있다.

이 모델은 수식 형태와 비수식 형태 모두를 쓸 수 있다. 두 경우 모두, 범주형 변수는 R 팩터 변수로 변조된 후, 그룹 형태로 처리된다. predict 구문은 기본적으로 예측 클래스를 구하지만 type 인수를 사용해 클래스 확률(type = "prob")이나 실제 득표 수(type = "votes") 등의 다른 수치를 구하게 할 수도 있다.

보조금 데이터에 대한 기본 예제와 결과는 아래와 같다.

```
> library(randomForest)
> randomForest(Class ~ NumCI + Weekday, data = training[pre2008,])
  Call:
   randomForest(formula = Class ~ NumCI + Weekday, data = training[pre2008, ])
                 Type of random forest: classification
                       Number of trees: 500
No. of variables tried at each split: 1

        OOB estimate of  error rate: 40.06%
Confusion matrix:
             successful unsuccessful class.error
successful         1455         1778   0.5499536
unsuccessful        879         2521   0.2585294
```

두 변수만 사용됐기 때문에 각 분기에서도 한 변수만 임의로 선택했다.

이 함수에서는 혼동 행렬과 아웃-오브-백 추정값을 출력한다. 민감도와 긍정 오류(1—특이도)의 아웃-오브-백 추정값은 class.error 열에 나타난다.

train에서 랜덤 포레스트 모델을 튜닝하는 코드는 "rf"다.

다른 랜덤 포레스트 함수는 cforest(party 패키지), obliqueRF(obliqueRF 패키지의 사각 트리 포레스트), rFerns(rFerns 패키지 내의 오쥬설 등(Ozuysal et al., 2010)의 랜덤 펀 모델), RRF(RRF 패키지의 정규화 랜덤 포레스트 모델) 등이 있다.

부스티드 트리

R의 기본 부스티드 트리 패키지는 gbm으로 확률 경사 부스팅을 사용한다. 회귀 부스팅과 분류 트리 부스팅의 기본적인 차이는 데이터의 분포를 선택하는 것이다. gbm 함수는 이종 문제에만 적합하므로 distribution = "bernoulli"를 선택한다. 다른 옵션으로는 손실 함수를 사용하기 위한 distribution = "adaboost"이 있다.

분류에서 gbm을 사용해야 하는 경우의 한 가지 문제는 결과가 0/1로 나와야 한다는 것이다. 보조금 데이터를 사용하는 간단한 모델은 아래와 같이 만들 수 있다.

```
> library(gbm)
> forGBM <- training
> forGBM$Class <- ifelse(forGBM$Class == "successful", 1, 0)
> gbmModel <- gbm(Class ~ NumCI + Weekday,
+                 data = forGBM[pre2008,],
+                 distribution = "bernoulli",
+                 interaction.depth = 9,
+                 n.trees = 1400,
+                 shrinkage = 0.01,
+                 ## 이 함수는 기본적으로
+                 ## 결과에 대한 함수를 많이 만든다.
+                 verbose = FALSE)
```

이 모델의 결과 함수는 클래스를 예측하지 않는다. predict(gbmModel, type = "response")는 1로 인코딩된 클래스에 대한 클래스 확률을 구한다(이 예제에서는 지원 성공을 1로 표기했다). 이 값은 예측 클래스에 대한 팩터 변수로 변환할 수 있다.

```
> gbmPred <- predict(gbmModel,
+                    newdata = head(training[-pre2008,]),
+                    type = "response",
+                    ## 트리 수는
+                    ## 명시적으로 설정한다.
+                    n.trees = 1400)
> gbmPred
 [1] 0.5697346 0.5688882 0.5688882 0.5688882 0.5697346 0.5688882
> gbmClass <- ifelse(gbmPred > .5, "successful", "unsuccessful")
> gbmClass <- factor(gbmClass, levels = levels(training$Class))
> gbmClass
```

```
[1] successful successful successful successful successful successful
Levels: successful unsuccessful
```

train을 사용해 이 모델을 적용하면 절차를 간단하게 할 수 있다. 예를 들어, 팩터 형 변수를 사용해 결과를 나타낼 수 있다(train에서는 자동으로 변환해준다). 클래스 예측 시 팩터 값이 만들어진다. 클래스 확률을 구해야 할 경우에는 predict(object, type = "prob")라고 명시한다(train 내의 예측 함수에서는 모델 튜닝 중 최적의 값을 찾아 트리의 수를 자동으로 설정해준다).

기본 에이다부스트 알고리즘을 사용하고자 할 경우, ada 패키지를 사용한다. 부스티 드 트리의 다른 함수로는 mboost 패키지의 blackboost 함수가 있다. 이 패키지와 bst 패키지에는 (로지스틱 회귀 등의) 다른 유형의 모델에 대한 부스팅 함수도 있다.

C5.0의 부스팅 버전을 훈련시키는 경우, trials 인수를 사용한다(이때 값은 1과 100 사이다).

```
> library(C50)
> C5Boost <- C5.0(Class ~ NumCI + Weekday, data = training[pre2008,],
+                 trials = 10)
> C5Boost

Call:
C5.0.formula(formula = Class ~ NumCI + Weekday, data
 = training[pre2008, ], trials = 10)

Classification Tree
Number of samples: 6633
Number of predictors: 2

Number of boosting iterations: 10 requested; 6 used due to early stopping
Average tree size: 2.5

Non-standard options: attempt to group attributes
```

기본적으로 알고리즘 내에서 부스팅이 효과적인지를 테스트한 후 효과가 없다고 판단된 경우, 모델 훈련을 중단한다(따라서 10회 반복을 설정했는데도 6회만 반복된 후 예상보다 일찍 중단될 수 있다). 이 기능은 C5.0Control(earlyStopping = FALSE)를 사용해 끌 수 있다.

train의 method에 gbm, ada, C5.0 값을 넣어 이 모델을 튜닝할 수도 있다.

연습 문제

14.1 개별 범주 및 팩터형 모델 변수에 대해 배깅, 랜덤 포레스트, 부스팅의 변수 중 요도를 구했다. 각 방법 및 변수 집합에 대해 구한 16개의 상위 주요 예측 변수가 [그림 14.15]에 나와 있다.

(a) 각 모델링 기법에서 개별 범주와 팩터 모델 간에 공통적으로 사용된 요소는 무엇인가?

(b) 14.2장에서 논의한 PART 모델의 결과에서 가장 많이 사용된 변수와 이 결과를 비교하면 어떤한가?

14.2 연습 문제 12.3에서 사용한 이탈 방지 데이터를 보자.

(a) 훈련 데이터에 대해 몇 가지 기본 트리 모델을 적용해보자. 이때 지역 코드를 개별 가변수로 만들어야 할까, 집합 형태로 만들어야 할까?

(b) 배깅을 하면 트리의 성능이 향상되는가? 부스팅은 어떤가?

(c) 데이터에 규칙 기반 모델을 적용해보자. 성능이 어떤가? 규칙은 납득할 만한가?

(d) 리프트 도표를 만들어 앞 장에서 살펴본 좋은 기법들과 트리 및 규칙 기반 모델을 비교하자.

14.3 연습 문제 12.1에서는 간 손상 데이터 세트에 대해 자세히 설명했다. 이 데이터의 기본적인 과학적 목적은 간 손상 상태를 예측하는 모델을 만드는 것이다. CART 트리나 조건부 추론 트리에 대한 랜덤 포레스트를 만들 수 있다는 것을 상기해보자. R을 시작한 후 다음 명령어를 사용해 데이터를 로딩하자.

```
> library(caret)
> data(hepatic)
```

(a) CART 트리와 조건부 추론 트리를 사용한 랜덤 포레스트 모델을 만들어 아래와 같이 카파 통계량을 지표로 사용해 화학 변수에 적용해보자.

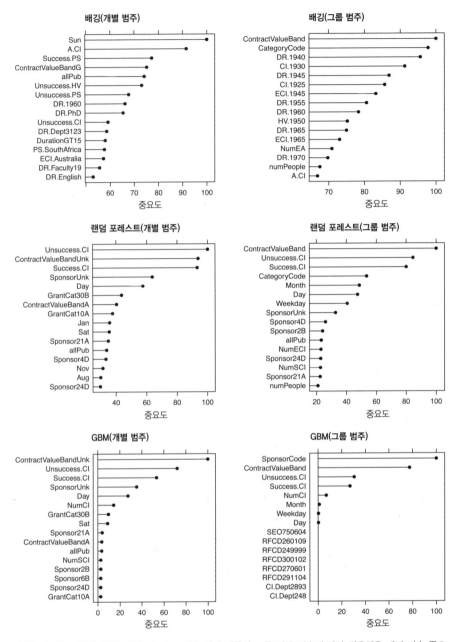

〔**그림 14.15**〕 배깅, 랜덤 포레스트, 부스팅을 개별 범주와 그룹 범주 변수에 각각 적용했을 때의 변수 중요도 비교

```
> library(caret)
> set.seed(714)
> indx <- createFolds(injury, returnTrain = TRUE)
> ctrl <- trainControl(method = "cv", index = indx)
> mtryValues <- c(5, 10, 25, 50, 75, 100)
> rfCART <- train(chem, injury,
+                 method = "rf",
+                 metric = "Kappa",
+                 ntree = 1000,
+                 tuneGrid = data.frame(.mtry = mtryValues))
> rfcForest <- train(chem, injury,
+                 method = "cforest",
+                 metric = "Kappa",
+                 tuneGrid = data.frame(.mtry = mtryValues))
```

어느 모델의 성능이 더 좋았으며, 이때 사용한 튜닝 인수는 무엇인가?

(b) 다음 구문을 사용해 각 모델의 계산 시간을 구하라.

```
> rfCART$times$everything
> rfcForest$times$everything
```

어느 모델의 계산 시간이 적었는가? 성능과 계산 시간의 트레이드 오프를 고려할 때, 어떤 모델이 낫다고 생각하는가?

(c) Ⅱ 다음 구문을 통해 각 모델의 상위 10개의 예측 변수에 대한 변수 중요도를 구하라.

```
> varImp(rfCART)
> varImp(rfcForest)
```

각 모델의 상위 10개 예측 변수에 대한 변수 중요도 간에 눈에 띄는 차이가 있는가? 차이가 가능한 이유를 설명해보자.

15
보조금 지원 모델 살펴보기

앞의 세 장에서는 서로 다른 철학과 기법을 사용해 보조금 펀딩에 성공하는지를 예측해 봤다. 일반적으로 우리는 어느 모델이 확실히 잘되는지를 선험적으로 알기 어렵기 때문에 각 데이터 세트에 대해 여러 수많은 모델들을 적용한 후 신중하게 평가해서 골라야 한다고 믿는다.

모델 간의 비교에 있어 앞에서 데이터 분할 과정에서 2008년 이전 데이터를 사용해 모델을 튜닝하고, 최종 인수를 결정한 후 전체 훈련 데이터 세트(2008년 지원 데이터 일부 사용)에 모델을 적용한다. 테스트 데이터 세트는 아직 분석에서 사용하지 않은 518개의 데이터로 2008년 지원 데이터로만 이뤄졌다. 12.1장에서 다룬 것처럼 최종 모델 인수가 일부 2008년 정보를 기반으로 하므로 테스트 데이터 세트의 성능이 튜닝 과정에서 만들어진 결과보다 더 낮게 나오는 편이다.

[그림 15.1]은 두 데이터 세트에 대한 최종 모델의 ROC 곡선 하단 면적을 시각화한 것이다. 그래프에서의 각 점은 앞의 3개의 장에서 다룬 모델에 대한 것이다. 튜닝에 사용한 데이터 세트가 테스트 데이터 세트보다 비관적인데도 불구하고 두 추정값의 연관 관계는 높다(0.96). 평균적으로 테스트 세트가 0.029 단위만큼 크다. 다시 한 번 살펴보

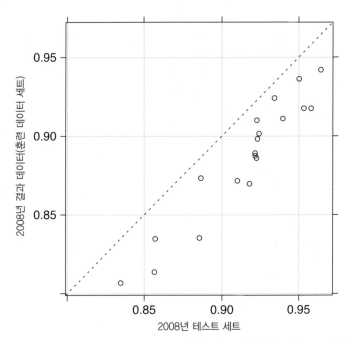

〔그림 15.1〕 2008년 데이터에 대한 ROC 곡선 하단 면적과 테스트 세트에서 구한 AUC 값 비교. 각 점은 앞 장에서 만든 모델을 나타낸다.

면, 이러한 작지만 재현 가능한 차이는 테스트 세트 예측 결과가 일부 2008년 정보를 기반으로 만든 모델에 의해 만들어지기 때문에 발생하고, 따라서 이러한 추정값이 최근의 지원값을 예측하는 것과 보다 좀 더 연관성이 높기 때문이라고 볼 수 있다. 여기서 중요한 점은 기존 데이터와 테스트 데이터 세트 성능의 차이에도 불구하고 모델 성능 순위는 데이터 분할 방법과 상관없이 거의 동일하다는 것이다([표 15.1] 참고).

[그림 15.2]에서는 지원 데이터 테스트 세트를 사용해 구한 각 모델의 ROC 곡선 하단 면적을 나타냈다. 막대는 부트스트랩을 사용해 구한 95% 신뢰 구간을 나타낸다 (Robin et al., 2011). 이런 불확실도에 대한 추정은 두 가지 관점에서 유용하다.

첫째, 모델 사용자들이 이 구간을 보면서 모델이 어느 정도 좋고, 나쁜지를 판단할 수 있다. 이 구간은 모델 변량을 수량화할 뿐만 아니라 데이터 자체를 반영하기도 한다. 예를 들어, 응답 세트가 작거나 잡음(또는 답이 잘못 매겨진 경우)이 있는 경우(20.2장 참고) 구간이 넓어질 것이다.

이 경우, 신뢰 구간을 통해 모델 비교 시에 사용할 수 있는 가중값을 측정할 수 있다. 신뢰 구간의 두 번째 이점은 모델 간 트레이드 오프가 가능하다는 것이다. 두 모델의 신

〔표 15.1〕 2008년 데이터(훈련 데이터 세트)와 2008년 테스트 데이터 세트에 걸친 모델 성능 순위

모델	기존 데이터	테스트 데이터
C 5.0	1	1
부스티드 트리	2	4
배깅 트리	4	3
랜덤 포레스트	5	2
FDA	3	6
신경망	6	5
분산 LDA	8	7
glmnet	7	9
SVM(다항)	9	8
CART	12	10
LDA	10	12
MDA	11	11
로지스틱 회귀	14	14
근접 축소 중심법	13	15
PLS	15	13
J48	16	16
PART	17	17
나이브 베이즈	18	18
KNN	19	19

모델들에 두 데이터 세트를 적용했을 때 ROC 곡선 순위는 유사했다(곡선 하단 면적 순위 간의 상관계수는 0.96다).

뢰 구간이 많이 겹쳐지는 경우, 두 모델이 (통계적으로) 유사하며 이런 경우, 덜 복잡하거나 더 해석력이 좋은 모델을 선택할 수 있다.

마지막으로 모델 비교 전에 14.7장에서 언급한 내용을 다시 반복해보자. 이 데이터에 대한 모델의 상대적 효과가 다른 상황에서도 모두 동일하지는 않다. 이 데이터에 대해 순위가 낮은 모델이 다른 데이터 세트에서는 더 성능이 우수할 수도 있다. 이 분석에서 유도된 결과는 "미래 예측 선언forward-looking statements"과 같아서 꼭 필요할 때만 조금씩 사용해야 한다. 모델 간에 어떤 예측 변수의 영향력이 가장 큰가?[1] 많은 모델에서 수석 연구원의 과거의 성공과 실패 비율이 지원 결과를 예측하는 데 많은 영향을 미친다("과거의 성공만 한 것이 없다").

이 데이터에는 정보성 결측값이 나타나 있다. 계약값 밴드와 후원 재단 코드 미상의

---

[1] 앞에서 명시했던 것처럼 보다 형식적인 통계적 방법을 사용하는 것이 변수 중요도보다 예측 변수의 중요 정도를 추론하기가 훨씬 좋다.

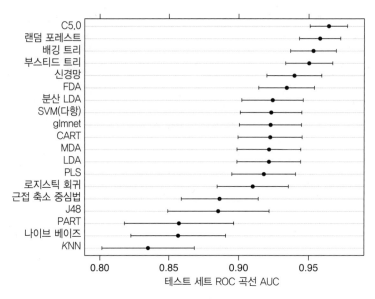

〔그림 15.2〕 테스트 세트 ROC 곡선 AUCs와 이에 대한 95% 신뢰 구간 그래프

경우 많은 모델에서 사용된다. 이는 자체적으로 값을 갖거나 다른 정보에 대한 신호를 나타낸다. 비슷한 방식으로 12월 하순과 1월 초순에 지원한 경우에는 더 성공률이 높은 것 같은 계절성 효과를 보이는 이유는 무엇인가?([표 12.1], [그림 12.3]과 [그림 13.8 참고]) 이런 경우, 성공률이 증가한다고 해도 이 시기에 지원을 통과시킨 투자자들 때문인지, 지원자들의 능력 때문인지 명시하기가 어려워진다. 마지막으로 보조금 코드 30B로 지원한 경우에는 성공률이 감소했다. 이런 추이를 이해하면 성공률 향상에 관심 있는 사람들에게 또 다른 정보를 줄 수 있다.

16
심각한 클래스 불균형 처리하기

이산형 클래스에 대해 모델링할 때, 클래스별 상대 빈도는 모델의 효과에 큰 영향을 미칠 수 있다. 이런 불균형은 어느 하나 이상의 클래스가 다른 클래스와 비교했을 때 훈련 데이터 세트에서 극히 소량만 존재하는 경우에 발생한다. 불균형은 어떤 데이터 세트나 애플리케이션에서도 나타날 수 있으므로 실제 모델링을 하는 경우에는 이런 유형의 데이터를 모델링할 때 이에 따른 영향을 고려해야 한다.

클래스 불균형이 종종 나타나는 몇 가지 실제 사례를 살펴보자.

- 온라인 광고: 실제로 광고 노출량에 기여하는 사용자에게 보여진다. 광고 클릭률은 광고 클릭 수를 전체 광고 노출량으로 나눈 수로, 보통 매우 낮다(리처드슨 등(Richardson et al., 2007)의 연구에 따르면 2.4% 미만이었다).
- 약학 연구: 고효율 스크리닝은 많은 수의 분자(수만 개)에 대한 생물학적 반응을 빠르게 평가하기 위한 실험 기법이다. 보통 소수의 분자만 높은 반응을 보인다. 따라서 유효한 화합물은 적다.
- 보험 청구: 아티스 등(Artis et al., 2002)은 1993년부터 1996년간 스페인의 자동

차 보험 손해 배상 청구에 대해 조사했다. 감사를 받은 청구사항의 경우, 사기 비율은 대략 22%로 추정됐다.

이 장에서는 성능 측정에 클래스 불균형이 미치는 영향, 모델 예측 후처리 방법, 훈련 시에 클래스 불균형을 완화할 수 있는 예측 모델에 대해 논의한다. 하지만 이에 대해 설명하기 전에 클래스 불균형을 다양한 각도로 살펴보기 위해 다른 사례를 더 설명한다.

16.1 사례 연구: 이동식 주택 보험 가입 예측

계산 지능 및 학습 연구 네트워크computational intelligence and learning, CoIL의 데이터 세트를 통해 클래스 불균형에 대처하는 방법을 설명한다. 2000 CoIL 경연 대회는 고객이 이동식 주택 보험을 들 것인지에 대한 여부를 예측하는 것이었다.[1] 반 더 푸텐과 반 소머 (Van Der Putten and Van Someren, 2004)는 이 데이터와 문제, 이에 대한 몇 가지 해법에 대해 설명했다. 여기서 이 데이터는 클래스 불균형 효과에 대해서만 설명한다.

고객이 이동식 주택 보험에 가입하는지에 대한 결과를 보면, 전체 고객의 6%만이 보험에 가입한 형태로 매우 불균형적이다. 데이터 세트의 예측 변수는 아래와 같이 구성돼 있다.

- "전통적 가족" 또는 "부유하고 젊은 가족" 등의 고객 세부 유형. 여기에는 39개의 고윳값이 있지만, 대부분의 세부 유형은 전체 고객의 5% 정도밖에 되지 않는다.
- 종교, 교육 정도, 사회 클래스, 수입 외 38가지의 인구 통계학적 정보. 변숫값은 우편 번호 단계에서 도출되므로 동일한 우편 번호를 가진 고객의 경우, 이 변수에 대해 동일한 값을 갖는다.[2]
- 보험 가입 유형 등 보험 가입 정보

이 데이터에는 이런 종류의 총 85가지 예측 변수가 있다. 많은 범주형 변수는 10개 이상의 값을 갖고, 개수형 변수의 값은 산포해 있다(또한 0이 아닌 값이 거의 없다).

---

[1] 이 지면을 빌어 이 데이터를 사용하게 해준 반 더 푸텐에게 감사의 말을 전한다.

[2] 동일한 우편 번호를 사용하는 모든 고객의 경우, 예측 변수의 모든 값이 동일하다는 것은 변수 내에 보이지 않는 잡음이 있다는 것을 의미한다. 변수에 잡음이 있을 때 어떤 영향을 받는지에 대해서는 20.3장에서 논의한다.

이 데이터에 서로 다른 방법론을 적용해보기 위해 층화 임의 샘플링(각 층이 응답 변수가 됨)을 사용해 3개의 다른 데이터 세트를 만든다.

- 모델 변수 추정, 모델 튜닝 등에 사용되는 고객에 대한 훈련 데이터 세트 ($n = 6877$)
- 대체 확률 한도 등의 후처리 기법 개발 등에 사용되는 고객에 대한 평가 세트 ($n = 983$)
- 최종 모델 평가에만 사용되는 고객 테스트 세트($n = 1962$)

각각의 데이터 세트에서 이동식 주택 보험을 구매한 사용자의 비율은 세 데이터 세트 모두 거의 비슷하다(각각 6%, 5.9%, 6%).

16.2 클래스 불균형의 영향

우선, 이 데이터에 세 가지 예측 모델을 적용해봤다. 적용한 모델은 랜덤 포레스트, 유연 판별 분석 모델(MARS 경첩 함수 사용), 로지스틱 회귀다. 모델 튜닝 시 10-겹 교차 분석 모델을 사용했다. 각 데이터 샘플은 대략 687 고객에 대한 것으로, 불확실성에 대한 쓸 만한 추론을 제공한다. 최적 모델 선택을 위해 시스템 동작 특성(ROC) 곡선 하단 면적을 최적화했다.[3]

랜덤 포레스트 모델에서는 포레스트에 1,500개의 트리를 사용해 5개의 m_{try} 변숫값에 대해 튜닝했다(8.5장 참고). 최종 모델의 최적 m_{try} 값은 126이다. FDA 모델에서는 1차 변수를 사용하고, 나머지 항목의 수에 대해 25가지 값을 사용해 튜닝했다. 리샘플링 과정을 통해 13개의 모델 항목이 적합하다고 판단했다. 로지스틱 회귀에서는 축소 데이터 세트를 사용해 간단한 가법 모델을 구현했다(상호작용이나 비선형 항목이 없음)(분산이 0에 가까운 변수를 제거해서 모델 결과가 안정적으로 나오도록 했다).

총정확도, 카파 통계량, ROC 곡선 하단 면적, 민감도, 특이도(보험 구매를 관심이 있는 "사건"으로 정의한다) 등의 많은 성능 수치를 구해봤다. 평가 데이터 세트의 샘플을 통해 값을 예측한 모델을 보면 [표 16.1]과 같이 모두 유사한 결과가 나왔다. 각 모델에 있어

---

[3] 튜닝 과정 결과는 여기에 정리돼 있다. 전체 상세 과정은 이 장의 컴퓨팅 챕터와 AppliedPredictiveModeling 패키지의 Chapters 디렉터리에 나와 있다.

[표 16.1] 평가 데이터 세트를 사용해 만든 세 가지 예측 모델의 결과

모델	적합도	카파	민감도	특이도	ROC AUC
랜덤 포레스트	93.5	0.091	6.78	99.0	0.757
FDA(MARS)	93.8	0.024	1.69	99.7	0.754
로지스틱 회귀	93.9	0.027	1.69	99.8	0.727

서 결과 예측에 유용한 패턴은 많은 비율을 차지하는 이동식 주택 보험 구매를 하지 않는 고객들에게 강하게 나타났다. 사실은 평가 데이터 세트상에서 보험을 구매한 고객이 59명임에도 불구하고, 어떤 모델도 13명 이상의 고객에 대해 예측하지 못했다. 이 결과의 의미는 모델의 특이도는 높지만(대부분의 고객들은 보험을 구매하지 않았다) 민감도는 낮다는 것이다.

또한 이런 불균형은 예측 클래스 확률에도 영향을 미친다. 예를 들어, 랜덤 포레스트 모델에서는 고객 중 82%의 보험 구매 예측 확률이 10% 이하다. 다른 두 모델에서도 이런 식으로 강하게 왼쪽으로 치우친 예측 확률 분포가 나타난다.

[그림 16.1]에는 평가 데이터 세트에 대한 리프트 도표와 ROC 곡선이 나온다. 리프트 도표들은 3개 모두 비슷하며, 보험 구매를 한 사람의 정확한 비율을 구하기 위해 얼마나 많은 사람들을 선택해야 하는지를 판단하는 데 사용한다. 예를 들어, 랜덤 포레스트 모델을 사용하는 경우 60%의 보험 가입자를 찾으려면, 대략 30% 정도의 사용자를 샘플링해야 한다. ROC 곡선은 꽤 많이 겹쳐 있어서 모델 간에 차별화하기가 어렵다.

이 그림에서 리프트 도표와 ROC 곡선 간에는 강한 유사성이 있다. 클래스가 더 균형 있게 나뉜 경우, 리프트 도표와 ROC 곡선은 이렇게 같은 형태가 아니다. [그림 16.1] 에서 나타나는 유사성은 클래스 불균형으로 인한 것이다. 보통 흔히 나타나지 않은 클래스 불균형으로 인한 문제다. 클래스가 더 균형 있게 나뉜 경우, 곡선은 이렇게 비슷한 패턴을 보이지 않는다. 예를 들어, 리프트 곡선의 최대 면적은 데이터의 사건 비율과 연관돼 있지만(리프트 도표의 회색 구역) ROC 곡선에는 이러한 제약이 없다.

이 장의 나머지 부분에서는 클래스 불균형 문제를 극복하기 위한 다른 방법을 살펴본다. 다른 장에서는 모델 튜닝을 통해 적은 클래스의 민감도를 어떻게 증가시킬 수 있는지에 대해 알아볼 것이다. 또한 16.4장에서는 적은 클래스의 오차율을 향상시키기 위한 대체 확률 제한선을 어떤 식으로 유도할 수 있는지에 대해 살펴볼 것이다. 여기서는 클래스 예측을 새로 정의하도록 하는 모델 후처리 방식에 많은 부분을 기대고 있다. 또한 경우별 가중값과 사정 확률 수정에 대해서도 다룰 것이다. 다른 장에서는 모델 훈

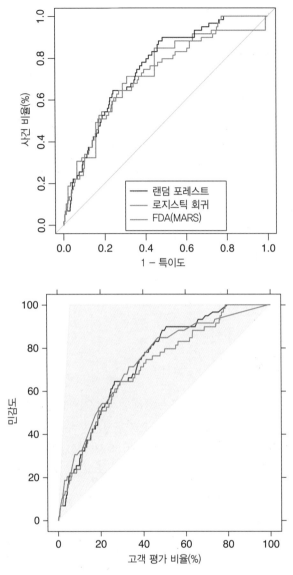

[그림 16.1] **상단**: 각 3개의 기본 모델을 평가 데이터 세트에 적용했을 때의 ROC 곡선. **하단**: 이에 대응하는 리프트 도표

련 전에 훈련 데이터의 클래스 불균형을 완화하는 법에 대해 다룰 것이다. 마지막으로 16.6장에서는 특정 모델에 대해 모델 훈련 과정에서 빈도가 낮은 클래스에 대한 모델 정확도를 강조하는 방식에 대해 설명한다. 이 경우에는 모델 결과 후처리 대신 추정 모델 인수를 수정한다.

16.3 모델 튜닝

클래스 불균형의 부정적 영향에 대처하기 위한 가장 단순한 방법은 적은 클래스의 정확도를 최대화하도록 모델을 튜닝하는 것이다. 보험 예측의 경우, 모델을 튜닝해서 민감도를 최대화하는 방법을 통해 훈련 데이터 세트상에서 이동식 주택 보험에 가입하지 않은 높은 비율의 데이터에 대한 훈련 프로세스를 둔화시킨다. 이 데이터에서 사용한 랜덤 포레스트 모델의 경우, 튜닝 인수를 조정했을 때 민감도에 대한 유의한 추이를 찾아볼 수 없었다. FDA 모델에는 추이가 나타나지 않는다. 모델 항목의 수가 늘어남에 따라 가장 단순한 모델의 경우 0%부터 16개의 항목을 갖고 있는 경우 5.4%에 이르기까지 민감도가 증가한 것을 알 수 있다. 민감도의 이런 부수적 증가는 특이도에는 아무런 영향을 미치지 않는 것으로 나타났다. 민감도가 증가했더라도 허용 가능할 정도로 충분하지 않다면, 문제를 해결하기 위해 이런 접근을 사용하는 것이 특정 데이터 세트에서는 비효율적일 것이다. 이런 목적을 위한 모델 튜닝에 대해서는 16.8장에서 다시 다룬다.

16.4 대체 한도

두 가능한 결과 범주의 경우, 적은 클래스 샘플의 예측 정확도를 증가시키기 위한 또 다른 방법으로는 예측 사건의 정의를 효과적으로 변경해줄 수 있는 예측 확률의 대체 한도 지정을 들 수 있다. 이에 대한 가장 직관적인 방법은 ROC 곡선을 사용해 여러 한도 값에 대한 민감도와 특이도를 구하는 것이다. 이 곡선을 사용하면, 민감도와 특이도의 적절한 균형점을 찾을 수 있다.

[그림 16.2]에서는 평가 데이터 세트 기반의 랜덤 포레스트 모델에 대한 ROC 곡선을 나타냈다. 곡선상에 여러 한도가 나타나 있고, 이를 봤을 때 응답 확률에 대한 한도가 감소할수록 민감도가 증가한다(특이도에 대한 희생의 결과다). 민감도/특이도 간의 트레이드 오프에 있어서 주 클래스(물론 이는 문제에 따라 다르다)의 정확도가 명확히 보장되지 않는 경우가 발생할 수 있다.

새로운 한도를 판단하는 데에는 여러 가지 방법이 있다. 첫 번째 방법은 민감도나 특이도를 충족시켜야 하는 특정 표적이 있는 경우, 이 점을 ROC 곡선에서 찾아내는 방법이다. 이에 따라 해당 한도를 결정할 수 있다. 또 다른 방법은 그래프 상단의 최적 모델(100% 민감도와 100% 특이도)에 가장 가까운(거리가 가장 짧은) ROC 곡선을 찾는 방법이

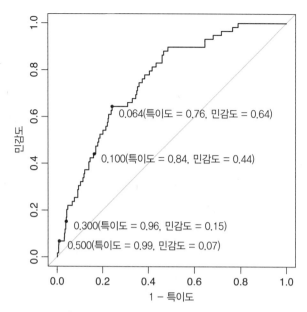

[그림 16.2] 평가 데이터 세트를 사용한 클래스 예측을 위한 랜덤 포레스트 ROC 곡선. 왼쪽의 숫자는 확률 한도를 나타내고, 이에 대응하는 숫자는 각각 특이도와 민감도를 나타낸다. 최적 모델과 가장 가까운 지역적 제약 조건(0.064)을 사용하는 등 여러 가능한 확률 한도를 사용했다.

다. [그림 16.2]에서 한도값 0.064인 경우, 최적 모델에 가장 가깝다. 한도를 판단하는 다른 방법으로는 사건 그룹과 사건이 일어나지 않은 그룹 양쪽에서 제대로 예측된 샘플의 비율을 구하는 요든의 J 지수(Youden's J index, 11.2장 참고)가 있다. 이 지수를 사용해 ROC 곡선을 만드는 데 사용하는 한계를 구할 수도 있다. 요든 인덱스의 가장 큰 값과 연관된 한도는 기본 50% 값보다 상대적으로 우수한 성능을 보인다. 랜덤 포레스트 ROC 곡선에서 한도(0.021)는 최적의 모델에 가장 가까운 점의 값과 유사하다.

평가 데이터 세트를 사용했을 때, 새로운 한도값인 0.064의 민감도는 64.4%로, 기본 한도로 만들어진 값보다 유의한 향상이 있었다. 새로운 한도를 적용한 결과, 민감도가 99%부터 75.9%까지 떨어졌다. 모델이 어떻게 사용될 수 있는지에 따라 이는 허용 가능할 수도, 불가능할 수도 있다.

이 분석에서 모델의 대체 한도는 훈련 데이터 세트나 테스트 데이터 세트로부터 유도하지 않는다. 샘플 사이즈가 작은 경우, 특히 대체 한도를 유도하기 위해 다른 데이터 세트를 사용해야 한다는 것을 반드시 알아둬야 한다. 훈련 데이터 세트 예측 시 클래스 확률에 편향성이 있는 경우, 민감도와 특이도를 부정확하게 측정한다. 테스트 세트를 사용하는 경우, 모델 성능을 판단할 편향적이지 않은 데이터가 없어진다. 한 가지 예로,

[표 16.2] 기본값과 대체 한도를 사용했을 때의 랜덤 포레스트를 테스트 세트에 적용한 혼동 행렬

	0.50 한도		0.64 한도	
	보험 가입	보험 비가입	보험 가입	보험 비가입
보험 가입	11	19	71	441
보험 미가입	105	1827	45	1,405

이왈드(Ewald, 2006)는 시뮬레이션을 통해 사후 한도 파생 시 테스트 데이터 세트의 성능을 과장시킬 수도 있다는 것을 밝혀냈다.

[표 16.2]에는 기본값과 대체 한도에 대한 테스트 데이터 세트로부터 파생된 혼동 행렬이 있다. 50% 한도의 예측은 교차 검증(9.5% 민감도와 99% 특이도)에서 확인한 것과 동일한 성능값을 반복해서 보여준다. 새로운 한도에 대한 테스트 데이터 세트의 민감도는 61.2%이고, 특이도는 76.1%였다. 이 두 데이터 세트 간 민감도 추정값이 차이(64.4%와 61.2%)나는 원인은 지표의 불확실성이 높기 때문일 것이다(이는 사건의 빈도가 낮아서 나타나는 결과다). 실험상 나타나는 두 잡음을 고려했을 때 이 두 값은 동일하다. 실험을 다시 반복하면, 이 한도는 최적 모델과 점차 가까워질 것이다. 이는 다른 트레이드 오프가 발생할 수 있는 다른 문제의 맥락에서는 적합하지 않다.

이 경우에는 모델의 본질이 변하지 않는 한 아무런 의미가 없다. 민감도 증가를 위해 한도를 변경한다고 해도 모델의 전체 예측 성능이 증가하지는 않는다. 한도 변경 시의 주 효과는 특정 유형의 오차 간에 트레이드 오프가 발생한다는 것이다. 예를 들어, 혼동 행렬에서 대체 한도는 행렬상에서 샘플을 위아래로 움직이는 역할만을 한다(비대각선에서 대각선 쪽으로 옮길 수는 없다). 즉, 대체 한도를 사용해 클래스를 더 나누도록 유도할 수는 없다.

[그림 16.2]와 [표 16.2]는 많은 분류 문제에 있어서 모델을 기본 민감도와 특이도 기반으로 비교했을 때 잘못된 결과가 나올 수 있는지를 보여준다. 더 나은 한도가 있을 수 있으므로 ROC 곡선 분석을 통해 이 지표들을 향상시킬 수도 있다. [그림 16.2]를 보면, 클래스 불균형으로 인해 이 문제가 더 악화될 수 있음을 알 수 있다. 이에 따라 가능한 한도값과 연관 없는 성능 지표(ROC 곡선 하단 면적 등)를 사용하는 것이 모델을 보다 의미 있게 비교할 수 있다. 하지만 어떤 예측 모델은 이산 클래스 예측 결과만을 만든다.

16.5 사전 확률 보정

나이브 베이즈나 판별 분석 분류기 같은 모델들에서는 사전 확률을 사용한다. 이를 일일이 설정해주지 않는 경우, 이 모델들은 일반적으로 훈련 데이터로부터 사전 확률을 구해 사용한다. 바이스와 프로보스트(Weiss and Provost, 2001a)는 자연적 클래스 불균형 정도를 반영한 사전 확률은 본질적으로 주 클래스에 편향된 예측을 할 것임을 밝혔다. 보다 균형잡힌 사전 확률이나 훈련 데이터 세트를 사용하면 클래스 불균형 처리에 도움이 될 수 있다.

보험 데이터의 경우, 가입자와 비가입자의 사전 확률은 각각 6%와 94%다. 보험에 가입했을 예측 확률은 세 모델 모두의 경우, 극단적인 좌편향 성질을 보여서 사전 확률을 보정해서 확률 분포상의 작은 값들을 이동시킬 수 있다. 예를 들어, FDA 모델에서 가입자 60%와 비가입자 40%라는 새로운 사전 확률을 사용해 보험 확률을 매우 높게 향상시킬 수 있다. 기본 한도를 사용하면, 새 모델을 사용한 예측 결과는 테스트 데이터 세트에 대해 민감도 71.2%에 특이도 66.9%를 보인다. 하지만 새 클래스 확률로 인해 테스트 데이터 세트의 고객 순위가 바뀌지 않고, 이전 FDA 모델과 동일한 곡선 하단 면적을 갖는다. 앞에서 살펴본 대체 한도 전략과 마찬가지로 이 방법에서도 모델을 바꾸는 것은 아니지만, 민감도와 특이도 간의 다른 트레이드 오프가 가능하다.

16.6 다른 경우별 가중값

많은 분류 예측 모델에서는 모델 훈련 단계에서 각 개별 데이터가 강조되는 경우, 각 경우별 가중값을 사용할 수 있다. 예를 들어, 앞에서 논의한 부스팅 분류 방법이나 회귀 트리는 연속적 모델들을 만들 수 있는데, 이 모델들은 각 반복 시에 서로 다른 경우별 가중값을 사용한다.

훈련 데이터 세트의 균형을 다시 맞추는 한 가지 방법은 소수 클래스의 샘플에 대한 가중값을 증가시키는 것이다(Ting, 2002). 많은 모델에 있어서 이 방식은 완전히 같은 값을 갖는 데이터 값을 중복시키는 방식으로 해석할 수 있다. 예를 들어, 로지스틱 회귀의 경우, 이런 방식으로 경우별 가중값을 실행한다. 이를 사용해 클래스 불균형을 처리하는 방법은 다음에 논의할 샘플링 기법과도 관련이 있다.

16.7 샘플링 기법

데이터상의 클래스 불균형에 대한 사전 지식이 있다면, 모델 훈련 시에 이로 인한 영향을 감소시킬 수 있는 직관적 방법으로 초기 데이터 수집 시 대략 동일한 사건 비율로 훈련 데이터 세트 샘플을 선택하는 방법이 있다(Artis et al., 2002)는 것을 알고 있을 것이다. 기본적으로 불균형을 처리하는 모델을 만드는 대신, 클래스 빈도를 균형 있게 만들수 있다. 이 방법을 사용함으로써 모델 훈련을 어렵게 만들었던 기본적인 불균형 문제를 제거한다. 하지만 만약 훈련 데이터 세트가 균형 있게 샘플링됐다면, 테스트 데이터세트는 보다 자연스럽게 샘플링돼서 불균형 상태를 반영할 수 있어야 이후에 제대로 된성능 추정값을 구할 수 있을 것이다.

만약, 사전 샘플링 방식을 사용할 수 없다면, 모델 훈련 시의 불균형으로 인한 효과를 약화시킬 수 있는 사후 샘플링 방식을 사용할 수 있다. 두 가지 일반적인 사후 샘플링 방식은 데이터의 다운 샘플링 방식과 업 샘플링 방식이다. 업 샘플링은 클래스별 균형 정도를 향상시키기 위해 추가의 데이터를 시뮬레이션하거나 대체하는 기법을 말하고, 다운 샘플링은 클래스별 균형 정도 향상을 위해 샘플의 수를 줄이는 기법을 말한다.

링과 리(Ling and Li, 1998)는 소수 클래스에서 샘플링하는 경우 각 클래스가 동일한수가 되도록 중복 가능하게 샘플링하는 업 샘플링 방식을 제시했다. 보험 데이터의 경우, 훈련 데이터 세트에는 6,466명의 비가입자와 411명의 가입자 데이터가 있다. 원래의 소수 클래스 데이터에 대해 6,055개의 임의의 샘플(중복 가능)을 추가해서 소수 클래스가 주 클래스와 동일하게 만들 수 있다. 이렇게 하면, 몇몇 소수 클래스 샘플이 훈련데이터 세트에서 꽤 높은 빈도로 나타나고, 주 클래스의 각 샘플은 데이터에서 한 번씩만 나타난다. 이는 경우별로 가중값이 다르다는 측면에서 앞 장의 경우별 가중값 방식과 매우 유사하다.

다운 샘플링에서는 주 클래스에서 데이터 값을 선택해서 주 클래스의 크기를 소수클래스(들)의 크기와 거의 동일하게 만든다. 다운 샘플링에는 여러 가지 방식이 있다. 우선, 기본적인 방식은 주 클래스에서 임의로 샘플을 선택해서 모든 클래스들의 크기를거의 동일하게 만드는 것이다. 다른 방법으로는 모든 경우에 대해 부트스트랩 샘플을사용해 부트스트랩 집합 내 클래스를 동일하게 만드는 것이다. 이 방식의 장점은 부트스트랩 선택 방식을 여러 번 실행해서 다운 샘플링 시의 분산 추정값을 구하는 것이다.

랜덤 포레스트에 대한 구현에서는 본질적으로 부트스트랩 샘플링 과정을 층화 변수를 통해 조절하는 다운 샘플링 방식을 사용한다. 만약, 클래스를 층화 변수로 사용한다

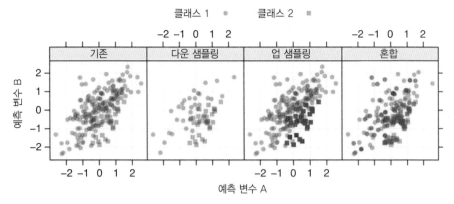

〔그림 16.3〕 **좌에서 우로:** 원래의 시뮬레이션 데이터 세트와 다운 샘플링 버전, 업 샘플링 버전, 경우별로 샘플링하고(하거나) 대체하는 SMOTE를 사용했을 때 데이터 발현 수

면, 부트스트랩 샘플을 클래스별 동일한 크기로 만들 수 있을 것이다. 여기서는 훈련 데이터 세트를 내부적으로 다운 샘플링한 후 이를 앙상블 트리를 만드는 데 사용한다.

촐라 등(Chawla et al., 2002)이 제시한 합성 소수 오버 샘플링 기법synthetic minority over-sampling technique, SMOTE은 업 샘플링과 다운 샘플링을 모두 사용하는 데이터 샘플링 과정으로, 이 방법은 클래스 의존적이고 업 샘플링 양, 다운 샘플링 양, 새로운 경우에 대해 대치값으로 사용할 이웃 데이터의 수, 즉 3개 인수를 갖는다. 소수 클래스를 업 샘플링할 때는 SMOTE에서 새 경우를 합성한다. 이때 임의로 소수 클래스에서 데이터를 선택한 후, 이 데이터의 K-최근접 이웃(KNN)을 구한다. 촐라 등(2002)은 분석 시 5개의 이웃을 사용했지만, 데이터에 따라 다른 값을 사용할 수도 있다. 새로 합성된 데이터 값은 임의로 선택된 데이터와 이 이웃 데이터의 변수에 대한 임의의 조합을 통해 나온 값이다. SMOTE 알고리즘에서 업 샘플링을 통해 소수 클래스에 새 샘플을 추가함과 동시에 훈련 데이터 세트의 균형을 위한 랜덤 샘플링으로 주 클래스에서는 다운 샘플링을 수행한다.

[그림 16.3]은 시뮬레이션 데이터 세트에 샘플링 기법을 적용한 예시다. 원데이터의 첫 번째 클래스에는 168개, 두 번째 클래스에는 32개의 샘플이 있다(5.2:1 비율). 데이터의 다운 샘플링 버전은 전체 샘플 크기를 클래스별로 동일하게 해 64개로 줄였다. 업 샘플링에는 336개의 데이터가 들어 있고, 이 중 사건이 발생한 경우는 168개다. 데이터의 SMOTE 버전의 경우 첫 번째 클래스의 샘플이 128개이고, 두 번째의 경우 96개로 불균형이 작아졌다(1.3:1 비율). 대부분의 경우, 새로 합성된 샘플은 데이터 내의 다른 샘플과 매우 유사하다. 소수 클래스를 아우르는 공간은 확장되지 않았으나 내부가 채워

졌다.

훈련 데이터 세트를 수정한 버전을 사용할 때, 모델 성능의 리샘플링 추정값은 편향될 수 있다는 것을 염두에 둬야 한다. 예를 들어, 데이터를 업 샘플링하면, 리샘플링 과정에서 모델 구축에 사용된 샘플과 동일한 샘플을 사용하게 돼 보다 긍정적인 결과가 나올 수 있다. 그럼에도 불구하고 리샘플링은 여전히 모델 튜닝에 효과적이다.

클래스 분포의 편향성을 처리하기 위한 샘플링 과정의 효과에 대해서는 상당히 많은 양의 연구가 이뤄졌고, 그중에서 주목할 만한 것은 바이스와 프로보스트(2001b), 바티스타 등(Batista et al., 2004), 반 헐스 등(Van Hulse et al., 2007), 부레즈와 반 더 폴(Burez and Van den Poel, 2009), 지트라컬 등(Jeatrakul et al., 2010)의 연구가 있다. 이 연구 및 다른 논문들에서도 많은 경우 샘플링이 불균형으로 인한 문제를 완화시키지만, 다양한 방법 중 확실한 승자는 없음을 보여주고 있다. 또한 많은 모델링 기법에서 샘플링을 다르게 다루므로 어떤 과정을 통해 사용해야 할지 단순한 가이드라인을 제시하기란 쉽지 않다.

이 샘플링 방법을 보험 데이터에 대한 랜덤 포레스트 모델에 원래의 모델과 동일한 튜닝 과정을 사용해 적용해봤다. 세 랜덤 포레스트 모델을 평가 데이터 세트에 적용했을 때의 ROC 곡선과 리프트 곡선은 [그림 16.4]에서 볼 수 있다. 모델의 수치 요약 통계량은 [표 16.3]에 있다. 이 표에서 평가 세트와 테스트 세트에 대한 ROC 곡선 하단 면적을 계산했다. 평가 데이터 세트를 사용했을 때, 최적의 모델과 가장 가까운 ROC 곡선상의 점을 골라 각 모델의 새로운 한도로 사용했다. 이 표의 민감도와 특이도 값은 테스트 데이터 세트에 이 한도를 적용한 결과다.

결과상으로는 업 샘플링 과정에서 곡선 하단 면적이 더 늘어나지 않은 것으로 보인다. 평가 데이터를 사용한 SMOTE 과정에서는 ROC 곡선 하단 면적이 증가했으나 이 현상이 더 큰 테스트 데이터 세트에서는 재현되지 않았다. 데이터를 단순히 다운 샘플링해서는 모델 성능에 제한된 효과를 가져올 뿐이다. 하지만 랜덤 포레스트 내의 다운 샘플링을 적용했을 때는 두 데이터 세트 모두 ROC 곡선 하단 면적에 영향을 받지 않았다. 이는 각 트리의 주 클래스 데이터의 독립 발현 때문일 것이다. 최종적으로는 이렇게 결과가 섞인다. 성능 향상 정도는 무난하며, 샘플링 방식의 장점은 (한도나 사전 확률을 수정하는 것과 달리) 민감도와 특이도 간의 트레이드 오프를 더 낮게 한다는 것이다.

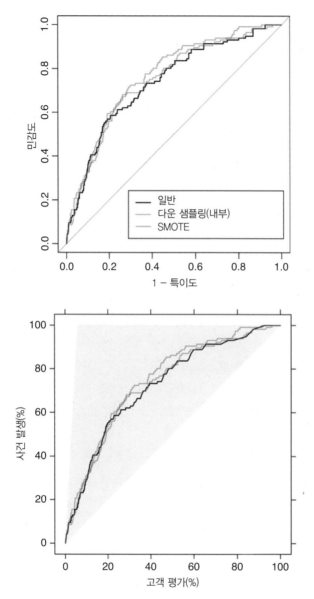

〔그림 16.4〕 **상단**: 세 랜덤 포레스트 모델을 테스트 세트에 적용했을 때의 ROC 곡선. **하단**: 이에 대응하는 리프트 도표

기법	평가	테스트		
	ROC	ROC	민감도	특이도
기본	0.757	0.738	64.4	75.9
다운 샘플링	0.794	0.730	81.4	70.3
다운 샘플링(내부)	0.792	0.764	78.0	68.3
업 샘플링	0.755	0.739	71.2	68.1
SMOTE	0.767	0.747	78.0	67.7

테스트 세트의 민감도와 특이도 값은 평가 데이터에 대한 ROC 곡선에서 가져온 최적의 한도를 사용해 구한다.

16.8 비용 민감 훈련

몇몇 모델에서는 정확도나 비순도 같은 일반적인 성능 지표를 최적화하는 대신, 특정 오차에 다른 가중값을 줘 비용이나 손실 함수를 최적화하는 방식을 사용할 수 있다. 예를 들어, 실제 사건이 발생한 건을 오분류한 경우(긍정 오류), 사건이 일어나지 않을 것을 잘못 분류한 것(부정 오류)의 X배 비용이 든다고 믿을 수도 있다. 모델 훈련에서 특정 비용을 합치는 경우, 빈도가 낮은 클래스 쪽으로 모델을 이동시킬 수 있다. 차등 비용을 부과하는 것은 대체 한도를 사용하는 것과 달리, 모델 인수에 영향을 미치게 되므로 분류기에 실질적인 향상을 미칠 수 있다.

비용은 서포트 벡터 머신(SVM) 모델에서 (특정 오류 유형이 아닌) 특정 클래스와 관련이 있다. 이 모델은 샘플이 현재 클래스 경계의 잘못된 쪽에 들어 있는 경우, 벌점을 부과하는 식의 비용 함수를 통해 복잡도를 조절한다는 점을 상기하자. 클래스 불균형에서 각 클래스에 대해 차등 비용을 부과함으로써 인수를 각각의 클래스에 대한 모델의 민감도가 증가하거나 감소하도록 조정할 수 있다(Veropoulos et al., 1999). 이 방법은 특정 유형의 오류에 다른 비용을 부과하는 것과는 다르다는 것을 기억하자. 서포트 벡터 머신의 경우(SVM), 전체 클래스의 중요도가 증가한다. 이종 클래스의 경우, 두 방법은 유사하다.

이 방법의 한 가지 결과는 최소한 가능한 구현 방법으로는 모델에서 클래스 확률을 구할 수 없다는 것이다. 따라서 ROC 곡선도 구할 수 없으므로 다른 성능 지표를 사용해야 한다. 그래서 대신 카파 통계량, 민감도, 특이도를 사용해 가중값 효과를 평가한다.

SVM 모델에 가중값을 준 모델과 주지 않은 모델 모두를 분석해 성능 결과를 비교한

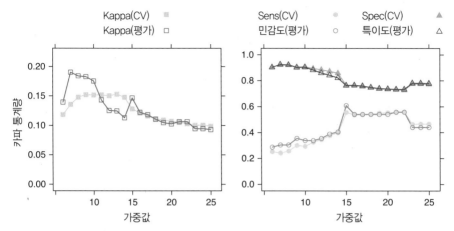

〔그림 16.5〕 클래스별 가중값을 준 서포트 벡터 머신을 교차 검증 세트와 평가 세트에 적용했을 때의 튜닝 결과.

다. 모델 튜닝 시 가중값 없는 SVM에서는 꽤 큰 SVM 비용 인수(256)를 사용했을 때 카파 통계량을 최적화할 수 있었다. 테스트 세트에 가중값 없는 모델을 적용했을 때의 카파 통계량은 0.121이었고, 이때의 민감도는 15.5%, 특이도는 95.7%였다. 훈련 데이터 세트(리샘플링)와 평가 데이터 세트에 6부터 25까지의 가중값을 적용했을 때의 효과를 구했다. 선택된 가중값의 범위에 걸쳐 카파 통계량, 민감도, 특이도를 기반으로 확인한 모델 성능은 두 데이터 세트가 거의 유사했다([그림 16.5]). 가중값이 적은 경우는 카파 통계량이 최적화되고, 높은 가중값을 줬을 때는 민감도가 최적화된다. 모델러는 그래프를 통해 16.3에서 설명한 가까이에 있는 문제에 대한 모델의 적합한 동작 특성을 결정할 수 있다.

추가로 CART와 C5.0 트리를 포함하는 많은 분류 트리 모델은 서로 다른 비용을 사용하는 것을 고려할 수 있다. 예측에 필요한 비용은 여러 측면을 고려할 수 있다(Johnson and Wichern 2001).

- 개별 실수에 대한 비용
- 실수가 발생할 확률
- 클래스별 사전 확률

비용을 어떻게 고려하는지 살펴보기 위해 13.6장에서 사용했던 개념과 기호를 복습해보자. π_i는 샘플이 클래스 i일 사전 확률이고, $Pr[j|i]$는 클래스 i인 샘플을 클래스 j라고 잘못 예측할 확률이다. 이종 문제의 경우, 샘플의 전체 오분류 확률은 아래와 같다.

$$Pr[2|1]\pi_1 + Pr[1|2]\pi_2$$

실제로 우리는 $Pr[j|i]$를 거의 알기 어렵기 때문에 대신 i번째 클래스의 추정 확률인 p_i를 사용한다.

이종 클래스의 경우, 위의 방정식을 아래와 같이 변경해 샘플을 클래스 1로 분류할 때의 규칙으로 사용할 수 있다.

$$\frac{p_1}{p_2} > \frac{\pi_2}{\pi_1}$$

이 규칙에서는 클래스 1 샘플을 클래스 2로 오분류하거나 클래스 2 샘플을 클래스 1로 분류할 확률이 동일하다고 가정한다. 편리하게도, 이 방정식은 비용이 동일하지 않은 시나리오에 대해서도 손쉽게 확장 가능하다. $C(j|i)$는 클래스 i인 샘플을 클래스 j로 잘못 예측했을 때의 비용이다. 이때 예상 총오분류 비용은 아래와 같다.

$$\text{예상 비용} = C(2|1)Pr[2|1]\pi_1 + C(1|2)Pr[1|2]\pi_2$$

샘플을 클래스 1로 분류하는 결정 경계는 아래와 같이 수정한다.

$$\frac{p_1}{p_2} > \left(\frac{C(1|2)}{C(2|1)}\right)\left(\frac{\pi_2}{\pi_1}\right)$$

사전 확률이 동일할 때, 확률 비가 비용 비보다 큰 경우에만 첫 번째 클래스로 예측한다. 만약, $p_1 = 0.75$이고 $p_2 = 0.25$라면, 클래스를 잘못 예측하는 데 사용된 비용이 3.0보다 큰 경우에 두 번째 클래스로 예측한다. CART 트리에서는 각 오류 유형의 비용을 구한 후, 훈련 과정에 들어간다. 또한 브레이먼 등(1984)은 일반 지니 기준을 사용하는 것을 고려했다.

$$
\begin{aligned}
\text{지니}(Gini)^* &= C(1|2)p_1(1 - p_1) + C(2|1)p_2(1 - p_2) \\
&= [C(1|2) + C(2|1)]\, p_1 p_2
\end{aligned}
$$

p_1과 p_2는 분기에 따른 관측 클래스 확률이다. 이 경우, 지니 계수를 사용해 분기를 나눌 때 2개의 비용이 함께 묶인다. 2개 이상의 클래스를 사용할 때는 동일한 문제가 발생한다. 이런 경우, 지니 계수 행렬을 적용하면 비용이 대칭화된다. 즉, 분기의 전체 비용을 구할 때는 비용 $C(i|j)$와 $C(j|i)$의 평균을 낸다. 또한 브레이먼 등(1984)은 몇몇 경우, 서로 다른 비용을 사용함으로써 수정된 사전 확률이 동일해진다는 점을 지적했다. 이 연

구의 예시에서는 비용 민감 트리가 명목형 과정을 통해 만들어진 트리보다 작아지는 경향이 있다고 명시했다. 그 이유는 트리 성장 단계에서 트리가 비용이 높을 수 있는 오차에 대해서는 정확히 예측하지만, 보다 비용이 적은 오차에 대해서는 별로 정확하지 않은 방향으로 분기가 이뤄지기 때문이다.

트리(와 규칙)의 경우, 예측 클래스 확률(이나 신뢰도 값)에 서로 다른 비용이 사용된 클래스 예측에 있어서는 일관적이지 않을 수도 있다. 샘플의 최종 클래스 예측은 클래스 확률과 비용 구조로 이뤄진 함수다. 앞에서 살펴본 것처럼 말단 노드에서의 클래스 확률은 하나의 클래스를 나타내는 식이 되는 경우가 많지만, 이에 대한 기대 비용이 커질 수도 있다. 이런 연유로 신뢰값과 예측 클래스 간에 단절이 생긴다. 따라서 이런 경우에는 단순 클래스 확률(또는 신뢰값)을 사용하면 안 된다.

비용 민감 모델 훈련을 확인해보기 위해 이전의 가중값을 적용한 SVM 모델과 비슷한 방식으로 동일한 비용뿐만 아니라 다양한 비용 범위(2.5 30)를 사용해 단일 CART 트리를 데이터에 적용해봤다. [그림 16.6]은 훈련 데이터 및 평가 데이터로부터 나온 결과다. 이 그림의 추세상으로는 잡음이 많아 보인다(CART 트리의 불안정성 때문). 특히, 샘플 크기가 더 작은 경우의 민감도에 대해서는 더 잡음이 심하다.

민감도의 리샘플링 추정값은 평가 데이터 세트보다 더 비관적이다. 이 결과에서 모델의 민감도와 특이도가 높은 비용값에서 수렴하기 시작하는 것을 확인할 수 있다.

C5.0에서는 분기에 지니 계수를 사용하지 않는다는 것을 상기해보자. 비용을 사용할 때는 이전의 식을 사용하되 사전 확률이 동일하다고 가정한다.[4]

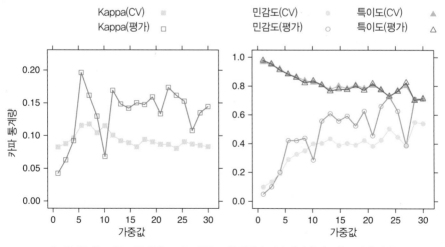

〔그림 16.6〕 비용 민감 분류 트리 모델을 교차 검증과 평가 데이터 세트에 튜닝한 결과

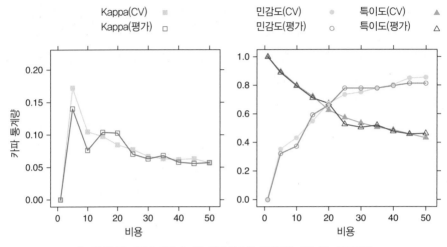

〔그림 16.7〕 C5.0 모델에 비용 민감 학습을 사용했을 때의 성능 프로파일

$$기댓값 = C(2|1)p_1 + C(1|2)p_2$$

새 샘플은 가장 낮은 비용의 클래스로 예측되는 것을 다시 볼 수 있다.

C5.0의 경우, 모델 유형(트리, 규칙 기반 등)과 부스팅 반복 횟수에 맞게 튜닝해야 한다. [그림 16.7]은 5부터 50까지의 범위에 대한 부정 오류 비용에 대해 비용 민감 학습 패턴을 나타낸 것이다. SVM 분석과 마찬가지로 훈련 데이터 세트와 평가 세트에 대해 일정한 곡선이 나타났다. 카파 통계량을 통해 일치 정도를 최적화하면, 작은 비용값을 사용해야 하고, 민감도를 증가시키고 많은 비용이 드는 경우에는 완화해야 할 필요가 있다. 여기서는 민감도와 특이도 간의 명확한 트레이드 오프가 나타나지만, 민감도의 경우 비용이 25나 30 정도로 커지면 변화가 정체됨을 알 수 있다.

16.9 컴퓨팅

이 장에서는 caret, C50, DMwR, DWD, kernlab, pROC, rpart 패키지를 사용한다.

보험 데이터는 DWD 패키지에 포함돼 있으므로 아래와 같이 불러올 수 있다.

---

4 이 제약사항은 사전 확률이 적합한 비용값에 포함된다고도 해석할 수 있다.

```
> library(DWD)
> data(ticdata)
```

이 데이터 세트에는 몇 가지 팩터 변수가 들어 있다. 많은 팩터 레벨에는 "%,", 쉼표(,),
다른 값 같은 비표준 문자들이 들어 있다. 이 값들을 가변수 열로 변환하면, 이 값들로
인해 새 변수를 명명할 때 규칙이 깨진다. 이런 문제가 일어나지 않도록 이름들을 단순
하게 새로 바꿀 것이다.

```
> recodeLevels <- function(x)
+   {
+     x <- as.numeric(x)
+     ## 텍스트값에 0을 추가한다.
+     x <- gsub("", "0",format(as.numeric(x)))
+     factor(x)
+   }
> ## 어떤 열이 일반 팩터이고, 어떤 열이 정렬된 팩터인지 찾는다.
> isOrdered <- unlist(lapply(ticdata, is.ordered))
> isFactor <- unlist(lapply(ticdata, is.factor))
> convertCols <- names(isOrdered)[isOrdered | isFactor]

> for(i in convertCols) ticdata[,i] <- recodeLevels(ticdata[,i])
> ## 'insurance'를 첫 번째 팩터 레벨로 사용한다.
> ticdata$CARAVAN <- factor(as.character(ticdata$CARAVAN),
+                           levels = rev(levels(ticdata$CARAVAN)))
```

층화 임의 샘플링 방식을 사용해 훈련 세트와 테스트 세트를 만든다.

```
> library(caret)
> ## 첫째, 훈련 데이터 세트를 나눈다.
> set.seed(156)
> split1 <- createDataPartition(ticdata$CARAVAN, p = .7)[[1]]
> other    <- ticdata[-split1,]
> training <- ticdata[ split1,]

> ## 평가 세트와 테스트 세트를 만든다.
> set.seed(934)
> split2 <- createDataPartition(other$CARAVAN, p = 1/3)[[1]]
> evaluation <- other[ split2,]
> testing    <- other[-split2,]
```

```
> ## 변수명을 확인한다.
> predictors <- names(training)[names(training) != "CARAVAN"]
```

이 장에서 여러 모델을 적용할 때 가변수를 유용하게 사용할 수 있다. randomForest 함수에서는 모든 팩터형 예측 변수의 레벨이 32레벨 이하여야 한다는 제약이 있다. 고객 유형 변수의 경우, 39레벨이므로 model.matrix 함수를 사용해 이 모델과 다른 모델에서 사용할 수 있는 가변수들을 만든다.

```
> ## 첫 번째 열은 이를 잔차로 제거한다.
> trainingInd   <- data.frame(model.matrix(CARAVAN ~ .,
+                                         data = training))[,-1]
> evaluationInd <- data.frame(model.matrix(CARAVAN ~ .,
+              data = evaluation))[,-1]
> testingInd    <- data.frame(model.matrix(CARAVAN ~ .,
+                                         data = testing))[,-1]

> ## 결과를 다시 데이터 세트에 합친다.
> trainingInd$CARAVAN    <- training$CARAVAN
> evaluationInd$CARAVAN  <- evaluation$CARAVAN
> testingInd$CARAVAN     <- testing$CARAVAN

> ## 예측 변수의 분포가 넓게 분산돼 있고 불균형적인지 확인한다.
> isNZV <- nearZeroVar(trainingInd)
> noNZVSet <- names(trainingInd)[-isNZV]
```

서로 다른 성능값을 얻기 위해 2개의 래퍼 함수를 만든다.

```
> ## 정확도, 카파, ROC 곡선 하단 면적,
> ## 민감도와 특이도
> fiveStats <- function(...) c(twoClassSummary(...),
+                              defaultSummary(...))
> ## ROC 곡선 하단 면적의 경우
> fourStats <- function(data, lev = levels(data$obs), model = NULL)
+ {
+
+   accKapp <- postResample(data[, "pred"], data[, "obs"])
+   out <- c(accKapp,
+           sensitivity(data[, "pred"], data[, "obs"], lev[1]),
+           specificity(data[, "pred"], data[, "obs"], lev[2]))
```

```
+    names(out)[3:4] <- c("Sens", "Spec")
+    out
+ }
```

클래스 확률을 구할 수 있을 때와 구할 수 없을 때, 각각을 위해 2개의 조정 함수를 만든다.

```
> ctrl <- trainControl(method = "cv",
+                      classProbs = TRUE,
+                      summaryFunction = fiveStats,
+                      verboseIter = TRUE)
> ctrlNoProb <- ctrl
> ctrlNoProb$summaryFunction <- fourStats
> ctrlNoProb$classProbs <- FALSE
```

아래와 같이 3개의 기본 모델을 적용한다.

```
> set.seed(1410)
> rfFit <- train(CARAVAN ~ ., data = trainingInd,
+                method = "rf",
+                trControl = ctrl,
+                ntree = 1500,
+                tuneLength = 5,
+                metric = "ROC")

> set.seed(1410)
> lrFit <- train(CARAVAN ~ .,
+                data = trainingInd[, noNZVSet],
+                method = "glm",
+                trControl = ctrl,
+                metric =  "ROC")

> set.seed(1401)
> fdaFit <- train(CARAVAN ~ ., data = training,
+                 method = "fda",
+                 tuneGrid = data.frame(.degree = 1, .nprune = 1:25),
+                 metric = "ROC",
+                 trControl = ctrl)
>
```

각각의 모델 예측값을 저장하기 위해 데이터 프레임을 사용한다.

```
> evalResults <- data.frame(CARAVAN = evaluation$CARAVAN)
> evalResults$RF <- predict(rfFit,
+                           newdata = evaluationInd,
+                           type = "prob")[,1]
> evalResults$FDA <- predict(fdaFit,
+                            newdata = evaluation[, predictors],
+                            type = "prob")[,1]
> evalResults$LogReg <- predict(lrFit,
+                              newdata = valuationInd[, noNZVSet],
+                              type = "prob")[,1]
```

이 객체들로부터 ROC와 리프트 곡선이 만들어진다. 예를 살펴보자.

```
> library(pROC)
> rfROC <- roc(evalResults$CARAVAN, evalResults$RF,
+              levels = rev(levels(evalResults$CARAVAN)))
> ## 모델의 라벨을 만든다.
> labs <- c(RF = "Random Forest", LogReg = "Logistic Regression",
+           FDA = "FDA(MARS)")
> lift1 <- lift(CARAVAN ~ RF + LogReg + FDA, data = evalResults,
+              labels = labs)

> rfROC
  Call:
  roc.default(response = evalResults$CARAVAN, predictor = evalResults$RF,
      levels = rev(levels(evalResults$CARAVAN)))

  Data: evalResults$RF in 924 controls(evalResults$CARAVAN noinsurance) <
      59 cases(evalResults$CARAVAN insurance).
  Area under the curve: 0.7569
> lift1
  Call:
  lift.formula(x = CARAVAN ~ RF + LogReg + FDA, data = evalResults,
              labels = labs)

  Models: Random Forest, Logistic Regression, FDA(MARS)
  Event: insurance (6%)
```

곡선을 그리는 것은 아래와 같다.

```
> plot(rfROC, legacy.axes = TRUE)
> xyplot(lift1,
+        ylab = "%Events Found", xlab = "%Customers Evaluated",
+        lwd = 2, type = "l")
```

대체 한도

ROC 곡선을 만든 후, pROC 패키지의 여러 함수를 사용해 가능한 한도에 대해 조사할 수 있다. Cords 함수는 ROC 곡선의 점들을 새로운 한도로 만들어준다. 이 함수의 주요 인수는 x로, 이 값을 통해 어떤 값을 반환할 것인지 정의한다. x = "all"로 설정하면 곡선상의 좌표와 이에 대응하는 한도값을 반환할 것이다. "best"로 설정하면 새로운 한도를 도출한다. 교차점에서 x = "best"를 사용하는 경우와 best.method를 ("youden"이나 "closest.topleft"로) 사용하는 경우에 도움이 될 수 있다.

```
> rfThresh <- coords(rfROC, x = "best", best.method = "closest.topleft")
> rfThresh
    threshold specificity sensitivity
   0.06433333  0.75865801  0.64406780
```

이 코드를 실행하면 새로운 예측 클래스가 도출된다.

```
> newValue <- factor(ifelse(evalResults$RF > rfThresh,
+                           "insurance", "noinsurance"),
+                     levels = levels(evalResults$CARAVAN))
```

샘플링 기법

caret 패키지에는 클래스 빈도에 따라 값을 조정하는 downSample과 upSample이라는 함수가 있다. 두 함수는 예측 변수(x)와 결과 클래스(y)에 대한 인수를 받는다. 두 함수는 이를 사용해 훈련 데이터 세트에 대한 샘플 버전의 데이터 프레임을 만든다.

```
> set.seed(1103)
> upSampledTrain <- upSample(x = training[,predictors],
```

```
+                              y = training$CARAVAN,
+                              ## 클래스 변수명을 동일하게 유지한다.
+                              yname = "CARAVAN")
> dim(training)
 [1] 6877 86
> dim(upSampledTrain)
 [1] 12932 86
> table(upSampledTrain$CARAVAN)

  insurance noinsurance
       6466        6466
```

다운 샘플링 함수의 문법도 동일하다. SMOTE 함수는 DMwR 패키지에서 찾아볼 수 있다. 이 함수에서는 모델식을 입력값으로 사용한 후, 이에 대한 인수들(오버 샘플링 또는 언더 샘플링 정도 및 이웃 수 등)을 추가한다. 기본 문법은 아래와 같다.

```
> library(DMwR)
> set.seed(1103)
> smoteTrain <- SMOTE(CARAVAN ~ ., data = training)
> dim(smoteTrain)
[1] 2877 86
> table(smoteTrain$CARAVAN)

  insurance noinsurance
       1233        1644
```

앞의 모델링 코드 입력값으로 이 데이터 세트를 사용할 수 있다.

비용 민감 훈련

클래스 가중값 SVM은 kernlab 패키지를 사용해 만들 수 있다. Ksvm 함수의 문법은 앞에서 설명했던 것과 동일하지만, 여기서는 class.weights 인수를 사용한다. train 함수의 문법은 동일하다.

```
> library(kernlab)
> ## 넓은 비용 범위에 대해 모델을 훈련시킬 것이므로
> ## 시그마 인수를 미리 계산한 후 개별 튜닝용 격자를 만들 것이다.
> set.seed(1157)
> sigma <- sigest(CARAVAN ~ ., data = trainingInd[, noNZVSet], frac = .75)
> names(sigma) <- NULL
```

```
> svmGrid <- data.frame(.sigma = sigma[2],
+                       .C = 2^seq(-6, 1, length = 15))
> ## 클래스 가중값으로부터 클래스 확률을 만들 수는 없으므로
> ## 조정 객체 'ctrlNoProb'를 사용해
> ## ROC 곡선 추정을 피한다.
> set.seed(1401)
> SVMwts <- train(CARAVAN ~ .,
+                 data = trainingInd[, noNZVSet],
+                 method = "svmRadial",
+                 tuneGrid = svmGrid,
+                 preProc = c("center", "scale"),
+                 class.weights = c(insurance = 18, noinsurance = 1),
+                 metric = "Sens",
+                 trControl = ctrlNoProb)

> SVMwts
  6877 samples
   203 predictors
     2 classes: 'insurance', 'noinsurance'

Pre-processing: centered, scaled
Resampling: Cross-Validation(10-fold)

Summary of sample sizes: 6189, 6190, 6190, 6189, 6189, 6189, ...

Resampling results across tuning parameters:

  C        Accuracy  Kappa   Sens   Spec
  0.0156   0.557     0.0682  0.742  0.545
  0.0221   0.614     0.0806  0.691  0.609
  0.0312   0.637     0.0864  0.669  0.635
  0.0442   0.644     0.0883  0.662  0.643
  0.0625   0.658     0.0939  0.657  0.658
  0.0884   0.672     0.0958  0.633  0.674
  0.125    0.684     0.101   0.625  0.688
  0.177    0.7       0.106   0.611  0.705
  0.25     0.711     0.108   0.591  0.719
  0.354    0.724     0.111   0.572  0.734
  0.5      0.737     0.112   0.543  0.75
  0.707    0.75      0.109   0.506  0.765
  1        0.765     0.104   0.46   0.785
```

```
1.41     0.776     0.097   0.416   0.799
2        0.791     0.102   0.394   0.817
```

```
Tuning parameter 'sigma' was held constant at a value of 0.00245
Sens was used to select the optimal model using the largest value.
The final values used for the model were C = 0.0156 and sigma = 0.00245.
```

(저장 공간에 표준편차 열은 나타나지 않는다) 예측은 가중값을 사용하지 않는 모델과 동일한 문법을 사용한다. 비용 민감 CART 모델의 경우, rpart 패키지에 적합 옵션의 리스트인 parms 인수를 넣어 사용한다. 하나의 옵션인 loss는 비용 행렬을 사용한다.

```
> costMatrix <- matrix(c(0, 1, 20, 0), ncol = 2)
> rownames(costMatrix) <- levels(training$CARAVAN)
> colnames(costMatrix) <- levels(training$CARAVAN)
> costMatrix

            insurance noinsurance
insurance        0         20
noinsurance      1          0
```

여기서는 긍정 오류보다 부정 오류에 20배 높은 비용을 매긴다. 모델 적합은 아래와 같이 실행한다.

```
> library(rpart)
> set.seed(1401)
> cartCosts <- train(x = training[,predictors],
+                    y = training$CARAVAN,
+                    method = "rpart",
+                    trControl = ctrlNoProb,
+                    metric = "Kappa",
+                    tuneLength = 10,
+                    parms = list(loss = costMatrix))
```

클래스 예측값을 구하는 문법은 서포트 벡터 머신과 비슷하게 명목형 모델과 동일하다. 하지만 이 모델에서 만드는 몇몇 클래스 확률은 예측 클래스와 일치하지 않을 수 있다 (비용 함수와 확률 문제).

C5.0은 rpart에서 만든 비용 행렬의 역행렬을 사용하지만, 비용 행렬을 사용한다는 점에서 rpart와 비슷한 문법을 갖는다고 볼 수 있다.

508

```
> c5Matrix <- matrix(c(0, 20, 1, 0), ncol = 2)
> rownames(c5Matrix) <- levels(training$CARAVAN)
> colnames(c5Matrix) <- levels(training$CARAVAN)
> c5Matrix

            insurance noinsurance
  insurance         0           1
  noinsurance      20           0

> library(C50)
> set.seed(1401)
> C5Cost <- train(x = training[, predictors],
+                 y = training$CARAVAN,
+                 method = "C5.0",
+                 metric = "Kappa",
+                 cost = c5Matrix,
+                 trControl = ctrlNoProb)
```

비용을 사용할 때, 이 모델에서의 예측 함수는 이산 클래스만을 구한다(확률값을 구하지
는 않는다).

연습 문제

16.1 UCI 머신 러닝 데이터 모음의 "adult" 데이터는 인구 통계 데이터에서 파생됐
다.[5] 이 데이터의 목적은 사람들의 소득이 많은지(1994년에 $50K 이상) 적은지를 예측하
기 위한 것이다. 예측 변수에는 교육 정도, 직업의 종류(업무 경험 없음, 공무원 등), 재산
소득/손실, 주당 근무 시간, 국적 등이 들어 있다.[6] 소득 정도가 미상인 부분을 걸러내고
나면, 48842의 데이터가 남는다. 데이터의 대부분은 소득 수준이 낮다(75.9%).

이 데이터는 arules 패키지에 들어 있고, 이는 data(AdultUCI)를 통해 적절하게 불러
올 수 있다.

---

[5] 이 데이터는 코하비(Kohavi, 1996)의 웹 사이트에서 처음 사용됐다. 데이터 수집에 대한 상세 설명과 이전 모델 결
  과에 대한 요약은 UCI 머신 러닝 데이터 모음에서 확인할 수 있다(http://archive.ics.uci.edu/ml/machine-learning-
  databases/adult/adult.names).
[6] 다른 항목인 "fnlwgt"에서는 데이터 수집 절차에 대한 정보만 들어 있고, 예측 변수는 들어 있지 않다.

(a) 데이터를 불러온 후 예측 변수의 분포와 연관성을 탐색한다.

(b) 데이터의 분기를 구해보자.

(c) 데이터에 여러 분류 모델을 적용해보자. 이 결과는 낮은 수익 클래스에 잘 들어맞는가?

(d) 민감도와 특이도 간에 적절한 트레이드 오프가 이뤄졌는가?

(e) 모델 적합도 향상을 위해 샘플링 기법을 사용하자.

(f) 비용 민감 모델의 성능은 어떠한가?

16.2 11장에서 이미 다뤘던 라로스의 직접 마케팅 데이터(2006, 7장)는 저자의 웹 사이트에서 바로 찾을 수 있다.[7] 분석의 목적은 고객이 우편물을 통한 프로모션에 반응을 할지 여부를 예측하는 것이다. 데이터의 65,220명 고객 중 16.6%가 이 프로모션에 반응했다. 데이터 세트의 예측 분석은 아래와 같은 내용을 포함한다.

- 월별 방문 빈도 및 자주 방문한 상점 위치 등에 따른 소비 습관
- 구매 상품 유형
- 방문 주기
- 기존 프로모션 반응률
- 사전 정의된 고객 멤버십 유형

라로스(2006)는 이 문제에서의 클래스 불균형과 효과적인 결과를 구하기 위한 다양한 기법들을 설명했다.

(a) R에서 데이터를 읽어들인 후, 탐색적 분석을 수행하고 예측 변수 변조에 가장 좋은 방법을 찾아보자.

(b) 데이터를 적절하게 나눈 후, 이에 대한 몇 가지 분류 모델을 적용해보자.

(c) 리프트 도표를 만들어 60%의 응답률에 도달할 때까지 얼마나 많은 고객에게 연락해야 하는지를 판단할 적절한 전략을 찾아보자.

(d) 여러 모델에 샘플링 기법을 적용하자. 이 경우 리프트 도표가 더 나아졌는가?(프로모션을 받은 고객 중) 응답률 60%에 도달하기 위해 연락해야 하는 고객이 더 적은가?

---

[7] http:/www.dataminingconsultant.com/data

17

사례 연구: 작업 스케줄링

대용량 처리 연산이 필요한 많은 기업 및 연구 기관에서 고성능 컴퓨팅(HPC) 환경을 사용한다. HPC 환경은 사용자가 요구하는 연산을 처리하기 위해 보통 많은 "컴퓨터 노드compute nodes"가 네트워크로 연결돼 있다. 많은 컴퓨터가 적은 프로세서에 연결된 네트워크, 적은 컴퓨터가 많은 프로세서에 연결된 네트워크 등은 여러 가지 다양한 형태로 구성될 수 있다. 각각의 메모리 양은 환경에 따라 천차만별이고, 이는 보통 가능한 투자 비용과 기관에서 필요로 하는 연산의 성격에 맞춰 만들어진다.

연산의 개별 단위(여기서는 보통 작업job이라고 부른다) 사용자가 만든 후, HPC 환경에서 실행된다. 이때 문제는 많은 경우, 매우 많은 수의 프로그램이 동시에 실행되기 때문에 환경상에서 이 작업들을 조절해 작업 결과가 최대한 효율적으로 이뤄지도록 해야 한다는 것이다. 이는 매우 복잡한 일이다. 예를 들면 아래와 같다.

- 기존의 작업 수가 환경상에서 수용 가능한 정도를 넘는 경우가 많다. 이런 경우, 일부 작업은 적절한 자원을 사용할 수 있을 때까지 시작하기 전에 보류 상태로 있어야 한다.

- 사용자에 대한 완료 빈도는 다양할 수 있다. 어느 사용자가 많은 작업을 한 번에 완료하는 경우, 단일 사용자가 다른 사용자들의 자원 사용을 막고 대다수의 자원을 소비하게 하는 것은 시스템에 바람직하지 않을 수 있다.
- 모든 컴퓨터 작업은 동일하게 취급되지 않을 수 있다. 높은 순위의 프로젝트는 하드웨어 자원에 보다 우선적으로 접근할 수도 있다. 예를 들어, 제약 회사 작업의 경우 시간에 민감하게 제약을 받는 업무 완료는 연구 중심 업무와 연관된 작업에 비해 순위가 높을 필요가 있다.

이러한 문제에 대한 일반적인 해답은 작업 스케줄러를 사용하는 것이다. 이는 완료 우선순위를 정하고, 계산 자원을 관리하고, 효율성을 극대화하도록 완료된 작업을 초기화하는 소프트웨어다. 스케줄러는 작업(필요한 프로세서 수, 필요 메모리) 자원, 프로젝트 우선순위, 환경의 현재 작업량 등 여러 요인을 기반으로 구성한 큐[1] 시스템을 만든다. 또한 스케줄러는 컴퓨터 자원에 작업을 위임할 때 특정 사용자의 완료 내역을 고려할 수 있다.

[그림 17.1]은 이러한 시스템을 보여준다. 그림의 상단은 동시에 완료된 3개의 이론적 작업을 나타낸다. 처음 2개는 단일 계산 작업을 하지만, 서로 필요로 하는 자원이 다르다. 예를 들어, 첫 번째 작업은 동일한 물리적 기계상에서의 여러 프로세서에 걸쳐 계산을 분산하는 과학적 계산 작업이라고 가정해보고, 두 번째 작업은 과학자들이 웹 사이트에서 대화식으로 실행하는 간단한 데이터베이스 쿼리라고 가정해보자. 이 작업은 적은 작업량으로 빠르게 실행할 수 있을 것이다. 세 번째 작업은 일단 실행하면 동일한 프로그램에서 사용되는 독립적 계산이 여러 개 이뤄지는 계산(시뮬레이션 등)의 통합 집합이다. 이 작업 배열은 다른 기계에서 실행되지만, 단일 자원에서 관리 감독돼야 하는 50개의 독립적인 계산을 수행한다. 다시 한 번 말하지만, 이 스케줄러의 목적은 다시 효율성을 극대화하기 위한 목적으로 시스템에 이 작업들을 할당하는 것이다.

이 스케줄러의 효율성은 작업 완료 시점에서 작업의 정보량과 질에 따라 유의하게 달라진다. 이에 따라 스케줄러가 최적의 시점, 적합한 기계에 작업을 할당한다. 여러 번 반복되는 계산의 경우, 현재의 작업 정보를 기록한 후 새 작업의 자원 예측을 하는 것이 직관적이다. 예를 들어, 작업 완료 시점의 최대 메모리 요구 사항이나 실행 시간을 예측하는 것이 도움이 될 수 있다. 이런 예측을 하는 데 필요한 것은 빠르고 정확해야 한다

---

[1] 원소가 일렬로 나열된 열에서 한쪽 끝에서는 원소들이 삭제되고, 반대쪽 끝에서는 원소들의 삽입만 가능하게 만든, 순서가 정해진 열. 가장 먼저 열에 삽입된 원소가 삭제되므로 선입선출 또는 FIFO(First In First Out) 열이라고도 한다. _옮긴이

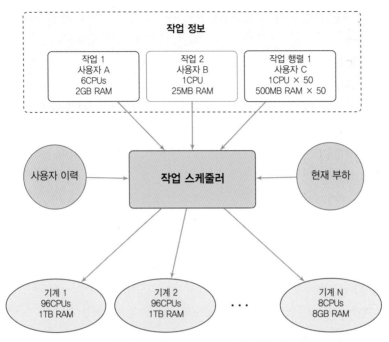

〔그림 17.1〕 고성능 컴퓨팅 환경에서의 작업 스케줄러에 대한 이론적 예제

는 것이다. 하지만 정확도에 대한 요구 사항은 예측 오류가 환경의 성능에 동일한 영향을 미칠 가능성이 없다는 사실을 고려해야 한다. 예를 들어, 예측 필요 메모리의 양이 과하게 낮게 추정돼 물리적 기계 자원의 부담이 과하게 높아질 수 있고, 이는 이 기계에 할당된 모든 작업에 극단적인 영향을 미칠 수 있다. 오차의 유형 비용이 높아야 스케줄러가 이러한 문제를 피할 수 있다. 이 문제의 역은 참이 아니다. 메모리의 과다 추정은 하드웨어 자원의 비정상적인 낮은 활용을 야기할 수 있지만, 시스템상에 현재 올라온 자원에 극단적인 영향을 미치지는 않는다. 비용은 이 오차에도 할당되지만, 다른 유형의 오차처럼 높게 부과되지 않을 가능성이 높다.

예를 들어, 화이자^{Pfizer}는 자체 HPC 환경에서 많은 수의 작업을 실행하고 있다. 화합물 특성화를 위한 한 가지 작업 종류가 정기적으로 실행되며, 그중 일부는 과한 계산이 사용될 수 있다. 오랜 기간에 걸쳐, 시스템에서는 이런 작업 유형의 자원 활용 정보를 기록해왔다. 이와 더불어 작업 시작 시점에 수집할 수 있는 몇 가지 업무의 특성이 있다

- 프로토콜: 프로토콜이라는 여러 가지 다른 분석 기술을 사용하면 각 화합물의 결과를 계산할 수 있다. 프로토콜을 A부터 O까지의 문자로 표기해봤다. 프로토콜 J

가 가장 많이 사용됐고(모든 작업 중 22.8%), 프로토콜 K는 거의 사용되지 않았다 (0.1%).

- 화합물 수: 작업 과정에 사용되는 화합물 수. 이 숫자는 데이터에서 매우 다양하게 나타난다.
- 입력 항목의 수: 각 작업에서 과학자가 분석하고자 하는 것에 따라 데이터의 여러 입력 항목을 처리할 수 있다. 이 변수도 오른쪽으로 치우쳐 있다.
- 반복 횟수: 각 프로토콜은 사전에 정의한 반복 수만큼 돌아간다. 기본 반복 횟수는 20회로, 이 데이터에서 가장 빈도가 높은 횟수다.
- 지연 작업 횟수: 얼마나 많은 작업이 시작 후에 지연됐는지를 기록한다. 이는 시작 당시, 작업 환경의 작업 부하를 뜻한다. 다른 모든 것이 동일한 경우, 지연 작업 횟수가 작업의 수행 시간에 직접적인 영향을 미치지는 않지만, 해당 시간에 상당량의 자원을 소모할 것이다. 이 데이터에서 많은 작업은 자원이 가용한 때 시작되므로 지연되는 작업은 없다. 하지만 하드웨어가 많이 사용되는 도중(수천 개의 작업이 이미 지연되고 있음)에 소수의 작업 요청이 들어온다.
- 시각: 일이 시작된 시각(동부 표준시(EST, 0부터 24 사이)). 일의 배분은 멀티모달로 이뤄져서 2개의 대륙에 3개의 표준 시간대에서 접속하는 사용자들을 허용할 수 있다.
- 요일: 작업이 실행된 요일

각 작업별로 실행 시간을 기록한다. 지연되거나 중단된 상태 동안은 이 시간에 포함되지 않는다. 결과값은 원래 연속형이므로 스케줄러는 이 정보를 질적으로 나타내야 한다. 작업은 매우 빠름(1분 이하), 빠름(1 - 50분), 보통(5 - 30분), 오래 걸림(30분 초과)로 수행 정도가 분류돼야 한다. 대부분의 작업은 매우 빠름(51.1%)과 빠름(31.1%)의 범주에 포함되며, 11.9%가 보통, 6%만이 오래 걸림으로 분류됐다.

이 실험의 목적은 [표 17.1]에 주어진 정보를 사용해 작업 종류를 예측하는 것이다. 모든 오차는 동일하게 다뤄지지 않고, 실제로 긴 작업이 짧다고 분류되는 경우에는 더 큰 벌점을 부여한다. 또한 예측 방정식은 소프트웨어 내에 구현되고 빠르게 실행돼야 하므로 보다 단순한 예측 방정식을 사용하는 모델을 선호한다.

2년에 걸쳐, HPC 환경에도 일부 하드웨어의 변화가 있었다. 이에 따라 동일한 작업이 두 가지 버전의 하드웨어에서 실행됨에 따라 다른 실행 시간이 나오게 됐다. 이에 따라 실행 시간이 기본적으로 낮아지는 효과가 생겼고, 이전에 실행된 데이터의 클래스가 잘못됐을 수도 있게 됐다. 분석상에서 이러한 문제를 해결할 방법은 없고(새로운 하드웨

〔표 17.1〕 작업 스케줄러 데이터의 예측 변수

<table>
<tr><td colspan="2" align="center">변수</td><td align="center">관측값</td></tr>
</table>

프로토콜
n	누락	단일 값
4331	0	14

빈도	A	C	D	E	F	G	H	I	J	K	L	M	N	O
	94	160	149	96	170	155	321	381	989	6	242	451	536	581
%	2	4	3	2	4	4	7	9	23	0	6	10	12	13

화합물
n	누락	단일 값	평균	0.05	0.10	0.25	0.50	0.75	0.90	0.95
4331	0	858	497.7	27	37	98	226	448	967	2512

최저:	20	21	22	23	24
최대:	14087	14090	14091	14097	14103

입력값
n	누락	단일 값	평균	0.05	0.10	0.25	0.50	0.75	0.90	0.95
4331	0	1730	1537	26	48	134	426	991	4165	7594

최저:	10	11	12	13	14
최대:	36021	45420	45628	55920	56671

반복
n	누락	단일 값	평균	0.05	0.10	0.25	0.50	0.75	0.90	0.95
4331	0	11	29.24	10	20	20	20	20	50	100

	10	11	15	20	30	40	50	100	125	150	200
빈도	272	9	2	3568	3	7	153	188	1	2	126
%	6	0	0	82	0	0	4	4	0	0	3

지연 수
n	누락	단일 값	평균	0.05	0.10	0.25	0.50	0.75	0.90	0.95
4331	0	303	53.39	0.0	0.0	0.0	0.0	0.0	33.0	145.5

최저:	0	1	2	3	4,	최대:	3822	3870	3878	5547	5605

시간
n	누락	단일 값	평균	0.05	0.10	0.25	0.50	0.75	0.90	0.95
4331	0	924	13.73	7.025	9.333	10.900	14.017	16.600	18.250	19.658

최저:	0.01667	0.03333	0.08333	0.10000	0.11667
최대:	23.20000	23.21667	23.35000	23.80000	23.98333

일자
n	누락	단일 값
4331	0	7

	월	화	수	목	금	토	일
빈도	692	900	903	720	923	32	161
%	16	21	21	17	21	1	4

어에서는 실행 시간이 줄어든다는 가정하에), 실행 시간을 분류하는 모든 모델을 재점검해야 한다.

모델 구축을 조사하기에 앞서 데이터를 탐색하는 것이 필요하다. 모델링 전에 실행 시간을 결정하는 견인차 역할을 하는 것은 화합물 수, 업무 수, 실행 프로토콜이다. [그림 17.2]에서는 초기 탐색 용도로 모자이크 그래프를 사용해 프로토콜과 실행 시간 클래스 간의 관계를 나타냈다. 상자의 폭은 프로토콜에서 실행되는 작업의 수(예: 프로토콜 J가 가장 많이 실행되고, K가 가장 적게 실행된다)를 가리킨다. 느린 작업을 예측하는 경우, 소수의 프로토콜만이 긴 실행 시간을 갖는다는 걸 볼 수 있을 것이다. 프로토콜 D 등과 같은 다른 프로토콜들은 거의 다 매우 빠르게 실행된다. 이 관계에서 프로토콜 정보가 모델에 매우 중요할 수 있다고 예상할 수 있다.

[그림 17.3]은 표 그래프를 사용해 데이터를 다르게 시각화한 것이다. 여기서 데이터를 클래스별로 정렬한 후, 100개의 구간으로 나눴다. 각 구간에서 수치형 변수의 평균값을 구한다. 범주형 변수의 빈도 분포도 이와 비슷한 방식으로 구한다. 각 변수에 대한 결과를 열로 두어 모델러가 각각의 변수가 결과와 어떤 연관이 있는지를 보다 쉽게 이해할 수 있도록 한다. 이 그래프에서는 아래와 같은 내용을 확인할 수 있다.

- 많은 화합물과 관련된 작업은 수행 시간이 길거나 보통 정도인 경향이 있다.
- 일반적인 크기의 대부분 작업은 지연 작업의 수가 매우 많은 경우에 완료된다. 하지만 이런 추세는 매우 긴 작업에서 반복적으로 나타나지 않는다. 따라서 이

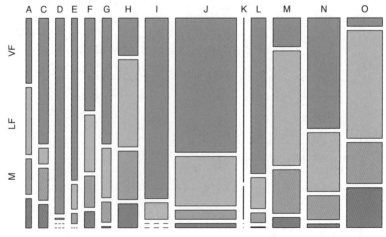

〔그림 17.2〕 각 프로토콜의 클래스 빈도에 대한 모자이크 그래프. 박스의 폭은 이 데이터 세트를 사용하는 작업의 숫자라고 볼 수 있다.

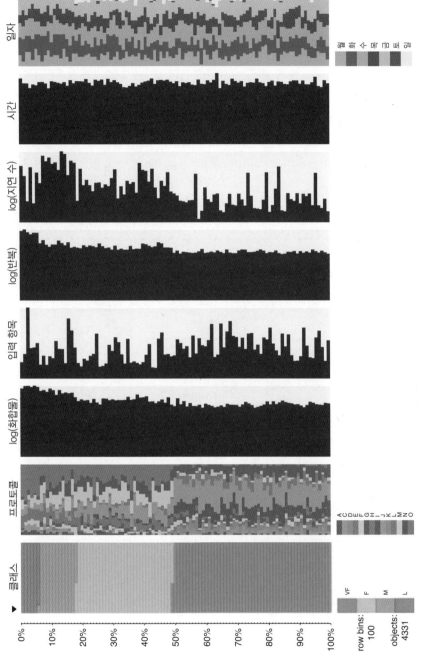

(그림 17.3) 데이터의 그래프 표

관측값이 특정 데이터 세트에서만 가능한 것이 아니라는 사실을 검증하는 것은 매우 중요하다.

- 반복 수가 큰 경우, 작업 시간이 길어진다.

이런 시각화에서 한 가지 부족한 점은, 예측 변수 간의 관계를 모호하게 보여준다는 것이다. 연관 그래프와 산점도 행렬을 사용하면, 이러한 유형의 관계를 효과적으로 찾아낼 수 있다.

이와 더불어 [그림 17.4]는 화합물 수 대비 프로토콜상의 입력 항목 수에 대한 산점도를 나타낸 것이다. 이 그래프에서 작업은 클래스별로 색이 칠해져 있다. 예를 들어, A,

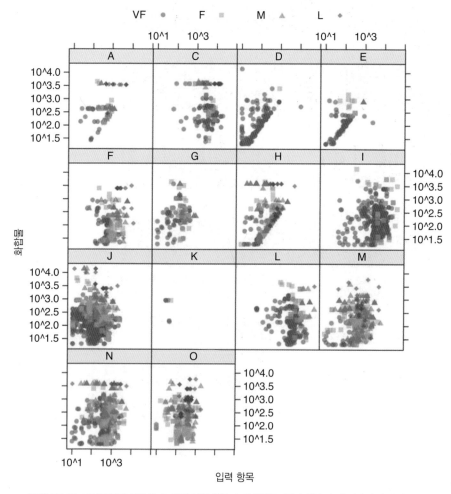

〔그림 17.4〕 프로토콜별 화합물 수 대비 입력 항목 수의 산점도. 점의 색은 수행 시간에 따라 다르다.

518

C, D, H, I, K 프로토콜의 클래스를 보면, 화합물의 수와 항목을 통해 클래스가 구분되는 것을 볼 수 있다. 하지만 이런 관계는 클래스 한정적이다. I와 K 프로토콜의 패턴은 다르게 생겼다. 이 분석의 다른 흥미로운 면으로는 화합물의 수와 입력 항목 간의 연관 패턴이 프로토콜 한정적이라는 것이다. 예를 들어, 어떤 프로토콜(J, O 등)의 두 변수 간에는 연관성이 거의 없지만, 다른 프로토콜(D, E, H 등)에서는 강한 연관 관계를 갖는다. 이런 패턴은 중요하기도 하고, 모델러가 실제 데이터를 살펴볼 때 찾고자 하는 부분이기도 하다.

17.1 데이터 분할과 모델 전략

여기서 사용할 수 있는 샘플은 4,331개다. 80%는 알고리즘 훈련에 사용될 것이고, 나머지는 최종 모델 후보를 평가하는 데 사용될 것이다. 데이터는 결과의 클래스 분포를 보존하기 위해 층화 임의 샘플링 방식으로 나뉘었다. 10-겹 교차 검증을 5회 반복해서 모델을 튜닝했다.

  카파 통계량이나 전체 정확도를 최대화하는 모델이 아니라 오래 걸리거나 보통으로 분류된 작업을 빠르거나 아주 빠르다고 오판하는 오류에 대해 더 높은 가중값을 부과하기 위해 따로 만든 비용 함수를 사용했다. [표 17.2]는 각 유형의 오차별 비용이 전체 성능 측정에 어떤 영향을 미치는지를 나타낸 것이다. 비용의 차별화가 많이 돼 오래 걸리는 작업은 작고 빨리 끝나는 작업 용으로 만들어진 큐(나 하드웨어)에 들어가지 않는다. 보통 길이의 작업도 더 효율적이라고 분류된 경우 벌점을 받는다.

  모델 훈련을 위한 최적의 방법은 이 비용 함수를 사용해 모델 변수를 추정하는 것이다(16.8장 참고). 몇 가지 트리 기반 모델은 이 방식을 지원하지만, 여기서 사용한 대부분

〔표 17.2〕 모델 최적화를 위한 비용 구조

	관측 클래스			
	VF	F	M	L
VF	0	1	5	10
F	1	0	5	5
M	1	1	0	1
L	1	1	1	0

빠르다고 오분류된 긴 작업은 이 기준에서 더 큰 벌점을 받는다.

의 모델은 그렇지 않다.

여러 모델을 훈련 데이터 세트에 적용해봤다. 최소 평균 비용값을 보이는 튜닝 인수 조합을 최종 모델로 선택해 이를 전체 훈련 데이터 세트에 적용한다. 이후 아래와 같은 모델을 탐색한다.

- 선형 판별 분석: 이 모델은 수식 집합을 사용해 만들며, 모델 훈련 간에 특징 선택에 있어서 벌점을 부과하는 방식을 사용한다. 2부터 112까지 범위의 변수 집합에 여러 능형 회귀 벌점값을 부여해 탐색한다(0, 0.01, 0.1, 1, 10).
- 부분 최소 제곱 판별 분석: 1부터 91개까지의 성분을 사용해 PLS 모델을 적용해본다.
- 신경망: 1부터 19까지 범위의 은닉 유닛과 다섯 가지 가중값(0, 0.001, 0.01, 0.1, 0.5)을 사용해 모델을 적용한다.
- 유연 판별 분석: 1차 MARS 경첩 함수를 사용하고 남은 항목의 수를 2부터 23까지 넣는다.
- 서포트 벡터 머신(SVMs): 방사형 기본 함수를 사용해 두 가지 서로 다른 모델을 적용한다. 클래스별로 동일한 가중값을 사용하는 모델과 일반 작업은 5배, 오래 걸리는 작업은 10배의 가중값을 부여하는 모델을 만든다. 각각의 경우, RBF 커널 함수를 추정하는 분석 연산에 로그 단위로 2^{-2}부터 2^{12}까지의 비용값을 적용한다.
- 단일 CART 트리: 비슷한 방식으로 CART 모델을 적용한다. 하나는 클래스에 동일한 비용을 부과한 모델이고, 하나는 [표 17.2]와 같이 설정한 비용을 적용한 것이다. 각 경우에 있어서 복잡도 변수 20가지를 사용해 모델을 튜닝했다.
- 배깅 CART 트리: 50개의 배깅 CART 트리에 비용을 적용하거나 적용하지 않은 식으로 모델을 만들었다.
- 랜덤 포레스트: 포레스트에 2,000개의 트리를 넣고, 튜닝 인수 여섯 가지를 사용해 튜닝했다.
- C5.0: 트리와 규칙 기반 모델과 같이 다루며, 단일 모델과 100회의 부스팅을 거친 모델이 있다. 이 모델의 다른 버전에는 [표 17.2]의 비용 구조를 적용했다.

이 문제에서는 예측을 빠르게 할 수 있는 모델을 더 선호하는 경향이 있다. 모델의 예측 방정식을 소프트웨어에서 (단순 트리나 신경망같이) 쉽게 변경할 수 있거나 단순한 명령어 기반 인터페이스에서 실행할 수 있다면(C5.0 등), 모델의 선호도는 보다 높아질 것이다.

17.2 결과

모델 결과는 [그림 17.5]와 같이 나타난다. 평균 비용값의 리샘플링 추정값에 대한 박스 플롯이 나와 있다. LDA나 PLS 같은 선형 모델의 성능은 여기서는 별로 좋지 않다. 특징 선택은 선형 판별 모델에 큰 영향을 미치지 못하지만, 이는 비선형 클래스 경계를 모델에서 제대로 다루지 못하기 때문일 수도 있다. FDA도 비용 면에서는 성능이 낮은 것으로 나타난다.

대략 비슷한 평균적인 비용을 보이는 모델군에는 대부분의 SVM과 다양한 트리 앙상블 모델이 있다. 비용/가중값을 사용해 유의한 긍정적인 효과를 보이는 모델에는 단일 CART 트리와 SVM이 있다. [그림 17.6]은 이 두 모델에 대한 비용, 전체 정확도, 카파 통계량의 리샘플링 프로파일을 나타낸 것이다.

CART 모델은 비용을 사용했을 때 정확도와 카파 통계량 측면에서는 부정적인 효과를 보였지만, 비용 추정값은 증가했다. 지표뿐만 아니라 튜닝 과정에서도 최종 훈련 모델로 동일한 CART 모델이 선택됐다.

서포트 벡터 머신(SVM) 결과는 다소 다르다. 클래스 가중값을 사용하면 정확도와 카파 통계량에 다소 부정적인 영향을 미치지만, 추정 비용은 꽤 향상됨을 알 수 있다. 또한 가중값을 사용하지 않은 모델은 가중값을 사용한 모델에 비해 훨씬 높은 SVM 비용 변숫값이 책정된다(복잡도도 높아진다).

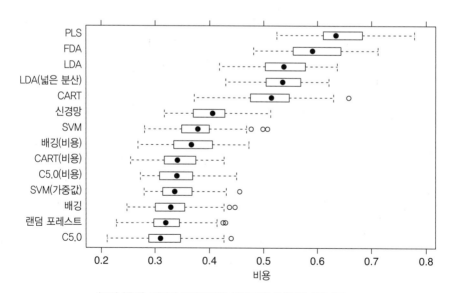

〔그림 17.5〕 다양한 모델에 대한 평균 비용 리샘플링 프로파일

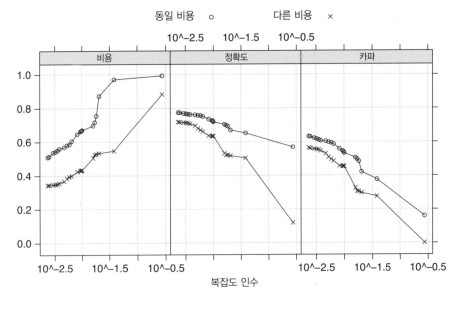

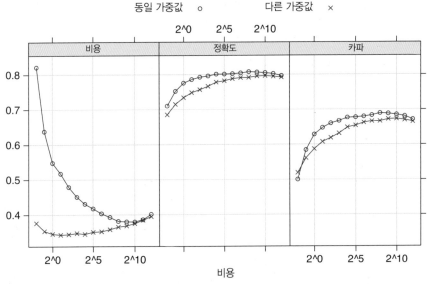

〔**그림 17.6**〕 CART 훈련 과정에 비용 구조를 적용했을 때(상단)와 서포트 벡터 머신에 가중값을 부여했을 때(하단)의 효과

특이하게도, 비용을 사용하지 않은 C5.0 모델의 경우, 성능이 괜찮지만 트리 구축 과정에서 비용 구조를 더하면 모델의 추정 비용이 증가한다. 또한 비용을 부과하는 배깅 CART 트리는 모델에 약간의 부정적 효과가 생긴다.

〔표 17.3〕 랜덤 포레스트와 비용 민감 CART 모델에 대한 리샘플 혼동 행렬

	비용 민감 CART				랜덤 포레스트			
	VF	F	M	L	VF	F	M	L
VF	157.0	24.6	2.0	0.2	164.7	18.0	1.3	0.2
F	10.3	43.2	3.1	0.2	11.9	83.7	11.5	1.8
M	9.6	38.3	34.5	5.8	0.2	5.5	27.4	1.8
L	0.0	1.7	1.6	14.6	0.0	0.6	0.9	17.0

각 값은 50개의 데이터 세트에 걸친 셀에서 발생하는 작업의 평균 수다. 각 열은 실제 작업 클래스다.

이 데이터상에서는 트리 모델의 성능이 좋고, 서포트 벡터 머신이나 신경망도 마찬가지다. 이런 상위 모델 간에 어떤 차이점이 있는가? 이 결과를 파악해보는 한 가지 방법으로는 리샘플 간에 생성된 혼동 행렬을 살펴보는 것이다. 리샘플링을 상기해보면, 50개의 데이터 세트에서 평균적으로 347개의 작업이 들어 있다. 이 데이터 세트 각각에 대해 혼동 행렬을 구하고, 이들의 셀의 빈도를 평균 내 평균 혼동 행렬로 구할 수 있다.

[표 17.3]을 보면 랜덤 포레스트 모델과 비용 민감 CART 모델에 대한 2개의 표가 있다. 랜덤 포레스트의 경우, 실제로는 오래 걸리는데, 매우 빠르다고 오분류된 작업의 평균 수는 0.2이고, 분류 트리의 평균 수는 0.24였다. CART 트리는 랜덤 포레스트 모델에 비해 빠른 작업에 대한 정확도가 매우 낮음을 알 수 있다. 하지만 다소 긴 작업에 대해서는 이와 반대 현상이 나타난다. 단일 트리가 이런 작업의 65.52%의 오분류율을 보이는 데 비해, 랜덤 포레스트 모델은 72.56%의 오분류율을 보인다. 오래 걸리는 작업의 경우, 단일 트리가 앙상블 방법에 비해 오차율이 높다. 이 모델에 테스트 세트를 적용해서 비교해보면 어떨까? 랜덤 포레스트 모델의 테스트 데이터 세트 비용은 0.316이었고, 단일 분류 트리의 평균 비용은 0.37이었다. [표 17.4]는 두 모델에 대한 혼동

〔표 17.4〕 랜덤 포레스트와 비용 민감 CART 모델에 대한 테스트 세트 혼동 행렬

	비용 민감 CART				랜덤 포레스트			
	VF	F	M	L	VF	F	M	L
VF	383	61	5	1	414	45	3	0
F	32	106	7	2	28	206	27	5
M	26	99	87	15	0	18	71	6
L	1	3	3	33	0	0	1	40

열은 실제 작업 클래스다.

행렬이다. 테스트 데이터 세트상에서의 추이는 리샘플링 추정값과 거의 동일하다. 단일 트리의 경우 빠르거나 오래 걸리는 작업에 대해 성능이 더 좋지 않고, 랜덤 포레스트는 조금 오래 걸리는 작업을 예측하는 부분에 문제가 있다. 요약하면, 두 모델 간의 전반적인 차이는 크지 않다.

17.3 컴퓨팅

데이터는 AppliedPredictiveModeling 패키지에 들어 있다. 데이터 로딩 후, 훈련 데이터 세트와 테스트 데이터 세트를 만든다.

```
> library(AppliedPredictiveModeling)
> data(HPC)
> set.seed(1104)
> inTrain <- createDataPartition(schedulingData$Class,
+                                p = .8,
+                                list = FALSE)
> schedulingData$NumPending <- schedulingData$NumPending + 1
> trainData <- schedulingData[ inTrain,]
> testData  <- schedulingData[-inTrain,]
```

[표 17.2]에 정의한 비용을 사용해 모델을 평가하므로 관측 클래스와 예측 클래스 집합에 대해 이 값을 추정하는 함수를 만들었다.

```
> cost <- function(pred, obs)
+   {
+     isNA <- is.na(pred)
+     if(!all(isNA))
+       {
+         pred <- pred[!isNA]
+         obs <- obs[!isNA]
+         cost <- ifelse(pred == obs, 0, 1)
+         if(any(pred == "VF" & obs == "L"))
+            cost[pred == "L" & obs == "VF"] <- 10
+         if(any(pred == "F" & obs == "L"))
+            cost[pred == "F" & obs == "L"] <- 5
+         if(any(pred == "F" & obs == "M"))
```

```
+                cost[pred == "F" & obs == "M"] <- 5
+            if(any(pred == "VF" & obs == "M"))
+                cost[pred == "VF" & obs == "M"] <- 5
+            out <- mean(cost)
+        } else out <- NA
+        out
+    }
> costSummary <- function(data, lev = NULL, model = NULL)
+ {
+ if(is.character(data$obs)) data$obs <- factor(data$obs,
levels = lev)
+ c(postResample(data[,"pred"], data[,"obs"]),
+ Cost = cost(data[,"pred"], data[,"obs"]))
+ }
```

뒤의 함수는 향후 계산을 조절하는 데 사용된다.

```
> ctrl <- trainControl(method = "repeatedcv", repeats = 5,
+                      summaryFunction = costSummary)
```

비용 민감 트리 모델에 사용할 비용 행렬도 만들어준다.

```
> costMatrix <- ifelse(diag(4) == 1, 0, 1)
> costMatrix[1,4] <- 10
> costMatrix[1,3] <- 5
> costMatrix[2,4] <- 5
> costMatrix[2,3] <- 5
> rownames(costMatrix) <- levels(trainData$Class)
> colnames(costMatrix) <- levels(trainData$Class)
> costMatrix
```

트리 기반 방법은 독립적인 범주를 사용하지 않지만, 다른 모델에서는 범주형 변수 (프로토콜 등)를 가변수로 변환해주는 것이 필요하다([표 17.1]상에 나타난 왜도를 보이는). 여러 예측 변수를 로그 변환하는 모델식을 만들었다.

```
> modForm <- as.formula(Class ~ Protocol + log10(Compounds) +
+                       log10(InputFields)+ log10(Iterations) +
+                       log10(NumPending) + Hour + Day)
```

데이터에 적용된 모델의 상세 내용은 AppliedPredictiveModeling 패키지의 Chapter 디렉터리에 들어 있고, 이에 대해서는 앞에서 다뤘던 것과 유사한 방식을 사용하면 된다. 하지만 비용 민감 함수와 가중값 모델 함수는 아래와 같이 호출한다.

```
> ## 비용 민감 CART
> set.seed(857)
> rpFitCost <- train(x = trainData[, predictors],
+                    y= trainData$Class,
+                    method = "rpart",
+                    metric = "Cost",
+                    maximize = FALSE,
+                    tuneLength = 20,
+                    ## rpart는 비용 행렬 구조를 만든다.
+                    ## 실제 클래스는 행에 있으므로
+                    ## 비용 행렬의 전치 행렬을 구한다.
+                    parms =list(loss = t(costMatrix)),
+                    trControl = ctrl)

> ## 비용 민감 C5.0
> set.seed(857)
> c50Cost <- train(x = trainData[, predictors],
+                  y = trainData$Class,
+                  method = "C5.0",
+                  metric = "Cost",
+                  maximize = FALSE,
+                  costs = costMatrix,
+                  tuneGrid = expand.grid(.trials = c(1(1:10)*10),
+                                         .model = "tree",
+                                         .winnow = c(TRUE, FALSE)),
+                  trControl = ctrl)

> ## 비용 민감 배깅 트리
> rpCost <- function(x, y)
+   {
+     costMatrix <- ifelse(diag(4) == 1, 0, 1)
+     costMatrix[4, 1] <- 10
+     costMatrix[3, 1] <- 5
+     costMatrix[4, 2] <- 5
+     costMatrix[3, 2] <- 5
+     library(rpart)
```

```
+ tmp <- x
+ tmp$y <- y
+ rpart(y~.,
+          data = tmp,
+          control = rpart.control(cp = 0),
+          parms = list(loss = costMatrix))
+  }
> rpPredict <- function(object, x) predict(object, x)
> rpAgg <- function(x, type = "class")
+ {
+   pooled <- x[[1]] * NA
+   n <- nrow(pooled)
+   classes <- colnames(pooled)
+   for(i in 1:ncol(pooled)) +{
+       tmp <- lapply(x, function(y, col) y[, col], col = i)
+       tmp <- do.call("rbind", tmp)
+       pooled[, i] <- apply(tmp, 2, median)
+     }
+   pooled <- apply(pooled, 1, function(x) x/sum(x))
+   if(n != nrow(pooled)) pooled <- t(pooled)
+   out <- factor(classes[apply(pooled, 1, which.max)],
+                  levels = classes)
+   out
+ }
> set.seed(857)
> rpCostBag <- train(trainData[, predictors],
+                    trainData$Class,
+                    "bag",
+                    B = 50,
+                    bagControl = bagControl(fit = rpCost,
+                                            predict = rpPredict,
+                                            aggregate = rpAgg,
+                                            downSample = FALSE),
+                    trControl = ctrl)
>

> ## 가중값 SVM
> set.seed(857)
> svmRFitCost <- train(modForm, data = trainData,
+                      method = "svmRadial",
+                      metric = "Cost",
```

```
+                    maximize = FALSE,
+                    preProc = c("center", "scale"),
+                    class.weights = c(VF = 1, F = 1,
+                                      M = 5, L = 10),
+                    tuneLength = 15,
+                    trControl = ctrl)
```

혼동 행렬의 리샘플링 버전은 train 함수에서 만들어진 객체에 confusionMatrix 함수를 취해 구한다.

```
> confusionMatrix(rpFitCost, norm = "none")
  Cross-Validated(10-fold, repeated 5 times) Confusion Matrix

  (entries are un-normalized counts)

            Reference
  Prediction    VF     F     M     L
          VF 157.0  24.6   2.0   0.2
          F   10.3  43.2   3.1   0.2
          M    9.6  38.3  34.5   5.8
          L    0.0   1.7   1.6  14.6
```

norm 인수는 각 리샘플된 데이터의 수를 어떻게 정규화할 것인지를 정한다. 값이 "none"인 경우, 테이블 각 셀의 평균을 낸다. norm = "overall"을 사용하면 우선 셀의 값을 테이블의 전체 데이터 수로 나눈 후, 이 비율의 평균을 구한다.

Part 4 그 외 고려할 사항

18

예측 변수 중요도 측정하기

종종, 우리는 예측 변수와 결과 간의 관계의 강도를 수치로 구하고 싶어한다. 속성의 수가 많아질수록 전체 변수에 대한 탐색적 분석은 불가능하므로 결과와 강한 연관성을 갖는 변수에 집중하는 것이 효과적인 분류 전략일 것이다. 이런 맥락에서 순위를 매기는 변수는 많은 데이터에서 일부를 걸러낼 때 매우 유용하게 사용할 수 있다.

예측 변수의 강도나 연관도를 측정하는 가장 큰 이유 중 하나는 어느 변수를 모델의 입력값으로 사용할지 걸러내기 위해서다. 이 지도 특징 선택 방식은 기존 데이터 기반의 데이터 주도 방식이다. 주제별 전문 지식을 활용해 변수를 걸러낸 과정의 결과는 효과적인 예측 모델을 만드는 데 중요한 단계가 된다. 다음 장에서 살펴볼 내용처럼 많은 특징 선택 알고리즘은 필터링에 대한 정량적 연관 점수를 기반으로 한다.

많은 예측 모델은 변수 중요도 측정 방식을 내장하고 있거나 모델 자체적으로 포함하고 있고, 이에 대해서는 이미 앞에서 다뤘다. 예를 들어, MARS 및 많은 트리 기반 모델에서는 각 변수를 모델에 추가할 때 성능 증가 정도를 파악하고 있다. 선형 회귀나 로지스틱 회귀 같은 다른 모델은 모델 계수나 특정 통계량(t-통계량 등)을 기반으로 수량화한다. 이 장에서 다룰 방법은 특정 예측 모델에 한정돼 있지 않다. 어떤 효과적인 모델이 만들어지면, 이 모델에서 도출된 점수는 해당 모델에 직접 연관된 수치이므로 이 장에서 이야기할 방법보다 훨씬 신뢰할 만할 것이다.

이 장에서 변수 중요도는 예측 변수와 결과 간의 관계를 전반적으로 수치화하는 형태를 취한다. 여기서 논의할 대부분의 방법론은 모델러에게 "예측 변숫값이 증가하면 결과는 감소한다" 같은 관계의 성격을 알려줄 수 없다. 이런 상세한 특징은 선형 또는 로지스틱 회귀, 다변량 가법 회귀 스플라인 또는 그 외 일부 명확한 매개변수 형태를 정의하는 모델에서만 나올 수 있는 결과다. 예를 들어, 8.5장에서는 랜덤 포레스트의 변수 중요도에 대해 다뤘다.

본질적으로 이 예측 변수의 연관성 수치는 각 예측 변수별로 값을 구한 후, 이 예측 변수의 효과가 없는 경우의 성능의 손실값을 찾는 식이다. 이런 경우, 성능이 많이 저하된다면 이는 중요한 예측 변수임을 나타낸다. 이 방법이 효과적이라 해도 모델러가 이를 보고 관계를 정확하게 파악하기는 어렵다. 그럼에도 이 측정 방식은 사용자가 시각화 및 다른 값들을 통해 주요 예측 변수에 보다 명확하게 집중할 수 있도록 해준다.

많은 변수 중요도는 데이터 종류별로 특징지어져 있다. 예를 들어, 수치형 결과에 사용하는 방법은 범주형 결과에 사용하기에는 부적절하다. 이 장에서는 결과값의 이런 본질에 기반을 두고 내용이 나뉘어 있다. 18.1장에서는 수치형 결과를 다루는 법, 18.2장에서는 범주형 결과에 초점을 맞출 것이다. 마지막으로 18.3장에서는 보다 일반적인 문제에 대한 접근법에 대해 논의할 것이다. 기법들 설명 시 앞에서 사용한 여러 예제를 활용할 것이다.

18.1 수치형 결과

수치형 변수의 경우, 결과와 변수 간의 관계를 수량화하는 고전적인 방식에서는 샘플 연관성 통계량을 사용한다. 이 수치는 선형 관계를 측정한다. 만약, 관계가 선형이나 곡선 형태에 가깝다면, 스피어만 연관성 계수(5.1장)가 보다 효과적일 것이다. 이 지표에서는 관계에 대해 대략적으로 추정하는 식이므로 보다 복잡한 연관성을 나타내고자 할 때는 효과적이지 않을 수 있다.

예를 들어, 앞의 회귀 부분에서 사용한 QSAR 데이터에는 수많은 수치형 변수가 있다. [그림 18.1]에서는 두 변수와 결과에 대한 산점도가 있다. 용해도와 탄소 원자의 수 간의 관계는 대략 간단한 선형 형태로 나타난다. 단순 상관도는 −0.61이고, 순위 상관

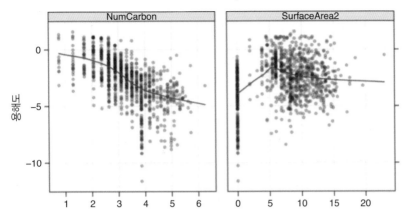

〔그림 18.1〕 용해도 데이터에 대한 두 수치형 예측 변수의 산점도(척도 변환). 붉은색 선이 보다 평활된 형태를 보인다.

도는 −0.67이다. 표면 면적 변수의 경우, 상황은 더 복잡하다. 낮은 표면 면적을 갖는 화합물 집단이 있고, 이 화합물들의 경우 용해도도 낮았다. 나머지 화합물은 어느 정도 높은 용해도를 나타내는 경향이 있다. 이는 모델러에게 중요한 정보지만, 연관성 관련 통계에서는 나타나지 않는다. 이 변수의 경우, 단순 연관성은 0.27이고, 순위 연관성은 0.14다. 이 값은 상대적으로 낮은 편으로, 순위도 낮게 매겨진다(20개 변수 중 17등).

이에 대한 대안으로 일반적인 비선형 관계를 모델링할 때 사용하는 보다 유연한 방법을 사용할 수 있다. 한 가지 방법으로는 클리블랜드와 디블린(Cleveland and Devlin, 1988)의 국소 가중값 회귀 모델(LOESS로 보통 알려져 있다)이 있다. 이 기법은 작은 이웃 범위에서 데이터를 모델링하는 연속적인 다항 회귀를 기반으로 한다(이동 평균을 구하는 것과 비슷하다). 이 방법은 매우 적응력이 높은 회귀 경향 곡선을 만드는 데 효과적일 수 있다. [그림 18.1]의 붉은색 선이 LOESS 평활법을 적용한 것이다. 적용 모델에서 잔차로부터 유사 R^2 값을 도출할 수 있다. [그림 18.1]의 용해도 데이터에서 표면적의 LOESS 유사 R^2 값은 0.22로 연관성 수치보다 순위가 더 높다(20개 중 7등).

[그림 18.2]는 모든 연속형 변수의 중요도 간의 관계다. 세 번째 지표인 최대 정보 계수maximal information coefficient, MIC는 순위 연관성과 LOESS 유사-R^2의 두 표면적 변수를 제외하고 같은 결과를 나타내는 것으로 보인다. 두 방법은 예측 변수에 대한 3개의 서로 다른 군집을 각각의 순위 기반으로 반영한다. 세 군집은 4개의 높은 순위 변수(2개는 그래프에서 상단에 눈에 띄게 나타난다), 다소 중요한 변수들, 낮은 중요도의 변수 집합이다. LOESS를 사용했을 때 두 표면적 변수 점수가 다른 방법을 사용했을 때보다 높

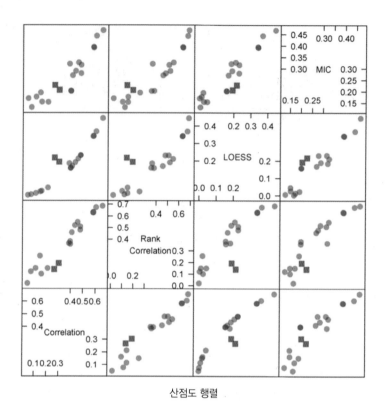

산점도 행렬

[그림 18.2] 용해도 데이터의 20개의 연속형 변수의 중요도 지표에 대한 산점도 행렬. 두 표면적 변수는 붉은 사각형으로 나타난다.

게 나타났다는 차이점만 있다. 이 예측 변수는 그림에서 붉은색 사각형으로 나타난다.

각각의 변수는 다른 변수를 고려하지 않고 각 변수에 대해서만 평가한다. 이에 대해두 가지 면에서 잘못 해석할 수 있다.

첫째, 두 변수가 각각 응답 변수와도, 서로와도 높은 연관성을 가질 경우, 일변량적으로 접근하면 두 변수 모두 중요한 것으로 나타난다. 앞에서 살펴봤던 것처럼 몇몇 모델은 이런 중복 정보 포함 시 부정적인 영향을 받을 수 있다. 높은 상관성을 갖는 변수를제거하는 것 같은 전처리를 통해 이런 문제를 피할 수 있다.

둘째, 일변량 중요도 방식은 모두 응답 변수와 높은 연관성을 갖는 변수 그룹을 정의하지 못한다. 예를 들어, 두 변수가 응답 변수와 높은 연관성을 갖지 않을 수도 있지만,이 두 변수의 상호 관계는 연관성이 있는 경우도 있다. 이런 경우, 일변량 상관성은 이변수의 관계를 잡아내지 못한다. 내재돼 있는 추이를 파악하기 위해 순위 같은 단일 방법을 사용하는 대신, 다른 합리적인 방식을 사용해 변수들의 이런 면을 보다 자세히 파악할 수 있다. 어떤 관계를 파악해야 할지 알기 위해서는 데이터에 대한 전문적인 지식이 필요하다.

예측 변수가 범주형인 경우는 다른 방식을 사용해야 한다. 용해도 데이터의 경우, 화합물의 특정 분자 구조를 나타내는 208개의 식별자 예측 변수가 있다. 각 이항 변수의 연관성을 판단하는 가장 직관적인 방식은 각 범주의 평균 결과가 다른지를 판단하는 것이다. FP175 식별자를 살펴보자. 이 구조를 포함하는 경우와 포함하지 않는 경우의 평균 용해도 값의 차는 −0.002다. −11.6부터 1.6까지의 용해도 범위상에서 이 정도의 값은 무시해도 된다. 다른 예로 FP044 식별자는 −4.1 로그의 차이를 보인다. 이 값은 크지만, 이것만으로는 도움이 되지 않을 수 있다. 이런 경우, 데이터의 분산 역시 고려해야 한다.

두 집단의 평균을 비교하기 위한 가장 자연스러운 방식은 신호-잡음 비율(그룹 평균의 차이값을 그룹의 분산을 구하는 함수로 나눈다)을 구하는 표준 t-통계량을 사용하는 것이다. 영가설은 그룹 간 차이가 없다는 것으로 설정했을 때, 이 과정을 통해 p-값을 구한다. 이 통계상의 가정은 데이터가 정규 분포를 따른다는 것이다. 가정이 참이 아닐 것 같은 경우, 다른 방법(윌콕슨 순위 합 검정^{Wilcoxon rank sum test} 등)이 더 적합할 수 있다.

208개의 식별자 변수 각각에 대해 t-검정을 적용했다. p-값에만 의지하는 대신, [그림 18.3]에서는 p-값을 변환한 형태를 y축에 두고 용해도 평균 차이를 x에 나타낸 화산형 그래프를 나타냈다. y축에서 높은 값은 강한 통계적 유의성을 나타낸다(낮은 p-값 등).

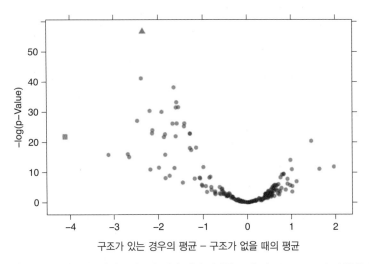

〔그림 18.3〕 식별자 변수에 t-검정을 적용한 것에 대한 화산형 그래프(volcano plot). **붉은색 사각형**은 FP044 식별자고(평균 차가 가장 큼), **파란색 삼각형**은 FP076 식별자로 가장 통계적으로 유의하다.

대부분의 평균 차이는 음수로, 이는 구조가 없는 경우 용해도가 더 높다는 것을 나타낸다. FP044의 차이가 가장 크다(이 부분은 붉은색 사각형으로 나타난다). 하지만 이 차이가 가장 통계적으로 유의한 것은 아니다. FP076 식별자가 가장 통계적으로 유의하고(파란색 삼각형) 평균 차이는 −2.3 로그다. 앞에서 말했듯이, t-통계량은 신호와 잡음의 비율이다. FP044 식별자의 신호가 가장 크고, 유의성을 감소시키는 변화량을 보인다. FP044의 경우, 평균 차이의 95% 신뢰 구간은 (3.6, 4.7)이고, FP076 식별자의 경우 (2.1, 2.6)이다. 어느 변수가 더 중요한지는 맥락과 특정 데이터 세트에 따라 달라진다. 만약, 신호가 충분히 크다면, 모델이 잡음을 극복할 수 있다. 다른 경우, 작지만 중요한 차이가 보다 나은 성능을 만들어 낼 수 있다.

예측 변수의 값이 2개 이상인 경우, 분산 분석(ANOVA) 모델을 사용해 변수의 통계적 유의성을 정의할 수 있다. 하지만 범주 평균이 다르게 나타날 경우, 자연적으로 어떤 차이가 있는지를 탐색하는 작업 단계로 넘어간다. 따라서 범주를 여러 이항 가변수로 쪼갠 후, 앞에서 설명한 각 범주의 연관성을 판단하는 과정을 적용하는 것이 유용할 것이다.

18.2 범주형 결과

범주형 결과와 수치형 예측 변수를 다룰 때는 변수 중요도를 수량화하는 여러 방법을 사용할 수 있다. 3장에서 사용한 이미지 분할 데이터를 사용해 이 기법들에 대해 설명한다. [그림 18.4]를 보면 각 클래스에 대해 2개의 예측 변수(채널 1의 섬유 폭, 채널 4의 점 섬유 수)에 대한 히스토그램이 나와 있다. 섬유 폭의 경우, 클래스 간의 평균에 차이가 있고, 점 섬유 수의 분포는 클래스 간 거의 유사하다.

이종 문제일 경우, 한 가지 방법은 예측 변수 연관도를 수량화하기 위해 ROC 곡선 하단 면적을 사용하는 것이다. 11.3장과 16.4장에서는 입력값으로 예측 클래스 확률을 넣어 ROC 곡선을 만들었다. 여기서는 ROC 곡선에 예측 변수 데이터를 입력값으로 넣는다. 만약, 예측 변수상에서 클래스가 완벽하게 분리돼 있다면, 이 값은 민감도와 특이도를 1로 만드는 변수에 대한 제한값이 될 것이고, 곡선 하단 면적은 1이 될 것이다. 앞에서 완전히 연관 없는 변수는 곡선 하단 면적이 0.5였다. [그림 18.5]는 섬유 폭과 점 섬유 수 변수에 대한 곡선 하단의 면적을 나타낸 것이다.

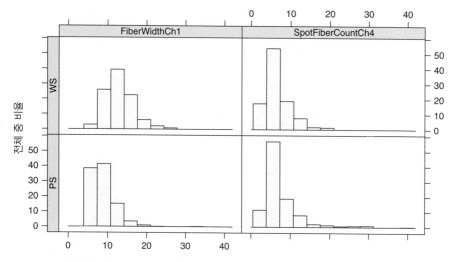

〔그림 18.4〕 클래스별로 나뉜 세포 분할 데이터의 두 예측 변수에 대한 히스토그램

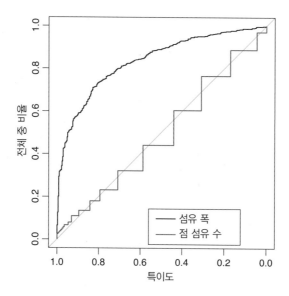

〔그림 18.5〕 세포 분할 데이터의 두 예측 변수의 ROC 곡선

섬유 폭 데이터의 ROC 곡선 하단 면적은 0.836이고, 점 섬유 수의 경우 0.538이다. 이는 [그림 18.4]에서 살펴봤던 섬유 폭이 점 섬유보다 클래스를 잘 구분하는 추이를 다시 보여준다.

클래스가 여러 개일 때는 한리와 맥닐(1982), 드롱 등(1988), 벤커트러먼(Venkatraman, 2000), 페프 등(2009)이 연구한 ROC 곡선의 확장 내용을 적용해볼 수 있다. 또는 "1대다" ROC 곡선의 집합을 사용해 하나를 제외한 나머지 클래스를 하나로 묶는 방식을 사용할 수 있다. 이 경우, 각 클래스에 대해 따로 AUC를 구한 후, 클래스 간 최대 AUC나 평균을 사용해 전체 연관도를 수치화한다.

다른, 보다 단순한 방식은 변수상 각 클래스의 평균값이 다른지를 검정하는 것이다. 이는 앞 장에서 다룬 기법과 유사하지만, 여기서 변수는 결과로 취급할 것이다. 여기서는 각 차이의 단위가 달라지므로 화산형 그래프를 사용할 수 없다. 하지만 t-통계량을 사용해 서로 다른 척도의 변수를 비교할 수 있다. 섬유 폭의 경우, t-통계량은 -19로 잡음 위에 명확한 신호가 있음을 보여준다. 점 섬유 수의 경우, 신호는 훨씬 약하며 이때의 통계량은 3이다.

분할 데이터의 경우, 이 각 방법을 랜덤 포레스트 변수의 중요도와 18.3장에서 논의한 두 가지 방법(MIC과 릴리프 알고리즘)과 함께 사용해 58개의 연속형 변수를 평가했다. 방식들은 대략 유사했다([그림 18.6]). ROC 곡선 하단 면적은 랜덤 포레스트 수치와 곡선형의 단단한 관계가 있고, t-통계량과는 강한 선형 관계가 있음을 보여준다.

t-통계량과 랜덤 포레스트는 동일한 예측 변수가 덜 중요하다고 순위를 매겼지만, 가장 중요하다고 평가된 것에 대한 점수는 다소 다르다. 평균 강도(채널 2), 섬유 폭(채널 1), 총강도(채널 2)의 세 예측 변수는 전 기법에 걸쳐 매우 높은 순위가 매겨졌다.

예측 변수가 범주형인 경우에는 이에 사용할 수 있는 몇 가지 수치가 있다. 이항 변수와 이종 클래스의 경우, 연관도를 측정하는 효과적 방법으로 오즈비가 있다. 확률의 오즈가 $p(1 - p)$임을 상기하자. 변수의 각 값에 대해 사건 확률을 구할 수 있다. 이를 p_1과 p_2로 나타내는 경우, 오즈비(Bland and Altman, 2000; Agresti, 2002)는

$$OR = \frac{p_1(1 - p_2)}{p_2(1 - p_1)}$$

과 같이 나타날 수 있고, 우선순위 변수에서 차순위 변수로 갈수록 사건의 오즈비가 증가하다는 것을 알 수 있다.

이 방법을 설명하기 위해 앞 장에서 다뤘던 보조금 지원 데이터를 사용한다. 이 데이터에는 226개의 이항 변수가 있고, 이 변수들은 예측 변수와 결과값 간에 2×2 표의 각 셀에 최소 25개의 항목을 갖고 있을 것이다. [표 18.1]은 보조금 데이터의 3개 예측 변수에 대한 교차표를 나타낸다. 계약값 그룹의 경우, 지원 성공 확률은 그룹을 알 때와

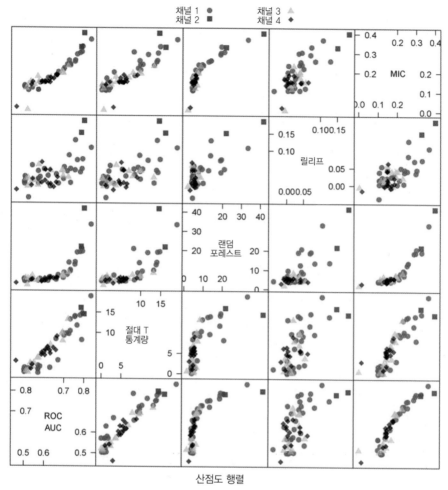

채널 1 ●   채널 3 ▲
채널 2 ■   채널 4 ◆

산점도 행렬

〔그림 18.6〕 이미지 분할 데이터 세트의 변수에 대한 순위를 매기는 여러 다른 지표에 대한 산점도

(p_1 = 0.661) 그룹 미상일 때(p_2 = 0.237)로 나눠볼 수 있다. 이에 대응하는 오즈비는 6.3으로, 이는 그룹을 알 경우 성공할 오즈가 6배 이상 증가한다는 것을 의미한다. 평균 차이에 대해 논의했을 때와 마찬가지로 오즈비 역시 신호만을 잡아낼 뿐, 잡음을 반영하지는 못한다. 오즈비의 신뢰 구간을 구하기 위해 수식을 사용할 수도 있지만, 보다 일반적인 방법은 통계적 가설 검정을 통해 오즈비가 1임(변수 레벨 간의 오즈가 동일함)을 판별하는 것이다. 어느 예측 변수에 대해 2개의 범주와 2개의 값을 갖는다면, 피셔의 정확 검정(Agresti, 2002)을 사용해 이 가설을 확인한 후, 결과로 나온 p-값으로 요약할 수

[표 18.1] 보조금 데이터의 세 가지 이항 범주 변수의 통계량

| | 지원 성공 | | | | | |
	Yes	No	%	OR	p-값	획득 비
후원 재단						
62B	7	44	14			
기타	3226	3356	49	6.0	$2.6e^{-07}$	0.04726
CVB						
그룹 미상	644	2075	24			
그룹 명시	2589	1325	66	6.3	$1.7e^{-263}$	0.13408
RFCD 코드						
240302	13	15	46			
기타	3220	3385	49	1.1	$8.5e^{-01}$	0.00017

있을 것이다. 이 변수의 경우 p-값은 정확히 0이 나온다. 즉, 계약 그룹값 레벨은 지원 성공과 연관이 있다는 뜻이다. [표 18.1]에서는 비슷한 오즈비(OR = 6)를 보이는 변수 후원 재단 62B에 대해서도 볼 수 있다. 하지만 이 후원 재단에서의 지원 성공 수는 매우 낮다. 이런 경우, p-값은 동일하게 작겠지만 통계적 유의성을 고려했을 때는 순위가 훨씬 낮아진다.

[그림 18.7]의 왼쪽은 22개의 지원 관련 이산형 예측 변수에 대한 오즈비에 대한 화

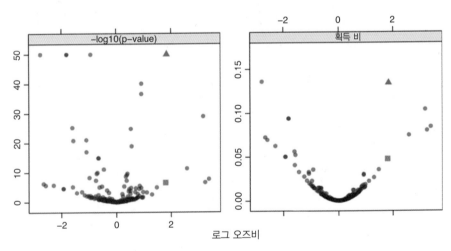

로그 오즈비

[그림 18.7] 두 통계량 사이의 로그 오즈비 그래프. **왼쪽**: 피셔의 정확 검정의 p-값에 대한 함수. 이 데이터에서 가장 큰 값은 263이고, 이 그래프에서는 시각화를 위해 50까지만 나타냈다. **오른쪽**: 각 변수의 획득 비율. 붉은색 사각형은 후원 재단 62B에 대한 변수고, 파란색 삼각형은 계약 그룹 미상에 대한 변수다.

산형 그래프와 이에 대응하는 p-값을 나타낸 것이다.

클래스가 2개 이상이거나 변수의 레벨이 2단계가 넘는 경우에는 다른 방법을 사용해야 한다. 피셔의 정확 검정은 여기서도 예측 변수와 클래스 간의 연관성을 측정하기 위해 사용할 수 있다. 대신 C4.5를 사용해 구한 획득 비를 사용해 두 변수 간의 관계를 수량화할 수 있다. 이때 이 수치는 클수록 좋다. 이 획득 비는 레벨 수가 매우 적은 속성에서의 편향성을 제거하기 위해 예측 변수의 레벨 수를 조정한다는 것을 기억해두자. 이런 식으로 특성에 상관없이 모든 범주형 변수에 정보 획득량을 적용할 수 있다. [표 18.1]은 세 지원서 변수에 대한 정보 획득량을 나타낸 것이고, [그림 18.7]은 획득 통계량을 오즈비에 대비시켜 나타낸 것이다. 여기서 보면, 오즈비가 유사함에도 피셔의 정확 검정에서의 p-값과 마찬가지로 x 획득 통계량은 후원 재단 62B보다 계약값 그룹에서 더 높았다.

18.3 다른 방법

릴리프 알고리즘(The Relief algorithm, Kira and Rendell, 1992)은 변수 중요도를 수치화하는 일반화된 방법이다. 이 알고리즘은 원래는 이종 분류 문제용으로 개발됐으나 이제는 여러 다양한 범위의 문제 해결에 사용되고 있다. 이 알고리즘은 가변수뿐만 아니라 연속형 변수를 다룰 수도 있으며, 변수와 결과값 간의 비선형 관계를 파악할 수도 있다.

---

1. 예측 점수 S_j를 0으로 초기화한다.
2. **for** $i = 1 \ldots m$개의 임의로 선택된 훈련 세트 샘플(R_i)에 대해
3.   최근접 실패와 성공 데이터를 찾는다.
4. $j = 1 \ldots p$번째 예측 변수에서 다음을 실행한다.
5. R_j에서 최근접 실패와 성공 데이터까지 얼마나 가까운지를 기반으로 각각의 점수를 추정한다.
6. $S_j = S_j - d_i f f_j(R_j, Hit)^2/m + d_i f f_j(R_j, Miss)^2/m$
7.   **end**
8. **end**

알고리즘 18.1 이종 문제에서의 분류 모델에 대해 예측 변수의 순위를 매기는 기본 릴리프 알고리즘

여기서는 임의로 선택된 점과 최근접 이웃을 사용해 각 변수를 따로 평가한다.

특정 변수에 대해 점수를 통해 데이터의 구분된 부분의 클래스 간에 분리된 성격을 특징짓는다. 알고리즘 18.1은 이 과정을 나타낸다.

이 알고리즘에서는 임의로 선택한 훈련 세트 샘플의 두 클래스("성공"과 "실패"라고 한다)에 대해 최근접 샘플을 찾는다. 각 변수에 대해 예측 변숫값의 차이 측정은 임의의 데이터 값과 성공, 실패의 차이값을 구한다. 연속형 변수의 경우, 키라와 렌들(Kira and Rendell, 1992)은 두 점 간의 거리를 예측 변수의 전체 범위로 나눈 값을 사용했다.

$$\text{diff}(x, y) = (x - y)/C$$

여기서 C는 거리를 0에서 1 사이로 척도화하기 위한 상수다. 이항(예: 0/1) 데이터의 경우, 동일하다는 것을 나타내는 간단한 지표는 아래와 같다.

$$\text{diff}(x, y) = |x - y|$$

이 값 역시 0과 1 사이로 나타난다.

총점(S_j)은 이 차이로 만들어진 값의 누적으로 성공값이 임의로 선택된 값과 멀어질수록 줄어들고, 실패값이 멀리 떨어져 있을수록 증가한다. 이런 개념은 변수에서 클래스 간 분리가 잘 돼 있을수록 성공값과는 가깝고, 실패값과는 멀리 떨어져 있다는 것을 나타낸다. 이에 따랐을 때, 점수가 클수록 변수 중요도가 높다는 것을 뜻한다.

예를 들어, [그림 18.8]에는 여러 변수가 나와 있다. 상단 그래프에는 클래스 간에 완전히 분리된 변수가 나타나 있다. 샘플링 과정에서 왼쪽에서 두 번째부터 마지막 샘플을 선택한다고 가정해보자(예측 변수 $A = -1.1$). 가장 가까운 성공값은 이 데이터 값의 양쪽에 있으며, 대략 0.2 정도의 차이가 있다(상수는 생략한다). 최근접 실패값은 멀리 떨어져 있으며($A = 0.5$), 이에 대응하는 차이값은 -1.61이다. 처음 임의로 선택된 점의 경우, 점수는 아래와 같다.

$$S_A = 0 - 0.2^2 + -1.61^2 = 2.55$$

이 값을 m으로 나누고 새 값을 더한다. 이와 반대되는 예로 [그림 18.8]의 예측 변수 B는 완전히 비정보성이다. 각 성공/실패값은 임의로 선택된 샘플에 인접해 있으므로 차이값은 서로 상쇄될 것이고, 이 경우 점수는 $S_B = 0$으로 나타날 것이다.

이 과정은 코노넨코에 의해 보다 개선됐다(Kononenko, 1994). 수정된 알고리즘은 릴리프 F$^{\text{Relief F}}$로 나타내며, 1개 이상의 최근접 이웃을 사용하고, 수정된 차이값을 사용

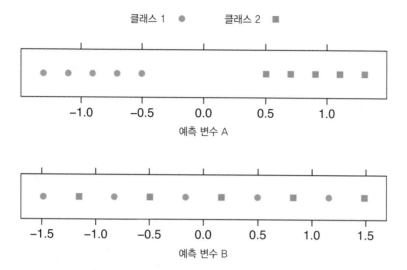

클래스 1 ● 클래스 2 ■

예측 변수 A

예측 변수 B

[그림 18.8] 릴리프 알고리즘을 설명하기 위한 3개의 데이터 세트. 상단에서 예측 변수 A는 Relief F 점수 0.19로 완전히 분리된 형태를 보인다. 가운데 그래프는 완전한 비정보성 변수로, 이에 대응하는 Relief F 점수는 0이다.

하며, 이종 이상의 클래스 및 결측값을 처리할 수 있다. 또한 롭닉-시코냐와 코노넨코 (Robnik-Sikonja and Kononenko, 1997)는 이 알고리즘을 회귀(수치 결과값 등)에 적용했다.

[그림 18.9]의 하단 그래프는 이종 문제의 가설에 대한 데이터와 2개의 연관된 변수 (C와 D로 표기)가 나타나 있다. 클래스 경계는 2개의 강한 주 효과와 일반적인 상호작용 효과가 반영된 단순 로지스틱 회귀 모델 방정식으로 만들어졌다.

$$\log\left(\frac{\pi}{1-\pi}\right) = -4C - 4D + 2CD$$

이 클래스 경계를 사용해 [그림 18.9]의 데이터로 시뮬레이션했다. 이 데이터의 경우, 로지스틱 회귀 모델의 교차 검증 정확도는 90.6%였다. 실제 모델 방정식을 보면, 두 변수 모두 중요하게 다뤄진다. 모델 방정식에 상호작용 효과가 들어가므로 혹자는 한 번에 하나의 변수만을 사용하는 다른 방식을 사용했을 때보다 릴리프 F 알고리즘에서 더 큰 신호값을 나타내는 것이라고 예상할 수도 있다. 이때 릴리프 F 알고리즘을 m = 50인 임의의 샘플과 k = 10인 최근접 이웃을 설정해서 적용했다. 두 변수는 알고리즘 실행 전 중심화, 척도화 처리를 했다. 변수 C와 D의 점수는 각각 0.17과 0.25다. 변수 C

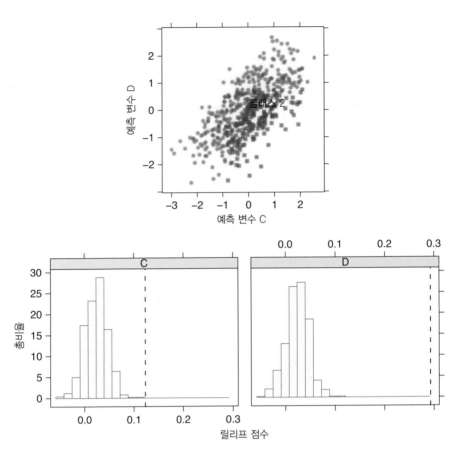

〔그림 18.9〕 **상단**: 이산형 클래스 경계를 갖는 두 예측 변수. 이 예제에서 변수 *C*와 *D*에 대한 릴리프 F 점수는 각각 0.17과 0.25다. **하단**: 변수와 클래스 간의 관계가 없는 경우의 점수의 순열 분포. 점선은 관측 릴리프 F 점수다.

와 *D*에 대한 ROC 곡선 하단 면적은 각각 0.65과 0.69로 적당한 수준이다.

이 점수에 대해서는 어떤 제약을 적용해야 할까? 키라와 렌델(Kira and Rendell, 1992)은 제약값이 "$1/\sqrt{\alpha m}$보다 작을 수 있다"고 밝힌다. 이때 α는 필요 긍정 오류율(예: 연관 없는 변수가 중요하다고 판단된 횟수의 비율)이다. 5% 긍정 오류율을 기준으로 0.63보다 큰 값을 중요한 것으로 본다. 다른 대안으로는 잘 정의된 통계 기법인 순열 검정(Good, 2000)을 사용해 점수를 매기는 것이 있다. 이때 참인 클래스를 임의로 섞은 후, 릴리프 F 점수를 여러 번 계산한다. 이 방법은 변수가 결과와 연관성이 없는 경우, 점수의 분포가 갖는 몇 가지 의미를 보여준다. 이를 통해 관측값의 점수와 이 분포를 비교해 예측 변수가 연관성이 없다는 가정이 얼마나 극단적인지 정의할 수 있다. 데이터의 500가지 임의의 순열을 사용했을 때, 예측 변수 C와 D의 점수 분포는 정규 분포 형태를 닮았다 ([그림 18.9]). 변수 C의 경우, 점수값은 -0.05에서 0.11까지 분포하고, 변수 D의 경우도 -0.05부터 0.11까지의 분포를 갖는다. 이때 [그림 18.9]의 데이터 2개의 관측값은 매우 중요한 변수임을 알 수 있다. 대칭성을 갖는 정규 분포 형태의 임의 순열을 통해 변수 C와 D의 점수는 우연히 만들어진 것과는 거리가 먼 4.5와 11.6의 표준편차를 갖는 것으로 보인다. 이런 극단적인 점수를 통해 두 변수는 클래스를 구분하는 데 중요한 요인이라는 결론을 내릴 수 있다.

[그림 18.6]은 세포 분할 데이터의 각 변수에 대한 릴리프 F 점수를 나타낸다. 이 값들은 어느 정도 다른 수치와 연관성이 있지만, 관계 면에서 더 큰 다양성을 보인다. 예를 들어, ROC 곡선 하단 면적은 다른 수치와의 관계에 대해 보다 적은 잡음을 갖는다. 이는 데이터의 다른 면을 측정하는 수치여서일 수도 있고, 릴리프 F에서 임의의 샘플을 취하기 때문일 수도 있다.

리셰프 등(Reshef et al., 2011)은 두 변수 간의 관계를 수량화하는 새로운 지표인 MIC를 제안했다. 이 방식은 변수와 결과값으로 2차원의 공간을 만들어 그리드 형태로 분할한다. 예를 들어, [그림 18.10]의 용해도 데이터에 대한 산점도를 보면, 4개의 임의로 만들어진 4×3 그리드는 탄소 원자 개수 변수로 만든 것이다. 각 그리드에서 데이터 점의 수를 구해 상호 정보 통계량을 계산한다(Brillinger, 2004). 이 값은 14장의 C4.5와 C5.0 의사 결정 트리 부분에서 설명한 정보 기준과 관련이 있다. 동일한 그리드 크기에서의 여러 다른 설정값을 구해 가장 큰 상호 정보값을 구한다. 이 과정을 여러 다른 그리드 크기(예: 2×2, 10×3)에 대해 반복한다. 모든 그룹에 대해 상호 정보값을 정규화해 요약하고 모든 그룹의 설정값에서 가장 큰 값을 예측 변수와 결과 간의 연관 강도로 사용한다.

이 방법을 통해 사인 곡선, 타원 또는 여러 비선형적 패턴 등의 다양한 관계를 포착할 수 있음을 나타냈다. 이 지표는 단순 연관성 통계량과 동일한 척도를 갖고 있어서 0일 때는 관계가 없고, 1일 때는 극단적으로 강한 연관성을 갖는 것을 뜻한다. 이런 일반적인 기법의 한 가지 문제는 특정 환경에서는 이런 지표가 잘 동작하지 않을 수 있다는 것이다. 예를 들어, 만약 변수와 결과 간의 참 관계가 선형이라면, 선형 추세에 특화된 단순 연관 통계량이 보다 나은 성능을 보일 것이다.

연속형 용해도 변수의 MIC 통계량을 [그림 18.1]에서 살펴봤다. 여기서 MIC 값은 다른 지표와 강한 연관성을 보였다. [그림 18.6]의 세포 분할 데이터의 경우, MIC 통계

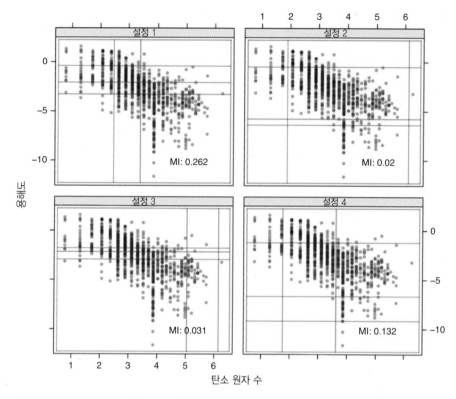

〔그림 18.10〕 최대 정보 기준(maximal information criterion, MIC) 생성 예제. 각 그래프는 상호 정보 통계량에 대응하는 각각의 용해도 변수에 대한 4 × 3 그리드의 임의의 설정값을 나타낸다.

량은 t-통계량의 절댓값, ROC 곡선 하단 면적, 랜덤 포레스트 점수와 강한 상관관계를 보였다. 릴리프 F와는 더 낮은 연관성을 보였다.

18.4 컴퓨팅

이 장에서는 아래 R 패키지를 사용한다.

AppliedPredictive-Modeling, caret, CORElearn, minerva, pROC, randomForest

3장에서 사용한 세포 분할 데이터를 사용할 것으로, 이 데이터는 caret 패키지에 있다. 6장부터 9장까지에서 사용한 용해도 데이터도 사용할 것이며, 이 데이터는

AppliedPredictiveModeling 패키지에 있다. 마지막으로 12~15장에서 살펴본 지원서 접수 데이터도 사용한다(이 데이터를 읽어와서 처리하는 것은 12.7장을 참고하라).

수치형 결과

변수와 결과 간의 상관관계를 추정하려면 cor 함수를 사용한다. 사용 예는 아래와 같다.

```
> library(AppliedPredictiveModeling)
> data(solubility)
> cor(solTrainXtrans$NumCarbon, solTrainY)

[1] -0.6067917
```

모든 수치형 변수에 대해 결과를 얻고자 하는 경우에는 apply 함수를 사용해 여러 열에 동일한 계산을 적용할 수 있다.

```
> ## 어느 열의 이름에 "FP"가 들어가는지를 찾아
> ## 이 부분을 제거해야 수치형 변수를 골라낼 수 있다.
> fpCols<- grepl("FP", names(solTrainXtrans))
> ## 이 부분을 제거해서 수치형 변수 이름을 구한다.
> numericPreds <- names(solTrainXtrans)[!fpCols]

> corrValues <- apply(solTrainXtrans[, numericPreds],
+                     MARGIN = 2,
+                     FUN = function(x, y) cor(x, y),
+                     y = solTrainY)
> head(corrValues)
    MolWeight    NumAtoms NumNonHAtoms    NumBonds NumNonHBonds
   -0.6585284  -0.4358113  -0.5836236  -0.4590395  -0.5851968
 NumMultBonds
   -0.4804159
```

순위 상관을 구하고 싶다면 corr 함수에 method = "spearman" 옵션을 적용한다.

LOESS 평활법은 stats 라이브러리의 loess 함수를 적용하면 된다. 모델 정의에는 수식 방법을 사용한다.

```
> smoother <- loess(solTrainY ~ solTrainXtrans$NumCarbon)
```

```
> smoother
  Call:
  loess(formula = solTrainY ~ solTrainXtrans$NumCarbon)

  Number of Observations: 951
  Equivalent Number of Parameters: 5.3
  Residual Standard Error: 1.548
```

lattice 함수인 xyplot을 사용해 LOESS 적합 정도를 편하게 나타낼 수 있다.

```
> xyplot(solTrainY ~ solTrainXtrans$NumCarbon,
+        type = c("p", "smooth"),
+        xlab = "# Carbons",
+        ylab = "Solubility")
```

caret 함수인 filterVarImp에 nonpara = TRUE(비인수 회귀) 옵션을 적용하면, 각 변수에 대해 LOESS 모델을 만들고 결과와의 연관성을 구할 수 있다.

```
> loessResults <- filterVarImp(x = solTrainXtrans[, numericPreds],
+                              y = solTrainY,
+                              nonpara = TRUE)
> head(loessResults)

                 Overall
  MolWeight    0.4443931
  NumAtoms     0.1899315
  NumNonHAtoms 0.3406166
  NumBonds     0.2107173
  NumNonHBonds 0.3424552
  NumMultBonds 0.2307995
```

minerva 패키지를 사용해 변수와 결과 간의 MIC 통계량을 구할 수 있다. Mine 함수를 사용하면 MIC 값 및 여러 수치를 구할 수 있다.

```
> library(minerva)
> micValues <- mine(solTrainXtrans[, numericPreds], solTrainY)
> ## 여러 통계량을 구함.
> names(micValues)
  [1] "MIC"   "MAS"   "MEV"   "MCN"   "MICR2"
```

```
> head(micValues$MIC)
                        Y
  MolWeight     0.4679277
  NumAtoms      0.2896815
  NumNonHAtoms  0.3947092
  NumBonds      0.3268683
  NumNonHBonds  0.3919627
  NumMultBonds  0.2792600
```

범주형 변수의 경우, 간단히 t.test 함수를 사용해 평균의 차이와 p-값을 구할 수 있다. 변수가 하나인 경우는 아래와 같다.

```
> t.test(solTrainY ~ solTrainXtrans$FP044)
        Welch Two Sample t-test

  data: solTrainY by solTrainXtrans$FP044
  t = 15.1984, df = 61.891, p-value < 2.2e-16
  alternative hypothesis: true difference in means is not equal to 0
  95 percent confidence interval:
   3.569300 4.650437
  sample estimates:
  mean in group 0 mean in group 1
        -2.472237       -6.582105
```

앞에서 연관 관계를 구하는 데 적용한 것처럼 apply를 사용하면 이 과정을 모든 변수에 한 번에 적용할 수 있다.

```
> getTstats <- function(x, y)
+   {
+     tTest <- t.test(y~x)
+     out <- c(tStat = tTest$statistic, p = tTest$p.value)
+     out
+   }
> tVals <- apply(solTrainXtrans[, fpCols],
+                MARGIN = 2,
+                FUN = getTstats,
+                y = solTrainY)
> ## 차원 변경
> tVals <- t(tVals)
> head(tVals)
```

```
        tStat.t           p
FP001 -4.022040 6.287404e-05
FP002 10.286727 1.351580e-23
FP003 -2.036442 4.198619e-02
FP004 -4.948958 9.551772e-07
FP005 10.282475 1.576549e-23
FP006 -7.875838 9.287835e-15
```

범주형 결과

FilterVarImp 함수에서는 결과값이 R의 팩터 변수인 경우, ROC 곡선의 하단 면적도 구해준다.

```
> library(caret)
> data(segmentationData)
> cellData <- subset(segmentationData, Case == "Train")
> cellData$Case <- cellData$Cell <- NULL
> ## 클래스가 첫 번째 열에 있다.
> head(names(cellData))

 [1] "Class"       "AngleCh1"    "AreaCh1"     "AvgIntenCh1"
 [5] "AvgIntenCh2" "AvgIntenCh3"

> rocValues <- filterVarImp(x = cellData[,-1],
+                           y = cellData$Class)
> ## 각 클래스에 대해 열을 만든다.
> head(rocValues)

                  PS        WS
AngleCh1    0.5025967 0.5025967
AreaCh1     0.5709170 0.5709170
AvgIntenCh1 0.7662375 0.7662375
AvgIntenCh2 0.7866146 0.7866146
AvgIntenCh3 0.5214098 0.5214098
AvgIntenCh4 0.6473814 0.6473814
```

이는 pROC 패키지의 roc와 auc에 대한 간단한 래퍼 함수다. 3개 이상의 클래스를 가질

550

경우, `filterVarImp` 함수에서는 각 클래스 대비 다른 클래스에 대한 ROC 곡선을 구한
후, 곡선의 하단 면적 중 가장 큰 값을 반환할 것이다.

CORElearn 패키지를 사용하면 릴리프 통계량을 구할 수 있고, `attrEval` 함수를 사용
하면 (estimator 옵션을 적용하면) 다양한 버전의 릴리프 값을 구할 수 있다.

```
> library(CORElearn)
> reliefValues <- attrEval(Class ~ ., data = cellData,
+                          ## 여러 릴리프 방법을
+                          ## 사용할 수 있다 ?attrEval를 참고하라.
+                          estimator = "Relief FequalK",
+                          ## 확인할 인자의 수
+                          ReliefIterations = 50)
> head(reliefValues)

    AngleCh1      AreaCh1 AvgIntenCh1 AvgIntenCh2 AvgIntenCh3 AvgIntenCh4
  0.01631332   0.02004060  0.09402596  0.17200400  0.09268398  0.02672168
```

이 함수에서는 획득 비, 지니 계수 및 다른 점수도 구할 수 있다. 릴리프 F 통계량
의 관측값을 순열 방식을 통해 조사하기 위해 AppliedPredictiveModeling 패키지의
`permuteRelief` 함수를 사용한다.

```
> perm <- permuteRelief(x = cellData[,-1],
+                        y = cellData$Class,
+                        nperm = 500,
+                        estimator = "Relief FequalK",
+                        ReliefIterations = 50)
```

순열 릴리프 F 점수는 permutations라는 하위 객체에 들어 있다.

```
> head(perm$permutations)
  Predictor        value
1 AngleCh1 -0.009364024
2 AngleCh1  0.011170669
3 AngleCh1 -0.020425694
4 AngleCh1 -0.037133238
5 AngleCh1  0.005334315
6 AngleCh1  0.010394028
```

릴리프 F 점수의 순열 분포를 살펴보면 도움이 될 수 있다. [그림 18.9]에서 살펴본 것 같은 히스토그램은 아래 코드로 그릴 수 있다.

```
> histogram(~ value|Predictor,
+         data = perm$permutations)
```

또한 점수의 표준 형태는 standardized라는 하위 객체에 들어 있으며, 이 값은 관측된 릴리프 F 값(순열 형태가 아님)에 대한 표준편차의 수가 순열 분포의 중심임을 나타낸다.

```
> head(perm$standardized)
    AngleCh1    AreaCh1 AvgIntenCh1 AvgIntenCh2 AvgIntenCh3 AvgIntenCh4
   -1.232653   3.257958    3.765691    8.300906    4.054288    1.603847
```

앞에서 구한 것처럼 MIC 통계량을 구하지만, 여기에는 클래스 인코딩된 이항 가변수가 있다.

```
> micValues <- mine(x = cellData[,-1],
+                   y = ifelse(cellData$Class == "PS", 1, 0))
>
> head(micValues$MIC)

                       Y
AngleCh1    0.1310570
AreaCh1     0.1080839
AvgIntenCh1 0.2920461
AvgIntenCh2 0.3294846
AvgIntenCh3 0.1354438
AvgIntenCh4 0.1665450
```

오즈비와 연관성 통계 검정값을 구할 때는 stats 라이브러리의 fisher.test 함수를 적용한다. 예를 들어, 12.7장에서 만들어진 grant 객체에 대해 이런 통계량을 구해보자.

```
> Sp62BTable <- table(training[pre2008, "Sponsor62B"],
+                     training[pre2008, "Class"])
> Sp62BTable

      successful unsuccessful
   0       3226         3356
```

```
 1          7          44
> fisher.test(Sp62BTable)
        Fisher's Exact Test for Count Data

  data:  Sp62BTable
  p-value = 2.644e-07
  alternative hypothesis: true odds ratio is not equal to 1
  95 percent confidence interval:
   2.694138 15.917729
  sample estimates:
  odds ratio
   6.040826
```

변수가 2개 이상의 클래스를 가질 경우, 단일 오즈비를 구할 수는 없지만, 연관성에 대한 p-값은 여전히 유효하다.

```
> ciTable <- table(training[pre2008, "CI.1950"],
+                  training[pre2008, "Class"])
> ciTable
      successful unsuccessful
  0        2704         2899
  1         476          455
  2          45           39
  3           7            7
  4           1            0
> fisher.test(ciTable)
        Fisher's Exact Test for Count Data

  data:  ciTable
  p-value = 0.3143
  alternative hypothesis: two.sided
```

어떤 경우, 피셔의 정확 검정이 계산적으로 무리일 수 있다. 이런 경우, 연관성 $x2$ 검정을 한다.

```
> DayTable <- table(training[pre2008, "Weekday"],
+                   training[pre2008, "Class"])
> DayTable
        successful unsuccessful
  Fri          542          880
```

```
Mon     634     455
Sat     615     861
Sun     223       0
Thurs   321     246
Tues    377     309
Wed     521     649
> chisq.test(DayTable)
        Pearson's Chi-squared test

data:  DayTable
X-squared = 400.4766, df = 6, p-value < 2.2e-16
```

모델 기반 중요도

앞에서 살펴봤던 대로 많은 모델은 모델에서 변수에 대한 합산 효과를 측정하는 방법을 내장하고 있다. caret 패키지에는 이 값을 구하거나 반환하는 클래스를 갖고 있다. 또한 이와 관련해 C5.0, JRip, PART, RRF, RandomForest, bagEarth, classbagg, cubist, dsa, earth, fda, gam, gbm, glm, glmnet, lm, multinom, mvr, nnet, pamrtrained, plsda, randomForest, regbagg, rfe, rpart, sbf, train 등 27가지 R 클래스가 있다. 세포 분할 데이터에 랜덤 포레스트 모델을 적용해 이 내용을 설명한다.

```
> library(randomForest)
> set.seed(791)
> rfImp <- randomForest(Class ~ ., data = segTrain,
+                       ntree = 2000,
+                       importance = TRUE)
```

RandomForest 패키지에는 관련 통계량을 반환하는 importance라는 함수가 있다. VarImp 함수는 모델 간의 표준화 작업을 한다.

```
> head(varImp(rfImp))
                   PS         WS
AngleCh1    -1.002852  -1.002852
AreaCh1      8.769884   8.769884
AvgIntenCh1 21.460666  21.460666
AvgIntenCh2 22.377451  22.377451
AvgIntenCh3  7.690371   7.690371
AvgIntenCh4  9.108741   9.108741
```

554

이때 일부 모델은 각 클래스별 값을 반환하지만, 이와 반대인 경우도 있음을 알아두자.

train 함수를 사용하는 경우, varImp 함수는 method 인수값에 따른 코드를 실행한다. 모델에 중요도를 측정하는 내장 함수가 없는 경우, train에서는 (앞에서 설명한 대로) 보다 일반적인 방식을 사용한다.

연습 문제

18.1 연습 문제 12.3에서 사용한 이탈 방지 데이터를 살펴보자.

(a) 변수 간의 상관관계를 구하라. 변수 간 강한 상관관계가 있는가? 이 값이 속성상에서 기대되는 것과 어떻게 다른가?

(b) 훈련 데이터 세트의 범주형 변수(지역 코드, 음성 메일 요금제 등) 각각의 중요도를 구하라.

(c) 각각의 연속형 변수의 중요도도 추정하자.

(d) 이제 릴리프 F를 사용해 변수 중요도를 공통적으로 추정해보자. 순위에 차이가 있는가? 차이가 있다면 이유가 무엇이고, 없다면 무엇일까?

18.2 연습 문제 4.4의 기름 유형 데이터에 대해 변수 중요도를 구해보자. 클래스 수가 많은 것이 중요도를 구하는 과정에 영향을 미치는가?

18.3 UCI 전복 데이터(http:/archive.ics.uci.edu/ml/datasets/Abalone)에는 4,177개의 전복에 대한 데이터가 들어 있다. 이 데이터에는 종류(수컷, 암컷, 어린 경우), 껍질의 가장 긴 부분, 지름, 키, 여러 무게(전체 무게, 껍질 제거 무게, 내장 무게, 껍질 무게)가 기록돼 있다. 결과값은 껍질의 원의 수다. 전복의 나이는 원의 수에 1.5를 더한 값이다.

이 데이터는 AppliedPredictiveModeling 패키지에 있다.

```
> library(AppliedPredictiveModeling)
> data(abalone)
> str(abalone)
 'data.frame':    4177 obs. of 9 variables:
 $ Type         : Factor w/3 levels"F","I","M": 3 3 1 3 2 2 1 1 3 1 ...
 $ LongestShell : num  0.455 0.35 0.53 0.44 0.33 0.425 0.53 0.545 ...
 $ Diameter     : num  0.365 0.265 0.42 0.365 0.255 0.3 0.415 0.425 ...
```

```
$ Height      : num  0.095 0.09 0.135 0.125 0.08 0.095 0.15 0.125 ...
$ WholeWeight : num  0.514 0.226 0.677 0.516 0.205 ...
$ ShuckedWeight: num  0.2245 0.0995 0.2565 0.2155 0.0895 ...
$ VisceraWeight: num  0.101 0.0485 0.1415 0.114 0.0395 ...
$ ShellWeight : num  0.15 0.07 0.21 0.155 0.055 0.12 0.33 0.26 ...
$ Rings       : int  15 7 9 10 7 8 20 16 9 19 ...
> head(abalone)
  Type LongestShell Diameter Height WholeWeight ShuckedWeight
1   M        0.455    0.365  0.095      0.5140        0.2245
2   M        0.350    0.265  0.090      0.2255        0.0995
3   F        0.530    0.420  0.135      0.6770        0.2565
4   M        0.440    0.365  0.125      0.5160        0.2155
5   I        0.330    0.255  0.080      0.2050        0.0895
6   I        0.425    0.300  0.095      0.3515        0.1410
  VisceraWeight ShellWeight Rings
1        0.1010       0.150    15
2        0.0485       0.070     7
3        0.1415       0.210     9
4        0.1140       0.155    10
5        0.0395       0.055     7
6        0.0775       0.120     8
```

(a) 예측 변수와 결과와의 함수적 관계를 추정하기 위해 데이터를 그래프화하자.

(b) 산점도와 연관성 그래프를 사용해 변수가 어떻게 서로 관련돼 있는지를 이해하도 록 하자.

(c) 각 변수의 변수 중요도를 구하라. 중복되지 않은 변수의 축소 데이터 세트를 구하 는 방법을 만들어보자.

(d) 연속형 변수에 주 성분 분석을 적용해 데이터에 얼마나 많은 이산적 정보들이 들어 있는지를 판단해보자. 이 데이터에서 성분 추출이 도움이 될까?

19

특징 선택 입문

모델에 어떤 예측 변수를 포함시킬지를 결정하는 것은 데이터의 차원이 점차 높아짐에 따라 가장 중요한 문제 중 하나가 됐다. 아래와 같은 예가 있다.

- 비즈니스에서 이제 회사들은 각자의 고객과 제품에 대해 많은 양의 정보를 저장하고 사용할 능력을 갖추게 됐다. 대용량 데이터베이스를 활용해 가치 있는 관계를 종종 발견한다(Lo, 2002).

- 화학자들은 약학 연구에서 분자 구조의 다양한 측면을 숫자로 나타내기 위해 회귀 관련 내용에서 언급한 것처럼 구조적 정량 활성 관계(QSAR) 방법론을 사용해 몇천 개의 예측 변수를 계산한다. 한 가지 예를 들면, 어느 유명한 소프트웨어는 화합물의 표면 면적을 17가지 방법으로 계산한다. 이 변수는 범주형이거나 연속형으로 수천, 수만 가지가 될 수 있다.

- 생물에서 혈액 등 생물학적 물질의 샘플에 대한 생물학적 변수의 거대한 배열을 한 번에 계산할 수 있다. RNA 표현 프로파일링 마이크로어레이에서는 수천 가지 RNA 시퀀스를 한 번에 측정할 수 있다. 또한 DNA 마이크로어레이와 시퀀싱

기술은 수많은 수치형 변수를 사용해 샘플의 유전적 특성을 포괄적으로 구분할 수 있다. 이러한 기술은 시간이 지남에 따라 급속도로 발전해 더 많은 양의 정보를 제공하게 됐다.

실용적인 관점에서 적은 변수를 사용하는 모델은 해석하기 쉽고, 변수 측정 비용 등의 비용도 적게 든다. 통계적으로는 적은 인수를 사용하는 것이 여러 경우 더욱 매력적이다. 또한 곧 살펴보겠지만, 어떤 모델은 비정보성 예측 변수로 인해 부정적인 영향을 받는다.

어떤 모델은 본질적으로 비정보성 예측 변수에 강하다. 예를 들어, 트리 및 규칙 기반 모델, MARS와 라소 모델은 본질적으로 특징 선택을 실행한다. 어느 변수가 트리 구축 과정의 어떤 분기에서도 사용되지 않는다면, 변수 방정식은 이 변수와는 기능상 독립적이 된다.

특징 선택으로 결정되는 중요한 모델 구분은 지도 기법과 비지도 기법에 대한 구분이다. 변수 제거 시 결과값을 고려하지 않는다면, 이 기법은 비지도 방법이다. 다른 변수와 연관성이 높거나 분산이 너무 크거나 분산이 불균형적인 변수(분산이 0에 가까운 변수)를 제거하는 등의 필터에 대한 예제는 3장에서 살펴봤다. 각각의 경우, 결과는 필터링된 계산값과 독립적이다. 지도 기법의 경우에는 정확도를 높이는 목적이나 모델의 복잡도를 줄이거나 변수의 부분 집합을 찾기 위한 목적으로 변수를 선별한다. 이때 결과는 보통 변수 중요도를 계산해 사용한다(이에 대해서는 18장에서 설명했다).

각 유형의 특징 선택과 연관된 문제는 모두 다르고, 이에 대한 논문도 매우 많다. 이후 세부 장은 특징 선택의 필요성, 일반적인 방식, 흔히 나타나는 문제 등 중요한 주제들을 각각 다룰 것이다.

19.1 비정보성 예측 변수 사용의 결과

특징 선택은 주로 모델에서 비정보성이거나 중복되는 변수를 제거하는 것에 초점을 맞추고 있다. 여기서 다룰 많은 문제에서 특징 선택의 중요도는 어느 모델을 사용하는지에 달려 있다. 회귀 기울기와 절편 기반의 많은 모델에서는 모델의 각 항에 대한 인수를 추정한다. 이로 인해 비정보성 변수가 존재하면 예측의 불확실성이 커지고, 전반적인 모델의 효율이 떨어진다.

6.9장에서 분석한 용해도 QSAR 데이터는 여러 모델의 비정보성 변수가 가져다주는 효과를 나타내기 위해 20장에서 다시 사용할 것이다. 이 데이터에는 이미 비정보성 변수가 포함돼 있다. 그럼에도 이 데이터를 사용해 보다 연관성 없는 변수를 추가한 후, 튜닝하고 여러 모델을 만들 것이다. 이를 위해 원래의 변수에서(각 열마다 독립적으로) 행을 임의로 섞어 수정한다. 그 결과 새 변수와 용해도 값 간에는 아무런 관계도 없게 됐다. 이 과정에서 개별 변수의 특성(빈도 분포 식별자 등)은 보존되지만, 변수 간의 연관 관계가 사라지는 부작용이 있다. 변수 연관성을 포함하면 특정 모델에 추가 손실을 주게 되므로 이 예제에서는 이 효과를 반영하지 않기로 한다.

추가 변수의 효과를 수량화하고자 원데이터 228개의 변수를 사용해 모델을 만든 후, 10, 50, 100, 200, 300, 400, 500개의 비정보성 변수를 추가했다. 모델을 튜닝하고 확정한 후, 테스트 데이터 세트를 사용해 RMSE를 구했다. 이런 방식으로 평가하는 모델로는 선형 회귀, 부분 최소 제곱, 단일 회귀 트리, 다변량 가법 회귀 스플라인, 랜덤 포레스트, 신경망, 방사형 기본 함수 서포트 벡터 머신이 있다.

[그림 19.1]은 테스트 데이터 세트의 결과를 나타낸다. 예상한 대로 회귀 트리와 MARS 모델은 내장된 특징 선택이 있으므로 이에 영향을 받지 않았다. 랜덤 포레스트는 성능이 다소 저하된 것으로 나타났다. 여기서의 문제는 분기에서 변수를 임의로 선택함에 따라 중요하지 않은 변수가 모델에 어쩔 수 없이 다소 포함됐다는 것이다. 하지만 이렇게 포함된 것이 전체 모델에는 그다지 심각한 영향을 미친 것은 아니다. 선형 회귀나 부분 최소 제곱, 신경망 같이 매개변수로 구조화된 모델이 가장 영향을 많이 받았다. 신경망의 경우 가장 많은 영향을 받았는데, 이는 아마도 모델에 포함 가능한 변수수가 초과됐기 때문이었을 것이다. 예를 들어, 5개의 은닉 유닛을 갖는 신경망에는 원래 961개의 매개변수를 사용해야 한다. 여기에 500개의 연관성 없는 변수를 추가할 경우, 매개변수 수는 3,461개로 늘어난다. 훈련 데이터 세트에서 951개의 데이터를 사용했다면, 과적합이 나타나지 않을 수 없을 것이다. 서포트 벡터 머신에서도 RMSE가 어느 정도 증가한 것을 볼 수 있는데, 이는 헤스티에 등(Hastie et al., 2008, 12장)이 언급한 바 있다.

부정적인 효과가 나타날 가능성이 있으므로 보다 작은 변수 부분 집합을 찾을 필요가 있다. 우리의 기본 목표는 성능을 최대화할 수 있도록 이 숫자를 줄이는 것이다. 이는 앞에서 논의한 내용과 유사하다. 모델 효과에 부정적인 영향을 주지 않고 복잡도를 어떻게 감소시킬 것인가?

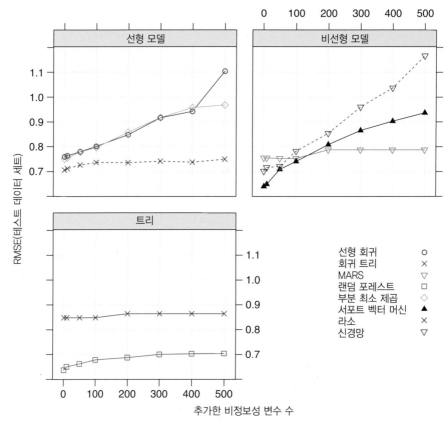

〔그림 19.1〕 비정보성 변수를 추가했을 때의 용해도 모델에 대한 테스트 세트 RMSE 프로파일

19.2 변수 수를 줄이는 방식

특징 선택이 내장된 모델을 제외하고, 변수 수를 줄이는 대부분의 방식은 크게 두 가지 범주로 나눌 수 있다(John et al., 1994).

- 래퍼 방법은 여러 모델에서 변수를 추가하거나 제거하면서 모델 성능을 최대화 하는 최적의 조합을 찾는 과정이다. 래퍼 방법은 본질적으로 변수를 입력값으로 취급하고 모델 성능을 최적화 결과로 보는 탐색 알고리즘이다.
- 필터 방법은 예측 모델 밖에서 변수의 연관성을 평가하고, 그 후 몇 가지 기준을 통과한 변수만을 사용해 모델을 만드는 것이다. 예를 들어, 분류 문제의 경우 각 변수에 대해 관측 클래스 간에 쓸 만한 관계가 있는지를 확인한다. 그 후 중요한

관계가 있는 변수만을 분류 모델에 포함한다. 새이즈 등(Saeys et al., 2007)이 필터 방법에 대해 연구했다.

두 방식 모두 장단점이 있다. 필터 방법이 보통 래퍼 방식보다 계산상 효율적이지만, 선택 기준이 모델 효과와 직접적으로 연결되지 않는다. 또한 대부분의 필터 방법은 각 변수를 따로따로 평가하므로 중복되는 (높은 연관 관계를 보이는) 변수가 선택돼 변수 간의 중요한 상호작용이 제대로 구해지지 않을 수 있다. 래퍼 방법이 불리한 점은 많은 모델을 평가해야 하고(매개변수 튜닝도 필요하다), 따라서 계산 시간이 증가한다는 것이다. 래퍼 방식의 경우 과적합 위험이 커질 수도 있다.

다음 두 장에 걸쳐 이 방법들에 대해 보다 자세히 살펴보고, 이를 활용하는 방법을 실제 사례를 들어 설명할 것이다.

19.3 래퍼 방법

앞에서 언급한 것처럼 래퍼 방법은 변수들을 탐색하면서 어떤 변수를 언제 모델에 넣는 것이 최상의 결과를 만들 것인지를 판단하는 것이다. 간단한 예제로는 선형 회귀의 전통적인 전진 선택법이 있다(알고리즘 19.1). 이때 현재의 선형 회귀 모델에서 변수를 (한번에 하나씩) 평가한다. 통계적 가설 검정을 사용해 새로 추가된 변수가(사전 정의된 제약 조건에 따라) 통계적으로 유의한지를 살펴본다. 만약, 최소 하나의 변수가 제약 조건 이하의 p-값을 갖는다면, 가장 작은 값과 연관된 변수를 모델에 추가하고 이 과정을 새로 시작한다. 남은 변수 중 어떤 것도 p-값이 통계적으로 유의하지 않은 경우, 알고리즘을 멈춘다. 이 구조에서 선형 회귀는 기본 학습기가 되고, 전진 선택법은 탐색 과정이다. 목적 함수는 최적화돼야 할 양으로, 이 경우에는 p-값으로 나타나는 통계적 유의성이다.

이 방법에는 몇 가지 문제가 있다.

- 전진 선택 과정은 그리디하다. 즉, 지나간 해법을 다시 계산하지 않는다.
- 여기서 가설 검정을 반복해 사용함에 따라 동일한 데이터가 여러 번 계산되므로 많은 통계적 특성의 유효성이 사라진다. 이 문제를 비기술적으로 나타낸 [그림 19.2]를 참고하라.
- 통계적 유의성을 최대화하는 것과 관련된 정확성 기반 수치를 최대화하는 것은 다르다.

1. 절편만을 사용해 초기 모델을 만든다.

2. **반복**

3.   **for** 현재 모델에 없는 각 변수에 대해 **do**

4.   현재 모델에 변수를 추가해 후보 모델을 만든다.

5.   가설 검정을 통해 새 모델 항의 통계적 유의성을 추정한다.

6.   **end**

7.   **if** 최소 p-값이 포함된 제약 조건보다 작은 경우

8.   현재 모델을 가장 통계적으로 유의한 변수에 대응하는 항을 추가한 형태로 갱신한다.

9.   **else**

10.   Stop

11.   **end**

12. 모델 밖에 통계적으로 유의한 변수가 전혀 남지 않을 때까지

알고리즘 19.1 선형 회귀 모델의 전통적 전진 선택법

첫 번째 문제의 경우, 보다 복잡한 탐색 과정이 더 효과적일 수 있다. 여러 탐색 알고리즘에 대해서는 이후에 살펴볼 것이다. 두 번째 문제에 대해서는 이미 여러 연구가 있다(Derksen and Keselman, 1992; Olden and Jackson, 2000; Harrell, 2001; Whittingham et al., 2006).[1] 해럴(Harrell, 2001)은 자동 모델 선택 과정 중에 p-값을 사용하는 것에 대해 정리했다.

> … 이 과정이 통계적 기법으로만 소개된 것이라면, 이로 인해 통계적 추정 및 가설 검정 모두가 망가질 것이므로 이는 기각하는 것이 나을 것이다.

두 번째와 세 번째 문제는 RMSE, 분류 정확도, ROC 곡선 하단 오차 등의 예측 성능 척도를 사용해 완화할 수 있다.

통계적 유의성 대신 RMSE를 목적 함수로 사용한다고 가정해보자. 이때 알고리즘은 동일하지만, 모델의 RMSE를 최소화하는 예측 변수를 모델에 추가하게 될 것이다. 이

---

[1] 이 문제의 주요 연구 주제는 전진 선택법의 변형인 단계적 모델 선택법 위주다. 하지만 이 결과를 이런 방식으로 가설 검정에 사용하는 것은 어떤 탐색 절차에도 적용할 수 있다.

〔그림 19.2〕 동일한 데이터의 반복 검정의 위험성〔랜들 먼로(Randall Munroe), http://xkcd.com/882, 일부 수정〕

과정은 사전 정의된 변수 수에 도달하거나 전체 모델을 사용할 때까지 계속된다. 이 과정을 통해 RMSE를 사용해 오차가 증가하기 시작하는 점을 파악할 수 있다. 부분 집합의 크기는 최소 RMSE가 선택되는 것과 관련이 있다. 여기서 가장 큰 문제는 모델 또는 특징 선택 과정을 통해 과적합이 발생하지 않는 오차율을 잘 추정하는 것이다(19.5장을 참고).

모델에서 얼마나 많은 변수가 쓰이는지에 따라 성능에 벌점을 부과하는 여러 기준이 있다. 예를 들어, 동일한 RMSE를 갖는 두 모델 중에서 선택해야 할 경우, 더 적은 변수를 사용하는 단순한 모델을 선호한다. 선형 회귀에서 일반적으로 사용되는 통계량은 아카이케 정보량 기준Akaike Information Criterion, AIC으로, 이는 오차 제곱 합의 벌점 버전이다.

$$\mathrm{AIC} = n \log\left(\sum_{i=1}^{n}(y_i - \widehat{y_i})^2\right) + 2P$$

여기서 P는 모델 항의 수다. 이때 이 값에 대해서는 어떤 추정값도 사용할 수 없고, 모든 값이 동일한 경우에는 단순한 경우가 복잡한 경우보다 선호된다. AIC 통계량은 로지스틱 회귀 등의 다른 모델에서도 유사하게 사용할 수 있다. 최소 AIC를 갖는 모델의 예측 변수 공간 탐색을 통해 과적합을 피할 수 있다.[2]

다른 방법으로는 연관성 기반 특징 선택(Hall and Smith, 1997)이 있다. 이 방법은 결과값과는 강한 상관관계를 갖지만, 다른 변수와의 상관관계는 약한 변수의 최적 부분 집합을 찾는 것이다. 이때 사용할 수 있는 한 가지 지표는 아래와 같다.

$$G = \frac{P\,R_y}{\sqrt{P + P(P-1)\bar{R}_x}}$$

이때 R_y는 후보 변수와 결과 간의 상관관계를 측정한 값이고, $\bar{R}_x$는 현재 변수와 기존 부분 집합 내의 P 변수 간의 평균 상관관계다. 탐색의 각 단계에서 이 수치는 효과와 중복도를 구하는 함수로 변수의 순위를 매길 수 있다.

설명보다는 예측을 위한 모델을 만들었을 경우, 두 가지 전반적인 요점이 있다.

- 앞에서 언급한 래퍼 모델에 대한 많은 비판은[3] 통계적 가설 검정 사용에 초점을

---

2 AIC 통계량은(자동 탐색 시에 모델을 비교하는 게 아니라) 모델 간 사전 계획된 비교를 위해 만들어졌음을 염두에 두자.
3 하지만 덕슨과 케즐먼(Derksen and Keselman, 1992), 헨더슨과 벨레먼(Henderson and Velleman, 1981)은 일반적인 자동 선택을 비판했다.

맞추고 있다.

- 이 책의 여러 많은 사례와 마찬가지로 모호한 통계 원리 기반의 방법론도 매우 정확도 높은 모델을 만들 수 있다. 이런 경우, 핵심적으로 지켜야 할 부분은 독립적인 데이터를 사용한 철저하고 체계적인 검증 절차다.

다음 장에서는 래퍼 방법을 사용하는 서로 다른 탐색 방법에 대해 설명한다.

전진, 후진, 단계적 선택법

전통적인 전진 선택법에 대해서는 알고리즘 19.1에서 설명했다. 단계적 선택법은 이를 수정한 방식으로 널리 사용된다. 이 방식은 각 후보 변수를 모델에 더한 후, 각 항을 다시 평가하고 좋지 않은 항을 모델에서 제거하는 방식이다. 몇몇 경우, 변수를 추가하고 제거할 때의 제약 p-값은 많이 다르다(Derksen and Keselman, 1992). 이런 탐색 절차는 덜 그리디하지만, 이를 통해 가설 검정을 반복하는 문제를 악화시킬 수 있다. 후진 선택법은 초기 모델에 모든 P개의 변수를 모두 포함시킨 후 순차적으로 모델에서 유의미하지 않은 변수를 제거하는 방식이다. 이 절차는 모델에 변수를 추가하거나 제거할 때 AIC 통계량 같은 비추정 기준을 사용해 향상시킬 수 있다.

구용 등(Guyon et al., 2002)은 탐색의 각 단계에서 모델이 재적합을 피하기 위한 후진 선택 알고리즘(반복 특징 제거recursive feature elimination라고도 한다)에 대해 설명했다. 전체 모델을 만들면, 변수 중요도 측정값을 구해 가장 중요한 변수부터 가장 덜 중요한 변수까지 순위를 매긴다. 모델 기반(랜덤 포레스트 중요도 기준 등)이거나 전체 모델과는 독립적인 보다 일반적인 방식을 사용해 중요도를 구할 수 있다. 탐색의 각 단계에서 가장 덜 중요한 변수는 모델을 새로 만들기 전에 반복적으로 제거된다.

앞에서와 마찬가지로 새로운 모델이 한 번 만들어지면, 모델에서는 목적 함수를 추정한다. 사전에 정의된 순서대로 모델 절차가 진행되고, 목적 함수의 최적의 값에 대응하는 부분 집합 크기를 최종 모델에 사용한다. 이 과정의 보다 자세한 내용은 알고리즘 19.2에 명시돼 있고, 이에 대해서는 19.6장에서 설명한다.

RFE 알고리즘은 블랙박스인 것 같지만, 이를 만들 때 고려한 몇 가지 방법이 있다. 예를 들어, 결과가 2종 이상의 클래스일 경우, 몇몇 클래스는 다른 훈련 데이터 세트에서 많이 떨어져 나와 있을 수 있다. 이런 경우, 다른 클래스에 비해 이 클래스의 오차율이 작을 수 있다. 예측 변수가 선택을 위해 순위가 매겨져 있는 경우, 이런 "쉬운" 클래스와 연관된 변수가 높은 순위에 몰려 있을 수 있다. 그러면 분류가 어려운 클래스는 무

1. 모든 P개의 변수를 사용한 훈련 데이터 세트를 사용해 모델을 튜닝하고 훈련
   한다.

2. 모델 성능을 구한다.

3. 변수 중요도나 순위를 구한다.

4. **for** 각 변수 집합 크기 S_i, $i = 1 \ldots S$ **do**

5. S_i개의 가장 중요한 변수들을 선택한다.

6.   [선택사항] 데이터 전처리

7. S_i의 변수를 사용한 훈련 데이터 세트를 사용해 모델을 튜닝하고 훈련한다.

8.   모델 성능을 구한다.

9.   [선택사항] 각 변수의 순위를 재계산한다.

10. **end**

11. S_i에 대한 성능 프로파일을 구한다.

12. 적합한 변수 수를 판단한다(가장 좋은 성능을 내는 S_i를 구한다).

13. 최적의 S_i를 기반으로 최종 모델을 만든다.

알고리즘 19.2 구용 등(2002)의 반복 특징 제거 알고리즘을 통한 후진 선택

시돼 계속 높은 오차율을 보인다. 이 경우, 클래스별 중요도를 사용해 모든 클래스에 대해 오차율의 균형을 찾으려는 시도를 통해 보다 균형적인 예측 변수를 선택할 수 있도록 할 수 있다.

담금질 기법

현대 탐색 과정의 상당수는 특징 선택 문제에 적용돼 있다. 담금질 기법(Bohachevsky et al., 1986)은 금속의 담금질 과정을 흉내낸 것이다. 알고리즘 19.3에서는 이 과정을 보다 자세히 설명했다. 초기 변수 세트를 선정한 후 이를 사용해 모델의 성능을 평가한다(여기서는 초기 오차율인 E_1로 나타냈다).

현재 변수 부분 집합은 약간 변경되고, 추정 오차율이 E_2인 다른 모델이 생성된다. 새 모델이 전보다 나을 경우($E_2 < E_1$), 새로운 특징 세트를 사용한다. 이와 반대로 더 나빠졌을 경우, i가 반복 횟수라고 할 때, p_i^a 확률에 따라 이를 유지하거나 버린다. 이 확률은 시간에 따라 감소하므로 i가 커질수록 최적이 아닌 설정을 받아들일 가능성은 매우 낮다.

1. 초기 임의의 변수 세트를 만든다.
2. **for** $i = 1 \ldots t$일 때 반복한다.
3. | 현재의 최적 예측 변수 세트를 임의로 바꾼다.
4. | [선택사항] 데이터 전처리
5. | 예측 변수 세트를 사용해 모델을 튜닝하고 훈련한다.
6. | 모델 성능(E_i)을 구한다.
7. | **if** $E_i < E_{best}$ **then**
8. | | 현재 변수 세트를 최적이라고 한다.
9. | | $E_{best} = E_i$로 설정
10. | **else**
11. | | 현재 변수 세트를 도입했을 때의 확률을 구한다.

$$p_i^a = \exp[(E_{best} - E_i)/T]$$

12. | | [0, 1] 사이에서 임의의 수 U를 생성한다.
13. | | **if** $p_i^a \leq U$ **then**
14. | | | 현재 변수 세트를 최적이라고 한다.
15. | | | $E_{best} = E_i$로 설정
16. | | **else**
17. | | | 현재의 최적의 변수 세트를 유지한다.
18. | | **end**
19. | **end**
20. **end**
21. 전체 반복 과정에서 최소의 E_i를 보이는 변수 세트를 구한다.
22. 이 변수 세트로 모델을 마무리한다.

알고리즘 19.3 특징 선택에서의 담금질 기법. E는 어떤 작은 값이 최적인지에 대한 성능 측정값이고, T는 반복에 따라 변화하는 온도값이다.

이 과정은 사전 정의한 반복 횟수만큼 진행되고, 이 과정 전반에서 나온 가장 최적의 변수 부분 집합이 쓰인다. 이 개념은 지역 최적값(현재는 최적이지만, 전체적으로 봤을 때 최적은 아닌 경우)을 피하기 위한 것이다. "나쁜" 결과를 받아들임으로써, 알고리즘에서 다른 공간을 탐색할 수 있도록 하므로 덜 그리디한 방법이다.

유전 알고리즘

담금질 기법의 먼 친척으로 유전 알고리즘genetic algorithm, GA이 있다(Holland, 1975; Goldberg, 1989). 이 최적화 방안은 집단 생물학에서의 진화 이론을 기반으로 하며, 복잡한 다변량 함수에서 최적의 해법을 찾는 데 효과를 보여왔다. 특히, GA는 현재 세대의 해법에서 번식을 하고, 생존을 위해 자식을 만드는 진화 과정을 복제하는 식으로 만들어졌다. 이후 가장 적합한 생존자가 번식을 하고, 다음 세대의 자녀들을 만든다. 시간이 지남에 따라 세대는 적합한 평형 상태로 수렴하고(Holland, 1992) 최적의 해를 찾는다.

지금까지 살펴봤던 것처럼 특징 선택 문제는 본질적으로 복잡한 최적화 문제로 최적의 응답 변수를 예측하는 특징의 조합을 찾아내야 한다. 이를 위해 GA를 사용하려면 GA 기능 측면에서 특징 선택 문제를 체계화해야 한다. 이 기계의 대상은 염색체고, 이는 적합도 기반으로 평가된 유전자로 구성돼 있다. 다음 세대의 후손을 만들기 위해 두 염색체가 교배와 돌연변이의 과정을 거쳐 번식한다. 이는 [그림 19.3]에서 볼 수 있다. GA는 계량 분석 화학 분야(Lavine et al., 2002), 이미지 분석(Bhanu and Lin, 2003), 회계(Min et al., 2006; Huang et al., 2012)에서 효과적인 특징 선택 방안으로 알려져 있다.

특징 선택 관점에서 볼 때 염색체는 데이터 세트에서 예측 변수 수와 동일한 길이를 갖는 이항 벡터다. 유전자의 각 이항 항목이나 염색체는 각 변수가 데이터에 존재하는지 존재하지 않는지를 나타낸다. 염색체의 적합도는 이항 벡터에 표시된 변수를 사용하는 모델로부터 판단한다. 따라서 GA의 목표는 2^n개의 가능한 예측 변수 세트의 조합으로부터 최적의 해를 찾는 것이다.

탐색 절차를 시작하기 위해 GA에서는 보통 현재 세대의 가능한 모든 염색체로부터

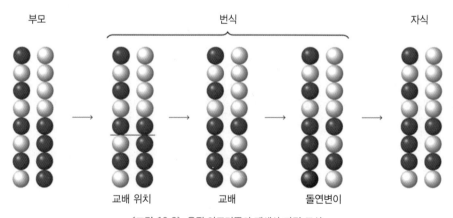

〔그림 19.3〕 유전 알고리즘의 재생산 과정 도식

1. 중단 기준, 각 세대의 자식의 수($GenSize$), 돌연변이 확률(pm)을 정의한다.

2. p의 길이를 갖는 m개의 이항 유전자의 초기 임의 세트를 만든다.

3. **반복**

4.   **for** 각 유전자에 대해 **do**

5.   모델을 튜닝하고 훈련해 각 염색체의 적합도를 구한다.

6.   **end**

7.   **for** 번식 과정 $k = 1 \ldots GenSize/2$ **do**

8.   적합 기준을 바탕으로 2개의 염색체를 선택한다.

9.   교배: 임의로 좌위를 선택한 후, 좌위 위쪽의 각 염색체의 유전자를 교환한다.

10.   돌연변이: 확률 p_m을 갖는 자식 염색체 내의 유전자의 이항값을 임의로 바꾼다.

11.   **end**

12. **until** 정지 기준에 도달할 때까지

알고리즘 19.4 특징 선택에 대한 유전 알고리즘

염색체를 임의로 선택해 초기화한다. 각 염색체의 적합도를 구해 번식 과정에서 염색체를 선택할 때의 우도를 결정한다. 이후 현재 세대에서 적합도 기준에 따라 두 염색체를 선택해 이를 사용해 번식한다. 번식 과정에서 두 부모 염색체를 임의의 위치에서 나눠(좌위라고 한다) 한 염색체의 상단을 다른 염색체의 하단과 결합하고 반대쪽도 이와 마찬가지로 결합한다. 교배 후, 새 유전자의 개별 항을 임의로 선택해 돌연변이를 통해 현재의 이항값을 다른 값으로 바꾼다. 알고리즘 19.4에서는 이 과정을 나열했다.

교배 단계에서는 동일한 유전 물질의 부분 공간에서 최적의 다음 세대를 찾도록 한다. 달리 말해서 탐색 부분 공간은 최적의 유전자를 정의하기에는 너무 좁다. 즉, 알고리즘이 지역 최적화에 빠질 수도 있다는 뜻이다. 특징 선택의 맥락에서 이는 선택된 특징이 최적의 모델을 만들 수도 있지만, 다른 최적의 특징 부분 집합도 존재할 수 있다는 것이다. 돌연변이 과정에서 임의로 유전체를 교란함으로써 알고리즘이 부분 최적값에서 벗어날 수 있도록 한다. 돌연변이 확률은 보통 낮게 설정한다($p_m < 0.05$ 정도). 하지만 실제 사용하는 사람에게 부분 최적값이 고민된다면, 돌연변이 확률을 높일 수 있다. 돌연변이 확률을 높이면 최적 해로 수렴하는 속도가 느려진다.

19.4 필터 방법

앞에서 언급한 대로 필터 방법에서는 모델 훈련 전에 변수를 평가해 이 평가를 기반으로 변수의 일부를 모델에 넣는다. 변수에 대한 점수는 모델과 상관없으므로 18장에서 논의한 많은 변수 중요도 수치를 사용해 변수를 필터링할 수 있다. 이 기법의 대부분은 일변량으로 각 변수를 따로 평가한다. 이 경우, 연관된 변수가 존재하면 이런 중요하지만 중복되는 변수를 선택하게 될 가능성이 있다. 이 문제의 분명한 결과는 너무 많은 예측 변수가 선택되고, 이에 따라 공선성 문제가 발생한다는 것이다. 구용과 엘리시프(Guyon and Elisseeff, 2003)는 필터링 중의 변수 중복에 대한 여러 면을 살펴봤다.

또한 가설 검정을 사용해 어느 변수가 결과값과 통계적으로 유의한 관계를 갖는지를 판단할 경우(t-검정 등), 중복 문제가 발생할 수 있다((Westfall and Young, 1993), [그림 19.2]). 예를 들어, $\alpha = 0.05$의 신뢰 단계를 p-값의 유의 기준으로 사용할 경우, 각 개별 검정값은 이론적으로 5%의 긍정 오류를 보인다. 하지만 동시에 많은 통계 검정을 하면, 전체 긍정 오류 확률은 기하급수적으로 증가한다. 이에 대처하기 위해 p-값 조절 과정을 통해 긍정 오류율을 조절한다. 본페로니 보정Bonferroni correction(Bland and Altman, 1995)은 이런 방법 중 하나다. 만약, p-값 제한선이 α고, 이를 각 M개의 검정에서 통계적 유의성을 정의하는 데 사용한다면, 다른 제한값 α/M을 사용해 정밀도를 높이고 이를 통해 긍정 오류 결과가 나오는 확률을 조절할 수 있을 것이다. 하지만 이 과정은 매우 보수적이고, 긍정 참 결과의 수를 제한하게 될 수 있다. 중복을 처리하는 다른 방법은 웨스트폴과 영의 연구(Westfall and Young, 1993)에서 찾아볼 수 있다. 또한 아데스메키와 스트리머(Ahdesmaki and Strimmer, 2010)는 다수의 검정을 변수 간의 상관관계로 처리하는 수정된 방식의 t-검정을 제안했다.

필터 방법이 간단하고 빨라지면, 절차는 상대적이 된다. 많은 점수 기반 방법에서는 어느 변수가 중요하므로 모델에 사용돼야 한다고 결정하는 특정 지점이 따로 없다. 통계 가설 검정의 경우에도, 사용자가 결과를 수록할 신뢰 단계를 선택해야 한다. 실제로 적합한 신뢰값 α를 찾으려면 원하는 성능을 얻을 때까지 여러 번 평가해야 한다.

19.5 선택 편향

몇몇 필터링 방법이나 탐색 과정이 다른 것보다 더 효과적이지만, 더 중요한 질문은 모델 성능을 어떻게 구하느냐다(특히, 샘플의 크기가 작은 경우). 훈련 데이터에서 예측 변수에 대해 과적합이 발생할 수 있고, 이를 적합하게 검증하지 않으면 알아채지 못하고 넘어갈 수도 있다. 예를 들어, 구용 등(2002)은 잘 알려진 대장암 마이크로어레이 데이터 세트를 사용해 서포트 벡터 머신 분류 모델에 반복 특징 제거를 적용했다. 이 데이터에서 62명의 환자에 대한 질병 상태(암 또는 정상) 판단을 위한 변수로 2,000개의 서로 다른 RNA 시퀀스를 사용했다. 결과 검증을 위해 따로 테스트 세트를 사용하지는 않았다. 성능 모니터링을 위해 1개를 남겨두는 식의 교차 검증을 각 모델에 적용했다(알고리즘 19.2의 8번 줄). 이 분석을 통해 SVM 모델은 4개의 변수만 사용한 모델은 95% 이상의 정확도를 보이며, 8~256개의 변수를 사용한 모델의 경우 100%의 정확도를 보임을 알 수 있다.

1개 남겨뒀을 때의 오차율은 특징 선택 후의 SVM을 기반으로 구한 것이다. 혹자는 만약, 조금 다른 데이터 세트에 특징 선택을 반복하는 경우 결과가 달라질 수도 있을 것이라고 상상할 수 있다. 이런 것은 어떤 경우, 특징 선택으로부터 유도된 불확실성이 (특징이 선택된 후의) 모델의 불확실성보다 훨씬 더 클 수도 있는 것으로 밝혀졌다. 이를 나타내기 위해 앰브로이스와 맥라클란(2002)은 동일한 데이터에 RFE 과정을 적용하되, 클래스 이름을 섞었다(모든 변수가 비정보성이 됨). 이를 통해 구용 등이 제안한 1개를 남겨두는 식의 교차 검증 방식(2002)이 예측 변수가 완전히 비정보성일 때도 오류가 없음을 알아냈다.

원방식에는 어떤 논리적 오류도 없다. 훈련 데이터 세트로 모델을 만들고, 이 데이터를 사용해 변수를 평가하고 순위를 매긴다. 중요한 변수만을 사용해 모델을 새로 적합시키면, 동일한 데이터 세트에 대한 성능은 거의 향상된다. 이와 더불어 P 대 n 비는 극단적으로(2000:62), 완전히 무관한 변수가 우연히 중요하다고 매겨질 오즈가 눈에 띄게 증가한다.

이 방법적 오차는 특징 선택이 모델 구축 과정의 일부로 고려되지 않아 발생한 것이다. 따라서 특징 선택 과정을 리샘플링 절차에 포함시켜야 이런 분산값이 결과에 반영된다. 알고리즘 19.2의 여덟 번째 줄 1개를 남겨두는 식의 교차 검증 과정은 이를 측정하는 모델 훈련 과정 밖에서는 생략된다. 예를 들어, 특징 선택 과정이 많은 후보 모델을 평가한 후 실제 모델에 도달했다고 해도 성능 추정에서는 결과에 도달할 과정을 평가한다.

특징 선택 과정을 통해 적당한 리샘플링을 하려면, "외부의" 리샘플링 반복 과정에서 전체 과정을 아우르는 것이 필요하다. 알고리즘 19.5에서는 이런 식의 반복 특징 제거를 위해 리샘플링을 하는 것을 보여준다. 1번 줄에서는 전체 특징 선택 과정에 리샘플링을 적용한다. 예를 들어, 만약 초기 반복 과정에서 10-겹 교차 검증이 들어 있다면, 90%의 데이터가 특징 선택에 쓰이고, 남은 10%의 데이터로 각 변수의 부분 집합에 대한 성능 평가를 하게 될 것이다(10번 줄). 전체 특징 선택 과정은 남은 샘플의 다른 세트를 사용해 9번 더 반복된다. 마지막에 이 10개의 제공된 데이터 세트는 최종 모델의 최적 변수 수를 결정한다(14번 줄). 이 결과를 통해 전체 훈련 데이터 세트를 사용해 변수 순위를 매기고, 최종 모델을 훈련한다(각각 16, 17번 줄). 리샘플링의 부가적인 "내부의" 계층을 통해 모델의 튜닝 변수를 최적화할 수 있다(3, 9번 줄).

앰브로이스와 맥라클란(2002)은 부트스트랩, 10-겹 교차 검증이나 반복 테스트 세트 리샘플링 방법을 적절히 사용하면, 모델 결과가 비정보성 비율값 부근으로 나온다는 것을 보였다.

부가적인 리샘플링 계층은 특징 선택 과정의 계산 효율성에 큰 부정적 영향을 미칠 수 있다. 하지만 작은 훈련 데이터 세트의 경우, 이 과정을 통해 변수 과적합 가능성을 극적으로 감소시킬 수 있다.

여기서 중요한 점은 특징 선택 절차 결과를 검증함에 있어서 오류를 만들기 쉽다는 것이다. 예를 들어, 카스탈디 등(Castaldi et al., 2011)은 생물학 데이터를 사용한 분류 기법을 다룬 논문에서 (RNA 마이크로어레이, 단백질) 64%의 분석이 특징 선택 과정을 제대로 검증하지 않았다는 것을 발견했다. 또한 이들은 이 분석에서 리샘플 성능 추정값과 독립적인 테스트 데이터 세트에서 구한 값 간에 유의한 차이가 있음을 발견했다(테스트 데이터 세트 결과가 훨씬 비관적이다).

이런 과적합하고 위험한 반복 특징 선택이나 일반적인 래퍼 방식에만 국한되지 않는다. 변수 수를 감소시키기 위한 다른 탐색 과정이나 필터를 사용할 때도 이런 위험은 여전히 존재한다.

다음 상황에서는 선택 편향 가능성이 증가한다.

- 데이터 세트가 작은 경우
- 변수가 많은 경우(중요하다고 거짓으로 알려질 비정보성 변수의 확률이 높아진다)
- 예측 모델이 강력할 경우(블랙박스 모델 등). 이런 경우, 데이터에 과적합될 가능성이 더 높다.

572

1. **for** 각 리샘플링 반복 동안 **do**

2. | 리샘플링을 통해 데이터를 훈련/테스트/남는 데이터로 나눈다.

3. | 모든 P개의 예측 변수에 대해 훈련 데이터 세트로 모델을 튜닝하고 훈련시킨다.

4. | 모델 성능 계산

5. | 변수 중요도나 순위 계산

6. | **for** 각 부분 집합 크기 S_i, $i = 1 \ldots S$ **do**

7. | | S_i개의 가장 중요한 변수를 남긴다.

8. | | [선택사항] 데이터 전처리

9. | | S_i개의 변수를 사용해 훈련 데이터 세트의 모델을 튜닝하고 훈련한다.

10. | | 남은 샘플을 사용해 모델 성능을 구한다.

11. | | [선택사항] 각 변수의 순위를 다시 계산한다.

12. | **end**

13. **end**

14. 남은 샘플을 사용해 S_i에 대한 성능 프로파일을 구한다.

15. 적합한 변수 개수를 구한다.

16. 각 변수의 최종 순위를 구한다.

17. 원래의 훈련 데이터 세트를 사용해 최적의 S_i를 기반으로 한 최종 모델을 적합시킨다.

알고리즘 19.5 적합한 리샘플링을 통한 반복 특징 제거

- 독립적 테스트 세트를 사용하지 못할 경우

데이터 세트가 큰 경우, 데이터 세트를 나눠 특징 선택, 모델 튜닝, 최종 모델 검증(과 특징 세트)에 각각 사용할 것을 추천한다. 훈련 데이터 세트가 작은 경우, 적절한 리샘플링이 필수적이다. 데이터의 양이 너무 적지 않다면, 작은 테스트 세트를 따로 마련해 더 이상 많은 오류가 발생하지 않도록 중복 확인하는 것도 추천한다.

19.6 사례 연구: 인지 장애 예측

알츠하이머 병Alzheimer's disease, AD은 특정 연령대에서 일반적으로 보이는 기억 상실과 기능 능력 저하로 나타나는 인지 장애다. 이 병은 장년층 치매의 일반적 원인이다. 생물학적으로 알츠하이머 병은 아밀로이드-β(Aβ)로 만들어진 뇌의 플라크와 타우 단백질 형태의 뇌 탱글로 만들어진다.

AD의 진단은 임상 지표에 초점을 맞추므로 일단 선언됐다면, 질병의 진행이 심각하고 역행하기 어렵다는 것을 나타낸다. 알츠하이머 병의 초기 진단은 환자 보호에 중요한 도움이 될 수 있다. 따라서 임상 평가에 포함되지 않는 측정자인 생체 지표를 정의하는 것은 흥미로운 일이다.[4] 드 레옹과 클렁크(de Leon and Klunk, 2006)의 연구 및 햄펠 등(Hampel et al., 2010)의 연구에는 알츠하이머 병의 생체 지표에 대해 광범위한 내용이 들어 있다.

의학 영상이 질병의 발현을 예측하는 데 도움이 될 수 있지만, 혈장이나 뇌척수액cerebrospinal fluid, CSF에서 얻을 수 있는 저렴한 액체 생체 지표를 사용할 수 있는지에 대해서도 관심이 모아지고 있다. 영상이 아닌 생체 지표가 이미 사용되고 있다. Aβ와 타우 단백질의 특정 형태에 대한 단백질 단계 및 아포 E 유전자Apolipoprotein E gene다. 후자의 경우, E2, E3, E4라는 세 가지 주요 변이체가 있다. E4가 AD와 가장 관련된 대립 형질이다(Kim et al., 2009; Bu, 2009). 이 목록에 다른 생체 지표를 추가하면, 예측 정확도를 높일 수 있다.

크레이그-샤피로 등(Craig-Schapiro et al., 2011)은 다소 심하지 않은 (하지만 특징이 드러나는) 인지 장애를 가진 환자와 건강한 사람을 포함한 333명에 대해 임상 실험을 했다. 모든 항목에 대해 CSF 샘플을 취했다. 이 연구의 목적은 장애 초기에 인지적으로 건강한 사람들과의 차이를 나타내는지 판별하는 것이다. 아래 각 주제에 관련된 데이터를 수집했다.

- 나이, 성별 등의 인구 통계학적 특성
- 아포 E 유전자
- Aβ, Tau, 인산화 Tau(pTau)의 단백질
- 124 실험 생체 지표의 단백질

---

[4] 다양한 생체 지표가 존재한다. 예를 들어, 혈액 내 콜레스테롤 정도는 심혈관 건강을 가리킨다고 믿는다. 이런 식으로 환자의 건강을 이해하는 용도뿐만 아니라 치료 효과를 살펴보기 위해 이런 지표를 이용할 수 있다. 후자의 경우, 콜레스테롤 정보는 실제로 중요한 속성(사망률, 질병률 등)의 유사 종점(실제 임상적으로 영향이 미치는 것은 확인되지만, 명확한 연관 관계가 있다고 밝혀진 것은 아닌 처치에 대한 것)으로 사용된다.

- 임상 치매 지수

이런 분석을 통해 구해진 수치를 장애/정상의 두 클래스로 나눈다. 이 분석의 목적은 인구 통계 정보와 성분 분석 데이터를 통해 어떤 환자가 질병 초기인지를 예측하는 분류 모델을 만드는 것이다.

상대적으로 적은 샘플 크기이므로 혹자는 데이터 분할에 가장 좋은 방법은 인수 추정과 변수 선정에 사용할 정보량을 최대화할 수 있게 훈련 데이터 세트에 모든 데이터를 적용하는 것이라고 주장할 수도 있다. 하지만 이 데이터의 예측 변수 대비 데이터 값의 비율을 봤을 때, 선택 편향성을 가질 가능성이 매우 높다. 따라서 데이터를 작게 나눠서 테스트 데이터 세트로 남겨둠으로써 방법론상의 오류가 더 이상 발생하지 않는지 검증해야 한다. 테스트 세트에는 18개의 장애 경우와 48개의 인지적으로 정상인 경우가 들어 있다. 이 데이터에서 구해지는 성능값은 매우 불확실하지만, 특징 선택으로 인한 과적합을 발견하기에는 충분하다.

훈련 데이터의 267개의 데이터는 10-겹 교차 검증을 5번 반복해 특징 선택 과정("외부의" 리샘플링 절차)을 평가할 것이다. 모델에 추가적인 튜닝 인수가 있다면, 단순한 10-겹 교차 검증을 사용한다. 특징 선택 과정의 모든 단계에서 모델 튜닝을 한다. 특징 선택과 모델 튜닝 동안, ROC 곡선 하단 면적(예측 클래스 비율)은 최적화된다.

[그림 19.4]는 변수의 124×124 상관도 행렬이다. 예측 변수 간에 많은 강한 상관관계가 존재하며, 이는 진빨강과 파란색 구역으로 표시돼 있다. 평균 상관계수는 0.27이다. 최소, 최대 상관계수는 각각 −0.93과 0.99다. 많은 상관관계는 많은 변수 그룹에 나타난다(대각선의 넓은 빨간색 구역). 이는 모델링과 특징 선택 과정에 부정적인 영향을 미친다. 다음 분석에서는 모든 변수를 사용해 데이터를 모델링한다. 비지도 필터를 적용해 분석 전에 특징 세트를 줄임으로써 결과 향상을 도모할 수 있다(예제 19.1을 확인하자).

데이터 내의 대부분의 데이터가 연속형이다. 하지만 아포 E 유전자는 아니다. 세 유전적 변이체(E2, E3, E4)의 경우, 각 부모로부터 상속받은 유전체의 1개 복사본에는 6개의 값이 들어갈 수 있다. 훈련 데이터 세트에서 이 값을 분해한 것은 [표 19.1]과 같다. 모

[표 19.1] 유전자 데이터의 두 가지 변조에 대한 훈련 데이터 세트의 빈도

	E2/E2	E2/E3	E2/E4	E3/E3	E3/E4	E4/E4	E2	E3	E4
장애	0	6	1	27	32	7	7	65	40
대조군	2	24	6	107	51	4	32	182	61

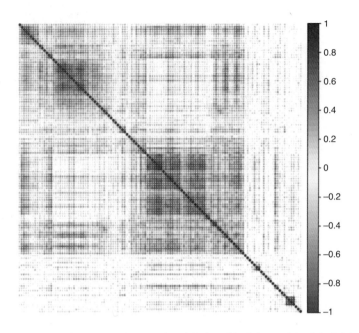

〔그림 19.4〕 AD 데이터의 변수 간 상관관계. 각각의 행과 열은 변수 하나를 뜻한다. 행과 열의 순서는 클러스터링 방법을 사용해 정렬했다.

계/부계 유전자 조합을 나눔으로써, 일부 변이체의 빈도는 매우 낮아졌다(예: E2/E2). 몇몇 예측 모델은 몇몇 변수 추정에서 특히 리샘플링 과정에서 빈도가 낮아진 변수들의 경우, 문제가 있었다. 이 데이터를 다르게 변조하는 법으로는 각 대립 형질(E2, E3, E4)에 대해 3개의 이항 지시자를 사용하는 것이다. 정보를 이런 식으로 변형한 것은 [표 19.1]의 오른쪽 끝 3개 열에 나타나 있다. 이런 빈도가 유전자 쌍만큼 흩어져 있지 않으므로 이 변조는 여기서 다룰 모든 예측 모델에서 사용할 수 있다.

특징 선택을 위해 여러 모델에서 반복 특징 제거를 사용해 1부터 131까지의 범위에 대해 66개의 부분 집합 크기를 구했다. 인수 튜닝이 필요한 모델에서는 각 특징 제거 단계에서 튜닝을 수행했다. 이런 과정을 통해 다음 모델을 구했다.

- 랜덤 포레스트: $m_{try} = \sqrt{p}$ 를 각 반복 시의 기본값으로 사용했고, 포레스트에서는 1,000개의 트리를 사용했다.
- 선형 판별 분석: 기본 방식을 사용했다(벌점 및 내부 특징 선택 없음).
- 비정규화 로지스틱 회귀: 주요 효과만 사용하는 모델을 사용했다.
- K-최근접 이웃: 5부터 43까지 범위의 홀수의 이웃 수를 사용해 모델을 튜닝

576

했다.

- 나이브 베이즈: 연속한 변수의 경우 비인수 커널 추정 방식을 사용했다
- 서포트 벡터 머신: 방사형 기본 함수 커널을 사용했다. 비용 σ을 분석적으로 추정한 값을 2^{-2} to 2^9의 범위의 비용값에 적용했다.

랜덤 포레스트에서는 변수 중요도(처음 초기 모델 기반)로 모델의 변수 순위를 매기고, 로지스틱 회귀에서는 각 모델 인수에 대해 Z-통계량의 절댓값을 사용한다. 다른 모델에서는 각 개별 변수의 ROC 곡선 하단 면적을 사용해 변수 순위를 매긴다.

[그림 19.5]는 각 모델의 특징 선택 과정의 리샘플링 프로파일을 나타낸다. 랜덤 포레스트는 중요 변수가 갑자기 모델에서 제거돼도 거의 변화가 없는 것으로 보인다. 랜덤 포레스트는 예측 변수의 내재 필터링을 최소로 사용하므로 비정보성 변수가 모델 예

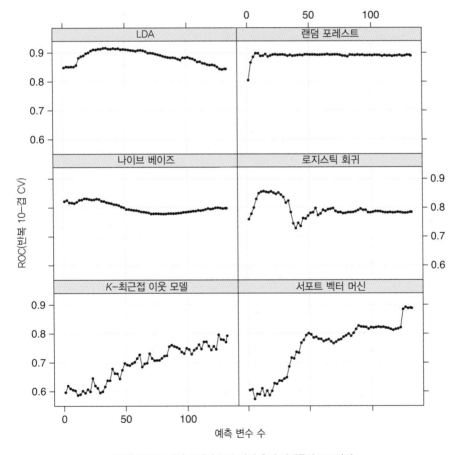

〔그림 19.5〕 여러 모델의 RFE 과정 후의 리샘플링 프로파일

측에 영향을 거의 미치지 않으므로 이는 어느 정도 예상했던 부분이다. 모델에서 추정한 변수의 최적 수는 7로, 이 숫자는 어느 정도 변경 가능하다. LDA는 많은 향상을 보이다 변수 수가 35일때 정점을 찍고, ROC 곡선 하단 면적은 랜덤 포레스트보다 약간 나은 것으로 추정된다. 로지스틱 회귀는 변수가 50개일 때까지는 성능상의 변화가 거의 없다가 처음 살짝 떨어진 후, 성능이 꽤 향상되는 것으로 나타난다.

이 모델의 최적의 부분 집합 크기는 13이다. 하지만 일단 중요한 변수가 제거된 후에는 모델 성능이 뚜렷하게 하락한다. 나이브 베이즈의 경우, 변수들이 제거되면서 성능이 약간 나아지고, 약 17개의 변수일 때 최고점에 달한다. 다른 모델과 달리, 여기서는 변수가 적게 남는다고 해서 성능이 급격히 하강하지 않는다. 서포트 벡터 머신과 K-최근접 이웃 모델은 변수를 제거하면 성능이 안 좋아지고, 전체 예측 변수 모두를 사용할 때 성능이 가장 낮다. 서포트 벡터 머신의 경우, 성능이 좋지 않은 것과 선택 편향성과는 관계가 없다. SVM 결과를 보다 자세히 살펴보면, 모델의 특이도가 높고 민감도가 낮음을 알 수 있다(뒤의 "컴퓨팅" 장의 결과를 보자). 달리 말해, 낮은 결과는 데이터의 클래스 불균형에 의한 것일 가능성이 높다는 것이다.

[표 19.2]는 각 모델에 대한 리샘플링 결과를 요약한 것이다. ROC 곡선 하단 면적은 전체 모델(모든 예측 변수 사용) 대비 반복 특징 제거 과정의 결과를 사용한 모델에 대한 것이다. [표 19.2]에서 95% 신뢰 구간도 같이 나타냈다. 반복 교차 검증을 통한 50 리샘플 추정값도 구했다. 여러 모델 중 LDA의 성능이 가장 나은 것으로 나타났다. 하지만 신뢰 구간에 따르면, 이 값은 랜덤 포레스트(후 특징 선택), 서포트 벡터 머신(특징 선택 전후) 등 다른 모델의 성능과 비슷하다(최소한 구간에 반영된 실험 오차 이내). p-값 열은 영가설이 축소 데이터 세트가 전체 데이터 세트보다 더 큰 ROC 값을 갖는다는 통계 검정과

[표 19.2] 반복 특징 선택의 교차 검증 결과

| | 전체 세트 | | 축소 세트 | | | |
	ROC	C.I.	크기	ROC	C.I.	p-값
LDA	0.844	(0.82 − 0.87)	35	0.916	(0.90 − 0.94)	0
RF	0.891	(0.87 − 0.91)	7	0.898	(0.88 − 0.92)	0.1255
SVM	0.889	(0.87 − 0.91)	127	0.891	(0.87 − 0.91)	0.0192
로지스틱 회귀	0.785	(0.76 − 0.81)	13	0.857	(0.83 − 0.88)	0
나이브 베이즈	0.798	(0.77 − 0.83)	17	0.832	(0.81 − 0.86)	0.0002
K −NN	0.849	(0.83 − 0.87)	125	0.796	(0.77 − 0.82)	1.0000

"C.I." 열은 95% 신뢰 구간이고, p-값 열은 축소 데이터 세트에 대한 ROC 값이 전체 변수를 사용했을 때의 곡선보다 큰지를 평가하는 통계 검정값이다.

관련이 있다. 이 값은 4.8장에서 소개된 쌍에 대해 리샘플링하는 과정을 사용해 구했다. 서포트 벡터 머신과 K-최근접 이웃 모델은 실질적으로 나아지지 않았지만, 다른 모델들이 반복 특징 제거를 통해 나아졌으므로 이 모델들도 어느 정도 나아질 수 있다.

테스트 데이터 세트에서도 리샘플링 결과와 동일한 추세가 나타날까? [그림 19.6] 은 축소 모델의 ROC 곡선 하단 면적의 추정값을 나타낸다. y-축은 [표 19.2]에서 이미 소개된 리샘플된 ROC 값(과 신뢰 구간)에 대응된다. y-축의 값은 모델들에 걸쳐 유사하지만, 이는 66개의 테스트 세트로 구한 예측값의 ROC 곡선이다. 테스트 세트 결과는 훨씬 더 불확실하다. 테스트 세트의 신뢰 구간의 폭은 리샘플링에서 구한 구간의 폭보다 3배 이상 넓다. 테스트 세트와 리샘플링에서 구한 ROC 값 간에는 어느 정도 상관관계가 있다. 테스트 데이터 세트 결과는 나이브 베이즈, 로지스틱 회귀, K-최근접 이웃인 경우, 리샘플링 결과보다 훨씬 낙관적이다. 또한 서포트 벡터 머신 모델은 테스트 데

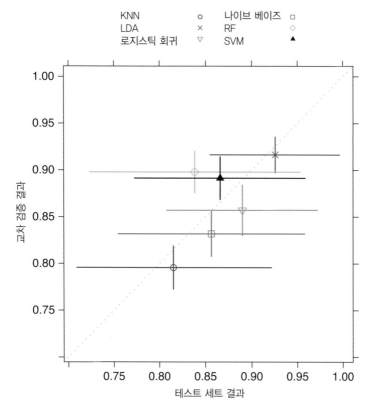

〔그림 19.6〕 테스트 데이터 세트와 반복 교차 검증을 사용한 축소 모델의 ROC 곡선 하단 면적 추정. 수평, 수직 막대는 각 모델에서의 95% 신뢰 구간이다.

이터 세트보다 교차 검증의 경우, 순위가 훨씬 높다. 이런 불일치에도 불구하고, 일반적으로 테스트 데이터 세트의 결과는 [표 19.2]의 결과보다 낮다. 특징 선택 과정은 여러 모델에서 도움이 되는 것으로 나타났고, 선택 편향성도 보이지 않았다.

　가장 성능이 좋은 두 모델인 LDA와 랜덤 포레스트는 꽤 다르다. 이 모델들이 동일한 변수를 사용하는가? 이는 [그림 19.5]에서 본 것처럼 이 모델 중 어느 프로파일도 혼자 정점을 찍지는 않으므로 다소 주관적인 문제라고 볼 수 있다. 이를 통해 알 수 있듯이, 최적의 부분 집합 크기는 확실하지 않다. 하지만 수치적으로 최적의 결과를 보면, 랜덤 포레스트는 7이고, LDA는 35다. 모든 랜덤 포레스트에서의 예측 변수는 LDA 모델에 포함되지만, 28개의 LDA 예측 변수는 랜덤 포레스트 모델에 포함되지 않는다. [그림 19.7]에서는 두 모델의 변수 중요도 추정값을 보여준다(ROC 하단 면적의 경우, LDA에 대한 것이다). 이 그래프에서 중요도 값은 최종 부분 집합 크기에 대해 리샘플링 과정에

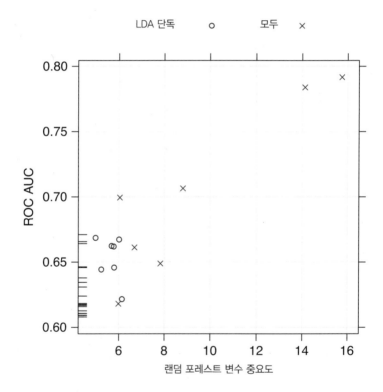

〔그림 19.7〕 두 가지 변수 중요도 판단 방법 비교. 랜덤 포레스트는 7개의 변수를 사용하는 모델이지만, ROC 값은 상위 35개의 변수를 기반으로 만들어졌다(LDA의 최적 부분 집합). 이 값은 50회의 리샘플링 후 평균을 낸 것이다. "LDA 단독" 값은 최종 LDA 모델에는 포함되지만, 랜덤 포레스트 모델에는 포함되지 않는 변수만 사용한 것이다. y-축 옆의 짧은 줄은 50회의 리샘플링한 랜덤 포레스트 모델 어디에서도 선택되지 않은 LDA 변수에 대한 값이다.

서 구한 평균값이다. 예를 들어, 그래프의 점으로 나타난 예측 변수는 LDA 모델에만 들어 있다. 7개의 변수의 부분 집합 크기로 50개 이상의 리샘플링 중 적어도 하나에서 선택된 것이므로 이 예측 변수는 랜덤 포레스트에서 사용한 값이다. y축의 러그 그래프는 랜덤 포레스트 모델에서 사용되지 않은 변수의 ROC 곡선 하단 면적이다. 두 모델은 꽤많이 일치한다. 공통 변수 간의 순위 상관 계수는 0.44다. 두 모델에서 불일치하는 변수는 중요도 수치가 낮다. 두 모델 모두 Aβ와 타우 단백질 성분의 두 변수를 포함하며, 이변수들은 모델에 큰 영향을 미친다. 두 모델 모두에서 세 번째로 중요한 변수는 수정된타우 성분이다. 이 다음에는 LDA/ROC에서는 MMP10, 랜덤 포레스트에서는 VEGF를사용하는 식으로 중요도가 서로 불일치한다.

이는 모델에서 가장 영향을 미치는 예측 변수와 달리 특정 선택이 데이터에서 가장 중요한 변수를 찾는 데는 좋지 않은 생각이라는 것을 강조한다. 다른 모델에서는 변수들을 다르게 평가해야 한다. 어느 변수가 결과와 각각 연관을 갖는지를 구하는 데는 공통의 고전적 통계 방법이 훨씬 적합하다. 예를 들어, 크레이그-샤피로 등(2011)은 가능한조합을 구하기 위해 공분산 분석과 다른 추정 모델을 사용했다. 이런 기법을 사용하면다른 어떤 변수 중요도 방법보다 가능한 생체 지표에 대해 보다 높은 품질의 확률적 값을 구할 수 있다. 마지막으로 분석의 생물학적 측면은 잠재적으로 모든 경험적 평가에우선한다. 이 연구는 좋은 생체 지표를 찾기 위한 것이므로 이 데이터에서 발견된 결과를 차후 검증하기 위한 실험뿐만 아니라 어느 정도의 과학적 합리성이 필요하다.

선형 판별 모델에 필터를 적용하는 것 역시 살펴봐야 한다. 연속형 변수의 경우, 단순 t-검정을 사용해 두 클래스 간의 변수의 차이에 대한 p-값을 만든다. 범주형 변수(성별, 아포 E 유전자 등)에는 피셔의 정확 검정을 사용해 변수와 클래스 간의 관계에 대해 확인하는 p-값을 구한다. p-값을 만든 후, 다음 두 가지 방법으로 필터링한다.

- p-값이 0.05보다 작은 경우, 예측 변수를 그대로 둔다. 각 변수 비교에 5%의 긍정 오류율을 사용한다.
- 본페로니 보정을 사용해 변수의 p-값이 0.000379나 0.05/132인 경우, 그대로 둔다.

첫 번째 방법의 경우, 132개 중 47개의 변수가 남았다. 이 과정은 래퍼 분석에서 사용한 것과 동일한 반복 교차 검증 과정을 사용해 리샘플링한다. 50회의 리샘플링을 통해필터에서는 평균적으로 46.06개의 변수를 남겼다. 물론 이 범위는 38부터 57까지 다양하다. 이 변수 부분 집합을 사용해 LDA 모델을 적합화했다. 이 모델의 테스트 세트 결과에 대한 ROC 곡선 하단 면적은 0.918이다. 필터링과 모델링에서 리샘플링했을 때, 곡선 하단 면적은 비슷했다(AUC: 0.917). 필터링된 변수 세트는 상대적으로 연관성이 적은 변수들이며, 하나의 예외만 있다. 타우와 pTau 변수는 강한 연관성을 갖는다(상관 계수: 0.91). pTau 변수를 제거하고 이 과정을 반복했을 때 ROC 곡선 하단 면적에는 특별한 변화가 없었다.

p-값 필터를 수정해서 긍정 오류 수를 줄이려고 했을 때는 17개의 변수만이 선택됐다(교차 검증을 통해 평균 13.46개가 선택됐다). 이때 모델의 영향 정도는 확실하지 않다. 테스트 세트의 ROC 곡선 하단 면적은 다소 높아졌지만(AUC: 0.926), 리샘플링 추정값은 곡선 하단 면적이 0.856으로 다소 낮아졌다. 샘플 크기를 고려했을 때, 테스트 데이터 세트의 변량은 다소 높다. 곡선 하단 면적의 95% 신뢰 구간은 (0.841, 1)이다. 교차 검증 과정에서는 평균적으로 27명의 환자만을 사용했지만, 이 과정을 50회 반복했다. 따라서 보다 비관적인 리샘플링 추정은 신빙성이 있다.

19.7 컴퓨팅

이 장에서는 다음 패키지의 데이터와 함수를 사용한다.

AppliedPredictiveModeling, caret, klaR, leaps, MASS, pROC, rms, stats.

데이터는 AppliedPredictiveModeling 패키지에 있다. 데이터 객체는 predictors라고 부르는 예측 변수의 데이터 프레임과 diagnosis라고 하는 클래스 값(장애/대조)의 팩터 벡터로 이뤄져 있다. 분석에 필요한 데이터를 마련하는 코드는 아래와 같다.

```
> library(AppliedPredictiveModeling)
> data(AlzheimerDisease)
> ## 새 가변수를 수동으로 만든다.
> predictors$E2 <- predictors$E3 <- predictors$E4 <- 0
> predictors$E2[grepl("2", predictors$Genotype)] <- 1
> predictors$E3[grepl("3", predictors$Genotype)] <- 1
> predictors$E4[grepl("4", predictors$Genotype)] <- 1
>

> ## 층화 샘플링을 사용해 데이터를 나눈다.
> set.seed(730)
```

```
> split <- createDataPartition(diagnosis, p = .8, list = FALSE)
> ## 하나의 데이터 프레임으로 합친다.
> adData <- predictors
> adData$Class <- diagnosis
> training <- adData[ split, ]
> testing <- adData[-split, ]
> ## 변수명을 벡터에 저장한다.
> predVars <- names(adData)[!(names(adData)%in% c("Class", "Genotype"))]

> ## ROC 하단 면적, 민감도, 특이도,
> ## 정확도, 카파 통계량을 구한다.
>
> fiveStats <- function(...) c(twoClassSummary(...),
+                                 defaultSummary(...))
> ## 모든 모델에 사용할 리샘플링 데이터 세트를 만든다.
> set.seed(104)
> index <- createMultiFolds(training$Class, times = 5)
> ## 평가용 부분 집합 크기 벡터를 만든다.
> varSeq <- seq(1, length(predVars)-1, by = 2)
```

이 장의 계산을 재실행하기 위한 코드는 AppliedPredictiveModeling 패키지에 있다. 이
장에서는 분석의 일부로서 R에서 특징 선택을 하는 방법을 나타낼 것이다.

전진, 후진, 단계적 선택법

이 래퍼 클래스를 사용하는 R 함수에는 여러 가지가 있다.

- stats 패키지의 step을 사용해 선형 회귀와 일반화 선형 모델에 적합한 부분 집
  합을 탐색할 수 있다(각각 lm과 glm 함수를 사용한다). direction 인수를 사용해 탐
  색 방법을 정한다(예: "both," "backward," "forward"). 보다 일반적인 것은 MASS
  패키지의 stepAIC 함수로, 이 함수를 통해 추가로 모델 유형을 다룰 수 있다. 이
  런 경우, AIC 통계량(또는 이의 변화량)을 목적 함수로 사용한다.
- rms 패키지의 fastbw 함수에서도 유사한 탐색을 수행하지만, 목적 함수에 p-값
  을 사용할 수 있는 옵션이 있다. 단, 이는 추천하지 않는다.
- leaps 패키지의 regsubsets 함수도 이와 비슷한 기능을 한다.
- klaR 패키지에는 교차 검증 정확률을 최대화하는 모델의 예측 변수 공간을 탐색

하는 stepclass라는 함수가 있다. 함수에는 lda 같은 여러 모델이 내장돼 있지만, 이는 보다 넓은 범위에서 일반화돼 있을 수 있다.

caret 패키지의 train 함수는 leaps, stepAIC, stepclass에 대한 래퍼가 있어서 전체 특징 선택 과정에서 리샘플링해 선택 편향성 위험을 감소시킬 수 있다.

예를 들어, 로지스틱 회귀에 stepAIC를 사용할 경우, 함수는 입력값으로 초기 모델을 사용한다. 함수를 설명하기 위해서는 작은 모델을 사용해야 한다.

```
> initial <- glm(Class ~ tau + VEGF + E4 + IL_3, data = training,
+                family = binomial)
> library(MASS)
> stepAIC(initial, direction = "both")

Start:  AIC=189.46
Class ~ tau + VEGF + E4 + IL_3

        Df Deviance    AIC
- IL_3   1   179.69 187.69
- E4     1   179.72 187.72
<none>       179.46 189.46
- VEGF   1   242.77 250.77
- tau    1   288.61 296.61

Step:  AIC=187.69
Class ~ tau + VEGF + E4

        Df Deviance    AIC
- E4     1   179.84 185.84
<none>       179.69 187.69
+ IL_3   1   179.46 189.46
- VEGF   1   248.30 254.30
- tau    1   290.05 296.05

Step: AIC=185.84
Class ~ tau + VEGF

        Df Deviance    AIC
<none>       179.84 185.84
+ E4     1   179.69 187.69
+ IL_3   1   179.72 187.72
```

584

```
- VEGF  1   255.07 259.07
- tau   1   300.69 304.69


Call: glm(formula = Class ~ tau + VEGF, family = binomial, data = training)

Coefficients:
(Intercept)        tau         VEGF
    9.8075     -4.2779       0.9761

Degrees of Freedom: 266 Total(i.e. Null);  264 Residual
Null Deviance:         313.3
Residual Deviance: 179.8        AIC: 185.8
```

함수의 결과로 최종 예측 변수가 들어간 glm 객체가 나온다. 앞에서 설명한 다른 함수도 비슷하다.

반복 특징 제거

caret과 varSelRF 패키지에는 반복 특징 제거 함수가 들어 있다. varSelRF 패키지의 varSelRF 함수는 랜덤 포레스트 함수에 특화돼 있고, caret의 rfe 함수는 어떤 예측 모델에도 사용할 수 있는 일반화된 함수다. 후자의 경우, 랜덤 포레스트, 선형 판별 분석, 배깅 트리, 나이브 베이즈, 일반화 선형 모델, 선형 회귀 모델, 로지스틱 회귀에 대해 사전 정의돼 있다. 랜덤 포레스트 함수는 rfFuncs라는 리스트에 있다.

```
> library(caret)
> ## rfFuncs에는 내장 랜덤 포레스트 함수가 있다.
> str(rfFuncs)

  List of 6
   $ summary   :function (data, lev = NULL, model = NULL)
   $ fit       :function (x, y, first, last, ...)
   $ pred      :function (object, x)
   $ rank      :function (object, x, y)
   $ selectSize:function (x, metric, maximize)
   $ selectVar :function (y, size)
```

각 함수는 알고리즘 19.2의 단계를 나타낸다.

- summary 함수는 예측을 어떻게 평가하는지를 정의한다(알고리즘 19.2의 10번 줄).
- fit 함수는 사용자가 모델을 정의하고 인수 튜닝을 할 수 있게 한다(19.2의 6, 12 번째 줄).
- pred 함수는 새 샘플에 대한 예측을 한다.
- rank 함수는 변수 중요도 수치를 구한다(두 번째 줄).
- selectSize 함수는 적합한 예측 변수 부분 집합 크기를 고른다(11번째 줄).
- selectVar 함수는 최종 모델에서 어느 변수를 사용할지를 고른다.

이 옵션들은 바뀔 수 있다. 예를 들어, 앞에서 살펴본 확장된 성능 척도 세트를 구하려면 아래와 같이 실행한다.

```
> newRF <- rfFuncs
> newRF$summary <- fiveStats
```

랜덤 포레스트의 RFE 과정을 실행하는 문법은 아래와 같다.

```
> ##  control 함수는 trainControl( )과 유사하다.
> ctrl <- rfeControl(method = "repeatedcv",
+                    repeats = 5,
+                    verbose = TRUE,
+                    functions = newRF,
+                    index = index)

> set.seed(721)
> rfRFE <- rfe(x = training[, predVars],
+              y = training$Class,
+              sizes = varSeq,
+              metric = "ROC",
+              rfeControl = ctrl,
+              ## randomForest( )로 넘기는 옵션이다.
+              ntree = 1000)
> rfRFE

  Recursive feature selection

  Outer resampling method: Cross-Validation (10-fold, repeated 5 times)

  Resampling performance over subset size:
```

```
Variables    ROC    Sens   Spec Accuracy  Kappa Selected
        1 0.8051 0.5375 0.8806   0.7869 0.4316
        3 0.8661 0.6407 0.9167   0.8415 0.5801
        5 0.8854 0.6736 0.9365   0.8645 0.6386
        7 0.8980 0.6571 0.9414   0.8637 0.6300        *
        9 0.8978 0.6850 0.9506   0.8779 0.6679
       11 0.8886 0.6750 0.9609   0.8825 0.6756
       13 0.8895 0.6604 0.9609   0.8786 0.6636
       15 0.8950 0.6586 0.9629   0.8794 0.6628
       17 0.8867 0.6554 0.9621   0.8780 0.6576
       19 0.8900 0.6418 0.9642   0.8758 0.6514
        :      :      :      :        :      :       :
      129 0.8923 0.4439 0.9826   0.8351 0.4947
      131 0.8918 0.4439 0.9836   0.8360 0.4976
      132 0.8895 0.4439 0.9815   0.8345 0.4963
The top 5 variables (out of 7):
   Ab_42, tau, p_tau, VEGF, FAS
```

(지면상 결과는 일부 생략하고 표준편차 열은 뺐다)

새 샘플을 예측하는 과정은 직관적이다.

```
> predict(rfRFE, head(testing))
        pred Impaired Control
2    Control    0.291   0.709
6   Impaired    0.695   0.305
15   Control    0.189   0.811
16  Impaired    0.794   0.206
33   Control    0.302   0.698
38  Impaired    0.930   0.070
```

내장 함수에서 클래스와 분류 확률을 예측한다.

모델에서 매 반복 시에 결과를 반환해주는 반복 특징 선택 내장 함수도 있다. 예를 들어, 서포트 벡터 머신을 찾는 함수는 아래와 같다.

```
> svmFuncs <- caretFuncs
> svmFuncs$summary <- fivestats

> ctrl <- rfeControl(method = "repeatedcv",
```

```
+                    repeats = 5,
+                    verbose = TRUE,
+                    functions = svmFuncs,
+                    index = index)

> set.seed(721)
> svmRFE <- rfe(x = training[, predVars],
+               y = training$Class,
+               sizes = varSeq,
+               metric = "ROC",
+               rfeControl = ctrl,
+               ## 다음은 train()용 옵션이다.
+               method = "svmRadial",
+               tuneLength = 12,
+               preProc = c("center", "scale"),
+               ## 다음은 내부 리샘플링 과정을 정의한다.
+               trControl = trainControl(method = "cv",
+                                        verboseIter = FALSE,
+                                        classProbs = TRUE))
> svmRFE
```

Recursive feature selection

Outer resampling method: Cross-Validation(10-fold, repeated 5 times)

Resampling performance over subset size:

Variables	ROC	Sens	Spec	Accuracy	Kappa	Selected
1	0.6043	0.000000	0.9959	0.7237	-0.005400	
3	0.6071	0.005714	0.9858	0.7178	-0.010508	
5	0.5737	0.000000	0.9979	0.7252	-0.002718	
7	0.5912	0.005357	0.9969	0.7259	0.002849	
9	0.5899	0.000000	0.9979	0.7252	-0.002799	
11	0.6104	0.000000	0.9959	0.7237	-0.005625	
13	0.5858	0.000000	0.9979	0.7252	-0.002829	
:	:	:	:	:	:	:
121	0.8172	0.513571	0.9241	0.8116	0.473426	
123	0.8210	0.514286	0.9199	0.8087	0.469536	
125	0.8844	0.608571	0.9559	0.8610	0.613538	
127	0.8914	0.671786	0.9548	0.8775	0.666157	*
129	0.8877	0.647500	0.9445	0.8632	0.629154	

```
131 0.8891 0.644643 0.9487    0.8655   0.631925
132 0.8879 0.647143 0.9455    0.8639   0.630313
```

```
The top 5 variables (out of 127):
   Ab_42, tau, p_tau, MMP10, MIF
```

여기서 낮은 성능은 클래스 불균형과 관계가 있음을 알 수 있다. 대부분의 샘플이 대조군이므로 모델은 높은 특이도를 갖는 쪽으로 치우친다. caret 웹 페이지에는 rfe에 대한 상세한 내용과 예제가 있다.

필터법

caret에는 모델에서 변수를 거르고 리샘플링을 통해 성능을 추정하는 sbf(Selection By Filter, '필터에 의한 선택'의 약자)라는 함수가 있다. 변수를 거르기 위한 어떤 함수든 사용할 수 있다. 예를 들어, 각 데이터 유형에 따라 각 변수의 p-값을 구하는 방법은 아래와 같다.

```
> pScore <- function(x, y)
+   {
+     numX <- length(unique(x))
+     if(numX > 2)
+     {
+       ## x의 많은 값에 대해 t-검정을 수행한다.
+       out <- t.test(x ~ y)$p.value
+     } else {
+       ## 이항 변수에 대해 피셔의 정확 검정을 사용해
+       ## 오즈비가 == 1인지 검정한다.
+       out <- fisher.test(factor(x), y)$p.value
+     }
+     out
+   }

> ## 각 변수 열에 점수를 적용한다.
> scores <- apply(X = training[, predVars],
+                  MARGIN = 2,
+                  FUN = pScore,
+                  y = training$Class)
```

```
> tail(scores)
        p_tau          Ab_42           male             E4             E3
1.699064e-07  8.952405e-13  1.535628e-02  6.396309e-04  1.978571e-01
          E2
1.774673e-01
```

p-value 교정을 적용하기 위해 본페로니 과정 같은 함수를 만들었다.

```
> pCorrection <- function(score, x, y)
+ {
+   ## 옵션 x와 y는 caret 패키지에서 사용하지만
+   ## 여기서는 사용하지 않는다.
+   score <- p.adjust(score, "bonferroni")
+   ## 필터링 후 어떤 변수가 남을지 결정하기 위해
+   ## 논리 벡터를 사용한다.
+   keepers <-(score <= 0.05)
+ keepers
+ }
> tail(pCorrection(scores))
  p_tau Ab_42  male    E4    E3    E2
   TRUE  TRUE FALSE FALSE FALSE FALSE
```

앞에서와 마찬가지로 caret에는 필터 방법을 위한 많은 내장 함수가 들어 있다. 선형 회귀, 랜덤 포레스트, 배깅 트리, 선형 판별 분석, 나이브 베이즈(보다 자세한 내용은 ?rfSBF로 살펴보자). 예를 들어, ldaSBF에는 아래와 같은 함수가 있다.

```
> str(ldaSBF)
List of 5
 $ summary:function (data, lev = NULL, model = NULL)
 $ fit    :function (x, y, ...)
 $ pred   :function (object, x)
 $ score  :function (x, y)
 $ filter :function (score, x, y)
```

이 함수들은 rfe에서 살펴본 것과 유사하다. Score 함수는 몇 가지 중요도에 대한 정량 수치를 구한다(예: pScore 함수에서 구한 p-값 등). 함수 filter는 이 값(과 원래의 훈련 세트 데이터)을 사용해 어떤 변수가 필터를 통과할지 가늠한다.

생체 지표 데이터의 경우, 필터된 LDA는 아래와 같이 구한다.

```
> ldaWithPvalues <- ldaSBF
> ldaWithPvalues$score <- pScore
> ldaWithPvalues$summary <- fiveStats
> ldaWithPvalues$filter <- pCorrection
> sbfCtrl <- sbfControl(method = "repeatedcv",
+                       repeats = 5,
+                       verbose = TRUE,
+                       functions = ldaWithPvalues,
+                       index = index)
> ldaFilter <- sbf(training[, predVars],
+                   training$Class,
+                   tol = 1.0e-12,
+                   sbfControl = sbfCtrl)

> ldaFilter
  Selection By Filter

  Outer resampling method: Cross-Validation(10-fold, repeated 5 times)

  Resampling performance:

    ROC   Sens   Spec Accuracy  Kappa  ROCSD SensSD  SpecSD AccuracySD
  0.9168 0.7439 0.9136   0.867 0.6588 0.06458 0.1778 0.05973     0.0567
  KappaSD
   0.1512

  Using the training set, 47 variables were selected:
    Alpha_1_Antitrypsin, Apolipoprotein_D, B_Lymphocyte_Chemoattractant_BL,
    Complement_3, Cortisol...

  During resampling, the top 5 selected variables (out of a possible 66):
    Ab_42 (100%), Cortisol (100%), Creatine_Kinase_MB (100%),
    Cystatin_C (100%), E4 (100%)

  On average, 46.1 variables were selected (min = 38, max = 57)
```

caret 패키지 홈페이지에는 rfe와 sbf 함수 및 여기서는 다루지 않은 특징들을 포함해 보다 자세한 내용이 나와 있다.

연습 문제

19.1 생체 지표 데이터에 대해 [그림 19.4]에 나온 변수 간의 상관관계가 특징 선택 과정에 영향을 미치는지 살펴보자. 특히, 다음 내용을 살펴보자.

(a) 모델링 전 데이터의 공선성을 최소화하기 위해 변수를 제거하는 초기 필터를 만들자.

(b) 반복 특징 선택 모델을 다시 만들어 보자.

(c) [그림 19.4]의 RFE 프로파일이 상당 부분 바뀌었는가? 어느 모델이 공선성에 가장 많은 영향을 받는가?

19.2 벌점 LDA 모델을 평가하기 위해 동일한 리샘플링 프로세스를 사용한다. 성능을 비교해보면 어떠한가? 두 모델을 관측했을 때 변수 선택 패턴은 동일한가?

19.3 생체 지표 데이터에 각각 다른 필터와 예측 모델의 조합을 적용하자. 서로 다른 필터에서 동일한 변수가 남게 되는가? 동일한 변수 데이터 세트에 대해 모델이 다르게 바뀌는가?

19.4 연습 문제 7.2의 프리드먼이(1991) 만든 비선형 함수를 사용하는 시뮬레이션 방안을 상기해보자.

$$y = 10\sin(\pi x_1 x_2) + 20(x_3 - 0.5)^2 + 10x_4 + 5x_5 + e$$

변수 x_1부터 x_5까지는 균등 분포에 따르고, 오차 e는 평균 0과 따로 정의된 표준편차를 갖는 정규 분포에 따른다.

(a) 데이터 세트가 $n = 500$인 샘플에 대해 훈련 데이터 세트와 테스트 데이터 세트를 시뮬레이션해보자. 훈련 데이터 세트의 변수 대 결과를 산점도, 연관성 그래프, 표 그래프, 그 외 다른 시각화를 통해 나타내보자.

(b) 특징 선택을 위해 전진, 후진, 단계별 알고리즘을 사용해보자. 최종 모델에서는 전체 변수 세트를 선택했는가? 그렇다면 이유가 무엇이고, 아니라면 무엇일까? 이 탐색 방안에서 교차 검증을 사용했다면, 이때 성능은 테스트 데이터 세트와 유사한가?

(c) 여러 모델에 대해 반복 특징 선택을 사용해보자. 성능은 어떠한가? 정보성 변수가 선택됐는가?

(d) 각 변수를 따로 평가하는 필터와 동시에 평가하는 필터(예: 릴리프 F 알고리즘)를 사

용해 필터 방법을 적용해보자. 연관된 변수(x_1와 x_2)가 선택됐는가? 선호되는 쪽이 있는가?

(e) 훈련 데이터 세트의 샘플 크기를 줄이고, 비정보성 변수를 많이 붙여보라. 더 극단 적인 환경에서 탐색 과정의 성능은 어떠한가?

19.5 세포 분할 데이터에서

(a) 최적 변수 세트 파악을 위해 필터와 래퍼 방법을 사용해보자.

(b) 선형 판별 분석과 로지스틱 회귀에서 이 모델들의 내장 특징 선택 함수를 대신 사 용해보자(glmnet, sparse LDA). 성능, 사용 변수 수, 훈련 시간을 비교했을 때 어떤 차이가 있는가?

20
모델 성능에 영향을 미치는 요인

앞의 여러 장에서 클래스 불균형이나 과적합 같은 예측 모델의 기술적인 위험에 대해 중점적으로 다뤘다. 종종, 실제로 성공적인 모델이 나오는 것은 실제 모델과는 직접적으로 상관없는 측면에 따라 달라지기도 한다. 예를 들어, '어떤 데이터를 사용하는지'나 '모델링의 목적과 연관된 미묘한 장애물들이 존재하는지' 등과 같은 것이다. 여기서 다루지 않은 한 가지 문제는 '모델을 고급 기술로 보는지, 귀찮은 것으로 보는지' 등과 같은 모델을 받아들이는 자세에 대한 것이다. 에어즈(Ayres, 2007)의 연구에서 이에 대해 광범위하게 다룬 것을 볼 수 있다. 이 장에서 다루지 않는 다른 중요한 모델링의 측면으로는 **특징 연구**feature engineering가 있다. 이는 모델의 1개 이상의 변수를 변환하는 방안들이다.

이 장에서는 예측 모델을 만들고 유지하는 것에 대한 여러 가지 중요한 측면들을 다룰 것이다. 첫 장에서는 "삼종" 오류와 오답을 말하는 모델 개선에 대해 다룰 것이다. 이에 대한 설명을 위해 훈련 데이터 세트의 샘플링 문제, 논점을 벗어난 질문에 대답하는 모델로 인해 발생하는 문제 사례를 보일 것이다.

잡음이나 오차는 모델의 예측 성능에 다양한 영향을 미치며, 대부분의 데이터 세트에 대해 세 가지의 일반적인 형태를 나타낸다.

- 많은 변수를 측정할 때, 측정 시스템과 관련된 여러 시스템상의 잡음이 존재한 다. 변수에 큰 잡음이 존재하는 경우, 모델 예측 방정식을 통해 모델 전반에 잡 음이 퍼지면서 성능이 낮아진다.
- 두 번째로 잡음은 비정보성 변수(응답 변수와 무관한 변수 등)로 인해 데이터에 유 입된다. 몇 가지 모델에서는 무관한 정보를 걸러내 예측 성능에는 영향이 없도 록 한다.
- 세 번째로 잡음이 응답 변수를 통해 모델링 과정에 유입된다. 변수와 마찬가지 로 일부 결과는 시스템에서 자동으로 측정되고, 이때 원치 않는 잡음이 개입된 다. 이런 유형의 오류는 전처리나 모델 복잡도, 튜닝 등으로 해결할 수 없는 모 델 성능 상한의 제약을 가져온다. 예를 들어, 훈련 데이터 세트에서 측정 범주형 결과의 이름이 10%가량 잘못 붙은 경우, 이 모델은 아무리 성능이 좋다고 해도 90%의 정확도 이상을 넘을 수 없다. 물론, 모델러는 이를 알 수 없고 아마도 많 은 시간을 잡음을 잡아내려는 데 사용할 것이다.

이런 모델링의 측면에 대해서는 20.2장과 20.3장에서 살펴볼 것이다. 20.4장에서는 예 측 성능에서 결과를 이산화하는 방안에 대해 다룰 것이고, 20.5장에서는 모델 탐색 과 정을 살펴볼 것이다. 그 후 얼마나 많은 데이터가 모델 성능에 영향을 줄 수 있는지에 대해 개략적으로 살펴보는 것으로 이 장을 마무리한다.

20.1 삼종 오류

모델링에서 가장 흔한 실수 중 하나는 잘못된 질문에 대한 모델을 만드는 "삼종 오류" 로 알려진 문제다(Kimball, 1957). 기술적인 세부 사항에만 집착하느라 문제의 본질을 무심코 대충 보고 넘기는 경우가 종종 있다. 즉, 실제로 가능한 해법의 기술적 전술만 이 아닌 문제의 전반적인 전략에 집중하는 것이 중요하다는 것이다. 한 가지 예로, 비즈 니스상에서의 목적은 거의 항상 수익을 최대화하는 것이다. 관측 변수가 범주형(구매/비 구매, 이탈/유지 등)인 경우, 모델 성능과 클래스 예측을 기대 수익과 연결하는 것이 핵심 이다.

까다로운 모델링 전략의 보다 미묘한 문제로는 마케팅에서의 응답 모델링이 있다. 옷가게에서 고객들에게 프로모션을 수행했던 11장의 직접 마케팅 예제를 다시 가져와보자. 각 고객에 대해 응답 내용을 기록했다(구매가 일어난 매장 등).

옷가게의 실제 목표는 수익을 늘리는 것이었지만, 이 세부 캠페인에서는 모든 적합한 고객을 샘플링하지 않았다. 여기서는 단순히 만난 고객을 유효하게 만들고 모든 고객이 이 고객들의 행동을 따라할 것이라고 가정했을 뿐이다.[1] 이 데이터에서 만들어진 어떤 모델이든 접촉한 고객에 대해서만 이 고객이 구매할 확률을 예측하는 것밖에 할 수 없다. 이 조건문은 전반적인 수익을 증가시키고자 하는 목표와는 반대다. 사실, 고객에게 프로모션을 제공하는 것은 항상 수익이 줄 수밖에 없다.

예를 들어, 프로모션에 상관없이 구매하는 고객군이 있다. 이 사용자들은 관측 데이터에 들어갈 것이고, 모델은 이 고객들의 응답을 분리해내지 못할 것이다. 모델 구축 사례의 목적은 항상 1이라고 응답하지 않는 고객들에게 프로모션해 수익을 증가시키는 것이다.

시걸(Siegel, 2011)은 가능한 네 가지 경우를 제시했다.

		접촉 없음	
		응답	무응답
접촉	응답	A	B
	무응답	C	D

표의 각 셀은 아래와 같다.

- A: 접촉 여부와 상관없이 응답한 고객
- B: 프로모션때문에 응답만 한 고객
- C: 프로모션에는 부정적 반응을 보였지만, 했지만, 만약, 접촉 경험이 없다면 응답했을 고객
- D: 전혀 응답이 없는 고객

매출 증대를 위해 신규 수입원 창출에 도움이 될 군집인 B에 어떤 고객이 들어가는지를 정확히 예측할 수 있는 모델이 가장 유용하다.

간단한 응답 모델에 대해서는 아래와 같은 부정적 견해가 있을 수 있다.

---

[1] 마케팅에서 리제파코스키와 야로제비츠(Rzepakowski and Jaroszewicz, 2012)는 마케팅 모델에서 다음 클래스를 정의했다. "경향성 모델에 있어서 구매 이력 정보(또는 방문 정보 등 다른 성공 지표)를 사용하지만, 이때 응답 모델에서는 모든 고객을 파일럿 캠페인의 대상으로 보고 있다."

- 항상 응답하는 고객이 있기 때문에 응답률이 과추정될 수 있다. 전체 추정 매출은 기본 매출을 포함하므로 순이익과는 다르다. 예를 들어, 응답 모델의 리프트 곡선상으로 30%의 고객을 응대하면 70%의 응답률을 얻을 수 있다. 하지만 항상 응답하는 고객은 모델에서 신뢰값으로 들어가고, 이 고객들이 접촉 대상자의 30%에 포함될 가능성이 크다.
- C나 D셀의 고객에게 프로모션을 보낼 경우, 비용이 증가한다. 라로스(2006, 7장)의 비용 구조상으로 볼 때, 프로모션 비용은 상대적으로 낮다. 하지만 어떤 경우 비용은 훨씬 높아질 수 있다. 예를 들어, 프로모션을 원치 않는 고객에게 프로모션이 노출되는 경우, 해당 비즈니스에 대한 고객의 감정이 나빠질 수 있다. 또한 고객 유지를 위한 응답 모델을 사용할 경우, 이런 고객 접촉은 고객이 이탈하는 계기가 될 수 있다. 이 고객들은 다른 회사로부터 더 좋은 딜을 받을 수도 있다는 것을 기억하자.

이 문제에 대해서는 프로모션이 실제 실행되기 전까지 관측할 수 없다.

고객 응답에 대한 효과를 이해하기 위한 기법으로는 수익 증가 모델(uplift model, Siegel, 2011; Radcliffe and Surry, 2011; Rzepakowski and Jaroszewicz, 2012), 실수익 모델(true lift model, Lo, 2002), 순수익 모델net lift model, 수익 증가 모델, 실 응답 모델 등이 있다. 로(Lo, 2002)는 접촉이 없었던 고객 대조군을 A와 C군, B와 D군(B와 D는 모델에서 구별하기 어렵다)으로 구별하기 위한 구분 응답 모델을 만드는 데 사용하는 방식을 제안했다. 기존에 접촉한 고객을 사용해 전통적인 응답 모델을 만드는 것과 동시에 점수를 매기는 방식을 통해 다음 값이 큰 고객을 찾을 수 있다.

$$Pr[\text{response}|\text{contact}] - Pr[\text{response}|\text{no contact}]$$

접촉 없이 응답하는 고객의 확률을 제거하는 방식으로 적합한 고객군을 찾는 보다 정제된 방법을 사용한다. 이 방법의 문제점이라면 '간접적'이라는 것이다. 또한 비슷한 이벤트에 대한 모델링을 하다 보면 모델 예측값이 편향적이 될 수 있다. 이런 경우, 각 이벤트에 대한 확률이 다른 고객에게는 거의 없게 될 것이다. 래드클리프와 서리(Radcliffe and Surry, 2011)는 접촉이 없었던 고객군을 직접 사용해 수익 증가를 모델링한 트리 기반 모델을 만들었다.

다른 방식은 보다 복잡한 모델링 기법으로 적합한 훈련 데이터 세트를 만드는 것이다. 앞의 표를 보면, 동일한 고객에 접촉한 상태와 접촉하지 않은 상태를 동시에 만들기는 불가능하다. 하지만 의학 연구에서는 기존 치료 대비 새로운 치료법을 평가하는 실험에서 종종 직면하는 문제다. 이런 경우, 임상 시도 시 짝 샘플을 사용한다. 거의 유사하고 처치 그룹에 랜덤으로 들어갔던 두 대상을 찾는다. 유일하게 달랐던 요인은 처치 방법뿐이고, 이때 환자의 응답은 이렇게 짝을 지어 비교하지 않는 경우보다 정확도가 높아진다. 여기서 중요한 개념은 각각의 대상이 실험 단위가 아닌, 짝지어진 한 쌍이 분석의 데이터 단위가 된다는 것이다.

여기에도 동일한 방법을 적용해볼 수 있다. 초기 고객 샘플에서 인구 통계적 요인과 수입 정도 등의 동일한 특성을 가진 고객끼리 짝을 짓는다. 각 쌍에 대해 한 명의 고객에게만 임의로 프로모션을 제공한다. 그러면 각 쌍에 대해 앞에서 보인 2×2 표를 만들 수 있다. 모든 쌍에 대해 결과를 집계한 후, 4개의 서로 다른 결과(A부터 D까지)에 대한 분류 모델을 만들 수 있고, 고객들이 가장 관심을 갖는 고객군인 B에 속할 확률을 매길 수 있다. 이 방법에서는 단일 모델로 관심군에 대한 모델을 바로 만들 수 있다.

20.2 결과의 측정 오차

모델이 도달할 수 있는 최소 오차율은 무엇일까? [식 6.1]의 선형 회귀 모델을 살펴보자.

$$y_i = b_0 + b_1 x_{i1} + b_2 x_{i2} + \cdots + b_p x_{ip} + e_i.$$

잔차 e_i는 σ^2의 분산을 가질 것이라고 가정했다. 만약, 우리가 모델 구조(정확한 변수 및 변수와 결과의 관계 등)를 제대로 알고 있다면, σ^2가 도달 가능한 최소 오차 또는 기약 오차 irreducible error가 될 것이다. 하지만 보통 실제 모델 구조를 알고 있기는 어려우므로 이 값에 모델 오차(적합도가 낮으면서 발생하는 오차)가 추가되면서 값이 급등한다. 모델링 과정에서 목적은 모델 오차를 제거하는 것이다.

하지만 모델링 과정에서 제거하기 어려우면서 σ^2에 추가되는 또 다른 항목이 있다. 결과에 유의한 측정 상의 잡음이 포함돼 있는 경우, 기약 오차는 매우 커진다. 그러면 이 오차로 인해 평균 제곱근 오차와 R^2는 각각 상한선과 하한선을 갖는다. 따라서 오차 항은 모델에서 설명되지 않은 응답 변수의 분산값에 시스템의 측정 오차가 더해진다. 변수와 응답값 간의 관계만이 아니라 측정 시스템과 이 한계를 잘 이해할수록 모델 성능의 한계를 보다 잘 예측할 수 있게 될 것이다. 이 장의 소개 부분에서 언급했듯이, 분류에서도 유사한 문제가 발생한다.

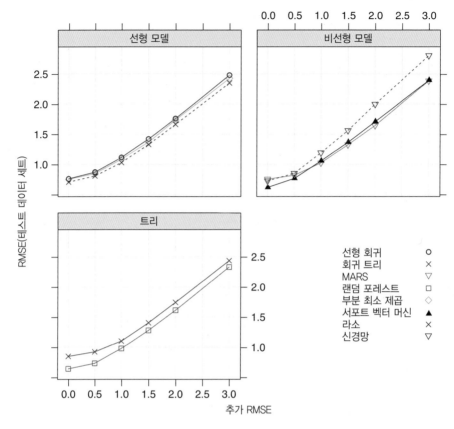

〔그림 20.1〕 측정 시스템의 잡음 증가에 따른 용해도 모델의 테스트 세트상 RMSE 프로파일

　모델 성능에서의 오차 정도의 영향을 살펴보기 위해(6~9장에서 다룬) 용해도 QSAR을 다시 살펴볼 것이다. 이 데이터의 응답 변수는 용해도 값의 로그고([그림 6.2]), 예측 변수는 연속형과 이항형이다(6.1장). 이 데이터의 최적 선형 회귀 모델은 RMSE 값이 0.7로 여기에는 측정 시스템 오차, 적합도 낮음에 따른 오차, 모델에 적절한 변수가 사용되지 않아 발생한 오차가 포함돼 있다. 이를 나타내기 위해 이 값을 오차의 기본값으로 사용한 후, 응답 변수에 비례해서 오차를 증가시킬 것이다. 이를 위해 각 화합물의 로그 용해도 값에 0의 평균을 갖는 정규 분포와 선형 회귀 모델 RMSE의 표준편차에 0에서 3까지의 인수를 곱한 값에서 발생하는 잡음을 추가한다. 잡음을 추가하는 단계마다 부분 최소 제곱, 단일 회귀 트리, 다변량 가법 회귀 스플라인, 랜덤 포레스트, 신경망, 방사형 기본 함수 서포트 벡터 머신 모델을 훈련하고 튜닝했다. 각 모델의 성능은 테스트 세트에 대한 RMSE와 R^2를 기반으로 구했으며, 이에 대한 결과는 [그림 20.1]과 [그림

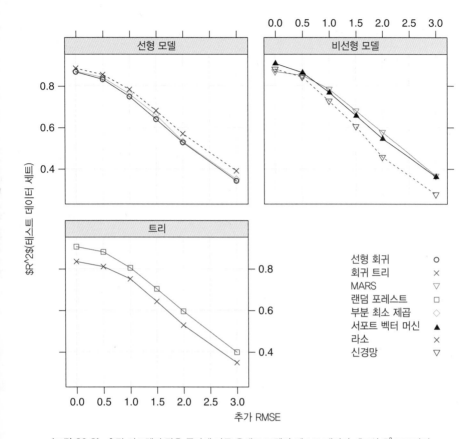

〔그림 20.2〕 측정 시스템의 잡음 증가에 따른 용해도 모델의 테스트 데이터 세트상 R^2 프로파일

20.2]에 나타나 있다(선형 모델, 비선형 모델, 트리 등). 모델 유형에 상관없이 성능은 확실히 나빠졌다. 또한 응답 변수에 포함된 추가 오차의 정도에 따라 비례적으로 악화됐다.

이 간단한 내용에는 짚고 넘어갈 두 가지 중요한 부분이 있다. 첫째, 이런 유형의 잡음은 어떤 모델도 예측할 수 없다. 우리는 여기에 매달려 있을 뿐이고, RMSE 바닥이나 R^2 천장을 깰 수 없다. 따라서 모델러가 측정 시스템에 대해 더 많이 알수록 모델 성능에 대해 더 정확히 예상할 수 있을 것이다. 둘째, 잡음이 증가할수록 예측 성능 측면에서 사실상 모델을 구별하기 어려워질 것이다. 즉, 앙상블 같은 몇 가지 보다 복잡한 모델로부터 이익이 나는 경우는 측정 시스템 오차가 상대적으로 낮을 경우에나 유리한 것이다. 이는 모델(앙상블 등)이 찾을 수 있는 복잡한 기본 구조가 잡음 증가함에 따라 더 복잡해지기 때문에 나타나는 것이다. 따라서 측정 시스템 잡음이 높을 때는 간단하고 효율적인 모델도 잘 동작할 것이다.

20.3 예측 변수에서의 측정 오차

여러 데이터 세트에서 살펴본 것처럼 대부분의 변수는 계산 가능하다. 예를 들어, 용해도 데이터에는 특정 화학 구조의 존재 여부를 나타내는 식별자가 있다. 텍스트 마이닝에서 변수는 텍스트 내의 중요한 단어나 구의 빈도가 된다. 다른 경우, 변수는 관측값이거나 몇몇 외부 과정에서 얻은 것이다. 예를 들면, 아래와 같다.

- 세포 분할 데이터의 핵의 범위 같은 세포의 여러 측면
- 지원데이터에서의 지원 성공 또는 실패 횟수 정보

전통적 통계 모델에서는 일반적으로 예측 변수에는 오차가 없을 것을 가정하지만, 실제로는 항상 그렇지는 않다. 변수에 랜덤 효과를 넣었을 때의 영향은 랜덤 정도, 변수 중요도, 사용한 모델 유형 등의 여러 요인에 따라 달라질 수 있다. 어떤 경우, 훈련 데이터 세트의 초기 데이터는 매우 제한된 조건에서 만들어졌으므로 랜덤 효과는 제거됐다. 예를 들어, 사람이 데이터를 직접 만드는 경우(점수 평가 등)를 가정해보자. 사람들이 객체를 인식하는 방법에는 차이가 있으므로 평가자 간의 잡음이 발생할 수 있다. 만약, 한 평가자를 훈련 데이터 세트에 넣고 다른 평가자를 새 데이터에 넣은 경우, 평가자 간의 편향성 문제가 발생할 수 있다.

다른 예로 앞에서 살펴본 콘크리트 혼합물 데이터를 살펴보자. 혼합물의 재료별 정확한 비율과 양을 알고 있다고 해도 혼합물을 만들 때 이 값에는 다소 편차가 생길 수 있다. 만약, 콘크리트를 만드는 과정이 복잡하다면(눈에 띄지는 않더라도) 실제 사용량은 식에 따라 달라질 수 있다.

모델에서의 랜덤 예측 변수 효과에 대한 영향 정도를 나타내기 위해 단순한 사인 곡선에 랜덤 오차를 시뮬레이션했다. [그림 20.3]의 "SD = 0"이 붙은 부분은 원데이터를 나타낸다. 여기서 x축의 데이터는 2부터 0까지의 값으로 나뉘어 있다. 결과는 데이터에 정규 분포를 따르는 적은 잡음을 추가해 만든다. 각 그래프에서 예측 변수와 응답 변수 간의 실제 관계는 검은색 실선으로 나타냈다. 데이터를 2개의 서로 다른 회귀 모델에 넣었다. 그래프의 왼쪽 열은 실제 모델 형태($sin(x)$)를 데이터에 적용했을 때의 일반적인 선형 회귀 모델이다. 오른쪽 열은 CART 회귀 트리를 적용한 것이다. 이 모델의 적합 곡선은 굵은 붉은색 선으로 나타냈다.

[그림 20.3]의 행은 동일한 데이터에 대해 잡음이 없는 경우(상단)와 예측 변수에 랜덤 오차를 점진적으로 추가한 경우다. 정확히, 서로 다른 표준편차를 사용하는 랜덤 정

규값을 실제 값에 추가했다. 이 그림의 작은 파란색의 종 모양의 곡선은 평균 6의 데이터에 대한 확률 분포를 나타낸다. y축의 값은 모든 그래프에서 동일하다.

선형 회귀는 추가 잡음이 없을 때의 관계를 모델링하는 데 효과적이다. 변수에 잡음이 추가되면, 선형 회귀의 정확도가 점차 낮아지고, 곡선의 상단에서 최악이 된다. 효과는 표준편차 0.75일 때 두드러진다. 하지만 여기서는 모델러가 x와 y의 실제 관계를 이미 알고 있고, 이 지식을 모델에 반영했다고 가정하므로 이는 다소 긍정적인 추정이라고 볼 수 있다.

추가적인 잡음이 없는 경우, 회귀 트리는 관측 데이터의 범위에서 패턴을 꽤 잘 찾아낸다. 회귀 트리 알고리즘은 데이터의 패턴을 경험적으로 추정하므로 결과가 좀 더 의심스럽다. 게다가 이 모델은 불안정하다(편향성은 낮으나 분산이 크다). 이런 경우, 예측 변수 간의 차이와 실제 관계는 랜덤 오차의 양이 적을 때 보다 잘 나타난다.

예측 변수의 측정 오차는 모델 구축 시에 문제를 야기할 수 있다. 특히, 다른 데이터 세트로 결과를 재현해야 하는 경우다(과적합인 경우와 유사함). 이런 경우, 내재된 예측 데이터가 훈련 데이터에서 사용한 값과 차이가 나므로 향후 결과가 좋지 않을 것이다.

사례 연구: 원치 않는 부작용 예측

제약 회사에는 화합물의 위험을 줄이기 위한 부서가 있다. 이 부서에서는 후보 약물에 해로운 부작용이 있는지, 인간에게 유독한지를 파악한다.

이런 문제를 파악하기 위한 방법으로는 세포 기반으로 화합물이 위험한 가능성이 있는지를 분석하는 성분 분석이 있다. 이런 연구 결과와 함께, 기존에 알려진 문제가 있는 화합물 집합과 알려진 문제가 없는 "깨끗한" 화합물 집합을 정의한다. 생물학적 성분 분석을 해 이 값을 예측 모델의 입력값으로 사용한다. 화합물 구조를 통해 용해도를 예측했던 앞의 예제와 매우 비슷한 방식으로 이 모델에서는 안정성 문제를 예측하기 위해 세포에서 화합물에 대해 어떻게 반응하는지를 측정한 값을 사용한다.

이 예제의 목적은 특정 유독성에 대한 예측 모델을 만드는 것이다. 특정 유형 세포의 RNA 번역(유전자 표현형) 양을 측정한 10개의 성분 분석값을 만들었다. 250개가량의 화합물(유독성, 무독성 포함)을 분석해 이 결과를 모델 훈련의 데이터로 사용했다. 모델의 민감도와 특이도는 80% 정도였다.

하지만(원훈련 데이터의 조건에 따라) 새 화합물을 검사한 결과는 임의로 추정한 값보다 낫지 않았다. 모델 구축 과정에서의 방법 오차를 검토한 후, 분석 품질을 조사했다.

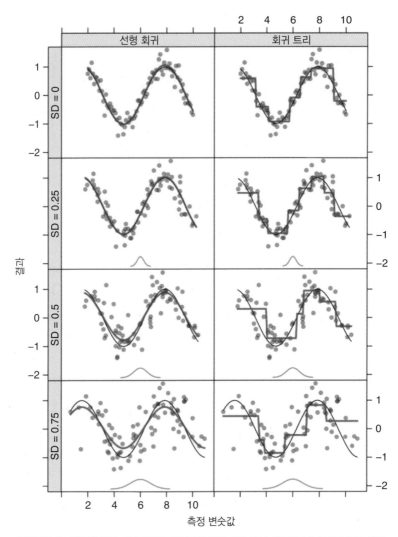

〔그림 20.3〕 변수에 서로 다른 잡음을 추가했을 때의 사인 곡선 시뮬레이션 및 2개 모델 적용

3개의 서로 다른(연결되지 않음) 배치에서 측정한 46개의 화합물 부분 집합에 대한 실험을 수행했다. 각 배치에는 각 화합물의 복제값이 있다. [그림 20.4]에는 이런 분석 중 하나의 데이터를 시각화한 것으로, 화합물은 평균값을 기준으로 나열돼 있다. 데이터상에서 특히 몇몇 화합물에 대해 배치별 효과가 있는 것이 명확히 드러난다. 추세는 일정하지 않다. 많은 경우, 배치 3의 값이 가장 크지만, 모든 화합물에 대해 그런 것은 아니다. 또한 배치에서 예측 변수의 범위가 과하게 크다. 어떤 경우에는 2 로그를 넘기도 한

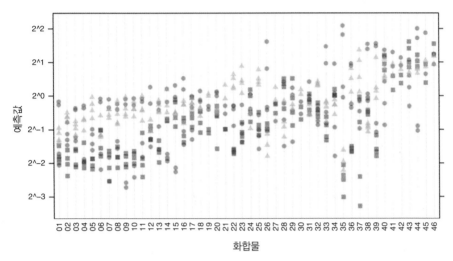

〔**그림 20.4**〕 일련의 생물학적 성분 분석에서 불필요한 잡음원을 특성화하기 위해 사용된 실험 결과

다. 예를 들어, 35번 화합물은 예측 데이터 범위 전체에 달한다.

분산 성분 모형이라고 불리는 통계 방법(간혹 측정 재현 및 반복 방식이라고도 불린다, Montgomery and Runger, 1993)은 데이터의 잡음의 출처를 수치화한다. 이 실험 디자인에서 가능한 최상의 경우는 데이터 내의 화합물 간 변량이 잡음의 100%를 차지하는 것이다(배치 간 잡음이나 배치 내 잡음이 없는 상태). 분산 성분 모형을 사용했을 때, 화합물은 데이터 내의 잡음의 38%를 차지했다. 배치 간 변량은 전체의 13%고, 배치 내 변량은 49%였다. 확실히, 변량의 주 요인이 원치 않는 잡음인 것은 선택적 상황이 아니다.[2] 몇몇 화합물은 유독성이고, 나머지는 아니므로 이런 측정 상황에서는 유독성/무독성 화합물을 구분하기가 쉽지 않다. 다른 분석에서도 유사한 결과가 나왔다. 이 분석은 이러한 맥락에서 이를 사용하기 위한 바른 생물학적 논리를 만들어 내는 다른 실험의 데이터를 기반으로 선택됐다는 점에 유의해야 한다. 따라서 이 변수들로부터 어떤 신호를 찾을 수 있다고 믿지만, 이는 측정 시스템의 잡음으로 인해 버려진다.

---

2 이 경우, 예측 변수의 잡음은 시스템에서 발생하고 랜덤이라는 사실을 기억하자. 달리 말해, 특정 원인으로 인한 변화량의 출처를 밝힐 수 있다.

20.4 연속형 결과를 이산화하기

많은 분야에서 원래의 응답 변수가 연속형이더라도 이를 범주형 응답 변수화해서 작업을 하길 원한다. 이는 응답 변수의 내재된 분포가 실제로는 이정 형태^{bimodal}기 때문이다. [그림 20.5]에는 서로 다른 데이터로부터 온 수치형 결과값에 대한 2개의 히스토그램이 나타나 있다. 상단의 히스토그램은 이 장에서 지금까지 다룬 용해도 데이터고, 하단 히스토그램은 다른 데이터 세트의 측정값의 분포를 나타낸 것이다. 용해도 분포는 대칭 형태지만, 하단의 분포는 확실히 이정 형태로 대부분의 데이터는 응답값의 양쪽

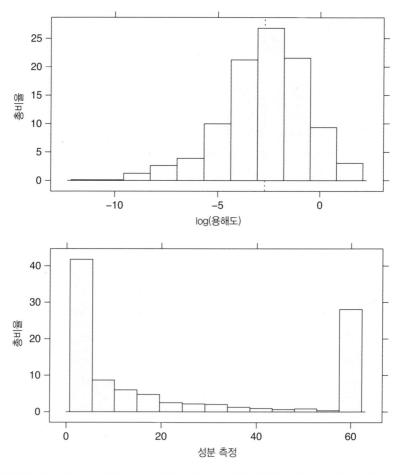

〔그림 20.5〕 두 데이터 세트의 분포 비교. **상단**: 이 장에서 사용한 화합물 용해도 측정치. 세로의 점선은 평균 로그 용해도 값으로 이후 이 값을 범주화하는 데 사용된다. **하단**: 다른 데이터 세트의 결과값. 이 분포는 명확히 이정 형태로, 데이터를 두 범주로 나누는 것이 보다 자연스럽다.

끝에 모여 있고, 가운데 부분에는 상대적으로 값이 거의 없다. 상단 분포에 대한 데이터의 경우, 자연스럽게 값이 구분되지 않으므로 이를 범주화하기 어렵다. 하지만 하단 분포의 데이터를 범주화하는 것은 훨씬 자연스럽다.

범주형 응답 변수로 작업하고자 하는 또 다른 경우는 실질적인 이유로 인한 것이다. 지금까지 조사한 데이터에서 용해도의 경우, 과학자들이 약품 탐색 절차를 진행하기 위해 필요한 한 가지 특성이다. 이 다차원 최적화 문제를 단순화하기 위해 의사 결정자는 화합물의 로그 용해도값을 예측하는 것보다 이 화합물이 용해되는지 아닌지를 아는 것을 더 선호할 것이다. 최적의 화합물 집합을 선택하는 것은 원하는 화합물이 가장 중요한 특성을 충족시키는 화합물인지에 대한 체크리스트로 단순화할 수 있다. 이 과정에서 추가 연구를 위해 가장 유망한 화합물을 확실히 식별할 수 있지만, 결과 정보가 삭제되므로 화합물 간의 더 많은 차이점을 발견할 수 없다.

응답 변수가 이정 형태(또는 여러 개로 나눠질 경우)인 경우, 이를 범주화하는 것이 적합하다. 하지만 용해도의 사례처럼 응답 변수가 연속형 분포를 따를 경우, 모델링 전에 응답 변수를 범주화할 경우, 정보의 손실이 생기면서 모델의 전체 효용성이 낮아진다.

이런 정보의 손실을 설명하기 위해 용해도 데이터를 계속 살펴보자. 응답 변수를 평균(−2.72 로그 단위) 위 아래로 나눈 후, 각 분류 모델에 필요한 수정을 가해 튜닝했다. 선형 회귀는 로지스틱 회귀, MARS는 FDA, LASSO는 glmnet으로 대체하는 식으로 각 모델을 유사한 분류 기법으로 대체했다. 각 모델을 훈련한 후, 테스트 데이터 세트의 카파 값에 추가로 테스트 세트의 각 화합물의 확률을 구했다. 각각의 테스트 세트의 화합물에 대해 예측 가능한 연속형 응답 변수를 가지며, 이는 화합물이 용해될 것으로 예상되는 확률로 나타낼 수 있다. 이후 화합물에 대한 연속형 예측값과 확률 예측값을 산점도로 나타내 비교해볼 수 있다.

[그림 20.6]은 PLS, SVM, 랜덤 포레스트의 회귀와 분류 방법에 대한 테스트 세트의 결과를 나타낸 것이다(다른 모델에 대해서도 결과는 유사하며, 이는 [연습 문제 20.1]에서 설명한다). 각 회귀 모델에서 관찰 및 예측 log(용해도) 값은 전체 응답 변숫값의 범위에 걸쳐 실제 값의 약 4 log(용해도) 단위 내에 있는 예측값과 일치하는 선을 따른다. 분포 중심을 보면 −4인 예측 log(용해도) 값은 모델 전반에서 −6에서 −2 로그 단위의 범위 내의 관측값을 갖는다. 반면, 분류 모델에서 0.5의 예측 확률이었던 값의 실제 값은 PLS의 경우 대략 −6에서 0 사이, SVM과 랜덤 포레스트의 경우 −4에서 0 사이로 회귀한다. 분류 모델의 극단값에 대한 예측 범위는 훨씬 더 넓다. 예를 들어, SVM에서 예측 확률이 거의 0에 근접했던 값의 실제 log(용해도) 값은 −10에서 −2의 범위에 대응하고,

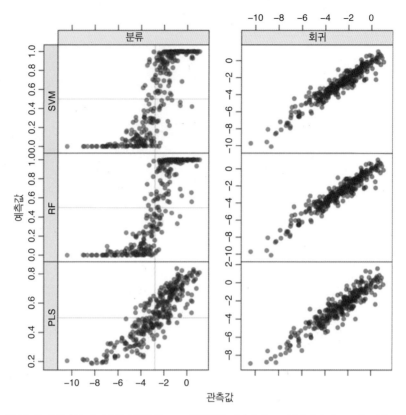

〔그림 20.6〕 응답 변수가 연속형과 범주형으로 모델링됐을 때의 용해도 모델에서의 테스트 세트 성능 비교

예측 확률이 거의 1에 근접한 값의 실제 값은 −3.5에서 2의 범위에 대응한다(랜덤 포레스트에서도 유사하다). 이 예제에서 원래 척도의 데이터를 사용하는 경우가 모든 모델에 있어서 보다 정확한 응답 범위를 예측한다. 이 데이터의 모델 결과에 대한 이후 비교는 [연습 문제 20.1]을 참고하라.

연속형 응답 변수를 범주화하고자 하는 두 번째의 일반적인 이유는 과학자는 보통 연속형 변수의 경우 오차율이 높고, 분포의 극단값에 있는 응답 변수만 정확히 범주화할 수 있다고 믿는 것이다. 이런 경우, 데이터를 3개의 범주로 나눠 각 극단값은 일반적으로 긍정, 부정으로 나누고, 중간값은 미상 또는 중간으로 분류할 수 있다. 중간 범주는 모델 내에서(또는 모델 튜닝 과정에서만 뺀다) 두 범주를 보다 쉽게 판별하는 데 도움을 준다.

20.5 언제 모델의 예측값을 믿어야 할까?

이번 장의 제목은 "언제 모델의 예측값을 믿어야 할까?"다. 예측 모델링 과정에서는 예측 변수 및 응답 변수에 대해 현재 존재하는 데이터를 만드는 방법은 동일한 방식으로 이후에도 데이터를 계속 만들 것이라는 것을 전제로 한다. 데이터 생성 방식에 대한 간단한 예제로 기성품 음식 제조 비즈니스를 생각해보자. 기성품 음식 회사는 계속 동일한 상품을 생산해야 동일한 음식을 접하는 고객 경험을 유지할 수 있다. 따라서 회사에서는 조리법, 성분, 준비 과정을 항상 동일하게 유지해야 한다. 만약, 기성품을 만드는 대량 생산 빵집의 초코칩 쿠키의 수분 정도를 모델링한다면, 새로운 쿠키 배치를 측정한 값인 예측 변수가 (과거 특정 시간에 수집된) 훈련 세트의 예측 변수로서 범위에 속할 것을 예상한다. 즉, 새 데이터에는 동일한 특성이 포함되고, 모델이 만들어지는 데이터의 예측 공간의 유사한 부분을 차지할 것이라는 것이다.

이 책에 사용된 예제에서 예측 변수 공간에 훈련 데이터 세트와 유사한 성격을 갖는 테스트 세트를 만들기 위해 적합한 단계를 거쳤다. 이 과정에서 필요한 원칙은 4.3장에 나와 있다. 만약, 새 데이터가 훈련 데이터 세트와 동일한 데이터 생성 과정을 통해 만들어졌다면, 이 모델은 새 데이터에 대해서도 적합한 예측을 할 것이라고 믿을 수 있다. 하지만 새로운 데이터가 동일한 방법으로 만들어진 것이 아니거나 훈련 데이터 세트가 데이터 생성 과정에 의해 일반적으로 만들어지는 공간 범위를 사용하기에 너무 작거나 흩어져 있다면, 이 모델의 예측값을 신뢰할 수 없을 것이다. 외삽 추정은 보통 훈련 데이터 밖의 샘플을 모델을 사용해 예측하는 것이라고 정의한다(Armitage and Berry 1994). 하지만 훈련 데이터가 존재하지 않는 예측 변수의 범위가 존재하는 구역이 있을 수 있으므로 고차원의 데이터를 인지하는 것이 중요하다. 따라서 우리의 외삽 추정에 대한 방향을 예측 변수 공간에서 이런 빈 내부 공간을 포함하는 것으로 확장할 필요가 있다. 변수 범위 바깥이나 변수 공간의 빈 지역에 대한 외삽 예측은 신뢰하기 어려울 수 있고, 의사 결정에 도움이 되지 않을 수도 있다.

모델이 판단이 어려운 외삽 예측을 만들어 낼 때, 실제 사용하는 사람은 가장 먼저 예측에 사용할 샘플 세트를 만드는 방법에 대해 깊이 이해해야 한다. 다시 기성품 초코칩 쿠키 생산 공정으로 되돌아가 회사에서 조리법, 성분, 조리 과정을 바꿨다고 가정해보자. 앞에서 개발한 쿠키의 수분 예측 모델을 현재 과정에 사용하면 정확하지 않은 예측 결과를 낼 것이다. 새 데이터의 예측 변수는 훈련 데이터의 변수 공간과는 다른 부분에 있다. 실제 사용하는 사람이 가까이에 있는 데이터에 대한 정보를 알고 있다면, 적절히 주의해 모델을 적용하고 예측 결과를 해석할 것이다.

하지만 많은 경우, 사용자는 훈련 데이터 때와 새 데이터에 내재된 데이터 생성 과정이 동일한지 여부를 알지 못한다. 예측 변수가 별로 없는 데이터 세트의 경우, 훈련 데이터 세트와 새 데이터 세트의 샘플에서 산점도를 그리거나 각 변수의 분포를 파악하는 식으로 변수 간의 관계를 이해하는 것이 훨씬 쉽다. 하지만 공간 차원 증가에 따라 산점도 및 분포를 살펴보는 것은 매우 비효율적이고, 훈련 데이터 세트와 새 데이터의 변수 공간에 대해 제대로 이해하기도 어렵다. 이런 경우, 새 데이터와 훈련 데이터의 유사도에 대한 이해를 도울 몇 가지 도구가 있다.

모델 활용 도메인은 "주어진 신뢰성하에서 예측을 만드는 모델" 변수 공간하에서다 (Netzeva et al., 2005). 이 정의의 다른 형태도 존재하지만, 훈련 데이터 세트와 유사한 도메인을 정의하는 것이 가장 간단한 방법이다. 만약, 예측에 사용할 새 데이터가 훈련 데이터와 충분히 유사하다면, 이 데이터 값은 모델 성능 추정값(테스트 데이터 세트에서의 정확도 등)을 평균적으로 따를 것이라 가정할 수 있다.

훈련 세트와 새로운 세트에서 예측 변수가 차지하는 공간을 전체적으로 비교하는 것은 주성분 분석과 같은 일반적인 차원 축소 기술(3.3장)이나 다차원척도화(Davison, 1983)를 사용할 수 있다. 훈련 데이터와 새 데이터가 동일한 과정으로 만들어진다면, 이 데이터의 프로젝션 값은 산점도상에서 겹쳐질 것이다. 하지만 만약 훈련 데이터와 새 데이터가 산점도의 다른 부분을 차지한다면, 데이터는 동일한 방식으로 만들어지지 않을 수 있고, 새 데이터에 대한 예측 결과를 다룰 때 주의해야 할 것이다. [그림 20.7]은 용해도 데이터의 훈련 데이터의 처음 두 주성분에 훈련 데이터와 테스트 데이터 세트

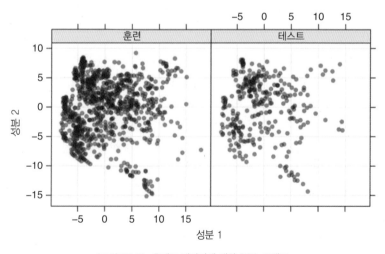

〔그림 20.7〕 용해도 데이터에 대한 PCA 그래프

를 프로젝션한 것이다. 이 경우, 훈련 데이터와 테스팅 데이터는 이 주성분의 동일한 공간을 차지하는 것으로 나타났다. 물론, 훈련 데이터 세트와 테스트 세트는 원데이터에서 임의로 나눈 것이므로, 이 결과는 예상 가능한 부분이었다. 하지만 훈련 세트와 테스트 세트 샘플 간의 유사도에 대해서는 20.7장과 [연습 문제 20.3]에서 더 자세히 살펴볼 것이다.

여러 변수를 2차원에 프로젝션하면, 넓게 퍼져 있거나 일부 구간에 빽빽하게 모여 있는 복잡한 예측 변수 관계는 가려진다. 달리 말해, 훈련 데이터와 새 데이터가 프로젝션 그래프에서 겹쳐 나타나는 경우, 모델에서 새 샘플에 대해 불충분한 예측이 일어나는 변수 내 공간이 있을 수 있다는 것이다.

이 문제에 대해 헤이스티 등(2008)은 새 샘플이 훈련 데이터 세트에 속할 가능성을 수치화하는 방법을 보였다. 이 방법에서는 우선 훈련 데이터 세트의 변수를 선택한다. 그 후 훈련 데이터 세트 변수의 범위를 기반으로 해 임의의 다변량의 균일한 샘플을 훈련 데이터 세트의 샘플과 동일한 수만큼 만든다. 응답 벡터는 원래의 훈련 세트에 대해 훈련 데이터 세트로 표시하고, 임의의 균일 샘플값에 랜덤 세트라고 표기한 범주형 값이다. 이 데이터 세트로 어떤 분류 모델이든 만들 수 있고, 그 결과 나온 모델을 사용해 새 샘플이 훈련 데이터 세트에 속하는지에 대한 확률을 예측할 수 있다.

여기서는 이 방법을 실제 데이터에 더 잘 사용하기 위해 두 부분을 간단히 수정해 소개할 것이다. 첫째, 주어진 많은 데이터 세트가 여러 유형의 변수를 포함하므로 변수 범위에 걸쳐 균등 분포로 샘플링하는 대신 변수를 랜덤하게 치환할 것을 추천한다. 이를 통해 변숫값으로 사용할 수 있는 값을 사용하면서 전체 공간에 대한 랜덤 분포를 사용

---

1. 원모델의 변수 중요도를 구한 후, 상위 20개의 변수를 선택한다.
2. 훈련 데이터 세트에서 이 변수들을 임의로 치환한다.
3. 원래의 훈련 세트의 상위 예측 변수와 이 변수의 임의로 치환된 버전을 행 단위로 붙인다.
4. 원훈련 세트의 행과 치환된 훈련 세트의 행을 구분하는 분류 벡터를 만든다.
5. 새로 만들어진 데이터에 대해 분류 모델을 훈련한다.
6. 훈련 데이터 세트 클래스에 새 데이터가 속할 확률을 구하는 분류 모델을 만든다.

알고리즘 20.1 훈련 데이터 세트와 유사한지를 판단하는 알고리즘

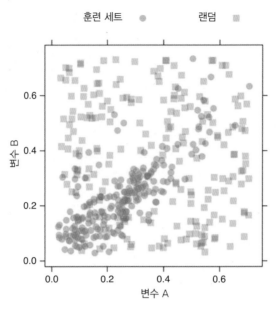

〔**그림 20.8**〕 두 예측 변수의 공간 범위를 포함하기 위해 원래 〔그림 4.1〕에 표시된 예제 데이터에 임의의 균일 데이터를 추가했다.

할 수 있다. 따라서 범주형 변수는 적절한 변수용 값을 갖게 될 것이다. 둘째, 변수나 차원 모두 큰 데이터의 경우, 원래의 변수의 부분 집합에 대해 분류 모델을 만드는 것을 추천한다. 특히, 원모델의 훈련 데이터의 상위 20개(또는 문제와 모델에 따른 비율)의 중요 변수를 사용하는 것을 제안한다. 이를 통해 모델 구축 시간을 아주 많이 단축시키는 동시에 모델이 외삽 예측을 하는지 평가할 수 있는 모델을 만들 수 있을 것이다. 이 과정의 단계는 알고리즘 20.1에서 설명하고 있다.

이 방법을 설명하기 위해 [그림 4.1]에 나와 있던 2차원 예제로 돌아가보자. 물론, 여기서는 변수 선택은 제외하고, 단계 2로 바로 진행했다. 원본 예측 데이터의 임의로 치환된 값을 사용해 원데이터를 보강한 후([그림 20.8]) 배깅 분류 트리를 만들었다. 그 후 50개의 랜덤 샘플을 만들고, 다음 단계에서 이 샘플을 원데이터에서 멀리 떨어뜨려 놓은 후, 배깅 분류 트리를 사용해 이 샘플이 원래의 훈련 데이터로부터 나왔을 예측 확률을 구했다. 새 샘플의 위치와 샘플이 훈련 데이터에 속해 있을 확률은 [그림 20.9]에 나타냈다. 확실히, 샘플을 원데이터로부터 떨어뜨리면 훈련 세트에 속할 가능성은 줄어든다.

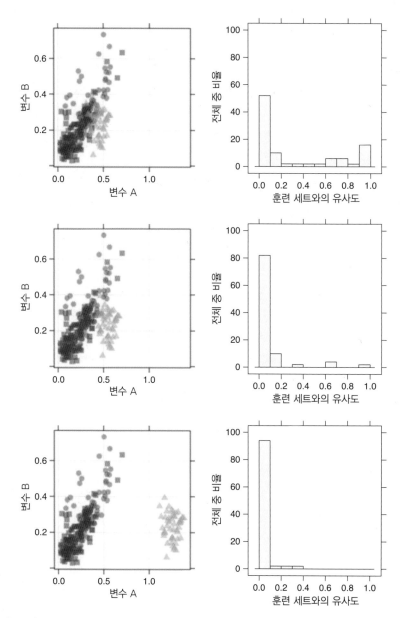

〔그림 20.9〕 모델 외삽 파악. 그림의 왼쪽은 3개의 테스트 데이터 세트 시나리오로 훈련 데이터 근처(위)부터 훈련 데이터에서 먼 경우(아래)까지의 근접 거리를 나타냈다. 오른쪽은 테스트 데이터 세트가 원래의 훈련 데이터에 속해 있을 확률을 나타낸 것이다.

20.6 샘플이 클 때의 영향

지금까지는 성능에 대해 초점을 맞출 때는 응답 변수와 예측 변수에 대한 렌즈를 통해 살펴봤다. 이제는 모델 성능에서 샘플의 크기에 따른 영향으로 관점을 전환해볼 것이다. 이때 사전에 가정하고 있는 것은 샘플이 많을수록 더 좋은 모델을 만들 수 있다는 것이다. 이런 사전 가정은 최근 들어 우리가 원하는 만큼 많은 샘플을 얻기 쉬워지면서 더욱 타오르고 있다. 찾기 쉬운 데이터의 예제로는 에어스(2007)의 『슈퍼 크런처』[3]라는 책에서 서술한, 책 제목을 정하는 과정을 떠올릴 수 있다. 책 제목을 정할 때 독자들의 의견을 반영하기 위해 구글 애드를 사용해 서로 다른 책 제목 후보를 사용한 여러 버전의 타깃 광고를 사용했다. 단기간에 그는 각 광고의 클릭에 대한 25만 개가량의 샘플을 모을 수 있었다. 광고는 랜덤으로 뿌려진 것이므로 이 대량의 테스트를 통해 독자들이 어느 책 이름을 가장 좋아하는지에 대한 강한 근거로 사용할 수 있다.

이 모집단을 이해하는 직관적이고, 영리한 방법은 대량의 샘플을 어떻게 잘 활용할 수 있는지에 대한 긍정적인 사례다. 하지만 앞에서 살펴본 것처럼 예측 변수나 응답 변수에 잡음이 발생하면 샘플 수의 증가가 가져다주는 이점이 줄어든다. 게다가 샘플의 수가 증가함에 따라 긍정적인 결과가 적게 나타난다. 우선, 많은 예측 모델은 샘플(과 변수)이 증가할수록 계산량이 유의하게 증가한다. 예를 들어, 단일 분류 트리에서는 최적의 데이터 분기를 찾기 위해 샘플과 변수들을 여러모로 철저하게 탐색한다. 따라서 데이터 차원이 증가하면, 계산 시간도 함께 증가한다. 게다가 앙상블 트리가 함께 커지면, 계산을 위해 훨씬 비싼 하드웨어와 이를 위한 특수한 모델이 필요해지기도 한다. 다음으로 동일한 모집단에 동일한 데이터를 추가하면 반환값이 줄어든다. 모델이 충분히 많은 샘플을 사용해 안정화된 경우, 더 많은 샘플을 변경해도 모델 적합도가 변경될 가능성은 낮다.

예를 들어, 웹 검색 기술에서는 초기에 웹 사이트 검색 결과의 순위를 매기기 위해 웹 사이트의 내용을 사용했다. 누군가가 '예측 모델'이라는 단어를 검색했다면, 검색 알고리즘에서는 수집한 웹 사이트에서 해당 항목을 찾고, 이때 발견된 페이지가 이 단어와 연관이 있다고 예측한다. 이 검색어의 경우, 검색된 웹 사이트는 **"머신 러닝"**, **"패턴 인식"**, **"데이터 마이닝"** 등과도 연관이 있고, 이를 알고리즘이 파악해야 한다. 이런 알고리즘을 사용할 때 웹 사이트를 더 수집한다고 해서 검색 결과 자체가 향상되지는 않지만, 다른

---

4 국내에는 『슈퍼 크런처』라는 책으로 번역, 출간돼 있다(북하우스, 2007)_옮긴이

데이터를 추가하는 경우에는 검색 결과가 향상될 수 있다. 구글 같은 웹 검색 포털 사이트에서는 사용자의 반응도 추적한다. 이를 통해 각 검색에서 보다 직접적이고, 고품질의 정보를 활용한다. 예를 들어, 만약 **"예측 모델링"**을 검색한 사용자 중 높은 비율로 웹 사이트 *A*를 클릭했다면, 이를 통해 이 사이트의 연관 가능성을 높인다. 이 예제에서 다른 데이터를 추가하는 것은 동일한 데이터 속성을 더 많이 구현하는 것보다 효과적이다. 간단히 말해서 "Big *P*"는 보통 "Big *n*"보다 쉽다. 샘플을 더 추가하는 경우 물리적으로 예측 품질을 향상시키는 경우가 있지만, 빅데이터가 더 나은 데이터를 뜻하지는 않는다는 것을 반드시 염두에 둬야 한다.

요약컨대, 많은 샘플은 샘플이 예측 공간에 대한 정보를 포함하는 경우 유용하고, 예측 변수와 응답 변수의 잡음을 최소화하거나 새로운 내용을 더해줄 수 있다. 동시에 이 샘플의 비용은 계산 부하를 증가시킬 수 있다.

20.7 컴퓨팅

이 장에서 다룬 훈련 모델에 대한 자세한 코드는 앞 장에서 찾아볼 수 있다. 여기서 새로 다루는 컴퓨팅 내용은 알고리즘 20.1을 구현하는 부분에 대한 것이다. 이 방법을 설명하기 위해 R caret 패키지를 참고할 것이다.

유사도 알고리즘을 구현하는 방법을 설명하려면, 우선 용해도 데이터를 가져와서 훈련을 위한 구조를 설정해야 한다. 여기서는 이 데이터에 대해 책 전반에서 다룬 훈련 구조를 사용할 것이다.

```
> library(AppliedPredictiveModeling)
> data(solubility)
> set.seed(100)
> indx <- createFolds(solTrainY, returnTrain = TRUE)
> ctrl <- trainControl(method = "cv", index = indx)
```

다음으로 원하는 모델을 튜닝하고 변수 중요도를 구한다. 가장 중요한 변수들에 대해 유사도 알고리즘을 만드는 것이 보다 효율적일 것이다. 여기서는 랜덤 포레스트 모델을 튜닝한 후, 상위 20개의 예측 변수에 대해 훈련 데이터 세트와 테스트 데이터 세트로 나눠(1단계) 유사도 알고리즘에 적용할 것이다.

```
> set.seed(100)
> mtryVals <- floor(seq(10, ncol(solTrainXtrans), length = 10))
> mtryGrid <- data.frame(.mtry = mtryVals)
> rfTune <- train(x = solTrainXtrans, y = solTrainY,
+                 method = "rf",
+                 tuneGrid = mtryGrid,
+                 ntree = 1000,
+                 importance = TRUE,
+                 trControl = ctrl)
> ImportanceOrder <- order(rfTune$finalModel$importance[,1],
+                          decreasing = TRUE)
> top20 <- rownames(rfTune$finalModel$importance[ImportanceOrder,])[1:20]
> solTrainXimp <- subset(solTrainX, select = top20)
> solTestXimp <- subset(solTestX, select = top20)
```

그 후 변수 집합을 치환해 랜덤 세트를 만든다. R에서 데이터를 치환하는 데에는 여러 가지 방법이 있다. 단순하고 직관적인 방법으로는 apply와 sample 함수를 함께 사용하는 것이다. 이렇게 구한 원데이터의 부분 집합과 치환된 집합을 합치고, 각 열이 속한 집합을 정의하는 새 분류 변수를 만든다. 이 부분은 알고리즘의 2~4단계로 아래와 같이 구현할 수 있다.

```
> permutesolTrainXimp <- apply(solTrainXimp, 2, function(x) sample(x))
> solSimX <- rbind(solTrainXimp, permutesolTrainXimp)
> groupVals <- c("Training", "Random")
> groupY <- factor(rep(groupVals, each = nrow(solTrainX)))
```

마지막으로 새로 만들어진 분류 데이터를 사용해 모델을 튜닝하고, 이 모델을 통해 훈련 데이터 세트에 속할 확률을 예측한다.

```
> rfSolClass <- train(x = solSimX, y = groupY,
+                     method = "rf",
+                     tuneLength = 5,
+                     ntree = 1000,
+                     control = trainControl(method = "LGOCV"))
> solTestGroupProbs <- predict(rfSolClass, solTestXimp, type = "prob")
```

연습 문제

20.1 [그림 20.10]은 응답 변수가 연속형과 범주형 값인 두 경우에 대해 여러 모델을 비교한 것이다. x축은 테스트 세트의 관측 용해도 값을 나타내고, y축은 예측 용해도 값이나 예측 용해도 확률을 나타낸다.

(a) 그림에서 테스트 세트에 대해 어느 연속형 모델의 성능이 가장 좋은가(나쁜가)? 어느 범주형 모델의 성능이 가장 좋은가(나쁜가)?

(b) 신경망 모델의 결과를 살펴보자. 만약, 화합물의 예측 확률이 0에 가깝다면, 테스트 데이터 세트의 실제 용해도 값의 범위는 어떻게 되는가? (연속형 변수)의 예측 용해도가 -10에 근접할 경우, 실제 용해도의 범위는 얼마인가? 어느 모델이(연속형이나 범주형) 극단값에서 보다 정확한 결과를 주는가?

(c) 범주형 모델이 이에 대응하는 회귀 모델보다 더 나은가? 그렇다면, 이유를 설명하라.

20.2 20.4장에서 다룬 것처럼 연속형 결과를 범주화하는 것은 분포가 구분하기 좋은 형태가 아닌 경우, 모델 성능에 나쁜 영향을 미칠 수 있다. 하지만 가끔 연속형 데이터를 구간화해야 하는 그럴 듯한 이유가 있다. 이런 경우에 속하지만, 데이터가 용해도 데이터 같은 분포([그림 20.5])를 갖는 경우, 모델러가 선택할 수 있는 가능한 옵션으로 응답 변수를 3개의 그룹으로 나눠 극단값의 경우 신뢰도를 더 높게 만드는 방법이 있다. 예를 들어, 용해도 데이터의 경우 "불용성", "가용성", "판단 보류"의 그룹으로 나누고, 판단 보류 그룹의 경우 응답 변수의 평균 주변의 데이터를 포함시킬 수 있다.

용해도 데이터를 불러온 후 2개의 훈련 데이터 세트를 만들어라. 첫 번째 세트의 경우, 데이터를 응답 변수 평균 기준으로 나누라. 두 번째 세트에서는 응답 변수의 평균에서 1 표준편차 이내의 화합물은 판단 보류로 정의하라. 이는 아래와 같이 실행하면 된다.

```
> library(AppliedPredictiveModeling)
> data(solubility)
> trainData <- solTrainXtrans
> lowcut <- mean(solTrainY) - sd(solTrainY)
> highcut <- mean(solTrainY) + sd(solTrainY)
> breakpoints <- c(min(solTrainY), lowcut, highcut, max(solTrainY))
> groupNames <- c("Insoluble", "MidRange", "Soluble")
> solTrainY3bin <- cut(solTrainY,
```

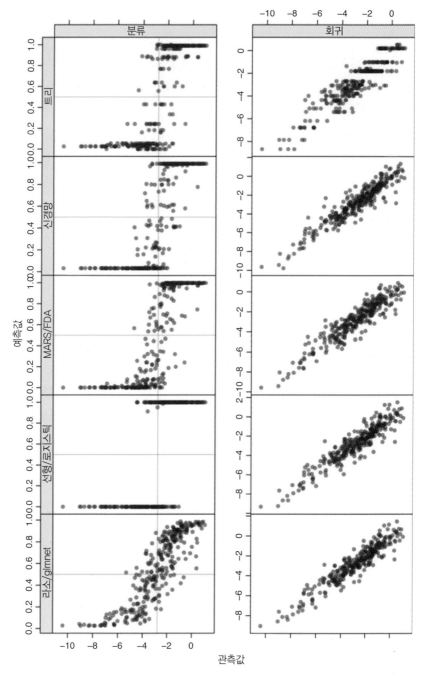

〔**그림 20.10**〕 응답 변수가 연속형과 범주형으로 모델링됐을 때의 용해도 모델에서의 테스트 세트 성능 비교

```
+                       breaks = breakpoints,
+                       include.lowest = TRUE,
+                       labels = groupNames)
> solTestY3bin <- cut(solTestY,
+                       breaks = breakpoints,
+                       include.lowest = TRUE,
+                       labels = groupNames)
```

(a) 3개의 그룹으로 만들어진 데이터에 대해 선형 모델, 비선형 모델, 트리 기반 모델을 만들어라. 예를 들어, 반복 분할 모델을 만드는 코드는 아래와 같다.

```
> set.seed(100)
> indx3bin <- createFolds(solTrainY3bin, returnTrain = TRUE)
> ctrl3bin <- trainControl(method = "cv",
+                           index = indx3bin,
+                           classProbs = TRUE,
+                           savePredictions = TRUE)
> Rpart3bin <- train(x = trainXfiltered, y = solTrainY3bin,
+                     method = "rpart",
+                     metric = "Kappa",
+                     tuneLength = 30,
+                     trControl = ctrl3bin)
>
```

(b) (a)의 각 모델에 대해 원하는 성능 측정값을 사용해 테스트 세트의 성능을 예측하라. 3개로 나뉜 데이터에 대해 어느 모델의 성능이 가장 좋은가?

(c) 이번에는 가운데 범위의 데이터를 훈련 데이터에서 제거한 후, 모델을 새로 만들고, 테스트 세트를 예측하자. 반복 분할 모델은 아래와 같다.

```
> trainXfiltered2bin <- trainXfiltered[solTrainY3bin != "MidRange",]
> solTrainY2bin <- solTrainY3bin[solTrainY3bin != "MidRange"]
> testXfiltered2bin <- testXfiltered[solTestY3bin != "MidRange",]
> solTestY2bin <- solTestY3bin[solTestY3bin != "MidRange"]
> set.seed(100)
> indx2bin <- createFolds(solTrainY2bin, returnTrain = TRUE)
> ctrl2bin <- trainControl(method = "cv",
+                           index = indx2bin,
+                           classProbs = TRUE,
+                           savePredictions = TRUE)
```

```
> Rpart2bin <- train(x = trainXfiltered2bin, y = solTrainY2bin,
+                    method = "rpart",
+                    metric = "Kappa",
+                    tuneLength = 30,
+                    trControl = ctrl2bin)
> Rpart2binPred <- predict(Rpart2bin, newdata = testXfiltered)
> Rpart2binCM <- confusionMatrix(Rpart2binPred, solTestY3bin)
```

(d) (b)와 (c)에서의 불용성 클래스, 가용성 클래스의 민감도와 특이도를 비교하면 어떤가? 각 모델별로 모델 간에 비교했을 때 어떤 차이가 있는가?

(e) [그림 20.11]은 이종 모델과 삼종 모델에서 테스트 세트에서의 가용성과 불용성 화합물의 예측 클래스 확률을 비교한 것이다. 클래스 확률 기반으로 봤을 때, 이종 또는 삼종 모델이 불용성 및 용해성 화합물의 차이에 대한 예측상의 이점을 가져다 주는가? 여기서 만들었던 다른 모델과 비교했을 때 불용성 그룹과 가용성 그룹의 예측 클래스 확률은 어떤 차이를 보이는가?

20.3 알고리즘 20.1의 상세한 구현에 대해 20.7장에서 설명했다. 이 코드를 실행한 후 테스트 세트 샘플의 훈련 데이터에 속할 확률의 분포를 그래프로 나타내라. 얼마나 많은 테스트 세트 샘플이 훈련 세트 분포에 속하지 않을 가능성이 있는가?

20.4 연습 문제 4.4에서는 유지류가 일곱 가지 종류의 지방산 중 어디에 속하는지에

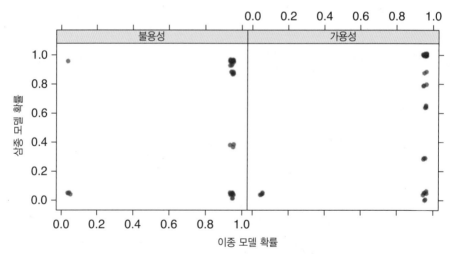

[그림 20.11] 반복 분할 모델에서 이종 모델과 삼종 모델에 대한 테스트 세트의 예측 확률. 상대적 샘플 수를 보기 위해 확률이 다소 달라졌을 수 있다.

대한 데이터 세트를 사용했다. 이 데이터를 불러온 후 아래와 같이 훈련 데이터 세트와
테스트 데이터 세트를 만들어 보자.

```
> data(oil)
> set.seed(314)
> sampleRows <- sample.int(nrow(fattyAcids), size = 0.5*nrow(fattyAcids))
> fattyAcidsTrain <- fattyAcids[sampleRows,]
> fattyAcidsTest <- fattyAcids[-sampleRows,]
```

(a) 훈련 데이터에 대해 알고리즘 20.1을 실행하라. 어느 테스트 세트 샘플이 훈련 데
이터 세트에 속하지 않는가? 이 샘플들은 왜 훈련 데이터 세트에 속하지 않는가?
(b) [그림 20.12]는 테스트 세트 데이터를 훈련 데이터 세트에서 구분한 첫 3개의
PCA 성분에 프로젝션한 것이다. 훈련 데이터 세트에 속할 확률에 따라 샘플을 칠
하거나 모양을 구분했다. 이 그래프에서 훈련 세트에 속할 가능성이 없는 샘플의
위치에 대해 무엇을 나타내는가?
(c) 훈련 세트와 테스트 세트가 동일한 예측 변수 공간의 구역을 포함하는 것을 보다
확실히 하기 위해 어떤 단계를 거쳐야 할까?

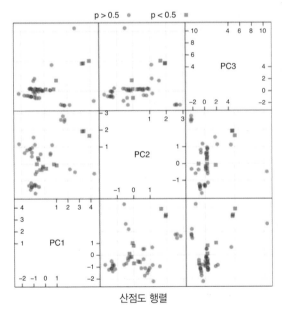

〔그림 20.12〕 첫 3개의 주성분에 지방 테스트 세트를 프로젝션한 결과. 훈련 데이터 세트에 속한 확률에 따
라 샘플을 칠하거나 모양을 구분했다.

부록

부록 A

여러 모델에 대한 요약

[표 A.1]은 이 책에서 다룬 모델의 여러 특성을 간단히 요약한 것이다. 이런 특성은 일반적으로 유효하지만 모든 문제에 항상 맞는 것은 아니다. 예를 들어, 선형 판별 분석의 경우 특징 선택을 수행하지 않지만, 변수를 제거하기 위해 정규화를 사용하는 모델의 특수 형태가 존재한다. 또한 모델의 해석력은 상대적이다. 트리가 과하게 크지 않고 분기에 여러 범주가 포함돼 있지 않다면, 단일 트리는 비교적 이해하기 쉬울 것이다.

(표 A.1) 모델과 각 모델에 대한 특성 요약

모델	허용 여부 $n < p$	전처리	해석력	자동 특징 선택	튜닝 인수 수	변수 잡음에 강함	계산 시간
선형 회귀†	×	CS, NZV, Corr	✓	×	0	×	✓
부분 최소 제곱	✓	CS	✓	○	1	×	✓
능형 회귀	×	CS, NZV	✓	×	1	×	✓
엘라스틱넷/라소	×	CS, NZV	✓	✓	1-2	×	✓
신경망	✓	CS, NZV, Corr	×	×	2	×	×
서포트 벡터 머신	✓	CS	×	×	1-3	×	×
MARS/FDA	✓		○	✓	1-2	○	○
K-최근접 이웃	✓	CS, NZV	×	×	1	○	✓
단일 트리	✓		○	✓	1	✓	✓
모델 트리/규칙 기반†	✓		○	✓	1-2	✓	✓
배깅 트리	✓		×	✓	0	✓	○
랜덤 포레스트	✓		×	○	0-1	✓	×
부스티드 트리	✓		×	✓	3	✓	×
큐비스트†	✓		✓	○	2	✓	×
로지스틱 회귀*	×	CS, NZV, Corr	✓	×	0	×	✓
[LQ]DM]DA*	×	NZV	○	×	0-2	×	✓
최근접 축소 중심 모형	✓	NZV	○	✓	1	×	✓
나이브 베이즈	✓	NZV	×	×	0-1	○	○
C5.0*	✓		○	✓	0-3	✓	×

† : 회귀 단독 *: 분류 단독

기호: 적합(✓), 부적합(×), 중간(○)

626

부록 B

R에 대한 소개

R 언어(Ihaka and Gentleman, 1996; R Development Core Team, 2010)는 수학 및 통계 연산을 위한 플랫폼이다. R은 두 가지 면에서 자유다. 첫째, R은 무료다(물론 상업용 버전도 존재한다). 둘째, 누구나 소스 코드를 확인하고 수정할 수 있다. R은 프로그램을 재배포하는 방안에 대해 명시한 공용 사용권General Public License(Free Software Foundation June, 2007)을 배포하고 있다.

이 책에서는 여러 가지 이유에서 전반적으로 R을 사용했다. 앞에서 언급한 것처럼 누구나 이 프로그램을 다운로드할 수 있다. 또한 R은 데이터 분석에 있어서 매우 강력하고 유연한 도구로, 예측 분석 능력도 충분하다.

통합 R 아카이브 네트워크Comprehensive R Archive Network, CRAN 웹 사이트에는 프로그램의 소스 코드와 사용할 수 있는 컴파일된 버전이 올라와 있다.

http:/cran.r-project.org/

이 부록은 R에 대한 기본적인 개념과 구조에 대한 특강이다. 이 언어의 기본에 대한 보다 자세한 가이드를 원한다면 스펙터(2008)와 젠틀맨(2008)의 저서를 참고하라. 소프트웨어 개발 생명 주기는 R 개발 코어팀의 저서(2008)에 상세히 나와 있다.

B.1 시작 및 도움말

CRAN에는 MS 윈도우, 애플 OS X, 여러 리눅스 버전에서 사용할 수 있는, 컴파일된 버전의 R이 올라와 있다. 윈도우 및 OS X의 경우에는 그래픽 사용자 인터페이스graphical user interface, GUI를 지원한다. 이 두 운영체제에서 컴파일된 버저의 R을 설치하면, R의 아이콘이 설치된다. 인터랙티브 세션을 시작하려면, 이 아이콘을 사용해 프로그램을 시작하면 된다. 또는 R은 커맨드 창에서 'R'을 입력해 시작할 수 있다.

프로그램을 시작한 후에는 세션을 q 함수(종료)로 마칠 수 있다.

```
> # '#' 기호 뒤에 쓴 명령어는 실행되지 않는다.
> # 종료에 사용하는 명령어
> q( )
```

종료 시에는 현재 하던 일을 저장할 것이냐는 프롬프트가 나타난다. 이 언어는 대소문자를 구분한다는 것을 기억하자. Q는 종료에 쓰이지 않는다.

함수 같은 특정 주제에 대한 도움말을 보려면, ? 표시 뒤에 함수명을 입력하고 Enter를 누른다.

```
> # Sweave 함수에 대한 도움말
> ?Sweave
```

이렇게 하면 Sweave에 대한 도움말 페이지가 열린다. R에서 일반적으로 접하는 어려운 점 중 하나는 적합한 함수를 찾는 것이다. 컴퓨터에 저장된 모든 R 함수를 탐색할 때는 apropos를 사용해 키워드를 매칭해 적합한 함수를 찾을 수 있다.

```
> apropos("prop")
  [1] "apropos"               "getProperties"
  [3] "pairwise.prop.test"    "power.prop.test"
  [5] "prop.table"            "prop.test"
  [7] "prop.trend.test"       "reconcilePropertiesAndPrototype"
```

또는 RSiteSearch 함수를 사용해 모든 함수, 매뉴얼, 사람들이 기여해 만든 문서 R-Help

뉴스 그룹, 키워드 관련 다른 출처에서의 온라인 검색을 할 수 있다. 예를 들어, ROC 곡선을 만드는 여러 방법에 대해 검색하려면 아래와 같이 하면 된다.

```
> RSiteSearch("roc")
```

이러면 웹 브라우저가 켜져 적합한 결과가 나타날 것이다. 이 함수의 제약 인수를 사용하면 검색 범위를 보다 넓힐 수 있다(자세한 내용은 ?RSiteSearch를 살펴보자).

B.2 패키지

기본 R은 핵심 언어 기능을 포함하는 목적형 시스템이다(프로그램 실행, 기본 프로그래밍 프레임워크). 대부분의 실제 R 코드는 패키지라고 불리는 개별 모듈을 포함한다. R을 설치하면, 주요 패키지 몇 가지가 함께 설치된다(전체 리스트는 R 개발 코어팀(2008)의 문서를 확인하라). 하지만 이 기본 세트 외에도 많은 패키지가 있다. CRAN 웹 사이트에서는 4,150개가 넘는 패키지를 다운로드할 수 있고, 계산 생물학을 위한 R 기반 시스템인 바이오컨덕터 프로젝트(Bioconductor project, Gentleman et al., 2004)에는 600가지 이상의 R 패키지가 있다.

패키지를 불러올 때는 library 함수를 사용한다.

```
> # 랜덤 포레스트 패키지를 불러온다.
> library(randomForest)
> # 현재 로딩된 패키지 및 정보에 대한 리스트를 보여준다.
> sessionInfo()

  R version 2.15.2(2012-10-26)
  Platform: x86_64-apple-darwin9.8.0/x86_64(64-bit)

  locale:
  [1] C

  attached base packages:
  [1] splines   tools    stats    graphics  grDevices utils   datasets
  [8] methods   base
```

```
other attached packages:
 [1] randomForest_4.6-7  BioInstaller_1.8.3  caret_5.15-045
 [4] foreach_1.4.0       cluster_1.14.3      reshape_0.8.4
 [7] plyr_1.7.1          lattice_0.20-10     Hmisc_3.10-1
[10] survival_2.36-14    weaver_1.24.0       codetools_0.2-8
[13] digest_0.6.0

loaded via a namespace (and not attached):
[1] grid_2.15.2     iterators_1.0.6
```

Install.packages 함수를 사용하면 추가 모듈을 설치할 수 있다. 예를 들어, 8.1장과 14.1장에서 사용한, 분류 및 회귀 트리를 만드는 데 사용하는 rpart 패키지를 설치한다고 가정해보자.

```
> install.packages("rpart")
```

아래와 같이 사용할 수 있다. 또는 CRAN 웹 사이트에는 유사한 패키지를 묶어놓은 "작업별 보기task views"가 있다. 예를 들어, "머신 러닝Machine Learning" 작업별 보기에서는 예측 모델링 패키지 묶음을 설치할 수 있다.

```
> # 작업별 보기 패키지를 먼저 설치한다.
> install.packages("ctv")
> # 사용하기 전에 패키지를 불러온다.
> library(ctv)
> install.views("MachineLearning")
```

몇몇 패키지는 다른 패키지(또는 특정 버전)에 종속돼 있다. install.packages 함수와 install.views 함수에서는 추가 필요 요소를 판단한 후, 필요한 종속 내용을 설치한다.

B.3 객체 생성

R에서 만드는 모든 것은 객체다. 객체의 값은 '<-'를 통해 할당한다. 예는 아래와 같다.

```
> pages <- 97
> town <- "Richmond"
```

```
> ## '='도 동작하지만 이에 대해서는 B.9를 살펴보자.
```

객체의 값을 확인하려면 그냥 객체의 이름을 입력하고 Enter를 누르자. 또한 R에 객체의 값을 출력하라고 명시할 수도 있다.

```
> pages
  [1] 97
> print(town)
  [1] "Richmond"
```

객체의 내용을 이해하는 데 도움이 되는 또 다른 함수로는 str(구조^{structure})이 있다. 예를 들어, R에서 요약된 월의 이름을 가진 객체를 자동으로 가져올 수 있다.

```
> month.abb
  [1] "Jan" "Feb" "Mar" "Apr" "May" "Jun" "Jul" "Aug" "Sep" "Oct" "Nov"
  [12] "Dec"
> str(month.abb)
   chr [1:12] "Jan" "Feb" "Mar" "Apr" "May" "Jun" "Jul" ...
```

이 코드를 통해 month.abb는 12개의 원소를 가진 문자 객체임을 알 수 있다. 또한 앞에서 다룬 print 같이 데이터를 포함하지 않은 객체인지도 판별할 수 있다.

```
> str(print)
  function(x, ...)
> str(sessionInfo)
  function(package = NULL)
```

이는 간단히 함수의 인수 이름을 알아내는 방법이기도 한다. 함수에 대한 보다 자세한 내용은 뒤에서 다룰 것이다.

B.4 데이터 유형과 기본 구조

R에는 몇 가지 서로 다른 주요 데이터 유형이 있다. 이에 관련된 유형으로는 수치형, 문자형, 팩터, 논리 유형이다. 논리 데이터는 TRUE(참)나 FALSE(거짓)의 값을 갖는다. 예를 들어, 다음 값은 객체 비교나 값 할당에 사용할 수 있다.

```
> if(3 > 2) print("greater") else print("less")
  [1] "greater"
> isGreater <- 3 > 2
> isGreater
  [1] TRUE
> is.logical(isGreater)
  [1] TRUE
```

수치형 데이터는 integer와 double(소수점 값을 가진 수) 형태를 포함한다. R 객체에 단일 수치형 값을 할당하는 방법은 아래와 같다.

```
> x <- 3.6
> is.numeric(x)
  [1] TRUE
> is.integer(x)
  [1] FALSE
> is.double(x)
  [1] TRUE
> typeof(x)
  [1] "double"
```

문자열은 큰따옴표 내에 텍스트를 넣으면 된다.

```
> y <- "your ad here"
> typeof(y)
  [1] "character"
> z <- "you can also 'quote' text too"
> z
  [1] "you can also 'quote' text too"
```

R에 문자열 길이 제한은 없다는 것을 알아두자.

문자열 처리에 도움이 되는 여러 함수가 있다. 첫째, 문자의 수를 세는 nchar가 있다.

```
> nchar(y)
  [1] 12
> nchar(z)
  [1] 29
```

grep 함수는 문자열에서 특정 문자열을 포함하고 있는지를 알려준다.

632

```
> grep("ad", y)
  [1] 1
> grep("my", y)
  integer(0)
> # 문자열이 있는 경우 전체 값을 반환한다.
> grep("too", z, value = TRUE)
  [1] "you can also 'quote' text too"
```

지금까지, 단일 값이나 원소를 갖는 R 객체를 살펴봤다. 동일한 데이터 유형의 여러 값을 갖는 가장 기본적인 데이터 구조는 벡터다. 벡터를 만드는 가장 간단한 방법은 c 함수(결합^{combine})를 사용하는 것이다. 수치형 데이터의 벡터는 아래와 같이 만든다.

```
> weights <- c(90, 150, 111, 123)
> is.vector(weights)
  [1] TRUE
> typeof(weights)
  [1] "double"
> length(weights)
  [1] 4
> weights + .25
  [1] 90.25 150.25 111.25 123.25
```

여기서 마지막 명령은 벡터 연산 예제다. 벡터의 모든 원소에 대해 반복하는 대신 벡터 연산을 사용하는 것이 보다 깔끔하고 효율적이다.

벡터를 취하는 많은 함수들이 있다.

```
> mean(weights)
  [1] 118.5
> colors <- c("green", "red", "blue", "red", "white")
> grep("red", colors)
  [1] 2 4
> nchar(colors)
  [1] 5 3 4 3 5
```

벡터에서 문자 데이터를 저장하는 다른 방법으로는 팩터^{factor}를 사용하는 방법이 있다. 팩터는 데이터의 모든 단일 값을 판단한 후 문자 데이터를 저장하고, 이를 팩터 레벨^{factor level}이라고 부른다. 이후 문자 데이터를 팩터 레벨에 해당하는 정수로 저장한다.

```
> colors2 <- as.factor(colors)
> colors2
  [1] green red   blue  red   white
  Levels: blue green red white
> levels(colors2)
  [1] "blue"  "green" "red"   "white"
> as.numeric(colors2)
  [1] 2 3 1 3 4
```

데이터를 팩터로 저장하면 몇 가지 이로운 점이 있다. 우선, 보통 긴 문자열은 한 번 저장하고(레벨) 빈도를 벡터로 저장함으로써 값을 저장할 때 메모리가 적게 든다. 둘째, 팩터 벡터는 모든 가능한 값을 "기억한다". 팩터 벡터에서 음의 정수를 사용해 첫 번째 값을 제거한다고 가정해보자.

```
> colors2[-1]
  [1] red   blue  red   white
  Levels: blue green red white
```

"green" 원소에 대한 값이 제거돼도, 팩터에서는 동일한 레벨을 계속 저장하고 있다. 팩터는 R의 이산값의 원래의 값을 저장하고 있으므로 많은 분류 모델이 이를 사용해 결과 데이터를 명시한다.

벡터의 일부를 다룰 때는 괄호를 여러 방식으로 사용한다.

```
> weights
  [1] 90 150 111 123
> # 양의 정수는 저장할 원소를 나타낸다.
> weights[c(1, 4)]
  [1] 90 123
> # 음의 정수는 제거해야 할 원소를 나타낸다.
> weights[-c(1, 4)]
  [1] 150 111
> # 논리값 벡터도 사용할 수 있지만,
> # 이 경우 원소만큼 많은 논리값을 사용한다.
> weights[c(TRUE, TRUE, FALSE, TRUE)]
  [1] 90 150 123
```

벡터는 동일한 유형의 데이터를 저장한다. 이에 대한 대안에는 리스트가 있다. 리스트는 어느 유형의 원소도 객체로 저장할 수 있는 벡터 유형이다.

```
> both <- list(colors = colors2, weight = weights)
> is.vector(both)
  [1] TRUE
> is.list(both)
  [1] TRUE
> length(both)
  [1] 2
> names(both)
  [1] "colors" "weight"
```

리스트는 벡터와 마찬가지 방법으로 필터링한다. 하지만 대괄호를 두 번 쓰면 원소만 반환하고, 한 번 쓰면 내부의 리스트를 반환한다.

```
> both[[1]]
  [1] green red  blue red  white
  Levels: blue green red white
> is.list(both[[1]])
  [1] FALSE
> both[1]
  $colors
  [1] green red  blue red  white
  Levels: blue green red white
> is.list(both[1])
  [1] TRUE
> # 리스트 이름을 사용해 가져올 수도 있다.
> both[["colors"]]
  [1] green red  blue red  white
  Levels: blue green red white
```

R에서의 결측값은 NA로 변조된다.

```
> probabilities <- c(.05, .67, NA, .32, .90)
> is.na(probabilities)
  [1] FALSE FALSE  TRUE FALSE FALSE
> # NA는 문자열로 처리되지 않는다.
> probabilities == "NA"
  [1] FALSE FALSE  NA FALSE FALSE
> # 대부분의 함수는 NA를 포함해서 사용한다.
> mean(probabilities)
  [1] NA
```

```
> # ... 이에 대해 명시하지 않는 경우에 말이다.
> mean(probabilities, na.rm = TRUE)
  [1] 0.485
```

B.5 2차원 데이터 세트로 작업하기

2차원 데이터 세트는 보통 행에 데이터 세트의 샘플이 들어가고 열이 변수에 해당하는
상황이다(어떤 도메인에서는 이를 역으로 사용한다). 2차원 데이터에는 두 가지 주요 구조가
있다. 바로 행렬과 데이터 프레임이다. 이 두 유형의 가장 큰 차이는 저장될 수 있는 데
이터 유형이다. 행렬의 경우 동일한 데이터(문자 또는 숫자)만 저장할 수 있지만, 데이터
프레임에는 동일한 데이터를 사용하는 열만 저장할 수 있다. 행렬이 보다 연산 효율적
이지만, 제약이 크다.

matrix 함수를 사용해 행렬을 만들 수 있다. 여기서는 1부터 12까지의 정수로 이뤄
진 수치형 벡터를 만들고, 이를 3개의 행과 4개의 열로 사용할 것이다.

```
> mat <- matrix(1:12, nrow = 3)
> mat
      [,1] [,2] [,3] [,4]
 [1,]    1    4    7   10
 [2,]    2    5    8   11
 [3,]    3    6    9   12
```

열과 행에 이름을 부여할 수 있다.

```
> rownames(mat) <- c("row 1", "row 2", "row 3")
> colnames(mat) <- c("col1", "col2", "col3", "col4")
> mat
      col1 col2 col3 col4
 row1    1    4    7   10
 row2    2    5    8   11
 row3    3    6    9   12
> rownames(mat)
  [1] "row 1" "row 2" "row 3"
```

행렬은 벡터와 유사한 방법으로 일부를 가져올 수 있지만, 행과 열은 따로 분리해야 한다.

```
> mat[1, 2:3]
  col2 col3
     4    7
> mat["row 1", "col3"]
  [1] 7
> mat[1,]
  col1 col2 col3 col4
     1    4    7   10
```

행렬 분할에서 어려운 점 중 하나는 차원이 누락된다는 점이다. 단일 행이나 열을 행렬에서 가져올 때, 결과는 벡터 값으로 나타난다.

```
> is.matrix(mat[1,])
  [1] FALSE
> is.vector(mat[1,])
  [1] TRUE
```

이를 피하는 한 가지 방법으로는 분할 시에 drop 옵션을 사용하는 것이다.

```
> mat[1,]
  col1 col2 col3 col4
     1    4    7   10
> mat[1,,drop = FALSE]
       col1 col2 col3 col4
  row1    1    4    7   10
> is.matrix(mat[1,,drop = FALSE])
  [1] TRUE
> is.vector(mat[1,,drop = FALSE])
  [1] FALSE
```

데이터 프레임은 data.frame 함수를 사용해 만들 수 있다.

```
> df <- data.frame(colors = colors2,
+                    time = 1:5)
> df
     colors time
```

```
  1  green   1
  2    red   2
  3   blue   3
  4    red   4
  5  white   5
> dim(df)
  [1] 5 2
> colnames(df)
  [1] "colors" "time"
> rownames(df)
  [1] "1" "2" "3" "4" "5"
```

행렬에서 사용한 분할 기법 외에도, subset 함수를 사용해 보다 복잡한 행의 집합을 받을 수도 있고, $ 연산자를 통해 단일 열을 가져올 수도 있다.

```
> df$colors
  [1] green red   blue  red   white
  Levels: blue green red white
> subset(df, colors %in% c("red", "green") & time <= 2)
    colors time
  1  green   1
  2    red   2
```

행렬이나 데이터 프레임의 열에 결측값이 있는지를 판단하는 유용한 함수로, complete.case 함수가 있다. 만약, 결측값이 없다면 TRUE 값을 반환한다.

```
> df2 <- df
> # 데이터 프레임에 결측값을 추가한다.
> df2[1, 1] <- NA
> df2[5, 2] <- NA
> df2
    colors time
  1   <NA>   1
  2    red   2
  3   blue   3
  4    red   4
  5  white  NA
> complete.cases(df2)
  [1] FALSE TRUE  TRUE  TRUE FALSE
```

B.6 객체와 클래스

각 객체는 최소 이와 관련된 1개 이상의 클래스가 있다. 객체의 클래스는 이것이 무엇인지(문자열, 선형 모델, 웹 사이트 URL 등)를 알려준다. 클래스는 객체의 구조(저장 방식)와 이 객체의 유형에서 사용할 수 있는 연산자(클래스 메서드method라고 한다)를 정의한다. 예를 들어, 특정 종류의 모델 객체를 만들었을 때 이 객체로 아래와 같은 것을 할 수 있을 것이다.

- 보다 자세한 내용을 출력
- 시각화를 위해 모델을 그래프로 그림.
- 새 샘플을 예측함.

이 경우, 이 모델의 유형에 대해 (클래스에 따라) print, plot, predict를 사용할 수 있다. 이런 개념을 객체지향 프로그래밍object-oriented programming이라고 한다.

이전 객체의 클래스를 빠르게 판단해보자.

```
> pages
  [1] 97
> class(pages)
  [1] "numeric"
> town
  [1] "Richmond"
> class(town)
  [1] "character"
```

사용자가 R을 사용해 모델 객체에 대해 예측을 실행하는 연산을 수행할 때, 클래스에 따라 예측 방정식의 특정 코드를 수행한다. 이를 메서드 호출이라고 한다. R에서의 객체지향 프로그래밍 기법으로는 S3 클래스와 S4 클래스의 두 가지 방법이 있다. S3 접근 방법은 S4보다 훨씬 간단해 많은 패키지에서 이 방식을 사용하고 있다. S4는 S3보다 더 강력하지만, 여기서 살펴보기에는 다소 복잡하다. 챔버스(Chambers, 2008)의 저서에 이 기법에 대해 훨씬 자세히 나와 있다.

S3 방식에서 명명 규칙은 마침표를 사용해 클래스와 메서드를 구분한다. 예를 들어, summary.lm은 lm 클래스(이 클래스는 선형 회귀 분석 등의 선형 모델에 대한 것이다)의 객체에 대한 요약값을 구하는 것이다. 사용자가 lm 함수를 사용해 myModel이라는 객체를 만들었다면, 다음 명령어를 사용해 모델의 일반적인 기술 통계량을 구할 수 있다.

```
modelSummary <- summary(myModel)
```

R에서 myModel의 클래스가 lm임을 감지한 후, summary.lm 함수를 실행한다.

여기서 객체, 클래스, 메서드의 개념을 이해하는 것은 중요하다. 하지만 이 개념은 보다 높은 단계에서 사용된다. 이 책의 코드에서는 "후드 안에서" 기술적인 세부 사항을 거의 다루지 않는다. 예를 들어, predict 함수는 범용적으로 사용되지만, 어느 세부 메서드가 실행되는지를 굳이 알 필요는 없다.

B.7 R 함수

R에서 함수 내의 코드 모듈을 모은다. 이 장에 나온 함수들은 패키지를 로딩하는 library 같이 이미 앞에서 사용했던 것들이다. 함수에는 인수가 있다. 인수란, 함수의 객체를 조절하는 데 사용되는 특정 슬롯이다. R에서는 (matlab 같은 언어와 달리) 인수에 이름을 붙인다. 예를 들어, CSV 파일에 저장된 데이터를 읽어 R 객체로 만드는 함수는 아래와 같은 인수를 갖는다.

```
> str(read.csv)
  function (file, header = TRUE, sep = ",", quote = " ", dec = ".",
      fill = TRUE, comment.char = "", ...)
```

file에는 CSV 파일을 가리키는 문자열이 들어가고, header는 첫 번째 행이 변수명 인지를 명시한다. File 인수에는 기본값이 없고, 여기 파일 이름이 들어가지 않으면 오류가 발생한다. 이 인수들에 이름을 붙인 후, 이를 여러 가지 방식으로 사용할 수 있다.

```
> read.csv("data.csv")
> read.csv(header = FALSE, file = "data.csv")
```

read.csv 파일에는 점 3개짜리 인수가 끝에 있다는 점을 기억하자. 이는 다른 인수를 read.csv 함수 호출에 추가해 read.csv 코드 내의 특정 함수에 전달할 수 있다는 뜻이다. 이 경우, 코드에서는 보다 일반적인 read.table이라는 다른 함수를 호출한다. read.table에는 read.csv 파일에 없는 na.strings라는 인수가 있다. 이 인수는 파일에서 어떤 문자열을 누락할 것인지에 대한 것이다.

```
> read.csv("data.csv", na.strings = "?")
```

이 코드는 read.csv 함수로부터 read.table 함수를 호출한 후 na.strings = "?" 인수를 넘긴다. 이 인수를 넘기기 위해서는 이름이 명시돼야 한다는 점을 기억하자. 점 3개는 각 장의 컴퓨팅 장에서 전반적으로 사용됐다.

B.8 =의 3개 얼굴

지금까지, 여러 다른 용도로 =를 사용해왔다.

1. x = 3 같이 객체를 만들 때
2. x == 4 같이 동일한지를 판단할 때
3. read.csv(header = FALSE)처럼 인수에 값을 정의할 때

이는 R 입문자에게 다소 혼란스러울 수 있다.

```
> new = subset(old, subset = value == "blue", drop = FALSE)
```

예를 들어, 위의 코드에서는 이 세 가지 경우를 모두 포함해 4번의 =을 사용했다. 혼란을 위한 한 가지 방법으로 값을 할당할 때는 <-를 사용할 수 있다.

B.9 AppliedPredictiveModeling 패키지

이 패키지는 이 책의 동반자로 여기서 사용하지만 다른 R 패키지에서는 볼 수 없는 많은 데이터 세트가 들어 있다. 여기에는 각 장에서 사용된 R 코드 및 함수도 들어 있다. 이 패키지는 CRAN에서 다운로드할 수 있다.

B.10 caret 패키지

caret 패키지는 예측 모델을 구축하고 평가하는 과정을 한 번에 실행하기 위해 만들어졌다. 이 패키지를 사용해 모델러는 빠르게 많은 유형의 모델을 평가해 데이터에 가장 적합한 모델을 찾을 수 있다.

R의 미덕은 매우 많고 다양한 모델링 패키지를 제공한다는 것이다. 하지만 이 패키지가 시간에 따라 많은 서로 다른 사람들에 의해 만들어짐에 따라 각 모델에 공통으로 사용되는 규칙이 적어졌다. 예를 들어, [표 B.1]에서는 여러 분류 모델 유형에서 클래스 확률을 구하는 문법을 살펴봤다. 문법적 다양성은 어려움을 가중시켜 사람들이 여러 모델을 평가할 의욕을 상실시킨다는 것을 기억하자. 이런 복잡도를 낮추는 한 가지 방법으로는 모델 구축 및 예측 함수에 일원화된 인터페이스를 제공하는 것이다. caret에서는 다양한 범위의 모델(140개 이상)에 이런 인터페이스를 제공한다. 이 패키지에서는 데이터 전처리 및 리샘플링 기반 인수 튜닝 기법에 대한 다양한 옵션도 제공한다(3, 4장 참고).

이 책에서 리샘플링은 튜닝 인수로 예측 모델을 최적화하는 기본적인 방법이다. 이를 위해 훈련 데이터 세트의 여러 다른 버전을 사용해 모델을 훈련하고 주어진 데이터 세트를 예측했다. 이 과정을 여러 번 반복하고 새 데이터 세트를 일반화해 성능 추정값을 구했다. 리샘플링된 데이터 세트 각각은 서로에게 독립적이므로 이 모델을 연속으로 실행할 형식적인 요구사항은 없었다. 만약, 여러 프로세서나 코어를 가진 컴퓨터를 사용할 수 있다면, 컴퓨터에서는 이 "일꾼"들에게 일을 분산시켜서 계산 효율성을 증가시킬 것이다. caret에서는 R에서 이런 식으로 할 수 있는 병렬 처리 프레임워크를 지원한다. foreach 패키지를 사용하면 multicore나 Rmpi 패키지(슈미드버거 등(Schmidberger

〔표 B.1〕 여러 패키지에서의 클래스 확률을 구하는 명령어 조사

객체 클래스	패키지	predict 함수 문법
lda	MASS	predict(object) (no options needed)
glm	stats	predict(object, type = "response")
gbm	gbm	predict(object, type = "response", n.trees)
mda	mda	predict(object, type = "posterior")
rpart	rpart	predict(object, type = "prob")
Weka_classifier	RWeka	predict(object, type = "probability")
LogitBoost	caTools	predict(object, type = "raw", nIter)

caret 패키지에서 train 함수는 일반적인 predict(object, type = "prob") 문법을 사용한다.

et al., 2009)의 연구에 가능한 옵션에 대한 설명 및 요약이 나와 있다) 등의 여러 기술을 사용해 R 코드를 직렬, 병렬 처리 중 하나로 실행할 수 있도록 한다. R의 여러 패키지를 foreach와 같이 사용해 doMC(multicore)나 doMPI(Rmpi) 같은 여러 기술을 구현할 수 있다.

여러 노동자를 사용하는 예측 모델을 튜닝하기 위해 caret 패키지의 구문(train, rfe, sbf 등)을 바꿀 필요는 없다. 병렬 프로세싱 기법을 "등록"하고 일꾼의 수를 명시할 때는 다른 함수를 사용한다. 예를 들어, multicore 패키지(윈도우에서는 사용할 수 없다)에서 동일한 기계의 5개의 코어를 사용하려면, 패키지를 로딩한 후 아래와 같이 등록해야 한다.

```
> library(doMC)
> registerDoMC(cores = 5)
> ## 모든 하위 모델은 병렬로 실행된다.
> model <- train(y ~ ., data = training, method = "rf")
```

foreach와 연관된 다른 패키지의 문법도 거의 비슷하다. 일꾼의 수가 증가할수록 필요한 메모리도 증가한다. 예를 들어, 5개의 일꾼을 사용할 때 메모리에 데이터의 6개 버전을 저장했다고 가정해보자. 데이터가 크거나 계산 모델의 복잡함에 따라 성능은 필요 메모리의 양이 물리적으로 가능한 정도를 초과하는지에 따라 영향을 받는다.

이것이 모델 적합에 소요되는 시간을 줄이는 데 도움이 될까? 작업 스케줄링 데이터 (17장)를 여러 모델에서 서로 다른 수의 일꾼에 대해 여러 번 모델링을 해봤다. 2,000 개의 트리를 m_{try}로 10회 넘게 튜닝한 랜덤 포레스트 모델을 사용해봤다. 각 모델 적합 시에 변수 중요도도 구했다. 선형 판별 모델과 비용 민감 방사형 기본 모델 서포트 벡터 머신도 실행해봤다(15개의 비용값에 대해 튜닝함). 모든 모델은 10-겹 교차 검증을 5회 반복해서 튜닝했다. 그 결과는 [그림 B.1]과 같다. y축은 전체 수행 시간(모델 튜닝 및 최종 모델 적합 시간 포함) 대 일꾼 수다. 랜덤 포레스트가 확실히 훈련에 가장 오래 걸리고 LDA 모델은 매우 계산 효율적이다. 일꾼 수가 증가할수록 전체 시간(분)은 줄어들지만, 일꾼의 수가 7인 부근에서 안정화된다. 이 그래프의 데이터는 랜덤으로 배열돼 실행 시 편향성이 없도록 했다. 하단의 오른쪽 그래프는 병렬 시간으로 직렬 시간을 나눴을 때의 속도 증가량을 나타낸 것이다. 예를 들어, 속도 증가량이 3인 경우 직렬보다 병렬인 경우 3배 빠르다는 것이다. 최상의 경우, 병렬화는 선형 속도 증가량을 얻는다. 즉, M개의 일꾼에 대해 병렬 처리 시간은 $1/M$이 된다. 이 모델에서 일꾼이 4나 5가 될 때까지 속도 증가량은 대략 선형에 가깝다. 그 이후, 성능이 다소 증가한다. LDA가 이미 계산 효

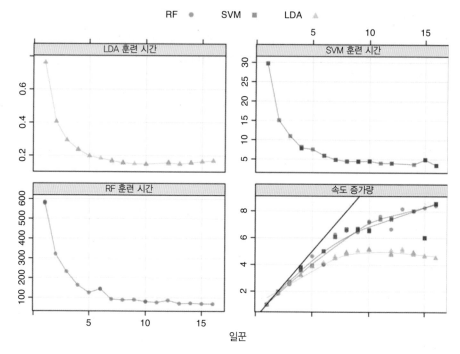

〔그림 B.1〕 서로 다른 수의 일꾼을 사용해 실행한 세 가지 모델. *y*축은 분 단위 수행 시간 또는 속도 증가량(하단 오른쪽)이다.

율적이므로 속도 증가량도 다른 모델에 비해 빠르다. 선형이 아니더라도 수행 시간이 줄어드는 것은 도움이 된다. 10시간 걸리던 모델이 90분 정도로 줄어들었다.

일부 모델, 특히 RWeka 패키지를 사용하는 경우에는 내부 코드 구조로 인해 병렬 처리가 어렵다는 것을 확인해두자.

계산 효율을 증가시켜 훈련하기 위한 추가적인 "트릭"으로는 하위 모델을 사용하는 것이다. 단일 모델 적합에서 여러 튜닝 인수를 사용하는 것이다.

예를 들어, 부스티드 모델 구현에서 *B*회 부스팅해 훈련한 모델은 *B*보다 반복을 적게 해서 모델 예측값을 만들 것이다. 지원 데이터의 경우, gbm 모델을 3개의 튜닝 인수의 200가지 고유한 조합을 평가해 적합시켰다([그림 14.10]). 실제로 train은 40개의 모델에 대해서만 객체를 만들고, 이 객체를 다른 예측 시에 유도한다.

caret 패키지에 대한 보다 자세한 내용은 쿤(2008)의 연구나 패키지 웹 사이트의 4개의 확장된 매뉴얼(비네트vignettes라고 한다)을 살펴보자(Kuhn, 2010).

B.11 이 책에서 사용된 소프트웨어

R의 Sweave(Leisch, 2002a,b)를 통해 데이터 분석 코드를 책의 내용과 결합했다. R에서 이 함수를 실행해 코드를 코드에서 생성된 글, 코드, 그림, 표로 바꿨다. 여기서 사용한 모든 소프트웨어와 데이터는 이 책의 출판 시점에서는 누구든 사용이 가능하다. AppliedPredictiveModeling 패키지와 caret 패키지에는 많은 데이터 세트가 있다. 여기에 없는 데이터의 경우, AppliedPredictiveModeling 패키지에 수록된 R 코드를 통해 데이터를 새로 만들어 낼 수 있다. 재현 가능한 연구와 관련된 R 패키지, 함수의 전체 리스트는 CRAN의 다음 페이지에서 확인할 수 있다.

http:/cran.r-project.org/web/views/ReproducibleResearch.html

이 책에서는 R의 2.15.2(2012-10-26) 버전을 사용했고, 패키지 버전은 아래와 같다. AppliedPredictiveModeling(1.01), arules(1.0-12), C50(0.1.0-013), caret(5.15-045), coin(1.0-21), CORElearn(0.9.40), corrplot(0.70), ctv(0.7-4), Cubist(0.0.12), desirability(1.05), DMwR(0.2.3), doBy(4.5-5), doMC(1.2.5), DWD(0.10), e1071(1.6-1), earth(3.2-3), elasticnet(1.1), ellipse(0.3-7), gbm(1.6-3.2), glmnet(1.8-2), Hmisc(3.10-1), ipred(0.9-1), kernlab(0.9-15), klaR(0.6-7), lars(1.1), latticeExtra(0.6-24), lattice(0.20-10), MASS(7.3-22), mda(0.4-2), minerva(1.2), mlbench(2.1-1), nnet(7.3-5), pamr(1.54), partykit(0.1-4), party(1.0-3), pls(2.3-0), plyr(1.7.1), pROC(1.5.4), proxy(0.4-9), QSARdata(1.02), randomForest(4.6-7), RColorBrewer(1.0-5), reshape2(1.2.1), reshape(0.8.4), rms(3.6-0), rpart(4.0-3), RWeka(0.4-12), sparseLDA(0.1-6), subselect(0.12-2), svmpath(0.952), tabplot(0.12). 이 중 일부는 예측 모델링과 직접적인 관련은 없지만, 시각화 형태를 맞추거나 데이터를 컴파일하는 데 사용했다.

부록 C

유용한 웹 사이트

소프트웨어

http://www.r-project.org
공지, 매뉴얼, 책, 컨퍼런스 등의 정보 링크가 있는 기본 R 웹 사이트

http://cran.r-project.org
CRAN, 종합 R 아카이브 네트워크는 R 및 무수한 패키지의 주 저장소다.

http://cran.r-project.org/web/views/MachineLearning.html
머신 러닝 작업별 보기 페이지에는 R의 많은 예측 모델링 패키지 리스트가 나와 있다.

http://caret.r-forge.r-project.org
caret 패키지는 여기서 가져온다.

http://www.rulequest.com
RuleQuest에는 큐비스트와 C5.0의 상업용 버전과 오픈소스 버전이 있다.

http://rattle.togaware.com
Rattle(Williams, 2011)은 R 예측 모델에 대한 그래픽 사용자 인터페이스다.

http://www.cs.waikato.ac.nz/ml/weka/
Weka는 데이터 마이닝을 위한 자바 프로그램이다.

http://orange.biolab.si
Orange는 많은 머신 러닝 도구를 사용할 수 있는 오픈소스, 크로스 플랫폼 그래픽 사용자 인터페이스다. 이 인터페이스는 사용자가 각 모듈을 연결해서 워크플로를 만들 수 있는 "파이프라인" 형태다.

http://www.knime.org
"KNIME(Konstanz Information Miner)는 사용자 친화적이고, 종합적인 오픈소스 데이터 통합, 처리, 분석, 탐색 플랫폼이다."

http://www.spss.com/software/modeler
IBM SPSS Modeler는 전에는 클레멘타인(Clementine)이라고 불렸으며, 모델 구축을 위한 시각적 플랫폼이다.

http://www.sas.com/technologies/analytics/datamining/miner
SAS. 데이터 마이닝에 사용한다.

다른 프로그램은 http://www.kdnuggets.com/software/suites.html에서 살펴보자.

대회

http://www.kaggle.com
http://tunedit.org

데이터 세트

http://archive.ics.uci.edu/ml
캘리포니아(얼바인) 대학은 분류 및 회귀 데이터 세트로 잘 알려져 있다.

http://www.kdnuggets.com/datasets
미국 컴퓨터 협회(The Association For Computing Machinery, ACM)에는 데이터 지식 발견 그룹이 있다(Knowledge Discovery in Data, KDD). KDD 그룹에서 매년 머신 러닝 대회를 연다.

http://fueleconomy.gov
미국 에너지부 에너지 효율 및 재사용 에너지청과 미국 환경 보호 기구에서 운영하는 웹 사이트로, 개인 차량 및 트럭의 연료 효율성 추정값이 기록돼 있다.

http://www.cheminformatics.org
이 웹 사이트에는 여러 계산 화학 데이터 세트 예제가 올라와 있다.

http://www.ncbi.nlm.nih.gov/geo
NCBI GEO 웹 사이트는 "과학 커뮤니티에서 올린 마이크로어레이, 차세대 시퀀싱, 높은 처리량을 보이는 기능적 유전체 데이터의 다른 형태에 대해 저장하고 자유롭게 배포하는 공공 저장소다."

참고문헌

Abdi H, Williams L (2010). "Principal Component Analysis." *Wiley Interdisciplinary Reviews: Computational Statistics*, **2**(4), 433–459.

Agresti A (2002). *Categorical Data Analysis*. Wiley–Interscience.

Ahdesmaki M, Strimmer K (2010). "Feature Selection in Omics Prediction Problems Using CAT Scores and False Nondiscovery Rate Control." *The Annals of Applied Statistics*, **4**(1), 503–519.

Alin A (2009). "Comparison of PLS Algorithms when Number of Objects is Much Larger than Number of Variables." *Statistical Papers*, **50**, 711–720.

Altman D, Bland J (1994). "Diagnostic Tests 3: Receiver Operating Characteristic Plots." *British Medical Journal*, **309**(6948), 188.

Ambroise C, McLachlan G (2002). "Selection Bias in Gene Extraction on the Basis of Microarray Gene–Expression Data." *Proceedings of the National Academy of Sciences*, **99**(10), 6562–6566.

Amit Y, Geman D (1997). "Shape Quantization and Recognition with Randomized Trees." *Neural Computation*, **9**, 1545–1588.

Armitage P, Berry G (1994). *Statistical Methods in Medical Research*. Blackwell Scientific Publications, Oxford, 3rd edition.

Artis M, Ayuso M, Guillen M (2002). "Detection of Automobile Insurance Fraud with Discrete Choice Models and Misclassified Claims." *The Journal of Risk and Insurance*, **69**(3), 325–340.

Austin P, Brunner L (2004). "Inflation of the Type I Error Rate When a Continuous Confounding Variable Is Categorized in Logistic Regression Analyses." *Statistics in Medicine*, **23**(7), 1159–1178.

Ayres I (2007). *Super Crunchers: Why Thinking–By–Numbers Is The New Way To Be Smart*. Bantam.

Barker M, Rayens W (2003). "Partial Least Squares for Discrimination." *Journal of Chemometrics*, **17**(3), 166–173.

Batista G, Prati R, Monard M (2004). "A Study of the Behavior of Several Methods for Balancing Machine Learning Training Data." *ACM SIGKDD Explorations Newsletter*, **6**(1), 20–29.

Bauer E, Kohavi R (1999). "An Empirical Comparison of Voting Classification Algorithms: Bagging, Boosting, and Variants." *Machine Learning*, **36**, 105–142.

Becton Dickinson and Company (1991). *ProbeTec ET Chlamydia trachomatis and Neisseria gonorrhoeae Amplified DNA Assays (Package Insert).*

Ben-Dor A, Bruhn L, Friedman N, Nachman I, Schummer M, Yakhini Z (2000). "Tissue Classification with Gene Expression Profiles." *Journal of Computational Biology*, **7**(3), 559–583.

Bentley J (1975). "Multidimensional Binary Search Trees Used for Associative Searching." *Communications of the ACM*, **18**(9), 509–517.

Berglund A, Kettaneh N, Uppgård L, Wold S, DR NB, Cameron (2001). "The GIFI Approach to Non–Linear PLS Modeling." *Journal of Chemometrics*, **15**, 321–336.

Berglund A, Wold S (1997). "INLR, Implicit Non–Linear Latent Variable Regression." *Journal of Chemometrics*, **11**, 141–156.

Bergmeir C, Benitez JM (2012). "Neural Networks in R Using the Stuttgart Neural Network Simulator: RSNNS." *Journal of Statistical Software*, **46**(7), 1–26.

Bergstra J, Casagrande N, Erhan D, Eck D, Kégl B (2006). "Aggregate Features and AdaBoost for Music Classification." *Machine Learning*, **65**, 473–484.

Berntsson P, Wold S (1986). "Comparison Between X-ray Crystallographic Data and Physiochemical Parameters with Respect to Their Information About the Calcium Channel Antagonist Activity of 4-Phenyl-1,4-Dihydropyridines." *Quantitative Structure-Activity Relationships*, **5**, 45–50.

Bhanu B, Lin Y (2003). "Genetic Algorithm Based Feature Selection for Target Detection in SAR Images." *Image and Vision Computing*, **21**, 591–608.

Bishop C (1995). *Neural Networks for Pattern Recognition*. Oxford University Press, Oxford.

Bishop C (2006). *Pattern Recognition and Machine Learning*. Springer.

Bland J, Altman D (1995). "Statistics Notes: Multiple Significance Tests: The Bonferroni Method." *British Medical Journal*, **310**(6973), 170–170.

Bland J, Altman D (2000). "The Odds Ratio." *British Medical Journal*, **320**(7247), 1468.

Bohachevsky I, Johnson M, Stein M (1986). "Generalized Simulated Annealing for Function Optimization." *Technometrics*, **28**(3), 209–217.

Bone R, Balk R, Cerra F, Dellinger R, Fein A, Knaus W, Schein R, Sibbald W (1992). "Definitions for Sepsis and Organ Failure and Guidelines for the Use of Innovative Therapies in Sepsis." *Chest*, **101**(6), 1644–1655.

Boser B, Guyon I, Vapnik V (1992). "A Training Algorithm for Optimal Margin Classifiers." In "Proceedings of the Fifth Annual Workshop on Computational Learning Theory," pp. 144–152.

Boulesteix A, Strobl C (2009). "Optimal Classifier Selection and Negative Bias in Error Rate Estimation: An Empirical Study on High–Dimensional Prediction." *BMC Medical Research Methodology*, **9**(1), 85.

Box G, Cox D (1964). "An Analysis of Transformations." *Journal of the Royal Statistical Society. Series B (Methodological)*, pp. 211–252.

Box G, Hunter W, Hunter J (1978). *Statistics for Experimenters*. Wiley, New York.

Box G, Tidwell P (1962). "Transformation of the Independent Variables." *Technometrics*, **4**(4), 531–550.

Breiman L (1996a). "Bagging Predictors." *Machine Learning*, **24**(2), 123–140.

Breiman L (1996b). "Heuristics of Instability and Stabilization in Model Selection." *The Annals of Statistics*, **24**(6), 2350–2383.

Breiman L (1996c). "Technical Note: Some Properties of Splitting Criteria." *Machine Learning*, **24**(1), 41–47.

Breiman L (1998). "Arcing Classifiers." *The Annals of Statistics*, **26**, 123–140.

Breiman L (2000). "Randomizing Outputs to Increase Prediction Accuracy." *Mach. Learn.*, **40**, 229–242. ISSN 0885-6125.

Breiman L (2001). "Random Forests." *Machine Learning*, **45**, 5–32.

Breiman L, Friedman J, Olshen R, Stone C (1984). *Classification and Regression Trees*. Chapman and Hall, New York.

Bridle J (1990). "Probabilistic Interpretation of Feedforward Classification Network Outputs, with Relationships to Statistical Pattern Recognition." In "Neurocomputing: Algorithms, Architectures and Applications," pp. 227–236. Springer–Verlag.

Brillinger D (2004). "Some Data Analyses Using Mutual Information." *Brazilian Journal of Probability and Statistics*, **18**(6), 163–183.

Brodnjak-Vonina D, Kodba Z, Novi M (2005). "Multivariate Data Analysis in Classification of Vegetable Oils Characterized by the Content of Fatty Acids." *Chemometrics and Intelligent Laboratory Systems*, **75**(1), 31–43.

Brown C, Davis H (2006). "Receiver Operating Characteristics Curves and Related Decision Measures: A Tutorial." *Chemometrics and Intelligent Laboratory Systems*, **80**(1), 24–38.

Bu G (2009). "Apolipoprotein E and Its Receptors in Alzheimer's Disease: Pathways, Pathogenesis and Therapy." *Nature Reviews Neuroscience*, **10**(5), 333–344.

Buckheit J, Donoho DL (1995). "WaveLab and Reproducible Research." In A Antoniadis, G Oppenheim (eds.), "Wavelets in Statistics," pp. 55–82. Springer-Verlag, New York.

Burez J, Van den Poel D (2009). "Handling Class Imbalance In Customer Churn Prediction." *Expert Systems with Applications*, **36**(3), 4626–4636.

Cancedda N, Gaussier E, Goutte C, Renders J (2003). "Word–Sequence Kernels." *The Journal of Machine Learning Research*, **3**, 1059–1082.

Caputo B, Sim K, Furesjo F, Smola A (2002). "Appearance–Based Object Recognition Using SVMs: Which Kernel Should I Use?" In "Proceedings of NIPS Workshop on Statistical Methods for Computational Experiments in Visual Processing and Computer Vision," .

Carolin C, Boulesteix A, Augustin T (2007). "Unbiased Split Selection for Classification Trees Based on the Gini Index." *Computational Statistics & Data Analysis*, **52**(1), 483–501.

Castaldi P, Dahabreh I, Ioannidis J (2011). "An Empirical Assessment of Validation Practices for Molecular Classifiers." *Briefings in Bioinformatics*, **12**(3), 189–202.

Chambers J (2008). *Software for Data Analysis: Programming with R.* Springer.

Chan K, Loh W (2004). "LOTUS: An Algorithm for Building Accurate and Comprehensible Logistic Regression Trees." *Journal of Computational and Graphical Statistics*, **13**(4), 826–852.

Chang CC, Lin CJ (2011). "LIBSVM: A Library for Support Vector Machines." *ACM Transactions on Intelligent Systems and Technology*, **2**, 27: 1–27:27.

Chawla N, Bowyer K, Hall L, Kegelmeyer W (2002). "SMOTE: Synthetic Minority Over–Sampling Technique." *Journal of Artificial Intelligence Research*, **16**(1), 321–357.

Chun H, Keleş S (2010). "Sparse Partial Least Squares Regression for Simultaneous Dimension Reduction and Variable Selection." *Journal of the Royal Statistical Society: Series B (Statistical Methodology)*, **72**(1), 3–25.

Chung D, Keles S (2010). "Sparse Partial Least Squares Classification for High Dimensional Data." *Statistical Applications in Genetics and Molecular Biology*, **9**(1), 17.

Clark R (1997). "OptiSim: An Extended Dissimilarity Selection Method for Finding Diverse Representative Subsets." *Journal of Chemical Information and Computer Sciences*, **37**(6), 1181–1188.

Clark T (2004). "Can Out–of–Sample Forecast Comparisons Help Prevent Overfitting?" *Journal of Forecasting*, **23**(2), 115–139.

Clemmensen L, Hastie T, Witten D, Ersboll B (2011). "Sparse Discriminant Analysis." *Technometrics*, **53**(4), 406–413.

Cleveland W (1979). "Robust Locally Weighted Regression and Smoothing Scatterplots." *Journal of the American Statistical Association*, **74**(368), 829–836.

Cleveland W, Devlin S (1988). "Locally Weighted Regression: An Approach to Regression Analysis by Local Fitting." *Journal of the American Statistical Association*, pp. 596–610.

Cohen G, Hilario M, Pellegrini C, Geissbuhler A (2005). "SVM Modeling via a Hybrid Genetic Strategy. A Health Care Application." In R Engelbrecht, AGC Lovis (eds.), "Connecting Medical Informatics and Bio–Informatics," pp. 193–198. IOS Press.

Cohen J (1960). "A Coefficient of Agreement for Nominal Data." *Educational and Psychological Measurement*, **20**, 37–46.

Cohn D, Atlas L, Ladner R (1994). "Improving Generalization with Active Learning." *Machine Learning*, **15**(2), 201–221.

Cornell J (2002). *Experiments with Mixtures: Designs, Models, and the Analysis of Mixture Data*. Wiley, New York, NY.

Cortes C, Vapnik V (1995). "Support–Vector Networks." *Machine Learning*, **20**(3), 273–297.

Costa N, Lourenco J, Pereira Z (2011). "Desirability Function Approach: A Review and Performance Evaluation in Adverse Conditions." *Chemometrics and Intelligent Lab Systems*, **107**(2), 234–244.

Cover TM, Thomas JA (2006). *Elements of Information Theory*. Wiley–Interscience.

Craig-Schapiro R, Kuhn M, Xiong C, Pickering E, Liu J, Misko TP, Perrin R, Bales K, Soares H, Fagan A, Holtzman D (2011). "Multiplexed Immunoassay Panel Identifies Novel CSF Biomarkers for Alzheimer's Disease Diagnosis and Prognosis." *PLoS ONE*, **6**(4), e18850.

Cruz-Monteagudo M, Borges F, Cordeiro MND (2011). "Jointly Handling Potency and Toxicity of Antimicrobial Peptidomimetics by Simple Rules from Desirability Theory and Chemoinformatics." *Journal of Chemical Information and Modeling*, **51**(12), 3060–3077.

Davison M (1983). *Multidimensional Scaling*. John Wiley and Sons, Inc.

Dayal B, MacGregor J (1997). "Improved PLS Algorithms." *Journal of Chemometrics*, **11**, 73–85.

de Jong S (1993). "SIMPLS: An Alternative Approach to Partial Least Squares Regression." *Chemometrics and Intelligent Laboratory Systems*, **18**, 251–263.

de Jong S, Ter Braak C (1994). "Short Communication: Comments on the PLS Kernel Algorithm." *Journal of Chemometrics*, **8**, 169–174.

de Leon M, Klunk W (2006). "Biomarkers for the Early Diagnosis of Alzheimer's Disease." *The Lancet Neurology*, **5**(3), 198–199.

Defernez M, Kemsley E (1997). "The Use and Misuse of Chemometrics for Treating Classification Problems." *TrAC Trends in Analytical Chemistry*, **16**(4), 216–221.

DeLong E, DeLong D, Clarke-Pearson D (1988). "Comparing the Areas Under Two Or More Correlated Receiver Operating Characteristic Curves: A Nonparametric Approach." *Biometrics*, **44**(3), 837–45.

Derksen S, Keselman H (1992). "Backward, Forward and Stepwise Automated Subset Selection Algorithms: Frequency of Obtaining Authentic and Noise Variables." *British Journal of Mathematical and Statistical Psychology*, **45**(2), 265–282.

Derringer G, Suich R (1980). "Simultaneous Optimization of Several Response Variables." *Journal of Quality Technology*, **12**(4), 214–219.

Dietterich T (2000). "An Experimental Comparison of Three Methods for Constructing Ensembles of Decision Trees: Bagging, Boosting, and Randomization." *Machine Learning*, **40**, 139–158.

Dillon W, Goldstein M (1984). *Multivariate Analysis: Methods and Applications*. Wiley, New York.

Dobson A (2002). *An Introduction to Generalized Linear Models*. Chapman & Hall/CRC.

Drucker H, Burges C, Kaufman L, Smola A, Vapnik V (1997). "Support Vector Regression Machines." *Advances in Neural Information Processing Systems*, pp. 155–161.

Drummond C, Holte R (2000). "Explicitly Representing Expected Cost: An Alternative to ROC Representation." In "Proceedings of the Sixth ACM SIGKDD International Conference on Knowledge Discovery and Data Mining," pp. 198–207.

Duan K, Keerthi S (2005). "Which is the Best Multiclass SVM Method? An Empirical Study." *Multiple Classifier Systems*, pp. 278–285.

Dudoit S, Fridlyand J, Speed T (2002). "Comparison of Discrimination Methods for the Classification of Tumors Using Gene Expression Data." *Journal of the American Statistical Association*, **97**(457), 77–87.

Duhigg C (2012). "How Companies Learn Your Secrets." *The New York Times*. URL http://www.nytimes.com/2012/02/19/magazine/shopping-habits.html.

Dunn W, Wold S (1990). "Pattern Recognition Techniques in Drug Design." In C Hansch, P Sammes, J Taylor (eds.), "Comprehensive Medicinal Chemistry," pp. 691–714. Pergamon Press, Oxford.

Dwyer D (2005). "Examples of Overfitting Encountered When Building Private Firm Default Prediction Models." *Technical report*, Moody's KMV.

Efron B (1983). "Estimating the Error Rate of a Prediction Rule: Improvement on Cross–Validation." *Journal of the American Statistical Association*, pp. 316–331.

Efron B, Hastie T, Johnstone I, Tibshirani R (2004). "Least Angle Regression." *The Annals of Statistics*, **32**(2), 407–499.

Efron B, Tibshirani R (1986). "Bootstrap Methods for Standard Errors, Confidence Intervals, and Other Measures of Statistical Accuracy." *Statistical Science*, pp. 54–75.

Efron B, Tibshirani R (1997). "Improvements on Cross–Validation: The 632+ Bootstrap Method." *Journal of the American Statistical Association*, **92**(438), 548–560.

Eilers P, Boer J, van Ommen G, van Houwelingen H (2001). "Classification of Microarray Data with Penalized Logistic Regression." In "Proceedings of SPIE," volume 4266, p. 187.

Eugster M, Hothorn T, Leisch F (2008). "Exploratory and Inferential Analysis of Benchmark Experiments." *Ludwigs-Maximilians-Universität München, Department of Statistics, Tech. Rep*, **30**.

Everitt B, Landau S, Leese M, Stahl D (2011). *Cluster Analysis*. Wiley.

Ewald B (2006). "Post Hoc Choice of Cut Points Introduced Bias to Diagnostic Research." *Journal of clinical epidemiology*, **59**(8), 798–801.

Fanning K, Cogger K (1998). "Neural Network Detection of Management Fraud Using Published Financial Data." *International Journal of Intelligent Systems in Accounting, Finance & Management*, **7**(1), 21–41.

Faraway J (2005). *Linear Models with R*. Chapman & Hall/CRC, Boca Raton.

Fawcett T (2006). "An Introduction to ROC Analysis." *Pattern Recognition Letters*, **27**(8), 861–874.

Fisher R (1936). "The Use of Multiple Measurements in Taxonomic Problems." *Annals of Eugenics*, **7**(2), 179–188.

Forina M, Casale M, Oliveri P, Lanteri S (2009). "CAIMAN brothers: A Family of Powerful Classification and Class Modeling Techniques." *Chemometrics and Intelligent Laboratory Systems*, **96**(2), 239–245.

Frank E, Wang Y, Inglis S, Holmes G (1998). "Using Model Trees for Classification." *Machine Learning*.

Frank E, Witten I (1998). "Generating Accurate Rule Sets Without Global Optimization." *Proceedings of the Fifteenth International Conference on Machine Learning*, pp. 144–151.

Free Software Foundation (June 2007). *GNU General Public License*.

Freund Y (1995). "Boosting a Weak Learning Algorithm by Majority." *Information and Computation*, **121**, 256–285.

Freund Y, Schapire R (1996). "Experiments with a New Boosting Algorithm." *Machine Learning: Proceedings of the Thirteenth International Conference*, pp. 148–156.

Friedman J (1989). "Regularized Discriminant Analysis." *Journal of the American Statistical Association*, **84**(405), 165–175.

Friedman J (1991). "Multivariate Adaptive Regression Splines." *The Annals of Statistics*, **19**(1), 1–141.

Friedman J (2001). "Greedy Function Approximation: A Gradient Boosting Machine." *Annals of Statistics*, **29**(5), 1189–1232.

Friedman J (2002). "Stochastic Gradient Boosting." *Computational Statistics and Data Analysis*, **38**(4), 367–378.

Friedman J, Hastie T, Tibshirani R (2000). "Additive Logistic Regression: A Statistical View of Boosting." *Annals of Statistics*, **38**, 337–374.

Friedman J, Hastie T, Tibshirani R (2010). "Regularization Paths for Generalized Linear Models via Coordinate Descent." *Journal of Statistical Software*, **33**(1), 1–22.

Geisser S (1993). *Predictive Inference: An Introduction*. Chapman and Hall.

Geladi P, Kowalski B (1986). "Partial Least-Squares Regression: A Tutorial." *Analytica Chimica Acta*, **185**, 1–17.

Geladi P, Manley M, Lestander T (2003). "Scatter Plotting in Multivariate Data Analysis." *Journal of Chemometrics*, **17**(8–9), 503–511.

Gentleman R (2008). *R Programming for Bioinformatics*. CRC Press.

Gentleman R, Carey V, Bates D, Bolstad B, Dettling M, Dudoit S, Ellis B, Gautier L, Ge Y, Gentry J, Hornik K, Hothorn T, Huber M, Iacus S, Irizarry R, Leisch F, Li C, Mächler M, Rossini A, Sawitzki G, Smith C, Smyth G, Tierney L, Yang JY, Zhang J (2004). "Bioconductor: Open Software Development for Computational Biology and Bioinformatics." *Genome Biology*, **5**(10), R80.

Giuliano K, DeBiasio R, Dunlay R, Gough A, Volosky J, Zock J, Pavlakis G, Taylor D (1997). "High–Content Screening: A New Approach to Easing Key Bottlenecks in the Drug Discovery Process." *Journal of Biomolecular Screening*, **2**(4), 249–259.

Goldberg D (1989). *Genetic Algorithms in Search, Optimization, and Machine Learning*. Addison–Wesley, Boston.

Golub G, Heath M, Wahba G (1979). "Generalized Cross–Validation as a Method for Choosing a Good Ridge Parameter." *Technometrics*, **21**(2), 215–223.

Good P (2000). *Permutation Tests: A Practical Guide to Resampling Methods for Testing Hypotheses*. Springer.

Gowen A, Downey G, Esquerre C, O'Donnell C (2010). "Preventing Over–Fitting in PLS Calibration Models of Near-Infrared (NIR) Spectroscopy Data Using Regression Coefficients." *Journal of Chemometrics*, **25**, 375–381.

Graybill F (1976). *Theory and Application of the Linear Model*. Wadsworth & Brooks, Pacific Grove, CA.

Guo Y, Hastie T, Tibshirani R (2007). "Regularized Linear Discriminant Analysis and its Application in Microarrays." *Biostatistics*, **8**(1), 86–100.

Gupta S, Hanssens D, Hardie B, Kahn W, Kumar V, Lin N, Ravishanker N, Sriram S (2006). "Modeling Customer Lifetime Value." *Journal of Service Research*, **9**(2), 139–155.

Guyon I, Elisseeff A (2003). "An Introduction to Variable and Feature Selection." *The Journal of Machine Learning Research*, **3**, 1157–1182.

Guyon I, Weston J, Barnhill S, Vapnik V (2002). "Gene Selection for Cancer Classification Using Support Vector Machines." *Machine Learning*, **46**(1), 389–422.

Hall M, Smith L (1997). "Feature Subset Selection: A Correlation Based Filter Approach." *International Conference on Neural Information Processing and Intelligent Information Systems*, pp. 855–858.

Hall P, Hyndman R, Fan Y (2004). "Nonparametric Confidence Intervals for Receiver Operating Characteristic Curves." *Biometrika*, **91**, 743–750.

Hampel H, Frank R, Broich K, Teipel S, Katz R, Hardy J, Herholz K, Bokde A, Jessen F, Hoessler Y (2010). "Biomarkers for Alzheimer's Disease: Academic, Industry and Regulatory Perspectives." *Nature Reviews Drug Discovery*, **9**(7), 560–574.

Hand D, Till R (2001). "A Simple Generalisation of the Area Under the ROC Curve for Multiple Class Classification Problems." *Machine Learning*, **45**(2), 171–186.

Hanley J, McNeil B (1982). "The Meaning and Use of the Area under a Receiver Operating (ROC) Curvel Characteristic." *Radiology*, **143**(1), 29–36.

Hardle W, Werwatz A, Müller M, Sperlich S, Hardle W, Werwatz A, Müller M, Sperlich S (2004). "Nonparametric Density Estimation." In "Nonparametric and Semiparametric Models," pp. 39–83. Springer Berlin Heidelberg.

Harrell F (2001). *Regression Modeling Strategies: With Applications to Linear Models, Logistic Regression, and Survival Analysis.* Springer, New York.

Hastie T, Pregibon D (1990). "Shrinking Trees." *Technical report*, AT&T Bell Laboratories Technical Report.

Hastie T, Tibshirani R (1990). *Generalized Additive Models.* Chapman & Hall/CRC.

Hastie T, Tibshirani R (1996). "Discriminant Analysis by Gaussian Mixtures." *Journal of the Royal Statistical Society. Series B*, pp. 155–176.

Hastie T, Tibshirani R, Buja A (1994). "Flexible Discriminant Analysis by Optimal Scoring." *Journal of the American Statistical Association*, **89**(428), 1255–1270.

Hastie T, Tibshirani R, Friedman J (2008). *The Elements of Statistical Learning: Data Mining, Inference and Prediction.* Springer, 2 edition.

Hawkins D (2004). "The Problem of Overfitting." *Journal of Chemical Information and Computer Sciences*, **44**(1), 1–12.

Hawkins D, Basak S, Mills D (2003). "Assessing Model Fit by Cross–Validation." *Journal of Chemical Information and Computer Sciences*, **43**(2), 579–586.

Henderson H, Velleman P (1981). "Building Multiple Regression Models Interactively." *Biometrics*, pp. 391–411.

Hesterberg T, Choi N, Meier L, Fraley C (2008). "Least Angle and L_1 Penalized Regression: A Review." *Statistics Surveys*, **2**, 61–93.

Heyman R, Slep A (2001). "The Hazards of Predicting Divorce Without Cross-validation." *Journal of Marriage and the Family*, **63**(2), 473.

Hill A, LaPan P, Li Y, Haney S (2007). "Impact of Image Segmentation on High–Content Screening Data Quality for SK–BR-3 Cells." *BMC Bioinformatics*, **8**(1), 340.

Ho T (1998). "The Random Subspace Method for Constructing Decision Forests." *IEEE Transactions on Pattern Analysis and Machine Intelligence*, **13**, 340–354.

Hoerl A (1970). "Ridge Regression: Biased Estimation for Nonorthogonal Problems." *Technometrics*, **12**(1), 55–67.

Holland J (1975). *Adaptation in Natural and Artificial Systems.* University of Michigan Press, Ann Arbor, MI.

Holland J (1992). *Adaptation in Natural and Artificial Systems.* MIT Press, Cambridge, MA.

Holmes G, Hall M, Frank E (1993). "Generating Rule Sets from Model Trees." In "Australian Joint Conference on Artificial Intelligence," .

Hothorn T, Hornik K, Zeileis A (2006). "Unbiased Recursive Partitioning: A Conditional Inference Framework." *Journal of Computational and Graphical Statistics*, **15**(3), 651–674.

Hothorn T, Leisch F, Zeileis A, Hornik K (2005). "The Design and Analysis of Benchmark Experiments." *Journal of Computational and Graphical Statistics*, **14**(3), 675–699.

Hsieh W, Tang B (1998). "Applying Neural Network Models to Prediction and Data Analysis in Meteorology and Oceanography." *Bulletin of the American Meteorological Society*, **79**(9), 1855–1870.

Hsu C, Lin C (2002). "A Comparison of Methods for Multiclass Support Vector Machines." *IEEE Transactions on Neural Networks*, **13**(2), 415–425.

Huang C, Chang B, Cheng D, Chang C (2012). "Feature Selection and Parameter Optimization of a Fuzzy-Based Stock Selection Model Using Genetic Algorithms." *International Journal of Fuzzy Systems*, **14**(1), 65–75.

Huuskonen J (2000). "Estimation of Aqueous Solubility for a Diverse Set of Organic Compounds Based on Molecular Topology." *Journal of Chemical Information and Computer Sciences*, **40**(3), 773–777.

Ihaka R, Gentleman R (1996). "R: A Language for Data Analysis and Graphics." *Journal of Computational and Graphical Statistics*, **5**(3), 299–314.

Jeatrakul P, Wong K, Fung C (2010). "Classification of Imbalanced Data By Combining the Complementary Neural Network and SMOTE Algorithm." *Neural Information Processing. Models and Applications*, pp. 152–159.

Jerez J, Molina I, Garcia-Laencina P, Alba R, Ribelles N, Martin M, Franco L (2010). "Missing Data Imputation Using Statistical and Machine Learning Methods in a Real Breast Cancer Problem." *Artificial Intelligence in Medicine*, **50**, 105–115.

John G, Kohavi R, Pfleger K (1994). "Irrelevant Features and the Subset Selection Problem." *Proceedings of the Eleventh International Conference on Machine Learning*, **129**, 121–129.

Johnson K, Rayens W (2007). "Modern Classification Methods for Drug Discovery." In A Dmitrienko, C Chuang-Stein, R D'Agostino (eds.), "Pharmaceutical Statistics Using SAS: A Practical Guide," pp. 7–43. Cary, NC: SAS Institute Inc.

Johnson R, Wichern D (2001). *Applied Multivariate Statistical Analysis*. Prentice Hall.

Jolliffe I, Trendafilov N, Uddin M (2003). "A Modified Principal Component Technique Based on the lasso." *Journal of Computational and Graphical Statistics*, **12**(3), 531–547.

Kansy M, Senner F, Gubernator K (1998). "Physiochemical High Throughput Screening: Parallel Artificial Membrane Permeation Assay in the Description of Passive Absorption Processes." *Journal of Medicinal Chemistry*, **41**, 1007–1010.

Karatzoglou A, Smola A, Hornik K, Zeileis A (2004). "kernlab - An S4 Package for Kernel Methods in R." *Journal of Statistical Software*, **11**(9), 1–20.

Kearns M, Valiant L (1989). "Cryptographic Limitations on Learning Boolean Formulae and Finite Automata." In "Proceedings of the Twenty-First Annual ACM Symposium on Theory of Computing," .

Kim J, Basak J, Holtzman D (2009). "The Role of Apolipoprotein E in Alzheimer's Disease." *Neuron*, **63**(3), 287–303.

Kim JH (2009). "Estimating Classification Error Rate: Repeated Cross–Validation, Repeated Hold–Out and Bootstrap." *Computational Statistics & Data Analysis*, **53**(11), 3735–3745.

Kimball A (1957). "Errors of the Third Kind in Statistical Consulting." *Journal of the American Statistical Association*, **52**, 133–142.

Kira K, Rendell L (1992). "The Feature Selection Problem: Traditional Methods and a New Algorithm." *Proceedings of the National Conference on Artificial Intelligence*, pp. 129–129.

Kline DM, Berardi VL (2005). "Revisiting Squared–Error and Cross–Entropy Functions for Training Neural Network Classifiers." *Neural Computing and Applications*, **14**(4), 310–318.

Kohavi R (1995). "A Study of Cross–Validation and Bootstrap for Accuracy Estimation and Model Selection." *International Joint Conference on Artificial Intelligence*, **14**, 1137–1145.

Kohavi R (1996). "Scaling Up the Accuracy of Naive–Bayes Classifiers: A Decision–Tree Hybrid." In "Proceedings of the second international conference on knowledge discovery and data mining," volume 7.

Kohonen T (1995). *Self–Organizing Maps*. Springer.

Kononenko I (1994). "Estimating Attributes: Analysis and Extensions of Relief." In F Bergadano, L De Raedt (eds.), "Machine Learning: ECML–94," volume 784, pp. 171–182. Springer Berlin / Heidelberg.

Kuhn M (2008). "Building Predictive Models in R Using the caret Package." *Journal of Statistical Software*, **28**(5).

Kuhn M (2010). "The caret Package Homepage." URL http://caret.r-forge.r-project.org/.

Kuiper S (2008). "Introduction to Multiple Regression: How Much Is Your Car Worth?" *Journal of Statistics Education*, **16**(3).

Kvålseth T (1985). "Cautionary Note About R^2." *American Statistician*, **39**(4), 279–285.

Lachiche N, Flach P (2003). "Improving Accuracy and Cost of Two–Class and Multi–Class Probabilistic Classifiers using ROC Curves." In "Proceedings of the Twentieth International Conference on Machine Learning," volume 20, pp. 416–424.

Larose D (2006). *Data Mining Methods and Models*. Wiley.

Lavine B, Davidson C, Moores A (2002). "Innovative Genetic Algorithms for Chemoinformatics." *Chemometrics and Intelligent Laboratory Systems*, **60**(1), 161–171.

Leach A, Gillet V (2003). *An Introduction to Chemoinformatics*. Springer.

Leisch F (2002a). "Sweave: Dynamic Generation of Statistical Reports Using Literate Data Analysis." In W Härdle, B Rönz (eds.), "Compstat 2002 — Proceedings in Computational Statistics," pp. 575–580. Physica Verlag, Heidelberg.

Leisch F (2002b). "Sweave, Part I: Mixing R and LaTeX." *R News*, **2**(3), 28–31.

Levy S (2010). "The AI Revolution is On." *Wired*.

Li J, Fine JP (2008). "ROC Analysis with Multiple Classes and Multiple Tests: Methodology and Its Application in Microarray Studies." *Biostatistics*, **9**(3), 566–576.

Lindgren F, Geladi P, Wold S (1993). "The Kernel Algorithm for PLS." *Journal of Chemometrics*, **7**, 45–59.

Ling C, Li C (1998). "Data Mining for Direct Marketing: Problems and solutions." In "Proceedings of the Fourth International Conference on Knowledge Discovery and Data Mining," pp. 73–79.

Lipinski C, Lombardo F, Dominy B, Feeney P (1997). "Experimental and Computational Approaches To Estimate Solubility and Permeability In Drug Discovery and Development Settings." *Advanced Drug Delivery Reviews*, **23**, 3–25.

Liu B (2007). *Web Data Mining*. Springer Berlin / Heidelberg.

Liu Y, Rayens W (2007). "PLS and Dimension Reduction for Classification." *Computational Statistics*, pp. 189–208.

Lo V (2002). "The True Lift Model: A Novel Data Mining Approach To Response Modeling in Database Marketing." *ACM SIGKDD Explorations Newsletter*, **4**(2), 78–86.

Lodhi H, Saunders C, Shawe-Taylor J, Cristianini N, Watkins C (2002). "Text Classification Using String Kernels." *The Journal of Machine Learning Research*, **2**, 419–444.

Loh WY (2002). "Regression Trees With Unbiased Variable Selection and Interaction Detection." *Statistica Sinica*, **12**, 361–386.

Loh WY (2010). "Tree–Structured Classifiers." *Wiley Interdisciplinary Reviews: Computational Statistics*, **2**, 364–369.

Loh WY, Shih YS (1997). "Split Selection Methods for Classification Trees." *Statistica Sinica*, **7**, 815–840.

Mahé P, Ueda N, Akutsu T, Perret J, Vert J (2005). "Graph Kernels for Molecular Structure–Activity Relationship Analysis with Support Vector Machines." *Journal of Chemical Information and Modeling*, **45**(4), 939–951.

Mahé P, Vert J (2009). "Graph Kernels Based on Tree Patterns for Molecules." *Machine Learning*, **75**(1), 3–35.

Maindonald J, Braun J (2007). *Data Analysis and Graphics Using R*. Cambridge University Press, 2nd edition.

Mandal A, Johnson K, Wu C, Bornemeier D (2007). "Identifying Promising Compounds in Drug Discovery: Genetic Algorithms and Some New Statistical Techniques." *Journal of Chemical Information and Modeling*, **47**(3), 981–988.

Mandal A, Wu C, Johnson K (2006). "SELC: Sequential Elimination of Level Combinations by Means of Modified Genetic Algorithms." *Technometrics*, **48**(2), 273–283.

Martin J, Hirschberg D (1996). "Small Sample Statistics for Classification Error Rates I: Error Rate Measurements." *Department of Informatics and Computer Science Technical Report*.

Martin T, Harten P, Young D, Muratov E, Golbraikh A, Zhu H, Tropsha A (2012). "Does Rational Selection of Training and Test Sets Improve the Outcome of QSAR Modeling?" *Journal of Chemical Information and Modeling*, **52**(10), 2570–2578.

Massy W (1965). "Principal Components Regression in Exploratory Statistical Research." *Journal of the American Statistical Association*, **60**, 234–246.

McCarren P, Springer C, Whitehead L (2011). "An Investigation into Pharmaceutically Relevant Mutagenicity Data and the Influence on Ames Predictive Potential." *Journal of Cheminformatics*, **3**(51).

McClish D (1989). "Analyzing a Portion of the ROC Curve." *Medical Decision Making*, **9**, 190–195.

Melssen W, Wehrens R, Buydens L (2006). "Supervised Kohonen Networks for Classification Problems." *Chemometrics and Intelligent Laboratory Systems*, **83**(2), 99–113.

Mente S, Lombardo F (2005). "A Recursive–Partitioning Model for Blood–Brain Barrier Permeation." *Journal of Computer–Aided Molecular Design*, **19**(7), 465–481.

Menze B, Kelm B, Splitthoff D, Koethe U, Hamprecht F (2011). "On Oblique Random Forests." *Machine Learning and Knowledge Discovery in Databases*, pp. 453–469.

Mevik B, Wehrens R (2007). "The pls Package: Principal Component and Partial Least Squares Regression in R." *Journal of Statistical Software*, **18**(2), 1–24.

Michailidis G, de Leeuw J (1998). "The Gifi System Of Descriptive Multivariate Analysis." *Statistical Science*, **13**, 307–336.

Milborrow S (2012). *Notes On the earth Package*. URL http://cran.r-project.org/package=earth.

Min S, Lee J, Han I (2006). "Hybrid Genetic Algorithms and Support Vector Machines for Bankruptcy Prediction." *Expert Systems with Applications*, **31**(3), 652–660.

Mitchell M (1998). *An Introduction to Genetic Algorithms*. MIT Press.

Molinaro A (2005). "Prediction Error Estimation: A Comparison of Resampling Methods." *Bioinformatics*, **21**(15), 3301–3307.

Molinaro A, Lostritto K, Van Der Laan M (2010). "partDSA: Deletion/Substitution/Addition Algorithm for Partitioning the Covariate Space in Prediction." *Bioinformatics*, **26**(10), 1357–1363.

Montgomery D, Runger G (1993). "Gauge Capability and Designed Experiments. Part I: Basic Methods." *Quality Engineering*, **6**(1), 115–135.

Muenchen R (2009). *R for SAS and SPSS Users*. Springer.

Myers R (1994). *Classical and Modern Regression with Applications*. PWS-KENT Publishing Company, Boston, MA, second edition.

Myers R, Montgomery D (2009). *Response Surface Methodology: Process and Product Optimization Using Designed Experiments*. Wiley, New York, NY.

Neal R (1996). *Bayesian Learning for Neural Networks*. Springer-Verlag.

Nelder J, Mead R (1965). "A Simplex Method for Function Minimization." *The Computer Journal*, **7**(4), 308–313.

Netzeva T, Worth A, Aldenberg T, Benigni R, Cronin M, Gramatica P, Jaworska J, Kahn S, Klopman G, Marchant C (2005). "Current Status of Methods for Defining the Applicability Domain of (Quantitative) Structure–Activity Relationships." In "The Report and Recommendations of European Centre for the Validation of Alternative Methods Workshop 52," volume 33, pp. 1–19.

Niblett T (1987). "Constructing Decision Trees in Noisy Domains." In I Bratko, N Lavrač (eds.), "Progress in Machine Learning: Proceedings of EWSL–87," pp. 67–78. Sigma Press, Bled, Yugoslavia.

Olden J, Jackson D (2000). "Torturing Data for the Sake of Generality: How Valid Are Our Regression Models?" *Ecoscience*, **7**(4), 501–510.

Olsson D, Nelson L (1975). "The Nelder–Mead Simplex Procedure for Function Minimization." *Technometrics*, **17**(1), 45–51.

Osuna E, Freund R, Girosi F (1997). "Support Vector Machines: Training and Applications." *Technical report*, MIT Artificial Intelligence Laboratory.

Ozuysal M, Calonder M, Lepetit V, Fua P (2010). "Fast Keypoint Recognition Using Random Ferns." *IEEE Transactions on Pattern Analysis and Machine Intelligence*, **32**(3), 448–461.

Park M, Hastie T (2008). "Penalized Logistic Regression for Detecting Gene Interactions." *Biostatistics*, **9**(1), 30.

Pepe MS, Longton G, Janes H (2009). "Estimation and Comparison of Receiver Operating Characteristic Curves." *Stata Journal*, **9**(1), 1–16.

Perrone M, Cooper L (1993). "When Networks Disagree: Ensemble Methods for Hybrid Neural Networks." In RJ Mammone (ed.), "Artificial Neural Networks for Speech and Vision," pp. 126–142. Chapman & Hall, London.

Piersma A, Genschow E, Verhoef A, Spanjersberg M, Brown N, Brady M, Burns A, Clemann N, Seiler A, Spielmann H (2004). "Validation of the Postimplantation Rat Whole-embryo Culture Test in the International EC-VAM Validation Study on Three In Vitro Embryotoxicity Tests." *Alternatives to Laboratory Animals*, **32**, 275–307.

Platt J (2000). "Probabilistic Outputs for Support Vector Machines and Comparison to Regularized Likelihood Methods." In B Bartlett, B Schölkopf, D Schuurmans, A Smola (eds.), "Advances in Kernel Methods Support Vector Learning," pp. 61–74. Cambridge, MA: MIT Press.

Provost F, Domingos P (2003). "Tree Induction for Probability–Based Ranking." *Machine Learning*, **52**(3), 199–215.

Provost F, Fawcett T, Kohavi R (1998). "The Case Against Accuracy Estimation for Comparing Induction Algorithms." *Proceedings of the Fifteenth International Conference on Machine Learning*, pp. 445–453.

Quinlan R (1987). "Simplifying Decision Trees." *International Journal of Man–Machine Studies*, **27**(3), 221–234.

Quinlan R (1992). "Learning with Continuous Classes." *Proceedings of the 5th Australian Joint Conference On Artificial Intelligence*, pp. 343–348.

Quinlan R (1993a). "Combining Instance–Based and Model–Based Learning." *Proceedings of the Tenth International Conference on Machine Learning*, pp. 236–243.

Quinlan R (1993b). *C4.5: Programs for Machine Learning*. Morgan Kaufmann Publishers.

Quinlan R (1996a). "Bagging, Boosting, and C4.5." In "In Proceedings of the Thirteenth National Conference on Artificial Intelligence," .

Quinlan R (1996b). "Improved use of continuous attributes in C4.5." *Journal of Artificial Intelligence Research*, **4**, 77–90.

Quinlan R, Rivest R (1989). "Inferring Decision Trees Using the Minimum Description Length Principle." *Information and computation*, **80**(3), 227–248.

Radcliffe N, Surry P (2011). "Real–World Uplift Modelling With Significance–Based Uplift Trees." *Technical report*, Stochastic Solutions.

Rännar S, Lindgren F, Geladi P, Wold S (1994). "A PLS Kernel Algorithm for Data Sets with Many Variables and Fewer Objects. Part 1: Theory and Algorithm." *Journal of Chemometrics*, **8**, 111–125.

R Development Core Team (2008). *R: Regulatory Compliance and Validation Issues A Guidance Document for the Use of R in Regulated Clinical Trial Environments*. R Foundation for Statistical Computing, Vienna, Austria.

R Development Core Team (2010). *R: A Language and Environment for Statistical Computing*. R Foundation for Statistical Computing, Vienna, Austria.

Reshef D, Reshef Y, Finucane H, Grossman S, McVean G, Turnbaugh P, Lander E, Mitzenmacher M, Sabeti P (2011). "Detecting Novel Associations in Large Data Sets." *Science*, **334**(6062), 1518–1524.

Richardson M, Dominowska E, Ragno R (2007). "Predicting Clicks: Estimating the Click–Through Rate for New Ads." In "Proceedings of the 16th International Conference on the World Wide Web," pp. 521–530.

Ridgeway G (2007). "Generalized Boosted Models: A Guide to the gbm Package." URL http://cran.r-project.org/web/packages/gbm/vignettes/gbm.pdf.

Ripley B (1995). "Statistical Ideas for Selecting Network Architectures." *Neural Networks: Artificial Intelligence and Industrial Applications*, pp. 183–190.

Ripley B (1996). *Pattern Recognition and Neural Networks*. Cambridge University Press.

Robin X, Turck N, Hainard A, Tiberti N, Lisacek F, Sanchez JC, Muller M (2011). "pROC: an open-source package for R and S+ to analyze and compare ROC curves." *BMC Bioinformatics*, **12**(1), 77.

Robnik-Sikonja M, Kononenko I (1997). "An Adaptation of Relief for Attribute Estimation in Regression." *Proceedings of the Fourteenth International Conference on Machine Learning*, pp. 296–304.

Rodriguez M (2011). "The Failure of Predictive Modeling and Why We Follow the Herd." *Technical report*, Concepcion, Martinez & Bellido.

Ruczinski I, Kooperberg C, Leblanc M (2003). "Logic Regression." *Journal of Computational and Graphical Statistics*, **12**(3), 475–511.

Rumelhart D, Hinton G, Williams R (1986). "Learning Internal Representations by Error Propagation." In "Parallel Distributed Processing: Explorations in the Microstructure of Cognition," The MIT Press.

Rzepakowski P, Jaroszewicz S (2012). "Uplift Modeling in Direct Marketing." *Journal of Telecommunications and Information Technology*, **2**, 43–50.

Saar-Tschansky M, Provost F (2007a). "Decision–Centric Active Learning of Binary–Outcome Models." *Information Systems Research*, **18**(1), 4–22.

Saar-Tschansky M, Provost F (2007b). "Handling Missing Values When Applying Classification Models." *Journal of Machine Learning Research*, **8**, 1625–1657.

Saeys Y, Inza I, Larranaga P (2007). "A Review of Feature Selection Techniques in Bioinformatics." *Bioinformatics*, **23**(19), 2507–2517.

Schapire R (1990). "The Strength of Weak Learnability." *Machine Learning*, **45**, 197–227.

Schapire YFR (1999). "Adaptive Game Playing Using Multiplicative Weights." *Games and Economic Behavior*, **29**, 79–103.

Schmidberger M, Morgan M, Eddelbuettel D, Yu H, Tierney L, Mansmann U (2009). "State–of–the–Art in Parallel Computing with R." *Journal of Statistical Software*, **31**(1).

Serneels S, Nolf ED, Espen PV (2006). "Spatial Sign Pre-processing: A Simple Way to Impart Moderate Robustness to Multivariate Estimators." *Journal of Chemical Information and Modeling*, **46**(3), 1402–1409.

Shachtman N (2011). "Pentagon's Prediction Software Didn't Spot Egypt Unrest." *Wired*.

Shannon C (1948). "A Mathematical Theory of Communication." *The Bell System Technical Journal*, **27**(3), 379–423.

Siegel E (2011). "Uplift Modeling: Predictive Analytics Can't Optimize Marketing Decisions Without It." *Technical report*, Prediction Impact Inc.

Simon R, Radmacher M, Dobbin K, McShane L (2003). "Pitfalls in the Use of DNA Microarray Data for Diagnostic and Prognostic Classification." *Journal of the National Cancer Institute*, **95**(1), 14–18.

Smola A (1996). "Regression Estimation with Support Vector Learning Machines." *Master's thesis, Technische Universit at Munchen*.

Spector P (2008). *Data Manipulation with R*. Springer.

Steyerberg E (2010). *Clinical Prediction Models: A Practical Approach to Development, Validation, and Updating*. Springer, 1st ed. softcover of orig. ed. 2009 edition.

Stone M, Brooks R (1990). "Continuum Regression: Cross-validated Sequentially Constructed Prediction Embracing Ordinary Least Squares, Partial Least Squares, and Principal Component Regression." *Journal of the Royal Statistical Society, Series B*, **52**, 237–269.

Strobl C, Boulesteix A, Zeileis A, Hothorn T (2007). "Bias in Random Forest Variable Importance Measures: Illustrations, Sources and a Solution." *BMC Bioinformatics*, **8**(1), 25.

Suykens J, Vandewalle J (1999). "Least Squares Support Vector Machine Classifiers." *Neural processing letters*, **9**(3), 293–300.

Tetko I, Tanchuk V, Kasheva T, Villa A (2001). "Estimation of Aqueous Solubility of Chemical Compounds Using E–State Indices." *Journal of Chemical Information and Computer Sciences*, **41**(6), 1488–1493.

Tibshirani R (1996). "Regression Shrinkage and Selection via the lasso." *Journal of the Royal Statistical Society Series B (Methodological)*, **58**(1), 267–288.

Tibshirani R, Hastie T, Narasimhan B, Chu G (2002). "Diagnosis of Multiple Cancer Types by Shrunken Centroids of Gene Expression." *Proceedings of the National Academy of Sciences*, **99**(10), 6567–6572.

Tibshirani R, Hastie T, Narasimhan B, Chu G (2003). "Class Prediction by Nearest Shrunken Centroids, with Applications to DNA Microarrays." *Statistical Science*, **18**(1), 104–117.

Ting K (2002). "An Instance–Weighting Method to Induce Cost–Sensitive Trees." *IEEE Transactions on Knowledge and Data Engineering*, **14**(3), 659–665.

Tipping M (2001). "Sparse Bayesian Learning and the Relevance Vector Machine." *Journal of Machine Learning Research*, **1**, 211–244.

Titterington M (2010). "Neural Networks." *Wiley Interdisciplinary Reviews: Computational Statistics*, **2**(1), 1–8.

Troyanskaya O, Cantor M, Sherlock G, Brown P, Hastie T, Tibshirani R, Botstein D, Altman R (2001). "Missing Value Estimation Methods for DNA Microarrays." *Bioinformatics*, **17**(6), 520–525.

Tumer K, Ghosh J (1996). "Analysis of Decision Boundaries in Linearly Combined Neural Classifiers." *Pattern Recognition*, **29**(2), 341–348.

US Commodity Futures Trading Commission and US Securities & Exchange Commission (2010). *Findings Regarding the Market Events of May 6, 2010*.

Valiant L (1984). "A Theory of the Learnable." *Communications of the ACM*, **27**, 1134–1142.

Van Der Putten P, Van Someren M (2004). "A Bias–Variance Analysis of a Real World Learning Problem: The CoIL Challenge 2000." *Machine Learning*, **57**(1), 177–195.

Van Hulse J, Khoshgoftaar T, Napolitano A (2007). "Experimental Perspectives On Learning From Imbalanced Data." In "Proceedings of the 24th International Conference On Machine learning," pp. 935–942.

Vapnik V (2010). *The Nature of Statistical Learning Theory*. Springer.

Varma S, Simon R (2006). "Bias in Error Estimation When Using Cross–Validation for Model Selection." *BMC Bioinformatics*, **7**(1), 91.

Varmuza K, He P, Fang K (2003). "Boosting Applied to Classification of Mass Spectral Data." *Journal of Data Science*, **1**, 391–404.

Venables W, Ripley B (2002). *Modern Applied Statistics with S*. Springer.

Venables W, Smith D, the R Development Core Team (2003). *An Introduction to R*. R Foundation for Statistical Computing, Vienna, Austria, version 1.6.2 edition. ISBN 3-901167-55-2, URL http://www.R-project.org.

Venkatraman E (2000). "A Permutation Test to Compare Receiver Operating Characteristic Curves." *Biometrics*, **56**(4), 1134–1138.

Veropoulos K, Campbell C, Cristianini N (1999). "Controlling the Sensitivity of Support Vector Machines." *Proceedings of the International Joint Conference on Artificial Intelligence*, **1999**, 55–60.

Verzani J (2002). "simpleR – Using R for Introductory Statistics." URL http://www.math.csi.cuny.edu/Statistics/R/simpleR.

Wager TT, Hou X, Verhoest PR, Villalobos A (2010). "Moving Beyond Rules: The Development of a Central Nervous System Multiparameter Optimization (CNS MPO) Approach To Enable Alignment of Druglike Properties." *ACS Chemical Neuroscience*, **1**(6), 435–449.

Wallace C (2005). *Statistical and Inductive Inference by Minimum Message Length*. Springer–Verlag.

Wang C, Venkatesh S (1984). "Optimal Stopping and Effective Machine Complexity in Learning." *Advances in NIPS*, pp. 303–310.

Wang Y, Witten I (1997). "Inducing Model Trees for Continuous Classes." *Proceedings of the Ninth European Conference on Machine Learning*, pp. 128–137.

Weiss G, Provost F (2001a). "The Effect of Class Distribution on Classifier Learning: An Empirical Study." *Department of Computer Science, Rutgers University*.

Weiss G, Provost F (2001b). "The Effect of Class Distribution On Classifier Learning: An Empirical Study." *Technical Report ML-TR-44*, Department of Computer Science, Rutgers University.

Welch B (1939). "Note on Discriminant Functions." *Biometrika*, **31**, 218–220.

Westfall P, Young S (1993). *Resampling–Based Multiple Testing: Examples and Methods for P–Value Adjustment*. Wiley.

Westphal C (2008). *Data Mining for Intelligence, Fraud & Criminal Detection: Advanced Analytics & Information Sharing Technologies*. CRC Press.

Whittingham M, Stephens P, Bradbury R, Freckleton R (2006). "Why Do We Still Use Stepwise Modelling in Ecology and Behaviour?" *Journal of Animal Ecology*, **75**(5), 1182–1189.

Willett P (1999). "Dissimilarity–Based Algorithms for Selecting Structurally Diverse Sets of Compounds." *Journal of Computational Biology*, **6**(3), 447–457.

Williams G (2011). *Data Mining with Rattle and R : The Art of Excavating Data for Knowledge Discovery*. Springer.

Witten D, Tibshirani R (2009). "Covariance–Regularized Regression and Classification For High Dimensional Problems." *Journal of the Royal Statistical Society. Series B (Statistical Methodology)*, **71**(3), 615–636.

Witten D, Tibshirani R (2011). "Penalized Classification Using Fisher's Linear Discriminant." *Journal of the Royal Statistical Society. Series B (Statistical Methodology)*, **73**(5), 753–772.

Wold H (1966). "Estimation of Principal Components and Related Models by Iterative Least Squares." In P Krishnaiah (ed.), "Multivariate Analyses," pp. 391–420. Academic Press, New York.

Wold H (1982). "Soft Modeling: The Basic Design and Some Extensions." In K Joreskog, H Wold (eds.), "Systems Under Indirect Observation: Causality, Structure, Prediction," pt. 2, pp. 1–54. North–Holland, Amsterdam.

Wold S (1995). "PLS for Multivariate Linear Modeling." In H van de Waterbeemd (ed.), "Chemometric Methods in Molecular Design," pp. 195–218. VCH, Weinheim.

Wold S, Johansson M, Cocchi M (1993). "PLS–Partial Least-Squares Projections to Latent Structures." In H Kubinyi (ed.), "3D QSAR in Drug Design," volume 1, pp. 523–550. Kluwer Academic Publishers, The Netherlands.

Wold S, Martens H, Wold H (1983). "The Multivariate Calibration Problem in Chemistry Solved by the PLS Method." In "Proceedings from the Conference on Matrix Pencils," Springer–Verlag, Heidelberg.

Wolpert D (1996). "The Lack of *a priori* Distinctions Between Learning Algorithms." *Neural Computation*, **8**(7), 1341–1390.

Yeh I (1998). "Modeling of Strength of High-Performance Concrete Using Artificial Neural Networks." *Cement and Concrete research*, **28**(12), 1797–1808.

Yeh I (2006). "Analysis of Strength of Concrete Using Design of Experiments and Neural Networks." *Journal of Materials in Civil Engineering*, **18**, 597–604.

Youden W (1950). "Index for Rating Diagnostic Tests." *Cancer*, **3**(1), 32–35.

Zadrozny B, Elkan C (2001). "Obtaining Calibrated Probability Estimates from Decision Trees and Naive Bayesian Classifiers." In "Proceedings of the 18th International Conference on Machine Learning," pp. 609–616. Morgan Kaufmann.

Zeileis A, Hothorn T, Hornik K (2008). "Model–Based Recursive Partitioning." *Journal of Computational and Graphical Statistics*, **17**(2), 492–514.

Zhu J, Hastie T (2005). "Kernel Logistic Regression and the Import Vector Machine." *Journal of Computational and Graphical Statistics*, **14**(1), 185–205.

Zou H, Hastie T (2005). "Regularization and Variable Selection via the Elastic Net." *Journal of the Royal Statistical Society, Series B*, **67**(2), 301–320.

Zou H, Hastie T, Tibshirani R (2004). "Sparse Principal Component Analysis." *Journal of Computational and Graphical Statistics*, **15**, 2006.

| 찾아보기 |

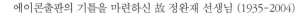

에이콘출판의 기틀을 마련하신 故 정완재 선생님 (1935-2004)

실전 예측 분석 모델링

예측 모델 과정을 여행하는 데이터 분석가를 위한 안내서

발 행 | 2018년 1월 2일

지은이 | 막스 쿤 · 키엘 존슨
옮긴이 | 권 정 민

펴낸이 | 권 성 준
편집장 | 황 영 주
편 집 | 이 지 은
디자인 | 박 주 란

에이콘출판주식회사
서울특별시 양천구 국회대로 287 (목동)
전화 02-2653-7600, 팩스 02-2653-0433
www.acornpub.co.kr / editor@acornpub.co.kr

한국어판 ⓒ 에이콘출판주식회사, 2018, Printed in Korea.
ISBN 979-11-6175-090-3
ISBN 978-89-6077-446-9 (세트)
http://www.acornpub.co.kr/book/applied-predictive-modeling

이 도서의 국립중앙도서관 출판시도서목록(CIP)은 서지정보유통지원시스템 홈페이지(http://seoji.nl.go.kr)와
국가자료공동목록시스템(http://www.nl.go.kr/kolisnet)에서 이용하실 수 있습니다.(CIP제어번호: CIP2017032338)

책값은 뒤표지에 있습니다.